Mensch & Computer 2006

Mensch und Computer im Struktur*Wandel*

Herausgegeben von
Andreas M. Heinecke und Hansjürgen Paul

Oldenbourg Verlag München Wien

Bibliografische Information Der Deutschen Bibliothek

Die Deutsche Bibliothek verzeichnet diese Publikation in der Deutschen
Nationalbibliografie; detaillierte bibliografische Daten sind im Internet
über <http://dnb.ddb.de> abrufbar.

© 2006 Oldenbourg Wissenschaftsverlag GmbH
Rosenheimer Straße 145, D-81671 München
Telefon: (089) 45051-0
oldenbourg.de

Lektorat: Kristin Berber-Nerlinger
Herstellung: Anna Grosser
Gedruckt auf säure- und chlorfreiem Papier
Gesamtherstellung: Druckhaus „Thomas Müntzer" GmbH, Bad Langensalza

ISBN   3-486-58129-5
ISBN 978-3-486-58129-4

Programmkomitee

Horst Oberquelle, Universität Hamburg
Reinhard Oppermann, Fraunhofer-FIT
Uta Pankoke-Babatz, Fraunhofer-FIT
Hansjürgen Paul, Institut Arbeit und Technik
Volkmar Pipek, Universität Siegen
Bernhard Preim, Otto-von-Guericke-Universität
Wolfgang Prinz, Fraunhofer-FIT
Matthias Rauterberg, Technical University Eindhoven
Harald Reiterer, Universität Konstanz
Arno Rolf, Universität Hamburg
Christiane Rudlof, Fachhochschule Oldenburg, Ostfriesland, Wilhelmshaven
Ingrid Rügge, Universität Bremen
Gabriele Schade, Fachhochschule Erfurt
Heidi Schelhowe, Universität Bremen
Johann Schlichter, Technische Universität München
Mareike Schoop, Universität Hohenheim
Rolf Schulmeister, Universität Hamburg
Gerhard Schwabe, Universität Zürich
Ulrike Spierling, Fachhochschule Erfurt
Christian Stary, Kepler Universität Linz
Markus Stolze, IBM Research Zürich
Friedrich Strauß, sd & m AG München
Norbert Streitz, Fraunhofer IPSI
Thomas Strothotte, Otto-von-Guericke-Universität Magdeburg
Gerd Szwillus, Universität Paderborn
Rainer Unland, Universität Duisburg-Essen
Klaus Wegner, Projektträger im DLR für das BMBF Arbeitsgestaltung und Dienstleistung
Christa Womser-Hacker, Uni Hildesheim
Volker Wulf, Universität Siegen
Wolfgang Wünschmann, TU Dresden
Carmen Zahn, Institut für Wissensmedien – Knowledge Media Research Center
Jürgen Ziegler, Universität Duisburg-Essen

Veranstalter

Gesellschaft für Informatik e.V.
Fachbereich „Mensch-
Computer-Interaktion"

Wissenschaftszentrum
Nordrhein-Westfalen
Kulturwissenschaftliches
Institut

Wuppertal Institut für
Klima, Umwelt, Energie
**Institut Arbeit
und Technik**

German Chapter of the ACM

**Fachhochschule
Gelsenkirchen**

Sponsoren

human interface.design

human interface.design, Hamburg

//**Mangold**
MEET YOUR SOLUTION

Mangold International Gmbh, Arnstorf

Noldus
Information Technology

Noldus Information Technology, Wageningen

SAP

SAP AG, Walldorf

tobii

Tobii Technology AB, Danderyd

UE **MANAGEMENT**
USER EXPERIENCE | USABILITY | HUMAN FACTORS

UE-Management, Düsseldorf

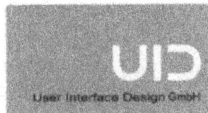

UID
User Interface Design GmbH

user interface design GmbH, Ludwigsburg

Inhaltsverzeichnis

Lernen und Lehren

Knowledge Media Design

Electronic Health

Angenommene Systemdemonstrationen

Aufgabenunterstützung

Angenommene Design-Präsentationen

Navigation und Visualisierung

Erweiterung der Realität

Angenommene Poster

Autoren

Vorwort

In Verbindung mit dem Adjektiv „unbewältigt" ist Strukturwandel auch zu Beginn des 21. Jahrhunderts eine der häufigsten Assoziationen, wenn in der Öffentlichkeit über die wirtschaftliche Entwicklung, über Potentiale und Alternativen diskutiert wird. Dies gilt insbesondere für Diskussionen über jene Region, die 2006 Gastgeber der Tagung „Mensch & Computer" ist: das nördliche Ruhrgebiet, die Emscher-Lippe-Region. Aber auch in Verbindung mit anderen Regionen wie den Werftstandorten an Nord- und Ostsee oder mit Entwicklungen in den östlichen Bundesländern taucht dieser Begriff immer wieder auf.

Für einen erfolgreichen Strukturwandel müssen sich Wirtschaft, Technik, Arbeitswelt und Wissenschaft dem Wandel stellen: von der industriellen zur wissensbasierten Ökonomie, von der Schwerindustrie zu Hightech-Produkten, von alter Produktion zu neuen Dienstleistungen, vom Lernen für das Leben zu lebenslangem Lernen, von lokaler Verrichtung von Arbeit zu globalem Agieren, vom Computerarbeitsplatz zur intelligenten Umgebung.

Strukturwandel wird dabei meist mit der Vorstellung verknüpft, es gäbe einen Wandel von einem Zustand A zu einem Zustand B – und dieser darf maximal eine bestimmte Zeitspanne in Anspruch nehmen. Wird der Bergbau in einer Region als unwirtschaftlich angesehen oder müssen Werften schließen, so meint man, von dem betroffenen Umland nach einer gewissen Zeit einen „abgeschlossenen Strukturwandel" erwarten zu können.

Wissenschaft und Praxis haben aber gezeigt, dass diese Vorstellung unangemessen ist und wesentlich zu kurz greift. Strukturwandel und die Fähigkeit zum Strukturwandel ist, ähnlich wie die Fähigkeit zu organisationalem Lernen und Handeln für ein Unternehmen, eine permanente Aufgabe: für eine Region, für eine Wirtschaft, für eine Wissenschaftsdisziplin, für eine Gesellschaft. Je weniger die Fertigkeit zum Strukturwandel entwickelt ist, umso härter trifft eine Region der Prozess der wirtschaftlich-gesellschaftlichen Veränderung.

Im Fokus der „Mensch & Computer 2006" steht daher die Frage nach der Wandlungsfähigkeit und der Wandlungsfertigkeit des Strukturgeflechts von Mensch und Computer. Welche Rollen spielen Mensch und Computer im Wandel? Was ist Ursache, was ist Wirkung im Wandel? Wer agiert, wer reagiert? Wie können Computeranwendungen dem Menschen in seinen verschiedenen Rollen im Wandel helfen?

Bevor nun der wissenschaftliche Diskurs in dem vorliegenden Tagungsband das Wort hat, sei den Herausgebern ein Wort des Dankes gestattet. Ohne die intensive Mitwirkung und das Engagement aller Partner wäre die „Mensch & Computer 2006" nicht möglich gewesen. Veranstalter der Tagung ist wie in den vergangenen Jahren der Fachbereich Mensch-Computer-Interaktion der Gesellschaft für Informatik e.V. gemeinsam mit dem German Chapter of the ACM. Das German Chapter der Usability Professionals' Association hat in gewohnter Weise unter dem Titel Usability Professionals 06 die Tagung mit eigenen Veranstaltungen bereichert. Die Gesellschaft für Informatik (GI) ermöglichte wie immer die Abwicklung durch hochwertige administrative Unterstützung. Die Fachhochschule Gelsenkirchen und das Institut Arbeit und Technik im Wissenschaftszentrum NRW stellten die Räumlichkeiten für die Tagung und deren Vorbereitung zur Verfügung und unterstützten die Organisatoren bei ihrem Mega-Puzzle.

Viele Personen beteiligten sich aktiv an der Vorbereitung und der Durchführung der Tagung – sichtbar wie unsichtbar. An erster Stelle sei dem Team der Gesellschaft für Informatik und des Fachbereichs Informatik der Fachhochschule Gelsenkirchen gedankt – allen voran Claudia Völker, die den bei weitem größten Anteil an der organisatorischen Arbeit zu leisten hatte und noch hat. Nicht vergessen werden darf Viktor Deleski, dessen Arbeitsergebnis Sie in Form des Tagungsbandes gerade in Händen halten.

Bedanken möchten wir uns aber auch bei den Sponsoren, die trotz Fußball-Weltmeisterschaft und trotz ausgedörrter Werbeetats die „Mensch & Computer 2006" auch finanziell unterstützt haben: *human interface design* (Hamburg), *Mangold International GmbH* (Arnstorf), *Noldus Information Technology* (Wageningen, Niederlande), *SAP AG* (Walldorf), *Tobii Technology AB* (Danderyd, Schweden), *UE-Management* (Düsseldorf) und *user interface design GmbH* (Ludwigsburg).

Gelsenkirchen-Buer, im Juli 2006

Andreas M. Heinecke   Hansjürgen Paul

Eingeladene Vorträge

A. M. Heinecke, H. Paul (Hrsg.): Mensch & Computer 2006: Mensch und Computer im Struktur*Wandel*. München, Oldenbourg Verlag, 2006, S. 19-27

User Assistance and Video-Based Acquisition of Human Action

Karl-Friedrich Kraiss

Institute for Man-Machine Interaction, RWTH Aachen

Abstract

Developments in software and hardware technologies as, e.g. in microelectronics, mechatronics, speech technology, computer linguistics, computer vision, and artificial intelligence are continuously driving new embedded applications for work, leisure, and mobility. Interfaces to such smart systems exploit the same technologies as the said systems themselves. Actual examples for advanced interface design concern user assistance and video-based acquisition of human action for interacting with machines. This paper describes both concepts and presents some recent implementations.

1 Introduction

Human to human conversation works surprisingly hassle-free. Even breakdowns in conversation due to incomplete grammar or missing information are often repaired intuitively. Reasons for this robustness of discourse are mutually available common sense and knowledge about the subject under discussion. Also, the conduct of a conversation follows agreed conventions, allows mixed initiative, and provides feedback of mutual understanding. Focused questions can be asked and answers be given in both directions.

In conventional man-machine interaction little of this kind is yet known. Neither user characteristics nor the circumstances of operation are made explicit; the knowledge about context resides with the user alone. However, if context of use was made explicit, assistance could be provided to the user, similar to that offered to the executive by his personal assistant. In consequence an assisted system is expected to appear simpler to the user than it actually is and will be easier to learn. Handling is made more efficient, safer, or even more pleasant.

Another essential ingredient of human communication is multimodality. We gesture and mimic while talking, even at the phone, when the addressee can not see it. We nod or shake the head or change head pose to indicate agreement or disagreement. We also signal attentiveness by suitable body language, e.g. by turning towards a dialog partner. In so doing conversation becomes comfortable, intuitive, and robust.

It is exactly because of this lack of user assistance and multimodality why current interfaces often fail [1]. This paper therefore gives a short introduction in the concept and implementation of user assistance which relies on techniques such as artificial intelligence, and machine learning. It also addresses a particular aspect of multimodality, i.e. the use of gestures and facial expressions in interfacing. Here computer vision algorithms are needed, which only recently have achieved the maturity for out-of-the-laboratory application. Finally a spectrum of actual applications is presented.

2   The Concept of User Assistance

The generation of assistive functions for interaction support relies on the system architecture presented in (Figure 1). As may be seen, the conventional man machine interaction scheme is augmented by a grey block labelled "user assistance", which takes "context of use" as an input and provides "information display augmentation", "user input augmentation", and "automation" as three kinds of assistive output [2, 3].

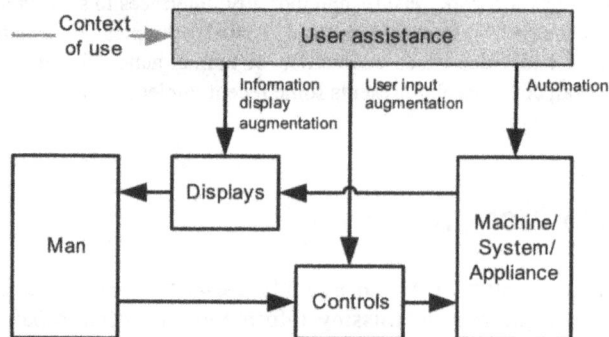

Figure 1: Interaction augmented by user assistance

Context of use identification

Correct identification of context of use is a prerequisite for assistance to be useful. It describes the circumstances under which a system operates. This includes the state of user, the system state, and the situation.

User state refers to the user's identity, whereabouts, workload, skills, preferences, and intentions. Whereabouts are easily accessed by telecommunication and ambient intelligence methods. Workload assessment is based either on user prompting or on physiological data like heartbeat or skin resistance. *System state* characterization is application dependent. In dialog systems the state of the user interface and of single applications and functions are relevant for an assessment. In contrast, dynamics systems are described by state variables, state variables limitations, and resources. Parameters relevant for *situation assessment* are system dependent and different for mobile or stationary appliances. In general, however, the acquisition of environmental conditions poses no serious problem, as sensors are available abundantly.

As an example consider the context of car driving, where driver state, vehicle state, and traffic situation may be described by the parameters given in (Figure 2).

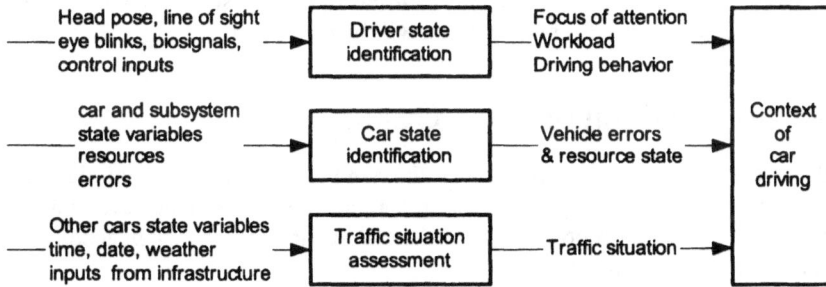

```
Head pose, line of sight        ┌─────────────┐    Focus of attention      ┌────────┐
──── eye blinks, biosignals, ──►│ Driver state │──── Workload              │Context │
     control inputs             │identification│     Driving behavior      │   of   │
                                └─────────────┘                            │  car   │
     car and subsystem          ┌─────────────┐                           │driving │
     state variables            │  Car state   │    Vehicle errors         │        │
──── resources         ────────►│identification│    & resource state ─────►│        │
     errors                     └─────────────┘                            └────────┘
     Other cars state variables ┌─────────────┐
──── time, date, weather     ──►│Traffic situation│── Traffic situation ──►
     inputs from infrastructure │  assessment  │
                                └─────────────┘
```

Figure 2: Factors relevant in the context of car driving

Provision of user assistance

As soon as context of use has been identified, assistance can be provided in three modes (see Figure 1). First information display may be improved, e.g. by providing information just in time and coded in the most suitable modality. In case of driving this may relate to improved headlights, predictive information about impending danger, or to the provision of commands and alerts.

Secondly steering and control inputs may be adapted, modified, or limited as the situation requires. Car driving related examples are the anti block brake system (where the force executes at the pedal pressure is limited), or the braking assistance (where the pedal pressure is amplified).

Thirdly manual control may be substituted by automation if the required speed or accuracy of manual inputs is beyond human capabilities. The electronic stabilization program (ESP) in cars makes, e.g. use of combined single wheel braking and active steering to stabilize car yaw angle. In general the driver is not even aware of the fact, that he has been assisted in stabilizing his car.

3   Video-based Acquisition of Human Action

Modalities applicable to interfaces are speech, mimics, gesture, and haptics, which serve information display, user input, or both purposes. Speech recognition has been around for almost fifty years and is available for practical use.

Interest in gesture and mimics is more recent. In fact the first related papers appeared only in the nineties. Early efforts to record mimics and gesture in real time in laboratory setups and in movie studios involved intrusive methods with calibrated markers and multiple cameras. Only recently video-based recognition has achieved an acceptable performance level in out-of-the-laboratory settings. Gesture, mimics, head pose, line of sight and body posture can now be recognized based on video recordings in real time, even under adverse real world conditions. Emotions derived from a fusion of speech, gestures and mimics open the door for yet scarcely exploited emotional interaction. In the following some technological aspects of the video-based acquisition of human actions will be discussed.

3.1   Acquisition of Hand Gestures

Due to the numerous degrees of freedom of the hand, its two dimensional picture is not unique and can not be described by form features alone. Therefore hand localization is mainly based on skin color, which represents a robust and sufficiently invariant feature. In addition the face is taken as a reference point [4].

Figure 3 a.) Input frame; b.) Skin color distribution; c.) Segmented skin colored regions.

In real world settings hand tracking is hampered by skin colored objects in the background, which are mostly static like, e.g. wooden furniture. Since depth information is missing in pictures provided by one camera, such objects can not be distinguished from the user's hands. To compensate this effect, a background model is generated, covering all static objects in a picture frame. A comparison then enables the identification of moving skin colored regions.

The segmented patches in Figure 3 c do not allow a direct identification of the underlying hand posture as quite a number of different options for interpretation exist. This ambiguity is resolved by checking subsequent frames in a picture sequence. Several heuristics are formulated to assign plausibility values to the various available posture hypotheses. Furthermore posture hypotheses are evaluated by making reference to a biometric 2D-sceleton model of the torso and the arms [6]. The validity of various hypotheses is continually logged in parallel until a gesture terminates and all relevant information has been collected. It is only then, that in view of the entire gesture a winning posture is selected.

A further problem results from the fact that during gesturing hands may occlude each other or the face. The almost identical color of hands and face then prevents an effective segmentation of overlapping regions so that in this case the position of left and right hand can not be identified precisely from one frame. Therefore again a sequence of frames is considered. Tracking is then based on the hand shapes found in the undisturbed views immediately before and after overlap.

The described approach to gesture recognition and hand tracking uses off-the-shelf computer hardware and one Webcam mounted in front of the user. Processing is in almost real time. No markers or data gloves are needed. During extensive testing it proved to work reliably in mobile application, for common backgrounds, and in variable illumination.

3.2   Acquisition of Facial Expressions

For the video-based acquisition of facial expressions the face is first segmented and enlarged by pixel interpolation (Figure 4 a). Noise in the picture as, e.g. shadows on the face and irradiation is then removed by special picture processing. Information about edges, corners, and color distributions is derived in parallel from three false color pictures [4].

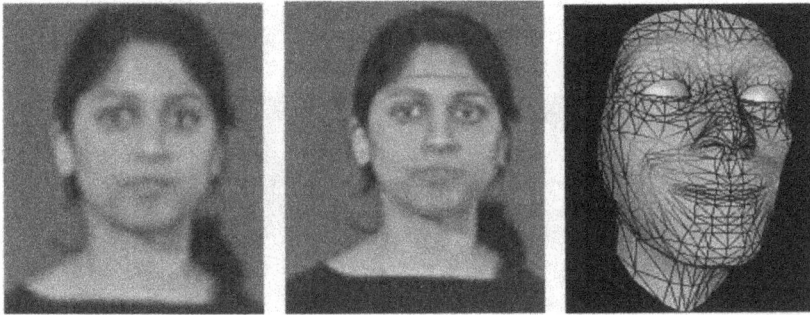

Figure 4 a.) Face; b.) Overlaid face graph; c.) 3 D-Head model with texture.

Based on this composed information selected face regions around the eyes and the mouth are localized by matching a face graph iteratively onto an individual face (Figure 4 b). The graph model employs generic knowledge about face texture and face geometry at 70 characteristic points on a face. By localizing these landmarks and based on their relative positions the interesting face regions can then be identified.

Positioning of the face graph may be aggravated by individual difference like a head pose different from frontal, wearing of binoculars and beards, or long hairs covering the eyes. To handle these problems the face model has to be matched to each individual. To this end a virtual biometric 3D-head is calculated on which a frontal facial view is mapped with correct geometry and texture (Figure 4 c.). The simulated head is subsequently used to generate reference faces for varying head poses and illuminations. Since the biometric 3D-head features also an anatomically correct muscle model, different facial expressions can be generated synthetically and stored for adaptive face graph training.

Following the successful positioning of the face graph single facial features like iris and eyebrow position, eye blinks, or mouth contour are determined as exactly as possible by the combined application of a variety of specialized picture processing algorithms. For the final facial expression analysis the single identified features are synthesized and coded into facial action units.

3.3 Applications of Hand Gesture and Facial Expression Commands

In spite of the fact, that video-based recognition of hand gestures and facial expressions has only recently reached an acceptable performance, a wide spectrum of applications has already evolved; some products even have successfully reached the marketplace.

Substitution of Data Gloves

Interaction with virtual reality mostly involves data gloves of varying technology. Vision based acquisition of hand and finger posture may substitute data gloves in the near future. Since the 2D projection of a hand resulting from one camera is ambiguous and does not allow unique posture identification, the user must wear a cotton glove with colored fingertips (Figure 5). Nevertheless this solution is much less intrusive than common data gloves.

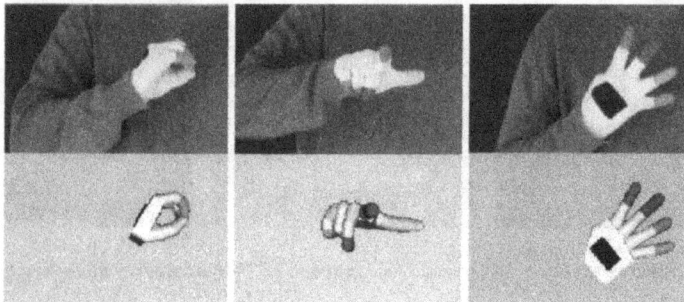

Figure 5: Various hand postures (upper part) and their identification with a hand computer model (lower part). The user wears a cotton glove with colored finger tips [5].

Gesture control of dialog systems in cars

The functionality of dialog systems in cars grows exponentially. To facilitate the handling during driving, multimodal user interfaces have been developed which make use of several sensory and motor channels of humans. Activation of knobs and dials requires allocation of visual attention. Therefore speech is widely used, since it does not load the visual channel. However, in case of environmental noise, speech recognizers fail. Gesture control as depicted in Figure 6 a.) offers a solution to this problem (the camera is mounted behind the rear mirror).

Sign language recognition

Sign language are fully-fledged language fort he daily communication between and with the deaf. The mitigation of linguistic contents is based on manual and non manual means of expression. Automated sign language recognition will improve the communication between the hearing and the deaf population. In Figure 6 b.) a recognition system consisting of a laptop and one webcam mounted on it is depicted, which is able to recognize about 250 gestures in near real time.

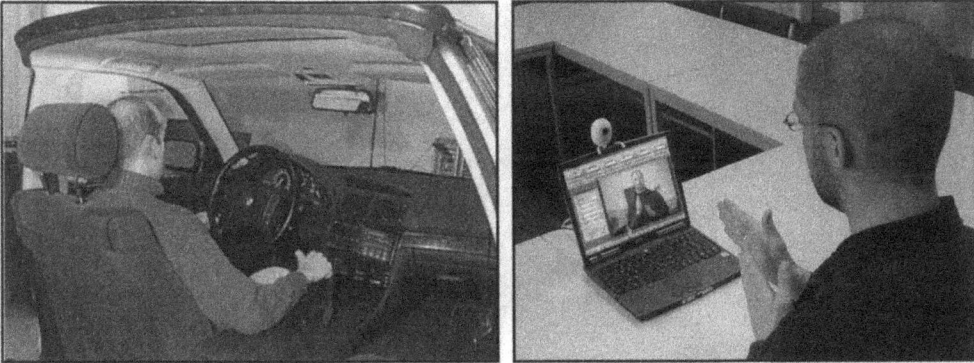

Figure 6: (a) Gesture control of dialog systems in cars [6]; Sign language recognition [7].

Controls for people with severe motor handicaps

For people with severe motor handicaps like paraplegics head motions and facial expression may be the last resort to enable interaction with the environment. Recently a wheelchair has been developed, that is controlled by head pose, eye point of regard, and mouth shape [8]. The face of the wheelchair driver is illuminated by infrared light and recorded by a webcam.

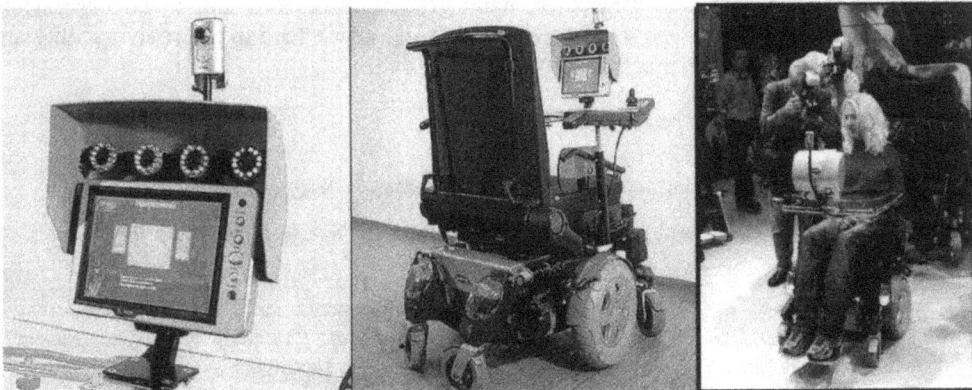

Figure 7: Wheelchair controlled by head pose and facial expressions [8].

Driver status acquisition

Video-based acquisition of the eye-blinks, lip movements and head pose of a driver is part of driver status acquisition which is desirable in various driver assistance systems as, e.g., automatic heading control, speed control, distance keeping, and stop- and-go [8].

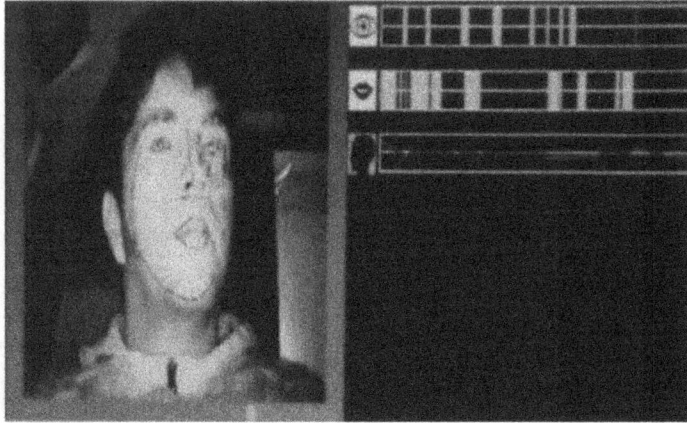

Figure 8: Video-based acquisition of eye blinks, lip movements and head pose for driver status acquisition. Left: the drivers face with overlaid face graph. Right: the logged protocol data.

3.4   Conclusions

In this paper two novel approaches for advanced interface design where discussed. First the concept of user assistance and its implementation were dealt with. Some examples from the realm of car driving assistance were given. Then it was shown how gestures and facial expressions can be acquired with a camera and used for interacting with machines in real world settings. This was illustrated by a variety of recently implemented application examples. From this it appears that user assistance, hand gesture commands and facial expressions commands are essential add-ons to advanced interfaces, which tend to improve usability and reliability of interaction with machines.

References

[1] Kraiss K.-F. (Ed.) (2006): *Advanced Man-Machine Interaction*, Springer Verlag.

[2] Kraiss K.-F. (2006): Assisted Man-Machine Interaction In: Kraiss K.-F. (Ed.) *Advanced Man-Machine Interaction*, Springer Verlag.

[3] Libuda L.; Kraiss K.-F. (2003): Dialogassistenz im Kraftfahrzeug. In: *45. Fachausschusssitzung Anthropotechnik der DGLR „Entscheidungsunterstützung für die Fahrzeug- und Prozessführung,"* Volume DGLR-Bericht 2003-04, pp. 255-270, 14.-15. Oktober, Neubiberg.

[4] Zieren, J.; U. Canzler (2006): Non-intrusive Acquisition of Human Action. In: Kraiss K.-F. (Ed.) *Advanced Man-Machine Interaction*, Springer Verlag.

[5] Zieren J.; Dick, T; Kraiss, K.-F. (2006): Visual Hand Posture Recognition in Monocular Image Sequences. DAGM, Springer LNCS, to appear.

[6] Akyol S.; Canzler U.; Bengler K.; Hahn W. (2000): Gesture Control for Use in Automobiles In: *Proc. of the IAPR MVA 2000 Workshop on Machine Vision Applications*, pp. 349-352, November 28-30, Tokyo.

[7] Zieren J.; Kraiss, K.-F. (2004): Non-Intrusive Sign Language Recognition for Human-Computer Interaction. In: *9th IFAC/IFIP/IFORS/IEA Symposium Analysis, Design, and Evaluation of Human-Machine Systems*, pp. CD-paper 49, September 7-9, Atlanta, Georgia

[8] http://www.cancontrols.com/

A. M. Heinecke, H. Paul (Hrsg.): Mensch & Computer 2006: Mensch und Computer im Struktur*Wandel*.
München, Oldenbourg Verlag, 2006, S. 29-36

Usability in the Future – explicit and implicit effects in cultural computing

Matthias Rauterberg

Department of Industrial Design, Technische Universiteit Eindhoven, The Netherlands

Abstract

I present an extension of Kansei mediated communication in the field of cultural computing. I propose to do so by implementing Cultural Computing concept and enriching it with Kansei Mediated Interaction. I present some inspiration for my approach in terms of culture and then discuss them. I relate my work to the Eastern and to the Western world, i.e. I use cultural examples from Japan and England. I propose as a new direction for HCI, cultural computing with its related paradigm I call Kansei Mediated Interaction. Based on a short overview over the different paradigms for human computer interaction I introduce and discuss the most recent paradigm of cultural computing. Cultural computing addresses underlying and almost unconscious cultural determinants that have since ancient times a strong influence on our ontology and epistemology. Different cultures worldwide will have different approaches to address their particular cultural determinants. In the East, the project ZENetic Computer is a first and very promising approach for cultural computing addressing Eastern cultural determinants. In the West, I propose an interactive experience based on the narrative 'Alice's Adventures in Wonderland' to address the main characteristic of the Western culture: analytical reasoning based on formal logic

1 Introduction

From a historical perspective, Human-Computer Interaction (HCI) has evolved over more than five decades. Although the history of HCI[1] is rich and complex, within the scope of this paper we will summarise some of the major paradigms that are: (1) personal computing, (2) cooperative computing, (3) social computing, and (4) cultural computing (see figure 1). The history of HCI goes back to the 60s. Originally it was about Man-Machine Interaction and the emergence of the Personal Computing (PC) paradigm. In the 80s, HCI was investigating media rich computing with the paradigm of networked computer mediated interaction. Interactive multimedia was the focus of attention. More recently, at the turn of the century, HCI

---

[1] http://www.idemployee.id.tue.nl/g.w.m.rauterberg/presentations/HCI-history_files/frame.htm

was about the social computing paradigm with community mediated interaction[2]. The HCI community investigated applications such as Computer Supported Cooperative Work (CSCW), and the Internet (e.g., on line communities). With mobile, portable and ubiquitous technology, HCI is looking at more personalised and intimate interaction with positive experiences. Several concepts have emerged in recent years for the future directions of HCI: ubiquitous, nomadic, mixed-reality computing, and so on. In general all these new directions have some common properties: (1) the disappearing computer; (2) the ease of use and positive experience and; (3) the building of communities. The computer is no more the centre of interest, nor is it the focus of attention of the user. It is the running applications and the benefits and effects these have on the user that matter. Finally, Nakatsu, Rauterberg and Salem (2006) propose as a new paradigm for HCI, *cultural computing* which is based on what we call Kansei Mediated Interaction. Kansei Mediation is a form of multimedia communication that carries non-verbal, emotional and Kansei information (e.g., unconscious communication). It is a combination of Kansei Communication (i.e., 'content') and Kansei Media (i.e., 'form'). The main research objectives in Kansei Mediated Interaction are the underlying almost unconscious cultural determinants (see also Salem & Rauterberg 2005b).

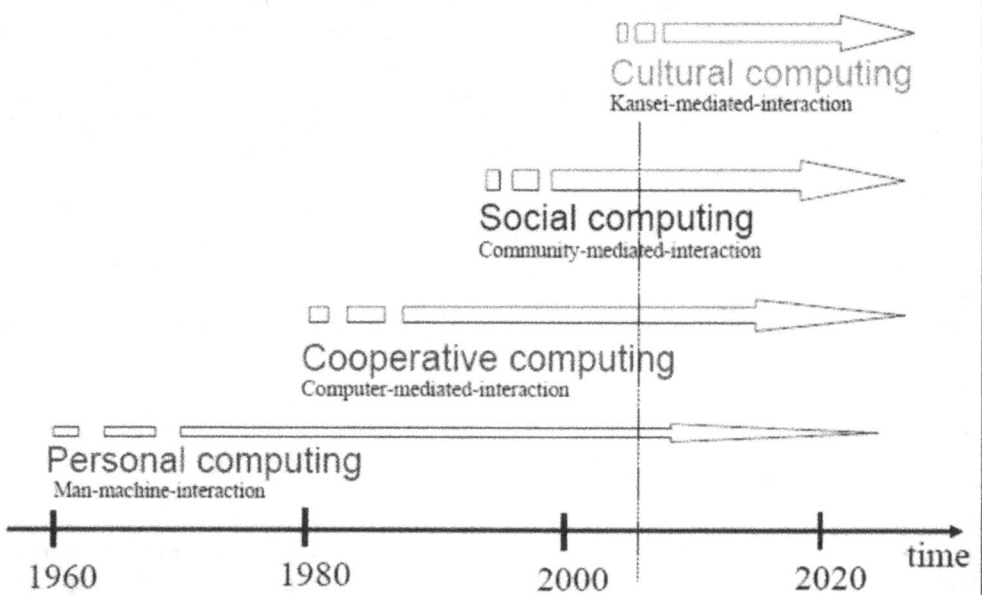

Figure 1: From Personal to Cultural Computing, an overview over the most relevant interaction paradigms

Although the cultural dependency is somewhat a drawback it has many advantages. Cultural computing allows for a much richer experience to be rendered. This is caused by the complexity and depth of the semantics involved. There is also the advantage of higher bandwidth of information at the interface as symbolic meanings and implicit knowledge can be used.

---

[2] http://www.idemployee.id.tue.nl/g.w.m.rauterberg/Movies/Living%20Memory/Living%20Memory.htm

The interface is not limited to explicit messages and meanings. However, there is a challenge in finding culturally rich media that could be used to deliver cultural experience. One of the major points of this approach is the proposal and intent on relaying on Kansei Mediation as a mean to deliver the necessary media and bandwidth rich interface.

Kansei Mediation is a form of multimedia communication that carries non-verbal, emotional and Kansei information (Nakatsu et al. 2006). It is a combination of Kansei Communication and Kansei Media. In essence it is about exchanging cultural values efficiently and effectively. Kansei Communication is about sharing implicit knowledge such as feelings, emotions and moods. Kansei Media are the channels used to do so, such as voice tone and non-verbal communication. The integration of multiple, multimode and Kansei Media can enable a type of interaction that is neither biased towards cognition, nor biased towards awareness. This is what we call Kansei Mediated Interaction. Several cognitive functions can be ordered according to their life-span. Kansei Mediated Interaction has the potential to stimulate and influence most of these functions. The cognitive functions are: *reflexes*, *sensations*, *thoughts*, *dreams*, *emotions*, *moods*, and *drives*.

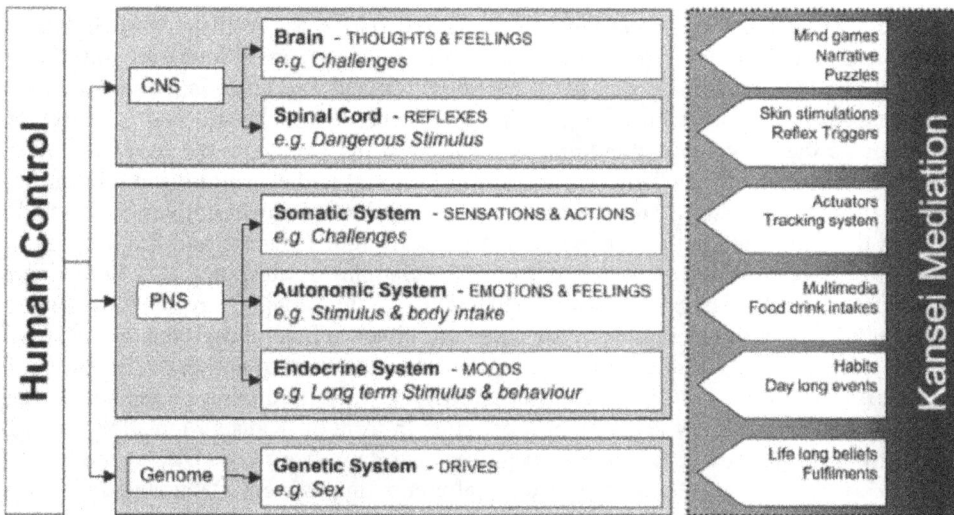

Figure 2: From human control mechanisms to Kansei Mediation. [CNS: Central Nervous System, PNS: Peripheral Nervous System] (adopted from Salem, Rauterberg and Nakatsu 2006)

These different cognitive functions are linked to different control systems (bold black in Fig. 2) of our body, show the mapping of the links. In turn, these links help us design the right interaction (italic in Fig. 2) through various body parts and control systems. To achieve Kansei Mediated Interaction, one needs to address these interactions with the right channels (as the examples given to the right part of Fig. 2).

2   Cultural Computing

The word *culture* (from the Latin 'colo, -ere', meaning 'to cultivate', 'to inhabit' or 'to honor') has been defined and used in many ways throughout different contexts. Kroeber and Kluckhohn (1952) compiled a list of more than 156 different definitions for *culture*. One of the most popular definitions of culture in the field of anthropology is "a complex web of shifting patterns that link people in different locales and that link social formations of different scales"[3]. Culture is the integration of human behaviour that includes attitudes, norms, values, beliefs, actions, communications and groups (ethnic, religious, social, etc.). Cultural computing[4] is more than integrating cultural aspects into the interaction. It is about allowing the user to experience an interaction that is closely related to the core aspects of his/her culture. In a way that let him/her engage with an augmented reality using the values and attributes of his/her own culture. As such it is important to understand one's cultural determinants and how to render them during the interaction. In this paper we will focus on two cultural computing projects, one from the Eastern World (prevailing in Japan) and one from the Western world (prevailing in England).

Over the last 3000 years the peoples of four distinct regions of the civilized world created the religious and philosophical traditions that have continued to nourish humanity into the present day: *Confucianism* and *Daoism* in China; *Hinduism* and *Buddhism* in India; *monotheism* in middle east; and philosophical *rationalism* in Greece. 'Monotheism' and 'philosophical rationalism' is the religious and cultural foundation of the occident. We have investigated illustrative stories that are well known, accessible, classical in their culture and relevant from the point of view of cultural computing. We primarily looked for narratives that would be helpful in the understanding of the essential aspects of both Japanese and English cultures. To this effect, we have selected the story of '*ZEN Buddhism*' attributed to a Boddidharma (circa 500 AC), and '*Alice's Adventures in Wonderland*' by Lewis Carroll (1865). Both are detailed in the next sections, and both are examples either to help understand the underlying cultural value (i.e., Zen) or question it (i.e., Alice). For the Eastern and Western culture, the main value dealt with is *enlightenment*, but in different ways. Utilizing on modern technology Nakatsu et al. (2006) try to give a new direction in form of 'Kansei Mediation' to enable societies transforming towards enlightenment (see also Rauterberg 2004). Salem and Rauterberg (2005a) discuss the relationship of cultural computing and entertainment, and Hu and Bartneck (2005) could conclude that 'culture matters'.

2.1   Eastern Culture: ZENetic computer

In the East enlightenment is the state of awakening that a Buddha has attained, and is the ultimate goal of Buddhist practice and the highest of the 'Ten Worlds'. The concept enlightenment is regarded as a state of perfect freedom, in which one is awakened to the eternal and ultimate truth that is the reality of all things. This supreme state of life is characterized by boundless wisdom and infinite compassion (http://www.experiencefestival.com/a/Buddha-

---

[3]   http://en.wikipedia.org/wiki/Culture.

[4]   http://www.culturalcomputing.uiuc.edu/

hood/id/79203). With the spread of Zen Buddhism in the thirteenth century, the arts of Japan took on a new focus. Here was a religion which cultivated self-discipline and austerity as the path to enlightenment. Meditation is at the centre of Zen practice and many Zen art forms can be seen as vehicles for inward reflection or as visualizations of the sudden and spontaneous nature of enlightenment. A *love of nature* lies at the very core of Zen. The qualities of abstraction and suggestion which characterized *suiboku-ga* were fittingly applied to the design of Zen gardens. Japanese gardens employ artifice to create an environment that appears more natural than nature itself. Trees and bushes are carefully pruned, color is restricted and water channeled to convey, in one setting, the essence of the natural landscape. The word for landscape in Japanese is *sansui*, meaning 'mountain and water'. In Zen-inspired *kare-sansui* or 'dry landscape' gardens, such as that of Ryoan-ji in Kyoto, these two elements are symbolically combined. *Kare-sansui* gardens consist only of carefully selected and positioned rocks in a bed of sand or gravel which is raked into water-like patterns. As vehicles for contemplation, such gardens convey the vastness of nature through the power of suggestion.

Tosa et al. (2005) think of cultural computing as a method for cultural translation that uses scientific methods to represent the essential aspects of a culture. Including cultural concepts that heretofore have not been the focus of computing, such as mental images of Eastern thought and Buddhism, and the Sansui paintings, poetry and kimono that evoke these images, they projected the style of communication developed by Zen schools over hundreds of years into a world for the user to explore – an exotic Eastern Sansui world: the ZENetic Computer. ZENetic Computer was and still is an ambitious project that tries to crosses boundaries and complicates simple binary divisions such as those between East and West (i.e., modern and pre-modern, science and religion, science and art, etc.). The ZENetic Computer is based on cutting edge technology to offer users a chance to engage and understand Buddhist principles of 're-creation' of the self. The Eastern essence of an ancient culture is delivered by means of Western technology to create an interactive experience dealing with complex issues such as human [un]consciousness. Through encounters with Zen Koans and haiku poetry, the user is constantly and sharply forced to confirm the whereabouts of his or her self-consciousness. So, what would be an equivalent system for Cultural Computing in the West?

2.2   Western Culture: Alice in Wonderland

In the West Kant (1784) gave an answer to the question, "What is enlightenment?" He indicated that the 'way out' that characterizes enlightenment in the West is a process that releases us from the status of 'immaturity'; and by 'immaturity,' he meant a certain state of our will that makes us accept someone else's authority to lead us in areas where the use of reason is called for. In the Western world *enlightenment* is defined by a modification of the preexisting relation linking will, authority, and the use of reason[5].

Nisbett et al. (2001) can confirm that Westerners are *analytic*, paying attention primarily to the object and the categories to which it belongs and using rules, including *formal logic*, to understand its behavior. In contrast East Asians are more *holistic*, attending to the entire field and assigning causality to it, making relatively little use of categories and formal logic, and

---

5   http://en.wikipedia.org/wiki/The_Enlightenment

relying on '*dialectical*' reasoning. These Western and Eastern types of cognitive processes are embedded in different naive metaphysical systems and tacit epistemologies. Nisbett et al. (2001) speculate that the origin of these differences is traceable to markedly different social systems as part of the underlying cultural determinants.

To address logical reasoning in the western culture the most appealing narrative is 'Alice's Adventures in Wonderland' of Lewis Carroll (1865). Charles Lutwidge Dodgson (1832–1898), better known by the pen name Lewis Carroll, was a British author, mathematician, logician, Anglican clergyman and photographer. His most famous writings are 'Alice's Adventures in Wonderland' and its sequel 'Through the Looking-Glass'. His facility at word play, logic, and fantasy has delighted audiences ranging from the most naive to the most sophisticated. He was exceptionally gifted and achievement came easily to him. His works have remained popular since they were published and have influenced not only children's literature, but also a number of major 20th century writers such as James Joyce and Jorge Luis Borges. There are societies dedicated to the enjoyment and promotion of Lewis Carroll's works in many parts of the world including North America, the United Kingdom and New Zealand. In this perspective the book 'Alice's Adventures in Wonderland' can serve as input for a Cultural Computing project in the West.

The first interactive, but semi-immersive virtual reality system based on parts of 'Alice in Wonderland' was developed at the Entertainment Technology Center of Carnegie Mellon University. Pierce et al. (1999) created a successful virtual experience based on a head-mounted display to overcome some or all of the following problems: entering a virtual world is a jarring experience, people do not naturally turn their heads or talk to each other while wearing a head-mounted display, putting on the equipment is hard, and people do not realize when the experience is over. In the Electric Garden at SIGGRAPH 97, they presented the Mad Hatter's Tea Party, a shared virtual environment experienced by more than 1,500 attendees. They addressed these head-mounted display related problems with a combination of back story, see-through head-mounted displays, virtual characters, continuity of real and virtual objects, and the layout and setting of the physical and virtual environment.

We started the cultural computing project ALICE as an interactive, entertaining experience (see Nakatsu, Rauterberg & Vorderer 2005) inspired from 'Alice in Wonderland' (Carroll 1865). In the scope of this project interactive adventures are experiences provided by an Augmented Reality (AR) environment based on selected parts from Lewis Carroll's book 'Alice's Adventures in Wonderland'. The user assumes the role of Alice and explores this interactive narrative. ALICE is an exploration of interactive story-telling in AR. By exploiting the unique characteristics of AR compared to established media such as film and interactive media, the project uses AR as a new medium for edutainment and entertainment as a particular carrier for cultural transformations. Innovations include the refashioning of conventions used in film and interactive tools for the development of an AR narrative, and the use of simple artificial virtual and real characters (avatar and robot respectively) to create an immersive interactive experience.

ALICE is an augmented reality (AR) narrative with intelligent agents acting as characters who lead the user through virtual and real locations, moral choices and emotional states. The narrative is a surreal quest, sometimes funny, sometimes disturbing. The character White Rabbit (representing the concept of *time*) introduces him and joins with the user in a series of absurdist challenges. ALICE is an educational journey towards the user's heart's desire, designed to provoke self-reflection on a number of other issues: bullying and trusting others; selfish- and selfless-ness; enjoying the moment or sublimating pleasure. The user is given the opportunity to occupy and experience any of these mental and emotional positions. This will be achieved in line with the 'Alice in Wonderland' plot (albeit shortened).

Alice in Wonderland can be used to give interesting examples of many of the basic concepts of adolescent psychology. Alice's experiences can be seen as symbolic depictions of important aspects of adolescent development, such as initiation, identity formation, and physical, cognitive, moral, and social development (Lough 1983). Alice's adventures are deconstructivist[6] in nature and as such are directly challenging the strongly held belief of a linear, single track and sequential reality.

3 Discussion and Conclusions

The upcoming paradigm of cultural computing introduces new research challenges, such as: (1) what are the relevant cultural determinants in different cultures to enable the user to transform his/her self towards enlightenment (see Salem & Rauterberg 2005b); (2) what kind of interactive experiences will have the most supportive potential regarding this transformation (see Nakatsu et al. 2005), (3) what are the differences between cultures worldwide and how to address them, and (4) how to measure the effects regarding the progress achieved in transforming once self. We have discussed several possible answers to these challenges and can conclude that (ad 1) the Western culture is mainly characterized by analytical reasoning based on formal logic (Nisbett et al. 2001), (ad 2) the narrative Alice in Wonderland is a promising candidate for such kind of interactive experiences to address the before mentioned cultural determinants, (ad 3) cultural computing projects (e.g. ZENetic Computer) will not fit to western cultures, and (ad 4) cultural awareness might be assessed by utilizing on the concept of the mandala as introduced by Jung.

References

Carroll, L. (1865): Alice's adventures in Wonderland. Macmillan, London.

Hu, J.; Bartneck, C. (2005): Culture matters – a study on presence in an interactive movie. In: Proc. of 8th Annual International Workshop on Presence (CD-ROM Proceedings), London.

Jung, C. G. (1959): Mandala symbolism. (Translated by R.F.C. Hull) Bollingen Series, Princeton.

Kant, I. (1784). Beantwortung der Frage: Was ist Aufklärung? Berlinische Monatschrift, vol. 2, pp. 481-494.

Kroeber, A. L.; Kluckhohn, C. (1952): Culture: A Critical Review of Concepts and Definitions. Peabody Museum, Cambridge, Massachusetts.

Lough, G. C. (1983): Alice in Wonderland and cognitive development: teaching with examples. Journal of Adolescence, 6(4), 305-15.

---

[6] http://en.wikipedia.org/wiki/Jacques_Derrida

Nakatsu R.; Rauterberg, M.; Salem, B. (2006): Forms and theories of communication: from multimedia to Kansei mediation. Multimedia Systems, 11(3), 304-312.

Nakatsu R.; Rauterberg, M.; Vorderer P. (2005): A new framework for entertainment computing: from passive to active experience. Lecture Notes in Computer Science, vol. 3711, pp. 1-12.

Nisbett R. E.; Peng, K.; Choi, I.; Norenzayan, A. (2001): Culture and Systems of Thought: Holistic Versus Analytic Cognition. Psychological Review, 108(2), 291-310.

Pierce J. S.; Pausch R.; Sturgill C. B.; Christiansen K. D. (1999): Designing a successful HMD-based experience. Presence, 8(4), 469-473.

Rauterberg M. (2004): Positive effects of entertainment technology on human behaviour. In: R. Jacquart (ed.), Building the Information Society (pp. 51-58). IFIP, Kluwer Academic Press.

Salem B.; Rauterberg M. (2005a): Aesthetics as a key dimension for designing ubiquitous entertainment systems. In: M. Minoh & N. Tosa (eds.) The 2nd International Workshop on Ubiquitous Home – ubiquitous society and entertainment. (pp. 85-94) NICT Keihanna and Kyoto.

Salem B.; Rauterberg M. (2005b): Power, Death and Love: a trilogy for entertainment. Lecture Notes in Computer Science, vol. 3711, pp. 279-290.

Salem B.; Rauterberg M.; Nakatsu R. (2006, in press): Kansei mediated entertainment. In: Proceedings of the 5th International Conference on Entertainment Computing (ICEC'06). LNCS, Springer.

Tosa, N.; Matsuoka, S.; Ellis, B.; Ueda, H.; Nakatsu, R. (2005): Cultural Computing with Context-Aware Application: ZENetic Computer. Lecture Notes in Computer Science, vol. 3711, pp. 13-23.

Acknowledgement

I would like to thank the following people for our fruitful discussions (in alphabetic order): Dzmitry Aliakseyeu, Christoph Bartneck, Marco Combetto, Jun Hu, Tijn Kooijmans, Dirk van den Mortel, Ryohei Nakatsu, Ben Salem, Christoph Seyferth, and Naoko Tosa. I am also very grateful for the sponsorship of Microsoft Research Laboratory in Cambridge, UK.

A. M. Heinecke, H. Paul (Hrsg.): Mensch & Computer 2006: Mensch und Computer im Struktur*Wandel*.
München, Oldenbourg Verlag, 2006, S. 37-40

Paradoxien der Wissensgesellschaft

Georg Simonis

FernUniversität Hagen

Der Begriff des Wissens ist positiv aufgeladen. Wer über passendes Wissen verfügt, kann damit je spezifische – theoretische oder praktische – Probleme vollständig oder nur ansatzweise – eben theoretisch – lösen. Mit dem Konzept des Wissens verbinden wir heutzutage vor allem das wissenschaftliche Wissen das mit wissenschaftlich anerkannten Methoden gewonnen wird und dessen Problemlösungsqualität systematisch erprobt und von der Fachwelt anerkannt ist. Entsprechend der positiven Konnotation des Wissensbegriffs wird nicht nur in den Sonntagsreden mit dem Begriff der Wissensgesellschaft gesellschaftlicher Fortschritt in Verbindung gebracht. Wenn erwartbar ist, dass sich die Industriegesellschaft nach einem langen und schmerzhaften Prozess des Strukturwandels in eine Wissensgesellschaft transformiert, dann scheint das Licht am Ende des Tunnels auch den mühseligen Weg dorthin zu rechtfertigen. Die Wissensgesellschaft wird zur Zielprojektion, also zum Leitbild, des gesellschaftlichen Wandels, der mit Bezug auf das Leitbild gleichzeitig als notwendig, vertretbar und wünschbar erscheint.

Meine nachfolgenden Ausführungen sollen dazu beitragen, das Leitbild der Wissensgesellschaft genauer zu konturieren, um auf der Grundlage von deren Strukturmerkmalen informierter über deren Wünschbarkeit zu reden. Dafür werde ich zunächst, in gebotener Kürze, einen gesellschaftswissenschaftlichen, empirisch-analytischen Begriff der Wissensgesellschaft entwickeln, der soweit wie möglich ohne normative Bezüge auskommt. Im Hauptteil meines Beitrags sollen vier paradoxe Implikationen der Wissensgesellschaft herausgearbeitet werden, um abschließend zu der These zu gelangen, dass die Wissensgesellschaft neben ihrer glänzenden auch eine Schattenseite besitzt, die sowohl deren Stabilität als auch deren Wertebasis in Frage stellen. Vermutlich lässt sich die These rechtfertigen, dass die Wissensgesellschaft mit der Würde des Menschen nur partiell unvereinbar ist.

Die Sozialwissenschaften haben sich bislang auf keine breit anerkannte Definition der Wissensgesellschaft einigen können. Die OECD betont die ökonomischen Aspekte und geht davon aus, dass Wissensgesellschaften auf einer wissensbasierten Ökonomie beruhen

"economics which are directy based on the production, distribution and use of knowledge and information. This is reflected in the trend in OECD economics towards growth in high-technology investments, high-technology industries, more highly-skilled labour and associated productivity gains." (OECD 1996: 7)

Für Evers, Gerke und Menkhoff (2006: 246) muss in einer wissensbasierten Wirtschaft „die Wertschöpfung der immateriellen Produktion (Dienstleistungen, Computer gesteuerte Produktion et cetera) die der materiellen Produktion (manufacturing)" übersteigen. Und Helmut Wilke will von einer Wissensgesellschaft immer dann sprechen, „wenn alle Funktionsbereiche der Gesellschaft wissensabhängig und auf die Produktion von neuem Wissen angewiesen sind." (1999: 263) Max Kaase (1999: 535) schließlich meint in der sozialwissenschaftlichen Diskussion sogar einen Konsens für die Verwendung des Konzepts der Wissensgesellschaft das an die Stelle des Konzepts der Informationsgesellschaft treten würde, feststellen zu können.

> *„Denn dieser Begriff lenkt nicht nur die Aufmerksamkeit auf die inhaltliche Dimension von vermittelter Kommunikation, sondern mit seiner Akzentsetzung auf Wissen statt Information gelangen auch Aspekte des gesellschaftlichen, wirtschaftlichen, politischen und kulturellen Umfelds und der Konsequenzen dieser technikgetriebenen Entwicklung hin zu einem Gesellschaftstyp in den Blick, in dem – Bell folgend – theoretisches, kodifiziertes und intersubjektives Wissen sowie seine Anwendung auf mittlere bis lange Sicht die dominante Produktivkraft darstellen werden." (Kaase 1999: 537)*

Das Konzept der Wissensgesellschaft steht, wenn man den voranstehenden Überlegungen folgt, in einem engen Zusammenhang einerseits mit der Generierung neuen Wissens im Wissenschafts- und Innovationssystem und dessen Anwendung in der Wirtschaft und andererseits mit der Entwicklung des Informationssystems (der Informationsgesellschaft), das die informations- und kommunikationstechnischen Infrastrukturen der Wissensgesellschaft bildet. Die Wissensgesellschaft übersteigt somit die Konzepte der Informations- und Innovationsgesellschaft. Sie ist als globale Netzwerkgesellschaft, um einen Begriff von Manuel Castells (2001) aufzugreifen, organisiert. Für die nachfolgende Analyse ihrer Paradoxien ist die Wissensgesellschaft mit ihren beiden, ihre Funktionsweise prägenden Teilsystemen (Innovation, Information) und ihrer netzförmigen – global, national, regional/lokal – Organisationsstruktur hinreichend präzisiert.

1   Wissens- und Zukunftsparadox

Mit der Zunahme von Wissen und das Wissen befördernden und verarbeitenden Informationstechnologien und wissensbasierter Organisationen erhöht sich auch das Nichtwissen. „Die Entdeckung neuer Unbestimmtheiten ist im Mittel immer größer als die Konstruktion von abgesicherten, bestätigten Wissensbeständen." (Flecksches Gesetz nach Krohn 1997: 65). Mehr Innovationen erzeugen mehr Ungewißheit. Denn: „Die Folgewirkungen, die von der gesellschaftlichen Nutzung technischer Innovationen ausgehen, sind zum Zeitpunkt ihrer Entwicklung und gesellschaftlichen Erprobung nicht vorhersehbar (Simonis 1999: 189). Wir müssen mit der paradoxen Situation umgehen, dass neues technologisches Wissen zwar bekannte Probleme und Bedürfnisse besser befriedigt, aber gleichzeitig zuvor unbekannte Probleme und Bedarfe erzeugt. Mit der Generierung immer „neuen" Wissens wird nicht nur das „alte" Wissen entwertet, es entstehen gleichzeitig neue Wissensprobleme, Ungewißheiten und Unsicherheiten. Die Wissensgesellschaft ist zugleich eine Unwissensgesellschaft, die ihrer Zukunft immer weniger gewiß ist.

2 Entgrenzungsparadox

In der Wissens- und Informationsgesellschaft sind tendenziell in jeden Winkel des Globus die öffentlich zugänglichen Informationen, die in Wissen transformierbar sind, abrufbar. Das Wissensmonopol der entwickelten westlichen Staatenwelt scheint gebrochen zu sein. Jedoch wird das entgrenzt zur Verfügung stehende Wissen nicht global, sondern regional in lokal konzentrierten Wissensclustern erzeugt. Außerdem nimmt die Relation zwischen öffentlich und privat generiertem neuen Wissen ab, so dass relativ immer weniger neues Wissen unmittelbar, d.h. ohne Lizenzzahlungen etc., genutzt werden kann. Trotz der informations- und kommunikationstechnologischen „Revolutionen" ist die Wissensgesellschaft geographisch und sozial hoch konzentriert (vgl. Hirsch-Kreinsen/ Wittke 1999, Evers/Gerke 2005, Castells 2001).

3 Gestaltungsparadox

Die Wissensgesellschaft hat einen hohen Gestaltungsbedarf, doch die Gestaltungskapazitäten nehmen ab. Der wachsende Steuerungs- und Gestaltungsbedarf resultiert aus dem mit der steigenden Wissensproduktion notwendig verknüpften Unsicherheiten und Ungewißheiten, den Neben- und Folgewirkungen neuer Technologien, sowie den, mit dem Entgrenzungsparadox erfassten, zunehmenden Asymmetrien in der globalen Netzwerkgesellschaft (u.a. digital divide, soziale Exklusion) und deren Politisierung. In einer netzwerkförmig strukturierten globalen Gesellschaft, in der neoliberale Austausch- und Verkehrsformen zwischen Unternehmen und regionalen Innovationsclustern dominieren, nehmen die Steuerungskapazitäten der Nationalstaaten in vielen staatlichen Handlungsfeldern ab (vgl. Behrens 2005), ohne dass im entsprechenden Umfang neue globale (Stichwort: gobal Governance) oder regionale (Stichwort: regional Governance) Handlungsmöglichkeiten aufgebaut werden.

4 Sinnparadox

Wissen ist ein öffentliches, aber auch ein privates Gut. Während das Orientierungswissen, das vorrangig in den Kultur- und Sozialwissenschaften erzeugt wird, vorwiegend als öffentliches Gut vermarktet wird, hat das Verfügungswissen, vor allem wenn es die Labors und Entwicklungsabteilungen gerade erst verlassen hat, eine privatrechtliche Form. Die Wissensgesellschaft befördert die Erzeugung von Verfügungswissen, das zu Produkt- und Dienstleistungsinnovationen führt. Die Produktion von Orientierungswissen bleibt systematisch zurück. Der Wissensgesellschaft fehlt es daher – zumindest tendenziell – an Orientierung und Sinngebung. Die Löcher fehlenden Sinns und reduzierter Legitimation dienen religiösem

Fundamentalismus und nationalistischem Extremismus als Einbruchstellen in die Wissensgesellschaft, die damit nicht nur von Außen bekämpft (z.B. islamischer Fundamentalismus), sondern auch von Innen in Frage gestellt wird.

5   Fazit

Die vier skizzierten Paradoxien lassen vermuten, dass die Wissensgesellschaft brüchig und instabil ist. Sie verweisen auch darauf, dass eine kognitivistisch basierte Gesellschaft, in der immer mehr kognitives (wissenschaftliches) Wissen und damit Verfügungswissen erzeugt wird, als halbierte und letztlich seelenlose Gesellschaft funktionieren müsste. Völlig unklar ist, wie dieser Gesellschaftstyp die Ängste und Leidenschaften der Menschen einhegt. Ob das Freizeitangebot und die Sicherheit stiftenden Serviceleistungen die kognitivistische Abrichtung und gleichzeitige Verunsicherung durch Informationsüberflutung ausgleichen können, ist mehr als fraglich.

Angenommene Vorträge

A. M. Heinecke, H. Paul (Hrsg.): Mensch & Computer 2006: Mensch und Computer im Struktur*Wandel*.
München, Oldenbourg Verlag, 2006, S. 43-53

Modellierung aufgabenangemessener Abläufe im Web

Gerd Szwillus

Universität Paderborn, Institut für Informatik

Zusammenfassung

Moderne Webseiten bieten typischerweise zahlreiche Möglichkeiten der Interaktion. Neben Einkaufs-
und Bestellvorgängen gibt es interaktive Webanwendungen für viele Zwecke, wie zum Beispiel zum
Abwickeln von Auktionen, zum Verwalten von Digitalfotos oder zur Berechnung von Finanzierungs-
modellen. Derartige Abläufe im Web anzubieten, erfordert eine angemessene Entwurfsmethodik, die
den zu beschreibenden Sachverhalten und Abhängigkeiten gerecht wird, andererseits aber auch die
besondere Nutzungssituation im Web berücksichtigt. Wir schlagen ein Modellierungskonzept vor, das
sich an der klassischen Aufgabenmodellierung orientiert und dieses Konzept derart erweitert, so dass
die Veränderungen durch die Aufgabenerledigung in ihrer Umgebung explizit einbezogen werden. Auf
diese Weise können Ablaufstrukturen für das Web entwickelt, bewertet und optimiert werden, ohne
dass der aufwendige Schritt zur visuellen Gestaltung nötig wird.

1   Einleitung

In den Anfängen des WWW war die Präsentation von Information die Hauptaufgabe von
Webauftritten. Diese rein datenzentrierte Sicht ist allerdings zwischenzeitlich eher zur Ausnahme geworden: in der Regel bieten Webseiten zahlreiche Möglichkeiten der Interaktion,
was zur Implementation von Abläufen aller Art intensiv genutzt wird. Da man üblicherweise
große Benutzerzahlen erreichen will, müssen die angebotenen Abläufe möglichst einfach zu
benutzen sein und trotzdem viele Möglichkeiten bieten, um Dienstleistungen erfolgreich ins
Web verlagern zu können. Das Problem einer aufgabengerechten Gestaltung von Benutzungsschnittstellen, wie vielfach bereits für Desktop-Systeme gefordert, stellt sich hier unter
verschärften Bedingungen neu.

Im mittlerweile als „visuelles Medium" geltenden Web werden Abläufe aller Art dem Besucher eines Webauftritts letztlich als Abfolge zumeist grafisch aufwendig gestalteter Seiten
entgegentreten. Bekanntermaßen muss erheblicher Aufwand für deren Entwicklung getrieben
werden, bei der die visuellen Fragen vielfach in den Vordergrund drängen, bzw. dieser Ent-
wurfsaspekt als erster und somit am wichtigsten erscheinender Aspekt behandelt wird. An

manchen Abläufen, die im WWW eingesetzt und den Benutzern zugemutet werden, erkennt man, dass die Entwicklung des Ablaufs selbst hierbei eher vernachlässigt wird.

Wir schlagen in diesem Papier ein Modellierungskonzept vor, das sich an der klassischen Aufgabenmodellierung orientiert. Hierbei steht die Sichtweise des agierenden Menschen im Vordergrund. Allerdings wird mit einbezogen, welche Veränderungen die Aufgabenerledigung in ihrer Umgebung bewirkt. Diese Vorgehensweise erlaubt eine präzise Beschreibung der zu entwickelnden Abläufe aus Sicht der Erkenntnis- und Entscheidungsprozesse des Besuchers. Damit können die Ablaufstrukturen entwickelt, bewertet und optimiert werden, ohne dass der aufwendige Schritt zur visuellen Gestaltung nötig wird.

2   Aufgabenerledigung im Web

Zur Beschreibung von Aufgabenerledigung durch den Menschen haben sich Aufgabenmodelle (Mori et al. 2002), (Uhr 2003), (van Welie et al. 1998) in verschiedenen Entwurfssituationen bewährt. Diese drücken die Aufteilung von Aufgaben in Teilaufgaben, sowie typische zeitliche Relationen zwischen Aufgaben aus. Auf diese Denkweise wollen wir uns bei unserer Modellierungstechnik abstützen, allerdings zeigt sich schnell, dass diese Strukturen alleine nicht hinreichen, um zu aussagekräftigen Modellen zu kommen. Dialogabläufe im Web verwenden intensiv den Austausch von Informationen zwischen dem Besucher und der Website, was sich in Aufgabenmodellen nur unzureichend widerspiegelt. Um dies zu verdeutlichen, betrachten wir im Folgenden einen Beispielablauf im Web und präsentieren anschließend ein für derartige Abläufe geeignetes Modellierungskonzept.

Das Benutzungsbeispiel beschreibt die Nutzung der Fahrplanauskunft der Deutschen Bahn (Stand: März 2006). Ausgehend von der Homepage (www.bahn.de) ist ein kleines Rechteck in der linken oberen Ecke der Website (Abb. 1) dem Einstieg in die Reiseauskunft gewidmet – der Großteil der Seite besteht aus bunten Angeboten, die den Besucher einfangen sollen. Unter dem Titel „Reiseauskunft – Tickets" kann man den Abfahrtsort, den Zielort, das Reisedatum und die Abfahrts- bzw. Ankunftszeit einer eventuellen Reise eingeben. Unterstellen wir, dass der Benutzer die Aufgabe „Planen einer Bahnreise" verfolgt, ist es möglicherweise legitim, jetzt eine Liste möglicher Zugverbindungen zu erwarten. Stattdessen wird der Besucher auf der Folgeseite mit einer großen Zahl von Einstell- und Eingabemöglichkeiten konfrontiert. Zumindest der unerfahrene Benutzer wird diese Seite von oben nach unten durchlesen. Dabei wird er zunächst erkennen, dass seine zuvor eingegebenen Reisedaten übernommen wurden. Er kann nun, wenn er möchte, die Reisedaten für die Rückreise eintragen. Darunter wird er nach der Anzahl der Reisenden, den vorhandenen BahnCards, sowie der Wagenklasse gefragt. Ihm wird als Verkehrsmittel „Standardsuche" angeboten und er muss entscheiden, ob er „schnelle Verbindungen bevorzugen" will und ob er ein Fahrrad mitnehmen möchte oder nicht. Danach stößt der Benutzer auf den Button „Verbindung suchen", was ihm dann eine neue Seite mit einer Liste der Zugverbindungen einschließlich Preisangaben zur gewünschten Fahrzeit verschafft.

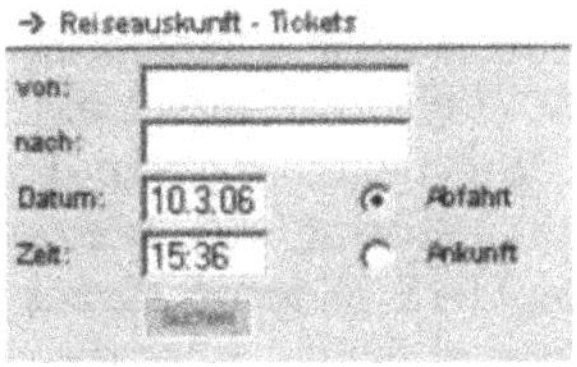

Abbildung 1: Fahrplanauskunft

Anhand dieser Liste kann der Besucher nun entscheiden, *welche* Hinfahrt er antreten will. Für diese Bewertungsaufgabe kann er Details über die Verbindungen anfordern und die Liste auf frühere oder spätere Verbindungen erweitern. Hat er genau eine dieser Verbindungen ausgesucht, kann er die Rückfahrt hinzufügen. Dazu wird ihm eine Terminierung der Rückfahrt vorgeschlagen, die er modifizieren und danach die Verbindungen zur Rückfahrt anfordern kann. Diese Liste bewertet der Benutzer analog zur Hinfahrt und kann die Gesamtfahrkarte anschließend auch buchen.

Dieser Ablauf korrespondiert wahrscheinlich nicht mit den Erwartungen der meisten Besucher, die als wesentliche Information nach Angabe der Reisedaten (Wann von wo nach wo?) direkt Information über die Reiseverbindungen erwarten; dass man vor Erhalt der Information über mögliche Rückfahrtverbindungen zunächst *genau eine* Verbindung für die Hinfahrt aussuchen muss ist ein Stolperstein für viele Besucher.

3   Modulare Aufgaben-Objekt-Modellierung

In diesem Kapitel stellen wir zunächst klassische Aufgabenmodelle als Basis unserer anschließend diskutierten Modellierungstechnik vor. Wir sprechen von *Modularer Aufgaben-Objekt-Modellierung*, da die Beschreibung der beeinflussten Objekte und die modulare Gliederung der Modelle die wesentlichen Erweiterungen darstellen.

3.1   Aufgabenmodellierung als Grundlage

In der Aufgabenmodellierung sind die *Concurrent Task Trees (CCT)* (Mori et al. 2002) und die zugehörige Entwicklungsumgebung CTTE weitgehend als Standard etabliert. CTT bietet hierarchische Aufgabenmodellierung und unterstützt dabei auch verschiedene Rollen (Typen von Akteuren). Aufgabenobjekte im obigen Sinne können in Dialogboxen spezifiziert werden, werden innerhalb des Modells allerdings dann nicht weiter verwendet. CTT bietet die Möglichkeit zu spezifizieren, dass neben einer rein zeitlichen Abhängigkeit auch ein Informationstransfer stattfindet, dies ist aber strukturell auf benachbarte Aufgaben beschränkt und die weitergegebene Information ist nicht näher beschreibbar. Zudem unterstützt CTT nicht das Setzen und Abfragen zusätzlicher Bedingungen. Auch die bekannte Benennung von Aufgabenmitteln und Aufgabengegenständen stellt zwar den Bezug zwischen Aufgaben und veränderter Umgebung her, bleibt aber zu unpräzise in der Beschreibung der Wirkung. In eigenen Arbeiten (*Tombola* (Uhr 2003), *Tamoa* (Zeiger & Mistrzyk 2005)) wurden Objekte und Bedingungen explizit in die Modellierung eingebracht, allerdings bestehen für den angestrebten Einsatzzweck verschiedene Defizite bezüglich eines Rollenmodells oder der Modularisierbarkeit. Auch verschiedene Webmodellierungsansätze haben auf die wachsende Bedeutung von Abläufen bei der Beschreibung von Webauftritten reagiert. Besonders weit getrieben wurde dies innerhalb von UWE (Koch & Kraus 2002), indem ein explizites Prozessmodell integriert wurde (Knapp et al. 2004). Auch das ursprünglich stark datenbank- und damit inhaltsorientierte WebML (Ceri 2002) enthält Sprachmittel zum Beschreiben von Prozessen.

Als Grundlage für die Modellierung von Bedienabläufen im Web stützen wir uns auf drei Grundkonzepte klassischer Aufgabenmodelle ab: *Hierarchisierung* der Aufgaben, Festlegung von *temporalen Relationen* zwischen Aufgaben und die Zuordnung von *Rollen*. Rollen repräsentieren Akteure, die das Aufgabenmodell „ausführen" und dabei verschiedene Verantwortlichkeiten (Rechte und Pflichten) haben. Im Falle des Bahnverbindungs-Dialogs eines Benutzers mit einer Website existieren zwei Rollen, „Besucher" und „System" – in anderen Anwendungsfällen können die Rollen der Bediener erheblich differenzierter ausgeprägt sein. In den Abbildungen der Modelle (s.u.) stellen wir Aufgaben der Rolle „System" in grau mit weißer Schrift, Aufgaben des menschlichen Bedieners in der Rolle „Besucher" in hellgrau und Aufgaben, die von beiden Rollen gemeinsam durchgeführt werden, in weiß dar.

3.2   Das Modellkonzept

Unsere Modellerweiterungen gegenüber klassischer Aufgabenmodellierung betreffen vor allem die Objekte, die von der Aufgabendurchführung betroffen sind, die so genannten Aufgabenobjekte. Diese Objekte und die darauf stattfindenden Manipulationen werden in das Konzept eingebunden; anschließend wird die Modularisierung kurz behandelt.

Aufgabenobjekte

Aufgabenmodellierung stellt eine Beschreibungssprache für Aufgabenerledigung dar, die auf hohem Abstraktionsniveau angesiedelt ist. Daher soll auch der Objektbegriff entsprechend abstrakt eingesetzt werden – wir sprechen hier von so genannten *unscharfen Objekten*. Das soll deutlich machen, dass Objekte einerseits als klar von ihrer Umgebung abgegrenzt erkennbare „Dinge" sind, andererseits aber Details der Beschreibung oder die innere Struktur nicht angegeben werden. Es findet keine Typisierung oder anderweitige Charakterisierung oder Verfeinerung statt. Beispielsweise ist „Abfahrtszeit" ein Objekt des Bahnbeispiels. Es wird benannt, aber nicht in Form oder Syntax näher spezifiziert. Ein anderes intern wesentlich komplexeres Objekt des Beispiels ist „Zugverbindungen für die Rückfahrt". Zwar wird nichts über die innere Struktur der Objekte gesagt, aber es wird ermöglicht festzulegen, wie Objekte den Ablauf des Aufgabenmodells beeinflussen.

Objekteinbindung: Die Rucksackmetapher

Aufgabenmodelle beschreiben die Ausführung von Aufgaben durch menschliche Bediener eines Systems. In der Modellierung abstrahieren wir von dieser Aufteilung derart, dass wir in beiden Fällen von Akteuren sprechen, die die Aufgaben ausführen, jeweils charakterisiert durch verschiedene Rollen, nämlich „System" und „Benutzer". Während die Akteure das Modell durchlaufen, manipulieren sie die unscharfen Objekte (s. Objektoperationen).

Der menschliche Akteur empfindet die Bedienfolge an einer Website als zusammenhängendes Geschehen – technisch spricht man auch vom Begriff einer *Sitzung*. Im Laufe einer Sitzung tauschen das System und der Bediener Informationen aus, etwa spezifiziert der Benutzer der Bahn-Webseite einen Abfahrtsort und eine Abfahrtszeit, diese Daten werden vom System aufgenommen, für Berechnungen genutzt und ihm auch wieder gezeigt. Für den Benutzer baut sich eine Modellvorstellung von „gemeinsamem Wissen" zwischen ihm und dem System auf, das im Laufe einer Sitzung zu- und abnimmt. Als Metapher für den Ort, in dem das Sitzungswissen aufgehoben wird, verwenden wir die Metapher eines *Rucksacks*, den der Benutzer von einem Arbeitsschritt zum nächsten trägt. Die Interaktion mit der Webseite beginnt mit einem fast leeren Rucksack – das System „weiß" praktisch nichts über den Besucher. Im Laufe der Zeit kommen dann „Dinge", Informationen, d.h. Objekte, hinzu, werden geändert, überprüft und auch wieder entnommen. Allerdings wird der Rucksack initial nicht als völlig leer angenommen: Er enthält für jeden Akteur das Objekt „Rolle", in dem angegeben wird, welche Rolle der Akteur aktuell einnimmt. Ein anonymer Besucher der Website, der sich in keiner Weise besonders ausgezeichnet hat (etwa durch Registrierung oder Existenz eines *Cookies* auf seiner Festplatte) wird durch die Rolle „Besucher" charakterisiert. Durch die nachfolgend beschriebenen Objektmanipulationen können alle Objekte des Rucksacks – auch die Rollenzuordnung – verändert werden.

Objektmanipulationen

Im Folgenden werden die in dem Modellkonzept zur Verfügung gestellten Objektmanipulationen diskutiert. Aus pragmatischen Gründen wurde hier die übliche Darstellung von Aufgaben in Aufgabenmodellen als mit Linien verbundenen Rechtecken (s. etwa Abb. 11) um grafische und einfache textuelle Elemente ergänzt. Die Festlegung der endgültigen Darstellung wird Gegenstand einer nachfolgenden Tool-Entwicklung sein; ein Abgleich mit existierenden Modellen – zum Beispiel UML – ist vorgesehen.

 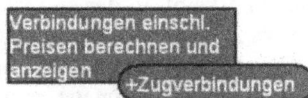 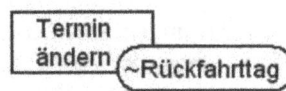

Abbildung 2   *Abbildung 3*   *Abbildung 4*

Sowohl der menschliche Akteur als auch das System stellen Objekte für die Aufgabenerledigung zur Verfügung. Dies wird in einem klassischen Aufgabenmodell in den Beschreibungen der Aufgaben ausgedrückt, etwa wenn der Besucher die Aufgabe „Zielort festlegen" durchführt: Der Besucher stellt dem Prozess das Objekt „Zielort" zur Verfügung. In unserer Modellierung wird dies ausgedrückt durch die Klausel „+Zielort", notiert in einem Oval auf dem Rand der Aufgabe, die diese Wirkung zeigt (Abb. 2). Analog stellt das System später im Prozess etwa das Objekt „Zugverbindungen für die Hinfahrt" bereit, wenn die Aufgabe „Verbindungen einschl. Preisen berechnen und anzeigen" durchgeführt wird. Durch Zeichnen der Objektmanipulation über den rechten Rand des Aufgabekastens (Abb. 3) wird ausgedrückt, dass *nach* Erledigung der Aufgabe dieses Objekt zur Verfügung steht. Analog zum Bereitstellen können Objekte auch durch eine Aufgabe verändert werden, markiert durch eine Tilde (~). Wird zum Beispiel der Tag der Rückfahrt in der Aufgabe „Termin ändern" modifiziert, dann kann dies durch „~Rückfahrttag" notiert werden (Abb. 4). In einer spezielleren Form kann man die Werteänderung eines Objektes ggf. auch direkt notieren, falls dies benötigt wird. Diese Art der Modifikation wird als „Objekt = neuer Wert" notiert, etwa wie in „Fahrradmitnahme = Nein", wenn der Benutzer kein Fahrrad auf die Bahnfahrt mitnehmen möchte. Schließlich können Objekte auch wieder der Sitzung entzogen werden – notiert durch ein Minuszeichen (-).

Die Rolle, die ein Objekt bereitstellt, ist der „Besitzer" dieses Objekts und hat dann auch alle Rechte an diesem Objekt: Sie kann das Objekt bereitstellen, modifizieren und wieder zurückziehen – im Normalfall können alle anderen Rollen das Objekt nur lesen. Das Konzept erlaubt aber auch die Spezifikation beliebiger anderer Fälle von Zugriffsrechten. Dadurch ist es schon auf der abstrakten Ebene der hier beschriebenen Modellierung möglich, sehr präzise die Möglichkeiten der Interaktion für verschiedene Benutzergruppen anzugeben. Spezielle Regeln gelten für das Objekt „Rolle" selbst: Dieses darf von niemandem bereitgestellt oder zurückgezogen werden, verändern darf es nur das System.

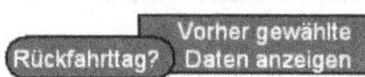   

Abbildung 5   *Abbildung 6*

Objektbedingungen

Zur Beeinflussung des Ablaufs des Aufgabenmodells können die im Rucksack vorhandenen Objekte auf das Erfülltsein von Bedingungen geprüft werden. Meist werden Bedingungen als notwendig für das *Starten* einer Aufgabe formuliert, dann am linken Rand einer Aufgabe, sind aber auch als Abschlussbedingungen erlaubt. In der einfachsten Form wird die Existenz eines Objektes im Rucksack erfragt, etwa „Hat der Benutzer einen Rückfahrttag festgelegt?" durch die Abfrage der Existenz des Objektes „Rückfahrttag" bei der Aufgabe „Vorher gewählte Daten anzeigen" (Abb. 5). Auch die Nicht-Existenz, markiert durch ein vorangestelltes Nicht-Zeichen (¬), kann erfragt werden und Vorbedingung für eine Aufgabe sein (Abb. 6).

Abbildung 7   Abbildung 8

Darüber hinaus kann auch geprüft werden, ob ein Objekt eine bestimmte Bedingung erfüllt. Der Test selber wird nur informell spezifiziert, sollte aber so festgelegt sein, dass er für einen menschlichen Leser stets ein wohldefiniertes Ergebnis liefert. So kann etwa die Bedingung „Hat sich der Benutzer für genau eine der angebotenen Hinfahrten entschieden?" dadurch formuliert werden, dass das Objekt „AuswahlHinfahrten" eine Menge mit genau einem Element ist: „AuswahlHinfahrten einelementig?" (s. Abb. 7). Dass die Webseite der Bahn fordert, dass dies der Fall sein muss, ehe die Rückfahrt betrachtet werden kann, lässt sich daher als entsprechende Vorbedingung notieren. Auch die Wertangaben für neue Objekte lassen sich für Bedingungen nutzen, etwa mit einer Bedingung wie „Fahrradmitnahme == nein?". Es können auch mehrere Bedingungen notiert und nacheinander geprüft werden, wie für die Aufgabe „Hinfahrt festlegen" gezeigt (s. Abb. 8).

Modularisierung

Keine Website existiert losgelöst von ihrer Umgebung: Wer eine Bahnfahrt bucht, braucht oft auch ein Hotel, einen Mietwagen, einen Stadtplan oder ein Theaterprogramm. Die hochgradige Verknüpfbarkeit von Inhalten im Web ist gerade seine Stärke. Daher treten in Webabläufen aus Benutzersicht vielfache Wechsel von Websites auf. Natürlich müssen Abläufe zunächst innerhalb einer Website modelliert werden können – aber Übergänge zu anderen Websites gehören auch dazu. Ein solcher Übergang bedingt den Beginn einer neuen „leeren" Sitzung, da die Zielsite i.A. keine Daten über den neuen Besucher hat. In der Sprechweise unserer Modellierung legt der Benutzer seinen Rucksack vor Verlassen der Ursprungssitzung ab und erhält einen neuen Rucksack, in dem lediglich die Rollenangabe „Besucher" enthalten ist. Nach Rückkehr von der Zielsite hat er Erkenntnisse gewonnen (etwa welches Hotel er gebucht hat) und kann dies in die Ursprungssitzung einfließen lassen. Er nimmt also den Rucksack wieder auf und stellt darin zusätzlich das Objekt „Hotel" bereit. Wird der Übergang zu einer anderen Website aber auch vom System unterstützt, können durchaus direkt Daten der einen Sitzung in die neue Sitzung fließen. Dies kann formuliert werden, indem der Übergang zum Zielmodell mit Parametern (s. Abb. 9) versehen wird. Diese Angabe führt im Beispiel dazu, dass das Objekt „Zielort" in den Rucksack für die neue Sitzung und nach Rückkehr das Objekt „Hotel" aus der neuen Sitzung übernommen wird (s. Abb. 10).

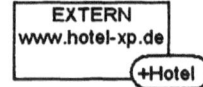

Abbildung 9   *Abbildung 10*

3.3   Das Beispiel

Betrachtet man den Auskunftsvorgang aus Kapitel 2, wird deutlich, dass auf der obersten Ebene der Aufgabenhierarchie sechs Aufgaben in sequentieller Reihenfolge durchzuführen sind (s. Abb. 11). „Hinreisedaten ermitteln" entspricht dem Ausfüllen des kleinen Rechtecks links oben auf der Homepage der Bahn. Man macht Eingaben zu den Hinreisedaten – dies kann in irgendeiner Reihenfolge erfolgen – und stellt die ersten Objekte für die Sitzung bereit (s. Abb. 12). Auf der Folgeseite kann der Benutzer Tag- und Zeitangaben für die Rückfahrt machen – muss dies aber nicht. Daher ist die entsprechende Aufgabe („Rückreisedaten ermitteln") durch ein kleines Rechteck mit dem Text „opt" links oben als *optional* gekennzeichnet. Wenn die Aufgabe ausgeführt wird, liefert diese Aufgabe die Angaben R-Tag und R-Zeit. Anschließend muss der Benutzer Angaben zur Preisberechnung machen (s. Abb. 13), die die Zahl der Reisenden, die vorhandenen Ermäßigungen und die Wagenklasse betreffen. Diese Aufgabe wird nicht als optionale Aufgabe modelliert, sondern als Aufgabe mit mehreren optionalen Unteraufgaben. Der Hintergrund ist, dass mindestens der Neuling auf dieser Seite gezwungen wird, diese Anteile durchzulesen und (eventuell) nichts zu verändern, wenn er nur eine Verbindungsauskunft braucht. Diese Entscheidung zu treffen („Das interessiert mich jetzt nicht und es schadet nicht, es erst mal zu ignorieren") ist kognitiver Aufwand! Übrigens muss auch der erfahrene Benutzer auf der Hut sein – mindestens muss er immer wieder prüfen, ob die Seite sich nicht geändert hat, und er diese Angaben wirklich einfach überspringen kann. Ähnlich ist die Aufgabe „Angaben zur Verbindung machen" strukturiert.

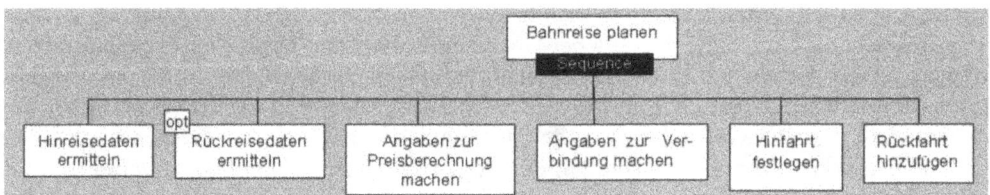

Abbildung 11: Oberste Ebene der Aufgabenhierarchie

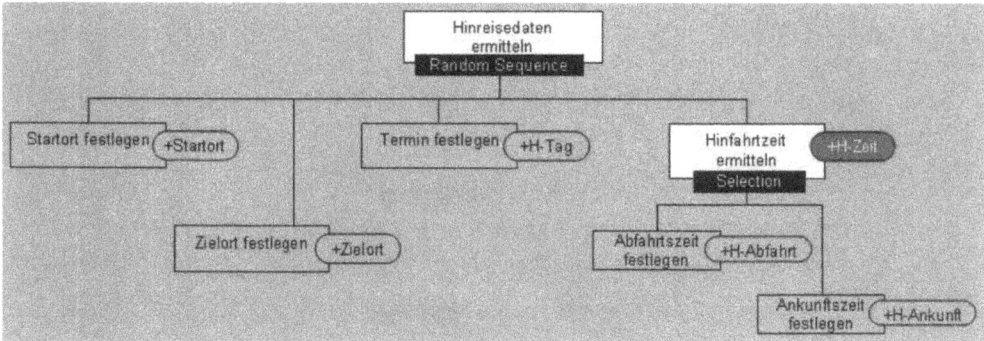

Abbildung 12: Aufgabenobjektmodell für „Hinreisedaten ermitteln"

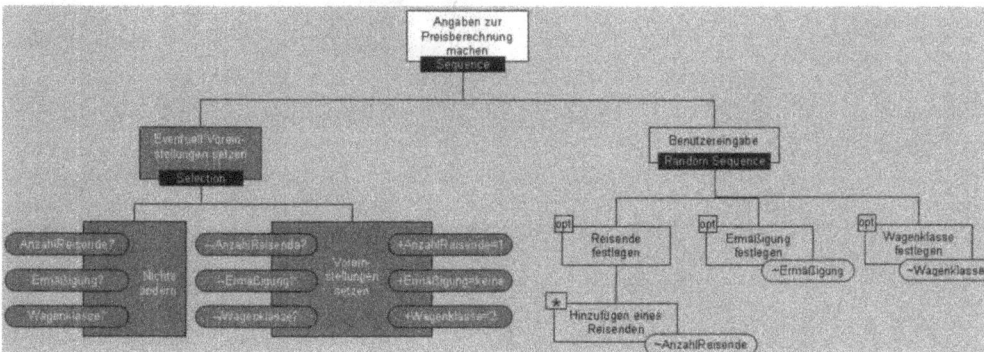

Abbildung 13: Aufgabenobjektmodell für „Angaben zur Preisberechnung machen"

Die Aufgabe „Hinfahrt festlegen" zerlegt sich wie in Abbildung 14 gezeigt[1]. Wenn der Benutzer die Iteration (Aufgabe „Verbindung auswählen", gekennzeichnet durch den kleinen Stern links oben Abb. 14) verlässt, enthält das Objekt H-Auswahl die von ihm ausgewählten Verbindungen für die Hinfahrt; nur wenn diese Menge einelementig ist, kann er in die Folgeaufgabe „Zur Rückfahrt wechseln" einsteigen, ist aber ansonsten in der Iteration „gefangen".

---

[1] Die Option frühere oder spätere Verbindungen anzeigen zu lassen wurde aus Platzgründen weggelassen, ist aber auch entsprechend modellierbar.

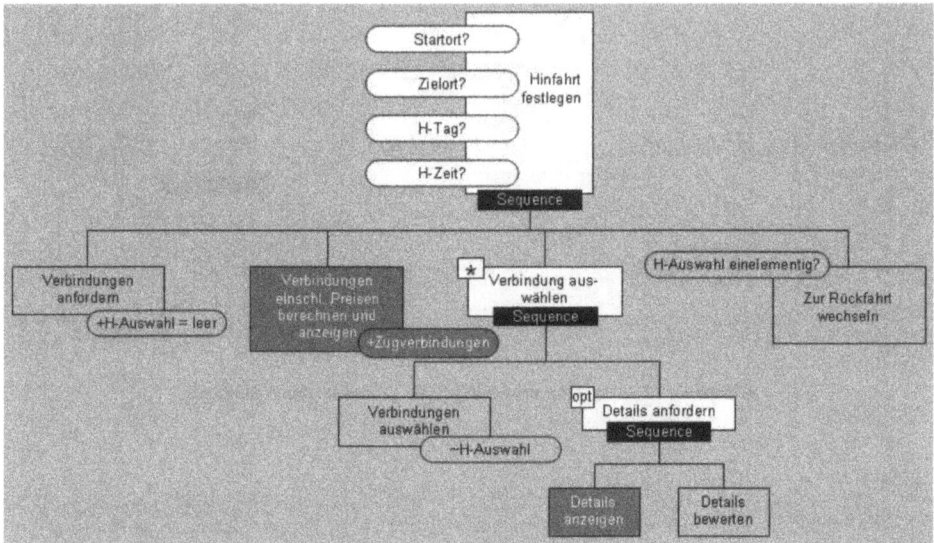

Abbildung 14: Aufgabenobjektmodell für „Hinfahrt festlegen"

Analog können nun auch die Rückfahrt und der folgende Buchungsprozess modelliert werden, was – genau wie ein Beispiel für den Einsatz des Modularitätsaspekts – hier aus Platzgründen nicht ausführlich dargestellt werden kann. Insgesamt zeigt die Betrachtung dieses Beispiels aber, dass es möglich ist, mit der Aufgaben-Objekt-Modellierung ein detailliertes Abbild der Abläufe auf einer Website aus Benutzersicht zu beschreiben. Dies geschieht ohne jegliche Festlegungen zum Aussehen der Website.

4   Einsatz der Aufgaben-Objekt-Modellierung

Die beschriebene Modellierungstechnik bietet das Potenzial, bei der *Evaluation* existierender Abläufe im Web – wie hier für die Bahn-Website geschehen – zum Einsatz zu kommen. Sie bietet Abstraktion von jeglichen Präsentationseigenschaften und konzentriert sich voll auf die Entscheidungs- und Denkprozesse des Menschen im Zusammenspiel mit den Angeboten des Systems. Anhand dieser Darstellung lässt sich ablesen, welche Entscheidungen dem Benutzer in welcher Reihenfolge abverlangt werden. Auch können Usability-Regeln, wie etwa die Nielsen-Heuristiken (Nielsen 1993), insoweit überprüft werden, soweit sie sich auf Ablaufstrukturen (z.B. „Natürlicher Dialog" oder „Minimieren von Gedächtnisbelastung") unabhängig von der symbolischen Darstellung beziehen.

Es ist nahe liegend, dass das Konzept auch als Hilfsmittel beim *Entwurf* dienen kann. Dadurch, dass man bei der Entwicklung des Modells deutlich machen kann, welche Informationen von welchem Beteiligten verlangt werden, entsteht ein klares Bild des späteren Ablaufs ohne Gestaltungsentscheidungen vorweg zu nehmen. Insbesondere für den Entwurf neuartiger, bislang nicht existenter Abläufe bietet es sich an, diese Entwurfsebene explizit in den Prozess einzuschalten.

Im Rahmen des WISE-Projektes (WISE 2006) werden zurzeit Editorwerkzeuge für eine Variante der Aufgaben-Objekt-Modellierung implementiert und in eine Web-Engineering-Umgebung integriert. Auch ein Prototyping-Werkzeug ist in Arbeit.

Literaturverzeichnis

Ceri, S. (2002): Designing Data-Intensive Web Applications. Morgan-Kaufman Publishers, December 2002.

Knapp, A; Koch, N.; Zhang, G.; Hassler, H.-M. (2004): Modeling Business Processes in Web Applications with ArgoUWE. 7th International Conference on the Unified Modeling Language (UML2004), LNCS 3273, 69-83, Springer Verlag, October 2004.

Koch, N.; Kraus, A. (2002): The expressive Power of UML-based Web Engineering. Second International Workshop on Web-oriented Software Technology (IWWOST02), D. Schwabe, O. Pastor, G. Rossi, and L. Olsina, editors, CYTED, 105-119, June 2002.

Mori G.; Paternò F.; Santoro C. (2002): CTTE: Support for Developing and Analyzing Task Models for Interactive System Design. IEEE Transactions on Software Engineering, August 2002, pp.797-813.

Nielsen, J. (1993): Usability Engineering. Academic Press International, 1993.

Uhr, H. (2003): TOMBOLA: Simulation and User-Specific Presentation of Executable Task Models, Paper. HCI International 2003, Crete, Greece.

van Welie, M.; van der Veer, G. C.; Eliëns, A. (1998): Euterpe – Tool support for analyzing cooperative environments. Ninth European Conference on Cognitive Ergonomics, pp. 25-30, 1998, Limerick, Ireland.

WISE (2006), BMBF-Projekt Web Engineering and System Engineering. http://www.wise-projekt.de/de/.

Zeiger, B.; Mistrzyk, T. (2005): Tamoa: Task Model Analyser – A Java-based Framework for the Analysis of Safety-critical Computer Systems to Reveal Safety-critical Sections in the System's Design Phase. HCI International 2005, Las Vegas, USA.

Kontaktinformationen

Universität Paderborn, Institut für Informatik, Gerd Szwillus
Fürstenallee 11, 33102 Paderborn szwillus@uni-paderborn.de Tel.: +49 5251/60-6624
Fax.: +49 5251/60-6619

A. M. Heinecke, H. Paul (Hrsg.): Mensch & Computer 2006: Mensch und Computer im Struktur*Wandel*.
München, Oldenbourg Verlag, 2006, S. 55-64

Identifizierung von Interaction Design Patterns für neue Technologien

Tibor Kunert, Jan Penquitt, Heidi Krömker

Technische Universität Ilmenau, Institut für Medientechnik

Zusammenfassung

Interaction Design Patterns dienen der Dokumentation und Wiederverwendung bewährter Lösungen für wiederkehrende Gestaltungsprobleme. In diesem Artikel schlagen wir die Verwendung von Interaction Design Patterns für neue Technologien vor, um deren Usability und Nutzerakzeptanz bereits in frühen Phasen des Technologielebenszyklus zu unterstützen. Anhand eines nutzeraufgabenorientierten Ansatzes wird die Identifikation von Interaction Design Patterns aus Prototypentwicklungen und Usability Tests beschrieben. Die Vorgehensweise wird anhand der Identifikation von Interaction Design Patterns für interaktive Fernsehapplikationen als Beispiel für eine neue Technologie dargestellt.

1   Einleitung

Die übergeordnete Intention dieses Artikels ist es, einen Beitrag zur nutzerzentrierten Gestaltung von Applikationen für neue Technologien zu leisten. Nutzerzentriertes Interaction Design für neue Technologien geschieht auf der Basis unzulänglicher, aber für den Gestaltungsprozess wesentlicher Information in Hinblick auf:

* Spezifizierte Nutzeranforderungen

* Referenz- oder „Best Practice"-Applikationen

* Evaluationsergebnissen durch Nutzer

* Spezifische Gestaltungsempfehlungen

Der Einsatz von Interaction Design Patterns wird zur Überwindung einiger dieser Hindernisse vorgeschlagen. Ihr Potential wird dabei vor allem in drei Punkten gesehen (Chung et al. 2004):

* Beschleunigung der Verbreitung von Evaluationsergebnissen durch deren Präsentation in einer für Designer einfach hand zu habender Form.

- Leichtere Erkenntnis der Zusammenhänge zwischen einzelnen Ideen und Gestaltungslösungen sowie bisher ungelöster Gestaltungsprobleme.

- Positive Beeinflussung der Gestaltung von Applikationen der neuen Technologie durch die Unterstützung der Designer, gute Gestaltungslösungen zu finden und die Etablierung unzureichender Gestaltungsstandards zu vermeiden.

2   Interaction Design Patterns

Design Patterns beschreiben erfolgreiche Lösungen für wiederkehrende Gestaltungsprobleme (Alexander et al. 1997; Gamma et al. 1995; Borchers 2001; van Duyne et al. 2003; Mahemoff & Johnston 1998; Tidwell 1999, 2005; van Welie & van der Veer 2003; van Welie 2001). Der Design Pattern Ansatz geht davon aus, dass es bewährte und nicht bewährte Gestaltungslösungen gibt. In der Design Pattern Literatur wird allgemein die langjährige Bewährtheit einer Lösung im realen Nutzungskontext als Kriterium für die Bewährtheit angesehen. Für neue Technologien werden jedoch schon früh im Lebenszyklus der Technologie Gestaltungsempfehlungen benötigt, ohne dass bereits auf das Qualitätskriterium der langjährigen Bewährtheit zurückgegriffen werden kann. Es wird der Versuch unternommen, die Vorteile von Interaction Design Patterns für neue Technologien trotz des Mangels an bewährten Gestaltungslösungen zu nutzen. Wir schlagen dazu die Verwendung von Usability (ISO 9241-11 1998) als Qualitätskriterium vor, was den Vorteil hat, dass diese experimentell anhand von Prototypen evaluiert werden kann.

Erste Arbeiten zur Evaluation von Interaction Design Patterns zeigen deren Vorteile gegenüber anderen Formen von Gestaltungsempfehlungen auf (Borchers 2001; Dearden et al. 1997; Chung et al. 2004). Speziell für neue Technologien konnten folgende Vorteile des Pattern-Ansatzes am Beispiel einer Pattern-Kollektion für Ubiquitous Computing und deren Evaluation durch Designer aufgezeigt werden (Chung et al. 2004):

- Gestaltungshilfe für junge Designer;

- Gestaltungshilfe für Designer neu in dem spezifischen Anwendungsgebiet;

- Unterstützung der Kommunikation zwischen Designern;

- Steigerung der Effizienz in der Applikationsgestaltung;

Verschiedene Interaction Design Pattern Ansätze basieren auf einer Fokussierung auf Nutzeraufgaben (Mahemoff & Johnston 1998; Granlund et al. 2001; van Welie & van der Veer 2003; Arendt 2004), ebenso wie Konzepte des Usability Engineering (Mayhew 1999; Preece et al. 1994; Nielsen 1993). Während ein Nutzerziel „ein angestrebtes Arbeitsergebnis" (ISO 9241-11 1998, 4) ist, ist eine Nutzeraufgabe definiert als „die zur Zielerreichung erforderlichen Aktivitäten sind" (ISO 9241-11 1998, 4). Der Schritt von den identifizierten Nutzeraufgaben („Problemraum") zum User Interface Design („Lösungsraum") ist jedoch oft schwierig, da sich bestehende Gestaltungsempfehlungen nicht explizit auf Nutzeraufgaben beziehen. Interaction Design Patterns können als Brücke zwischen dem Problem- und dem Lösungsraum fungieren, wenn sie sich direkt auf spezifische Nutzeraufgaben beziehen. Besonders Granlund et al. (2001) und Arendt (2004) verwenden Interaction Design Patterns, um spezifischen Nutzeraufgaben bewährte Gestaltungslösungen zuzuordnen.

Obwohl Interaction Design Patterns bereits seit einigen Jahren entwickelt werden, gibt es kaum Veröffentlichungen, die explizit die Methode ihrer Identifizierung behandelt (Arendt 2004). Die Einschätzung der tatsächlichen Bewährtheit der beschrieben Gestaltungslösung bleibt somit dem Ermessen des Designers bzw. Entwicklers überlassen. Ziel der im Folgenden beschriebene Vorgehensweise ist es, die Vorteile von Interaction Design Patterns auch für neue Technologien nutzbar zu machen. Das gewählte Vorgehen versucht die Informationsmängel spezifisch für das Interaction Design neuer Technologien mit folgenden Maßnahmen zu kompensieren:

- Analyse generischer Nutzeraufgaben im Kontext der neuen Technologie

- Prototyping mit Variantenbildung zur Entwicklung von „Best Practice"-Applikationen

- Usability Testing der Prototypenvarianten zur Identifizierung bewährter Gestaltungslösungen

- Designerzentrierte Entwicklung der Patterns durch Ermittlung ihrer Anforderungen mit abschließender Evaluation, um die Akzeptanz der Patterns zu unterstützen

Einen Überblick über die durchgeführten Schritte zur Identifikation nutzeraufgabenbasierter Interaction Design Patterns für neue Technologien zeigt Abbildung 1.

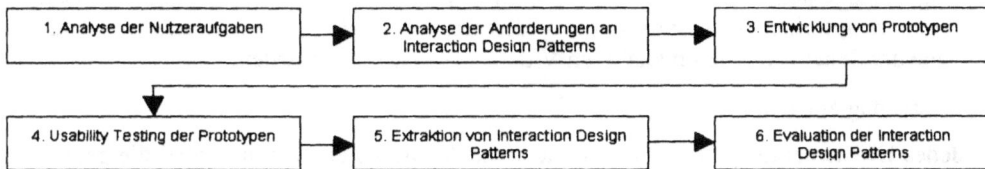

Abbildung 1: Vorgehensweise zur Identifikation von Interaction Design Patterns für neue Technologien

Die folgenden Kapitel zeigen exemplarisch diese Vorgehensweise für interaktive Fernsehapplikationen auf. Besonders wird dabei auf die Analyse der Nutzeraufgaben, Entwicklung und Usability Testing von Prototypen sowie die Extraktion von Interaction Design Patterns eingegangen.

3   Analyse der Nutzeraufgaben

Die Analyse der Nutzeraufgaben bedeutet „understanding user's work or play" (Redish & Wixon, 923). Im Rahmen der Entwicklung nutzeraufgabenbasierter Interaction Design Patterns ist die Ermittlung generischer Nutzeraufgaben wesentlich, um zu generalisierbaren Gestaltungsempfehlungen zu kommen. Eine generische Nutzeraufgabe ist eine applikations-

und inhaltsunabhängige, abstrakt formulierte Nutzeraufgabe. Für neue Technologien hat es sich bewährt, zunächst eine Vielfalt spezifischer Nutzeraufgaben zu ermitteln, um dann in einem nächsten Schritt generische Nutzeraufgaben zu abstrahieren. Zur Ermittlung spezifischer Nutzeraufgaben für interaktive Fernsehapplikationen wurden Fokusgruppen in Hinblick auf spezifische Applikationstypen bzw. Inhaltskategorien, wie Nachrichten, Dokumentationen oder Sport, durchgeführt. Ein Beispiel für Nachrichtenapplikationen war die Anforderung „Zugang zu Informationen zur Vorgeschichte einer politischen Krise". Die Abstraktion zu einer generischen Nutzeraufgabe ergab „Accessing content item". Beispielhaft zeigt Abbildung 4 die ermittelten generischen Nutzeraufgaben der Kategorie "Browsing / Searching for content or function" für interaktives Fernsehen.

4   Entwicklung von Prototypen

Ziel der Prototypenentwicklung ist, die beste Gestaltungslösung zur Unterstützung der einzelnen generischen Nutzeraufgaben zu finden. Dazu wurden Prototypvarianten gebildet, die sich auf zwei Ebenen unterscheiden:

- User Interface (UI) Elemente zur Unterstützung einer generischen Nutzeraufgabe:

  Generische Nutzeraufgaben können oftmals durch unterschiedliche UI Elemente unterstützt werden. Im interaktiven Fernsehen kann z.B. die generische Nutzeraufgabe „Acessing content item" mit Hilfe der UI Elemente „Menü", „Index"; „Video multiscreen" (mehrere auf einer Seite dargestellte Videostreams) sowie „Page numbers" (direkte Eingabe der Seitenzahl wie im analogen Videotext) ausgeführt werden.

- Gestaltung einzelner UI Elemente:

  Jedes UI Elemente kann auf unterschiedliche Art gestaltet werden, wobei die generische Nutzeraufgabe unterschiedlich gut unterstützt wird. Die Gestaltung eines UI Elements kann anhand spezifischer Gestaltungsvariablen mit jeweils einer spezifischen Ausprägung beschrieben werden. Z.B. kann das UI Element „Menü" im Hinblick auf die Gestaltungsvariablen „Number of menu entries", „Position on screen", „Transparency", „Navigation within menu" und „On-screen navigation indicators" variiert werden. Beispiele für Variablenwerte der Gestaltungsvariable „Transparency" sind „Opaque (nontransparent)", „30% transparent", „50% transparent" etc.

Als Beispiel für die Variantenbildung werden nachfolgend zwei entwickelte Prototypen für interaktives Fernsehen beschrieben (Tabelle 1, Abbildung 2 und 3).

Tabelle 1: Beschreibung von zwei entwickelten Prototypen für interaktives Fernsehen anhand der von ihnen unterstützten Nutzeraufgaben, der angebotenen UI Elemente sowie der variierten Gestaltungsvariablen und ihren jeweiligen Ausprägungen.

Generic user task	UI element	Design variable	Variable value	Prototype name
Accessing content item	Menu	Transparency	30% transparent	Documentary 1a
			Opaque (non-transparent)	Documentary 2a
Viewing content item	Content presentation area	Screen layout	Overlay	Documentary 1 (a+b)
			Full screen with embedded ¼ video stream	Documentary 2 (a+b)
		Transparency	30% transparent	Documentary 1a
			Opaque (non-transparent)	Documentary 2a
		Number of video streams	One video stream with audio	Documentary 1b
			Two video streams (audio selectable)	Documentary 2b

Abbildung 2: Screens des Prototypen Documentary 1. Links (Documentary 1a): UI Element „Content presentation area" mit Screen-Layout „Overlay" und mit 30% Transparenz. Rechts (Documentary 1b): UI Element „Content presentation area" mit der Anzahl der Videostreams „One".

Abbildung 3: Screens des Prototypen Documentary 2. Links (Documentary 2a): UI Element „Content presentation area" mit Screen-Layout „Full-screen with embedded ¼ screen video" und ohne Transparenz. Rechts (Documentary 2b): UI Element „Content presentation area" mit der Anzahl der Videostreams „Two video streams (audio selectable)".

5   Usability Test der entwickelten Prototypen

Ziel der Usability Tests war die Identifikation bewährter Gestaltungslösungen zur Unterstützung generischer Nutzeraufgaben. Da für bewährte Gestaltungslösungen kein absolutes Usability-Maß als Bezugspunkt existierte, musste die Methode des komparativen Usability Testing angewendet werden (Nielsen 1993; Dumas 2003). Jede Testaufgabe war eine prototypspezifische Spezifikation einer generischen Nutzeraufgabe. Die Usability wurde mit Hilfe von Maßen für Effektivität, Effizienz und Zufriedenheit (ISO 9241-11 1998; ISO 25062 2005) für die einzelnen zur Aufgabenerfüllung genutzten UI Elementen ermittelt. Anschliessend wurden die Gestaltungsalternativen eines UI Elemente prototypübergreifend verglichen und in einem Ranking dargestellt. Als Beispiel sind nachfolgend die Usability Testergebnisse für die oben beschriebenen Prototypen dargestellt.

Tabelle 2: Usability Testergebnisse der umgesetzten Gestaltungsalternativen des UI Elements „Menü" zur Unterstützung der generischen Nutzeraufgabe „Accessing content item".

Generic user task	Accessing content item						
UI element	Design variables	Variable values	Ranking	Usability values in %			Implemented in
				Effectiveness	Efficiency	Satisfaction	
Menu	Transparency	Opaque (non-transparent)	1	100	100	97	Documentary 2
		30% transparent	2	100	90	90	Documentary 1

Tabelle 3: Usability Testergebnisse der umgesetzten Gestaltungsalternativen des UI Elements „Content presentation area" zur Unterstützung der generischen Nutzeraufgabe „Viewing content item".

Generic user task	Viewing content item						
UI element	Design variables	Variable values	Ranking	Usability values in %			Implemented in
				Effectiveness	Efficiency	Satisfaction	
Content presentation area	Screen layout	Full screen with embedded ¼ video stream	1	100	90	90	Documentary 2 (a+b)
		Overlay	2	100	80	80	Documentary 1 (a+b)
	Transparency	Opaque (non-transparent)	1	100	90	90	Documentary 2a
		30% transparent	2	100	80	80	Documentary 1a
	Number of video streams	One video stream	1	100	95	95	Documentary 1b
		Two video streams (audio selectable)	2	100	40	30	Documentary 2b

6   Extraktion von Interaction Design Patterns

Das Ranking der Gestaltungslösungen bildet die Grundlage für die Extraktion von Interaction Design Patterns auf zwei verschiedenen Ebenen:

- User Interface (UI) Elemente bewährt in der Unterstützung einer generischen Nutzeraufgabe (Ebene der Nutzeraufgabe)

- Bewährte Gestaltung von UI Elementen (Ebene der UI Elemente)

Abbildung 4 zeigt die Struktur der Interaction Design Pattern Kollektion für interaktive Fernsehapplikationen für die Nutzeraufgabenkategorie „Browsing / Searching for content". Die Struktur der Interaction Design Pattern Kollektion ist damit identisch mit der Struktur der generischen Nutzeraufgaben. Dies hat den Vorteil, dass im nutzerzentrierten Entwicklungsprozess für zuvor identifizierte Nutzeraufgaben einfach bewährte Gestaltungslösungen gefunden werden können.

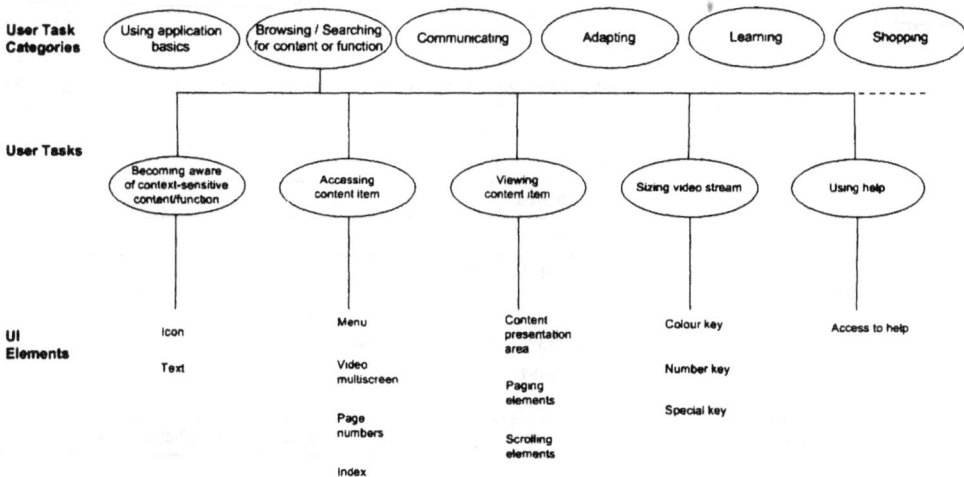

Abbildung 4: Überblick über die identifizierten Interaction Design Patterns für die Nutzeraufgaben der Kategorie „Browsing / Searching for content or function". Die UI Elemente sind gemäß ihrer Usability-Werte aufgeführt (von oben nach unten).

Interaction Design Patterns auf Ebene der Nutzeraufgaben:

Diese Design Patterns nennen die bewährten UI Elemente zur Unterstützung der jeweiligen Nutzeraufgabe. Als Beispiel ist nachfolgend das Design Pattern „Accessing content item" für interaktives Fernsehen verkürzt dargestellt (Tabelle 4). Für die Darstellung der einzelnen Design Patterns wurde die Pattern Language Markup Language (PLML) (Fincher 2003) aufgrund der spezifischen Anforderungen der Designer und Entwickler an Gestaltungsempfehlungen für interaktive Fernsehapplikationen leicht adaptiert.

Tabelle 4: Verkürzte Darstellung des Interaction Design Patterns „Accessing content item" für interaktive Fernseh-applikationen

Name	Accessing content item
Problem	Supporting user task "Accessing content item"
Context	User task "Accessing content item"
Examples	Screens von Prototypen
Solution	User task support by offered UI elements: Menu Video multiscreen (several video streams presented on one page) Page numbers (number short-cuts as in analogue teletext) Index
Evidence	Ranking of UI elements incl. their usability values

Interaction Design Patterns auf Ebene der UI Elemente:

Diese Design Patterns beschreiben bewährte Gestaltungslösungen für einzelne UI Elemente (Tabelle 5).

Tabelle 5: Verkürzte Darstellung des Interaction Design Patterns „Content presentation area" für die generische Nutzeraufgabe „Viewing content item" für interaktive Fernsehapplikationen

Name	Content presentation area
Problem	Design of content presentation area
Context	User task "Viewing content item"
Examples	Screens of prototypes (siehe Abbildung 2 und 3)
Solution	User task support by design of UI element "Content presentation area": • Screen layout: Full screen with embedded ¼ video stream • Transparency: Opaque (non-transparent) • Number of video streams: One
Evidence	Ranking of designs of the UI element incl. their usability values (siehe Tabelle 2 und 3)

7   Fazit und Diskussion

Es wurde eine Vorgehensweise zur Identifikation von nutzeraufgabenbasierten Interaction Design Patterns für neue Technologien vorgestellt. Obwohl Gestaltungslösungen für neue Technologien nicht über eine langjähriger Bewährtheit verfügen, können mit Hilfe von Prototyping mit systematischer Variantenbildung und anschließenden Usability Tests bewährte Gestaltungslösungen gefunden werden. Besonders die gezielte Variation einzelner Gestaltungsvariablen von UI Elementen hat zur Extraktion von Interaction Design Patterns beigetragen. Die systematische Variantenbildung erlaubt den kontrollierten Vergleich des Einflusses der variierten Gestaltungsvariablen auf die Usability. Als besonders hilfreich für die Ermittlung der spezifischen Vor- und Nachteile einzelner Gestaltungslösungen haben sich semistrukturierte Interviews mit den Usability Testteilnehmern nach der Aufgabenerledigung herausgestellt.

Für die Entwicklung von Interaction Design Patterns für neue Technologien hat sich eine designerzentrierte Vorgehensweise bewährt. Die Einbeziehung der Designer und Entwickler als Nutzer der Design Patterns ist für die Akzeptanz der Patterns von großer Bedeutung, da aufgrund branchenüblicher Produktionstraditionen (Krömker & Klimsa 2005) spezifische Anforderung an Gestaltungsempfehlungen bestehen. Die Analyse der Anforderungen der Designer an Interaction Design Patterns hat das notwendige Grundverständnis für den Produktionsprozess geschaffen. Mit Hilfe der iterativen Evaluation der Interaction Design Patterns durch Designexperten der Branche konnten diese deutlich optimiert werden, sowohl in Hinblick auf ihren Inhalt als auch auf die Darstellung und Struktur.

Die identifizierten Interaction Design Patterns stellen eine erster Hilfestellung für Designer der neuen Technologie. Die mit Hilfe der beschriebenen Vorgehensweise als bewährt identifizierten Gestaltungslösungen sind nur bewährt verglichen mit den anderen getesteten Gestaltungslösungen. Bessere Gestaltungslösungen, die nicht umgesetzt und getestet wurden, mögen existieren. Weiterhin ist es nicht immer empfehlenswert, einfach die beste Gestaltungslösung für jedes UI Element umzusetzen. Das Interaction Design einer Applikation besteht aus einer Vielzahl von UI Elemente und benötigt auch ein gewisses Maß an interner Konsistenz. Ein Kompromiss zwischen Konsistenz und einem hohen Grad an individueller Aufgabenunterstützung muss somit für jede Applikation neu gefunden werden. Trotz dieser Punkte hat sich bei der durchgeführten Identifikation von Interaction Design Patterns für interaktives Fernsehen besonders der nutzeraufgabenbasierte Ansatz als gut geeignet für die Integration der Patterns in den Entwicklungsprozess herausgestellt. Die Designexperten schätzten vor allem das leichte Auffinden bewährter Gestaltungslösungen für identifizierte Nutzeraufgaben.

Literaturverzeichnis

Alexander, C.; Ishikawa, S.; Silverstein, M. et al. (1997): A pattern language – Towns – Buildings – Construction. New York: Oxford University Press.

Arendt, U. (2004): Effiziente Konstruktion von ergonomischen Benutzungsoberflächen aus konfigurierbaren Bausteinen. In: Hassenzahl, M., Peissner, M. (Hrsg.): Usability Professionals 2004, Stuttgart: German Chapter der Usability Professionals Association e.V., S. 108-112.

Borchers, J. (2001): A pattern approach to interaction design. Chichester, England: John Wiley & Sons.

Chung, E.S.; Hong J.I.; Lin, J.; Prabaker; M.K., Landay, J.A.; Liu, A.L (2004): Development and evaluation of emerging design patterns for ubiquitous computing. In: Proc. DIS2004. New York: ACM Press, S. 233-242.

Dearden, A.; Finley, J.; Allgar, L.; McManus, B. (2002): Evaluating pattern languages in participatory design. In: Ext. Abstracts CHI '97. New York: ACM Press, S. 664-665.

Dumas, J. S. (2003): User-based evaluation. In: J. Jacko, & A. Sears (Hrsg.): The human-computer interaction handbook: fundamentals, evolving technologies and emerging applications. Mahwah, NJ: Lawrence Erlbaum Associates, S. 1093-1117.

Fincher, S. (2003): Perspectives on HCI patterns: concepts and tools (introducing PLML). In: Interfaces, 56, S. 26-28. http://www.bcshci.org.uk/interfaces.html.

Gamma, E.; Helm, R.; Johnson, R.; Vlissides, J. (1995): Design patterns. Reading, MA: Addison-Wesley.

Granlund, Å.; Lafrenière, D.; Carr, D. A. (2001): A pattern-supported approach to the user interface design process. In: Smith, M.J. et al. (Hrsg.): Usability, evaluation and interface design: Cognitive engineering, intelligent agents and virtual reality. Proc. of HCI International 2001, 1. Mahwah, NJ: Lawrence Baum Associates, S. 282-286.

ISO 9241-11 (1998): Ergonomische Anforderungen für Bürotätigkeiten mit Bildschirmgeräten – Teil 11: Anforderungen an die Gebrauchstauglichkeit – Leitsätze. Genf: International Organization for Standardization (ISO).

Krömker, H.; Klimsa, P. (2005): Einführung: Fernseh-Produktion. In: Krömker, H.; Klimsa, P. (Hrsg.): Handbuch Medienproduktion. Wiesbaden: Verlag für Sozialwissenschaften, S. 103-107.

Mahemoff, M. J.; Johnston, L. J. (1998): Pattern languages for usability: An investigation of alternative approaches. In: Proc. Australian Computer Human Interaction Conference OZCHI '98. Adelaide, Australia. IEEE Computer Society, S.132-139.

Mayhew, D. (1999): The usability engineering lifecycle. New York: Morgan Kaufmann.

Nielsen, J. (1993): Usability engineering. Boston, San Diego, New York: Morgan Kaufmann Academic Press.

Preece, J.; Rogers, Y.; Sharp, H.; Benyon, D.; Holland, S.; Carey, T. (1994): Human-computer interaction. Wokingham: Addison-Wesley.

Redish, J.; Wixon, D. (2003): Task Analysis. In: Jacko, J.A.; Sears, A. (Hrsg.): The Human-Computer Interaction handbook: Fundamentals, evolving technologies, and emerging applications. Mahwah, NJ: Lawrence Erlbaum Associates, S. 922-940.

Tidwell, J. (1999): Common ground: a pattern language for human-computer interface design. http://www.mit.edu/~jtidwell/common_ground.html.

Tidwell, J. (2005): Designing interfaces. Sebastopol, CA: O'Reilly.

van Duyne, D .K.; Landay, J. A.; Hong, J. I. (2003): The design of sites: patterns, principles, and processes for crafting a customer-centered web experience. Boston, MA: Addison-Wesley.

van Welie, M. (2001): Interaction design patterns. http://www.welie.com/patterns/.

van Welie, M.; van der Veer, G. C. (2003): Pattern languages in interaction design. In: Rauterberg, M. et al. (Hrsg.): Proc. INTERACT '03. IFIP: IOS Press, S. 527-53.

Kontaktinformation

Tibor Kunert, Heidi Krömker
Institut für Medientechnik Technische Universität Ilmenau
Postfach 10 05 65, 98693 Ilmenau
{tibor.kunert, heidi.kroemker}@tu-ilmenau.de

Tel.: +49 3677/69-2884 oder 2883, Fax.: +49 3677/69-2888

A. M. Heinecke, H. Paul (Hrsg.): Mensch & Computer 2006: Mensch und Computer im Struktur*Wandel*.
München, Oldenbourg Verlag, 2006, S. 65-72

Die MCI im Wandel: User Experience als die zentrale Herausforderung?

Hans-Christian Jetter

Universität Konstanz, Arbeitsgruppe Mensch-Computer Interaktion

Zusammenfassung

Die Informationstechnologie hat heute einen Reifegrad erlangt, der stark umkämpfte Massenmärkte
von interaktiven Produkten hervorgebracht hat. In diesen sind – wie auch in den herkömmlichen Kon-
sumgütermärkten – nicht nur die pragmatische Produktqualität, sondern auch das Benutzungserlebnis
und die Gesamtwirkung auf den Käufer entscheidend für den Markterfolg. Eine erfolgreiche Gestaltung
dieser „User Experience" geht dabei über die reine Softwareergonomie hinaus und erfordert interdisziplinäre Anstrengungen, die vom Design bis zur strategischen Unternehmenskommunikation reichen.
Dieser Beitrag fasst die Sichtweisen zu „User Experience" in der Literatur zusammen und argumentiert
für eine Öffnung der Disziplin MCI für derartige Fragestellungen jenseits der Usability.

1   Einleitung

Ausgangspunkt dieser Betrachtung ist die Aussage von Patrick W. Jordan (ehemaliger „Head
of Human Factors" bei Philips Electronics) nach der Design eines der wenigen Gebiete ist, in
denen Produkte heute überhaupt noch signifikante Marktvorteile erreichen können (Jordan
2000, 2ff.). Gerade in den umkämpften Massenmärkten interaktiver Produkte begnügen sich
viele Hersteller nicht mehr damit, Funktionalität prinzipiell bereitzustellen, sondern erheben
den Anspruch, dabei eine hochwertige und sympathische Erscheinung, einfache und effiziente Bedienung und große Benutzerzufriedenheit bei der Benutzung zu gewährleisten. Egal ob
in Don Normans „Emotional Design" (Norman 2004), in Karen Donoghues „Built for Use"
(Donoghue 2002), in Jesse J. Garretts „Elements of User Experience" (Garrett 2002), bei der
Gestaltung von Patrick W. Jordans „Pleasurable Products" (Jordan 2000) oder der pragmatischen und hedonischen Qualität im Sinne von Burmester et al. (2002): der Konsens lautet,
dass für den Erfolg von Produkten[1] am Massenmarkt eine individuell am Benutzer und seinen Werten ausgerichtete Gestaltung des Benutzungserlebnisses notwendig ist.

---

[1] Als Produkt soll hier entsprechend Kuniavsky (2005) jede Schnittstelle zwischen einer Organisation und dem
Benutzer oder Kunden verstanden werden, die in Form eines Geräts, einer Dienstleistung, eines Systems, einer
Software oder einer Kombination aus allem angeboten wird. Dabei bezieht sich dieser Beitrag insbesondere auf

An sich ist eine derartige benutzer-zentrierte Denkweise innerhalb der Disziplin der Mensch-Computer Interaktion (MCI) schon lange selbstverständlich. Neu ist dabei aber auf welchen Ebenen die benutzer-orientierte Gestaltung für Produkte von Apple iPod bis Blackberry gefordert wird. Das positive Benutzungserlebnis (im allgemeinen als „User Experience" oder „UX" bezeichnet) umfasst dabei nicht nur die zweckrationale, effektive und effiziente Erreichung von Benutzerzielen, sondern behandelt auch eine Vielzahl anderer Qualitäten, wie z.B. Ästhetik (Tractinsky & Hassenzahl 2005), Motivation (Hassenzahl 2003a), Credibility (Fogg & Tseng 1999), Pleasure (Sengers 2003) oder kommunizierte Identität und Branding (Altobelli & Sander 2001). Sie versucht dabei ganz im Sinne der von B. Joseph Pine II und James H. Gilmore (1999) propagierten „Experience Economy" (Erlebnisökonomie), die zweckrationale Zielerreichung mit dem Produkt in eine ansprechende, motivierende, sympathische und – in jeder weiteren Beziehung – „positive" Erfahrung zu verwandeln. Eine gezielte Gestaltung und Evaluation dieser „User Experience" geht demnach über das klassische Usability Engineering hinaus und adressiert sowohl rationale als auch irrationale Benutzerbedürfnisse, um die gewünschten Benutzerzahlen und Absatzziele zu erreichen. Es stellt sich daher die Frage, ob die MCI als Disziplin in Zukunft die Herausforderung einer benutzer-zentrierten Gestaltung von Produkten jenseits der Usability annehmen kann und möchte.

Dieser Beitrag soll zunächst eine Bestandsaufnahme zum Thema „User Experience" leisten, um die stark divergierenden Konzepte aus Literatur und Praxis zusammenzufassen. Anschließend wird im Sinne eines Positionspapiers für eine Erweiterung der MCI auf der Basis ihrer eigenen Geschichte argumentiert. Mit einem Ausblick auf das Potential einer derartig erweiterten MCI schließt dieser Beitrag, der dabei als grundlegende Vorüberlegung zu verstehen ist, um Perspektiven für die zukünftige Forschungsarbeit und Möglichkeiten neuer interdisziplinärer Synergien aufzuzeigen.

2   Was ist „User Experience"?

Schon in den 1970er Jahren wurde in Veröffentlichungen der Informatik „User Experience" als Bezeichnung für die praktischen Erfahrungen und Erlebnisse bei der Benutzung eines interaktiven Systems verwendet. Die Prägung von „User Experience" als eigenständigen Begriff wird aber im Allgemeinen Don Norman zugeschrieben, der bei seiner Tätigkeit für Apple darunter die Gesamtwirkung aller bei der Benutzung verwendeten Gegenstände auf den Benutzer verstanden hat – angefangen von der Produktverpackung über die Gestaltung der Interaktion bis zum Grafikdesign auf dem Bildschirm (Norman 2004). Auch in weiterer Literatur lässt sich dieses Verständnis von „User Experience" bis zu Apple zurückverfolgen, z.B. bei Russell (1998), der die dort seit 1995 existierende interdisziplinäre „User Experience Research Group" thematisiert. Daraufhin formierte sich eine bis heute anwachsende Zahl von interdisziplinären „User Experience" Abteilungen in verschiedensten Organisationen, z.B. bei IBM, Xerox PARC, Microsoft, Nokia oder SAP. In der e-Commerce-Literatur wurde UX besonders in den Veröffentlichungen von Garrett (2002), Donoghue (2002) oder Kuniavsky (2003) thematisiert. Dass sie dabei mehr als nur ein marktwirksames dot-com-

---

Standardsoftware, E-Commerce Angebote, Kommunikationsdienste und (mobile) Information Appliances für den alltäglichen Gebrauch.

Synonym für Usability ist, zeigt sich darin, dass sich die renommierte British HCI Group Annual Conference 2005 unter dem Motto „The Bigger Picture" dem Thema sogar in einem Keynote-Vortrag des „Head of Brand Experience" vom Mobilfunkanbieter Orange widmete. Auch in der kommenden Neuauflage des Human-Computer Interaction Handbooks (Jacko & Sears 2002) wird ein Kapitel speziell über „HCI and User Experience" erscheinen (Kuniavsky 2006). Weiterhin gilt der Begriff als zentraler Bestandteil der bald einsetzenden Werbekampagne für Microsofts neues Windows „Vista", wodurch UX weltweit bei Nicht-Fachleuten popularisiert werden wird, so dass eine wissenschaftliche Bewertung dieses durch die Industrie geprägten Begriffs durch die MCI überfällig erscheint.

Einigkeit über die Übersetzung des Begriffs ins Deutsche (z.B. als „Benutzungserfahrung" oder besser: „Benutzungserlebnis") herrscht bislang nicht, weshalb der englische Begriff „User Experience" im Rahmen dieses Beitrags beibehalten wird. Ebenso gibt es bisher keinen Konsens über eine präzise wissenschaftliche Definition und Abgrenzung dieses Begriffs, die bislang je nach Perspektive des Definierenden sehr unterschiedlich ausfallen.

Betrachtet man die Verwendung aus dem Umfeld der MCI oder Psychologie, z.B. im Kontext der „Funology" oder des „Joy-of-Use", herrscht Einigkeit darüber, dass die UX nicht nur durch die Effektivität, Effizienz und Zufriedenheit bei der Benutzung von Anwendungen geprägt ist (siehe Definition von Usability bzw. Gebrauchstauglichkeit in der ISO-Norm 9241-11), sondern ein ganzheitlicher Begriff von der Interaktion zwischen Mensch und Computer herangezogen wird, der auch die Motivation, Identifikation, Ästhetik oder – in der Sprache mancher Käuferschichten – die „Coolness" oder „Sexiness" umfasst. Somit beinhaltet sie auch die Wirkung von Faktoren, die innerhalb der MCI bisher nur von wenigen (z.B. Tractinsky, Fogg, Hassenzahl etc.) individuell betrachtet wurden und im Allgemeinen als Grenzbereiche der MCI eher undifferenziert unter „Zufriedenheit" eingeordnet wurden. Nichtsdestotrotz gelten diese hedonischen und emotionalen Qualitäten z.B. nach der Meinung von Jordan (2000, 12ff.) oder Norman (2004) als entscheidend für die Frage, ob ein Benutzer ein Produkt über seine pragmatische Qualität hinaus als „pleasurable" empfindet. Nach Hassenzahl (2003b) muss ein erfolgreiches Produkt beim Käufer die kognitive Konstruktion eines Charakters auslösen, der neue Eindrücke, Möglichkeiten und Einsichten verspricht (Stimulation), der den Besitzer nach außen hin auf die gewünschte Art repräsentiert (Identifikation) und positive Erinnerungen und Assoziationen auslöst (Evokation).

Betrachtet man die Verwendung im Kontext des e-Commerce (z.B. durch Garrett, Donoghue oder Kuniavsky) kommt innerhalb der User Experience auch dem wirtschaftlichen oder organisationalen Kontext eine besondere Rolle zu. Die User Experience beinhaltet daher nicht nur das subjektive Erlebnis des Benutzers, sondern auch inwieweit dieses mit den strategischen Kommunikations- und Businesszielen übereinstimmt, die die Organisation hinter dem Produkt verfolgt. Hier werden insbesondere Marketing und „Internet-Branding" relevant (Altobelli & Sander 2001). Nach Donoghue ist dabei entscheidend, dass die Marke (oder „Brand") während der Benutzung ihr Markenversprechen, also die Erwartungshaltung, die ein Kunde gegenüber einer Organisation und ihren Produkten aufgebaut hat, möglichst effektiv und angemessen einlöst. Anforderungen an die User Experience werden dementsprechend nicht nur durch den Usability Engineer (stellvertretend für den Benutzer) formuliert, sondern sind auch Bestandteile der übergeordneten strategischen Unternehmenskommunikation.

Nach Garrett und Donoghue versucht die „User Experience" dabei insbesondere ein Gleichgewicht zwischen Benutzerzielen und Zielen der Organisation zu schaffen. Kuniavsky grenzt die Gestaltung der UX deswegen von der Usability-fokussierten MCI ab, die implizit davon ausgeht, dass es das alleinige Ziel der Gestaltung sei, hohe Gebrauchstauglichkeit für den Endnutzer anzubieten. Kuniavsky (2006, 5) zeigt dabei auf, wie andere Werte stattdessen mit ihr in direkten Konflikt treten können und dabei in der Praxis auch Usability-Ziele bewusst überlagern.

Abbildung 1 fasst das Verhältnis zwischen User Experience, MCI und Usability vereinfacht zusammen, um hier als Gebrauchsdefinition für die weitere Diskussion bereitgestellt zu werden.

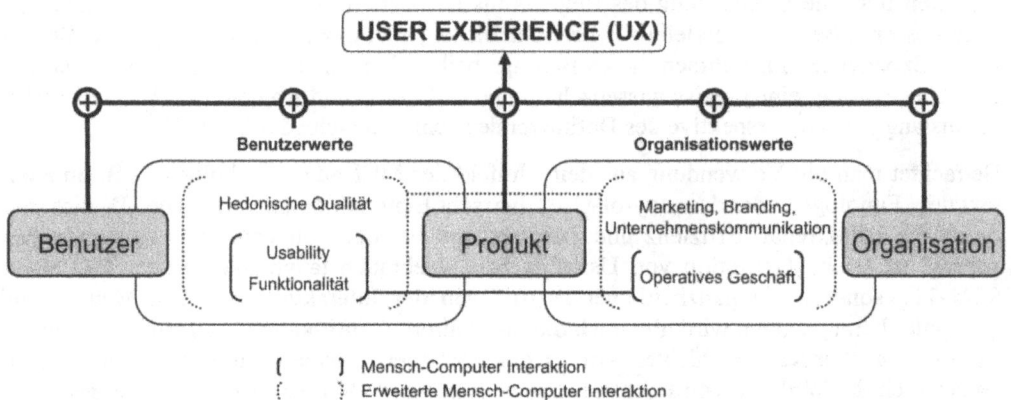

Abbildung 1: Elemente der User Experience (UX), sowie die Ziele und Qualitätsfaktoren der heutigen MCI und die einer „erweiterten MCI" mit dem Fokus auf User Experience

3   User Experience und Usability

Betrachtet man die Entwicklung von der Industrie- zur Informationsgesellschaft, so ist der wachsende Einfluss nichtrationaler Bedürfnisse nicht zu leugnen. Nach dem Soziologen und Arbeitswissenschaftler Böhle (2003) galt die Abgrenzung von Arbeit gegenüber anderen Lebensbereichen und Tätigkeiten als ein Grundpfeiler industrieller Gesellschaften. Mit dem modernen Rationalismus wurde dabei das „Andere der Vernunft" überhaupt erst als eigenständiger Bereich geschaffen, wobei eine „Abwertung des Nichtgeplanten, Nichtzweckgerichteten und Nichtrationalen" stattgefunden hat. Dies erscheint gerade in der Umgebung eines erstarkenden Taylorismus als wirtschaftlich sinnvoll. In einer „New Economy" gibt es jedoch neuartige Möglichkeiten der ganzheitlichen Befriedigung rationaler und nichtrationaler Bedürfnisse – sei es aufgrund der Vielzahl von individuellen Produkten oder völlig neuen gestalterischen Möglichkeiten oder Marktmechanismen.

In Böhles Augen ist das „beharrliche Festhalten an der Vorherrschaft der Ratio" heute nicht mehr geeignet, sich der ankündigenden Herausforderungen in Praxis und Wissenschaft anzunehmen. Derartige Standpunkte sind auch von anderen aufgegriffen worden, z.B. von Jordan

(2000, 7), der als Vertreter von „Pleasurable Products" seinen Standpunkt zu diesem „beharrlichen Festhalten" wie folgt formuliert: „Usability-based approaches [...] encourage a limited view of the person using the product. This is – by implication if not by intention – dehumanising."

Auch eine Betrachtung der bisherigen Geschichte der MCI kann als Argument für eine Erweiterung der Disziplin über die reine Usability hinaus herangezogen werden: Obwohl komplexe Eigenschaften wie „Benutzerfreundlichkeit" zunächst schwer definierbar und kaum Ansatzpunkte für ihre gezielte Gestaltung vorhanden waren, konnte die wissenschaftliche Auseinandersetzung damit kreative Vorreiter der MCI zu revolutionären Designs inspirieren – im Falle von Maus, GUI oder Hypertext sogar bereits Jahrzehnte vor deren Einführung in die Massenmärkte (Myers 1998).

In der darauf folgenden zweiten Phase der MCI wurden daher zunehmend Experten für die Gestaltung von Benutzungsschnittstellen herangezogen, dies aber oft nur in den Endphasen einer Entwicklung. Der Gestaltungsspielraum und der Mehrwert für den Benutzer war daher sehr begrenzt (Jordan 2000, 2ff.). Erfolgreich waren jedoch die Bemühungen mit dem Begriff der Usability oder Gebrauchstauglichkeit ein allgemein anerkanntes und differenziertes Modell von „Benutzerfreundlichkeit" in der ISO 9241 zu etablieren.

Als „dritte Phase" bezeichnet Jordan die heutige Situation, in der die meisten großen Hersteller, die Berücksichtigung von „Human Factors" in ihren Entwicklungsprozessen mehr oder weniger systematisch verankert haben, um damit die Usability in eine kontrollierbare Qualität und in einen Wettbewerbsvorteil innerhalb der wachsenden Massenmärkte zu verwandeln. In diesen stellen sich aber zunehmend neue Herausforderungen: Die Industrie sieht sich mit ungeheurer Popularität von interaktiven Produkten und einer Vielzahl von Wettbewerbern konfrontiert, deren Angebote sich oftmals in ihrer Funktionalität nur marginal unterscheiden. Derzeit prominentes Beispiel dürfte der iPod von Apple sein, der letzlich spät in einen Markt von sehr ähnlichen MP3-Playern eingedrungen ist, obwohl er bei der Markteinführung als technologisch nicht überlegen und preislich als unattraktiv empfunden wurde. Aus der rein rationalen Perspektive der Usability (siehe z.B. Kritik an der Usability des Apple iPod von Dougherty (2004)) war der iPod kein überlegenes Produkt, bot aber durch das koordinierte Zusammenspiel von Design, Benutzungsschnittstelle und dem Webangebot iTunes eine überlegene User Experience, die das Brand „Apple" weiter verfestigte. Letztlich ist der iPod mit einem Marktanteil von über 90% (laut Apple) in den USA zu einem Synonym für mobile MP3-Player geworden und hat mit dem Begriff „Podcasting" sogar die Bezeichnung für ein viel diskutiertes Massenmedium im Netz geprägt.

Prinzipiell stehen die Hersteller von Informationstechnologie also wieder vor einem Problem aus der Anfangszeit der MCI und zwar vor dem der Bändigung schwer greifbarer Begriffe und Anforderungen (damals „Benutzerfreundlichkeit", heute „User Experience"). Die Frage ist, ob und wie User Experience innerhalb eines kontrollierten Entwicklungsprozesses für interaktive Produkte differenziert betrachtet und gewährleistet werden kann. Dabei sind vonseiten der MCI zwei Reaktionen denkbar:

Definiert man die MCI als eine Disziplin der Gestaltung und Evaluation gebrauchstauglicher Produkte im Sinne der ISO-Norm, reduziert sich ihr Beitrag zur Gestaltung der UX entsprechend auf die pure Usability. Falls notwendig, ließen sich dabei viele der bisher schwer quantifizierbaren hedonischen oder emotionalen Einflussgrößen als Beeinträchtigung der

Dimension „Zufriedenheit" im Sinne der ISO 9241-11 behandeln. Die MCI erhebt dabei bewusst nicht den Anspruch, eine ganzheitliche Design-Disziplin für UX zu werden, sondern fokussiert sich auf die Rolle einer „problem-solving discipline" (Jordan 2000, 4) zur Vermeidung schlechter Usability.

Eine andere Sicht der Dinge wäre nach der Definition der MCI im ACM SIGCHI Curriculum möglich: „Human-computer interaction is a discipline concerned with the design, evaluation and implementation of interactive computing systems for human use and with the study of major phenomena surrounding them." Das Beispiel des iPods belegt, wie stark der Einfluss von hedonischen Qualitäten auf die Toleranz gegenüber mangelnder Usability oder geringerer Funktionalität ist. Dieses bedeutende Phänomen kann demnach also auch als ein Thema für die MCI betrachtet werden.

Schützenhilfe erhält dieser Standpunkt unter anderem von Gilbert Cocktons „value-centred HCI" (Cockton 2004), die das Wertesystem des Benutzers und der weiteren Stakeholder in das Zentrum der MCI stellt. Da sich dieses Wertesystem für jeden Benutzer unterscheidet und ständigen gesellschaftlichen Veränderungen unterworfen ist, stellt Cockton eine pragmatische Wertschöpfung durch die MCI über die Gewinnung von vermeintlichen ergonomischen „Wahrheiten". Er schreibt: „Traditional disciplines are about delivering truth. The goal of HCI is to deliver value." Um Produkte mit „Wert" für den Benutzer (oder auch andere Stakeholder) zu schaffen, ist es notwendig, sich am jeweiligen Wertesystem des Benutzers, beteiligter Organisationen oder anderer Stakeholder zu orientieren. „A focus on value creates a paradoxical discipline that fuses subjectivity and objectivity in a single process. HCI must be objectively systematic and reliable in the pursuit of subjective value."

4   Fazit

Es stellt sich die grundsätzliche Frage nach der Aufgabe der MCI: soll sie sich als Disziplin der Ergonomie der Aufgabe widmen, das Ideal einer hypothetischen „optimalen" Usability durch weiteren Ausbau von Theorien und Methoden zu verfolgen? Oder sieht sie ihre Aufgabe darin, die Hersteller von interaktiven Produkten bei der Erreichung eines pragmatischen Gleichgewichts zwischen „angemessener" Usability, „angemessenem" Benutzungserlebnis und Rentabilität des Entwicklungsprozesses zu unterstützen?

Sollten die Stakeholder eine attraktive Gestaltung oder die Erfüllung eines Markenversprechens als wesentlichen Wert bei der Benutzung betrachten, so sollte sich eine anwendungs-orientierte MCI davor sicher nicht verschließen. Mit einer Beschränkung auf die alleinige Optimierung der zweckrationalen Gebrauchstauglichkeit würde die MCI entscheidende Fragen der Benutzerakzeptanz ausblenden und diese anderen Disziplinen überlassen. Anstelle einer Überbetonung der „reinen Lehre" der Ergonomie könnte die MCI stattdessen auch benachbarte Disziplinen bei der gezielten Gestaltung der User Experience unterstützen und als Vermittler zwischen strategischer Planung, Qualitätssicherung und gestalterischer Kreativität im Sinne von Hartwig und Hassenzahl (2005) fungieren. Dabei könnten die bisherigen Erfolge der MCI eine hervorragende Ausgangsbasis liefern:

1. Die MCI hat durchdachte Vorgehensmodelle geschaffen und vermittelt mit dem Usability Engineering erfolgreich zwischen Management, Entwicklern und Benutzern unter Berücksichtung der Kosten, der individuellen Interessen und der Rechte aller Stakeholder.

2. Die MCI beherrscht die Erfassung von Requirements im Dialog mit allen Stakeholdern und beherrscht die Erfassung und Modellierung von Benutzergruppen und deren Zielen, wodurch sich Möglichkeiten der Synergie mit dem Marketing und der Produktplanung ergeben.

3. Die MCI liefert Methoden und Werkzeuge zur Formulierung von Entwicklungszielen und zur deren praktischen Bereitstellung im Gestaltungsprozess für Interface Designer und Software Entwickler.

4. Die MCI besitzt eine umfangreiche Wissensbasis praxisrelevanter Erkenntnisse aus der Psychologie und den Kognitionswissenschaften, die als anwendungs-orientierte Heuristiken zum Einsatz kommen.

5. Die MCI besitzt Methoden zur systematischen Berücksichtigung von Requirements, Benutzermodellen und kognitiven Restriktionen während der Gestaltung von Produkten mit völlig neuen Designs oder mit bereits bewährten Designpatterns.

6. Die MCI hat Erfahrung in der Anwendung von verschiedensten Evaluationsmethoden, die sich durch neue Modelle von UX und durch verbesserte empirische Methodik ausweiten lassen könnten, um auch die Qualitätssicherung jenseits der Usability zu bereichern.

Sowohl für die MCI als wissenschaftliche Disziplin als auch für die Industrie würden sich mit einer erweiterten MCI neue Potentiale eröffnen:

Anstelle der Verhinderung von Negativeffekten durch schlechte Usability als „dissatisfier" hätte die MCI die Möglichkeit, auch proaktiv an der Gestaltung und Bewertung von „satisfiern" (z.B. durch hochattraktives Interface- und Interaktionsdesign oder immersive Ein- und Ausgabe) mitzuwirken. Das Selbstverständnis als gestaltende „positive" MCI würde dabei durchaus in der Tradition der Pioniere dieser Disziplin stehen. Vor diesem Hintergrund wird es sich als lohnenswert erweisen, Berührungsängste mit schwer greifbaren Größen und Faktoren oder anderen Disziplinen abzulegen, um damit einen Schritt zu wagen, den letztendlich auch die Informatiker und Ingenieure der Vergangenheit bei der Begründung der MCI taten.

Literaturverzeichnis

Altobelli C. F.; Sander M. (2001): Internet-Branding. Marketing und Markenführung im Internet. Lucius & Lucius.

Böhle, F. (2003): Anders arbeiten – anders lernen. In: Personalführung, Heft 1, 2003, S. 1-3.

Burmester, B.; Hassenzahl, M.; Koller, F. (2002): Usability ist nicht alles – Wege zu attraktiver Software. In: i-com. Zeitschrift für interaktive und kooperative Medien. Ausgabe 1/2002, München: Oldenbourg, S. 32-40.

Cockton, G. (2004): Value-centred HCI. Proceedings of the third Nordic conference on Human-computer interaction, Tampere Finland. ACM Press.

Donoghue, K. (2002): Built for Use: Driving Profitability Through the User Experience. McGraw Hill.

Dougherty, B. (2004): iPod Usability Critique. http://www.unc.edu/~bretd/222ipodusecritique.htm (Stand 15.02.2006).

Fogg, B. J.; Tseng, H. (1999): The elements of computer credibility. In: Proceedings of the SIGCHI Conference on Human Factors in Computing Systems: the CHI Is the Limit (Pittsburgh, Pennsylvania, United States, May 15-20, 1999). CHI '99. ACM Press, New York, NY, 80-87.

Garrett, J. J. (2002): The Elements of User Experience: User-Centered Design for the Web. New Riders Press.

Hartwig, R.; Hassenzahl, M. (2005): Certified Fun – Stehen hedonische Qualitätsaspekte und Qualitätssicherung im Widerspruch? In: Marc Hassenzahl, Matthias Peissner M. (Hrsg.), Usability Professionals 2005. Proceedings des dritten GC-UPA-Tracks. German Chapter der Usability Professionals' Association e.V., Stuttgart.

Hassenzahl, M. (2003a): Attraktive Software – Was Gestalter von Computerspielen lernen können, In: Joachim Machate, Michael Burmester (Hrsg.), User Interface Tuning. Benutzungsschnittstellen menschlich gestalten, Frankfurt: Software & Support Verlag.

Hassenzahl, M. (2003b): The Thing and I: Understanding the Relationship Between User and Product, In: Mark A. Blythe, Kees Overbeeke, Andrew F. Monk, Peter C. Wright (Hrsg.), Funology – From Usability to Enjoyment, Dordrecht: Kluwer Academic Publishers, S. 31-42.

Jacko, J. A.; Sears, A. (Hrsg.) (2003): The Human-Computer Interaction Handbook: Fundamentals, Evolving Technologies and Emerging Applications. Lawrence Erlbaum.

Jordan, P. W. (2000): Designing Pleasurable Products. London: Taylor & Francis.

Kuniavsky, M. (2003): Observing the User Experience: A Practitioner's Guide to User Research. Morgan Kaufmann.

Kuniavsky, M. (2005): User Experience and HCI (Draft). URL: http://www.orangecone.com/hci_UX_chapter_0.7a.pdf (Stand 16.03.2006).

Myers, B. A. (1998): A Brief History of Human Computer Interaction Technology. ACM Interactions. Vol. 5, no. 2, March 1998. pp. 44-54.

Norman, D. A. (2004): Emotional Design. New York: Basic Books.

Pine B. J. II; Gilmore J. H. (1999): The Experience Economy: Work Is Theatre & Every Business a Stage. Harvard Business School Press.

Russell, D. M. (1998): User experience research group: understanding the complete user interaction. In: ACM SIGCHI Bull. 30, 2 (Apr. 1998), 90-94.

Tractinsky, N.; Hassenzahl, M. (2005): Arguing for Aesthetics in Human-Computer Interaction, In: i-com. Zeitschrift für interaktive und kooperative Medien. Vol. 4. Issue 3, München: Oldenbourg, S. 66-68.

A. M. Heinecke, H. Paul (Hrsg.): Mensch & Computer 2006: Mensch und Computer im Struktur*Wandel*.
München, Oldenbourg Verlag, 2006, S. 73-82

Grenzen bei der Verwendung von Leitbildern: Ein Fallbeispiel

Monique Janneck, Matthias Finck, Hartmut Obendorf

Universität Hamburg, Department Informatik

Zusammenfassung

Die Orientierung an einem Leitbild spielt traditionell eine wichtige Rolle bei der partizipativen Gestaltung von Software und bildet die Basis für Design-Entscheidungen. Probleme können bei der Verwendung von Leitbildern in Kontexten mit neuen und sich verändernden Formen der Arbeitsorganisation auftreten, die zu einem Verlust stabiler, vorgegebener Strukturen führen. Die Veränderung der Wahrnehmung von Arbeit – auch durch die Arbeitenden selbst – hält u. U. nicht Schritt mit diesen Entwicklungen. Anhand einer Fallstudie diskutieren wir die Gefahr, dass die Leitbilder der Arbeitenden nicht den beobachtbaren Arbeitsprozessen entsprechen. Diese Diskrepanz zwischen *erlebter* und *gelebter* Arbeitsorganisation und ihre Problematik für partizipative Softwareentwicklung dokumentieren wir am Beispiel des *Kooperationsleitbildes*: Das mit den BenutzerInnen entwickelte „falsche" Leitbild verdeckte in der Softwareentwicklung einer Groupware für ein virtuelles Netzwerk einen zugrunde liegenden Wertkonflikt und hatte einen „fehlgeleiteten" Softwareentwicklungsprozess zur Folge.

1 Einleitung

In der Tradition des *Participatory Design* (*PD*) verstehen wir Softwareentwicklung als partizipativen, evolutionären Prozess, der sich Benutzungsanforderungen durch einen raschen Einsatz von Prototypen, die zyklisch erprobt und weiterentwickelt werden, annähert. Wir lehnen uns dabei an das STEPS-Modell (Floyd et al. 1989) an, das softwaretechnische und organisatorische Entwicklungen in ihrem Verlauf als nicht vollständig vorherbestimmbar erkennt und betont, dass in Software begründete Organisationsentwürfe in Anpassung an veränderte Anforderungen aus dem Einsatzbereich revidierbar sein müssen. Im Gegensatz zu Ansätzen wie etwa dem *Contextual Design* (vgl. Beyer & Holtzblatt 1997) oder *Scenario-Based Design* (vgl. Rosson & Carrol 2002) dient die Einbeziehung der AnwenderInnen als ExpertInnen für ihren jeweiligen Arbeitskontext nicht nur dazu, die *Qualität* der entwickelten Softwareunterstützung zu verbessern. Vielmehr spielt bei PD, von der europäischen Bewegung zur Humanisierung und Demokratisierung der Arbeit beeinflusst (Asaro 2000, Bjerknes & Bratteteig 1994, Schuler & Namioka 1993), die Beteiligung von Arbeitnehmer-

Innen an der *Gestaltung ihrer Arbeitsbedingungen* (*empowerment*) eine wichtige Rolle. Ihnen kommt damit die Rolle von Co-DesignerInnen zu.

Die Orientierung an einem *Leit-* und *Menschenbild* ist traditionell fester Bestandteil der software-ergonomischen Forschung und Praxis und dient der Schwerpunktsetzung im Gestaltungsprozess (vgl. Maaß 1994, Maaß & Oberquelle 1992, Oulasvirta 2004). Bekannte softwareergonomische Leitbilder sind etwa der Computer als *Rechenmaschine, Dialogpartner* oder *Kooperationsmedium*, die entsprechend unterschiedliche Gestaltungsziele mit sich bringen. Leitbilder legen „immer einen partizipativen Softwareentwicklungsprozess nahe" (Maaß 1994, 337), in dem EntwicklerInnen und NutzerInnen gemeinsam die Arbeitssituation reflektieren, um auf dieser Grundlage über zukünftige Arbeitsprozesse und den unterstützenden Einsatz von Technologie zu entscheiden. Der gemeinsame Entwurf eines Leitbildes aktiviert *Vorstellungen* und *Bilder* über die zukünftigen Arbeitsprozesse und leitet EntwicklerInnen wie NutzerInnen dazu an, verschiedene Aspekte aus einer gemeinsamen Perspektive heraus wahrzunehmen und neu zu gewichten. Vergegenständlicht werden Leitbilder häufig anhand von *Metaphern*, die bekannte Gegenstände und Vorstellungen auf die Systemgestaltung übertragen (wie beispielsweise die Schreibtisch- oder Werkzeugmetapher). Auch *Szenarien* können – etwa in der Form von *Überblicksszenarien* (vgl. Bødker 1999, „open-ended scenarios"), die Ausgangspunkt und Rahmenbedingungen der jeweiligen Arbeitssituation schildern – zur Dokumentation von Leitbildern dienen.

Trotz dieser großen Bedeutung des Leitbildes wird in der Literatur selten thematisiert, wie ein tragfähiges Leitbild konkret aufgebaut und ggf. im Laufe des Entwicklungsprozesses angepasst oder revidiert werden kann. Eine Ausnahme bildet Oberquelle (1991, 40), der die Problematik von Selbst- und Fremdbildern in der Entwicklung thematisiert und prophezeit, dass „mit unbeabsichtigten bzw. unerwarteten Wirkungen zu rechnen" ist, wenn „Entwickler und Nutzer inkompatible Menschenbilder und Entwicklungsperspektiven" haben.

Für die Entwicklung von Software zur Unterstützung institutionalisierter Formen der Arbeitsorganisation – etwa in größeren Firmen – lässt sich zumeist ein etabliertes Leitbild finden. Auch wenn dies in Reorganisationsprozessen in Frage gestellt werden kann, bildet es eine gemeinsame Grundlage für das (Selbst-) Verständnis der Organisation. Es existieren aber auch Umfelder, in denen es zwar Leitbilder gibt, Unterschiede zwischen Selbstbild und Arbeitsweise diese aber als Designgrundlage problematisch machen. Einen solchen Kontext fanden wir in einem *Freelancer-Netzwerk* (Finck et al. 2005, Janneck et al. 2005, Finck et al. 2006) vor, bei dem das Leitbild einer engen *Kooperation zwischen gleichberechtigten Partnern* lange unhinterfragt im Vordergrund stand: Eine genauere Analyse der Kooperationsbeziehungen legte jedoch grundlegende Konflikte und Spannungsfelder offen, ohne deren Berücksichtigung der Softwareentwicklungsprozess zum Scheitern verurteilt war.

Wir diskutieren anhand dieses Fallbeispiels Grenzen der Verwendung von Leitbildern für die Gestaltung von Softwaresystemen – und die Gefahr eines Verleitens, wenn die *erlebten* nicht den *gelebten* Arbeitsprozessen entsprechen. Wir diskutieren den Umgang mit der Diskrepanz von Handlungen und Eigenwahrnehmung der Arbeitenden, die ja in einem partizipativen Prozess die autoritative Quelle für das Systemdesign sein sollen und plädieren nicht zuletzt für einen stärker reflektierenden Umgang mit Leitbildern.

2 Ein fehlgeleiteter Softwareentwicklungsprozess: Das Fallbeispiel eines Freelancer-Netzwerks

Der Wandel in der Arbeitswelt bedeutet für immer mehr Menschen eine Zunahme von Unsicherheit. Die Zahl der so genannten Normalarbeitsverhältnisse – d.h., unbefristete Vollzeittätigkeiten – geht stark zurück. Stattdessen werden in vielen Bereichen – z.B. IT- und Unternehmensberatung oder Personal- und Organisationsentwicklung – befristete bzw. Tätigkeiten auf Auftragsbasis immer mehr zum Standardfall[1].

Vor diesem Hintergrund des Wandels der Arbeitswelt sind *Freelancer-Netzwerke* als eine neue Organisationsform zu betrachten. Wir verstehen darunter Zusammenschlüsse von FreiberuflerInnen auf freiwilliger, selbstorganisierter Basis, um eine bessere Außendarstellung, günstigere Bedingungen zur Auftragsakquisition sowie Möglichkeiten zu Fortbildung und zu beruflichem und persönlichem Austausch zu erreichen (vgl. Picot et al. 2003). Aufgrund des hohen Grads der Verteilung der beteiligten Personen und ihrer flexiblen Arbeitsorganisation ist für die Netzwerkkooperation meist ein intensiver Einsatz von Informations- und Kommunikationstechnologien erforderlich. Freelancer-Netzwerke können daher als spezielle Form *virtueller Organisationen* angesehen werden (vgl. Rittenbruch et al. 2001). Deren Eigenschaften – wie der Wegfall von strenger Arbeitsteilung, definierten Rollen und klaren Unterscheidungen zwischen Vorgesetzten und Untergebenen – treten sogar bei Netzwerken im Vergleich zu klassischen Unternehmensformen besonders stark hervor. Das Vertrauen in die weitgehend freiwillige Zusammenarbeit ist von Bedeutung, da weder die rigiden formalen Verpflichtungen wie in einer klassischen, hierarchischen Organisation noch freie Marktbeziehungen innerhalb der virtuellen Organisation bestehen (Rittenbruch et al. 2001).

Im Rahmen eines Forschungsprojektes waren wir u.a. mit der Entwicklung und Einführung eines Kooperationssystems für ein solches Freelancer-Netzwerk befasst. Das 1997 gegründete Netzwerk besteht aus etwa 15 Personen mit interdisziplinären Expertisen in verschiedenen Themenfeldern der Informations- und Kommunikationstechnologie, IT- und Management Consulting. Es bietet Beratungs- und Fortbildungsangebote und ermöglicht den Mitgliedern die Vermarktung ihrer Leistungsangebote über die Netzwerkkontakte. Zum Austausch finden zweimonatliche Workshops statt, dazu monatliche Treffen am Kamin und Arbeitsgruppentreffen zu speziellen Themen. Darüber hinaus sollte die Netzwerkkooperation zunehmend informationstechnisch unterstützt ablaufen, wenngleich diesbezügliche Versuche in der Vergangenheit aufgrund mangelnder Nutzung erfolglos verliefen: Im Laufe der Jahre waren bereits verschiedene Plattformen im Netzwerk zum Einsatz gekommen. Deren Nutzung war jedoch stets – laut Aussage der Beteiligten – nicht an mangelnden Nutzungsanlässen, sondern an einer unzureichenden Gebrauchstauglichkeit verbunden mit teils zu hohen Kosten gescheitert. Speziell die zu Beginn des Forschungsprojekts noch im Einsatz befindliche Plattform – ein Projektmanagement-Tool – hatte sich zur Unterstützung der Kommunikation und Kooperation als ungeeignet erwiesen und wurde praktisch nicht genutzt.

Aufgrund dieser Ausgangssituation entschieden wir uns in Absprache mit den Netzwerkmitgliedern für die Einführung einer neuen Groupware, die den Anforderungen des Netzwerks entsprechend kontinuierlich weiterentwickelt werden sollte. Als Prototyp für die partizipative

---

[1] Vgl. beispielsweise die Monatsberichte der Bundesagentur für Arbeit (http://www.arbeitsagentur.de)

Weiterentwicklung diente das Open-Source-Groupwaresystem CommSy, das grundlegende Kommunikations- und Kooperationswerkzeuge zur Verfügung stellte.

Zu Beginn des Entwicklungsprozesses stand eine ausführliche Kontexterkundung. Auf einem Kick-Off-Workshop, an dem nahezu alle Netzwerkmitglieder teilnahmen, stellten wir die Entwicklungsmethodik – partizipativer Prozess, schnelles Prototyping (vgl. Floyd et al. 1989) – vor und besprachen das weitere Vorgehen mit den Netzwerkmitgliedern. Unter Verwendung von Gruppeninterviews und ergänzenden Fragebögen wurden Daten zur Arbeitssituation der Freiberufler, der organisatorischen Praxis im Netzwerk, den Kommunikationsmustern, den Erfahrungen mit bisherigen Plattformen und den Anforderungen an Informationstechnologie im Netzwerk erhoben. Abschließend wurden in einem Brainstorming Hoffnungen, Möglichkeiten und bisherige Probleme im Zusammenhang mit dem Einsatz einer Kooperationsplattform gesammelt. Auf eine ausführliche Analyse der Arbeitsabläufe mittels einer Beobachtung der NutzerInnen am Arbeitsplatz (vgl. z.B. Beyer & Holtzblatt 1997) musste verzichtet werden, weil konkrete Arbeitsabläufe im Netzwerk erst mit Einführung der Plattform entwickelt wurden: Bisherige Systeme waren nicht genutzt worden. Die informelle Arbeit im Netzwerk war somit weit von der beabsichtigten entfernt und zeitlich zudem sehr stark mit der selbstständigen Tätigkeit verwoben – ein typisches Phänomen bei der Gestaltung von Software für neue bzw. noch wenig bekannte Nutzungskontexte.

Die Ergebnisse der Anforderungsermittlung zeigten eine starke Betonung der gleichberechtigten, nichthierarchischen Form der Zusammenarbeit und der Bedeutung des gegenseitigen Vertrauens sowie einer Ausgeglichenheit von Geben und Nehmen in der von freiwilligem Engagement geprägten Kooperation (vgl. Finck et al. 2005, Janneck et al. 2005, Finck et al. 2006). Auf dieser Basis entstand das *Leitbild einer gleichberechtigten Kooperation* als Grundlage für die Entwicklung einer Systemvision (vgl. Kensing & Madsen 1991, Beyer & Holtzblatt 1997). Wesentliche Aspekte dieses Leitbildes waren Vertrauen, gegenseitige Sympathie, Gleichberechtigung, Offenheit, Fairness und die Bereitschaft, Wissen zu teilen. Übertragen auf die Gestaltung der Kooperationsunterstützung führten diese sozialen Voraussetzungen zu Gestaltungsanforderungen, die eine gleichberechtigte Teilhabe und unbeschränkten Zugang zu Informationen als wesentliche Erfolgskriterien auswiesen.

Da aufgrund von Arbeitsbelastung, räumlicher Verteilung und mangelnden finanziellen Anreizen in der Folge nicht alle Netzwerkmitglieder unbeschränkt für die Mitarbeit am Entwicklungsprozess zur Verfügung standen, etablierten wir eine kontinuierliche Zusammenarbeit mit zwei RepräsentantInnen des Netzwerks. Mit diesen beiden Mitgliedern trafen wir uns regelmäßig persönlich, um insbesondere unter Verwendung von Szenarien und Mock-Ups konkrete Designideen zu entwickeln und zu diskutieren sowie die jeweiligen Nutzungserfahrungen zu analysieren. Zur Rückkopplung mit den übrigen Netzwerkmitgliedern wurden neue Systemversionen – insgesamt vier – jeweils auf Netzwerk-Workshops präsentiert und Anwendungsszenarien mit den Mitgliedern diskutiert.

Ein augenfälliger Widerspruch: Die regelmäßigen Evaluationen der jeweiligen Systemversionen lieferten ein stetig positives Ergebnis. Das System wurde von der großen Mehrheit der Befragten als sinnvolle Unterstützung für die Netzwerkarbeit angesehen und als einfach zu benutzen bezeichnet, Handhabungsprobleme traten kaum auf. Trotzdem nutzten die Mitglieder die Plattform mehrheitlich – wenn überhaupt – nur passiv (lesend) und beteiligten sich kaum an der aktiven Bereitstellung von Inhalten (Abb. 1). Diese weiterhin geringe Nutzungsintensität führte sowohl bei den wenigen aktiven Netzwerkmitgliedern als auch bei den EntwicklerInnen zu Frustration (vgl. Finck et al. 2005, Janneck et al. 2005, Finck et al. 2006).

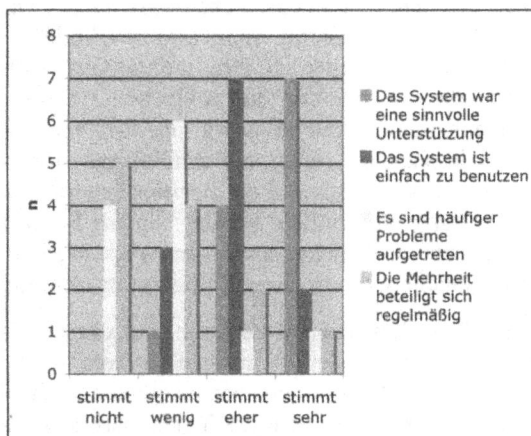

Abbildung 1: Befragungsergebnisse

Um der Diskrepanz zwischen der positiven Bewertung der Plattform und der geringen Nutzung auf den Grund zu gehen, unterzogen wir die Interaktionsstrukturen im Laufe der Zusammenarbeit im Netzwerk einer weiteren Analyse, u.a. durch teilnehmende Beobachtung auf Netzwerk-Workshops. Hierbei wurde eine Kluft zwischen dem kommunizierten Leitbild und der alltäglichen Praxis im Netzwerk deutlich: Die Zusammenarbeit im Netzwerk wurde statt von der propagierten gleichberechtigten Kooperation von einem starken informellen Hierarchiegefälle geprägt (von uns anhand des Ablaufs konkreter Entscheidungsprozesse nachvollzogen), und die Netzwerkmitglieder standen in einem impliziten Konkurrenzverhältnis zueinander, das durch die schlechte wirtschaftliche Situation noch verschärft wurde. Vor diesem Hintergrund wird die geringe Nutzung verständlich: In dieser unklaren Kooperationssituation ergeben sich – abgesehen von wenigen konkreten, gemeinsam bearbeiteten Aufträgen – kaum Kooperationsanlässe, zudem ist in einer Konkurrenzsituation die Bereitstellung ökonomisch relevanter Inhalte auf der Kooperationsplattform nicht problemlos.

Welch fatale Folgen die Orientierung an einem Leitbild, das mehr dem Wunsch denn der Wirklichkeit entsprach, für die konkrete Softwaregestaltung hatte, lässt sich an zwei Beispielen verdeutlichen:

Der Teamkalender: Gemäß den Anforderungen der Netzwerkmitglieder wurde das System um einen gemeinsam gepflegten Teamkalender erweitert, der nicht nur gemeinsame Termine enthielt, sondern einzelnen Mitgliedern zudem die Möglichkeit bot, individuellen Abwesenheiten einzutragen. Dies sollte insbesondere die gemeinsame Auftragsabwicklung unterstützen, indem beispielsweise ein Netzwerkmitglied im Kontakt mit dem Kunden auf der Basis des Teamkalenders verbindliche Terminzusagen geben konnte, ohne im einzelnen Rücksprache mit den anderen Beteiligten halten zu müssen. Die Nutzung fiel sehr unterschiedlich aus: Von einzelnen Personen bzw. in bestimmten Kontexten wurde der jeweilige Kalender gewissenhaft gepflegt, in anderen Zusammenhängen (z.B. auch im Rahmen des Forschungsprojektes) kamen nur wenige der Aufforderung nach, ihre individuellen Termine einzutragen, obgleich dies die z. T. sehr mühseligen und langwierigen Terminabsprachen deutlich vereinfacht hätte. Die Analyse dieses unbefriedigenden Nutzungsverhaltens brachte zunächst einige Handhabungsprobleme zu Tage, die jedoch nicht so gravierend waren, dass sie allein als Erklärung gelten konnten. Erst spät äußerten einige Netzwerkmitglieder selber die Vermutung, dass die anderen Mitglieder ein Eintragen ihrer individuellen Termine scheuten, da dies gleichsam ein Offenlegen ihrer – möglicherweise schlechten – Auftragslage bedeutete. Vor dem Leitbild einer vertrauensvollen Kooperation war uns dies unproblematisch erschienen – vor dem Hintergrund eines impliziten Konkurrenzverhältnisses jedoch konnte sich der Ausweis wirtschaftlichen „Versagens" negativ auf die Position innerhalb des Netzwerks auswirken, weshalb die Zurückhaltung verständlich wurde. Nur im Rahmen konkreter – mit Erwerbsmöglichkeiten verbundener – Projekte sowie von wirtschaftlich starken Netzwerkmitgliedern mit vollen Auftragsbüchern wurde diese Offenlegung akzeptiert.

Das Gestaltungsziel eines Kalenders, der auf einfache und schnelle Weise einen Überblick über die Termine aller Netzwerkmitglieder bot, musste vor dem Hintergrund des veränderten Leitbilds zurückgenommen werden. Angemessener erschien eine Lösung auf Anfragebasis, die für konkrete Terminanfragen die jeweiligen Verfügbarkeiten liefert, jedoch den gewünschten schnellen Überblick nicht leisten kann.

Die Aufgabenverwaltung: Weiterhin sollte eine einfache Aufgabenverwaltung implementiert werden, um im Rahmen von Kundenaufträgen und bei der Netzwerkkooperation die anfallenden Tätigkeiten und Verpflichtungen transparent zu machen. Auf eine komplexe Darstellung von Workflows, Zeitbudgets etc., wie sie bei Projektmanagementtools üblich ist, sollte verzichtet werden. Ebenso wurde Wert darauf gelegt, dass die Übernahme von Aufgaben von den jeweiligen Netzwerkmitgliedern selber veranlasst werden musste und nicht etwa eine Zuweisung von Aufgaben seitens zentraler KoordinatorInnen erfolgen konnte, da dies dem Bild des gleichberechtigten, nichthierarchischen Netzwerkens widersprach. Erneut fiel die Nutzung ambivalent aus: Von einigen Personen sowie v.a. bei konkreten Kundenprojekten wurde die Aufgabenliste sehr gewissenhaft gepflegt. In anderen Fällen erfolgte trotz genauer vorheriger Absprachen keine Dokumentation der übernommenen Verpflichtungen, so dass unklar blieb, ob, in welcher Zeit und von wem die eigentlich bereits vereinbarten Aufgaben nun übernommen würden, was zu hoher Frustration der Beteiligten führte.

Auch in diesem Fall war nicht offensichtlich, warum das Gestaltungsziel verfehlt worden war. Handhabungsprobleme wurden in keinem Fall berichtet. Mangel an Zeit und Engagement waren eine mögliche Ursache, konnten jedoch die Fälle nicht befriedigend erklären, in denen bereits ausführlich erarbeitete und vereinbarte Aufgaben nicht dokumentiert wurden. Eine Analyse der Interaktionsstrukturen zeigte schließlich, dass einige aktive und erfahrene Mitglieder die Plattform stark dominierten und Nutzungskonventionen durch ihre intensive Vorbildfunktion oder sogar durch klare Anweisungen etablierten. Weniger aktive oder technisch unerfahrenere Mitglieder reagierten häufig verunsichert und schränkten ihre Nutzung aus Angst, etwas falsch zu machen, ein oder verweigerten sie aus Empörung über diese Bevormundung. Erneut zeigte sich eine deutliche Diskrepanz zwischen Leitbild und Handlungspraxis im Netzwerk: Die eingeforderte aktive und eigenverantwortliche Nutzung der Mitglieder wurde durch die wenig gleichberechtigte Moderation der Nutzung konterkariert.

3 Diskussion und Ausblick

Das geschilderte Fallbeispiel macht deutlich, wie die Orientierung an einem gleichermaßen von NutzerInnen wie SoftwareentwicklerInnen *erlebten*, aber letztlich im Arbeitsprozess nicht *gelebten* und damit nicht der Arbeitsorganisation entsprechenden Leitbild zu falschen und unbefriedigenden Design-Entscheidungen führen kann.

Unser eigenes langes Festhalten am Leitbild der gleichberechtigten Kooperation erscheint vor dem Hintergrund der später durchgeführten Analysen der Konkurrenzsituation im Netzwerk (vgl. Finck et al. 2005, Finck et al. 2006) naiv, jedoch war für uns – als mit dem Kontext nicht vertraute EntwicklerInnen – die Gemengelage aus Kooperationsbedürfnissen und -erfordernissen einerseits und Konkurrenz und wirtschaftlichem Druck andererseits anfangs nur schwer durchschaubar. Unseres Erachtens liegen aber auch wichtige Gründe im Vorgehensmodell selbst – Entwicklungsprozesse, die sich auf ein Leitbild festlegen, sind auch bei einer zyklischen Prozessausrichtung schwer wieder davon abzubringen. Probleme mit einer leitbildorientierten Entwicklung treten auf, sobald das von den NutzerInnen formulierte Leitbild nicht ihren tatsächlichen Arbeitsabläufen entspricht. Stimmen – wie im Beispiel – die Leitbilder von NutzerInnen und EntwicklerInnen überein, besteht umso mehr die Gefahr, dass das Leitbild Probleme verdeckt und seine eigene Hinterfragung effektiv verhindert.

An dieser Stelle mag ein Verweis auf die Verwendung von Metaphern in der Interfacegestaltung nützlich sein: Wiewohl Metaphern oftmals den Rahmen und die Grundlage für die Gestaltung von Schnittstellen bieten, entwickeln sie neben dem zunächst einfachen Übertragen von bekanntem Wissen aus anderen Bereichen eine eigene Sogwirkung. Inkonsistenzen zu Metaphern sind allgegenwärtig, werden aber oft nicht zugelassen; eine Metapher kann damit das Lernen möglichen Verhaltens sogar behindern (Ordner in Ordnern) oder ein nachteilbehaftetes Verhalten auslösen (unordentliche Darstellung eines gefüllten Papierkorbs). Auf einer anderen Abstraktionsebene sehen wir die Gefahr, die Kommunikation mit den NutzerInnen auf eine falsche Basis zu stellen – das Leitbild kann die Entwicklung in die Irre und jede Rückkopplung mit den BenutzerInnen ad absurdum führen. Diese Problematik wird ohne Partizipation – mit Mitteln wie Visionen (oder dem *Root Concept* beim *Scenario-Based Design*) – gegebenenfalls noch verschärft, da die BenutzerInnen erhalten, was sie beschreiben und fordern, nicht aber willens und in der Lage sind, eine Vision für die benötigte Softwareunterstützung zu liefern.

Die Expertenrolle der Beteiligten ernst nehmend und der Tradition des Participatory Design entsprechend, wählten wir für die Anforderungsermittlung Erhebungsmethoden, die den subjektiven Sichtweisen der Beteiligten viel Raum gaben. Da diese jedoch selbst die Konkurrenzproblematik in ihrer Zusammenarbeit nicht thematisierten – wir empfanden dies zunehmend als Tabuthema innerhalb des Netzwerkes – konnte dieser wichtige Aspekt in den ersten Entwicklungszyklen nicht berücksichtigt werden. Die im weiteren Verlauf des Entwicklungsprozesses durchgeführte Beobachtung der Netzwerkinteraktion, die eine größere Unabhängigkeit von den subjektiven Sichtweisen der Netzwerkmitglieder ermöglichte, brachte die tiefer liegende Problematik ans Licht. In der Anfangsphase hatten wir auf zusätzliche Beobachtungen verzichtet, da dies aufgrund der nur sporadischen Präsenzinteraktionen deutlich mehr Zeit und Aufwand in Anspruch genommen hätte, als wir – der Maxime des schnellen Prototypings folgend (vgl. Floyd et al. 1989) – für diese Phase eingeplant hatten.

Methoden, die auf eine detaillierte Analyse der jeweiligen Arbeitssituation durch die Ent-wicklerInnen setzen, wie etwa *Contextual Design*, waren in unserem Kontext schwerlich anzuwenden, da sich aufgrund der bisherigen Nicht-Nutzung der früher eingesetzten Platt-formen noch keine stabilen Arbeitsabläufe etabliert hatten. Diese mussten erst zusammen mit der Softwareunterstützung entwickelt und organisatorisch im Netzwerk verankert werden. Ein weiteres Problem betrifft die Tabuisierung der Konkurrenzproblematik im Netzwerk: Ebenso, wie unsere später durchgeführten Analysen bei den Netzwerkmitgliedern auf massi-ve Ablehnung stießen, scheint es uns fraglich, ob eine anfängliche Aufdeckung und Themati-sierung der Konkurrenzsituation auf Akzeptanz gestoßen wäre, da dies offenbar die Netz-werkkonstruktion als Ganzes im Kern berührt (vgl. Finck et al. 2005, Finck et al. 2006).

Dies führt uns zu einem weiteren wichtigen Punkt für die Organisation des Softwareentwick-lungsprozesses: die *Rollenverteilung*. In unserem Fallbeispiel erlebten wir, dass unsere Rolle aus der Sicht der Netzwerkmitglieder von Beginn an die eines „Dienstleisters" war (der eine passende Software liefert) – unseren ausführlichen Erläuterungen und Vereinbarungen zu Etablierung eines partizipativen Prozesses zum Trotz. Diese Wahrnehmung erzeugte in spä-teren Entwicklungsphasen, als wir uns selbst mehr und mehr als Organisationsentwickler-Innen begriffen und Veränderungen in den Netzwerkorganisationen zu diskutieren und mo-derieren versuchten, starken Widerstand. Die Netzwerkmitglieder sprachen uns das Mandat ab, Schwierigkeiten in der Netzwerkinteraktion, die unabhängig von der Softwareunterstüt-zung bestanden, zu thematisieren und Diskussions- und Veränderungsprozesse im Netzwerk zu initiieren. Obwohl PD die Softwaregestaltung ganz selbstverständlich als Organisations-entwicklung begreift, wird unseres Erachtens der initialen Rollenverteilung und der Frage, wie auf Seiten der NutzerInnen auch tatsächlich eine Akzeptanz von Organisationsentwick-lungsmaßnahmen erreicht werden kann, zu wenig Bedeutung beigemessen; in akademischen Projekten und in Projekten, in denen klare Hierarchien auch ein nachträgliches Einholen von Machtbefugnissen ermöglichen, führt dies weit weniger deutlich zu Problemen als bei den hier untersuchten selbstorganisierenden Organisationsformen.

Nun könnte die kritische Frage gestellt werden, ob ein partizipatives Vorgehen überhaupt gerechtfertigt werden kann, wenn – pointiert ausgedrückt – wie im geschilderten Fall offen-sichtlich wird, dass die NutzerInnen nicht wissen (wollen), was sie genau tun und was sie dafür benötigen. Jedoch war das partizipative, evolutionäre Vorgehen und das gemeinsame, wertgeleitete Design von Funktionalität eine wesentliche Grundlage, um die geschilderte Diskrepanz zu erkennen. Außerdem wurde erst in der gemeinsamen Softwareentwicklung die Grundlage geschaffen für einen konstruktiven Umgang mit der Diskrepanz von Leitbild und Praxis – alle vorherigen Versuche, eine Groupware einzuführen, scheiterten nicht nur, son-dern die Schuld wurde jedes Mal der Benutzbarkeit der Software angerechnet, ohne dass der Nachweis für einen internen Konflikt geführt werden konnte (vgl. Abschnitt 2).

Allerdings wird ein „fehl-leitendes" Leitbild u. U. erst spät im Entwicklungsprozess offen-bar, wenn eine Korrektur bereits sehr aufwändig ist. Es stellt sich zudem die Frage, auf wel-cher Ebene eine solche Korrektur ansetzen muss: Wenn, wie in unserem Fall, die Nutzer-Innen einer Revision des Leitbilds erheblichen Widerstand entgegen bringen, wäre eine Än-derung allein auf der Softwareebene einfacher, sie widerspricht aber dem Gedanken der partizipativen Entwicklung, denn die Leitbilder von BenutzerInnen und EntwicklerInnen würden sich zwangsläufig auseinander entwickeln, die enge Kopplung von Funktionalität und offiziell kommuniziertem Leitbild wäre gestört. Das Festhalten am Leitbild wiederum führt, wie im Fallbeispiel geschildert, zur Entwicklung ungeeigneter Funktionalität.

Für uns bedeutet das, dass der Widerspruch zwischen *gelebtem* und *erlebtem* Leitbild weder ignoriert noch aufgelöst werden kann. Auch können wir zum jetzigen Zeitpunkt noch keine Empfehlung geben, ob bzw. welche Vorgehensmodelle dafür geeignet sind, der Problematik entgegenzuwirken. In jedem Fall jedoch halten wir es für wichtig, dass Softwareentwickler-Innen ein Bewusstsein dafür entwickeln, welche Macht die – möglicherweise unhinterfragten oder sogar impliziten – Leitbilder im Entwicklungsprozess entfalten können, und insbesondere auch ihre eigenen Vorerfahrungen und -prägungen in dieser Hinsicht reflektieren – unabhängig von der Interaktion mit den NutzerInnen.

Speziell im Forschungsfeld kooperativer Arbeit (CSCW) möchten wir dafür plädieren, das Leitbild der Kooperation vor dem Hintergrund der eingangs geschilderten Veränderungen der Arbeitswelt differenziert zu betrachten: Mit dem Rückgang klassischer Erwerbsmöglichkeiten und -biographien geht – nicht nur in Freelancer-Netzwerken – ein immer stärkerer Konkurrenzdruck im Arbeitsleben einher. Gleichzeitig werden zunehmend kooperative Formen von Arbeitsorganisation propagiert. In ihrem konkreten Arbeitsalltag sehen sich daher viele Menschen der paradoxen Situation gegenüber, dass sie einerseits mit anderen kooperieren wollen, sollen oder müssen, andererseits aber individuelle Vorteile im Konkurrenzkampf um Aufträge, Beförderung oder auch nur die Nicht-Entlassung eher durch ein „Ausstechen" der anderen und somit potentiell unkooperatives Verhalten zu erreichen sind (vgl. Volpert 2003). Softwaregestaltung für kooperative Aktivitäten sollte diesen Konflikt adressieren.

Literaturverzeichnis

Asaro, P. M. (2000): Transforming Society by Transforming Technology: the science and politics of participatory design. Accounting, Management and Information Technologies (10), 2000, pp. 257-290.

Beyer, H.; Holtzblatt, K. (1997): Contextual Design: A Customer-Centered Approach to Systems Designs. Morgan Kaufmann.

Bjerknes, G.; Bratteteig, T. (1994): User Participation: A Strategy for Work Life Democracy? In: Trigg, R.; Anderson, S.I.; Dykstra-Erickson, E. (eds): PDC '94: Proceedings of the Participatory Design Conference, Chapel Hill, North Carolina, USA, pp. 3-11.

Bødker, S. (1999): Scenarios in User-Centred Design: setting the stage for reflection and action. In: Proceedings of the 32nd Hawaii International Conference on System Sciences.

Finck, M.; Janneck, M.; Rolf, A.; Weber, D. (2005): Virtuelles Netzwerken im Spannungsfeld sozialer und ökonomischer Rationalität. In: Engelien, M.; Meissner, K. (Hrsg.): Virtuelle Organisation und Neue Medien – GeNeMe 2005. Lohmar: Eul, S. 465-478.

Finck, M., Janneck, M., Rolf, A. (2006): Techniknutzung zwischen Kooperation und Konkurrenz – eine Analyse von Nutzungsproblemen. In: Lehner, F., Nöhsekabel, H., Kleinschmidt, P. (Hrsg.): Multikonferenz Wirtschaftsinformatik 2006, S. 636-376.

Floyd, C.; Reisin, F.-M.; Schmidt, G. (1989): STEPS to software development with users. In: Proceedings of ESEC 1989. Berlin: Springer, S. 48-64.

Janneck, M., Finck, M., Oberquelle, H. (2005): Soziale Identität als Motor der Technologieaneignung in virtuellen Gemeinschaften. In: i-com 2/2005, Themenheft Communities, S. 22-28.

Kensing, F.; Madsen, K. H. (1991): Generating visions: Future workshops and metaphorical design. In: Greenbaum, J.; Kyng, M. (Hrsg.): Design at Work: Cooperative Design of Computers Systems, Hillsdale, NJ: Lawrence Erlbaum Associates, pp. 155-168.

Maaß, S.; Oberquelle, O. (1992): Perspectives and Metaphors for Human-Computer Interaction. In: Floyd, C.; Züllighoven, H.; Budde, R.; Keil-Slawik, R. (Hrsg.): Software Development and Reality Construction. Berlin: Springer, S. 233-251.

Maaß, S. (1994): Maschine, Partner, Medium, Welt... Eine Leitbildgeschichte der Software-Ergonomie. In: Hellige, H.D. (Hrsg.): Leitbilder der Informatik- und Computer-Entwicklung, Tagung der GI-Fachgruppe ‚Historische Aspekte von Informatik und Gesellschaft' und des Deutschen Museums, München, 4.-6.10.1993, artec-Paper 33, Bremen, 1994, S. 329-342.

Oberquelle, H. (1991): CSCW- und Groupware-Kritik. In: Oberquelle, H. (Hrsg.): Kooperative Arbeit und Computerunterstützung – Stand und Perspektiven. Göttingen: Verlag für Angewandte Psychologie, S. 37-62.

Oulasvirta, A. (2004): Finding meaningful uses for context-aware technologies: The humanistic research strategy. Proceedings of the 2004 SIGCHI Conference on Human Factors in Computing Systems (CHI 2004), ACM Press, S. 247-254.

Picot, A.; Reichwald, R.; Wigand, R. (2003): Die grenzenlose Unternehmung: Information, Organisation, Management, 5., überarbeitete Auflage. Wiesbaden: Gabler.

Rosson, M. B.; Carroll, J. (2002): Usability Engineering: Scenario-based Development of Human-Computer Interaction. San Francisco: Morgan-Kaufman.

Rittenbruch, M.; Poschen, M.; Kahler, H.; Törpel, B. (2001): Kooperationsunterstützung in einer teambasierten virtuellen Organisation. In: Rohde, M.; Rittenbruch, M.; Wulf, V. (Hrsg.): Auf dem Weg zur virtuellen Organisation. Heidelberg: PhysicaVerlag, S. 55-78.

Schuler, D.; Namioka, A. (eds) (1993): Participatory design: Principles and practices. Hillsdale, NJ: Lawrence Erlbaum Associates.

Volpert, W. (2003): Wie wir handeln – was wir können: Ein Disput als Einführung in die Handlungspsychologie. Sottrum: artefact.

A. M. Heinecke, H. Paul (Hrsg.): Mensch & Computer 2006: Mensch und Computer im Struktur*Wandel*.
München, Oldenbourg Verlag, 2006, S. 83-92

Partizipation im Nutzungskontext

Gunnar Stevens, Sebastian Draxler

Universität Siegen, Wirtschaftsinformatik

Zusammenfassung

In diesem Beitrag wird das Konzept des *Participatory Design in Use* vorgestellt sowie das Konzept zu existierenden Ansätzen, die sich ebenfalls mit den Fragen auseinandersetzen, wie der unmittelbare Nutzungskontext bei der Einbeziehung der Nutzer in den Design-Prozess ausgenutzt werden kann. Hierbei werden drei Dimensionen – Strukturierung der Design-Tätigkeit, des Gestaltungsspielraum und des Design Prozess identifiziert – die helfen, die verschiedenen Ansätze einzuordnen.

Anschließend stellen wir einen ersten Prototyp vor, der die Kluft zwischen Nutzer und Designer verringert, indem er Partizipationsmöglichkeiten besser in die Applikation integriert. Die vorgestellte Lösung wird als Teil eines Open Source Projekts praktisch genutzt, um die Beteiligung der Nutzer zu erhöhen und die Ideen und Probleme der Nutzer besser festzuhalten und effektiver in den Entwicklungsprozess zu integrieren.

Die realisierte Lösung verfolgt dabei jedoch nicht den Designansatz gängiger Feedback-Mechanismen, bei denen allein das Know-how der Nutzer abgeschöpft werden soll. Vielmehr soll die Transparenz des Entwicklungsprozesses erhöht werden, indem dieser in die Applikation eingebettet wird. Zudem sollen den Nutzern geeignete Mittel an die Hand gegeben werden, um die alltägliche Nutzung und die Reflektion über diese Nutzung als Teil eines partizipativen Entwicklungsprozesses besser miteinander besser zu vereinen.

1 Neue Formen der Benutzerpartizipation

Schon in den 80er Jahren hat unter anderen Christiane Floyd gefordert, dass man Software zyklisch entwickelt (Floyd, Reisin et al. 1989). Seit dieser Zeit erweitern verschiedene Faktoren moderner Softwareproduktion und -distribution neue Möglichkeiten des Evolutionären Design (Nichols and Twidale; Bleek, Jeenicke et al. 2002; Bleek, Jeenicke et al. 2002; Rittenbruch, McEwan et al. 2002; Nichols, McKay et al. 2003). Die neuen Möglichkeiten des Evolutionären Designs mit radikal kurzen Entwicklungszyklen geben Anlass, sich über die Konsequenzen von Participatory Design und über neue Formen der Nutzerpartizipation Gedanken zu machen.

In diesen Beitrag wollen wir das Konzept des *Participatory Design in Use (PaDU)* als eine der neuen möglichen Formen der Benutzerpartizipation vorstellen und genauer untersuchen.

Das Ziel besteht dabei darin, die Möglichkeiten der Partizipation während der Nutzung des Systems zu vergrößern.

Dabei kann bei PaDU innerhalb der PD-Ansätze besonders der zeitliche und räumliche Aspekt charakterisiert werden:

- PaDU ist eine Post-Deployment Methode

- PaDU ist Methode für räumlich verteilte Partizipation, die hierfür Werkzeuge der Computer vermittelten Kommunikation nutzt

Unter Bezug auf die klassische Taxonomie des Software Engineering ist *Participatory Design in Use* eine PD-Methode, die in die späte Phase Softwarelebenszyklus fällt (Muller, Haslwanter et al. 1997). Die Forschung zum gegenseitigen Lernen in einer Nutzer-Entwickler Gemeinschaft zeigt, dass ein konkretes, funktionsfähiges System dem Nutzer dabei unterstützt die Gestaltung zu bewerten und zu kritisieren. Nichtsdestotrotz existieren bis dato nur wenige PD-Methoden, welche speziell für diese Phase konzipiert worden sind. PD adressierte diese Phase hauptsächlich durch die Forderung nach anpassbaren Systemen (Henderson and Kyng 1991; Wulf 1994).

Neuere Arbeiten wie eXtreme Participation (Rittenbruch, McEwan et al. 2002), greifen jedoch die veränderten Produktionstechniken auf, welche die Kosten einer späten Änderung dramatisch reduziert haben (Beck 2000). Insbesondere Nicolas et al. schlagen in ihren Arbeiten (Nichols and Twidale; Nichols, McKay et al. 2003) neue Formen vor, die sie mit Postdeployment Partizipation bezeichnen.

Der zweite Aspekt ergibt sich aus der Forderung, Nutzern Partizipationsmöglichkeiten bereitzustellen, die jederzeit im lokalen Nutzungskontext zur Verfügung stehen. Da aber der lokale Nutzungskontext von der Entwicklung räumlich abgetrennt ist, muss diesem verteilten Aspekt Rechnung getragen werden. Dieser zweite Aspekt unterscheidet die co-lokalen PD-Methoden auf der einen Seite von Laborstudien, wo Nutzer ihren normalen Nutzungskontext verlassen müssen, als auch von ethnographischen Studien, in denen Forscher sich zu den Nutzern begeben müssen.

Aufgrund des verteilten Setting entsteht das Problem, wie die verschiedenen Akteure einen gemeinsamen Kontext herstellen und diesen kommunizieren. Information, die implizit in den lokalen Kontext eingebettet ist, muss expliziert und mittels Computer vermittelter Kommunikation (CMC) den andern zugänglich gemacht werden. Insbesondere die Forschung zu Remote Evaluation (Hartson, Castillo et al. 1996; Castillo 1997) hat einen genaueren Blick auf den Aspekt von CMC und Benutzerfeedback für den Fall von benutzerverfassten Critical Incident Berichten gelegt und die Weiterentwicklung dieser Ideen von Nichols, McKay et al. (2003), die erste Ideen vorschlagen, wie sich normale Nutzer stärker in Open Source Entwicklung einbinden lassen.

Ansätze zur Remote Participation finden sich zudem in PD orientieren Projekten für Kooperationssysteme, die ihre eigenen Kommunikations- bzw. Kooperationssysteme benutzen, um hierüber einen Metadiskurs über die System zu führen (Bleek, Jeenicke et al. 2002).

1.1 Ein Klassifikationsschema für Post-deployment und Remote Partizipationsmethoden

Im vorherigen Abschnitt haben wir das Konzept des Participatory Design in Use (PaDU) durch seine besonderen zeitlichen und räumlichen Eigenschaften charakterisiert. Aufgrund dieser Charakterisierung haben wir nach existierenden Konzepten in Literatur und Praxis gesucht, die man aufgrund dieser Charakterisierung im weitesten Sinne unter eine räumlich verteilte Post Deployment Methode subsumieren kann. Anschließend haben wir die Gemeinsamkeiten und Unterschiede dieser Ansätze analysiert und drei Dimension identifiziert, die helfen die unterschiedlichen Konzepte genauer zu klassifizieren.

Im Folgenden sollen die drei Dimension erläutert und anschließend die verschiedenen Arbeiten in das Klassifikationsschema eingeordnet werden.

Strukturierung der Design Tätigkeit

Partizipationsmethoden strukturieren implizit oder explizit die Gestaltungsaktivität des Nutzers. Um dies zu klassifizieren, greifen wir auf Donald Schön zurück, der zwischen den Design Aktivitäten *Problem Framing* und *Problem Solving* unterscheidet (Schön 1983). Er insistiert gegenüber rationalistischen Vorstellungen, dass die Reflektion über den Gestaltungskontext und der Nutzungssituation ein entscheidender Teil des professionellen Gestaltungsprozess ist. Obwohl er es nur für den professionellen Kontext konstatiert, gehen wir davon aus, dass dies für die Gestaltung durch den Nutzer ebenso zutrifft.

Die Ansätze zu anpassbaren Systemen sind ein Beispiel für Problem Solving orientierte Methoden. Sie fokussieren auf die Frage „wie" eine Umgestaltung des Systems vom Benutzer vollzogen werden kann. Sehr viele Anstrengungen wurden unternommen, um Werkzeuge für Endbenutzer zur Verfügung zu stellen, die ihn bei dieser Aktivität unterstützen (Lieberman, Paternò et al. 2005).

Im Gegensatz dazu verfolgen z.B. Remote Evaluation Methoden ein ganz anderes Konzept darüber, welche Aktivitäten des Nutzers unterstützt werden sollen. So soll sich der Nutzer beim Verfassen eines Bereichtes nicht über die Umsetzungsdetails Gedanken machen. Vielmehr besteht seine Aufgabe darin, jene Stellen im System auszumachen, bei denen die gewählte Implementierung unzureichend ist und verbessert werden sollte. Idealerweise soll der Nutzer über die konkrete Situation reflektieren und hierbei das Nutzungsproblem so genau explizieren und den Entwicklern verständlich machen, dass diese hierfür eine adäquate Lösung finden können.

Weiterhin kann man bei der Strukturierung danach unterscheiden, ob die Aktivität des Gestaltens als eine individuelle oder als eine kollektive Aktivität aufgefasst wird und wie die Kooperation zwischen den einzelnen Akteuren strukturiert wird. Klassisches Tailoring versteht das Anpassen als eine individuelle Tätigkeit. Open Source Projekte verfolgen dagegen meist das Ideal kollektiver Diskurse. Dabei zeigt sich in den Diskussionsverläufen in Entwicklerforen, dass hier nicht allein die Lösung eines Problems diskutiert wird. Vielmehr ist die Reflektion darüber, was das zu lösende Problem ist, ein integraler Teil der Diskussion.

Die Strukturierung des Gestaltungsraums

Die Methoden unterscheiden sich auch dahingehend, wie stark der Gestaltungsraum auf spezielle, von den Entwicklern antizipierte Vorfälle eingeschränkt wird bzw. wie viel Raum der Eigeninitiative und Kreativität dem Nutzer gegeben wird.

Innerhalb der Forschung zur Anpassbarkeit wird so zwischen Systemen unterschieden die nur flache Anpassungen des Systems erlauben und Methoden, die darauf abzielen auch radikale Änderungen des Systemdesigns vorzunehmen (Henderson and Kyng 1991; Morch 1997). Der Hauptgrund in diesem Bereich Gestaltungsspielräume klein zu halten, ist Komplexität zu reduzieren.

Feedback-Mechanismen von Massenprodukten gehören ebenfalls zu den Methoden, bei denen der Gestaltungsraum stark vorstrukturiert und nur auf einen kleinen Bereich beschränkt ist, z.B. einen Fehlerbericht abzusenden wenn eine Anwendung abstürzt. Eine besondere Form stellen Werkzeuge dar, die in Applikationen eingebaut sind, um das Verhalten einer großen Klasse von Nutzern zu erfassen und statistisch auszuwerten. Insgesamt liegt bei diesen Methoden die Deutungshoheit des Feedbacks auf Seiten der Entwickler, so dass man bei diesen Ansätzen nur von einer marginalen bis gar keiner Beteiligung seitens der Nutzer sprechen kann (vgl. nächsten Abschnitt).

Auf der anderen Seite stehen Community Systeme, welche häufig in Open Source Projekten eingesetzt werden. Diese Systeme bieten Entwicklern wie Nutzern je nach Konfiguration die gleichen Möglichkeiten an um Gestaltungsideen in den Softwareprozess einzubringen. Sie adressieren jedoch nicht die Frage, was geeignete Werkzeuge und Ausdrucksmittel für Nutzer sind, um Gestaltungsideen ihre festzuhalten. Auch lassen sie die Frage außer Acht, wie die Kreativität der Nutzer angeregt werden kann.

Strukturierung des Design Prozess

Die letzte Dimension ergibt sich, wenn man z.B. die üblichen Feedback Systeme der kommerziellen Produkte von Microsoft mit z.B. den Partizipationswerkzeugen für Open Source Projekte auf Sourceforge[1] vergleicht. Es ist durchaus denkbar, dass die professionellen Entwickler in beiden Fällen die gleichen Werkzeuge benutzen, um das Feedback des Nutzers zu verwalten. Der entscheidende Unterschied ist, ob auch der Benutzer Zugang zu diesen Systemen hat und verfolgen kann wie mit seinen Berichten verfahren wird.

Im Fall von kommerziellen Produkten wie z.B. Apples Safari oder Microsoft Office, ist für einen Benutzer, der einen Verbesserungsvorschlag sendet, der dahinter liegende Entwicklungsprozess nicht sichtbar. Im Gegensatz dazu hat in verteilten Open Source Projekten der Benutzer Zugang zu den gleichen Informationen wie die Entwickler des Systems (z.B. Quellcode, Diskussionen). Wie Hartson, Castillo et al. (1996) auf Grund ihrer Nutzerbefragung anmerken, wünschen sich Nutzer aber ein Feedback darüber, was mit ihren Berichten geschieht. Dies deckt sich auch mit unseren Erfahrungen.

Die beiden Arten, den Benutzer am dahinter liegenden Entwicklungsprozess teilzuhaben zu lassen unterscheiden wir in einen transparenten gegenüber einen opaken Entwicklungspro-

---

[1] Sourceforge ist ein Portal zur Unterstützung von Open-Source Anwendungen. Diverse Dienste wie die Verwaltung von Programmcode, Foren und Fehlerdatenbanken können kostenlos genutzt werden.

zess. Im transparenten Fall wird versucht, den Entwicklungsprozess nachvollziehbar, verständlich und weitestgehend öffentlich zu gestalten. Im Gegensatz dazu bedeutet ein opaker Entwicklungsprozess, dass dem Nutzer kein Einblick in Prozess gewährt wird und insbesondere nicht, wie mit seinen Beitrag weiter verfahren wird.

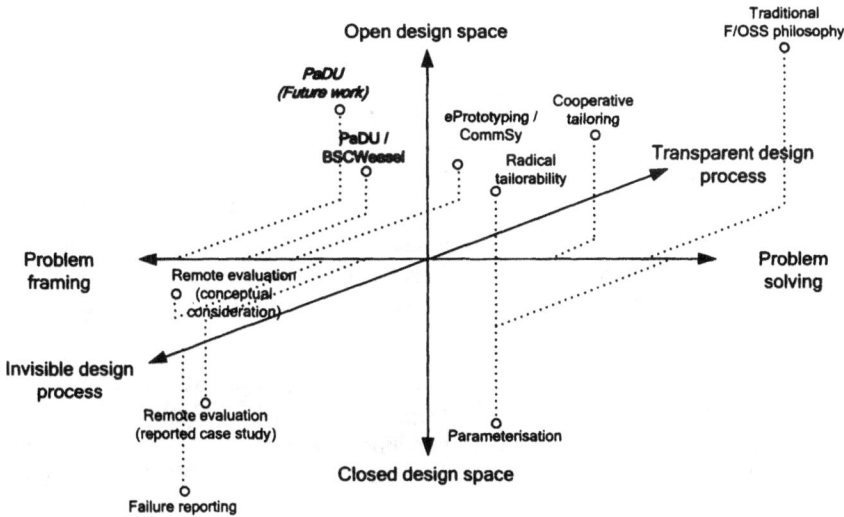

Abbildung 1: Taxonomie über die verschiedenen Methoden, die räumlich verteilte Post-Deployment Partizipation zu fördern

Mit der Hilfe dieser drei Dimensionen lässt sich ein genauerer Überblick über die verschiedenen Methoden erlangen, die eine Form der Post Deployment und Remote Partizipation ermöglichen. Abbildung 1 zeigt eine erste Landkarte dieser verschiedenen Methoden. Die weiter unten beschriebene PaDU Realisierung und deren Einbettung in die Entwicklung des Groupware Client BSCWeasel gehört dabei zu Methoden, die sich an der Tätigkeit des Problem Framing und eines großen Gestaltungsspielraum orientieren, sowie Benutzerpartizipation in einen transparenten Entwicklungsprozess integrieren (vgl. Abb. 1). In Abbildung 1 ist auch dargestellt, in welche Richtung die Lösung weiterentwickelt werden soll.[2]

---

[2] Zwar ist der unten dargestellte Entwicklungsprozess insofern transparent, als dass sowohl das System zur Verwaltung der Designideen, als auch der Source Code öffentlich zugänglich ist. Jedoch ist der Prozess, nach welchen Kriterien über die Umsetzung eines Vorschlags entschieden wird nicht festgelegt und somit für die Nutzer nicht transparent. Eine Weiterentwicklung des Ansatzes bedeutet deshalb, auch hier geeignete Verfahren zu finden und idealer weise in die softwaretechnische Unterstützung aufzunehmen.

2   Realisierung einer wieder verwendbaren PaDU Lösung

Im Folgenden soll die im Rahmen des BSCWeasel[3] Projekt entwickelte Lösung vorgestellt werden, die es Nutzern des BSCWeasel vereinfachen soll, sich am Gestaltungsprozess zu beteiligen.

Bei den Realisierungen solcher Systeme kann man grob zwischen Werkzeugen unterscheiden, die in die eigentliche Applikation integriert sind, wie die „Fehlerbericht senden" Funktionalität bei Microsoft Windows und externen Werkzeugen, wie die Fehlerdatenbank und das Diskussionsforum bei Sourceforge. Während die eingebauten Werkzeuge dem Benutzer einen leichtern Zugang aus dem Nutzungskontext erlauben und die Möglichkeit bieten bestimmte wichtige Daten über den lokalen Nutzungskontext automatisch zu sammeln, sind externe Werkzeuge meist günstiger in der Anschaffung, da hier häufig schon existierende Systeme benutzt werden, die nur per Nutzungskonvention zu Partizipationstools umgewandelt werden.

Aufgrund unserer Untersuchungen haben wir einen hybriden Ansatz gewählt. Zur Verwaltung der Beiträge setzen wir auf das kommerzielle Issue Tracking System JIRA. Clientseitig entwickelten wir ein Plugin, das in die Anwendung integriert wird und somit sehr nah am Nutzungskontext ist. Dieses Plugin ermöglicht den Nutzern des BSCWeasel Systems nun einen speziellen Zugang aus ihrem Nutzungskontext heraus.

2.1   JIRA

JIRA ist ein kommerzielles Produkt, dass sich ursprünglich zur Unterstützung des professionellen Softwareentwicklungsprozesses gedacht war. Die Hersteller charakterisieren das System selbst als: *"an issue tracking and project management application developed to make this process easier for your team. JIRA has been designed with a focus on task achievement is instantly usable and is flexible to work with."*

In JIRA werden die verwalteten Vorgänge als Texte gespeichert, denen beliebige Anhänge hinzufügt werden können (z.B. Logfiles oder Screenshots). Das System erlaubt es den Entwicklern die Vorgänge zu diskutieren, jemanden mit der Abarbeitung zu beauftragen und den Zustand des Vorgangs zu verändern, wobei der Workflow anpassbar ist. Üblicherweise wird das System über ein Webinterface bedient, JIRA besitzt jedoch auch eine Web Service Schnittstelle auf SOAP Basis, die es erlaubt, dass System per Remote Procedure Call zu bedienen.

Wir haben uns für JIRA aus verschiedenen Gründen entschieden: Um die Transparenz des Prozesses zu verbessern, sollten professionelle Entwickler und Nutzer das gleiche System benutzen, damit sie auf die gleichen Informationen zugreifen können. Außerdem sollte der Verwaltungsaufwand minimiert werden, die Beiträge der Nutzer und der Diskurs hierüber in den Entwicklungsprozess zu integrieren. Zum anderen war eine Web Service Schnittstelle

---

[3] Unter http://www.bscweasel.de kann die Software herunter geladen, ausprobiert und bei Bedarf eigenständig angepasst werden. Eine frühe Version des PaDU Plugin ist dort schon integriert.

eine obligatorische Anforderung, damit man das System nahtlos in den Anwendungskontext integrieren kann.

2.2   PaDU Plugin

BSCWeasel ist ein so genannter Rich Client für das BSCW Groupware System auf Basis der Eclipse Rich Client Plattform (RCP), wie sie z.B. bei IBM Workplace/Lotus Notes Verwendung findet.

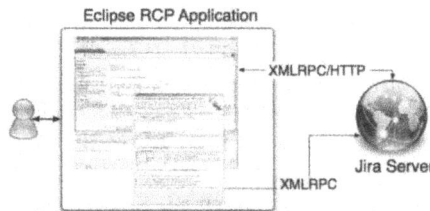

Abbildung 2: Kommunikation zwischen einer mit PaDU erweiterten Applikation und dem JIRA Server

Obwohl das PaDU Plugin[4] im Rahmen des BSCWeasel Projekts entstanden ist, hängt das Plugin nur von einigen Eclipse Grundkomponenten ab. Dies bedeutet, dass das Plugin in jede Applikation integriert werden kann, die auf dem Eclipse RCP Framework basiert.

Die Funktionsweise des Plugin ist wie folgt: PaDU kapselt die von JIRA zur Verfügung gestellten Kommunikationsdienste und stellt stattdessen der Eclipse RCP Anwendung eine Schnittstelle zur Verfügung um Nutzerberichte lokal zu verwalten, an das JIRA System zu senden und die Beiträge zu diskutieren. Dies geschieht unter Verwendung von Webservices für das Versenden und einfachem HTTP für die Anzeige. So werden zum Beispiel detaillierte Informationen über einen Beitrag im integrierten Webbrowser angezeigt.

Schauen wir uns das realisierte Benutzer-Interface genauer an: Über den Standarderweiterungsmechanismus von Eclipse integriert das PaDU Plugin eine permanent sichtbare Schaltfläche (zeigt einen traurigen smiley) in die RCP, die dem Benutzer als Eintrittspunkt dient, um sich am Entwicklungsprozess zu beteiligen (vgl. Abb. 3).

Die Schaltfläche öffnet ein Dialogfenster, welches ein Formular zur Beschreibung des Nutzungsproblems enthält (vgl. Abb. 3 (rechts). Der Dialog ist dabei eine Abwandlung des ursprünglichen Critical Incident Dialog (Castillo), so wie er in der Studie von (Hartson, Castillo et al. 1996) benutzt wurde.

---

[4] Das Plugin stellt im Eclipse Framework eine (auslieferbare) Komponente dar, die bestimmte Funktionalität anbietet. Plugins können nachträglich in eine ausgelieferte Anwendung installiert werden. Die gesamte Funktionalität der BSCWeasel Software wurde mittels solcher Plugins realisiert.

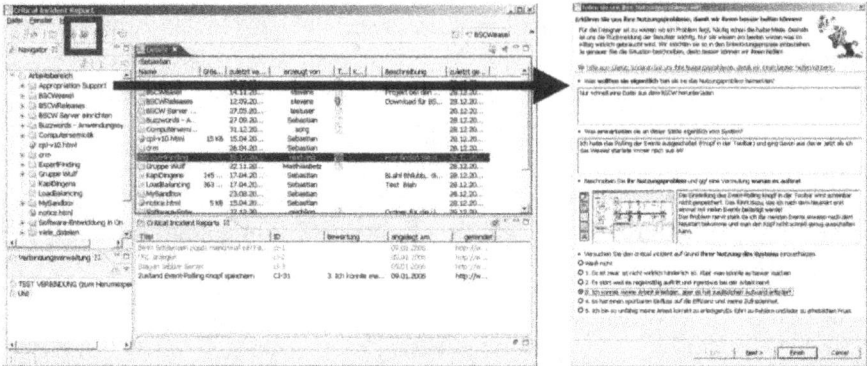

Abbildung 3: Von PaDU in die Oberfläche integrierter Button als Einstiegspunkt,(links). Dieser öffnet einen Dialog, der Nutzer unterstützt, über das Problem zu reflektieren und an die Entwicklungscommunity zu schicken (rechts)

Der Dialog hilft, über den Nutzungskontext zu reflektieren und ihn in Relation zum Nutzungsproblem zu beschreiben. Zusätzlich soll der Nutzer das Ausmaß des Problems aus seiner Sicht einschätzen, d.h. handelt es sich nur um ein kosmetisches Problem, oder konnte der Benutzer auf Grund von schlechtem Anwendungsdesign seine Arbeit nicht durchführen.

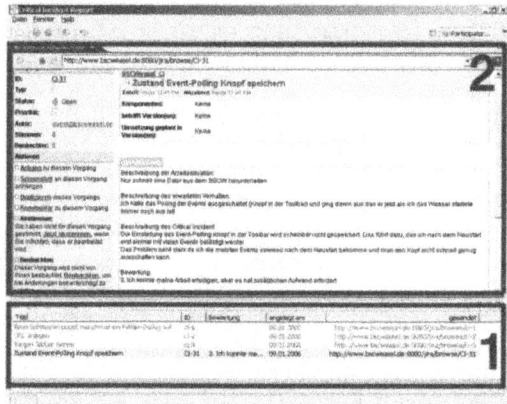

Abbildung 4: 1) Liste der selbstverfassten Beiträge 2) Das JIRA Web Interface um den Verlauf gesendeten Beitrags zu verfolgen und zu kommentieren

Einer der Unterschiede zu dem Ansatz von (Hartson, Castillo et al. 1996) und der hier vorgestellten PaDU Lösung ist der Prozess nachdem der Benutzer den Senden-Button gedrückt hat. Um der Forderung nach einem transparenten Prozess gerecht zu werden, wurde die PaDU Lösung so gestaltet, dass der Benutzer an die Stelle geführt wird, wo sein Beitrag innerhalb des JIRA Systems geführt wird. Hier werden die gesamten Anforderungen der Weiterentwicklung verwaltet. Dieses Feature erlaubt es dem Nutzer den Fortgang seines Beitrags weiterzuverfolgen, die Kommentare von anderen Nutzern/Entwicklern zu lesen bzw. selber neue Kommentare zu verfassen.

Darüber hinaus werden seine Beiträge zusätzlich lokal abgespeichert. Dies erlaubt es dem Nutzer einen Überblick über seine Beiträge zu liefern[5]. Weiterhin ist es so möglich, den Zeitpunkt des Verfassens eines Beitrags und das Veröffentlichen auf der Entwickler Community zu entkoppeln, und dem Nutzer die Möglichkeit zu geben, vor dem Veröffentlichen noch mal zu überarbeiten bzw. als nicht mehr relevant zu löschen. Realisiert wurde die lokale Verwaltung der Beiträge als so genannte Eclipse Perspektive, auf die nach dem Versenden eines Beitrags gewechselt wird. Ein Bildschirmfoto dieser Darstellung ist in Abbildung 4 zu sehen.

3   Zusammenfassung und Ausblick

Wir haben uns Aufgrund der neuen Möglichkeiten agiler Softwareentwicklung gefragt, was dies für Partizipatives Design bedeuten kann. Nach unserer Auffassung ergeben sich neue Möglichkeiten einer Partizipation im Nutzungskontext. Diese Partzipationsform kann durch räumlich verteilte Post Deployment Partizipation charakterisiert werden. Durch die Analyse von existieren Methoden in diesen Bereich haben wir eine Taxonomie abgeleitet, die eine bessere Klassifizierung der einzelnen Methoden erlaubt. Um Erfahrung in diesen Bereich zu sammeln und die Partizipation der Nutzer an der Entwicklung des BSCWeasel Groupware Client zu erhöhen, haben wir ein Komponente entwickelt und in einen konkreten Entwicklungskontext integriert, so dass die prinzipiellen Möglichkeiten der Partizipation im Nutzungskontext konkret umgesetzt werden. Das System ist zurzeit praktisch im Einsatz und wird von einem Teil der BSCWeasel Nutzer aktiv genutzt. Über das Plugin wurden bisher 71 (Stand: 5.2.2006) Berichte aus der BSCWeasel Nutzung heraus geschrieben und in JIRA verwaltet. Die Möglichkeit der Diskussion wurde bisher nicht so stark genutzt wie erhofft, jedoch stärker als vor der Einführung des Tools. Es lassen sich zu diesem Zeitpunkt auch erste Phänomene erkennen, die jedoch noch genauer analysiert werden müssen:

- PaDU vereinfacht Nutzern den Zugang zu und die Beteiligung an Designdiskursen

- Um die Partizipation zu fördern, ist ein transparenter Prozess wichtig

- Auch professionelle Entwickler können von einem PaDU Plugin profitieren, da es sie unterstützt, Gestaltungsideen aus einem Nutzungskontext zu festzuhalten.

Die weitere Forschung soll dabei die Gründe für die Nutzung bzw. Nichtnutzung bestimmen. Hierzu soll eine systematische Befragung der Nutzer, die diese Möglichkeit der Partizipation verwenden, als auch derer die es nicht verwenden durchgeführt werden. Auch soll versucht werden, PaDU in einen größeren Rahmen einzusetzen und zu evaluieren.

Daneben soll die PaDU Realisierung in Richtung kreatives, reflektionsunterstützendes Gestaltungswerkzeug für Endbenutzer weiterentwickelt werden, (vgl. PaDU Future Work in Abbildung 1). Auf Grund unserer Erfahrung mit der Benutzung des PaDU Plugin gilt es Nutzern nicht nur textliche Ausdrucksmittel, sondern insbesondere auch graphische Ausdrucksmittel zur Verfügung zu stellen. Mittels einer Nutzungskamera soll der Benutzer in die

---

[5] Innerhalb von JIRA ist dies nur möglich, wenn der Benutzer seine Beiträge nicht anonym absendet.

Lage versetzt werden ein Bildschirmfoto des aktuellen Systems anzufertigen und mittels eingebauten Graphikwerkzeugs umzugestalten und zu annotieren. Unsere Erfahrung hat auch gezeigt, dass PaDU als Teil einer Community orientierten, Kontextbezogenen Infrastruktur zur Aneignungsunterstützung betrachtet und entsprechend gestaltet werden sollte. Diese zu bewerkstelligen steht jedoch noch aus.

Literaturverzeichnis

Beck, K. (2000): Extreme Programming Explained, Embrace Change, Addison-Wesley.

Bleek, W.-G.; Jeenicke, M. et al. (2002): Developing web-Based Appications through e-Prototyping. Annual International Computer Software and Applications Conference, 2002.

Bleek, W.-G.; M. Jeenicke et al. (2002): Framing Participatory Design Through e-Prototyping. Proceedings of the Participatory Design Conference PDC 2002.

Castillo, J. (1997): The User-Reported Critical Method for Remote Usability Evaluation.

Floyd, C.; Reisin, F. et al. (1989): STEPS to Software Development with Users. ESEC (48-64).

Hartson, H. R.; J. C. Castillo et al. (1996): Remote Evaluation: The Network as an Extension of the Usability Laboratory. Proc. of CHI'96 Human Factors in Computing Systems.

Henderson, A.; Kyng, M. (1991): There's no place like home – continuing design Design at work.

Lieberman, H.; Paternò, F. et al., Eds. (2005): End-User Development. Springer.

Morch, A. (1997): Three Levels of End-User Tailoring: Customization, Integration, and Extension. Computers and Design in Context, The MIT Press: 51-76.

Muller, M. J.; Haslwanter, J. et al. (1997): Participatory Practices in the Software Lifecycle. Handbook of Human-Computer Interaction, Elsevier: 255-313.

Nichols, D.; McKay, D. et al. (2003): Participatory Usability: supporting proactive users. Proc. of the 4th Annual Conference of the ACM Special Interest Group on Computer Human Interaction – New Zealand Chapter (CHINZ'03).

Nichols, D.; Twidale, M.: The Usability of Open Source Software. First Monday 8(1).

Rittenbruch, M.; McEwan, G. et al. (2002): Extreme Participation – Moving extreme programming towards participatory design. Proc. of the Seventh Bienniel Participatory Design Conference.

Schön, D. A. (1983): The Reflective Practitioner. How Professionals think in Action, Basic Book.

Wulf, V. (1994): Anpaßbarkeit im Prozeß evolutionärer Systementwicklung. GMD-Spiegel: 41-46.

A. M. Heinecke, H. Paul (Hrsg.): Mensch & Computer 2006: Mensch und Computer im Struktur*Wandel*.
München, Oldenbourg Verlag, 2006, S. 93-102

CCS – Eine Methode zur kontextübergreifenden Softwareentwicklung

Matthias Finck, Hartmut Obendorf, Monique Janneck, Dorina Gumm

Universität Hamburg, Department Informatik

Zusammenfassung

Arbeiten zu partizipativer Softwareentwicklung befassen sich überwiegend mit der Entwicklung von für jeweils eine Organisation maßgeschneiderten Softwaresystemen. Zunehmend drängt jedoch die Anpassung bzw. Aneignung existierender Software stärker in den Vordergrund, wodurch die gleiche Software in unterschiedlichen Anwendungskontexten genutzt wird. Verschiedene Kontexte und neue Formen der Arbeit – wie z.B. virtuelle Netzwerke – in den Prozess einzubeziehen, stellt partizipative Softwareentwicklung vor neue Herausforderungen, die einer Erweiterung des klassischen Methodenrepertoires bedürfen. Mit der *Kommentierten Sammlung von Fallbeispielen* (CCS) stellen wir eine Methode vor, die die Nutzungs- und Weiterentwicklungsphasen kontextübergreifender Softwareentwicklung adressiert und berichten von unsere Erfahrungen aus ihrem Einsatz.

1 Kontextübergreifende Softwareentwicklung als Herausforderung für partizipative Entwicklung

Partizipation der NutzerInnen am Softwareentwicklungsprozess ist ein wichtiger Bestandteil evolutionärer Entwicklung (Floyd & Züllighoven 2002) und folgt traditionell zwei Zielsetzungen (vgl. z.B. Bødker et al. 1995, Floyd et al. 1989): Zum einen soll der Einbezug der AnwenderInnen als ExpertInnen für ihren jeweiligen Arbeitskontext die *Qualität* der entwickelten Softwareunterstützung verbessern. Zum anderen spielt, ursprünglich vor dem Hintergrund gewerkschaftlicher Bewegungen und des Leitbilds der *Humanisierung der Arbeit,* die Beteiligung von ArbeitnehmerInnen an der Gestaltung ihrer Arbeitsbedingungen (*empowerment*) eine wichtige Rolle: AnwenderInnen sollen durch die Beteiligung an Softwareentwicklungsprozessen Einfluss auf Veränderungen ihrer Arbeitsorganisation nehmen können.

Diese Tradition führt dazu, dass partizipative Entwicklung (oder *participatory design*, PD) vor allem im Kontext großer Organisationen betrachtet wird (vgl. Greenbaum et al. 1994). Der Wandel der Arbeitswelt mit den resultierenden flexibleren Modellen nicht-klassischer Organisations- und Arbeitsformen, wie beispielsweise virtuellen Organisationen und Netzwerken (vgl. Wehner 2001), verlangt nach einem anderen Blickwinkel und nach einer Überprüfung des klassischen Repertoires der PD-Methodologie (vgl. z.B. Törpel 2001): Zum einen sind die relevanten Akteure in verteilten Kontexten mit flexiblen oder unstetigen Organisationsstrukturen u. U. nicht eindeutig identifizierbar oder stehen nur eingeschränkt zur Verfügung. Zum anderen rückt statt der Entwicklung maßgeschneiderter großer Softwaresysteme für eine Organisation die Anpassung und Aneignung existierender – teilweise frei verfügbarer – Software stärker in den Vordergrund (vgl. Pipek 2005). Für die (Weiter-)Entwicklung so genutzter Software entstehen damit Herausforderungen, die auch aus der Produktentwicklung bekannt sind, z.B. große und unbekannte sowie sehr unterschiedliche Nutzungsgruppen (Grudin 1993). „Empowerment" bedeutet in diesem Rahmen zunehmend die Vermittlung von Medienkompetenz, um die NutzerInnen zu befähigen, die geeignete Software zur Unterstützung ihrer Aufgaben auszuwählen und anzupassen. Dies verlangt den NutzerInnen im partizipativen Prozess über die möglichst genaue Beschreibung der eigenen Arbeitsabläufe hinaus ab, auch über die bisherige Nutzung von Software reflektieren und urteilen zu können. Zudem verschiebt sich der Fokus von der frühen Phase der Spezifikation *vor* der Systemeinführung hin zu späteren Phasen der Nutzung und damit auch auf Anforderungsänderungen (Lam et al. 1999). Die partizipative Gestaltung und Begleitung derartiger Anpassungs- und Aneignungsprozesse wurde im Rahmen von PD bislang wenig betrachtet.

Die zunehmende Nutzung vorhandener (off-the-shelf) Software führt dazu, dass Software sich in sehr unterschiedlichen Anwendungsdomänen verbreiten kann und eine partizipative Entwicklung somit immer neue Kontexte berücksichtigen muss. Wir schildern in unserem Beitrag als Beispiel die Entwicklung einer zunächst spezialisierten Groupware, die schließlich als Open-Source-Software im Hinblick auf neue Nutzungskontexte weiterentwickelt wurde. Von Beginn an wurden partizipative Methoden eingesetzt, deren Zielrichtung sich jedoch mit der zunehmenden Zahl von NutzerInnen und der Verbreitung in neue Anwendungsbereiche änderte: Anstatt die Handlungspraxis in einem Bereich bestmöglich zu unterstützen, müssen nun die Anforderungen und Bedürfnisse verschiedenster Nutzungsgruppen gleichermaßen berücksichtigt werden, um ein Aufspalten der Entwicklung zu verhindern.

Im Rahmen einer solch *kontextübergreifenden Softwareentwicklung* gestaltet sich Partizipation als Aushandlungsprozess zwischen EntwicklerInnen und NutzerInnen einerseits sowie NutzerInnen verschiedener Kontexte andererseits, mit dem Ziel, ein gegenseitiges Bewusstsein für die unterschiedlichen Anforderungen zu erzeugen. Da sich die tägliche Arbeits- und Handlungspraxis der Beteiligten stark unterscheiden kann, was eine Diskussion auf der Ebene konkreter Aufgabenunterstützung erschwert, muss Kommunikation zwischen den Kontexten auf einer abstrakteren Ebene von *Werten und Leitbildern*, die der jeweiligen (Arbeits-) Organisation zugrunde liegen und die Grundlage für Designideen bilden, stattfinden.

Sowohl das Ermöglichen eines Austauschs der NutzerInnen untereinander als auch die abstrakte Reflexion über Werte erfordern neue Partizipationsmethoden. Wir stellen in diesem Beitrag mit *CCS* (steht für *Commented Collection of Case Studies*) eine solche Methode vor, die es NutzerInnen aus verschiedenen Kontexten ermöglicht, ihre Erfahrungen in der Nutzung sowohl untereinander auszutauschen als auch in den Entwicklungsprozess einfließen zu lassen, indem sie szenarioartig den Umgang mit der Software schildern. Vervollständigt wird die Sammlung durch einen Kommentar der EntwicklerInnen, die auf der Basis der Fallbeispiele verschiedene Designoptionen ausloten und bewerten.

In den folgenden Abschnitten veranschaulichen wir zunächst anhand unseres eigenen Entwicklungsprozesses die Notwendigkeit, neue Partizipationsmethoden zu entwickeln. Anschließend erläutern wir CCS, die Methode der kommentierten Sammlung von Fallbeispielen, ihren Einsatz im Entwicklungsprozess und zeigen ein Anwendungsbeispiel. Eine Diskussion des Nutzens von CCS als PD-Methode beschließt den Beitrag.

2   Fallstudie: Die CommSy-Entwicklung

Die Entwicklung der Groupware CommSy begann 1999 im Rahmen einer universitären Arbeitsgruppe, die ihre eigene Arbeitsorganisation – insbesondere Austausch und Kommentierung von Arbeitsergebnissen zwischen den Präsenztreffen – webbasiert unterstützen wollte. Einige an Webprogrammierung interessierte TeilnehmerInnen implementierten einen Prototypen, der im engen Austausch mit der Arbeitsgruppe weiterentwickelt wurde. Bald begannen einige Mitglieder, die entstehende Groupware auch zur Unterstützung ihrer Lehrveranstaltungen einzusetzen und resultierende Anforderungen zu formulieren. Über persönliche Bekanntschaften verbreitete sich die Nutzung schnell über verschiedene Institute hinweg. Der – im Wesentlichen durch freiwilliges Engagement getragene – Entwicklungsprozess blieb dabei durch eine enge Beteiligung der NutzerInnen und kurze Entwicklungszyklen gekennzeichnet.

Ab 2001 wurde CommSy als Teil eines E-Learning-Forschungsprojektes weiterentwickelt und evaluiert. Der Fokus lag dabei auf der Unterstützung *projektartiger Lehrveranstaltungen* im universitären Umfeld. In diesem Rahmen konnte die Nutzung von CommSy kostenlos angeboten werden, wodurch sich die Nutzungszahlen abermals stark erhöhten. Der enge Kontakt mit den NutzerInnen, beispielsweise im Rahmen von Workshops, blieb bestehen, der partizipative Prozess wurde jedoch um Methoden ergänzt, die den Einbezug einer größeren Anzahl von NutzerInnen erlaubten, wie beispielsweise Online-Fragebögen. Auch die intensive Benutzungsbetreuung ermöglichte einen engen Kontakt. Die Nutzung blieb in dieser Phase fast ausschließlich auf die universitäre Lehre beschränkt, CommSy entwickelte sich für diesen Kontext zu einem erprobten Werkzeug. Gegen Ende des Forschungsprojektes wurde die Entwicklung zur Sicherung der Nachhaltigkeit in ein Open-Source-Projekt überführt. Durch neue Forschungsprojekte, persönliche Initiativen und die Notwendigkeit, die Bereitstellung finanzieren zu können, erweiterte sich der Nutzungskreis auf neue Kontexte.

Zunächst wurde CommSy vermehrt im *Schulunterricht* eingesetzt. Im Rahmen eines halbjährigen Pilotprojekts mit mehreren LehrerInnen wurden Nutzungsszenarien und Anforderungen erarbeitet sowie das System in einer Reihe schulischer Veranstaltungen erprobt. Hierbei zeigte sich, dass die Nutzung gerade für jüngere SchülerInnen bislang unbekannte Probleme barg. Begrifflichkeiten und Handhabungskonzepte erwiesen sich als unverständlich und mussten angepasst werden. Zudem wurde teilweise der Ruf nach stärker lehrerzentrierten Funktionalitäten laut, die der bisherigen Designphilosophie – der Unterstützung eigenverantwortlichen, selbstorganisierten Lernens – entgegenstanden.

Im Rahmen eines weiteren Forschungsprojektes ergab sich mit der Erprobung und Weiterentwicklung von CommSy in *virtuellen Netzwerken* von Freelancern, die sich für die flexible Abwicklung von Projekten, Austausch und Weiterbildung zusammenschließen, ein weiterer Anwendungsbereich. Auch in diesem Kontext entstanden eine Reihe spezieller Anforderungen, z.B. bezüglich der Projektkoordination, die über die Groupware-Basisfunktionalitäten hinausgingen.

Der parallele Einsatz in den verschiedenen Nutzungskontexten und die daraus resultierenden Gestaltungsanforderungen stellten den Softwareentwicklungsprozess auf eine harte Probe. Auf der einen Seite gab es eine grundsätzliche Übereinstimmung zwischen den verschiedenen Kontexten bezüglich grundlegender Werte des Softwareeinsatzes und der Nutzung konkreter Funktionalität, sodass eine gemeinsame Entwicklung für die unterschiedlichen Kontexte sinnvoll erschien. Andererseits unterschieden sich die jeweiligen Arbeitsabläufe und Ziele des Softwareeinsatzes erheblich. Einzelne EntwicklerInnen waren ganz oder schwerpunktmäßig in bestimmten Kontexten involviert und vertraten engagiert deren Standpunkte. Komplexe Konfigurationsmechanismen zur kontextspezifischen Anpassung der Software erwiesen sich nicht als tragfähig, da dies die Wartbarkeit der Software stark verschlechterte und zudem die Konsistenz und damit die Benutzbarkeit des Systems spürbar zu beeinträchtigen begann. Daher wurde nach Methoden gesucht, die ein Auseinanderbrechen der Entwicklung verhindern und die Gemeinsamkeiten der verschiedenen Kontexte betonen konnten.

3 Die Kommentierte Sammlung von Fallbeispielen

Ein erster Schritt, um seitens der EntwicklerInnen als auch der NutzerInnen ein Bewusstsein für die unterschiedlichen Anforderungen und Bedürfnisse zu bilden, waren Workshops, die gezielt Personen aus den verschiedenen Kontexten zusammenbrachten und einen Austausch von Nutzungserfahrungen sowie eine gemeinsame Diskussion von Gestaltungsoptionen ermöglichten. Im Gegensatz zu klassischen PD-Techniken wie Future-Workshops (vgl. Greenbaum & Kyng 1991) stand aber nicht die Analyse und Reorganisation von Arbeitsabläufen eines einzelnen Kontexts im Vordergrund, sondern der Erfahrungsaustausch über die Nutzung konkreter Funktionalität und die Reflexion über verbindende Werte der Softwarenutzung – mit dem Ziel, eine kontextübergreifende Entwicklungsgemeinschaft aufzubauen.

Die CCS-Methode adressiert den von NutzerInnen geäußerten Bedarf nach einem kontextübergreifenden, dauerhaften und damit von veranstalteten Workshops unabhängigen Austausch. Mit ihr werden einerseits Nutzungsbeispiele gesammelt, die sowohl den EntwicklerInnen als auch den NutzerInnen ein kontextübergreifendes Bild von Anforderungen vermittelt; andererseits werden die Beispiele von EntwicklerInnen kommentiert, um Design-Entscheidungen transparent zu machen. Es entsteht eine schriftliche Dokumentation, die gleichermaßen für die EntwicklerInnen wie für AnwenderInnen aus den unterschiedlichen Kontexten Gültigkeit hat.

3.1 Der Erstellungsprozess der Fallbeispiele

Ein wesentliches Ziel der Fallbeispiele ist es, authentische Praktiken in verschiedenen Nutzungskontexten zu beschreiben. Im Sinne von PD sind die NutzerInnen als *die* ExpertInnen in ihrer Anwendungsdomaine zu verstehen (vgl. Greenbaum & Kyng 1991); die Fallbeispiele sollten daher von NutzerInnen beschrieben und geschrieben werden.

Die Beschreibung eines Fallbeispiels stellt jedoch hohe Ansprüche an die NutzerInnen: sie müssen eine – häufig ungewohnte – Beobachterrolle auf die eigenen Tätigkeiten einnehmen und ihre Praxis reflektieren. Aus der PD-Literatur ist bekannt, dass dies (z.B. in Future Workshops) unter Moderation erfahrener EntwicklerInnen oftmals zu einem größeren Verständnis über den Arbeitsprozess auf beiden Seiten führt (vgl. Kensing & Madsen 1991). Bei der Erstellung der Fallbeispielsammlung ist eine direkte Moderation allerdings nicht erwünscht. Die entstehenden Texte sind „ungefiltert", da sie ohne den Zwang zu einer gemeinsamen Sprache, den ein Workshop erzeugt, entstanden sind. Die Verwendung der Sprache der jeweiligen Anwendungswelt kann ein großer Vorteil sein: Die Breite der Anwendungskontexte wird unmittelbar sichtbar und der Transfer zwischen NutzerInnen läuft ohne Mittlerfunktion der Entwicklersprache ab. Hier zeigt sich auch der Unterschied zu anderen Szenariotechniken: weder sollen die NutzerInnen ihre Arbeitspraxis exklusiv für die EntwicklerInnen beschreiben (vgl. Jacobsen et al. 1992), noch wird gemeinsam eine Systemnutzungsvision erstellt (vgl. Kensing & Madsen 1991), noch werden die Beschreibungen mehrerer NutzerInnen konsolidiert und so ein abstrakteres Modell der Nutzung gewonnen (vgl. Carroll et al. 1998). Vielmehr dient das einzelne Fallbeispiel im Zusammenspiel der kommentierten Sammlung der Fallbeispiele einer Arbeits- und Prozessreflexion für NutzerInnen wie EntwicklerInnen über die Grenzen einzelner Kontexte hinaus (vgl. 4).

Da die Erstellung eines Fallbeispiels einen relativ hohen Aufwand erfordert, müssen zunächst NutzerInnen identifiziert werden, die bereit sind, sich auf diese Weise in die Entwicklung einzubringen. Zunächst wurden NutzerInnen, die ohnehin schon in engem Kontakt mit den EntwicklerInnen standen, persönlich angesprochen; weitere AutorInnen wurden durch allgemeine Aufrufe angesprochen. Vor allem die Reaktion auf persönliche Ansprache war sehr positiv und eine ausreichende Menge von AutorInnen schnell identifiziert, von denen alle auch einen vollständigen Beitrag erstellt haben. In der gerade aufgelegten zweiten Fassung gelingt dies auch in vorwiegend nichtuniversitären Kontexten.

Um die Fallbeispiele besser lesbar zu gestalten und die Einordnung und den Vergleich zu vereinfachen, haben wir mit der Einladung, ein Fallbeispiel zu schreiben, eine Dokumentvorlage mitgeschickt, die eine sehr freie Gliederung vorgab. Wir haben uns gegen eine stärkere inhaltliche Führung, wie sie etwa in einem Leitfadeninterview eingesetzt wird (vgl. Flick 1999), aus der Überzeugung entschieden, dass die NutzerInnen Gegenstand und Schwerpunkt ihrer Beispielbeschreibung frei wählen können sollten, um für den jeweiligen Kontext wichtige Gesichtspunkte zu betonen. Zwei universitätsintern entstandene und eng betreute Beispiele sehr unterschiedlicher Beschreibungen wurden mit der Einladung verschickt, um das Format und unser Erkenntnisinteresse auch inhaltlich zu verdeutlichen. Der Austausch der Dokumente erfolgte ausschließlich über Email, und die redaktionelle Arbeit und die Zusammenführung der Beiträge wurde von EntwicklerInnen übernommen.

Ein Fallbeispiel beginnt mit einer vorstrukturierten Kontextbeschreibung, die zentrale Themen umfasst: zum einen eine Beschreibung, wie die Arbeit mit der Software organisiert wurde, welche gruppeninternen Regeln festgelegt und wie Prozesse vorbereitet und mit anderen Hilfsmitteln unterstützt wurden; zum anderen, wie die konkrete Nutzung der einzelnen Funktionen des Systems aussah – darunter fällt die Beschreibung sinnvoll „umgenutzter" Funktionalität ebenso wie die konkrete Schilderung, welche Funktionen von wem und wofür genutzt wurden (vgl. Abb. 1).

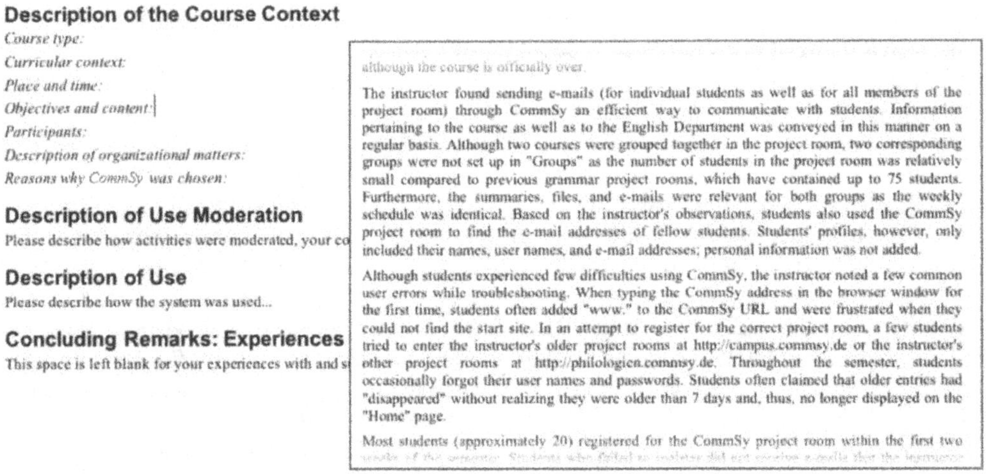

Abbildung 1: Informell gestaltete Vorlage und ein den Einsatz in der universitären Lehre beschreibendes Fragment.

3.2   Der Aufbau der kommentierten Sammlung

Schon eine einfache Sammlung von Fallbeispielen kann den Reflexionsprozess der Autor-Innen, den Austausch von Nutzungserfahrungen und die Gegenüberstellung der verschiedenen Nutzungskontexte unterstützen – und dies im Gegensatz zu Workshops in einer dauerhaften Form, die auch weniger involvierten NutzerInnen zugänglich ist und den AutorInnen als Bezugspunkt in ihrer Funktion als MultiplikatorInnen dienen kann. In dieser Rohform fehlen aber noch wichtige Aspekte, die eine dauerhafte und über den Kreis der AutorInnen und EntwicklerInnen hinausgehende Nutzung ermöglichen: Zunächst kann eine so ausführliche Dokumentation auf manche NutzerInnen abschreckend wirken – das Auffinden der für die Lesenden relevanten Beispiele muss vereinfacht werden. Zweitens ist im Gegensatz zu der Diskussion auf einem Workshop nicht offensichtlich, welche Softwareversion und damit welche Funktionalität Grundlage für die beschriebene Nutzung ist; dies muss als Bezugspunkt ergänzt werden. Schließlich bleiben die von den AutorInnen angerissenen offenen Fragen unbeantwortet und die „Umnutzung" von Funktionalität kann die von den EntwicklerInnen damit beabsichtigte Nutzung verdecken; dies ist dann ungünstig, wenn die Umnutzung als normal empfunden und nicht explizit beschrieben wird. Daher sollten die EntwicklerInnen wiederum die Fallbeispiele reflektieren. Der Sammlung von Fallbeispielen werden daher drei weitere Elemente als „Kommentar" seitens der EntwicklerInnen beigefügt (vgl. auch Tabelle 1):

Der Zugriffsschlüssel beschreibt die unterschiedlichen Kontexte, zu denen Erfahrungsberichte vorliegen, sowie die Motivation für die Nutzung des Softwaresystems. Die Fallbeispiele werden hinsichtlich der Erwähnung bestimmter Funktionalität oder bestimmter Nutzungssituationen kategorisiert. Damit bekommen die LeserInnen einen Überblick über die Einsatzkontexte und können selektiv die Fallbeispiele lesen, die für sie besonders interessant sind.

Die Systembeschreibung: Die Systembeschreibung dient als Bezugspunkt für die Sammlung der Fallbeispiele. Hier werden die Designprinzipien und damit die gemeinsamen kontextübergreifenden Werte kommuniziert, die hinter der Nutzung stehen und in den Fallbeispielen nur implizit mitschwingen. Aber auch die Entwicklung der Software wird beschrieben anhand von Funktionalitäten, die im Vergleich zur vorherigen Version hinzugekommen sind.

Die Designreflexion: In dem begründenden Abschluss der Sammlung nehmen die EntwicklerInnen Stellung zu genannten Problemen und Weiterentwicklungswünschen. Sie führen eine Wertediskussion anhand der Gestaltung verschiedener in den Fallbeispielen erwähnter Features. Außerdem erläutern sie den Umgang mit beschriebenen Wünschen zur zukünftigen Entwicklung.

Tabelle 1: Systematische Darstellung der Struktur der kommentierten Sammlung von Fallbeispielen

Von der Dokumentation angesprochene Ebenen	Zugriffsschlüssel	Systembeschreibung	Fallbeispiele	Designreflektion
Funktionalität		•	•	•
Einsatz / Vorgehen	•		•	
Ziel / Wert	•	○	○	•

Damit ergänzt der Kommentar der EntwicklerInnen die gesammelten Fallbeispiele nicht nur um eine einfache und vereinheitlichte Zugriffsstruktur, sondern abstrahiert auch von den geschilderten konkreten Arbeitsabläufen und identifiziert Ziele und Werte, die über Kontextgrenzen hinaus Gültigkeit haben.

4 Nutzen von CCS als PD-Methode

Mit der CCS-Methode wird ein Bereich von PD adressiert, der bisher wenig Beachtung findet: die kontextübergreifende Entwicklung. Bei dieser Form der Softwareentwicklung verfügen die NutzerInnen nicht mehr über ein gemeinsames Repertoire an Arbeitsabläufen und Zielen des Softwareeinsatzes. Mit Hilfe der CCS-Methode wird eine gemeinsame Basis geschaffen – und zwar nicht auf der Ebene der Arbeitsabläufe, sondern zum einen auf der konkreten Ebene der Systemnutzung und zum anderen auf der abstrakten Ebene gemeinsamer Werte, die die verschiedenen Kontexte verbindet. Dies geschieht, indem zunächst zwischen den NutzerInnen ein gemeinsamer Erfahrungshorizont und eine Sensibilität für die unterschiedlichen Sichten auf den Einsatzzweck der Software geschaffen werden, um dann über Möglichkeiten der Softwareaneignung zu reflektieren. Die gemeinsame Auseinandersetzung über die Fallbeispiele erzeugt eine verbindende Klammer und fördert die Bildung einer kontextübergreifenden Interessensgemeinschaft. Im Vergleich zu klassischen PD-Methoden verschiebt sich dabei der Fokus von der Betrachtung konkreter organisatorischer Abläufe in einem Kontext zur Diskussion von Werten und Zielen bei der Softwarenutzung

(Abb. 2). Mit der Bildung einer kontextübergreifenden Interessensgemeinschaft auf der Basis gemeinsamer Werte und Ziele der Softwarenutzung gelingt es, das Einsatzfeld der Software weiterhin klar zu begrenzen – nicht auf spezielle Arbeitsabläufe, sondern auf gemeinsame Werte der Softwarenutzung. Für die Entwicklung von CommSy bedeutet dies z.B., dass sich die Entwicklung nicht mehr auf universitäre Lehre beschränkt, wohl aber auf den Einsatz des Systems in kooperativen Arbeits- oder Lernsituationen kleinerer Gruppen, die vertrauensvoll zusammenarbeiten und das System als Ergänzung zur Präsenzarbeit vervwenden. Damit kann trotz einer Diversifizierung des Nutzungskontextes die Entwicklung zusätzlicher Funktionalität eingedämmt werden, sodass keine „eierlegende Wollmilchsau" als Konsequenz der Erweiterung von konkreten Nutzungskontexten entsteht.

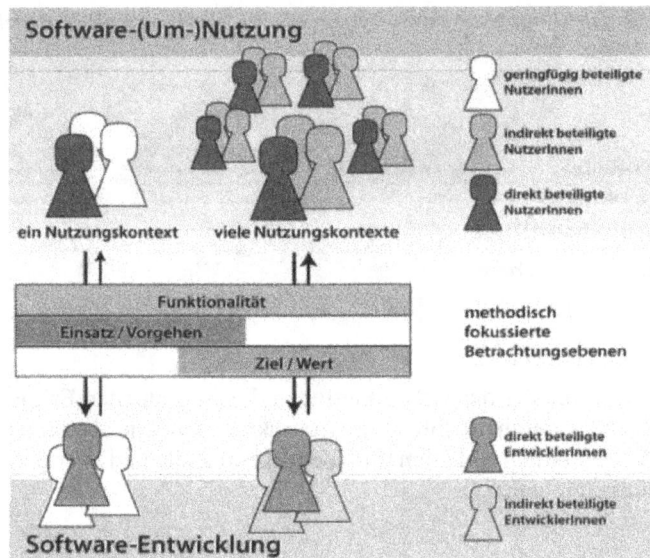

Abbildung 2: Unterstützung der Softwareaneignung für viele Nutzungskontexte mit der CCS-Methode.

Unsere Erfahrung mit dem Einsatz von CCS zeigt, dass – anders als bei NutzerInnen-Workshops – durch die Fallbeispiele tatsächlich eine breitere Masse an NutzerInnen erreicht und somit zumindest indirekt an der Designdiskussion beteiligt werden kann. So nutzten sowohl die AutorInnen der Fallbeispiele sowie auch hieran gänzlich unbeteiligte NutzerInnen die Sammlung, um anderen Anregungen für ihre Systemnutzung zu geben oder die Funktionsweise und Designphilosophie der Software zu verdeutlichen. Das Interesse an der Sammlung war so groß, dass AnwenderInnen aus dem Kontext virtueller Organisationen und Netzwerke selbst die Initiative zur Herausgabe einer weiteren, aktualisierten Auflage der Sammlung ergriffen. Erneut war die Bereitschaft der NutzerInnen groß, sich mit eigenen Beiträgen an dieser zweiten Sammlung zu beteiligen.

Auch die EntwicklerInnen profitieren von dem ganzheitlichen Bild der Softwarenutzung, das sie durch die Fallbeispiele erhalten. Häufig fehlte es seitens der EntwicklerInnen, die vornehmlich mit NutzerInnen aus einem Kontext in Verbindung stehen, an Verständnis für die

Anforderungen anderer Nutzungsgruppen. Die lebendigen und anekdotischen Schilderungen aus der Sammlung von Fallbeispielen ermöglichen ihnen, sich in die unbekannten Nutzungssituationen hineinzuversetzen. Das gemeinsame Kommentieren der Fallbeispiele und damit die Reflexion der getroffenen Design-Entscheidungen helfen dem Entwicklungsteam, seine Produktvision zu schärfen.

Mit der kontextübergreifenden Softwareentwicklung verschieben sich die Ziele partizipativer Softwareentwicklung von der Umgestaltung von Arbeitsabläufen zu einer Suche nach gemeinsamen Werten und Interessen. Auf einer konkreten Ebene müssen die begrenzten Ressourcen und gegensätzlichen Anforderungen aufgearbeitet und nach gangbaren Kompromissen gesucht werden. Die Frage nach der optimalen (Um-)Nutzung der Software bekommt eine wichtige Bedeutung: Was kann mit einer vorhandenen Software bereits unterstützt werden? Auf einer abstrakten Ebene können diese Kompromisse mit den identifizierten Werten abgeglichen werden. Die Auseinandersetzung mit der Gültigkeit der Werte in den unterschiedlichen Kontexten erlaubt eine abstrakte Diskussion über den Nutzen konkreter Funktionalität. Dieser Abstraktionsgrad entsteht durch die Gegenüberstellung der Nutzung desselben Systems in verschiedenen Kontexten, die in keinem unmittelbaren Zusammenhang stehen – statt über gegensätzliche Anforderungen und mögliche Weiterentwicklungen konkreter Funktionalität zu diskutieren, werden Gemeinsamkeiten sichtbar. Sowohl die NutzerInnen als auch die EntwicklerInnen werden gefordert, mit größerem Abstand die eigene Systemvorstellung zu reflektieren und gemeinsame Interessensschwerpunkte verschiedener Kontexte aufzudecken.

Die CCS-Methode ist nur dann sinnvoll einsetzbar, wenn es genug NutzerInnen in unterschiedlichen Kontexten gibt, die bereit und fähig sind, selbstständig ihre Nutzung zu reflektieren. Auch die notwendige Vorlaufzeit ist mit mehreren Wochen größer als bei einem Workshop. Deshalb ist ein Einsatz nur in größeren Projekten sinnvoll, in denen eine gewisse Funktionskonstanz erreicht wurde – größere Versionssprünge können alte Fallbeispiele obsolet machen. Sind diese Rahmenbedingungen gegeben, verspricht die CCS-Methode vorteilhafte Effekte für EntwicklerInnen und NutzerInnen in dreierlei Hinsicht:

- Die Akzeptanz der NutzerInnen für Gestaltungsentscheidungen kann steigen, wenn sie mehr über deren Gründe erfahren. Umgekehrt können die EntwicklerInnen die Übereinstimmung ihrer Designphilosophie mit den von den NutzerInnen formulierten Werten überprüfen und so Design-Entscheidungen legitimieren oder revidieren.

- Durch die gemeinsame Reflexion nimmt die Befähigung der NutzerInnen zu, die Software zur Unterstützung ihrer Aufgaben anzupassen; es steigt aber auch die Tiefe des Verständnisses der einzelnen Kontexte seitens der EntwicklerInnen.

- NutzerInnen können mit dem differenzierteren Verständnis der Nutzungsvision die Software eigenständiger in ihre Arbeitsabläufe integrieren. Für die EntwicklerInnen bietet sich schließlich die Möglichkeit, eine konsistente kontextübergreifende Systemvision zu erstellen.

Literaturverzeichnis

Carroll, J. M.; Rosson, M. B.; Koenemann, J. (1998): Requirements Development in Scenario-Based Design. IEEE Transactions on Software Engineering, Vol. 24, No. 12, December 1998.

Czyzewski, P.; Johnson, J.; Roberts, E. (1990): Introduction – Purpose of PDC '90. Proc PDC 1990, CPSR, i-ii.

Flick, U. (1999): Qualitative Forschung: Theorien, Methoden, Anwendung in Psychologie und Sozialwissenschaften. Rowohlt-Taschenbuch-Verlag, 4. Auflage, Hamburg 1999.

Floyd, C. (1994): Software-Engineering – und dann?, Informatik Spektrum, Band 17, Heft 1, Springer-Verlag, Berlin, Heidelberg, New York, Tokio, 1994, S. 29-37.

Floyd, C.; Reisin, F.-M.; Schmidt, G. (1989): STEPS to software development with users. In: Proc. ESEC 1989, Springer, S. 48-64.

Floyd, C.; Züllighoven, H. (2002): Softwaretechnik, In: Rechenberg, P.; Pomberger, G. (Hrsg.): Informatik-Handbuch. 3. akt. und erw. Auflage, Hanser Verlag, München, Wien, S. 763-790.

Greenbaum, J.; Kyng, M. (1991): Design at Work: Cooperative Design of Computers Systems, Lawrence Erlbaum Ass, New Jersey.

Greenbaum, J.; Snelling, L.; Jolly, C.; On', J. (1994): The limits of PD? Contingent jobs and work reorganization. In: Proc. PDC 1994, CPSR, S. 173-174.

Grudin, J. (1993): Obstacles to participatory design in large product development organizations. In: Schuler, D.; Namioka, A. (Hrsg.), Participatory Design: Principles and Practices, LEA, S. 99-119.

Lam, W; Loomes, M; Shankararaman, V (1999): Managing Requirements Change: A Set of Good Practices, In: Proceedings of the 3rd European Conference on Software Maintenance and Reengineering, S. 85-97.

Jacobson, I.; Christerson, M.; Jonsson, P.; Övergaard, G. (1992): Object-Oriented Software Engineering: A Use Case Driven Approach, Addison-Wesley, Reading, Massachusetts, 1992.

Kensing, F.; Madsen, K. H. (1991): Generating visions: Future workshops and metaphorical design. In: J. Greenbaum & M. Kyng (Hrsg.), Design at work: Cooperative design of computer systems. Hillsdale NJ US: Erlbaum.

Pipek, V. (2005): From tailoring to appropriation support: Negotiating groupware usage. PhD Thesis, Faculty of Science, Department of Information Processing Science (ACTA UNIVERSITATIS OULUENSIS A 430), University of Oulu, Oulu, Finland.

Törpel, B. (2001): Groupwareentwicklung in einem Dienstleistungsnetzwerk und die Tradition der Beteiligungsorientierten Systementwicklung. In: Matuschek, I., A. Henninger and F. Kleemann (Hrsg.): Neue Medien im Arbeitsalltag. Empirische Befunde, Gestaltungskonzepte, Theoretische Perspektiven. Opladen: Westdeutscher Verlag.

Wehner, J. (2001). Projektnetzwerke – Neue Unternehmensstrukturen und neue Qualifizierungen. In: Rohde, M., Rittenbruch, M., Wulf, V. (Hrsg.): Auf dem Weg zur virtuellen Organisation. Heidelberg: Physica-Verlag, S. 33-53.

Wulf, V.; Rohde, M. (1995): Towards an Integrated Organization and Technology Development. In: Proc of the Symposium on Designing Interactive Systems, New York, S. 55-64.

A. M. Heinecke, H. Paul (Hrsg.): Mensch & Computer 2006: Mensch und Computer im Struktur*Wandel*.
München, Oldenbourg Verlag, 2006, S. 103-113

Erfolgsfaktoren zur Kultivierung soziotechnischer Communities aus der Sicht dynamischer Rollenstrukturen

Isa Jahnke, Thomas Herrmann

Institut für Arbeitswissenschaft, Ruhr-Universität Bochum

Zusammenfassung

Der vorliegende Beitrag stellt Ergebnisse einer empirischen Untersuchung zu soziotechnischen Communities in einer Organisation aus der Sicht von sozialen Rollen dar. Insbesondere wird aufgezeigt, welche Bedeutung die Rollendynamik für die erfolgreiche Kultivierung solcher Communities hat und welche Anforderungen an die organisatorische und technische Unterstützung in Betracht zu ziehen sind. Es werden empirisch-basierte Erfolgsfaktoren zur Community-Kultivierung aufgezeigt.

1 Einleitung

Wissensvermittlungs- und Wissensaneignungsprozesse sind soziale Aktivitäten von Personen, die bestimmte soziale Rollen einnehmen (bspw. Studienberater/in, Student/in, Dozent/in etc.) und sich jeweils an Vorstellungen von der eigenen Rolle sowie der Rollen anderer (z.B. im organisatorischen Umfeld) orientieren. Probleme beim Informationsaustausch können sich ergeben, wenn diese Vorstellungen nicht kompatibel sind (vgl. Geller 1994). Auch bei der Studienorganisation und -beratung haben die verschiedenen Rolleninhaber (auch die Studienfachberatung, Fachschaftsvertretung, Dekanat, zentrale Studienberatung etc.) bestimmte Erwartungen an einander, bspw. zu welchem Zeitpunkt bestimmte Informationen zugänglich sein sollten. Eine empirische Studie (vgl. WIS-Projekt[1]) verwies in diesem Kontext auf Informationsdefizite hinsichtlich der praktischen Umsetzung (von bspw. Prüfungsordnungen). Demnach fehlen Studierenden gerade zum Zeitpunkt der konkreten Studienplanung notwendige Informationen. Um diese Informationsdefizite zu beheben, wurde eine Community-Bildung initiiert, um einen interaktiven Wissensaustausch zwischen erfahrenen und weniger erfahrenen Studierenden zu unterstützen. Somit wurde nicht der Ansatz ver-

---

[1] WIS ist die Abkürzung für „Sofortprogramm zur Weiterentwicklung des InformatikStudiums an deutschen Hochschulen" und wurde gefördert durch das MSWF NRW von 4/2001-12/2004: Jahnke et al. 2005.

folgt, die Handlungsmöglichkeiten der einen Rolle *Studienberatung* zu verbessern, die von ca. sieben Personen ausgefüllt wird, sondern eine große Gruppe[2] Studierender in den Wissensaustausch einzubeziehen und deren Wissenspotential zu aktivieren. Die Bildung einer Community zur Studienorganisation der Informatik lief jedoch Gefahr, innerhalb der bestehenden Studienberatungsstrukturen ein Fremdkörper zu sein. Dies beinhaltet das Risiko, dass das zusätzliche Angebot nicht akzeptiert wird, weil es bereits eine (teils IT-gestützte) Informationsinfrastruktur zur Studienorganisation an der Universität gab: Community und Organisation standen sich also zunächst gegenüber. Dies ist ein Unterscheidungsmerkmal zu anderen Communities, bspw. Open-Source-Communities (Linux-Community.de) oder Krebspatienten-Communities (Cosmos-Community.org), die nicht im Rahmen einer bestehenden Organisation, sondern neu entwickelt wurden.

Aus heutiger Sicht zeigt sich, dass die Kultivierung dieser Community „Inpud" (vgl. Abschnitt 3) ein Erfolg[3] ist. Die Nutzungsentwicklung steigt seit Beginn der Community (9/2002) kontinuierlich. Im Oktober 2002 waren es 171.408 Seitenanfragen (im Monat), im Oktober 2003 bereits 292.155 Seitenanfragen – fast doppelt so viele. Diese Entwicklung hält bis heute an. In der Community gibt es derzeit mehr als 1.029 registrierte Benutzer, die insgesamt mehr als 20.217 Beiträge verfasst haben (Erfassungsdatum: 12.02.2006), wobei das Lesen von Beiträgen keine gesonderte Anmeldung erfordert, d.h. jeder kann alles lesen, ohne eingeloggt zu sein. Von ca. 1.700 Studierenden im Grundstudium der Informatik beteiligen sich mehr als 50 Prozent aktiv mit Beiträgen (die „Nur-Lesenden" sind nicht mitgezählt).

Die Communtiy-Kultivierung ist also trotz einer Verdopplung der Informationsinfrastruktur – bestehende Studienberatungsorganisation und Community-Bildung – erfolgreich. Es stellt sich daher die Frage, wie dieser Erfolg erklärt werden kann und welche Faktoren dafür ausschlaggebend waren. Da zu dieser besonderen Situation – erfolgreiche Community-Etablierung in einer bestehenden Organisation – keine Erklärungsansätze in der Literatur vorlagen, war eine qualitativ-explorative empirische Untersuchung notwendig, die auf die Entdeckung neuer Zusammenhänge und auf Hypothesengenerierung abzielt (Bortz & Döring 2003, 54). Die Untersuchung umfasste leitfadengestützte Interviews mit acht Experten/innen an drei verschiedenen Universitäten. Die Experten, die mit computergestützten IT-Systemen Erfahrung haben (bspw. Webforen, Chat, FAQ etc.), wurden danach befragt, ob und welche Defizite sie bei der bisherigen Studienorganisation feststellen, und welche Gründe dafür in Betracht zu ziehen sind.[4] Zudem wurde das Nutzungsverhalten in der Community „Inpud" quantitativ analysiert sowie eine qualitative Inhaltsanalyse der Textbeiträge durchgeführt (Auswertung der Beziehungsebene). Die Empirie zeigte, dass motivationspsychologische Ansätze den Erfolg der Community nicht vollständig erklären können. Die Daten wiesen eher auf falsche bzw. nicht übereinstimmende Rollenvorstellungen hin und deren Einflüsse auf die Wissensaustauschprozesse. Es lohnt sich daher im Unterschied zur bisherigen Forschung, die soziale Struktur und Dynamik von Rollen, in denen Akteure an Wissensaustauschprozessen beteiligt sind und diesen prägen, intensiver zu untersuchen.

Der Beitrag zeigt Erfolgsfaktoren zur Kultivierung von Wissensaustauschprozessen im Kontext von soziotechnischen Communities und Organisationen auf. Abschnitt 2 erläutert theore-

---

[2] Es sind derzeit ca. 1.700 Studierende im Grundstudium Informatik an der Uni Dortmund eingeschrieben.

[3] Erfolg: hohe Anzahl von Nutzern, Nutzung des entsprechenden Angebots, und gegenseitige Unterstützung.

[4] Die Auswertung erfolgte in Anlehnung an Meuser & Nagel (1991) in Form der Kategorienbildung.

tische Grundlagen zu Communities und Rollen. Abschnitt 3 stellt die untersuchte Community vor. In Abschnitt 4 werden wesentliche Erfolgsfaktoren in Form von empirisch-basierten Thesen präsentiert. Eine abschließende Zusammenfassung erfolgt in Abschnitt 5.

2 Theoretischer Rahmen: Communities u. Rollen

In Abgrenzung zu (Arbeits-)Organisationen, Projektteams und Abteilungen zeichnen sich Communities durch ihre besonderen informellen Beziehungen aus (Snyder 1997, in: Lesser & Prusak 1999, 3-4) und sind daher in besonderem Maße in der Lage, implizites Wissen explizierbar zu machen und zu transferieren (bspw. Teeküchen-/ Pausengespräche, kreatives Austauschen auf dem Flur, informelle Chat-Aktivitäten und Emails, „posten" in Webforen, etc.). Beziehungen sind informell, wenn sie ohne formalen Auftrag entstanden sind, sich von unten (bottom-up) gebildet haben und selbstorganisierend tragen (vgl. Reinmann-Rothmeier 2002, 726). Sie sind durch Spontanität, Flexibilität sowie Emotionalität (Abraham & Büschgens 2004, S.134) gekennzeichnet und können daher nicht gemanagt werden ohne ihre Eigenschaft, „informell" zu sein, zu verlieren. Daher wird von „Kultivierung" gesprochen.[5]

Der vorliegende Beitrag folgt im Wesentlichen der Definition zu Communities von Lave & Wenger (1991, 98) und Wenger et al. (2002, 4): *Soziotechnische Communities sind eher informelle Kommunikationsbeziehungen, die darauf basieren, dass ihre Akteure ein ähnliches Anliegen, ähnliche Probleme oder eine Leidenschaft zu einem Themengebiet teilen und ihr Wissen und ihre Expertise auf diesem Gebiet vergrößern (wollen)* – und wir fügen hinzu – in dem sie mehr oder weniger regelmäßig miteinander (computergestützt) interagieren, ohne formal gebunden zu sein, jedoch eine persönliche Verbundenheit entwickeln.

Bislang wurde versucht, Wissensaustausch (Wissensmanagement und Communities) aus der Sicht von Aktivitäten (Prozesse, Wissenskreisläufe) und ihrer Nachvollziehbarkeit (bspw. Awareness, Strukturierung von Informationen, Anreizsysteme, Motivation) oder anhand Formen technischer Unterstützung zu analysieren und zu verbessern, ohne die Relevanz der sozialen Struktur und Dynamik von Rollen ausreichend zu untersuchen. Eine solche Analyse sollte die vier Dimensionen von Rollen beachten: Position (a), Funktion und Aufgaben (b), formelle und informelle Erwartungen (c) und Interaktionsaushandlung (d). Dabei sind nicht nur die formalen, expliziten Erwartungen an die Rolleninhaber/innen relevant (durch Position, deren Funktion und Aufgaben in einer Organisation formal gekennzeichnet), sondern auch die informellen Erwartungen, die sich in sozialer Interaktion dynamisch verändern (vgl. ausführlich Herrmann, Jahnke, Loser 2004).

Demgegenüber wird in der Software-Entwicklung meist ein Rollenbegriff verwendet, der nur die Zugriffsrechteverwaltung auf Daten in technischen Systemen ermöglicht: Mit der Rolle legen Software-Entwickler/innen fest, welche Berechtigungen welche Nutzer/innen haben und auf welche Dokumente in welcher Form zugegriffen werden darf bzw. kann (vgl. Sandhu et al. 1996, rollenbasierte Administration). Dieser Rollenbegriff ist stark vereinfacht, da er mit dem Begriff der formalen Stelle („job") gleichgesetzt wird und somit einen hohen For-

---

[5] In Anlehnung an Wenger et al. 2002 (*„Cultivating Communities of Practice"*) bezeichnet Kultivierung nicht das formale Management, sondern vorwiegend das Initiieren von informellen Wissensaustauschprozessen.

malisierungsgrad und geringe individuelle Flexibilität impliziert. Eine Rolle beinhaltet jedoch mehr als nur die Zuweisung von Tätigkeiten, Pflichten und Rechten, bspw. werden mit der Rolle auch Erwartungen kommuniziert. Die Dynamik der Rollen und ihrer Strukturen (bspw. Veränderung von Rollenerwartungen, neue Rollen) prägen den gemeinsamen Wissensaustausch, dementsprechend verhindert insbesondere eine zu starre Formalisierung der Eigenschaften einer Rolle durch ein technisches System die Weiterentwicklung einer Organisation. Es ist ein Defizit, dass eine solche technische Formalisierung die Unterstützung einer dynamischen Rollenkonzeption, ihrer Rollenstukturen und ihres Veränderungspotentials verhindert (bspw. Rollen-Aushandlungen bei Erwartungsänderungen, damit einhergehende Änderung von Rechten und Pflichten, sowie dynamische Dokumenten- und Systemzugriffe).

3   Die Inpud-Community

Der soziotechnische Ansatz (bspw. Mumford 1987) betont die wechselseitige Abhängigkeit zwischen dem sozialen System und den technischen Komponenten (vgl. Jahnke, Mattick, Herrmann 2005). Ein Merkmal soziotechnischer Communities ist, dass Wissensaustausch nicht entweder face-to-face (ftf) oder online stattfindet, sondern dass beide Kommunikationsformen miteinander verwoben werden, wie zum Beispiel auch beim Blended-Learning. Insofern ist die Inpud-Community[6] eine soziotechnische Community. Sie existiert seit vier Jahren. Inpud besteht aus der Bereitstellung von zielgruppenspezifischen kontextualisierten Informationen zur Studienorganisation aus Studierendensicht (a) und dazugehörigen Online-Webforen, die asynchrone Kommunikation erlauben (b):

(a) Kontextualisierte Informationsaufbereitung (im Web): Es werden nur diejenigen Informationen in Inpud aufbereitet, die für die Zielgruppenrolle „Studierende" relevant ist. Bspw. werden Lehrveranstaltungen einerseits nach Semester aufgelistet, andererseits grafisch übersichtlich dargestellt[7]. Die Informationen zu den Lehrveranstaltungen beinhalten Vorlesung, Übungen, Materialien, Prüfungen, Kontakte und in der Regel ein eigenes Online-Diskussionsforum (siehe b). Die Studieninformationen beinhalten u.a. Informationen zur Studienfachberatung (Aufgaben, Kontaktdaten teilweise mit Fotos), einen Dokumentendownload und Online-Foren zu den drei Studiengängen und zu Veranstaltungen am Fachbereich.

(b) Asynchrone Kommunikation (Online-Webforen): Die Webforen unterstützen eine bessere inhaltliche Abstimmung bspw. zwischen Vorlesung und Übung. Dies wird einerseits durch die Ergänzung von Inhalten ermöglicht, andererseits durch die Möglichkeit, sich asynchron mit anderen Studierenden oder Lehrenden über Inhalte von Vorlesung und Übungen (bspw. zu Aufgabenzettel) auszutauschen. Es gibt 25 Inpudforen (bspw. zu Veranstaltungen im Grund- und Hauptstudium, ein Forum zum Auslandsstudium, ein weiteres für Frauen im Fachbereich Informatik, etc.) (Datum der Erfassung: 25.08.2005).

---

[6] InPUD = **In**formatik**P**ortal der **U**niversität **D**ortmund. Inpud ist frei zugänglich unter www.inpud.de. Das technische System besteht aus einer webbasierten Hypertext-Applikation und aus Webforen, die als Open-Source-Produkt frei verfügbar sind und somit keine Anschaffungskosten verursachen.

[7] Diese Tabelle beinhaltet das Grundstudium, und empfiehlt, wann welche Veranstaltungen besucht werden sollten.

Die Webforen werden regelmäßig intensiv genutzt, durchschnittlich 105 neue Beiträge pro Woche. Sie ermöglichen einerseits Fragen rund um die Studienfachberatung und dienen andererseits dazu, um Übungsaufgaben ortsunabhängig online mit anderen Studierenden diskutieren zu können.[8] Bei den Webforen zu einzelnen Veranstaltungen im Grundstudium sind durchschnittlich ca. 400 Beiträge zu zählen, eine der 17 Veranstaltungen („DAP2") hat mehr als 900 Beiträge. Es gibt eine genügend hohe Anzahl von Teilnehmern/innen, so dass eine *„kritische Masse"* (vgl. Markus & Connelly 1990) vorhanden ist. So genannte „Off-Topic" Inhalte (solche, die inhaltlich nicht in das Forum gehören) werden – wenn auch selten – von Moderatoren gelöscht. Am Ende der Veranstaltungen werden die Foren archiviert und neue Foren entsprechend der neuen Veranstaltungen eröffnet. Bei Systemausfällen wurde das Interesse an der Community deutlich, so schrieb ein/e Nutzer/in: *„Nutze das Forum, um Probleme bei den Übungszetteln zu lösen oder den Stoff zu vertiefen, nur wenn ich es nicht nutzen kann – bringt es nicht viel!"*[9]. Dies zeigt exemplarisch, dass die Community für wertvoll befunden wird. Beteiligte Personen befinden sich bspw. in den Rollen Studierende, wissenschaftliche Mitarbeiter/innen, Professoren/innen oder Dekanatsangestellte.

4   Erfolgsfaktoren zur Community-Kultivierung

Im Folgenden werden ausgewählte[10] Thesen empirisch hergeleitet, die den Erfolg der Inpud-Community erklären können und Hinweise zur Kultivierung solcher soziotechnischen Communities geben, die in bestehenden Informationsstrukturen einer Organisation eingeführt werden.

(1) Erfolgsfaktor 1: Formale und informelle Haupt- und Nebenrollen einbeziehen

Anhand der Interviews zeigt sich, dass verschiedene Arten von Rollen zu unterscheiden sind. Einerseits gibt es die in der Organisation der Universität offiziell etikettierte formalen Hauptrollen und andererseits die inoffiziell agierenden Haupt- und Nebenrollen. Diese sind jedoch perspektivenabhängig und variieren dementsprechend. Bspw. sind zentrale Studienberatung und das Studierendensekretariat aus Sicht der Universität formale Hauptrollen. Dagegen treten Studierende mit dem Prüfungsamt und Dekanat nur punktuell in Kontakt, sie sind daher eher formale Nebenrollen (vgl. Tab. 1). Aus der Perspektive der Universität sind bspw. „Kommilitonen" keine Hauptrolle. Jedoch entwickeln Studierende gerade zu ihnen eine (hohe) persönliche Verbundenheit und weisen eine größere soziale Nähe[11] auf. Daher sind diese Rollen aus Sicht von Studierenden als informelle Hauptrollen zu bezeichnen.

---

[8] Für eine Teilnahme an der Online-Diskussion werden keine Leistungspunkte vergeben.

[9] Quelle: „Studieren, studieren und leben", Topic „Forum am We oft OFFLINE!!!" am 05.06.2005, Nutzer Jarsi.

[10] Es können hier nicht alle Ergebnisse bzw. Erfolgsfaktoren (ausführlich) erläutert werden (vgl. Jahnke 2006).

[11] Soziale Nähe bezeichnet die Qualität der sozialen Beziehung von Akteuren (ggf. in unterschiedlichen Rollen). Die Beziehungsnähe (soziale Nähe) ist umso höher, je mehr eine persönliche Verbundenheit (*„emotional intensity"*) und Vertrautheit (*„intimacy"*) der Akteure zu beobachten ist (vgl. Granovetter 1973, S. 1361).

Die Rolle „Studienfachberatung" der Fachbereiche ist aus Sicht der Uni eine formale Hauptrolle, da sie für die Studienorganisation entscheidend ist. Der Status dieser Rolle ändert sich im Studienverlauf. Einige Studierende entwickeln eine soziale Nähe (persönliche Verbundenheit, Vertrautheit) zur Studienfachberatung. Diese soziale Nähe fällt jedoch geringer aus als zur Rolle Mitstudierenden und Fachschaft, was ggf. durch die Position (wiss. Mitarbeiter/in) zu erklären ist, die ein hierarchisches Abhängigkeitsverhältnis ausdrückt (vgl. Tab. 1).

Tabelle 1: Formale und informelle Haupt- und Nebenrollen aus der Perspektive von Studierenden

Studierenden-Perspektive	Formal (offiziell)	Informell (größere soziale Nähe, persönliche Verbundenheit)
Hauptrolle (haben Studienstruktur im Blick)	Bspw. zentrale Studienfachberatung, Studierendensekretariat, Prüfungsamt, Studienfachberatung	Bspw. Kommilitonen, Fachschaft
Nebenrolle (kennen Teilausschnitt, Experten auf ihrem Gebiet)	Bspw., Dekanat (fachbereichsspezifisch), Prüfungskommission, Fachbereichsrat,...	Studienfachberatung

Die Inpudanalyse zeigt zum einen, dass formale Informationen (bspw. Semesterplan, Vorlesungszeiten) von den formalen offiziellen Rollen (Professoren/innen, wissenschaftliche Mitarbeiter/innen, Dekanat) geliefert und kommuniziert werden. Zum andern wird vor allem die Möglichkeit des informellen Wissensaustauschs mit den informellen Rollen in Form von Webforen realisiert, an denen sich alle potentiell Interessierten beteiligen können (bspw. Studium an der Uni im Vergleich zur FH, Fragen zum Semesterticket, im Ausland studieren, Wahlpflichtveranstaltungen, Übergang alte und neue DPO, welche Veranstaltungen wann besuchen, etc.) Diese Aktivierung des sozialen Kapitals (vgl. Fußnote 14) der informellen Rollen ermöglicht es, das Informationsdefizit durch die formalen Rollen zu umgehen.

These: *Inpud war und ist erfolgreich, weil nicht nur die offiziellen Hauptrollen, sondern insbesondere auch die informellen Haupt- und Nebenrollen (andere Studierende, Fachschaft, Studienfachberatung) – aus Sicht der Zielgruppen-Rolle (hier: Studierende) – als relevante Wissensträger und Wissensvermittler in den Wissensaustausch einbezogen wurden.*

(2) Erfolgsfaktor 2: Aufbau sozialer Nähe durch technische Systeme

In den Experteninterviews wird deutlich, dass der Kontakt von Studierenden zu Mitstudierenden oftmals nicht über eine lose soziale Beziehung hinausgeht. Jedoch ist eine *„Vernetzung mit älteren Semestern hilfreich, da vieles über den persönlichen Kontakt funktioniert. Da ist viel Wissen, was sich verbreitet und auch nicht so schnell verloren geht"* (Experte der Studienfachberatung). Beispielsweise wird die Information einer Raumänderung auf diesem Weg viel schneller verbreitet, *„die man sonst nicht mitkriegt oder andere banale Dinge"* (Experte Studierende/r). Aber auch Grundsätzliches, so genanntes Basis-Wissen, z.B. zur Struktur der Universität, wird vor allem durch andere ältere, erfahrene Studierende an jüngere Studierende weitergegeben (*Mund-zu-Mund-Propaganda*; vgl. Experte Studierende/r).

Studierenden scheint zwar die Relevanz ihrer Mitstudierenden als Wissensträger bekannt zu sein, aber die Möglichkeiten zum Kontaktaufbau zu Mitstudierenden (bspw. in Vorlesungen, in Übungsgruppen, während den Wartezeiten zwischen den Veranstaltungen) werden nur in geringem Maße wahrgenommen. Studierende-Experten, die aktiv in der Fachschaft tätig sind, gaben an, dass häufig nur diejenigen Studierenden zur Studienorganisation Fragen stellen, die eine geringe soziale Nähe zu ihren Kommilitonen aufweisen. Die Ausprägung der eher geringen Vernetzung kann mit den dezentralen Strukturen der Universität, der Pendler-Situation und der hohen Anzahl Studierender erklärt werden. Viele Studierende wohnen nicht vor Ort (in Dortmund), sondern weiter außerhalb, sie pendeln und sind nur an ausge-wählten Tagen an der Universität. D.h. sie reisen nur für ausgewählte Vorlesungen oder Übungsstunden an. Ansonsten fehlt eine räumliche Nähe. Die Anbindung an das studentische Leben findet nur in geringem Maße statt. Zum Wintersemester 2003/04 waren ca. 1.700 Studierenden im Informatik-Grundstudium der Universität Dortmund eingeschrieben. Bei einer Großgruppe wie dieser besteht für die Akteure kaum die Gelegenheit, bspw. Akteure für eine gemeinsame Lerngruppe ausfindig zu machen, zu interagieren und soziale Nähe auf-zubauen.[12] Aus der Sicht des Einzelnen ist die Großgruppe eine eher anonyme Masse.

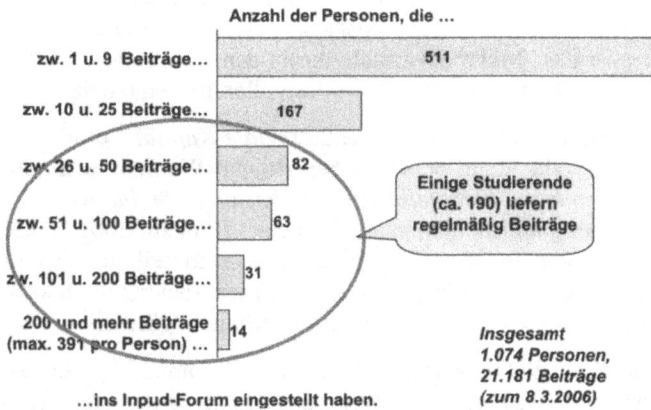

Abbildung 1: Beiträge je Nutzer/in im Inpudforum (im Zeitraum 9/2002-3/2006)

Die Analyse der Inpud-Community zeigt, dass Studierende über die alltäglichen Diskussio-nen zur Studienorganisation hinaus zum Aufbau sozialer Nähe (persönliche Verbundenheit und Vertrautheit, „*strong ties*", vgl. Granovetter 1973) beitragen. Exemplarisch ist hier zu nennen, dass sich Nutzer/innen, nach dem sie für eine Klausur im Inpudforum gemeinsam gelernt haben (bspw. Lösen von Übungszettel), gegenseitig „*viel Erfolg*" bei der Klausur wünschen. Des Weiteren ist zu beobachten, dass sich Nutzer *bedanken*, bspw. wenn eine Antwort zügig kam, oder die Antwort weitergeholfen hat, also aus ihrer Sicht gehaltvoll war. Ebenso ist zu beobachten, dass sich bestimmte User mehr beteiligen als andere, d.h. sich mehr verantwortlich fühlen und Fragenden schnell helfen. Die Auswertung des Inpudforums zeigt, dass 63 Personen jeweils(!) über 50-mal geantwortet (51 bis 100 Beiträge pro Person).

---

[12] Man könnte meinen, dass Studierende bspw. ihre Nachbarn in der Vorlesung einfach ansprechen und erste soziale Kontakte aufbauen. Dies wird allerdings aufgrund der sozialen Mechanismen, die in einer (Groß-) Gruppe wir-ken, wie bspw. soziale Normen, kulturelle Werte und sozialen Sanktionen erschwert (vgl. Dahrendorf 1958). Nichtsdestotrotz gibt es einzelne Akteure, die dies tun.

31 Personen haben jeweils 101 bis 200-mal gepostet und 14 Studierende haben bisher mehr als jeweils 200 Beiträge verfasst (Stand: 08.03.06). Abb. 1 verdeutlicht es.

These: *Inpud ist erfolgreich, weil das technische System die Vernetzung Studierender unterstützt und ihnen so hilft, soziale Nähe (persönliche Verbundenheit und Vertrautheit) zu entwickeln. Erst die Technik ermöglicht es den Akteuren relativ leicht, Kontakt aufzunehmen, sich zusammen zu finden und ihr Wissen auszutauschen.*

Zusammengefasst bedeutet es, dass durch die Initiierung von soziotechnischen Communities technisch-vermittelte Formen der sozialen Präsenz – und damit soziale Nähe – für eine homogene Gruppe mit einer hohen Anzahl von Personen erzeugt werden.[13]

(3) Erfolgsfaktor 3: Das „Mehr" der Nutzung (Benefit) sichtbar machen – kurzfristige Hilfe und Beziehungsressourcen

Ein weiterer Erfolgsfaktor ist der „Mehrwert", den potentiell beteiligte Nutzer/innen für sich selbst sehen, wenn sie sich am Wissensaustausch beteiligen. Für Nutzer von soziotechnischen Communities ist das „Mehr" aber nicht nur in den inhaltlichen Beiträgen repräsentiert, sondern auch auf der „Beziehungsebene" der informellen Rollen (soziales Kapital) relevant.

Das durch die Community-Bildung entstehende *soziale Kapital*[14] ermöglicht es den Einzelnen, ihre Aufgaben gut oder sogar besser zu bewältigen (Wellman et al. 2001). *„Ich tue das für dich, auch wenn ich keine unmittelbare Gegenleistung erhalte, weil du oder jemand anders irgendwann meinen guten Willen erwidern wirst"* (Putnam 2001, 21). Eine Community unterstützt die Bildung von sozialem Kapital, da sich die Beteiligten als ein Gemeinschaftsunternehmen („joint enterprise", Wenger et al. 2002) wahrnehmen und sich selbst dann vertrauensvoll verhalten, wenn sie sich sonst nicht so verhalten würden.

Je mehr das „Mehr" an sozialem Kapital (Beziehungsressourcen) für die Akteure erkennbar ist, desto effektiver ist der gemeinsame Wissensaustausch. Das soziale Kapital bedeutet für die Beteiligten einen Zugriff auf eine größere Menge an Beziehungsressourcen – Zugriff auf das Potential einer Gruppe, welches eine einzelne Person alleine nicht haben kann – und in Folge dessen einen Zugriff auf eine größere Menge von Wissen.

These: *Die Kultivierung der Inpud-Community ist erfolgreich, weil den Akteuren der Benefit deutlich ist, dass ihr eigenes Problem kurzfristig gelöst wird (schnelle Hilfe), und dass ihre Beteiligung am Wissensaustausch zu einer Erhöhung an sozialem Kapital führt (d.h. Aufbau von Beziehungsressourcen), welches bei künftigen Problemen aktiviert werden kann.*

(4) Erfolgsfaktor 4: Online-Rollenpräsenz

Bei einer hohen Anzahl von Personen ist es unmöglich, alle Personen namentlich zu kennen, selbst wenn sie ihre richtigen Namen im Online-Forum anzeigen würden. Also kann der Akteur in großen Organisationen mit dem Namen einer Person, oftmals keine Vorstellungen

---

[13] Die empirischen Ergebnisse weisen auf einen Unterschied zwischen homogener und heterogener Gruppe hin. Bei letzterem blockieren hierarchische Abhängigkeitsstrukturen im Arbeitskontext den Aufbau sozialer Nähe bei rein virtueller Kommunikation. Hier ist ein Vertrauensaufbau durch face-to-face Kommunikation notwendig.

[14] Soziales Kapital (*social capital*) ist die Summe von Beziehungsressourcen für soziales Handeln (vgl. Bourdieu 1983, S. 190, Putnam 1995, S. 67). Nahapiet & Goshal 1998 zeigen drei Dimensionen von sozialem Kapital auf.

über die Qualität der eingestellten Information verbinden. Trotzdem zeigt die Untersuchung der Inpud-Community, dass die Studierenden darauf vertrauen, dass ihnen bei Nachfragen die richtigen Informationen gegeben werden. Sie vertrauen darauf, dass mit hoher Zuverlässigkeit einer oder mehrere der Akteure – Studierende oder Mitarbeiter/innen des Fachbereiches – relativ schnell und kompetent antworten (vgl. Abb. 1). Dieses Vertrauen kann als Vertrauensvorschuss bezeichnet werden, und ist vorhanden, weil die Akteure in ihren offiziellen Rollen (bspw. Studienfachberatung, etc.) diese Rollen als solche gekennzeichnet haben (bspw. Christoph Meier, Studienfachberater). Alle Akteure, die ihre Rolle nicht gekennzeichnet haben, werden in der „Studierende-Rolle" wahrgenommen.

Vertrauen und Kompetenzen können also einerseits konkreten natürlichen Personen, andererseits sozialen Rollen, zugewiesen werden. Das letzte erfolgt, wenn das erste nicht vorhanden ist. So erhält die Rolle entscheidende Relevanz, um die Informationsqualität einschätzen zu können. Mit einer Community-Kultivierung in großen Organisationen geht demnach die Förderung der *Online-Rollenpräsenz* einher, auf deren Basis die Qualität der eingestellten Informationen eingeschätzt werden kann.

These: *Inpud ist erfolgreich, weil die sozialen Rollen in der Online-Kommunikation transparent sind und die Online-Rollenpräsenz die Entstehung von Vertrauen, soziale Nähe und persönliche Verbundenheit positiv beeinflusst. D.h. je mehr die sozialen Rollen bei der Online-Kommunikation (von Großgruppen) präsent und erkennbar sind, desto besser können die Beteiligten die Qualität der Information einschätzen.*

(5) Weitere Erfolgsfaktoren beziehen sich bspw. auf die Art der Moderation, nämlich „*gemäßigte Moderation durch formale Rollen"* (Löschen von Off-Topic-Inhalten, Qualitätssicherung, Zielvereinbarung indem beschrieben wird, welche Inhalte in den Foren diskutiert werden, welche nicht) und auf das technische System, insbesondere „*niedrig-schwelliger Zugang"* (bspw. Lesen ohne Registrierung ermöglichen, schnelle einfache Registrierung zum Schreiben von Beiträgen).

5   Zusammenfassung und Ausblick

Ziel war es, den Erfolg[15] der Community-Kultivierung aus der Sicht von sozialen Rollenstrukturen in einer Organisation zu erklären. Grundlage war eine empirisch qualitativ-explorative Untersuchung der soziotechnischen Inpud-Community zur Studienorganisation. Eine zentrale Erkenntnis ist, dass es die Dynamik von sozialen Rollenstrukturen erforderlich macht, die Kultivierung von Communities im Verhältnis von formalen und informellen (Haupt- und Neben-) Rollen zu betrachten. Eine auf Rollen orientierte Analyse ist hilfreich, weil mit dem Konzept der Rolle „*mehrstufige Handlungen"* (Balog 1989) innerhalb eines bestimmten sozialen Kontextes, bspw. Universität, verdeutlicht werden können. „*Mit Hilfe des Rollenbegriffs können umfassendere Bereiche typischer sozialer Beziehungen aufgezeigt werden als dies durch den Handlungsbegriff allein möglich ist. (...) Die Kategorien der Rollenanalyse ermöglichen es, die vorausgesetzten sozialen Zusammenhänge differenzierter*

---

[15] Erfolg heißt, dass ausreichend Personen beteiligt sind, das entsprechende Angebot nutzen, und sich gegenseitig helfen.

zu erfassen" (vgl. Balog 1989, 123). (Wissensaustausch-)Prozesse, IT-Informationsstrukturen und Verhaltenserwartungen werden nicht losgelöst voneinander, sondern im Kontext sozialer bzw. soziotechnischer Aushandlungen – die tagtäglich neu, sozial konstruiert werden, d.h. sich dynamisch verändern – betrachtet. Die formalen und informellen Rollenstrukturen prägen den Wissensaustauschprozess und dieser wirkt wiederum auf die Rollenstrukturen zurück. Diese Rollenanalyse weist über die bisher in der Literatur bekannten Erfolgsfaktoren (vgl. bspw. McDermott 2004) für soziotechnischen Communities hinaus. Die Erfolgsfaktoren sind empirisch mit qualitativ-explorativen Methoden gewonnen und geben zu Thesen zum Erfolg von Communities in bestehenden Organisationen Anlass. In weiteren Untersuchungen sind diese Thesen zu prüfen, bspw. durch ergänzende oder vertiefte Überprüfungen der Erfolgsfaktoren auf Basis von empirischen – auf Rollen orientierte – Analysen ähnlicher oder anderer Communities in bestehenden Organisationen.

Literaturverzeichnis

Abraham, M.; Büschges, G. (2004): Einführung in die Organisationssoziologie. 3. Auflage. Wiesbaden: VS.

Bortz, J.; Döring, N. (2003): Forschungsmethoden und Evaluation: für Human- und Sozialwissenschaftler. 3. Auflage. Berlin u.a.: Springer-Verlag.

Bourdieu, P. (1983): Ökonomisches Kapital – Kulturelles Kapital – Soziales Kapital. In: Kreckel, R. (Hrsg.): Soziale Ungleichheiten. Sonderband 2. Soziale Welt. Göttingen: Schwartz. S. 183-198.

Geller, H. (1994): Position – Rolle – Situation. Zur Aktualisierung soziologischer Analyseinstrumente. Opladen: Leske + Budrich.

Granovetter, M. S. (1973): The Strenght of Weak Ties. In: American Journal of Sociology, Vol. 78, S. 1360-1380.

Herrmann, T.; Jahnke, I.; Loser, K.-U. (2004): The Role Concept as a Basis for Designing Community Systems. In: F: Darses; R. Dieng; C. Simone; M. Zackland (Eds.): Cooperative Systems Design. Scenario-Based Design of Collaborative Systems. Amsterdam: IOS Press, pp. 163-178.

Jahnke, I. (2006): Dynamik sozialer Rollen beim Wissensmanagement. Soziotechnische Anforderungen an Communities und Organisationen. Wiesbaden: DUV.

Jahnke, I.; Mattick, V.; Herrmann, Th. (2005): Software-Entwicklung und Community-Kultivierung: ein integrativer Ansatz. In: i-com, Zeitschrift für interaktive und kooperative Medien. Heft 2, 2005, S. 14-21.

Lave, J.; Wenger, E. (1991): Situated learning. Legitimate Peripheral Participation. Cambridge University Press.

Lesser, E.; Prusak, L. (1999): Communities of Practice, Social Capital and Organizational Knowledge In: Information Systems Review 1, No. 1, 3-9. Online.

Markus, M. L.; Connolly, T. (1990): Why CSCW applications fail: problems in the adoption of interdependent work tools. In: Proceedings of the ACM conference on CSCW (1990), pp. 371-380.

McDermott, R. (2004): How to Avoid a Mid-Life Crisis in Your Communities. In: Knowledge Management Review, May/June. http://www.mcdermottconsulting.com/startup.shtml

Meuser, M.; Nagel, U. (1991): Experten-Interviews – vielfach erprobt, wenig bedacht. In: Garz, D.; Kraemer, K. (Eds.): Qualitativ-empirische Sozialforschung. Konzepte, Methoden, Analysen. Opladen: Westdt. Verlag.

Mumford, E. (1987): Sociotechnical Systems Design. Evolving theory and practice. In: Bjerknes, Gro; Ehn, Pelle; Kyng, Morten (eds.) (1987): Computers and Democracy. Aldershot a.o.: Avebury. S. 59-77.

Nahapiet, J.; Goshal, S. (1998): Social capital, intellectual capital and the organizational advantage. In: Academy of Management Review, Vol. 23, No. 2, pp. 242-266.

Putnam, R. D. (1995): Bowling Alone: America's Declining Social Capital. In: Journal of Democrazy Vol. 6, No. 1, S. 65-78.

Putnam, R. D. (2001): Gesellschaft und Gemeinsinn. Gütersloh: Verlag Bertelsmann Stiftung.

Reinmann-Rothmeier, G. (2002): Virtuelles Lernen zw. Mensch u. Technik. In: Personal, Heft 01/2002. S.722-727.

Wellman, B.; Hasse, A.; Witte, J.; Hampton, K. (2001): Does the internet increase, decrease or supplement social capital? In: American Behavioral Scientist, 3 (45), S. 437-456.

Wenger, E.; McDermott, R.; Snyder, W. M. (2002): Cultivating Communities of Practice. A guide to managing knowledge. Boston, Massachusetts: Harvard Business School Press.

Kontaktinformationen

Informations- und Technikmanagement, Institut für Arbeitswissenschaft,
Ruhr-Universität Bochum

isa.jahnke@rub.de
thomas.herrmann@rub.de

A. M. Heinecke, H. Paul (Hrsg.): Mensch & Computer 2006: Mensch und Computer im Struktur*Wandel*.
München, Oldenbourg Verlag, 2006, S. 115-124

Qualitätssicherung im Usability-Testing – zur Reliabilität eines Klassifikationssystems für Nutzungsprobleme

Kai-Christoph Hamborg, Tom Hoemske, Frank Ollermann

Universität Osnabrück, Fachbereich Humanwissenschaften

Zusammenfassung

Der Beitrag beschäftigt sich mit Maßnahmen zur Qualitätssicherung im Usability-Testing. Die Bedeutung der Klassifikation von Nutzungsproblemen für die Qualitätssicherung wird aufgezeigt und ein Klassifikationssystem dargestellt, das im Folgenden empirisch in Bezug auf seine Reliabilität überprüft wird. Hierzu wurden zwei Usability-Tests durchgeführt und die erhobenen Nutzungs- bzw. Usability-Probleme anschließend klassifiziert. Insgesamt erweist sich das Klassifikationssystem als reliabel, es wird jedoch nicht von allen Klassifizierungsmöglichkeiten Gebrauch gemacht. Stärken des Klassifikationsansatzes sowie Konsequenzen für dessen Weiterentwicklung werden diskutiert.

1 Einleitung

Seit einiger Zeit wird die Qualität von Usability-Tests kritisch diskutiert. Im Mittelpunkt der Diskussion stehen die Reliabilität und Validität dieser Evaluationsmethodik sowohl in der praktischen Anwendung als auch im Forschungskontext.

Probleme bei der Anwendung von Usability-Tests in der Praxis berichten Molich und Mitarbeiter (Molich et al. 2004). In einer ersten Studie wurden vier, in einer zweiten Studie neun Usability-Labore beauftragt, ein Softwareprodukt mittels eines Usability-Tests zu untersuchen. Neben zahlreichen Unterschieden in Bezug auf die Durchführung der Tests, die erzielten Ergebnisse und die Berichtlegung, war der wohl hervorstechendste Befund, dass in der ersten Studie nur ein einziges Usability-Problem aus einer Menge von 141, in der zweiten Studie kein einziges Problem aus einer Menge von insgesamt 310 Problemen von allen Beratungsfirmen übereinstimmend erkannt wurde. Kessner et al. (2001) kommen zu ähnlichen Ergebnissen. Sechs Usability-Teams führten unabhängig voneinander einen Usability-

Test mit derselben Software durch. Von insgesamt 36 identifizierten Usability-Problemen wurde keines von allen Teams erkannt, zwei wurden durch fünf Teams, vier durch vier Teams, sieben durch drei und weitere sieben durch zwei Teams erkannt.

Die Befunde deuten daraufhin, dass Usability-Tests in der Praxis (und auch in der Forschung; s. Gray & Salzman 1998) offensichtlich sehr uneinheitlich durchgeführt werden. Die geringe Übereinstimmung bei der Identifikation von Usability-Problemen zeigt die unzureichende Reliabilität von Usability-Tests und stellt die Vertrauenswürdigkeit der Befunde in Frage. Aus diesem Grund scheinen Maßnahmen zur Qualitätssicherung für den Bereich des Usability-Testing und allgemein für die gestaltungsunterstützende Evaluation von Software geboten (Molich et al. 2004).

Einen Ansatz zur Qualitätssicherung im Usability-Testing stellen Andre und Mitarbeiter (2001) mit dem User Action Framework (UAF) vor. Bei dem UAF handelt es sich um ein Rahmengebäude zur Unterstützung des gesamten Usability-Engineering-Prozesses und hier insbesondere die Tätigkeiten: Interaktionsdesign, formative Evaluation, Problemklassifikation und -dokumentation sowie Berichtlegung.

Der im UAF vorgesehene Ansatz zur Problemklassifikation soll eine reliable Kategorisierung und Beschreibung von Usability-Problemen ermöglichen (Andre et al. 2001). Dies ist ein zentraler Punkt für die Qualitätssicherung von Usability-Tests, da die Reliabilität der Klassifikation von Usability-Problemen die Güte der Ergebnisse von Usability-Tests insgesamt beeinflusst. Bei der Durchführung von Usability-Tests fallen zum großen Teil qualitative Daten an, wie z.B. Verbalisierungen von Nutzern, wenn mit der Methode des Lauten Denkens gearbeitet wird. Die Auswertung dieser Daten erfordert ein inhaltsanalytisches Vorgehen, das zumeist, nach Aufbereitung der Rohdaten, die Kategorisierung der aufbereiteten Daten beinhaltet. Die Reliabilität der Kategorisierung wird durch die Übereinstimmung von wenigstens zwei Personen (Rater), die die Zuordnung der Daten zu Kategorien vornehmen, statistisch bestimmt. Das Ergebnis der Klassifizierung ermöglicht im Folgenden die Interpretation der erkannten Usability-Probleme und unterstützt damit die Kommunikation der Ergebnisse sowie die Ableitung von Maßnahmen.

Die im UAF verwendete Taxonomie zur Klassifizierung von Usability-Problemen basiert im Kern auf einem einfachen Handlungsmodell (Norman 1986). In dem Modell werden sieben Handlungsphasen unterschieden, die bei der Interaktion mit dem Computer durchlaufen werden: 1. Festlegen des *Handlungsziels* und 2. Bildung einer das Ziel konkretisierenden *Handlungsabsicht* sowie eines Handlungsplans, 3. *Spezifikation der Handlung*: Bestimmung einer Handlungsabfolge zur Umsetzung der Absicht bzw. des Plans, 4. *Ausführung der Handlung* in Form von Systemeingaben, 5. *Wahrnehmung des Systemzustands* nach Verarbeitung der Eingaben durch das System, 6. *Interpretation des Systemzustands*, 7. *Bewertung des Systemzustands* in Bezug auf das verfolgte Ziel und den Handlungsplan.

Für das UAF wurde dieses Handlungsmodell adaptiert und in den so genannten Interaktionszyklus (Interaction Cycle) mit den Phasen: *Planung, physische Handlungsausführung* und *Bewertung* übernommen (siehe Abbildung 1).

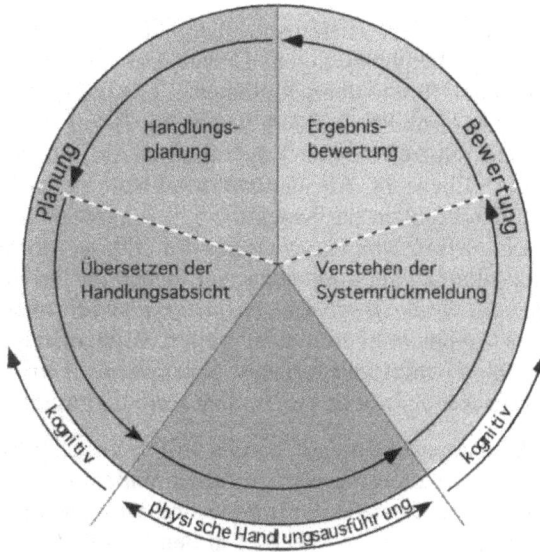

Abbildung 1: UAF-Interaktionszyklus

Die von Norman unterschiedenen Handlungsphasen lassen sich den im Interaktionszyklus unterschiedenen Phasen entsprechend Tabelle 1 zuordnen.

Tabelle 1: Zuordnung der Phasen – UAF-Interaktionszyklus und Normans Handlungsmodell (Andre et al. 2001)

Normans Handlungsmodell	Phase im Interaktionszyklus	Bewertungsaspekte
Festlegung des Handlungsziels	Planung – hohe Ebene	können Nutzer die allgemeinen Anforderungen bestimmen, um mit einer Handlung beginnen zu können?
Bildung der Handlungsabsicht	Planung – hohe Ebene	können Nutzer festlegen was zu tun ist, um eine Handlung ausführen zu können?
Handlungsspezifikation	Planung – Übersetzung der Handlungsabsicht	können Nutzer festlegen, wie sie ihre Handlungsabsicht in Handlungen umsetzen?
Handlungsausführung	Physische Handlungsausführung	können Nutzer Handlungen einfach ausführen?
Wahrnehmung des Systemzustandes	Bewertung – Systemrückmeldung verstehen	können Nutzer die Systemrückmeldung wahrnehmen?
Interpretation des Systemzustandes	Bewertung – Systemrückmeldung verstehen	können Nutzer die Systemrückmeldung verstehen?
Evaluation des Systemzustandes mit Bezug auf Ziele und Intentionen	Bewertung – Bewertung des Ergebnisses	können Nutzer den Erfolg des Ergebnisses feststellen?

Die Phasen: Planung, Handlungsausführung und Bewertung bilden Kategorien, denen die in einem Usability-Test erhobenen Probleme in einem ersten Schritt zugeordnet werden. Jeder der drei Kategorien sind über maximal drei Hierarchieebenen weitere Kategorien untergeordnet. Die Unterkategorien konkretisieren die übergeordneten Kategorien schrittweise in Bezug auf handlungs- und gestaltungsbezogene Ursachen der Nutzungsprobleme. Die Unterkategorien variieren inhaltlich für die übergeordneten Kategorien. Das folgende Beispiel soll das Vorgehen erläutern. Ein Usability-Problem wurde mit Bezug auf den Interaktionszyklus der *Bewertungsphase* (Der Nutzer hat die Ergebnisse seiner Interaktion mit dem System nicht erkannt) zugeordnet (Ebene 1). Auf der zweiten Ebene stehen drei Kategorisierungsalternativen, von denen das Problem der Kategorie 1.1 *Die Rückmeldung des Systems über den Systemstatus ist nicht ausreichend* zugewiesen wird. Auf der dritten Ebene sind wiederum vier Kategorisierungsalternativen vorhanden, von denen das Problem der zweiten Kategorie (*Die Darstellung des Systemfeedbacks ist unzureichend*) zugeordnet wird. Auf der folgenden vierten Ebene werden wiederum acht weitere Kategorisierungsalternativen angeboten. Das Problem wird wie folgt kategorisiert: *Sensorische Wahrnehmbarkeit der Rückmeldungsdarstellung ist beeinträchtigt* da der Text zu klein dargestellt wurde.

Diese schrittweise konkretisierende Kategorisierung soll zu einer möglichst eindeutigen Eingrenzung der Ursachen von Nutzungsproblemen führen und damit nachfolgende Designentscheidungen unterstützten. Die Klassifikationspfade sind im wesentlichen hierarchisch organisiert, an einigen Stellen ist jedoch ein Wechsel in den Klassifikationspfaden möglich; unterschiedliche Pfade können so u.U. zur gleichen Endkategorie führen. Die Klassifikation wird durch ein Softwarewerkzeug, den UAF-Viewer unterstützt, durch den die Kategorien als Hyperdokument dargeboten und erläutert werden (siehe Abbildung 3).

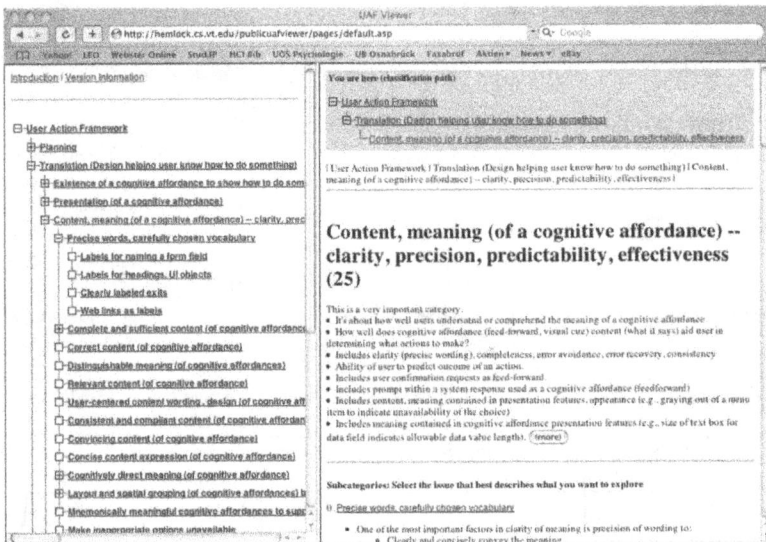

Abbildung 2: UAF-Viewer (http://hemlock.cs.vt.edu/uaf/)

Die Anwendung dieses Kategoriensystems verspricht eine deutliche Verbesserung der Reliabilität der Klassifikation von Usability-Problemen. Der empirische Nachweis erfolgte jedoch bisher lediglich auf der Basis einer selektiven Stichprobe eindeutig klassifizierter und häufig aufgetretener Nutzungsprobleme (Andre et al. 2001).

Gegenstand des vorliegenden Beitrags ist die Überprüfung der Reliabilität der Taxonomie an Hand empirisch erhobener Usability-Probleme.

2   Untersuchung

Für die Untersuchung wurde ein Online-Kursmanagementsystem in zwei Usability-Tests mit verschiedenen Test-Methoden einer formativen Evaluation unterzogen. Die identifizierten Usability-Probleme wurden mit dem UAF-Kategorisierungssystem klassifiziert, um anschließend dessen Reliabilität zu bestimmen.

2.1   Stichprobe

Insgesamt nahmen an der Untersuchung 28 Studierende teil. Studierende zählen zu den Hauptnutzern des untersuchten Systems. Der Altersdurchschnitt der Teilnehmer betrug 24,93 Jahre (SD 6,84). Von den Probanden waren 26 weiblich und zwei männlich. Für die Untersuchung wurden nur Probanden mit geringer bis mittlerer Expertise bezüglich des untersuchten Systems ausgewählt, da erstens die Nutzung des Programms für diese Nutzergruppe erleichtert werden sollte und zweitens, da die im Usability-Test verwendete Methode des Lauten Denkens bei Nutzern mit hoher Expertise auf Grund der eingeschränkten Verbalisierbarkeit der hochautomatisierten Handlungsabläufen zugrundeliegenden psychischen Prozesse nur bedingt funktionsfähig ist.

2.2   Methode

2.2.1   Software-System

Gegenstand der Usability-Tests war ein Kursmanagementsystem, das Lehrende und Studierende bei der Organisation von Lehrveranstaltungen sowie die Kommunikation zwischen Studierenden untereinander und zwischen Lehrenden und Studierenden unterstützt. Für die Evaluation des Systems wurde ein Nutzerkonto auf einem Testserver eingerichtet, damit die Untersuchung nicht durch Änderungen des Produktivsystems beeinträchtigt wurde.

2.2.2   Methoden

Die Usability-Tests wurden mit zwei unterschiedlichen Methoden durchgeführt, der Methode des Lauten Denkens und der Videokonfrontation.

Die *Methode des lauten Denkens* ist eine Methode zur Erfassung bewusster handlungsbegleitender Kognitionen und Emotionen, die Versuchsteilnehmer bei der Nutzung einer Software äußern und von denen auf Problempunkte der Software geschlossen wird. In der vorliegenden Untersuchung orientierte sich die Anwendung der Methode des Lauten Denkens an den Empfehlungen von Ericsson und Simon (1980) sowie Boren und Ramey (2000). Angeleitet durch eine kurze schriftliche Instruktion und nach einer Übungsphase mit der

Methode äußerten die Probanden (Pbn) während der Bearbeitung von Testaufgaben kontinuierlich ihre Bewusstseinsinhalte. Der Versuchsleiter saß dabei in ca. 1,5 Metern Abstand im
äußeren Sichtfeld der Pbn um ggf. nach Zielerreichung bzw. Zeitablauf zur nächsten Aufgabe überleiten zu können, Fragen zur Durchführung zu beantworten und oder auf die Instruktion zum Lauten Denken hinzuweisen. Die Interaktion der Probanden mit dem System wurde
mittels Videotechnik aufgenommen.

Die *Technik der Videokonfrontation* (Hamborg & Greif 1999; Moll 1987) sieht vor, dass
zunächst eine Arbeitssequenz mit dem zu evaluierenden System per Videotechnik aufgezeichnet und daraufhin in einem Interview mit dem Pbn analysiert wird. Hierbei kommen
standardisierte und halbstandardisierte Frageformate zum Einsatz. In der vorliegenden Untersuchung wurde ein Interviewleitfaden zur Identifikation kritischer Nutzungsereignisse eingesetzt, der sich am UAF-Interaktionszyklus orientierte. Als kritische Ereignisse wurden hierbei alle Unterbrechungen einer Handlungssequenz sowie längere Planungs- und Explora-
tionsphasen gewertet. Zur Identifikation der kritischen Ereignisse wurden die Pbn zu jeder
Testaufgabe nach ihrem Bearbeitungsziel gefragt. Im anschließenden Schritt wurden mit den
Pbn die Aufgabenschritte erhoben, die zur Erreichung des jeweiligen Aufgabenziels durchgeführt worden waren. Passagen, in denen kritische Ereignisse auftraten, wurden bei Bedarf
mehrfach und ggf. verlangsamt betrachtet, um die Erinnerungsprozesse der Pbn zu unterstützen. Für jeden Aufgabenschritt wurden Fragen zu den einzelnen Phasen des Interaktionszyklus und damit verbundenen Problemen gestellt (z.B. „Waren die Rückmeldungen
aus Ihrer Sicht ausreichend und verständlich"). Auf diese Weise wurden die Ziele, Arbeits-
schritte und dabei auftretenden Nutzungsprobleme in allen Arbeitsaufgaben identifiziert.

2.2.3   Testaufgaben und Versuchsablauf

Die Untersuchungsteilnehmer bearbeiteten drei unterschiedliche Aufgaben: Herunterladen
einer Datei, Nutzung des Forums einer Veranstaltung sowie Heraufladen einer Präsentation
in den Dateiordner einer Veranstaltung. Die Testaufgaben wurden den Pbn in randomisierter
Reihenfolge dargeboten und jeweils schriftlich instruiert. Die Aufgaben waren innerhalb
eines Szenarios miteinander verbunden, das einer typischen Nutzung des Systems entsprach.

Zum Untersuchungsbeginn wurden die Pbn gebeten, sich die schriftlichen Instruktionen
genau durchzulesen und ggf. Fragen zu den Aufgaben und dem Szenario zu stellen. Weiterhin wurden sie instruiert, die Aufgaben vor der Bearbeitung genau durchzulesen und jeweils
eine Aufgabe komplett vor Beginn einer neuen Aufgabe zu bearbeiten.

3   Ergebnisse

Während in der Literatur als Resultat formativer Evaluation von identifizierten Problem-
punkten („problems", Nielsen 1993, 156) gesprochen wird, ist die genaue Bewertung, was
ein Usability-Problem genau darstellt, nicht so einfach, wie häufig suggeriert. Wie bereits
einleitend angesprochen, wurden bei den in dieser Untersuchung eingesetzten Methoden
zunächst Verbalisierungen zu dem evaluierten System erhoben. Bei der Auswertung dieser
Verbalisierungen handelt es sich um ein *inhaltsanalytisches* Problem. Verbalisierungen mit

Problemgehalt müssen als solche erkannt und von Anmerkungen mit anderem Inhalt getrennt werden, um daraufhin der Kategorisierung durch wenigstens zwei Rater unterzogen werden zu können. Die Reliabilität des Klassifikationssystem lässt sich mit Hilfe von Übereinstimmungskoeffizienten bestimmen.

Die Daten aus beiden Usability-Tests wurden in vier aufeinander aufbauenden Schritten analysiert. In einem ersten Schritt wurden die Verbalisierungen aus beiden Untersuchungen transkribiert. Nach der Transkription wurde die Daten segmentiert und in Bezug auf ihre Verwertbarkeit vorkategorisiert. Als nicht verwertbar wurden solche Aussagen der Probanden klassifiziert, die sich auf Personen oder Situationen, nicht aber auf das Programm bezogen. Nach der Vorauswahl verwertbarer Aussagen wurden diese expliziert. Das Ziel der Explikation besteht darin, Verbalisierungen der Pbn ggf. so zu ergänzen, dass sie durch Dritte ohne zusätzliche Informationen verständlich sind. In einem letzten Schritt wurden innerhalb der Menge aller Aussagen diejenigen identifiziert, die Usability-Probleme adressierten. Ein Usability-Problem wurden als Störung des Planungs- oder Handlungsflusses definiert. Die Operationalisierung wurde wie folgt vorgenommen: Ein Usability-Problem liegt dann vor, wenn der Nutzer oder die Nutzerin:

- Schwierigkeiten hat festzulegen, was zu tun ist um mit der Aufgabe beginnen zu können

- Schwierigkeiten hat, über eine geeignete Strategie bzw. einzusetzende Operationen/ Handlungsschritte für das weitere Vorgehen zu entscheiden

- nicht genau festlegen kann, durch welche Handlungsschritte Ziele umgesetzt werden können

- Schwierigkeiten hat, Handlungen zur Zielerreichung auszuführen

- das Feedback auf Handlungen nicht wahrnehmen oder verstehen kann

- den Erfolg des eigenen Handelns nicht in vollem Umfang feststellen kann.

Die Identifikation der Usability-Probleme und deren Zuordnung zu dem Kategoriensystem wurde von drei unabhängigen Ratern durchgeführt. Redundante Probleme wurden zusammengefasst.

Die Kategorisierung erfolgte mit Hilfe einer in die deutsche Sprache übersetzten und um Beispiele ergänzten Fassung des UAF-Viewers (Version 3.3, November 2004). Die Zuordnung der Usability-Probleme erfolgte zunächst zu einer der Handlungsphasen und setzte sich dann schrittweise über die hierarchisch untergeordneten Ebenen des Kategoriensystems fort.

Andre et al. (2001) schlagen vor, die Übereinstimmung der Ratings immer jeweils für eine Ebene zu berechnen, weil nicht in allen Kategorien eine Zuordnung bis zur untersten Ebene des UAFs möglich ist. Diesem Vorgehen wurde in der vorliegenden Studie gefolgt. Nach der Zuweisung eines Usability-Problems zu einer Kategorie auf der ersten Ebene des Kategoriensystems (z.B. „Wie beginne ich mit der Aufgabe?" ⇨ Kategorie Planung), musste der Rater entscheiden, welcher Kategorie auf der zweiten Ebene das Problem zuzuordnen war (z.B. Probleme bei der Bildung von Teilzielen für die Bearbeitung einer Aufgabe ⇨ Kategorie Zielzerlegung) usw.. In der Untersuchung wurden die Rater dazu angehalten, bei der Kategorisierung möglichst die gesamte Hierarchie zu durchlaufen, sie wurden jedoch nicht forciert, die Nutzungsprobleme jeweils der untersten Ebene des Kategoriensystems zuzuweisen, da in einem vorangegangenen Ratertraining deutlich wurde, dass ein Teil der vorliegenden Problembeschreibungen auf Grund fehlender Details der Problembeschreibung dies nicht erlaubten. Von den 128 Usability-Problemen, die der ersten Kategorienebene zugewiesen wurden, ließen sich 96% auch den Kategorien der zweiten Ebene, 40% auf der dritten Kategorienebene aber nur noch 3% auf der vierten Ebene zu ordnen.

Die Bestimmung der Raterübereinstimung wurde mit Hilfe des Kappa-Koeffizienten (κ, Cohen 1960) vorgenommen. Sie erfolgte getrennt für die Ratings der unterschiedenen Kategorienebenen. Hierbei wurden nur die Probleme einbezogen, für die von allen drei Ratern eine Zuordnung vorlag. Die berechnete Raterübereinstimmung erweist sich auf den Ebenen 1-3 als gut (siehe Tabelle 2).

Tabelle 2: Raterübereinstimmung für die verschiedenen UAF Ebenen (Kappa)

	Raterübereinstimmung (κ)	Anzahl der Probleme
Problemrating	0.77	
UAF Ebene 1	0.80	128 (100,00%)
UAF Ebene 2	0.74	123 (96,09%)
UAF Ebene 3	0.72	52 (40,63%)
UAF Ebene 4	-	4 (3,12%)

4   Diskussion

Nach den Befunden der vorliegenden Untersuchung erlaubt der im UAF vorgesehene Kategorisierungsansatz eine reliable und theoriegeleitete Bestimmung und Unterscheidung von Nutzungsproblemen. Es hat sich jedoch gezeigt, dass nur knapp die Hälfte aller Usability-Probleme auf der dritten und ein marginale Anzahl auf der nochmals konkreteren, vierten Kategorienebene verortbar war. Die Ursache hierfür lag hauptsächlich in der nicht ausreichend konkreten Beschreibung der Usability-Probleme. Dass sich Usability-Probleme in Bezug auf ihre Konkretheit unterscheiden, ist ein bekanntes Phänomen, wobei die Bewertung genereller und spezifischer Problembeschreibungen in der Literatur unterschiedlich ausfällt (s. Dumas & Redish 1999; Gediga & Hamborg 1997). Im Rahmen des UAF bedeutet fehlende Konkretheit jedoch die eingeschränkte Rückführbarkeit der Usability-Probleme auf ihre Ursachen. Ein Ansatzpunkt, um mit diesem Problem umzugehen, bietet die weitere Auseinandersetzung mit Methoden des Usability-Testings und die Qualität der durch sie erfassten Usability-Probleme. Nach unseren Erfahrungen werden z.B. durch die Methode der Videokonfrontation konkrete Problemnennungen erhoben als durch die Methode des Lauten Denkens. Eine weitere Möglichkeit, den Anteil konkreter Problembeschreibungen zu erhöhen, besteht in einer sorgfältigeren Explikation der erhobenen Daten. Werden im Rahmen der inhaltsanalytischen Auswertung die Quellen zur Beschreibung der Probleme im Detail berücksichtigt, sollte dies zu einem größeren Anteil konkreterer Problembeschreibungen führen. Beide Fragen sollten in folgenden Untersuchungen geklärt werden.

Gerade bei einer großen Anzahl erkannter Nutzungsprobleme kann zusätzlich zu der Unterscheidung von Problemqualitäten die Bedeutsamkeit (severity) der erkannten Nutzungsprobleme eine wichtige Information enthalten, um Gestaltungsentscheidungen zu unterstützen.

Eine entsprechende Entscheidungsgrundlage wird durch das UAF bisher nicht geboten. Auch in dieser Hinsicht gibt es noch Entwicklungsbedarf der in diesem Beitrag vorgestellten Taxonomie. Als Kriterien zur Priorisierung sind die Auftretenshäufigkeit einzelner Usability-Probleme, die subjektive Einschätzungen des Schweregrads durch die Nutzer oder die mit den einzelnen Usability-Problemen verbundenen ökonomischen oder psychischen Kosten denkbar (Hassenzahl 2000; Hassenzahl et al. 1997).

Eine Stärke der UAF-Klassifikation im Vergleich zu anderen theoriegeleiteten Ansätzen der Problemkategorisierung, wie etwa Fehlertaxonomien (s. z.B. Frese & Zapf 1992), besteht darin, dass auch Nutzungsprobleme berücksichtigt werden, die nicht zu Fehlern führen. Für die Interaktion spielen diese Probleme aber durchaus eine Rolle, da sie zu Zusatzaufwand bei der Systembedienung führen können. Entsprechend sollte die hier vorgestellte Taxonomie ein breiteres Problemspektrum erkennen helfen.

Schließlich muss aber auch darauf hingewiesen werden, dass die Güte der Klassifizierung von Usability-Problemen nur einen, wenn auch recht bedeutenden, Beitrag zur Qualitätssicherung im Bereich des Usability-Testing leisten kann. Das in diesem Beitrag eingesetzte Verfahren scheint hierzu beizutragen. Weitere Maßnahmen, die sich auf die Planung und Durchführung von Usability-Tests sowie auf Berichtlegung und die Kommunikation der Befunde richten, sind jedoch darüber hinaus notwendig, um die Qualität von Usability-Tests zu verbessern (Molich et al. 2004).

Literaturverzeichnis

Andre, T. S.; Hartson, H. R.; Belz, S. M.; McCreary, F. A. (2001): The user action framework: a reliable foundation for usability engineering support tools. International Journal of Human-Computer Studies, 54, S. 107-136.

Boren, T.; Ramey, J. (2000): Thinking Aloud. Reconciling Theory and Practice. IEEE Transactions on professional communication, 43(3), S. 261-278.

Cohen, J. (1960): A coefficient of agreement for nominal scales. Educational and Psychological Measurement, 20, S. 37-46.

Dumas, J. S.; Redish, J. C. (1999): A Practical Guide to Usability Testing (Revised Edition). Exter: Intellect Books.

Ericsson, K. A.; Simon, H. A. (1980): Verbal reports as data. Psychological Review, 87, S. 215-251.

Frese, M.; Zapf, D. (Hrsg.). (1992): Fehler bei der Arbeit mit dem Computer – Ergebnisse von Beobachtungen und Befragungen im Bürobereich. Bern: Huber.

Gediga, G.; Hamborg, K.-C. (1997): Heuristische Evaluation und IsoMetrics: Ein Vergleich. In: R. Liskowsky; B. M. Velichkovsky; W. Wünschmann (Hrsg.), Software Ergonomie '97, Usability Engineering: Integration von Mensch-Computer-Interaktion und Software-Entwicklung. Stuttgart: Teubner. S. 145-155.

Gray, W. D.; Salzman, M. C. (1998): Damaged Merchandise? A Review of Experiments That Compare Usability Evaluation Methods. Human-Computer Interaction, 13, S. 203-261.

Hamborg, K.-C.; Greif, S. (1999): Heterarchische Aufgabenanalyse. In: H. Dunckel (Hrsg.), Handbuch psychologischer Arbeitsanalyseverfahren. Zürich: vdf. S. 147-177.

Hassenzahl, M. (2000): Prioritizing usability problems: data-driven and judgement-driven severity estimates. Behaviour & Information Technology, 19(1), S. 29-42.

Hassenzahl, M.; Prümper, J.; Sailer, U. (1997): Die Priorisierung von Problemhinweisen in der software-ergonomischen Qualitätssicherung. In: R. Liskowsky; B. M. Velichkovsky; W. Wünschmann (Hrsg.), Software-Ergonomie '97. Usability Engineering: Integration von Mensch-Computer-Interaktion und Software-Entwicklung. Stuttgart: Teubner. S. 191-201.

Kessner, M.; Wood, J.; Dillon, R. F.; West, R. L. (2001). On the reliability of usability testing, CHI 2001 Extended Abstracts. New York, NY: ACM. S. 97-98.

Molich, R.; Ede, M.; Kaasgaards, K.; Karyukin, B. (2004): Comparative usability evaluation. Behaviour & Information Technology, 23(1), S. 65-74.

Moll, T. (1987): Über Methoden zur Analyse und Evaluation interaktiver Computersysteme. In: K.-P. Fähnrich (Hrsg.), Software-Ergonomie. München: Oldenbourg. S. 179-190.

Nielsen, J. (1993): Usability Engineering. Boston: AP Professional.

Norman, D. A. (1986): Cognitive Engineering. In: D. A. Norman; S. W. Draper (Hrsg.), User Centered System Design. Hillsdale, New Jersey: Lawrence Erlbaum Associates, Publishers. S. 31-61.

Kontaktinformationen

Universität Osnabrück
Fachbereich Humanwissenschaften
Lehreinheit Psychologie
Arbeits- und Organisationspsychologie
Kai-Christoph Hamborg, Tom Hoemske, Frank Ollermannn

Seminarstr.20
D-49069 Osnabrück Germany
khamborg@uni-osnabrueck.de

A. M. Heinecke, H. Paul (Hrsg.): Mensch & Computer 2006: Mensch und Computer im Struktur*Wandel*.
München, Oldenbourg Verlag, 2006, S. 125-134

Konstruktion eines Fragebogens zur Messung der User Experience von Softwareprodukten

Bettina Laugwitz, Martin Schrepp, Theo Held

SAP AG

Zusammenfassung

Mit dem User Experience Questionnaire wurde ein Fragebogen entwickelt, der eine schnelle Messung verschiedener Kriterien der Softwarequalität erlaubt. Die Relevanz der Kriterien für die Beurteilung wurde durch eine empirische Selektion sichergestellt. Experten sammelten und reduzierten eine große Menge potenziell relevanter Begriffe und Aussagen, die sowohl „harte" Usability-Kriterien als auch „weichere" User Experience-Kriterien einschlossen. Der daraus entstandene ursprüngliche Fragebogen mit bipolaren 80 Items wurde in mehreren Untersuchungen eingesetzt und durch eine Faktorenanalyse auf 26 Items reduziert, die sich den sechs Faktoren Attaktivität, Durchschaubarkeit, Effizienz, Vorhersagbarkeit, Stimulation und Originalität zuordnen lassen. Erste Validierungsuntersuchungen deuten auf eine zufriedenstellende Konstruktvalidität hin.

1 Einleitung

Benutzerfragebögen zur Usability sind unter Umständen als alleinige Methode zur Evaluation ausgelegt und geeignet, wie der IsoMetrics (Gediga & Hamborg 1999; auch Hamborg 2002). Zumeist sind sie aber nur im Zusammenspiel mit weiteren Erhebungsmethoden sinnvoll einzusetzen (vgl. Dzida et al. 2000). Sie können dabei als eher grober Indikator für Produkteigenschaften dienen (z.B. AttrakDiff2, Hassenzahl et al. 2003) oder auch Hinweise auf konkrete Gebrauchstauglichkeitsprobleme liefern (z.B. SUMI, s. Kirakowski & Corbett 1993). Die Ergebnisse müssen aber immer im Zusammenhang mit anderen Ergebnissen betrachtet oder durch Experten interpretiert werden (vgl. Dzida et al. 2000).

Zusätzlich zu Methoden, die differenzierte Beurteilungen von Produktstärken und – schwächen liefern, wie ein Benutzertest oder eine Expertenbeurteilung mittels Heuristischer Evaluation (Nielsen 1994), kann ein quantitatives Maß der Benutzerbeurteilung hilfreich sein, bevorzugt in Form eines Fragebogens. Man kann dem Benutzer das Feedback erleichtern, indem man ihm erlaubt, genau das zu äußern, was ihm bei der Beurteilung besonders nahe liegt: Wie hat er die Software und seine Interaktion damit erlebt? Damit müssen nicht nur Aspekte gemeint sein, wie sie durch die ISO 9241-10 oder durch die Kriterien der Effektivität und Effizienz gemäß ISO 9241-11 beschrieben sind. Gerade die etwas diffuseren Qualitätskriterien, die den User Experience Goals nach Preece et al. (2002) entsprechen und sich beispielsweise in der hedonischen Qualität des AttrakDiff2 (Hassenzahl et al. 2003) oder dem Kriterium der Benutzerzufriedenheit nach ISO 9241-11 widerspiegeln, sind geeigneter Gegenstand eines Benutzerfragebogens.

Ziel der unten beschriebenen Fragebogenentwicklung war es, die schnelle Erhebung eines umfassenden Gesamteindrucks der User Experience (z.B. Preece et al. 2002) aus Sicht des Benutzers zu ermöglichen, der unmittelbar und einfach das beschreibt, was der Benutzer beim Umgang mit dem Produkt empfunden und wie er das Produkt erlebt hat. Diese Zielsetzung gründet sich auf folgende Vorüberlegungen:

Schnelle Erhebung: Fragebögen sind besonders ökonomisch in Anwendung und Auswertung. Manche Fragebögen sind dennoch in der absoluten Durchführungszeit relativ aufwändig. Ein Beispiel ist der SUMI (Kirakowski & Corbett 1993), bei dem der Benutzer seine Zustimmung zu 50 Aussagen zur Gebrauchstauglichkeit äußern soll, oder die Langform des IsoMetrics (Gediga & Hamborg 1999), die ein Rating von 75 Items vorsieht. Diese Fragebögen sollen eine komplette Beurteilung der Gebrauchstauglichkeit einschließlich differenzierter Problembeschreibungen ermöglichen und als alleinige Gebrauchstauglichkeitsmaße verwendet werden können (s. z.B. Hamborg 2002). Dieser Anspruch soll vom neuen Fragebogen nicht erfüllt werden, da er als ergänzende Methode zusätzlich zu Heuristischen Evaluationen oder Benutzertests eingesetzt werden soll.

Umfassender Gesamteindruck zum Produkterleben: Traditionelle Methoden legen ihren Schwerpunkt meist auf Usability-Kriterien im engeren Sinne. Diese entsprechen etwa den Usability Goals, wie Preece et al. (2002) sie beschreiben, oder auch der pragmatischen Qualität gemäß Hassenzahl et al. (2003). Neuere Ansätze fokussieren immer mehr auf das subjektive, auch emotionale Erleben des Benutzers, was in der ISO 9241-11 unter dem Kriterium der Benutzerzufriedenheit eingeordnet werden kann. Preece et al. (2002) bezeichnen diese Kriterien als User Experience Goals. Hassenzahl et al. (2003) berücksichtigen sie unter dem Aspekt der hedonischen Qualtiät.

Zur Beurteilung der pragmatischen und hedonischen Eigenschaften auch von betriebswirtschaftlicher Software durch den Benutzer wurde der AttrakDiff2 bereits mit Erfolg eingesetzt (s. Schrepp et al. 2004). Allerdings liegt beim AttrakDiff2 der Schwerpunkt auf den hedonischen Aspekten der Qualität, was für eine umfassende Bewertung der Softwarequalität z.B. von professioneller betriebswirtschaftlicher Software nicht unbedingt optimal ist. Der SUMI (Kirakowski & Corbett 1993) kann als Beispiel für ein anderes Extrem gelten: nur eine von fünf Skalen zielt auf die Erfassung emotionaler Aspekte.

Ein umfassender Gesamteindruck muss sicherlich alle Aspekte und Produkteigenschaften einschließen, die für den Benutzer von Relevanz sind. Für den Fragebogen sollen daher a priori weder pragmatische noch hedonische Kriterien ausgeschlossen oder bevorzugt werden. Die potenziellen Items sollten möglichst breitgefächert sein und erst durch empirische Daten mithilfe einer explorativen Faktorenanalyse ausgewählt und gruppiert werden.

Unmittelbar und einfach: Wie fühlt sich die Interaktion mit dem Produkt an? Welche Produkt- und Interaktionseigenschaften sind dem Benutzer besonders aufgefallen? Der Benutzer soll möglichst unmittelbar, spontan und ohne tiefgehende rationale Analyse seine Beurteilung über das Produkt äußern können. Dieser Ansatz wird beispielsweise auch vom Attrak-Diff2 verfolgt (s. Hassenzahl et al. 2003).

Das durch den neuen Fragebogen zu erhebende Benutzerfeedback soll im Normalfall nicht die einzige Informationsquelle der Beurteilung der Softwarequalität darstellen, sondern z.B. einen Benutzertest ergänzen. Der Benutzer soll nicht von seinem Erleben der Interaktion abstrahieren oder sich an womöglich vergessene oder übersehene Details erinnern müssen. Die explizite und nachträgliche Beurteilung durch den Benutzer ist nicht immer verlässlich, wie z.B. Nielsen (2001) anmerkt. So zeigen Befunde von Laugwitz (2001), dass sich farblich unterscheidende Benutzeroberflächen zwar unterschiedliche Wirkungen auf das Erleben der Benutzer haben (z.B. auf ihre Stimmung). Dieser Unterschied spiegelt sich aber nicht in den Antworten auf Fragen zur Einschätzung des UIs wider.

Experten können Benutzeroberflächen detailliert bewerten, Benutzer können bei der Interaktion mit dem Produkt beobachtet werden. Daher kann der Fokus eines Fragebogens auf Kriterien liegen, die dem Benutzer unmittelbar zugänglich sind, nämlich auf der subjektiven Wahrnehmung von Produkteigenschaften und von deren Einfluss auf den Benutzer selbst. Dieser Anspruch ähnelt dem von Hassenzahl et al. (2003), weshalb die Erstellung eines semantischen Differentials vom Format des AttrakDiff2 angestrebt wurde und die methodische Vorgehensweise von Hassenzahl et al. als Vorbild diente.

2 Konstruktion des Fragebogens

2.1 Erzeugung des Itempools

In zwei Brainstorming Sitzungen (Dauer jeweils ca. 1,5 Stunden) wurden insgesamt 15 bei der SAP AG angestellte Usability Experten gebeten, Vorschläge für deutschsprachige Begriffe und Aussagen zu machen, die nach ihrer Ansicht charakteristisch für die Einschätzung von Benutzererleben (User Experience) seien. Die Sitzungen wurden moderiert, die Vorschläge wurden von der Moderatorin bzw. vom Moderator protokolliert.

Den Experten wurden die folgenden Fragen gestellt: (1) „Auf welche Produkteigenschaften reagieren Nutzer besonders intensiv?", (2) „Welche Gefühle oder Einstellungen rufen Produkte bei Nutzern hervor?" und (3) „Wie sind die typischen Reaktionen von Nutzern während oder nach einer Untersuchung zur Gebrauchstauglichkeit?" Die gesammelten Vorschläge (insgesamt 229) wurden anschließend konsolidiert, redundante Begriffe wurden entfernt. Sofern ein Listeneintrag noch nicht als Adjektiv vorlag, wurde er durch das zum jeweiligen Begriff passende Adjektiv ersetzt. Die bereinigte Liste enthielt 221 Adjektive. Sieben Usability Experten (allesamt Teilnehmer in einer der Brainstorming Sitzungen) selektierten anschließend jeweils 25 bevorzugte Adjektive („Top 25") und vergaben Vetos für Adjektive, die sie für absolut ungeeignet hielten (ohne Begrenzung der Anzahl). Adjektive, die mehr als ein Veto erhielten oder weniger als zweimal in einer der Top 25 Listen auftauchten, wurden aus der Gesamtliste entfernt. Übrig blieben 80 Adjektive, die den oben genannten Kriterien genügten. Da für den Fragebogen das Format eines semantischen Differentials geplant war, wurde für jedes Adjektiv das bestpassende Antonym bestimmt. Die Liste der Adjektivpaare wurde in eine zufällige Reihenfolge gebracht. Außerdem wurde eine zweite Version der Liste mit umgekehrter Reihenfolge und jeweils komplementären Polungen der Paare erstellt. Die Darstellung erfolgte in Form eines siebenstufigen semantischen Differentials:

Attraktiv ①   ②   ③   ④   ⑤   ⑥   ⑦ unattraktiv

2.2   Datenerhebung zur Vorbereitung der Itemreduktion

Um die spezifischen Eigenschaften der Adjektivpaare in Hinblick auf die Beurteilung von Softwareprodukten zu untersuchen, wurden die beiden Versionen des (Roh-)Fragebogens in sechs Untersuchungen vorgegeben (siehe Tabelle 1).

Tabelle 1: Untersuchungen zur Vorbereitung der Itemreduktion

	Bezeichnung	Ort	Typ	Anzahl Teilnehmer	
				Version 1	Version 2
1	SYSTAT	UNI Mannheim	Paper/Pencil	13	14
2	HANDY	UNI Mannheim	Paper/Pencil	23	25
3	BSCW	UNI Mannheim	Paper/Pencil	7	7
4	SELECTION	UNI Mannheim	Paper/Pencil	13	13
5	MOBILE	SAP Walldorf	Paper/Pencil	8	7
6	PCC	SAP Walldorf	Online	12	11
				Σ 76	Σ 77

Erläuterungen zu den einzelnen Untersuchungen:

1. SYSTAT: Die Teilnehmer eines Einführungskurses in die Statistik-Software SYSTAT wurden gebeten, eine vorgegebene Aufgabenstellung mit SYSTAT zu bearbeiten, bzw. den Aufgabenbearbeiter zu beobachten. Anschließend wurden die Teilnehmer gebeten, einen der beiden Fragebogen in Hinblick auf die gerade durchlaufene Aufgabenstellung auszufüllen.

2. HANDY: Die Teilnehmer eines Psychologie-Seminars wurden gebeten, einen Eintrag in das Adressbuchs ihres Mobiltelefons zu machen und diesen Eintrag anschließend wieder zu löschen. Mit Hilfe des Fragebogens sollten sie dann die Bedienbarkeit des Mobiltelefons in Bezug auf die gerade durchlaufenen Bedienschritte beurteilen.

3. BSCW: Die Hörer einer Vorlesung sollten das innerhalb der Lehrveranstaltung verwendete Programm zur Online-Kollaboration BSCW beurteilen. Jeder der Teilnehmer hatte vor dem Ausfüllen des Fragebogens aktiv mit dem beurteilten Programm gearbeitet.

4. SELECTION: Die Teilnehmer eines Informatik-Seminars wurden gebeten, wahlweise eines der folgenden Software-Produkte zu beurteilen: Eclipse Development Workbench,

Borland JBuilder, Microsoft Visual Studio, Mozilla 1.7 Browser, Microsoft Internet Explorer 6, sowie den Firefox Browser in der Version 1.0. Bewertungen wurden abgegeben für Firefox 1.0, Microsoft Internet Explorer 6 und die Eclipse Workbench.

5. MOBILE: Im Rahmen eines regelmäßigen Treffens von Usability Experten der SAP AG wurde eine Variante der Benutzungsschnittstelle der SAP Customer Relationship (CRM) Software vorgestellt. Die anwesenden Experten wurden nach der Präsentation gebeten, einen der beiden Fragebögen auszufüllen.

6. PCC: Mit Hilfe des bei der SAP gebräuchlichen „Enduser Feedback Service" wurde eine Online-Befragung zu einer weiteren Variante der SAP CRM Software vorbereitet. Die Befragung bestand aus einer kurzen Präsentation eines typischen Interaktionsablaufes mit der Software und einer anschließenden Darbietung des Fragebogens. Die Zugangsdaten für die Befragung wurden an alle SAP Usability Experten am Standort Walldorf versandt. Die Zuordnung zur Version des Fragebogens erfolgte zufällig.

Die Datensätze der insgesamt 153 Versuchsteilnehmer wurden zusammengefasst und zu der im folgenden Abschnitt beschrieben Prozedur der Itemreduktion verwendet.

2.3   Itemreduktion

Wir gehen davon aus, dass die wahrgenommene Attraktivität einer Software aus einer gewichteten Bewertung dieser Software bzgl. mehrerer Aspekte resultiert (siehe Hassenzahl 2001). Für den Fragebogens sollen zwei Arten von Items gefunden werden:

• Items, die die Attraktivität direkt messen,

• Items, die die Bewertung des Produkts auf den relevanten Aspekten messen.

Die 80 Items wurden deshalb in zwei Teilmengen aufgeteilt. Die erste Teilmenge enthielt alle Items (insgesamt 14), die Zustimmung/Ablehnung signalisieren, aber keine inhaltliche Bewertung vornahmen (Beispiele: gut/schlecht, unangenehm/angenehm, etc.). Die zweite Teilmenge enthielt die restlichen Items (insgesamt 66).

Die Faktorenanalyse der Zustimmungs/Ablehnungs Items ergab wie erwartet nur einen Faktor (sowohl nach dem Kaiser-Guttman-Kriterium als auch anhand des Scree-Tests, siehe Catell 1966). Dieser Faktor, den wir im folgenden als Attraktivität bezeichnen, erklärte 60% der aufgetretenen Varianz. Es wurden sechs Items aus dieser Teilmenge ausgewählt: *abstoßend / anziehend, unattraktiv / attraktiv, unangenehm / angenehm, unsympathisch / sympathisch, unerfreulich / erfreulich, schlecht / gut.*

Die Faktorenanalyse der zweiten Teilmenge ergab fünf Faktoren. Für die Ermittlung der Faktorenzahl wurde der Scree-Test angewendet (da das Kaiser-Guttman-Kriterium bei großen Variablenzahlen dazu tendiert, zu viele Faktoren zu extrahieren). Diese fünf Faktoren erklärten 53% der aufgetretenen Varianz. Die fünf Faktoren wurden nach den jeweils auf ihnen stark ladenden Items benannt als: *Durchschaubarkeit, Vorhersagbarkeit, Effizienz, Originalität* und *Stimulation.* Pro Faktor wurden vier Items gewählt, die auf dem jeweiligen Faktor besonders stark und auf den anderen Faktoren eher schwach luden.

Die restlichen Items wurden nun aus der Datenmatrix eliminiert. Die Daten wurden dann erneut mit der Faktorenanalyse untersucht. Hier ergaben sich erneut fünf Faktoren. Tabelle 2 zeigt die Ladung der ausgewählten Items auf diesen Faktoren. Die Items zur Attraktivität sind in der Tabelle nicht enthalten. Diese Items laden erwartungsgemäß hoch auf allen Faktoren.

Für die Erstellung des finalen Fragebogens wurden die Polung der verbliebenen 26 Items und deren Reihenfolge randomisiert. Der Fragebogen besteht also aus den Skalen Attraktivität (sechs Items), Durchschaubarkeit, Effizienz, Vorhersagbarkeit, Stimulation und Originalität (jeweils vier Items). Wir bezeichnen den Fragebogen im folgenden als *User Experience Fragebogen* (kurz UEQ).

Ein von Hassenzahl (2001) beschriebenes Rahmenmodell unterscheidet zwischen wahrgenommener ergonomischer Qualität, wahrgenommener hedonischer Qualität und der Attraktivitätsbeurteilung eines Produkts. Pragmatische und hedonische Qualität sind dabei Oberbegriffe, die verschiedene Qualitätsaspekte zusammenfassen. Pragmatische Qualität fokussiert dabei auf ziel- oder aufgabengerichtete Aspekte des Designs einer Software. Eine hohe pragmatische Qualität versetzt den User in die Lage seine Ziele effektiv und effizient zu erreichen. Hedonische Qualität fokussiert dagegen auf Qualitätsaspekte, die nicht primär aufgabenbezogen sind, z.B. Originalität. Das Attraktivitätsurteil ist eine globale Bewertung einer Software auf einer Zustimmungs-/Ablehnungsdimension, welches durch eine gewichteten Bewertung der einzelnen ergonomischen und hedonischen Qualitätsaspekte entsteht. Ordnet man die Dimensionen des UEQ in dieses Rahmenmodell ein, so sind Durchschaubarkeit, Effizienz und Vorhersagbarkeit pragmatische Qualitätsaspekte. Stimulation und Originalität können als hedonische Qualitätsaspekte aufgefasst werden.

Tabelle 2: Ladung der Items auf den Faktoren

Items	Faktor				
	Durchschau-barkeit	Origina-lität	Stimu-lation	Vorhersag-barkeit	Effi-zienz
Verwirrend / Übersichtlich	0,661				
Schwer zu lernen / Leicht zu lernen	0,856				
Kompliziert / Einfach	0,851				
Unverständlich / Verständlich	0,857				
Herkömmlich / Neuartig		0,849			
Phantasielos / Kreativ		0,785			
Konservativ / Innovativ		0,772			
Konventionell / Originell		0,79			
Einschläfernd / Aktivierend			0,601		
Langweilig / Spannend			0,661		
Minderwertig / Wertvoll			0,725	0,422	
Uninteressant / Interessant			0,838		
Behindernd / Unterstützend				0,505	
Nicht Erwartungskonform / Erwartungskonform	0,438			0,549	
Unberechenbar / Voraussagbar				0,791	
Unsicher / Sicher				0,74	
Ineffizient / Effizient					0,722
Langsam / Schnell					0,723
Überladen / Aufgeräumt					0,65
Unpragmatisch / Pragmatisch				0,419	0,635

3   Erste Ergebnisse zur Validierung

Bezüglich der Validierung des Fragebogens liegen bisher Ergebnisse aus zwei kleineren Usability Studien vor.

Die aufgabenorientierten Aspekte Durchschaubarkeit, Effizienz und Vorhersagbarkeit sollten stark negativ mit der Bearbeitungszeit einer Aufgabe korrelieren. Je schneller ein Benutzer seine Aufgaben erledigen kann, desto höher sollte er oder sie diese aufgabenorientierten Aspekte bewerten. Umgekehrt sollten die nicht-aufgabenorientierte Aspekte Stimulation und Originalität nicht oder nur gering mit der Bearbeitungszeit korrelieren.

Diese Hypothesen wurden im Rahmen eines Usability-Tests überprüft. 13 Testteilnehmer bearbeiteten dabei ein betriebswirtschaftliches Szenario und bewerteten das User Interface danach mit dem UEQ. Die Gesamtbearbeitungszeit variierte zwischen 33 und 65 Minuten.

Tabelle 3 zeigt die Korrelationen zwischen der Bearbeitungszeit der Aufgaben und den Bewertungen auf den Skalen des Fragebogens. Als Maß für die Reliabilität der Skalen wird noch der Alpha-Coeffizient angegeben.

Die Korrelationen zeigen das erwartete Muster. Durchschaubarkeit, Effizienz und Vorhersagbarkeit zeigen eine signifikante Korrelation ($p < 0,05$) mit der Bearbeitungszeit. Stimulation und Originalität korrelieren nur schwach mit der Bearbeitungszeit. Die aufgestellten Hypothesen konnten damit bestätigt werden, was als ein erster Hinweis für die Konstruktvalidität des UEQ gewertet werden kann. Die gemessenen Alpha-Werte sind ein Hinweis auf eine ausreichende Reliabilität der Skalen, wobei hier die geringe Zahl der Teilnehmer berücksichtigt werden muss.

Tabelle 3: Korrelation der Skalen mit der Bearbeitungszeit und Cronbach's Alpha der Skalen.

Skala	Korrelation mit Bearbeitungszeit	Cronbach's Alpha
Attraktivität	-0,54	0,89
Durchschaubarkeit	-0,66[*]	0,82
Effizienz	-0,73[*]	0,73
Vorhersagbarkeit	-0,65[*]	0,65
Stimulation	0,10	0,76
Originalität	0,29	0,83

[*] Signifikant mit $p < 0,05$

In einer zweiten Studie wurden die Beziehungen der Skalen des UEQ zu den Skalen des AttrakDiff2 (Hassenzahl et al. 2003) untersucht. Dieser Fragebogen erlaubt die Messung der Qualitätsaspekte *Pragmatische Qualität*, *Hedonische Qualität* (die hier zusätzlich in die beiden Skalen *Identität* und *Stimulation* aufgeteilt ist) und *Attraktivität*. Die Attraktivitätskonzepte beider Fragebögen sind sehr ähnlich und sollten deshalb hoch miteinander korrelieren. Weiterhin sollten Durchschaubarkeit, Effizienz und Vorhersagbarkeit eine hohe Korrelation zur Skala Pragmatische Qualität im AttrakDiff2 zeigen. Stimulation und Originalität sollten mit der Skala Stimulation des AttrakDiff2 hoch korrelieren. Bezüglich der Skala Identität des AttrakDiff2 können vorab keine Hypothesen formuliert werden.

Tabelle 4: Korrelation der Skalen des User Experience Fragebogens mit den Skalen des AttrakDiff2

		User Experience Fragebogen (UEQ)					
		Attraktivität	Durch-schau-barkeit	Effizienz	Vorher-sagbarkeit	Stimulation	Originalität
AttrakDiff2	Attraktivität	0,72 *	0,56 *	0,3	0,51 *	0,51 *	0,4
	Pragmatische Quali-tät	0,33	0,73 *	0,59 *	0,54 *	0,31	0,07
	Identität	0,45	0,45	0,29	0,62 *	0,3	0,32
	Stimulation	0,42	-0,17	-0,4	-0,14	0,72 *	0,64 *

*Signifikant mit p < 0,05

Diese Hypothesen wurden erneut im Rahmen eines Usability Tests untersucht. Hierbei bearbeiteten 16 Teilnehmer ein betriebswirtschaftliches Szenario. Unmittelbar nach der Bearbeitung des Szenarios beurteilte eine Hälfte der Teilnehmer die Benutzeroberfläche mit dem AttrakDiff2, die andere Hälfte mit dem UEQ. Danach wurde mit den Teilnehmern etwa 30 Minuten über die im Laufe der Aufgabenbearbeitung aufgetretenen Probleme diskutiert. Nach Abschluss der Diskussion beurteilte jeder Teilnehmer die Benutzeroberfläche erneut mit dem jeweils anderen Fragebogen. Pro Teilnehmer lagen also eine Bewertung der Benutzeroberfläche mit dem AttrakDiff2 und dem UEQ vor.

Tabelle 4 zeigt die Korrelationen der Skalen des User Experience Fragebogens mit den Skalen des AttrakDiff2. Die Ergebnisse zeigen weitgehend das erwartete Muster. Durchschaubarkeit, Effizienz und Vorhersagbarkeit korrelieren signifikant mit der Skala *Pragmatische Qualität* des AttrakDiff2. Die Skala Stimulation im AttrakDiff2 korreliert hoch mit den Skalen Originalität und Stimulation im UEQ. Die Skala Identität des AttrakDiff2 korreliert signifikant mit der Skala Vorhersagbarkeit des UEQ, aber nicht signifikant mit den Skalen Stimulation und Originalität.

4   Ausblick

Bei der Konstruktion des Benutzerfragebogens zur Messung der User Experience UEQ wurde durch die besondere Vorgehensweise bei der Itemauswahl darauf geachtet, möglichst viele relevante Produkteigenschaften zu berücksichtigen. Die gefundenen Faktoren bestätigen, dass ,weichere' Kriterien, die eher der User Experience zuzuschreiben sind, für den Endnutzer eine ähnlich hohe Relevanz haben wie Kriterien der Usability im engeren Sinne (zwei Skalen vs. drei Skalen). Dies wird durch existierende Fragebögen nicht in dieser Weise abgedeckt. Die beschriebenen Validierungsuntersuchungen deuten auf angemessene Konstruktvalidität hin. Weitere hier nicht berichtete Studien zeigen außerdem, dass hypothesenkonforme Unterschiede für verschiedene Benutzeroberflächen mit dem UEQ nachgewiesen werden können. Parallele Vergleichsdaten der deutschen und einer ersten englischen Version bestätigen zudem eine große Übereinstimmung der beiden Sprachversionen.

Der UEQ scheint ein hilfreiches und valides Messinstrument der User Experience zu sein, der andere Evaluationsmethoden gut ergänzen kann. Seine Qualitäten werden in weiteren Studien noch differenzierter zu untersuchen sein.

Literaturverzeichnis

Catell, R. B. (1966): The scree test for the number of factors. Multivariate Behavioural Research, Vol. 1, S. 245-276.

DIN EN ISO 9241-10 (1996): Ergonomische Anforderungen für Bürotätigkeiten mit Bildschirmgeräten. Teil 10: Grundsätze der Dialoggestaltung. Berlin: Beuth Verlag.

DIN EN ISO 9241-11 (1999): Ergonomische Anforderungen für Bürotätigkeiten mit Bildschirmgeräten. Teil 11: Anforderungen an die Gebrauchstauglichkeit – Leitsätze. Berlin: Beuth Verlag.

Dzida, W.; Hofmann, B.; Freitag, R.; Redtenbacher, W.; Baggen, R.; Geis, T.; Beimel, J.; Zurheiden, C.; Hampe-Neteler, W.; Hartwig, R.; Peters, H. (2000): Gebrauchstauglichkeit von Software: ErgoNorm: Ein Verfahren zur Konformitätsprüfung von Software auf der Grundlage von DIN EN ISO 9241 Teile 10 und 11. Schriftenreihe der Bundesanstalt für Arbeitschutz und Arbeitsmedizin. Dortmund: Bundesanstalt für Arbeitschutz und Arbeitsmedizin.

Gediga, G.; Hamborg, K.-C. (1999): IsoMetrics: Ein Verfahren zur Evaluation von Software nach ISO 9241-10. In: H. Holling; G. Gediga (Hrsg.): Evaluationsforschung. Göttingen: Hogrefe. S. 195-234.

Hamborg, K.-C. (2002): Gestaltungsunterstützende Evaluation von Software: Zur Effektivität und Effizienz des IsoMetricsL Verfahrens. In: Herczeg, W. Prinz; H. Oberquelle (Hrsg.): Mensch & Computer 2002: Vom interaktiven Werkzeug zu kooperativen Arbeits- und Lernwelten. Stuttgart: Teubner. S. 303-312.

Hassenzahl, M. (2001): The effect of perceived hedonic quality on product appealingness. International Journal of Human-Computer Interaction, Vol. 13, Nr. 4, S. 481-499.

Hassenzahl, M.; Burmester, M.; Koller, F. (2003): AttrakDiff: Ein Fragebogen zur Messung wahrgenommener hedonischer und pragmatischer Qualität. In: J.Ziegler; G. Szwillus (Hrsg.): Mensch & Computer 2003. Interaktion in Bewegung. Stuttgart: Teubner. S. 187-196.

Kirakowski, J.; Corbett, M. (1993): SUMI: The Software Usability Measurement Inventory. British Journal of Educational Technology, Vol. 24, Nr. 3, S. 210–212.

Laugwitz, B. (2001): Experimentelle Untersuchung von Regeln der Ästhetik von Farbkombinationen und von Effekten auf den Benutzer bei ihrer Anwendung im Benutzungsoberflächendesign. Berlin: dissertation.de – Verlag im Internet.

Nielsen, J. (1994): Heuristic Evaluation. In: J. Nielsen; R.L. Mack (Hrsg.): Usability Inspection Methods. New York: Wiley. S. 25-62.

Nielsen, J. (2001): Jakob Nielsen's Alertbox, August 5, 2001: First rule of usability: Don't listen to users. Available URL http://www.useit.com/alertbox/20010805.html.

Preece, J.; Rogers, Y.; Sharpe, H. (2002): Interaction design: Beyond human-computer interaction. New York: Wiley.

Schrepp, M.; Held, T.; Laugwitz, B. (2004): Hedonische Aspekte betriebswirtschaftlicher Software. In:
   Keil-Slawik, R.; Selke, G. & Szwillus, G. (Hrsg.), Mensch & Computer 2004: Allgegenwärtige Interaktion. München: Oldenbourg. S. 127-136.

Danksagung und Kontaktinformationen

Wir danken Herrn Patrick Fischer für seine Unterstützung bei der statistischen Auswertung
der Validierungsstudien.

Dr. Bettina Laugwitz / Dr. Martin Schrepp / Dr. Theo Held
SAP AG, Dietmar-Hopp-Allee 16, 69190 Walldorf
Email: bettina.laugwitz@sap.com / martin.schrepp@sap.com / theo.held@sap.com

A. M. Heinecke, H. Paul (Hrsg.): Mensch & Computer 2006: Mensch und Computer im Struktur*Wandel*.
München, Oldenbourg Verlag, 2006, S. 135-144

Zurück in die Zukunft: Design und Evaluation eines Starfield Displays für betriebswirtschaftliche Anwendungen

Natalie Dengler, Edmund Eberleh

SAP AG

Zusammenfassung

Das Internet verbesserte die globale Erreichbarkeit von Funktionalität und Daten, bedingte durch seine Architektur allerdings einen Rückschritt in der Usability von Anwendungen gemessen an den Prinzipien der direkten Manipulation. Mittlerweile sind neue Technologien verfügbar, die auch bei datenbasierten Webanwendungen die gleiche reiche Benutzerinteraktion erlauben wie lokale Systeme. In der vorliegenden Arbeit prüfen wir, wie sich das Paradigma der direkten Manipulation in derartig angereicherten Internetanwendungen umsetzen lässt. Wir entwickelten auf der Basis von Shneidermans Starfield Display einen Prototyp zur Suche in großen betriebswirtschaftlichen Datenräumen. Eine Evaluation durch Sachbearbeiter ergab eine deutlich bessere Einschätzung dieser Oberfläche im Vergleich zu einer standardmäßigen Websuche mit Eingabefeldern und listenförmiger Ergebnisdarstellung.

1 Einleitung

Direkt-manipulative Benutzungsoberflächen konnten in reinen Webanwendungen bisher nicht realisiert werden. Dementsprechend gibt es eine große Kluft zwischen vielen hochgradig visuellen und interaktiven Oberflächen von Forschungsprotoypen und Betriebssystemen (z.B. MS Vista, Macintosh Tiger) und der formularbasierten und indirekten Benutzungsoberfläche von Webanwendungen. Obwohl das Internet die globale Erreichbarkeit von Funktionalität und Daten verbesserte, bedingte die Webarchitektur einen Rückschritt in der Usability von Anwendungen bzw. Webseiten, gemessen an den Prinzipien der direkten Manipulation wie z.B. sofortige Rückmeldung von Aktionen. Mittlerweile sind neue Technologien verfügbar, die mittels eines lokalen Clients auch bei datenbasierten Webanwendungen die gleiche reiche Benutzungsoberfläche erlauben wie in bisherigen PC-basierten Client-Server Systemen (siehe Abb. 1).

Es ist somit an der Zeit, über die Gestaltung dieser sog. „rich internet applications" neu nachzudenken und zu prüfen, ob und wie bekannte – aber bisher im Web nicht anwendbare –

Usability-Paradigmen in eine neue, reichere Webwelt übertragen werden können. In der vorliegenden Arbeit prüfen wir dies für das Paradigma der direkten Manipulation, realisiert am Beispiel von Starfield Displays für Suchen in großen betriebswirtschaftlichen Datenräumen.

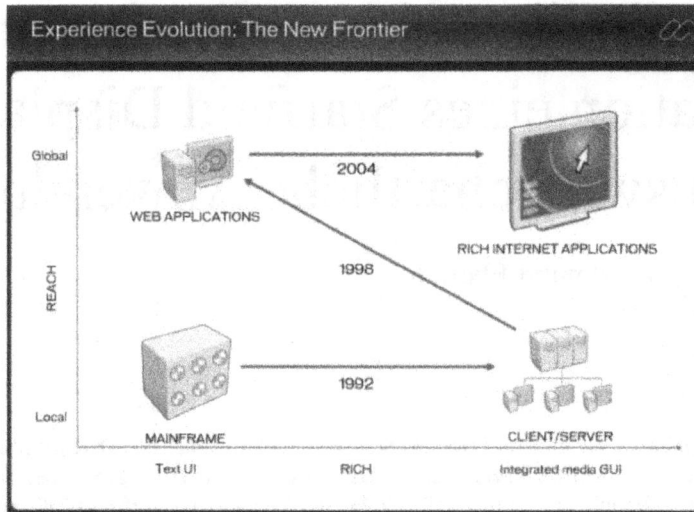

Abbildung 1: Entwicklung der UI-Technologie zu Rich Internet Applications (Macromedia 2006)

2 Analyse des Suchprozesses

Shneiderman et al. (1997) stellten das „Four Phase Framework for Search" auf, bestehend aus den Phasen „Formulation", „Action", „Review of Results" und „Refinement". Die folgende Darstellung des Suchprozesses orientiert sich an dieser Einteilung.

2.1 Anfrage formulieren

Die Unterstützung, die ein Suchsystem dem Suchenden bei der Ausführung dieses Schrittes bietet, kann auf unterschiedlichste Art und Weise geschehen, beispielsweise in natürlicher Sprache, durch Text und Operatoren, grafisch unterstützt durch Venn-Diagramme (Hearst 1999; Eibl 2003), oder unterstützt durch Agenten (Graß 1998).

Ahlberg & Shneiderman (1994) verwenden Komponenten wie Slider und Buttons zum Einstellen der Parameter einer Suchanfrage. Jeder dieser sog. „Dynamic Query Filters" ist an ein Datenattribut gebunden und erlaubt die Definition eines Wertes oder Wertebereichs nach dem gefiltert werden soll. Statt durch Eintippen von Begriffen oder Werten erfolgt die Anfrageformulierung somit mittels visualisierter Bedienelemente, die die Möglichkeit bieten, Anfrageparameter schnell, inkrementell und umkehrbar zu verändern.

2.2   Suche starten

Ein wichtiger Grundsatz für ein als direkt wahrgenommenes User Interface ist das des sofortigen Feedbacks. Mit der Veränderung der Anfrage sollten auch die Informationen unmittelbar kontinuierlich verändert angezeigt werden, im Gegensatz zu Systemen, bei denen der Benutzer einen Button drückt, um die Anfrage zur Bearbeitung an das System zu übergeben. Verändert der Nutzer eine der Filterkomponenten, ist die Auswirkung unverzüglich sichtbar. Die Anzeige wird synchron nach den neuen Parametern gefiltert und aktualisiert.

2.3   Ergebnisse anzeigen

Für die Präsentation der Suchergebnisse stehen vielfältige Möglichkeiten zur Verfügung. Eine flache Liste oder Tabelle, wie sie etwa bei Google und Ebay momentan verwendet wird, präsentiert Ergebnisse in nur einer Dimension. Es wird eine einfache Auflistung der Datensätze, zum Beispiel in alphabetischer oder chronologischer Sortierung nach einem Attribut ausgegeben. Die zweidimensionale Präsentation ergänzt die eindimensionale durch die zusätzliche Darstellung einer weiteren Eigenschaft der Daten. Es wird zusätzlich die Hierarchie, der Daten unterliegen können, oder die Zugehörigkeit zu einer Kategorie dargestellt. Beispiele hierfür sind die TableLens und PerspectiveWall (Andrews 2002) oder Trees und deren Variation zum Hyperbolic Browser (Lamping et al. 1995). Im Starfield Display (Ahlberg & Shneiderman 1994) werden zwei Achsen eines Koordinatensystems jeweils einem Datenattribut zugeordnet, s. Abb. 2.

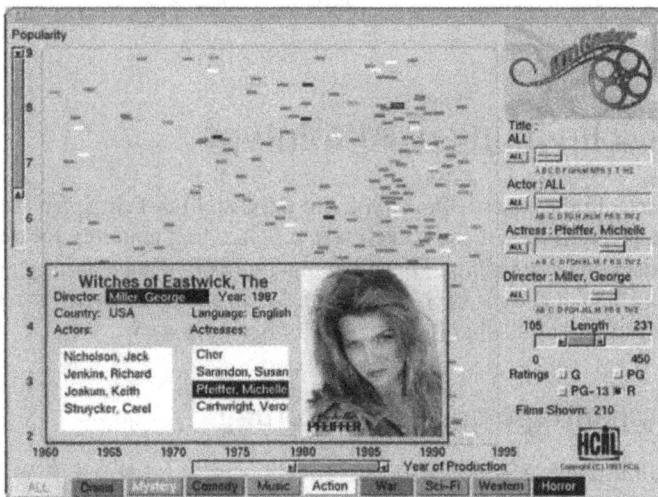

Abbildung 2: Starfield Display mit Vorschau Fenster (Ahlberg & Shneiderman 1994)

Die Daten selbst werden als Punkte innerhalb des Koordinatensystems platziert, wobei die Positionierung dem Wert der Attribute der Achsen entspricht. Zusätzlich wird eine dritte Dimension der Daten über eine farbliche Codierung der Datenpunkte visualisiert. Während den Achsen idealerweise Attribute mit numerischen Werten zugeordnet werden, eignet sich die Farbcodierung vor allem für die Darstellung kategorischer Werte (Jog & Shneiderman 1995).

2.4   Suche verfeinern

Die Suchergebnisse selbst können durch eine Vielzahl von Interaktionstechniken wie Sortieren, Filtern, Fokus & Kontext, Split Windows, Fisheye Views oder (animiertes) Zooming neu organisiert und um weitere Detailinformationen ergänzt werden (Eibl 2003). Da mit Hilfe diverser Visualisierungstechniken große Datenmengen sehr komprimiert dargestellt werden, ist Shneidermans Prinzip der Details-on-Demand gerade hier unabdingbar. Auch im Starfield Display wird dieses Prinzip umgesetzt. Bei MouseOver über einen Datenpunkt erscheint ein Vorschaufenster mit weiterer Information.

Shneiderman koppelt sein Starfield Display in mehreren Anwendungen eng mit den Dynamic Query Filters. Diese Filter werden nicht nur zur initialen Formulierung, sondern auch zur Verbesserung der Anfrage verwendet. Die Betätigung eines Filters verändert den angezeigten Ergebnisraum. Synchron hierzu verändern sich gegebenenfalls aber auch andere Filterkomponenten bzw. die Werte, die damit eingestellt werden können.

Das zuvor erläuterte Details-on-Demand ist ein Beispiel für „Output = Input". Die im Starfield Display ausgegebenen Datenpunkte dienen gleichzeitig dazu, das Vorschaufenster anzuzeigen. Die im Vorschaufenster ausgegebenen Daten dienen gleichzeitig der Eingabe neuer Filterkriterien. Auch die Achsen, die die Anzeige aufspannen, sind nicht nur Output des Systems, sondern dienen auch der Eingabe. Der Achsenbereich kann vergrößert oder verkleinert werden, was den Ergebnisraum ebenfalls vergrößert bzw. verkleinert.

3   Beschreibung des Prototyps

Wir legten der Gestaltung unseres Prototyps die dargestellten Prinzipien des Starfield Displays zugrunde und übertrugen diese soweit wie möglich und sinnvoll auf den Bereich einer SAP-Personalwirtschaftsanwendung. Diese Personalwirtschaftsanwendung verwendet bisher eine formular- und listenbasierte Weboberfläche. Im Prototyp bildeten wir die existierende Funktionalität soweit für die Suchaufgaben nötig vollständig nach.

3.1   Suchanfrage und -verfeinerung

Die Suchanfrage wird mit Hilfe von homogenen Dynamic Query Filters formuliert. Der herkömmliche Button zum Starten der Suche entfällt, stattdessen wird die Ergebnisanzeige stets sofort aktualisiert. Die Filtercontrols – bestehend aus Slidern und Eingabefeldern – sind in einem eigenständig visualisierten Bereich am linken Fensterrand platziert. Zwischen zugehörigen Slidern und Eingabefeldern besteht eine Abhängigkeit, so dass bei Nutzung des einen Controls das andere stets ebenfalls den Wert des gerade betätigten Filters darstellt.

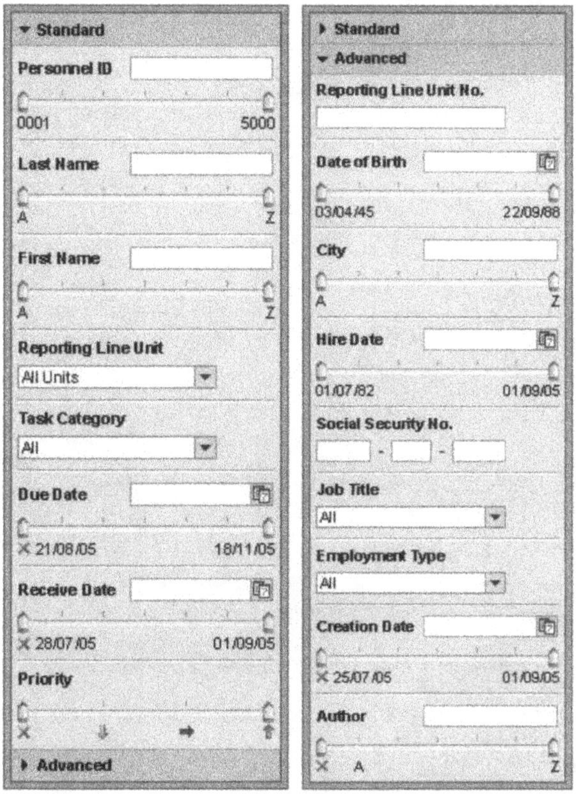

Abbildung 3: Filterbereich des Prototyps (Standard und Erweitert)

3.2   Anzeige des Suchergebnisses

Für die Ausgabe der Ergebnismenge kann der Nutzer zwischen verschiedenen Formen der Anzeige wählen. Je nach Informationsbedürfnis kann über ein pull-down Menü am Titel des Starfield Displays eine herkömmliche, sortierte und auf Wunsch gruppierte Tabelle als Ausgabeformat gewählt werden. Darüber hinaus steht ihm als weitere Form der Anzeige das Starfield Display zur Verfügung.

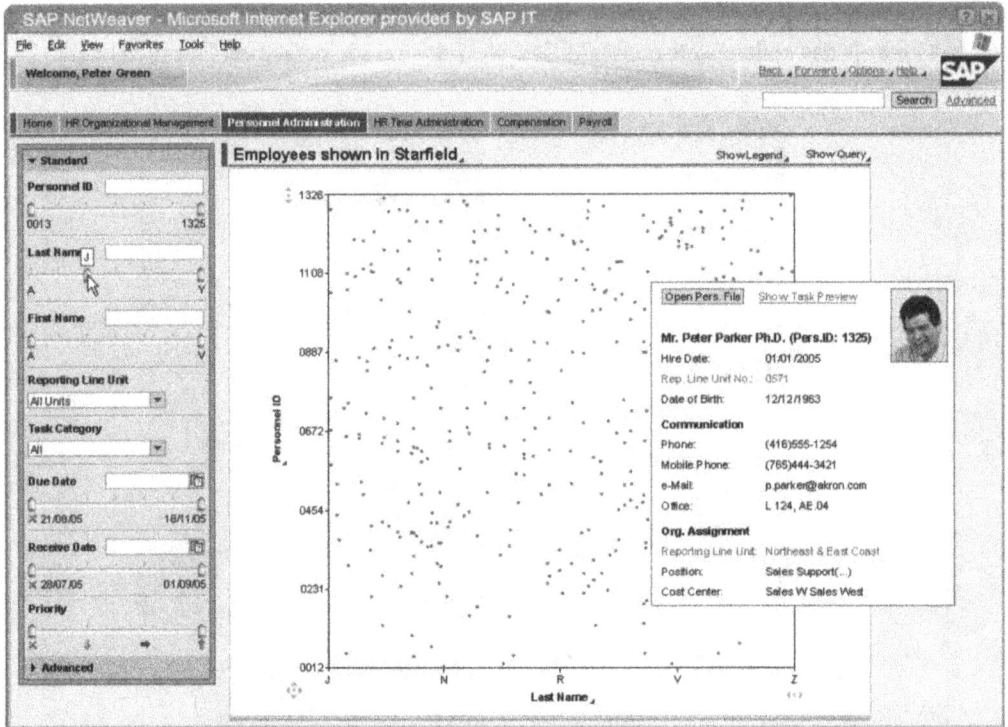

Abbildung 4: Prototyp mit geöffnetem Vorschau-Fenster

3.2.1   Achsen

Beide Achsen erhalten eine Beschriftung, die Suchattribut, Minimum, Maximum und die Intervalleinteilung angibt. Der Text ist Output und zugleich ein Bedienelement, mit dem die Zuordnung von Attributen zu Achsen über ein Auswahlmenü auf der rechten Maustaste verändert werden kann. Nach der Auswahl verändert sich die Anzeige, indem die Datenpunkte nach den neuen Attributen angeordnet werden. Die Anzahl der Ergebnisse ändert sich nicht, da es sich nicht um eine Filterung, sondern ausschließlich Neupositionierung handelt.

Dem Benutzer stehen drei Möglichkeiten zur Verfügung, den angezeigten Achsenbereich zu verändern, anknüpfend an bekannten Interaktionsprinzipien kommerzieller Software: das schrittweise Verkleinern und Vergrößern des abgebildeten Wertebereichs mittels scrollbuttons, das Vergrößern mittels einer Lupenfunktion des Mauscursors und das direktmanipulative Aufziehen eines Rechtecks im Anzeigebereich zur Vergrößerung des eingeschlossenen Bereichs.

3.2.2   Datenpunkte

Die Ergebnisse sind zunächst nicht gruppiert und werden einheitlich grau dargestellt. Eine farbliche Codierung erfolgt erst nach expliziter Auswahl einer Gruppierung durch den Anwender mittels eines pop-up Menüs. Die Größe der Datenpunkte hängt vom Umfang der darzustellenden Ergebnismenge ab. Mit abnehmender Anzahl der Ergebnisse werden die verbleibenden Datenpunkte größer abgebildet. Wird die Maus über einen Datenpunkt bewegt, öffnet sich an dieser Stelle ein Vorschaufenster zu dem entsprechenden Datensatz. Bei Doppelklick auf einen Punkt öffnet sich die Personalakte des zugehörigen Mitarbeiters. Ab einem geringen Umfang der Ergebnismenge erhalten die Punkte ein Label, mit dem zusätzliche Daten in Textform dargestellt werden, was das Auffinden eines bestimmten Datensatzes erleichtert und beschleunigt.

3.2.3   Zusammenspiel Filtern und Zoomen

Beim ursprünglichen Konzept des Starfield Displays bedingt das Filtern der Ergebnismenge über die Controls im Filterbereich gleichzeitig ein Hinein- bzw. Hinauszoomen der Anzeige, und umgekehrt, was vom Anwender eine ständige Neuorientierung erfordert. Dadurch verändert sich mit jedem neuen Filtern das angezeigte Datenpunktemuster. Wir erweiterten dieses ursprüngliche Verhalten um eine zweite Variante, in der die Funktionen filtern und zoomen voneinander unabhängig sind: Ein Filtern der Datenmenge beeinflusst die Anzeige nicht in Bezug auf Vergrößerung oder Verkleinerung und die Zoomtechniken bewirken ausschließlich ein Zoomen der Anzeige, beeinflussen aber nicht die Anfrage.

4   Evaluation des Prototyps

Der Prototyp in den zwei Varianten wurde mit sechs Mitarbeitern (Sekretärinnen) aus dem internen Personalverwaltungsbereich der SAP evaluiert. Ihnen wurden die Konzepte, Funktionalitäten und Interaktionsmechanismen des Prototypen erklärt und demonstriert und Szenarien und sich daraus ergebende Suchaufgaben aus dem Arbeitsalltag eines HR Sachbearbeiters vorgelegt. Die Lösung der Aufgaben wurde jeweils in allen drei Systemen (Prototyp Variante 1 und 2 und bisheriges System) beispielhaft gezeigt. Im Anschluss daran sollten die Testpersonen die vorgestellten Aufgaben mit Hilfe des Prototypen selbst zu lösen versuchen.

4.1   Aufgabenbearbeitung

Die Aufgaben konnten mit beiden Prototypvarianten generell erfolgreich bearbeitet werden. Obwohl nur wenig Zeit zur Verfügung stand, um das Konzept in seinem vollen Umfang vorzustellen, konnten die Probanden das System bereits durchweg recht erfolgreich bedienen, was für dessen schnelle Erlernbarkeit und Einfachheit bzw. Selbsterklärung spricht. Die Testpersonen waren vom Starfield Display und der Darstellung von Mitarbeitern in Form von Datenpunkten ohne textliche Information zunächst merklich überrascht. Die Arbeit mit dem Starfield Display verlief jedoch von der ersten Aufgabe an sehr gut, so dass die neuartige Anzeigeform in den abschließenden Unterhaltungen mit den Testpersonen nicht einmal mehr Erwähnung fand.

4.2   Subjektive Beurteilung

Nach der Aufgabenbearbeitung wurde den Probanden ein Fragebogen vorgelegt, mit dem
ihre Beurteilung der verschiedenen Suchmöglichkeiten erfasst wurde. Er nennt mehrere Eigenschaften (einfach, effizient, organisiert, freundlich, hilfreich, verlässlich, klug) und die
Benutzer sollten ihren Eindruck vom System auf einer Skala von -2 (absolute Nichtüberein-
stimmung) bis +2 (absolute Übereinstimmung) angeben. Die mittleren Ergebnisse sind in
Abbildung 5 dargestellt, für beide Prototypvarianten und für das bisher verwendete System.

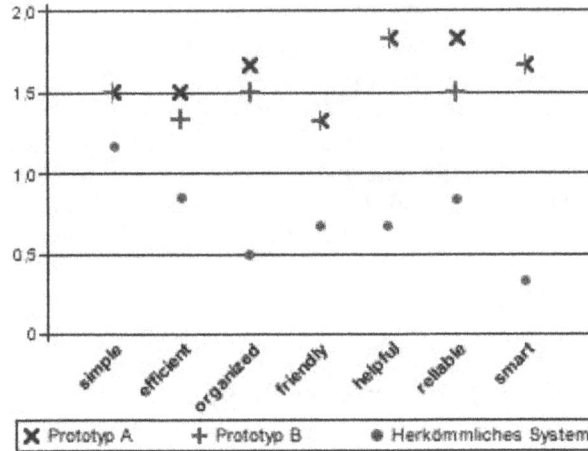

Abbildung 5: Mittelwerte des Fragebogens für beide Prototypvarianten und das bisherige System.
2 = stimme voll zu

Was auf den ersten Blick sichtbar wird, ist die durchgehend bessere Bewertung der beiden
neuen Suchvarianten gegenüber dem herkömmlichen System. Offensichtlich wurde bereits
während der Befragung, dass die Testpersonen zwar zunächst überrascht von der Darstellung
der Ergebnisse in Form von Punkten waren, dies aber bereits nach kurzer Erklärung akzep-
tierten und den innovativen Aspekt durchweg als positiv empfanden. Bei der Eigenschaft
„organisiert" sticht nicht nur die Differenz zwischen altem und neuem Konzept ins Auge,
sondern auch die sehr niedrige erzielte Punktzahl des herkömmlichen Systems im Vergleich
zu anderen Eigenschaften. Dies widerspricht der Annahme, dass eine gewöhnliche Ansicht in
Form einer Tabelle von Nutzern als organisiert und geordnet betrachtet werden würde. Für
die Eigenschaft „klug" erhielt das herkömmliche System mit durchschnittlich nur 0,3 Punkten die schlechteste Bewertung. Die Differenz zu den Varianten des neuen Konzepts ist hier
maximal. Es wird vermutet, dass die Probanden die Intelligenz einer Anwendung an deren
Aktivität und Reaktion auf Eingaben und der dadurch gefühlten Interaktivität des Systems
festmachten. Wahrscheinlich empfanden die Tester das neue System wegen der direkten
Reaktion auf die Betätigung der Filterkomponenten oder des Scrollmechanismus und der
sich dadurch ergebenden Bewegung und Dynamik als klüger.

4.3   Nutzung der Interaktionselemente

Es wurde deutlich, dass die unterschiedliche Bestimmung der Eingabefelder und der Slider verstanden wurde. Die Slider wurden für die Einstellung von Wertebereichen verwendet, die Eingabefelder, um eine scharfe Anfrage zu formulieren. Alle Testpersonen konnten auf Anhieb den gesuchten Mitarbeiter anhand der Personalnummer finden. Die Hälfte vergewisserte sich, obwohl dies nicht Bestandteil der Aufgabe war, mit Hilfe der Vorschau der Richtigkeit des Ergebnisses. Daran lässt sich zweierlei ablesen: einerseits die Unsicherheit durch die Darstellung von Objekten durch Punkte ohne zusätzliche Textinformation, andererseits das sofortige Verständnis des Prinzips der Anzeige zusätzlicher Informationen auf Wunsch. Sollte vorerst ein Misstrauen gegenüber der Darstellungsform bestanden haben, konnte dieses durch die Bestätigung der Richtigkeit mit Hilfe der Vorschau ausgeräumt werden.

Die Beobachtungen lassen eine Bevorzugung der Slider gegenüber dem Scrollmechanismus vermuten. Vier von sechs Testern wollten für die Suche nach dem Einstellungsdatum den entsprechenden Slider unter den Advanced Filtern verwenden. Nach teilweise längerem Überlegen wurde der Scroll Mechanismus genutzt, allerdings sehr vorsichtig und langsam. Das gewünschte Ergebnis wurde erreicht, die Unsicherheit der Tester war jedoch auffällig. Ein Testteilnehmer zog die Nutzung des Scrollmechanismus schlicht nicht in Erwägung. Die Slider stellten kein Problem in ihrer Nutzung dar. Sie wurden weitestgehend mühelos und korrekt genutzt, um die gefragten Wertebereiche zu definieren.

5   Diskussion

Wir konnten zeigen, dass sich die Prinzipien von Starfield Displays auf funktional reiche betriebswirtschaftliche Anwendungen übertragen lassen. Die Interaktion und Direktheit in datenbasierten Webanwendungen konnte deutlich erhöht und angereichert werden. Die gefragten Benutzer zeigten keinerlei Ablehnung oder Voreingenommenheit und beurteilten die neue Oberfläche deutlich positiver als eine konventionelle. Shneiderman's Behauptungen und Testergebnisse (Ahlberg & Shneiderman 1994) konnten diesbezüglich bestätigt werden.

Bei der Übertragung von Shneiderman's Filmfinder Beispiel auf eine komplexere Anwendungsfunktionalität ergaben sich jedoch etliche Fragen, die weiterer Untersuchung bedürfen – beispielsweise, welche Datenattribute im Anzeigebereich darstellbar und welche auch veränderbar sein sollten. Hier scheint es wichtig zu sein, das mentale Modell des Benutzers vom jeweiligen Aufgabenbereich gut zu kennen und die Zuordnung der Attribute danach auszurichten.

Andere Fragen beziehen sich auf das Verhältnis von Suchszenarien zu Datenanalyseszenarien. Die Funktionalität des Prototyps sollte eigentlich Suchaufgaben abbilden, wie das bisherige Vergleichssystem. Durch die neuartig visualisierte Datendarstellung und die inkrementelle Verfeinerung des Ergebnisses konnten mit dem Prototypen jedoch mühelos auch Fragestellungen beantwortet werden, die bereits dem Reporting-Bereich angehören. So konnten wir beide Aufgabenbereiche in einem funktional mächtigen, homogenen und doch einfachen Werkzeug zusammenführen. Die Verwendung von Starfield Displays bzw. deren Prinzipien erscheint uns daher als vielversprechend für Rich Internet Applications.

Literaturverzeichnis

Ahlberg, Ch.; Shneiderman, B. (1994): Visual Information Seeking: Tight Coupling of Dynamic Query Filters with Starfield Displays. In: Proceedings CHI'94 Conference, S.313-317. ACM.

Andrews, K. (2002): Information Visualisation. IICM Graz University of Technology.

Eibl, M. (2003): Visualisierung im Document Retrieval: Theoretische und praktische Zusammenführung von Softwareergonomie und Grafik Design. Informationszentrum Sozialwissenschaften Bonn, Genesis Forschungsberichte Band 7.

Graß, M. (1998): Entwicklung einer Dialogschnittstelle für das Information Retrieval in Data Warehouses. Institut für angewandte Informatik und formale Beschreibungsverfahren. Universität Karlsruhe.

Hearst, M. A. (1999): User Interfaces and Visualization. In: Modern Information Retrieval, S. 257-323. Addison-Wesley.

Jog, N.; Shneiderman, B, (1995): Starfield Information Visualization with Interactive Smooth Zooming. Human-Computer Interaction Laboratory, University of Maryland.

Lamping, J.; Rao, R.; Pirolli, P. (1995): A Focus+Context Technique Based on Hyperbolic Geometry for Visualizing Large Hierarchies. In: Proceedings CHI'95 Conference. ACM

Macromedia (2006): Product Overview of Flex. http://www.macromedia.com/software/flex/.

Shneiderman, B.; Bird, D.; Croft, W.B.(1997): Clarifying Search – A User-Interface Framework for Text Searches. D-Lib Magazine, January 1997.

Kontaktinformationen

SAP AG
Dietmar-Hopp-Allee 16
D-69190 Walldorf

Natalie Dengler
Tel.: +49 6227/7-66126
Email: natalie.dengler@sap.com
Dr. Edmund Eberleh
Tel.: +49 6227/7-43624
Email: edmund.eberleh@sap.com

A. M. Heinecke, H. Paul (Hrsg.): Mensch & Computer 2006: Mensch und Computer im Struktur*Wandel*.
München, Oldenbourg Verlag, 2006, S. 145-154

Die Akzeptanz zukünftiger Ubiquitous Computing Anwendungen

Guido Beier, Sarah Spiekermann, Matthias Rothensee

Humboldt Universität zu Berlin, Institut für Psychologie & Institut für Wirtschaftsinformatik

Zusammenfassung

Dieser Beitrag untersucht die Frage, welche psychologischen Faktoren die Akzeptanz von zukünftigen Ubiquitous Computing Anwendungen bestimmen. Die theoretische Grundlage bildet das Technologie-Akzeptanz-Modell von Davis, nach dem die Akzeptanz eines Systems von dessen Nützlichkeit und Benutzbarkeit abhängt. Für das Anwendungsfeld Ubiquitous Computing haben wir dieses Modell um die Variablen wahrgenommene Kontrolle, Risikobewertung und emotionale Einstellung erweitert. Die Prüfung der Modellannahmen erfolgte anhand einer Online-Befragung mit 4490 Befragten und einer Paper-Pencil Befragung mit 200 Teilnehmern. In der Studie bewerteten die Probanden vier in Szenarienform dargebotene Systeme, die in zwei Variationen des Automatisierungsgrades vorlagen. Aus den Daten berechnete Strukturgleichungsmodelle zeigen, dass die Akzeptanz von Ubiquitous Computing Anwendungen nicht allein von Nützlichkeit und Benutzbarkeit bestimmt wird, sondern in hohem Maße auch von emotionalen Faktoren abhängt.

1 Ubiquitous Computing und Technologieakzeptanz

Die Dezentralisierung und Vernetzung im Bereich der Informations- und Kommunikationstechnologien wird zwar schon seit Jahren vorhergesagt (Weiser 1991), sie kommt jetzt jedoch erst richtig in Schwung. Verbunden mit den Schlagworten „Ubiquitous Computing", „Pervasive Computing", „Nomadic Computing", „Internet of Things" usw. sind Technologien, die Alltagsgegenstände durch den Einsatz von Computern um neue Funktionalitäten bereichern. So ermöglicht die RFID-Technologie eine schnelle Objekterkennung, die für diverse Zwecke wie Lagerhaltung oder Kassiervorgänge genutzt werden kann. Im Automobilbau wird intensiv an der Vernetzung des Fahrzeugs mit anderen Fahrzeugen oder Objekten der Verkehrsumgebung gearbeitet (Specks & Rech 2005). Diese Beispiele deuten das Potential der Technologien an, die wir in diesem Beitrag unter der Bezeichnung „Ubiquitous Computing" zusammenfassen wollen.

Doch gibt es nicht nur Erfolgsgeschichten. Die mit großem Aufwand betriebene Einführung von telematikbasierten Diensten im PKW hat die Erwartungen der Hersteller bislang nicht erfüllen können. Eine der Hauptursachen dafür liegt in der Vernachlässigung der Nutzerorientierung bei der Entwicklung von Produkten aus dem Bereich der Informations- und Kommunikationstechnologien (Woodcock & Galer Flyte 1998). Das Verständnis der Nutzerakzeptanz spielt dabei eine Schlüsselrolle. Um die Kosten einer Versuch-und-Irrtumstrategie in der Produktentwicklung zu reduzieren, ist die Kenntnis der Ursachen der Akzeptanz oder Nicht-Akzeptanz von Ubiquitous Computing Anwendungen unabdingbar.

Obschon sie bislang nicht immer ausreichend berücksichtigt wird, hat die Erforschung der Akzeptanz im Bereich der Wirtschaftsinformatik eine beachtliche Tradition (für einen guten Überblick siehe Venkatesch et al. 2003). Davis (1986) entwickelte auf der Grundlage von Arbeiten zur Leistungserwartung (Robey 1979), der sozialen Lerntheorie von Bandura (1977) und der Theorie des geplanten Handelns (Fishbein & Ajzen 1975) das Technologie-Akzeptanz-Modell (TAM 1). Dieses Modell besagt, dass die wahrgenommene Nützlichkeit eines Systems und die wahrgenommene Benutzerfreundlichkeit die Einstellung gegenüber dem System bestimmen. Die Einstellung wiederum führt in Kombination mit der wahrgenommenen Nützlichkeit zu einer Verhaltensintention, die die tatsächliche Systemnutzung determiniert (Abb. 1).

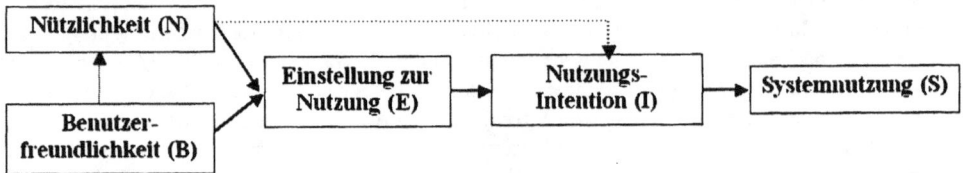

Abbildung 1: Das Technologie-Akzeptanz-Modell von Davis (1986) in seiner ersten Form (TAM 1)

In späteren Arbeiten kommt Davis (1989) zu dem Schluss, dass die Einstellung zu einem System nur einen geringfügigen Beitrag zur Erklärung der Systemakzeptanz leistet, weshalb er dieses Konstrukt aus seinem revidierten Technologie-Akzeptanz-Modell TAM 2 eliminiert (Abb. 2). Nichtsdestotrotz wurden über die Jahre mit beiden Modellen eine Vielzahl von Untersuchungen durchgeführt, die die Tauglichkeit des Ansatzes zur Erklärung der Technologieakzeptanz stützten (vgl. Taylor & Todd 1995; Malhotra & Galletta 1999; Vijayasarathy 2003; Yang & Yoo 2003 für TAM 1 und Venkatesh 2000; Venkatesh & Davis 2000; Featherman & Pavlou 2003 für TAM 2).

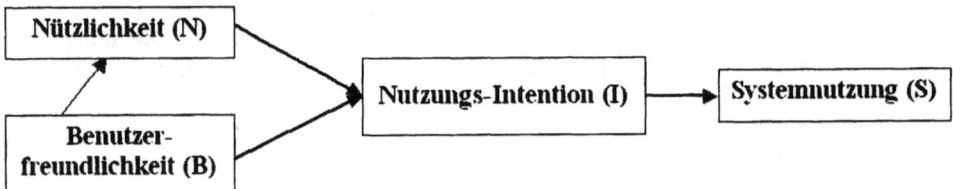

Abbildung 2: Technologie-Akzeptanz-Modell von Davis (1989) in seiner revidierten Form (TAM 2).

Die Einstellung wurde aufgrund geringen Erklärungswertes aus dem Modell entfernt.

Das Technologie-Akzeptanz-Modell bildet eine solide Ausgangsposition zum Verständnis der Akzeptanz von zukünftigen Ubiquitous Computing Anwendungen. Aber reicht es zur Erklärung aus? Wir sehen zumindest zwei Anhaltspunkte dafür, dass dem nicht so ist.

1. Die Varianten des TAM wurden vorrangig im Kontext der Einführung von Informationstechnologien an Arbeitsplätzen eingesetzt. Ubiquitous Computing findet jedoch eine weite Verbreitung im privaten Verbrauchermarkt. Für die Akzeptanz von Alltagstechnik gelten andere Rahmenbedingungen als für Technik im Arbeitskontext. So ist die Varianz der Nutzereigenschaften und -ziele bei Alltagstechnik deutlich höher, die Nutzung ist freiwillig und die Möglichkeiten zur Schulung sind begrenzt (Beier 2001).

2. Ubiquitous Computing Anwendungen stellen eine neue Qualität der Durchdringung unseres Alltags mit Informations- und Kommunikationstechnologien dar. Durch die Allgegenwärtigkeit der Technik, die damit einhergehende teilweise Unsicht- und Unerfahrbarkeit ihrer Wirkung gewinnen psychologische Aspekte wie Kontrolle und subjektive Risikobewertungen für die Technologieakzeptanz an Bedeutung. Diese Konstrukte haben neben einer rationalen Komponente einen starken emotionalen Anteil, der im Technologie-Akzeptanz-Modell nicht ausreichend berücksichtigt ist.

Aufbauend auf dem TAM haben wir deshalb einen erweiterten Ansatz zum Verständnis der Akzeptanz von Ubiquitous Computing entwickelt. Der kognitive Einstellungsaspekt ist im TAM über das Konstrukt „Nützlichkeit" eigentlich immer vertreten gewesen. Wir fügen den affektiven Anteil durch eine Skala zur Erfassung der Valenz hinzu. Die Valenz repräsentiert die positiv-negativ Dimension einer Emotion, die in der dreifaktoriellen PAD-Systematik der Emotionen (Pleasure-Arrousal-Dominanz) dem Faktor „Pleasure" entspricht (Mehrabian & Russel 1974; Mehrabian 1996).

Neben dieser Wiedereinführung der affektiven Einstellungskomponente wollen wir zwei neue Einflussgrößen in das Akzeptanz-Modell einbringen: die subjektive Kontrolle und das Nutzungsrisiko. Beide Konstrukte sind seit längerem Bestandteil der theoretischen Diskussion (Featherman & Pavlou 2003).

• Subjektive Kontrolle: Dieses Konstrukt kann man als eine Art Kontrollbilanz verstehen. Das als Persönlichkeitsmerkmal vorhandene Kontrollbedürfnis wird ins Verhältnis zur in der Interaktion mit dem System tatsächlich erlebten Kontrolle gesetzt. Ist die erlebte Kontrolle niedriger als das Kontrollbedürfnis ergibt sich ein Kontrollverlust. Dass dieser Kontrollverlust mit negativen Emotionen verbunden ist, konnte bereits empirisch bestätigt werden (Beier 2004). Das Ausmaß erlebter Kontrolle ist stark abhängig vom Automatisierungsgrad eines Systems.

• Risiko: Seit den Katastrophen in der Kernkraftindustrie wird die Diskussion über Risiken neuer technologischer Entwicklungen intensiv geführt. Dies bedeutet jedoch nicht zwangsläufig eine Verbindung mit entsprechender Informiertheit oder Handlungskonsequenzen (Spiekermann 2001). In der Risikoforschung kennt man verschiedene Risikoarten, z.B. das Risiko durch Fehlfunktion und das persönliche Risiko einer Nichtpassung zum Alltagsleben Eine hohe Risikoeinschätzung sollte sich negativ auf die Akzeptanz von Ubiquitous Computing Anwendungen auswirken.

Zusammengefasst ergibt sich als Vorschlag für eine Erweiterung des Technologie-Akzeptanz-Modells für Ubiquitous Computing Anwendungen das in Abb. 3 dargestellte „TAM UC", wie wir unser Modell hier nennen wollen.

Einschränkend muss erwähnt werden, dass wir die tatsächliche Systemnutzung als letztendliche Zielgröße des Modells hier nicht betrachten können, da wir uns mit Systemen befassen, deren Realisierung noch in der Zukunft liegt. Der Zusammenhang zwischen der Verhaltensintension und dem tatsächlichen Verhalten ist für das TAM im Anwendungsfeld Arbeitsplatz jedoch schon häufig nachgewiesen worden (Venkatesh & Davis 2000). Eine gute Aufklärung der Verhaltensintention ist auch für die Prognose des zukünftigen Nutzungsverhaltens von Ubiquitous Computing Anwendungen im Alltag unabdingbar.

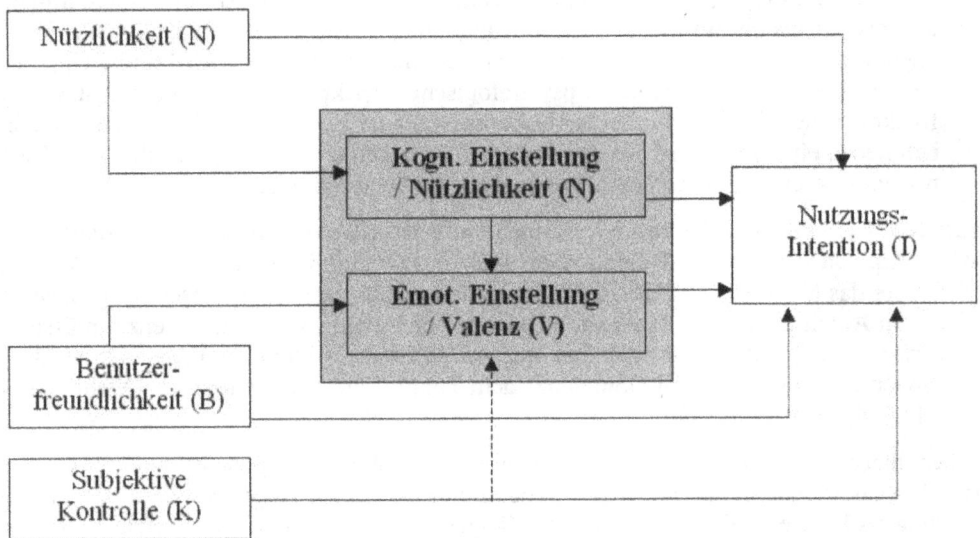

Abbildung 3: Das TAM UC, die Erweiterung des Technologie-Akzeptanz-Modells für Ubiquitous Computing Anwendungen. Die Einstellung (grauer Kasten) wurde in ihre kognitiven und emotionalen Anteile (Nützlichkeit und Valenz) aufgeteilt. Als Einflussgrößen kommen die subjektive Kontrolle und das Nutzungsrisiko hinzu.

2   Methodik der Untersuchung

Zur Prüfung unserer Annahmen zur Akzeptanz von Ubiquitous Computing Anwendungen führten wir eine Fragebogenstudie durch, die in Kooperation mit der Wochenzeitung DIE ZEIT als Onlinebefragung realisiert wurde. Da anzunehmen war, dass es durch diese Methodik zu einer für das Thema Technikakzeptanz relevanten Stichprobenselektion kommt, fand parallel eine Paper/Pencil-Befragung mit einer nach Alter, Geschlecht und Bildungsgrad ausgeglichenen Stichprobe von 200 Personen statt. Gegenstand der Untersuchungen waren vier Szenarien, die durch eine Kombination aus Text und Grafik dargeboten wurden. Abb. 4 vermittelt einen Überblick zum Ablauf der Arbeiten der Studie.

Den Kern des Versuchsmaterials bildeten vier Anwendungsszenarien, die aus den Bereichen Haushalt, Automobil (zwei Szenarien) und Arbeit stammen. Da in unserer Untersuchung ein besonderer Fokus auf dem Kontrollerleben lag, wurde jede der Anwendungen in zwei verschiedenen Automatisierungsgraden formuliert. Die Operationalisierung der Variation des Automatisierungsgrades erfolgte auf Basis der Klassifikation von Assistenzsystemen von Sheridan (1988) und Wandke (2005). Ein niedriger Automatisierungsgrad entspricht bei uns einem System, dass die Differenz zu einem Sollzustand feststellt und dies dem Benutzer in Verbindung mit einem Handlungsvorschlag mitteilt. Der Benutzer kann diesem Vorschlag folgen oder selbständig agieren. In den Varianten mit hohem Automatisierungsgrad hat der Benutzer diese Option nicht, das System führt die vorgeschlagen Handlung aus und informiert lediglich über diesen Vorgang. Die Systemvariante mit niedrigem Automatisierungsgrad lässt dem Benutzer eine höhere Kontrolle über den Handlungsablauf als die Variante mit hohem Automatisierungsgrad, die kaum Kontrollmöglichkeiten bietet.

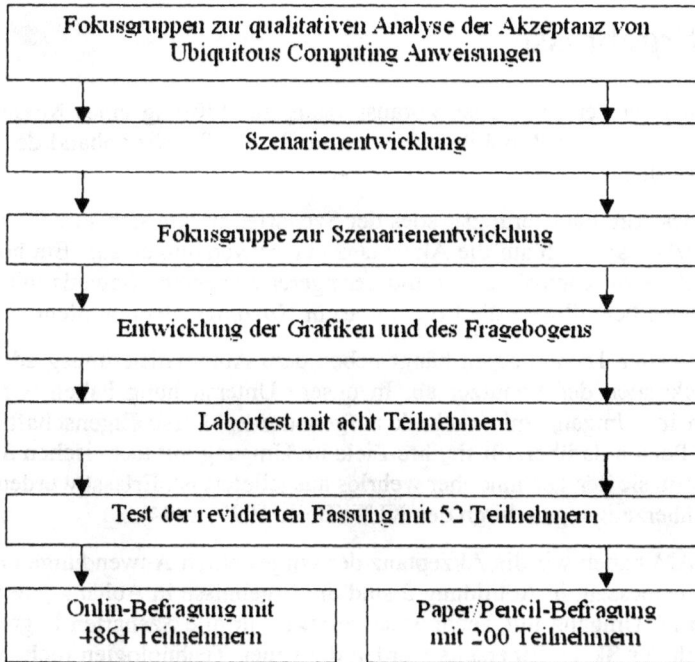

Abbildung 4: Ablauf der Arbeiten zur Realisierung der Studie

Jedes Szenario begann mit einem einstimmenden Text, danach folgten die Systembeschreibungen für die vier Anwendungen „Intelligenter Kühlschrank", „Intelligenter Arbeitsplatz," „Automatische Geschwindigkeitsregelung" und „Intelligente PKW-Selbstwartung". Als Beispiel für die Formulierungen der Szenarien ist hier der Text für die „Automatische Geschwindigkeitsregelung" in der Fassung für hohe Nutzerkontrolle wiedergegeben:

> *„Es ist das Jahr 2015...Mein Wagen ist aufgrund von zahlreichen Sensoren intelligent geworden. Die intelligenten Funktionen sollen das Fahren vor allem sicherer machen. Eine dieser intelligenten Funktionen ist die automatische Geschwindigkeitsbegrenzung. Diese ist bei allen Fahrzeugen außer Polizei, Feuerwehr und Krankenwagen per Gesetz vorgeschrieben.*
>
> *Im Straßenverkehr funken die Tempolimitschilder am Straßenrand meinem Wagen die aktuelle Geschwindigkeitsbegrenzung zu. Fahre ich zu schnell, bemerkt dies mein Wagen automatisch. Das Navigationssystem schlägt mir vor, dass ich den Wagen aufgrund der Geschwindigkeitsbegrenzung abbremsen sollte."* (Die Version mit niedriger Nutzerkontrolle: „ ...Fahre ich zu schnell, bremst mich mein Wagen automatisch ab. Das Navigationssystem informiert mich, dass es den Wagen aufgrund der Geschwindigkeitsbegrenzung abgebremst hat.")

3   Ergebnisse

Die Messgenauigkeit der Skalen ist Voraussetzung zur Prüfung eines Modells. In unserer Untersuchung ergaben sich Reliabilitätswerte von .81 bis .96, die anhand der Skalenkonsistenz ermittelt wurden.

Die Variation des Automatisierungsgrades der Szenarien wirkte sich sowohl auf das subjektive Kontrollerleben als auch auf die Akzeptanz der Anwendungen aus. Ein hoher Automatisierungsgrad führte zu Kontrollverlust und geringerer Akzeptanz (jeweils mit $p < 0,01$). Die Erhebungsmethode beeinflusste die Ergebnisse zur Nutzungsintention nicht.

Die Akzeptanz neuer Technologien hängt neben dem Automatisierungsgrad auch von Persönlichkeitsmerkmalen der Benutzer ab. In unsere Untersuchung haben wir die Kontrollüberzeugungen im Umgang mit Technik aufgenommen. Diese Eigenschaft beinhaltet die Meinung einer Person darüber, ob sie ihre Ziele im Umgang mit technischen Systemen erreichen kann oder ob sie der Technik eher wehrlos ausgeliefert ist. Erfasst wurden diese spezifischen Kontrollüberzeugungen durch den KUT (Beier 1999; 2004).

Analog zum TAM haben wir die Akzeptanz der vorgestellten Anwendungen durch die Nutzungsintention gemessen, in Abbildung 5 sind die Ergebnisse in Abhängigkeit der Kontrollüberzeugungen im Umgang mit Technik dargestellt. Für alle Szenarien liegt die Akzeptanz im Mittelbereich der Skala. Einerseits werden die neuen Technologien nicht abgelehnt, was ihnen einen gewissen Anreiz attestiert. Die Szenarien sind jedoch noch nicht so attraktiv, dass die Bewertung deutlich im positiven Bereich liegen würde.

Für die Kontrollüberzeugungen zeigt sich außer im Szenario „automatische Geschwindigkeitsregelung" immer der gleiche Effekt: je höher die Kontrollüberzeugungen im Umgang mit Technik, desto größer ist die Bereitschaft zur Nutzung der Ubiquitous Computing Anwendungen ($p < 0,01$). Dieses Ergebnis deckt sich mit früheren Untersuchungen: wer über hohe Kontrollüberzeugungen verfügt, der kann sich auch selbstbewusster auf neue Technologien einlassen.

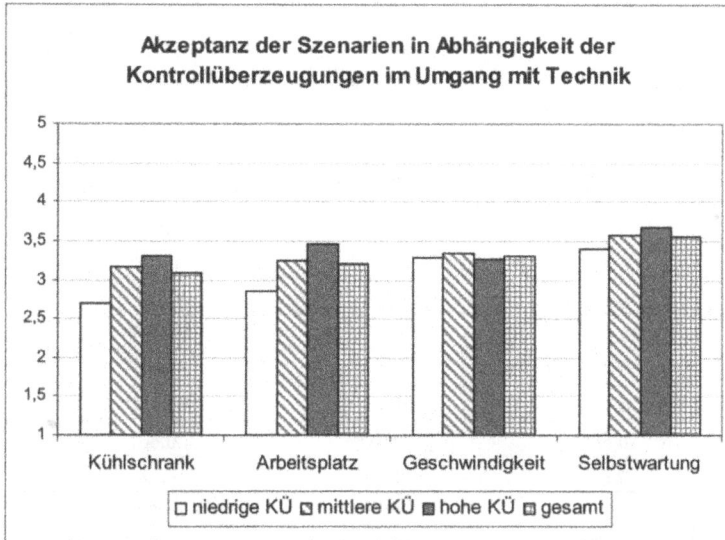

Abbildung 5: Akzeptanzbewertung der Ubiquitous Computing Anwendungen in Abhängigkeit der Kontrollüberzeugungen im Umgang mit Technik. (Min = 1; Max = 5)

Nach der Betrachtung der Wirkung verschiedener Einzelaspekte auf die Akzeptanz der Zukunftsszenarien wollen wir uns nun dem Vergleich der eingangs geschilderten Akzeptanzmodelle im Sinne des TAM zuwenden. Die Prüfung erfolgt mit Hilfe von Strukturgleichungsmodellen. Zur Berechnung der Modellkoeffizienten bedienten wir uns aus Vergleichsgründen der Partial Least Square Methode, die in der klassischen TAM-Literatur häufig benutzt wird. Tabelle 1 beinhaltet die Varianzaufklärung (R^2) für die Modelle TAM 1, TAM 2 und TAM UC für alle vier Anwendungsszenarien.

Tabelle 1: Vergleich der Varianzaufklärung (R^2) der drei Akzeptanzmodelle TAM 1, TAM 2 und TAM UC für alle vier Ubiquitous Computing Szenarien. Minimum des R^2 ist 0, Maximum 1.

Szenario	R^2 TAM 1	R^2 TAM 2	R^2 TAM UC
Intelligenter Kühlschrank	0,62	0,53	0,64
Intelligenter Arbeitsplatz	0,64	0,58	0,68
Automatische Geschwindigkeitsbegrenzung	0,72	0,62	0,75
Intelligente PKW-Selbstwartung	0,65	0,56	0,68

Die Gegenüberstellung der Modellgüten für die drei Akzeptanzmodelle birgt zwei interessante Ergebnisse. Erstens wird deutlich, dass die Modelle TAM 1 und TAM UC dem Modell TAM 2 überlegen sind. Die Einstellungen der Nutzer scheinen in der UC-Umgebung wieder an Bedeutung zu gewinnen. Zweitens kann sich das TAM UC gegen das TAM 1 knapp aber konsistent durchsetzen. Hierin ist die Relevanz der im Vergleich zum TAM 1 hinzugekommenen Variablen Nutzungsrisiko und Kontrollerleben für die Akzeptanz von Alltagstechnik erkennbar. Als letztes Ergebnis stellen wir die Stärken der im Modell TAM UC postulierten Einflussfaktoren für die vier Ubiquitous Computing Anwendungsszenarien dar (Tabelle 2).

Tabelle 2: Stärke der Einflussfaktoren des TAM UC für die vier Szenarien. Die Abkürzungen bedeuten: B = Benutzerfreundlichkeit, I = Nutzungs-Intention, K = Kontrollerleben, N = Nützlichkeit (kognitive Einstellung), R = Nutzungsrisiko, V = Valenz (emotionale Einstellung) (** = signifikant mit p < 0,01)

Zusammenhang	Intelligenter Kühlschrank	Intelligenter Arbeitsplatz	Automatische Geschwindigkeitsbegrenzung	Intelligente Selbstwartung
N-I	0,30**	0,39**	0,32**	0,34**
B-I	-0,02	0,01	0,04	0,08
N-V	0,44**	0,28**	0,43**	0,38**
B-V	0,01	0,01	-0,01	0,01
V-I	0,32**	0,20	0,34**	0,30**
R-N	-0,68**	-0,65**	-0,66**	-0,58**
R-I	-0,14	-0,17	-0,22	-0,14
K-V	0,34**	0,51**	0,28**	0,31**
K-I	0,15	0,16	0,09	0,14

Die empirisch ermittelten Einflussfaktoren bestätigen das TAM UC weitestgehend. Die einzige – aber bedeutsame – Ausnahme bildet die Benutzerfreundlichkeit, die in keinem Szenario eine Rolle spielt. Die Konsistenz, mit der die Unwirksamkeit der Benutzerfreundlichkeit für die Akzeptanz der Ubiquitous Computing Anwendungen auftritt, ist beeindruckend. Aus unserer Sicht gibt es hierfür zwei Erklärungen. Zum einen ist Ubiquitous Computing dadurch gekennzeichnet, dass die Interaktion mit der Technik in den Hintergrund tritt. Ein Zitat von Weiser (1991) soll dies verdeutlichen: "The most profound technologies are those that disappear. They weave themselves into the fabric of everyday life until they are indistinguishable from it." Die zweite Erklärungsmöglichkeit begründet sich aus der Methodik der Szenariotechnik. Unsere Zukunftsanwendungen konnten sich die Probanden nur vorstellen, Benutzerfreundlichkeit ist jedoch an real vorhandene Objekte gebunden – möglicherweise führte auch dies zum Bedeutungsverlust der Usability für die Akzeptanz von Ubiquitous Computing Anwendungen. Bemerkenswert hoch ist der Einfluss des Nutzungsrisikos auf die Bewertung der Nützlichkeit eines Systems. Dies erklärt sich dadurch, dass die Umkehrung eines Nutzungsrisikos ein Mehrwert ist, den die Kunden von den Anwendungen erwarten.

4   Schlussfolgerungen und Ausblick

Der Nutzen des TAM UC für die Akzeptanzabschätzung zukünftiger Ubiquitous Computing Anwendungen liegt vor allem in seiner hohen Varianzaufklärung für den Bereich der Alltagstechnik und der guten Operationalisierbarkeit seiner Konstrukte. Dies ist wichtig für den

Gestaltungsprozess. Während aus den beiden klassischen TAM-Varianten nur abgeleitet werden kann, dass eine Anwendung nützlich und einfach zu bedienen sein muss, ist es beim TAM UC möglich, die Nützlichkeit auf die Minimierung von Risiken zu konkretisieren. Die affektive Einstellungskomponente speist sich zu einem großen Teil aus dem Erleben von Kontrolle oder Kontrollverlust. Daraus lässt sich der Gestaltungsanspruch ableiten, dass für jedes System das Optimierungsproblem gelöst werden muss, welcher Automatisierungsgrad die größte technische Unterstützung bei höchstmöglicher Nutzerkontrolle bietet.

Die im Zusammenhang mit Ubiquitous Computing häufig diskutierten Problematiken Risiko und Kontrolle haben sich in unserer Untersuchung als sehr bedeutsam erwiesen. Über die kognitiven und affektiven Aspekte der Einstellung wirken sie auf die Nutzungsintention und bestimmen so die Akzeptanz zukünftiger Systeme. Für die weitere Prüfung des TAM UC ist es nötig, die Lücke zwischen der Nutzungsintention und dem realen Verhalten zu schließen. Dies erfordert Untersuchungen, die das Akzeptanzmodell an realen Ubiquitous Computing Anwendungen testen. Solche Studien sollten auch weitere Erkenntnisse über die Rolle der Benutzerfreundlichkeit für die Akzeptanz von Ubiquitous Computing Anwendungen liefern.

Literaturverzeichnis

Ajzen, I.; Fishbein, M. (2005): The Influence of Attitudes on Behavior. Mahwah, NJ, Erlbaum.

Bandura, A. (1977): Social learning theory. Englewood Cliffs, NJ, Prentice Hall.

Beier, G. (1999): Kontrollüberzeugungen im Umgang mit Technik. Report Psychologie, 9, 684-693.

Beier, G.; Boemak, N.; Renner, G. (2001): Sinn und Sinnlichkeit – psychologische Beiträge zur Fahr-zeuggestaltung und –bewertung. In: T. Jürgensohn, K.-P. Timpe (Hrsg.): Kraftfahrzeugführung. Berlin, Springer.

Beier, G. (2004): Kontrollüberzeugungen im Umgang mit Technik: Ein Persönlichkeitsmerkmal mit Relevanz für die Gestaltung technischer Systeme. Dissertation. Berlin, dissertation.de.

Davis, F. (1986): A Technology Acceptance Model for Empirically Testing New End-User information Systems: Theory and Results. Sloan School of Management. Boston, MIT.

Featherman, M. S.; Pavlou, P. A. (2003): Predicting e-services adoption: a perceived risk facets per-spective. International Journal of Human-Computer Studies 59, S. 451-474.

Fishbein, M.; Ajzen, I. (1975): Belief, Attitude, Intention and Behavior: An Introduction to Theory and Research. Reading, MA, Addison-Wesley.

Malhotra, Y.; Galletta, D. F. (1999): Extending the Technology Acceptance Model to Account for Social Influence: Theoretical Bases and Empirical Validation. 32nd Hawaii International Confer-ence on System Science, Hawai, IEEE.

Mehrabian, A. (1996): Pleasure-arousal-dominance: A general framework for describing and measur-ing individual differences in temperament. Current Psychology: Developmental, Learning, Person-ality, Social, 14, S. 261-292.

Mehrabian, A.; Russell, J. A. (1974): An Approach to Environmental Psychology. Cambridge, MIT Press.

Robey, D. (1979): User Attitudes and Management Information Systems. Academy of management Journal 22(3), 527-538.

Specks, W.; Rech, B. (2005): Car-to-X Communication – The Integration of the Vehicle into our Connected World. Elektronik im Kraftfahrzeug. Baden-Baden, Oktober 2005.

Spiekermann, S.; Grossklags, J.; Berendt, B. (2001): E-privacy in 2nd generation E-Commerce. Proceedings of the 3rd ACM Conference on Electronic Commerce EC'01, Tampa, Florida, USA, ACM Press.

Taylor, S.; Todd, P. (1995): Understanding Information Technology Usage: A Test of Competing Models. Information Systems Research 6(2), 144-176.

Venkatesh, V. (2000): Determinants of Perceived Ease of Use: Integrating Control, Intrinsic Motivation, and Emotion into the Technology Acceptance Model. Information Systems Research 11(4), 342-365.

Venkatesh, V.; Davis, F. (2000): A Theoretical Extension of the Technology Acceptance Model: Four Longitudinal Field Studies. Management Science 46(2), 186-204.

Venkatesh, V.; Morris, M. G.; Davis, F. D.; Davis, G. B. (2003): User Acceptance of Information Technology: Toward a Unified View. MIS Quarterly, 27, 425-478.

Vijayasarathy, L. R. (2003): Predicting consumer intentions to use on-line shopping: the case for an augmented technology acceptance model. Information and Management 41, 747-762.

Wandke, H. (2005): Assistance in human–machine interaction: a conceptual framework and a proposal for a taxonomy. Theoretical Issues in Ergonomics Science. 6, 129-155.

Weiser, M. (1991): The Computer for the 21st Century. Scientific American. 265, 94-104.

Woodcock, A.; Galer Flyte, M. D. (1998): Supporting ergonomics in automotive design. International Journal of Vehicle Design, 19, 504-522.

Yang, H.; Yoo, Y (2003): It's all about attitude: revisiting the technology acceptance model. Decision Support Systems 38, 19-31.

A. M. Heinecke, H. Paul (Hrsg.): Mensch & Computer 2006: Mensch und Computer im Struktur*Wandel*.
München, Oldenbourg Verlag, 2006, S. 155-164

Der Wandel in der Benutzung des World Wide Webs

Harald Weinreich [1], Hartmut Obendorf [1], Matthias Mayer [1], Eelco Herder [2]

Department Informatik, MIN Fakultät, Universität Hamburg [1]
Forschungszentrum L3S, Universität Hannover [2]

Zusammenfassung

Dieser Beitrag präsentiert ausgewählte Ergebnisse einer Langzeitstudie mit 25 Teilnehmern zur Benutzung des Webs. Eine Gegenüberstellung mit den Ergebnissen der letzten vergleichbaren Studien offenbart eine deutliche Veränderung im Navigationsverhalten der Nutzer. Neue Angebote und Dienste des Webs sowie die Möglichkeiten aktueller Web-Browser, führen offenbar zu neuen Navigationsstrategien. Gleichzeitig weisen unsere Ergebnisse darauf hin, dass dieser Wandel nicht adäquat bei der Weiterentwicklung der Browser berücksichtigt wurde und die Anwender infolgedessen mit neuen Problemen konfrontiert werden. Insbesondere das Zurückkehren zu Seiten – sowohl nach kurzer als auch nach längerer Zeit – stellt neue Anforderungen an die Benutzungsschnittstelle der Browser.

1 Einleitung

Das World Wide Web ist ein hochdynamisches System; ständig werden neue Dienste und Technologien entwickelt und neue Nutzungsmöglichkeiten eröffnet. Funktionen, die früher spezielle Applikationen auf dem PC voraussetzten, sind zunehmend auch über web-basierte Schnittstellen zugänglich. Dies reicht von Email, Terminplanern über Diskussionsforen bis hin zu Diensten mit komplexer kommerzieller Funktionalität, wie die Online-Buchung von Reisen. Dadurch werden oft auch neue Anforderungen an den Browser gestellt, die bei der Konzeption des World Wide Webs nicht vorhergesehen wurden (Berners-Lee 1989).

Während sich die Server-Technologien im letzten Jahrzehnt maßgeblich weiterentwickelt haben und die technischen Möglichkeiten der in den Browsern integrierten Skript-Sprachen durch interaktive Web-Seiten ausgereizt werden, wurde die Benutzungsschnittstelle der Browser selbst kaum geändert. Dies trifft insbesondere auf die integrierten Werkzeuge für Navigation und Orientierung zu, die denen der ersten Browser von vor über zehn Jahren erstaunlich stark ähneln. Eher subtile Neuerungen sind z.B. das so genannte „Tabbed Browsing" (s. Abb. 1) und „Mausgesten" (vgl. Moyle & Cockburn 2003), die aber noch immer nicht für alle Benutzer verfügbar sind oder spezielle Erweiterungen voraussetzen.

Abbildung 1: Links die History („Chronik"), oben der Bookmark-Toolbar und rechts oben zwei Tabs des Browsers

Trotz der fortlaufenden Wandlung des Webs gibt es nur wenige Langzeitstudien über das Navigationsverhalten seiner Benutzer, die Probleme beim Umgang mit dem Web aufzeigen und belegen könnten. Die letzten derartigen Untersuchungen stammen aus den Jahren 1994, 1995 und 1999 (s. folgender Abschnitt). Sie sind zwar von hoher Qualität und werden bis heute referenziert, es mangelt ihnen aber schlicht an Aktualität. Viele der Änderungen des Webs können auch Auswirkungen auf die Anforderungen der Anwender an den Browser haben und sich in ihrem Verhalten und der Interaktion mit dem Browser widerspiegeln.

Dieser Beitrag präsentiert ausgewählte Ergebnisse einer neuen clientseitigen Langzeitstudie mit 25 Teilnehmern, die die Resultate vorheriger Studien verifiziert und aktualisiert. Basierend auf den gesammelten Daten wird untersucht, wie sich Web und Benutzerverhalten geändert haben. In Verbindung mit qualitativen Aussagen aus Interviews wird ermittelt, welche neuen Anforderungen sich an Web-Browser ergeben haben. Offene Probleme sehen wir vor allem im Fehlen einer adäquaten Unterstützung für die „Navigation" in dynamischen Web-Inhalten und für paralleles Browsing in verschiedenen Fenstern sowie das Wiederfinden selten besuchter Seiten.

2   Verwandte Arbeiten

Die Benutzung des World Wide Webs ist von Beginn an Gegenstand vieler Forschungsprojekte gewesen. Zahlreiche Untersuchungen beruhen dabei auf einer Auswertung der Benutzungsdaten, die von Web-Servern aufgezeichnet werden (vgl. Jansen et al. 2000; Pitkow 1998; Spiliopoulou et al. 2003). Aus solchen *Server-Logs* können viele quantitative Aspekte der Nutzung einer Site ermittelt werden. Allerdings weisen die aufgezeichneten Daten eine Reihe von Schwächen auf: So beziehen sie sich immer nur auf *eine* Web-Site; das Verhalten außerhalb der Site wird ausgeblendet. Technische Probleme (wie das Caching von Seiten) verhindern ein Verfolgen des genauen Navigationspfades, und viele Details der Interaktion mit dem Browser bleiben verborgen (z.B. die Verwendung mehrerer Fenster). Im Gegensatz dazu basieren Kurzzeitstudien zur Benutzung des Webs zumeist auf Benutzerbeobachtungen, Videoaufzeichnungen oder Web-Tagebüchern und liefern detaillierte qualitative Daten, die auch den Benutzungskontext berücksichtigen (vgl. Choo 2000; Milic-Frailing 2004; Sellen 2002). Solche Studien sind aber sehr zeitaufwendig und können daher in der Regel nur über eine zeitlich deutlich begrenzte Benutzungsperiode und mit kleinen Teilnehmerzahlen durchgeführt werden. Daraus lassen sich schwerlich Erkenntnisse über längerfristige Verhaltensmuster (wie das Zurückkehren zu Web-Seiten nach größerer Zeit) und quantitative Aussagen zur Verwendung des Browsers ziehen.

Bis heute sind nur drei größere Langzeitstudien zur Benutzung des Webs publiziert worden, die auf Auswertungen clientseitiger Aufzeichnungen der Interaktion einzelner Benutzer mit ihrem Web-Browser basieren. Nur zwei davon – beide über zehn Jahre alt – haben die exakten Navigationsaktionen der Benutzer erfasst.

Die erste derartige Untersuchung wurde 1994 von *Catledge und Pitkow* durchgeführt. Mit Hilfe einer angepassten Version des XMosaic-Browsers wurden die die Aktionen von 107 Studenten während einer Periode von 21 Tagen aufgezeichnet. Die Autoren identifizierten anhand ihrer Daten zahlreiche „Navigationsstrategien". Der Back-Button war damals mit 41% der Navigationsaktionen das bedeutendste Interface-Element des Browsers. Lediglich die in den Dokumenten eingebetteten Hyperlinks wurden noch häufiger zur Navigation verwendet (52%, Tabelle 1). Andere Navigationsmittel, wie die Browser-History oder archivierende Aktionen wie das Speichern und Drucken von Seiten, wurden unerwartet selten eingesetzt (vgl. Catledge & Pitkow 1995).

Tauscher und Greenberg führten im folgenden Jahr (1995) eine vergleichbare Studie durch, die sich insbesondere darauf konzentrierte, wie Anwender zu zuvor bereits gesehenen Dokumenten zurückkehren. Die Autoren definierten die „Recurrence Rate" als die Wahrscheinlichkeit, mit der die nächste von einem Benutzer besuchte Seite bereits zuvor von ihm im Browser geöffnet wurde. Aufgrund ihrer Daten (23 Teilnehmer, 35-42 Tage, s. Tabelle 1) ermittelten sie eine durchschnittliche „Recurrence Rate" von 58%. Allerdings fanden die meisten Wiederbesuche innerhalb kurzer Zeit und mithilfe des Back-Buttons statt: 85% der wiederholt aufgerufenen Dokumente waren in der Liste der letzten 10 URIs zu finden (vgl. Tauscher & Greenberg 1997).

Eine dritte Langzeitstudie von *Cockburn und McKenzie* im Jahre 1999 basierte auf einer nachträglichen Auswertung täglicher Sicherungskopien von History- und Bookmark-Dateien des Netscape Navigators von 25 Personen ihrer Fakultät. Sie gab Aufschluss über die Verwendung von Bookmarks, Verweilzeiten und den Wiederbesuch von Seiten, nicht aber über die genauen Aktionen und Navigationspfade der Benutzer und ist daher mit unserer Untersuchung nur eingeschränkt vergleichbar (Cockburn & McKenzie 2001).

3   Die Studie

Von den Autoren dieses Beitrages wurde im Winter 2004/2005 eine Langzeitstudie zur Benutzung des Webs mit 25 unbezahlten Freiwilligen durchgeführt. Vor Beginn und zum Ab-
schluss der Untersuchung wurden in jeweils 90-minütigen Interviews neben demographi-
schen Daten zahlreiche Details zum Benutzungsverhalten erfragt, beispielsweise welche
Mechanismen die Teilnehmer aus welchen Gründen zum regelmäßigen Besuch von Web-
Seiten verwendeten oder wie sie mehrere Browser-Fenster und Tabs einsetzten. Sechs der
Teilnehmer (24%) waren weiblich, das Alter der Personen reichte von 24 bis zu 52 Jahren
(Mittelwert: 30,5). Alle Studienteilnehmer bezeichneten sich als erfahren im Umgang mit
dem Web und gaben an, dass sie es bereits zwischen drei und zwölf Jahren (Mittelwert: 8)
nutzen würden. Die meisten Personen kamen aus Deutschland (14) und den Niederlanden
(8), zwei lebten in Irland und einer in Neuseeland. Fast zwei Drittel waren Informatiker,
neun ordneten sich hingegen einer anderen Fachrichtung zu: darunter zwei Psychologen, und
jeweils ein Soziologe, Elektrotechniker, Händler, Geologe, Trainer, Historiker und Photo-
graph. Die Studiendauer lag zwischen 52 und 195 Tagen (Mittelwert: 105). Wir konnten
insgesamt 137.272 Navigationsaktionen aufzeichnen (s. Abschnitt 3.1); es wurden 65.654
unterschiedliche Seiten auf 9.741 Web-Sites besucht. Die individuelle Nutzungsintensität des
Webs variierte zwischen durchschnittlich 19,5 bis 204,8 besuchten Seiten pro aktivem[1] Tag.

Die Anwerbung der Testteilnehmer war schwieriger als erwartet: Viele der angefragten Personen reagierten ablehnend, da sie die Benutzung des Webs als zu „persönlich" ansahen oder
Sorge hatten, dass unsere Software zur Aufzeichnung ihrer Aktionen die Benutzung ihres
Systems einschränken könnte. Als Folge dieser kritischen Haltung ließen sich nur Personen
gewinnen, die den Autoren der Studie persönlich bekannt waren. Die Daten wurden anonymisiert behandelt und sicherheitsrelevante Parameter (z.B. Passwörter) nicht aufgezeichnet.

Erfassung und Verarbeitung der Benutzungsdaten

Eine Vorerhebung zeigte, dass die potentiellen Teilnehmer einer solchen Studie viele unterschiedliche Betriebssysteme, Browser und Browser-Erweiterungen auf ihrem Arbeitsplatzrechner nutzten. Als Konsequenz daraus benötigten wir eine Software zur Aufzeichnung der
Benutzeraktionen mit dem Browser, die mit möglichst vielen der Systeme kompatibel war.
Nach der Erprobung mehrerer Prototypen entwickelten wir ein System, das auf einem Intermediary (Barrett et al. 1997) basiert, der entsprechend einem Web-Proxy Zugriff auf alle von
und zu dem Browser übertragenen Daten hat. Der Intermediary fügte (für den Anwender unsichtbar) JavaScript-Events und Programmcode zu allen Web-Seiten hinzu. Dieser eingebettete Code diente dazu, für jede Web-Seite zahlreiche Browser-Parameter auszulesen, Ereignisse im Browser zu erfassen und diese Daten per `http` an den Intermediary zu übertragen.
Auf diese Weise konnten detaillierte Informationen über jeden ausgewählten Link, alle
übermittelten Formulardaten und den Zustand der Browser-History ermittelt werden. Weiterhin war es möglich, Fenster, Tabs und Frames zu unterscheiden, indem jedem Dokumen-
tenbereich ein eindeutiger Name zugewiesen wurde. Der Intermediary analysierte zudem alle
übertragenen Dokumente und zeichnete beschreibende Daten zu ihnen auf, wie die Doku-

---

[1] Wir berücksichtigen nur Tage, an denen mindestens eine Seite im Browser geöffnet wurde, um möglichen Verfäl-
schungen der Ergebnisse durch längere Arbeitspausen (z.B. Urlaube) vorzubeugen.

menttitel und die Anzahl der Wörter und Links. Technisch basiert das Logging-Werkzeug auf IBMs WBI (Barrett et al. 1997) und dem Scone-Framework (Weinreich et al. 2003).

Eine zusätzliche Möglichkeit zur Aufzeichnung von Benutzungsdaten ergab sich durch die Einführung des Browsers *Firefox 1.0* im November 2004. Aufgrund der freien Verfügbarkeit der Quellen konnten wir diesen Browser so erweitern, dass die Benutzung der Interface-Elemente aufgezeichnet wurde. Zu dieser Zeit wechselten viele erfahrene Anwender zu Firefox, so dass 15 der 25 Teilnehmer dafür gewonnen werden konnten, für den Zeitraum der Studie mit einer von uns angepassten Version von Firefox auf das Web zuzugreifen. Die Browser-Daten wurden nach der Studie mit den Aufzeichnungen des Intermediaries zusammengeführt, um weitere Details über die Benutzung des Webs zu erhalten und mögliche Schwächen in den Logs zu lokalisieren.

Es zeigte sich, dass die gewonnenen Daten vor der Auswertung relativ aufwendig aufbereitet werden mussten, da viele Seitenaufrufe nicht direkt einer Benutzeraktion zuzuordnen waren. Wir konnten drei wichtige Ursachen für diese unerwünschten Eintragungen ermitteln: Am problematischsten waren durch Online-Werbung verursachte Seitenaufrufe, wobei diese Werbe-Seiten zumeist mittels *iFrames* in andere Web-Dokumente eingebunden waren. Für die Studienteilnehmer, die keinen „Ad Blocker" verwendet hatten (8 der 25), machten die Seitenaufrufe durch Online-Werbung fast 18% aller übertragenen Web-Seiten aus, für die Benutzer mit entsprechenden Filtern war der Anteil unter 1%[2]. Ein weiteres Problem ergab sich durch *HTML-Frames*, da entsprechend aufgebaute Seiten bei Aufruf einer Ansicht gleich mehrere HTML-Dateien vom Server laden. Diese Zugriffe wurden zu jeweils einem Navigationsereignis zusammengefasst. Zum Dritten wurden automatische *Reloads* von Seiten (z.B. bei News-Tickern eingesetzt, um den Seiteninhalt im Browser regelmäßig zu aktualisieren) entfernt, da sie ebenfalls keine bewusste Benutzeraktion darstellen. Als Ergebnis dieses langwierigen Aufbereitungsprozesses erhielten wir Benutzungsprotokolle, bei denen jeder Seitenabruf einer *Navigationsaktion* eines Anwenders entsprach.

4   Die Ergebnisse der Studie

Der Wandel des Webs manifestiert sich in einer geänderten Häufigkeit der Navigationsaktionen der Teilnehmer. Bei genauerer Analyse und unter Berücksichtigung der Interviewergebnisse finden sich gleichzeitig Hinweise auf zahlreiche Probleme der Benutzer im Umgang mit dem Web.

Hyperlinks sind mit einem Anteil von fast 44% weiterhin das bedeutendste Navigationsmittel, um zu neuen Seiten zu gelangen. Demgegenüber hat sich der Anteil der meisten anderen Aktionen deutlich geändert. Der *Back-Button* (*Zurück*) hat auffallend an Bedeutung verloren: Er liegt mit 14,3% unter der Hälfte der vor zehn Jahren protokollierten Werte. Geringfügiger zurückgegangen ist der *direkte Zugriff* auf Web-Seiten. Dies fasst Aktionen wie die Auswahl von *Bookmarks*, den *Homepage-Button* und Eingaben in die *Adresszeile* zusammen – Handlungen, die zumeist ebenfalls zum Zugriff auf bekannte Seiten genutzt wurden.

---

[2] Diese Werte beinhalten keine Online-Werbung in Form eingebundener Grafiken oder Flash-Animationen.

Tabelle 1: Vergleich der drei Langzeitstudien

	Catledge & Pit-kow[3]	Tauscher & Greenberg[3]	Diese Studie
Studienzeitraum	1994	1995-1996	2004-2005
Teilnehmerzahl	107	23	25
Studiendauer (Tage)	21	35-42	$52-195, \varnothing = 105$
Summe der Seitenbesuche	31.134	84.841	137.272
Aktionen pro Benutzer	$\varnothing = 291$	$\varnothing = 3.689$ (Min. 300)	$\varnothing = 5491$ (912-30.756)
Recurrence Rate (s. Text)	61%	58%	45,6% / 69,4%
Links	45,7%	43,4%	43,5%
Zurück (Backtracking)	35,7%	31,7%	14,3%
Formulardaten (Form Submit)	-	4,4%	15,3%
Neues Fenster / Neuer Tab	0,2%	0,8%	10,5%
Direkter Zugriff	12,6%	13,2%	9,4%
Neu Laden (Reload)	4,3%	3,3%	1,7%
Vorwärts (Forward)	1,5%	0,8%	0,6%
Sonstiges	-	2,3%	4,8%

Im Gegensatz dazu haben zwei andere Navigationsaktionen immens an Bedeutung gewonnen: Mit über 15% stellt das Übermitteln von Formulardaten inzwischen die zweit-
bedeutendste Aktivität im Web dar, und das Öffnen von Dokumenten in einem neuen Fenster
oder Tab ist von unter 1% auf über 10% angewachsen (s. Tabelle 1).

Online-Applikationen und Backtracking

Das häufige Übertragen von Formulardaten lässt sich auf die regelmäßige Verwendung von
Suchmaschinen (ca. 6% aller Navigationsaktionen waren Suchanfragen an Google) und auf
die zunehmende Verbreitung von Web-Applikationen zurückführen. Es zeugt somit vom
Wandel des Webs von einem verteilten Hypertext-Informationssystem – als das es eigentlich
konzipiert wurde – hin zur universellen Schnittstelle für verteilte Anwendungen. Dies hat
unsers Erachtens potenziell Auswirkungen auf die Anforderungen des Benutzers an den
Web-Client: Während bei einem Hypertextsystem die Orientierung und Navigation des Benutzers entscheidend sind und er oft zurücknavigiert, um einen anderen Pfad einzuschlagen,
werden mit interaktiven Applikationen Aufgaben erledigt, die zumeist aus mehreren Arbeits-
schritten bestehen. Dabei geht es eher darum, Aktionen rückgängig zu machen sowie Aufgaben unterbrechen und fortsetzen zu können. Solche Funktionen werden aber von aktuellen
Web-Browsern kaum unterstützt: *Zurück* entspricht oft keineswegs einem *Undo*. In vielen

---

[3] Wir haben die prozentualen Werte von (Catledge & Pitkow 1995) und (Tauscher & Greenberg 1997) neu berechnet, um die Daten aller drei Studien vergleichen zu können. Dabei wurden die in dieser Untersuchung genutzten
Definitionen von Navigationsaktionen zu Grunde gelegt.

Web-Anwendungen ist die Nutzung des Back-Buttons überdies gar nicht zulässig: Entweder wird der Dienst in einem neuen Browser-Fenster ohne Navigationselemente geöffnet, der Benutzer wird aufgefordert, das Backtracking nicht zu verwenden oder er erhält sogar eine Fehlermeldung, wenn er dennoch auf *Zurück* klickt.

Die Navigationsprotokolle zeigen die erwartete Korrelation zwischen Formulareingaben und der Nutzung des Backtrackings: Das Drittel der Teilnehmer, das überdurchschnittlich oft Online-Applikationen verwendete, benutzte den Back-Button deutlich seltener (9,2%) als die restlichen Teilnehmer (16,2%); ein marginal signifikantes Ergebnis (t = 2,715; p = 0,012).

Multiple Fenster, Tabs und Backtracking

Das Öffnen von Web-Seiten in einem neuen Fenster oder Tab des Browsers wurde im Vergleich zu den früheren Studien (unter 1%) wesentlich häufiger registriert (10,5%). Das liegt nur teilweise an einer anderen Datenerhebung, denn damals wurde nur das explizite Öffnen neuer Fenster aus dem Pull-Down-Menü des Browsers aufgezeichnet; wir haben hingegen alle Aktionen berücksichtigt, bei denen ein Dokument in einem neuen Fenster oder Tab geöffnet wurde – ob per Kontextmenü (s. Abb. 1), Mausgeste oder automatisch per JavaScript. Die Aktionsprotokolle zeigen aber, dass die Mehrzahl der Teilnehmer regelmäßig neue Browser-Fenster oder Tabs öffnete und auch mehrere Seiten gleichzeitig geöffnet hielt. Im Interview gab etwa zwei Drittel der Personen an, dass dies eine bewusste Navigationsstrategie sei. Sie führten zahlreiche Gründe für dieses Verhalten an, beispielsweise dass es ihnen die Möglichkeit eröffne, mehrere Dokumente (z.B. die Ergebnisse einer Suchanfrage) „nebeneinander zu vergleichen" und dass es die Navigation im Web beschleunige, da so neue Dokumente im Hintergrund übertragen werden könnten. Mehrere Tabs und Fenster stellten somit eine Alternative zum Backtracking dar, indem das Ausgangsdokument in einem Fenster geöffnet blieb, während die Linkziele in neuen Bereichen geladen wurden.

Tatsächlich gibt es eine Korrelation zwischen dem häufigen Öffnen von Web-Seiten in neuen Browser-Fenstern oder Tabs und der Nutzung des Back-Buttons. Das Drittel der Teilnehmer, das am häufigsten neue Fenster öffnete, verwendete den Back-Button seltener (10,2%) als das Drittel der Teilnehmer, das meistens nur ein Fenster nutzte (16,4%; t = 2,509; p = 0,026). Ein ähnlicher Zusammenhang besteht zwischen Browser-Tabs und *Zurück*. Sechs unserer Firefox-Benutzer verwendeten regelmäßig Tabs und nutzten dafür den Back-Button seltener (9,9%) als die restlichen sieben Firefox-Benutzer (18,3%), die nahezu keine Tabs einsetzten (t = 2,311; p = 0,038).

Einige Teilnehmer haben in dem Zusammenhang auf Probleme hingewiesen, die sich für sie aus der Kombination mehrerer Fenster und dem Backtracking ergaben: Da jedes Fenster über eine eigene „History" für das Backtracking verfüge, ist es mittels *Zurück* nicht möglich, zur vorherigen Seite zurückzukehren, wenn zuvor ein Linkziel in einem neuen Fenster geöffnet wurde. Stattdessen müssen die geöffneten Fenster nach der Ausgangsseite durchsucht werden. Genauer betrachtet untergraben damit Tabs und multiple Fenster das Konzept des Back-Buttons: Seine essentielle Funktion, immer zur zuletzt besuchten Seite zurückzuführen, erfüllt er damit nicht mehr. Gleichzeitig wird die kognitive Belastung der Benutzer weiter erhöht (Conklin 1987), da sie nun mehrere Navigationspfade im Überblick behalten müssen. Eine Lösung dieser Problematik scheint deshalb dringend notwendig.

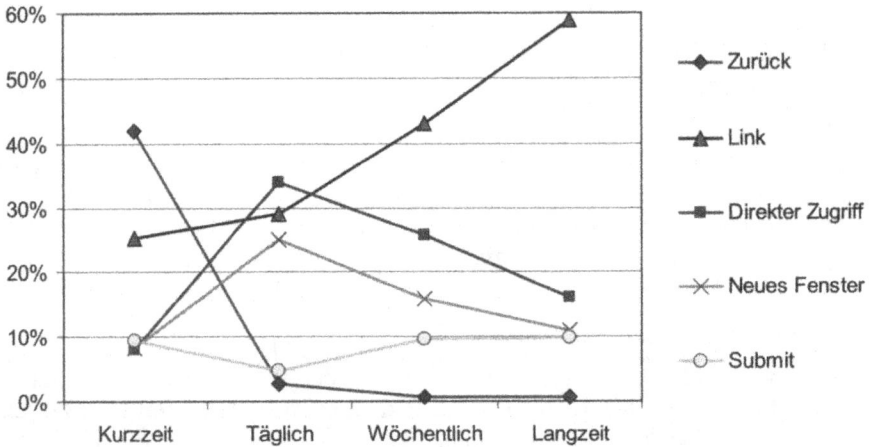

Abbildung 2: Vergleich unterschiedlicher Methoden zum Zurückkehren zu Web-Seiten

Neue Navigationsstrategien zum Wiederbesuchen von Web-Seiten

Die geringere Häufigkeit von Navigationsaktionen zum Zurückkehren zu Web-Seiten (*Zurück, Direkter Zugriff*) und die gleichzeitige Zunahme von „Vorwärtsgerichteten" Aktionen (*Submit, Neues Fenster*) könnten auch bedeuten, dass Benutzer weitaus seltener Dokumente mehrfach im Browser aufrufen als Mitte der 90er. Dem steht allerdings entgegen, dass die „Recurrence Rate" in ungleich geringerem Maße abgenommen hat: Mit ca. 46% liegt sie zwar unter dem Wert von vor zehn Jahren (ca. 60%, s. Tabelle 1), ist aber immer noch so hoch, dass man sagen kann, Benutzer kehren weiterhin *häufig* zu bekannten Seiten zurück.

Für eine genauere Analyse der Benutzerstrategien zum Zurückkehren zu Seiten haben wir alle Navigationsaktionen, die zum Wiederbesuch eines Dokumentes führten, vier Zeitintervallen zugeordnet: Wiederbesuche innerhalb einer Stunde (Kurzzeit), eines Tages, einer Woche oder länger (Langzeit). Abb. 2 zeigt, dass der Back-Button bei kurzzeitigen Wiederbesuchen zwar immer noch das wichtigste Werkzeug ist, aber insgesamt über die Hälfte der Kurzzeit-Revisits über Links und andere Aktionen erfolgt – Benutzer greifen damit offenbar deutlich häufiger auf die vielen Navigationsmöglichkeiten moderner Web-Sites zurück.

Eine weitere Tendenz ist erkennbar: Der *direkte Zugriff* wird insbesondere für Seiten eingesetzt, die Benutzer regelmäßig und mindestens täglich besuchen. Das detaillierte Firefox-Log und die Interviews offenbarten, dass die Teilnehmer dabei verschiedene Vorlieben haben: Einige verwendeten hauptsächlich das Bookmark-Menü, andere den Bookmark-Toolbar (den es in den früheren Studien noch nicht gab), und einige bevorzugten es, die URI direkt in der Adressleiste einzutippen, wobei sie gerne auf die Funktion zur Auto-Vervollständigung zurückgriffen. Diese unterschiedlichen Gewohnheiten zeigen, dass die Interaktion mit dem Browser im Detail sehr individuell sein kann und eine Anpassbarkeit der Navigationsmittel des Browsers an die Anforderungen des Benutzers wichtig ist.

Die Auswertung zeigt auch, dass *Hyperlinks* für Seiten, die erst nach noch längerer Zeit wiederbesucht werden, erheblich an Bedeutung gewinnen (Abb. 2). Um Ressourcen nach

längerer Zeit wiederzufinden, werden offenbar eher alte Pfade reproduziert, statt auf Bookmarks oder die Browser-History (Abb. 1, links) zurückzugreifen. Insbesondere letztere spielt
nur eine marginale Rolle: Sie wurde in unter 0,2% aller Navigationsaktionen eingesetzt. Nur
zwei Teilnehmer sagten aus, dass sie die History von Zeit zu Zeit verwenden würden, während zehn Teilnehmern die Funktion gänzlich unbekannt war. Dies deutet darauf hin, dass
die aktuell implementierten History-Mechanismen für das Wiederfinden von Web-
Ressourcen nach längerer Zeit nicht wirklich hilfreich sind. Im Interview gab über die Hälfte
der Teilnehmer an, dass sie zwar *relativ selten* Probleme hätten, nach längerer Zeit zu Seiten
zurückzukehren, diese Fälle für sie aber dennoch *bedeutsam* seien. Es wurde mehrfach ange-
merkt, dass es bereits eine Hilfe wäre, auf frühere Suchbegriffe (da sie sie teilweise nicht
erinnern konnten) und alte Suchausgaben (da sich die Ergebnislisten mit der Zeit ändern)
erneut zugreifen zu können. Hier scheint ebenfalls Handlungsbedarf zu bestehen.

5   Fazit

Dieser Beitrag präsentiert einen kleinen, aber wesentlichen Ausschnitt der in der beschriebenen Langzeitstudie gewonnenen Erkenntnisse. Es wird gezeigt, dass der Wandel des Webs
Auswirkungen auf die Navigationsgewohnheiten der Benutzer hat und dass aktuelle Browser
den Anforderungen der Benutzer in vielen Bereichen nicht mehr gerecht werden.

Kritisch zu bewerten ist die mangelhafte Unterstützung der Rückkehr zu kürzlich besuchten
Web-Seiten. Für derartige *Revisits* konnte früher immer auf das *Backtracking* zurückgegriffen werden, das aber heute in vielen Situationen nicht mehr erwartungsgemäß funktioniert.
Der Einsatz mehrerer Fenster und Tabs führt dazu, dass dem Anwender teilweise der *Back-
Button* nicht zur Verfügung steht und er stattdessen mehrere Bereiche nach dem Ausgangsdokument durchsuchen muss. Dynamische Web-Applikationen stellen ebenfalls neue Anforderungen an Client und Server, da hier statt des *Zurück* oft eher ein *Undo* von Nöten wäre.

Seltene, aber persönlich wichtige Wiederbesuche werden ebenfalls nicht adäquat unterstützt:
Die hierfür vorgesehenen *Bookmarks* und die *History-Liste* werden nicht oder anders genutzt
als intendiert. Anwender behelfen sich stattdessen oft damit, bekannte Wege wieder zu verfolgen. Gleichzeitig fehlt ein Standard für das Zurückkehren zu und Archivieren von *dynamisch* generierten Web-Dokumenten (Buchungsbestätigungen, Rechnungen) im Browser.

Aber auch die Benutzungsschnittstellen der Navigationselemente *in* Web-Seiten – *Hyperlinks* und *Formulare* – sollten aufgrund ihrer Bedeutsamkeit mehr Beachtung finden: Links
sind weiterhin das wichtigste Navigationsmittel im Web und zudem für das Zurückkehren zu
Ressourcen von großer Relevanz; das Wiederfinden von Pfaden nach längerer Zeit wird aber
vom Link-Interface nicht unterstützt (Weinreich et al. 2004). Web-Formulare sind inzwischen die zweithäufigste Interaktionsform, dennoch existiert kein Konsens über den Umgang
mit ihnen, es gibt kaum Forschungsergebnisse und der zukunftsweisende *XForms*-Standard
wird noch von keinem populären Web-Browser vollständig unterstützt.

Literaturverzeichnis

Barrett, R.; Maglio, P. P.; Kellem, D. C. (1997): How to Personalize the Web. Proc. of CHI '97, Atlanta, USA., S. 75-82.

Berners-Lee, T. (1989): Information Management: A Proposal. Graz, CERN Internal Communication.

Catledge L. D.; Pitkow J. E. (1995): Characterizing browsing strategies in the World-Wide Web. Computer Networks and ISDN Systems, Vol. 27, Nr. 6, S. 1065-1073.

Choo, C. W.; Detlor, B.; Turnbull, D. (2000): Information Seeking on the Web: An Integrated Model of Browsing and Searching. First Monday Online Journal, Vol. 5, Nr. 2.

Cockburn, A.; McKenzie, B. (2001): What Do Web Users Do? An Empirical Analysis of Web Use. International Journal of Human-Computer Studies, Vol. 54, Nr. 6, S. 903-922.

Conklin, J. (1987): Hypertext: An Introduction and Survey. IEEE Computer, Vol. 20., Nr. 9, S. 17-41.

Jansen, B. J.; Spink, A; Saracevic, T. (2000): Real Life, Real Users and Real Needs: A Study and Analysis of User Queries on the Web. Information Processing and Management, 36(2), S. 207-227.

Moyle, M.; Cockburn, A. (2003): The Design and Evaluation of a Flick Gesture for 'Back' and 'Forward' in Web Browsers. Proc. of 4th Australasian User Interface Conf., S. 39-46.

Pitkow, J. E. (1998): Summary of WWW Characterizations. The Web Journal, Vol.2, Nr.1, S.3-13.

Sellen, A. J.; Murphy, R. M.; Shaw, K. (2002): How Knowledge Workers Use the Web. Proc. of CHI 2002, Minneapolis, ACM Press, S. 227-234.

Spiliopoulou, M.; Mobasher, B.; Berendt, B.; Nakagawa, M. (2003): A Framework for the Evaluation of Session Reconstruction Heuristics in Web Usage Analysis. INFORMS J., 15(2), S. 171-190.

Tauscher, L.; Greenberg, S. (1997): How People Revisit Web Pages: Empirical Findings and Implications for the Design of History Systems. Human Computer Studies, Vol. 47, Nr. 1, S.97-138.

Weinreich, H.; Buchmann, V.; Lamersdorf, W. (2003): Scone: Ein Framework zur evaluativen Realisierung von Erweiterungen des Webs. KiVS '03, Springer, S. 31-42.

Weinreich, H.; Obendorf, H.; Lamersdorf, W. (2004): HyperScout: Linkvorschau im World Wide Web in: i-com: Zeitschrift für interaktive und kooperative Medien, 3(1), S. 4-12

Kontaktinformationen

Harald Weinreich
VSIS, Department Informatik, MIN Fakultät, Universität Hamburg
Email: harald@weinreichs.de, Web: vsis-www.informatik.uni-hamburg.de

Hartmut Obendorf, Matthias Mayer
ASI, Department Informatik, MIN Fakultät, Universität Hamburg
Email: {obendorf | mayer}@informatik.uni-hamburg.de,
Web: asi-www.informatik.uni-hamburg.de

Eelco Herder
Forschungszentrum L3S, Universität Hannover
Email: herder@L3S.de, Web: www.L3S.de

A. M. Heinecke, H. Paul (Hrsg.): Mensch & Computer 2006: Mensch und Computer im Struktur*Wandel*.
München, Oldenbourg Verlag, 2006, S. 165-174

Einsatz von Psychophysiologie in der Mensch-Computer Interaktion

Guido Kempter, Walter Ritter

Fachhochschule Vorarlberg, User Centered Technologies Research

Zusammenfassung

Dieser Beitrag will anhand von drei exemplarischen Computerapplikationen aufzeigen, unter welchen Bedingungen psychophysiologische Messdaten in der Mensch-Computer Interaktion vorteilhaft eingesetzt werden können. Die erste Applikation ist ein psychophysiologisches Testverfahren zur Überprüfung der Usability von Websites. Die Anwendung dieses Verfahrens auf drei Websites deckte Unterschiede in deren Usability auf, die mit herkömmlichen Ansätzen nicht lokalisiert werden konnten. Mit Hilfe der zweiten Applikation, eine Weiterentwicklung der alternativen Texteingabeapplikation „Dasher", können Texte mittels gezielter Bauchmuskelbewegungen geschrieben werden. Die Testanwendung zeigt jedoch, dass hiermit einfache Texte deutlich weniger schnell geschrieben werden können als mit der ebenso ungewohnten Dvorak-Tastatur. Die dritte Computerapplikation ist ein bekanntes Memory-Spiel, auf dessen grafischer Benutzeroberfläche sich Elemente auf der Grundlage der kontinuierlich erhobenen psychophysiologischen Messdaten fortlaufend auf kaum wahrnehmbarem Niveau ändern. Im Vergleich zu unveränderlichen und vorprogrammiert veränderlichen Grafikelementen bewirkt diese Computerapplikation eine deutliche Leistungssteigerung hinsichtlich des Spielziels. Die Gründe für die unterschiedliche Bewertung des Einsatzes psychophysiologischer Messdaten in der Mensch-Computer Interaktion werden diskutiert.

1   Einleitung

In den letzten Jahren können zunehmende Bemühungen zur Implementierung von psychophysiologischen (pp) Benutzerdaten in die Mensch-Computer Interaktion (MCI) beobachtet werden. Neben den technologischen Entwicklungen ist es insbesondere der Fortschritt in der Erforschung und praktischen Anwendung von pp-Indikatoren des Herz-Kreislaufsystems, der Gehirnrinde, Pupillen, Schweißdrüsen und peripheren Muskeln der es ermöglicht, dass diese Benutzerdaten z.B. erfolgreich zur Steuerung von Computeranwendungen verwendet (Brandherm et al. 2005; Kempter et al. 2005) oder eindeutige Rückschlüsse von pp-Begleitreaktionen während der MCI auf die Usability der Benutzeroberfläche gezogen werden können (Izsó et al. 2005; Kempter & Roux 2004). Zu diesen Fortschritten zählt u.a. die Ausarbeitung der unterschiedlichen kommunikativen Grundsätze der pp-Phänomene und des äußerlich beobachtbaren Benutzerverhaltens. So besitzt das augenscheinliche kommunikative Verhalten eine symbolisch-kodierte und konventionelle Bedeutung, die einer erlernten arbiträren Interpretation bedarf. Sie wird primär von bewusst-rationalen Prozessen des Individuums gesteuert und zielt in der MCI auf distinkte Effekte ab (Kempter et al. 2003). Im Gegensatz dazu besitzt das pp-Geschehen prinzipiell eine universelle also für alle Menschen in gleicher Weise gültige Bedeutung bzw. Funktion mit kontinuierlichen Übergängen, die in der MCI grundsätzlich weder beobachtbar noch willkürlich steuerbar sind (ebd.).

Obwohl pp-Phänomene, wie z.B. das beobachtbare Erröten des menschlichen Gesichts und das willkürlich steuerbare Biofeedback, von diesen kommunikativen Grundsätzen teilweise abweichen können, gehen wir davon aus, dass die Vorteile von pp-Messdaten in der MCI erst dann voll zum Tragen kommen, wenn die genannten Grundsätze ausreichend berücksichtigt werden. Unserer Ansicht nach macht es einen theoretischen, methodischen und technologischen Unterschied, ob in der MCI die pp-Begleiterscheinungen als Ausdruck bewusster, arbiträrer und distinkter psychologischer Prozesse oder als Ausdruck nicht bewusster, universaler und kontinuierlicher psychologischer Prozesse verwendet werden. In diesem Beitrag stellen wir drei Computerapplikationen vor, welche die pp-Messdaten auf unterschiedliche Weise verwenden. Die erste Applikation verwendet pp-Messdaten als emotionale Usability Indikatoren, die zweite Applikation verwendet die Messdaten zur expliziten Auswahl von Buchstaben und die dritte Applikation verwendet die Messdaten zur impliziten Veränderung der grafischen Bedienoberfläche. Die Evaluation dieser Computerapplikationen soll zeigen, wie pp-Messdaten vorteilhaft für die MCI eingesetzt werden können.

2 Psychophysiologische Usability Testung

Im Zuge von Usability Testungen werden äußerlich beobachtbare Verhaltensweisen, verbale Beurteilungen, Leistungsmaße und immer mehr auch pp-Messgrößen von Benutzern der zu überprüfenden Mensch-Computer Schnittstelle (MCS) erhoben, um darüber Auskunft geben zu können, inwiefern die Computeranwendungen ausgesuchten Usability Kriterien entsprechen (Wandke 2004). Im Rahmen dieser Teiluntersuchung soll eruiert werden, welche Vorteile die psychophysiologische Usability Testung im Vergleich zur Fragebogenbeurteilung mit sich bringt und welche Nachteile in Kauf genommen werden müssen.

2.1 Vorteile psychophysiologischer Usability Indikatoren

Psychophysiologische Messgrößen sind dann von besonderem Nutzen, wenn sie mit psychologischen Vorgängen parallel laufen, die in den anderen Usability Messgrößen nicht beobachtbar sind. Dies ist vor allem bei nicht bewussten und nicht verbalisierbaren psychischen Prozessen der Fall (Kempter & Bente 2004). Die pp-Messdaten spielen aber auch als Indikatoren bewusster psychologischer Prozesse eine wichtige Rolle, nämlich dann, wenn andernfalls die experimentelle Erfassung relevanter Daten die betreffenden Prozesse in größerem Ausmaß störend beeinflusst. Wenngleich während des Anbringens die Messfühler von den Testpersonen (Tp) zunächst als gewöhnungsbedürftig empfunden werden, führt die pp-Messdatenerfassung selbst in der Regel kaum zu einer Beeinträchtigung des natürlichen

Verhaltens. Denn die Messinstrumente können auch so angebracht werden, dass die Tp völlige Bewegungsfreiheit besitzen und während einer MCI alles machen können, was sie im natürlichen Alltag ebenfalls tun würden (Fahrenberg et al. 2002).

Die pp-Datenerfassung hat aufgrund der Möglichkeit, während des gesamten Zeitraums einer MCI entsprechende Indikatoren zu registrieren, einen weiteren entscheidenden Vorteil. Die Anwendung dieses Messverfahrens kann nämlich zur Bewältigung des Problems jeder kontinuierlichen Erfassung psychischer Prozesse beitragen, dass nicht alle Computerbenutzer an sich selbst die gleichen inneren Vorgänge beobachten oder für vergleichbare Prozesse identische Umschreibungen verwenden. Bei der Analyse von pp-Verlaufsdaten kann indes ein näherungsweise Vergleich gewährleistet werden, da die Biosignale mehrerer Tp während der Durchführung gleicher Aufgaben einander gegenüber gestellt werden können (Kempter & Bente 2004). Die Auswertung kann dann Auskunft über die relative Ausprägung relevanter Effekte bei allen Individuen zu einem bestimmten Zeitpunkt geben. Mit der pp-Messdatenerfassung kann darüber hinaus auch das ansonsten unabwendbare Problem umgangen werden, dass Computerbenutzer nicht in der Lage sind, sich über einen längeren Zeitraum mit gleicher Aufmerksamkeit selbst zu beobachten. Außerdem vergessen sie ihre Beobachtungen im Laufe der Zeit, was besonders bei länger andauernden Usability Testungen oft der Fall ist. Zum Zweck einer zeitlich umfassenden und spezifisch vergleichenden Beschreibung kann hingegen bei der Analyse von pp-Verlaufsdaten jedes wiederholte Auftreten eines bestimmten Musters an Körperreaktionen im Gesamtverlauf aller Biosignale gezielt gesucht und schließlich theoriegeleitet weiter verwertet werden (ebd.).

2.2   Evaluation des psychophysiologischen Messsystems

Zwecks Evaluation des psychophysiologischen Usability Testverfahrens von UCT Research wurde eine Überprüfung von drei kommerziellen Websites mit 18 Tp (neun Frauen und neun Männer im Alter zwischen 19 und 53 Jahren) durchgeführt. Die Tp benutzten alle Websites im Full-Screen Modus sequentiell und nach einem vorgegebenen Nutzungsszenario. Die Reihenfolge der Websites wurde bei jeder Tp geändert, um eventuelle Reihenfolgeeffekte in den pp-Reaktionen und der Fragebogen-Beurteilung zu vermeiden. Die Tp wurden aufgefordert sich während der Nutzung die von ihnen bemerkten Stärken und Schwächen der Websites, in den im Fragebogen beschriebenen Kriterien, zu merken. Der Fragebogen, mit acht Usability Items zur subjektiven Bewertung der Benutzerfreundlichkeit einer Website, wurde von den Tp im Anschluss an die Benutzung einer Website ausgefüllt.

Das pp-Messsystem erfasste u.a. die Hautleitfähigkeit in der Handinnenfläche als auch die Blickrichtung und Pupillenweite über den gesamten Untersuchungszeitraum mit einer Abtastrate von 50 Hertz. Ferner wurden die URLs der jeweils von den Tp genutzten Webseiten aufgezeichnet, um gemeinsam mit den Blickdaten Auskunft geben zu können, wann die Tp ihren Blick auf ein bestimmtes Webseitenelement gelenkt haben. Auf diese Weise können die pp-Reaktionen in den erfassten Kenngrößen, unter Berücksichtigung der jeweiligen Latenzzeiten, eindeutig den betrachteten Webseitenbereichen zugeordnet werden.

2.3   Evaluationsergebnisse

In der Datenauswertung wurden für jede Webseite die gemittelten pp-Reaktionen auf den betrachteten Randbereich und Zentrumsbereich des Bildschirms ermittelt. In Abbildung 1 sind die entsprechenden Mittelwerte der Hautleitfähigkeitsreaktionen auf die durchnummerierten Webseiten dargestellt. Sowohl ein Vergleich zwischen den drei Websites ($F = 1.514$, $p = 0.027$) als auch ein Vergleich aller Webseiten innerhalb einer Website ($F_1 = 1.866$, $p = 0.002$; $F_2 = 1.526$, $p = 0.025$; $F_3 = 2.723$, $p < 0.001$) zeigt statistisch signifikante Unterschiede. Verwendet man die Hautleitfähigkeitsreaktion als Indikator für das Ausmaß der emotionalen Reaktion auf den wahrgenommenen Webseiteninhalt (vgl. Kempter & Bente 2003), dann können mittels visueller Inspektion der Abbildung 1 jene Webseiten mit stark und schwach emotionalisierenden Inhalten eindeutig lokalisiert werden. Im Gegensatz dazu zeigte die Fragebogenauswertung keinen statistisch signifikanten Unterschied ($F = 1.109$, $p = 0.091$) in der Bewertung der Websites durch die Tp.

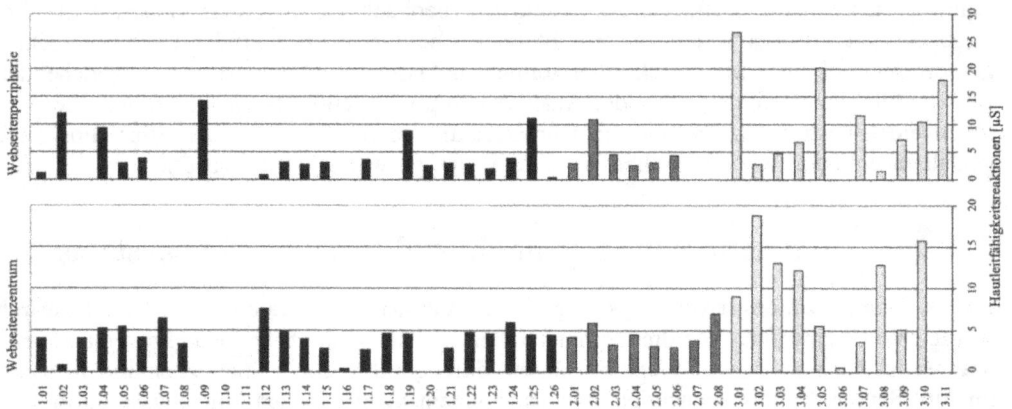

Abbildung 1:Mittleres Ausmaß an Hautleitfähigkeitsreaktionen auf den Randbereich und den zentralen Bereich von ausgewählten Webseiten dreier Websites kleinerer Dienstleistungsunternehmen.

Die vorab erwähnten Vorteile der pp-Messdaten in der Usability Testung lassen sich aufgrund der Evaluationsergebnisse teilweise bestätigen. Vorteilhaft ist insbesondere die Möglichkeit zur weitgehend störungsfreien Aufdeckung von nicht bewussten, emotionalen Usability Aspekten, die z.B. mit Fragebogendaten nicht erreicht werden kann. Inwiefern der relativ große Aufwand der pp-Evaluation diese Vorteile rechtfertigt, hängt u.a. von den zu optimierenden Eigenschaften und dem Entwicklungsstand der MCS ab. Der Aufwand von pp-Messungen ist aber vor allem bei einem vergleichenden Überblick über die psychologischen Effekte großer Mengen an Elementen der Bedienoberfläche gerechtfertigt. Sehr wichtig scheint bei diesem Evaluationsansatz die Kombination mehrerer pp-Messgrößen zu sein, ohne die die Aussagekraft der pp-Messdaten deutlich eingeschränkt wird.

3   Texteingabe mittels Biofeedback Anwendung

Eine weitere Möglichkeit des Einsatzes von pp-Benutzerdaten in der MCI besteht in der Anwendung des Biofeedback Paradigmas. Biofeedback Anwendungen sind allgemein dadurch gekennzeichnet, dass prinzipiell nicht beobachtbare und nicht willkürlich beeinflussbare physiologische Phänomene des eigenen Körpers über ein audio-visuelles Feedback der Ausprägung eines solchen Phänomens und eine systematische Anleitung zur Einflussnahme auf diese Feedbacksignale teilweise bewusst kontrollierbar werden (vgl. Bruns & Praun 2002). Dieses Paradigma wird in der MCI auch dazu verwendet, um mit Hilfe der bewussten und gezielten Veränderung der eigenen Biosignale und der grafischen Umsetzung dieser Biosignale auf einem Computermonitor die Texteingabe ohne Gebrauch der Hände zu ermöglichen (Hinterberger et al. 2004), was z.B. im Kontext der Barrierefreiheit von Bedeutung ist. In dieser Teiluntersuchung soll überprüft werden, ob pp-Messdaten in diesem Zusammenhang Vorteile gegenüber herkömmlichen Benutzereingaben mit sich bringen.

3.1   Evaluation des Bauchmuskel-Dashers

Die Computerapplikation „Dasher" ist eine dynamische Form der Bildschirmtastatur, die von der Inference Group an der Universität Cambridge entwickelt wurde (MacKay 2003). Bei dieser alternativen Texteingabe werden die Buchstaben des Alphabets grafisch innerhalb von Rechtecken angezeigt, die an Größe kontinuierlich zunehmen (siehe Abbildung 2). Die Geschwindigkeit der Größenzunahme eines Rechtecks hängt anfangs von der Wahrscheinlichkeit des darin befindlichen Buchstabens ab, als nächster Buchstabe im Wort bzw. Satz zu folgen. Sobald ein Rechteck die vertikale Mittellinie überschreitet, ist der darin befindliche Buchstabe ausgewählt. Der Zeiger ist als horizontale Linie visualisiert, die wie ein Uhrzeiger im Kreis ursprünglich mit der Maus bewegt werden kann. Wenn das Ende dieses Zeigers auf einen Buchstaben ausgerichtet wird, dann nimmt die Größe des entsprechenden Rechtecks am schnellsten zu. Der Buchstabe überschreitet dann auch als erster die vertikale Mittellinie. Der Dasher wurde von UCT Research dahingehend abgeändert, dass die Auswahl der Buchstaben mittels eines Dehnungsgurtes erfolgen kann, der die Bauchmuskelbewegungen der Benutzer misst. Beim Einatmen bzw. bei Ausdehnung des Bauches bewegt sich der Zeiger nach oben und beim Ausatmen bzw. Einziehen des Bauches bewegt sich der Zeiger nach unten. Sobald der Zeiger hinter der vertikalen Mittellinie platziert ist, wird ein Buchstabe nach dem anderen wieder zurückbewegt.

Um dieses durch Biofeedback erweiterte Texteingabesystem zu evaluieren, wurden Tp gebeten mit diesem sog. Bauchmuskel-Dasher als auch mittels Tastatur im ungewohnten Dvorak-Layout nacheinander mehrere kurze Texte zu schreiben. Es handelte sich um zehn kurze Sätze die zuerst gelernt und anschließend so schnell wie möglich geschrieben werden mussten. Die Texte enthielten nur Kleinbuchstaben und keine Satz- und Sonderzeichen (z.B. das paket wurde falsch zugestellt). Insgesamt nahmen zehn Tp (vier Frauen und sechs Männer im Alter zwischen 27 und 47 Jahren) an der Untersuchung teil. Die eine Hälfte der Tp begann mit dem Bauchmuskel-Dasher, die andere Hälfte begann mit der Dvorak-Tastatur. Die Verwendung des Bauchmuskel-Dashers konnte zuvor zirka fünf Minuten eingeübt werden.

3.2   Evaluationsergebnisse

Die Ergebnisse im Diagramm der Abbildung 2 zeigen, dass die Tp mit der Dvorak-Tastatur eine mehr als doppelt so hohe Texteingabegeschwindigkeit erzielten als mit dem Bauchmuskel-Dasher (M_1 = 29.5; M_2 = 73.6; p < 0.001). Darüber hinaus kann beobachtet werden, dass im Gegensatz zum Bauchmuskel-Dasher bei der Verwendung der Tastatur ein Übungseffekt wirksam wird. Die Texteingabegeschwindigkeit bei Verwendung der Tastatur steigt von 64 Zeichen pro Minute auf 88 Zeichen pro Minute, während sie bei Verwendung des Bauchmuskel-Dashers annähernd bei 30 Zeichen pro Minute bleibt.

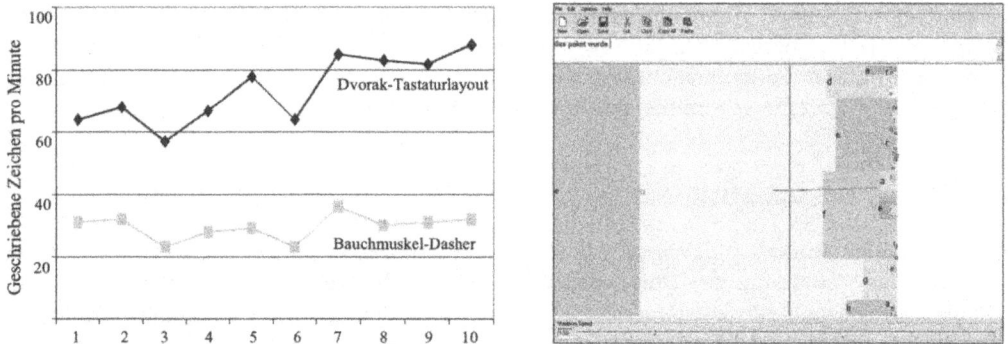

Abbildung 2: Das linke Diagramm zeigt die mittlere Anzahl geschriebener Zeichen pro Minute in zehn aufeinander folgenden Texteingabesituationen mit Dvorak-Tastaturlayout (auf Cherry Keyboard) und dem Bauchmuskel-Dasher. Auf der rechten Seite ist die Bedienoberfläche des Bauchmuskel-Dashers während einer Texteingabe abgebildet.

Der Übersetzungsprozess von kontinuierlichen, nicht bewussten und unwillkürlichen physiologischen Phänomenen in distinkte, bewusste und explizit eingesetzte kommunikative Verhaltensweisen scheint sich nachteilig auf die Effizienz dieser Biofeedback-Applikation auszuwirken. Wir nehmen an, dass in dieser Form die Vorteile des Einsatzes von Psychophysiologie in der MCI kaum zum Tragen kommen können. Darüber hinaus dürfte der erwünschte Übungseffekt bei der Anwendung des Bauchmuskel-Dashers deshalb ausbleiben, weil für kontinuierliche Ausdruckserscheinungen in der MCI kaum Lernerfahrungen vorliegen.

4   Psychophysiologisch-adaptive Oberflächen

In der dritten Teiluntersuchung werden die pp-Messdaten nicht zur expliziten, sondern zur impliziten Ansteuerung der grafischen Bedienoberfläche (GBO) herangezogen. Im Gegensatz zur vorausgegangenen Computerapplikation soll somit kein Übersetzungsprozess von nicht bewussten und unwillkürlichen physiologischen Phänomenen in distinkt und bewusst eingesetzte kommunikative Verhaltensweisen notwendig sein. Wir vermuten, dass dadurch die Vorteile der Psychophysiologie für den Einsatz in der MCI stärker zum Tragen kommen.

4.1   Evolutionäre Anpassung in der MCI

GBOs enthalten u.a. Elemente, wie z.B. Hintergrundfarbe, Strichstärke und Schriftgröße, die ohne eine symbolisch-kodierte Bedeutung und erlernte arbiträre Interpretation ihre intendierte Wirkung in den Benutzern erzielen können. Wenn diese grafischen Elemente durch Benutzereingaben dynamisch verändert werden sollen, besteht die besondere Herausforderung darin, keine zusätzlichen symbolischen Zusammenhänge bzw. keine vorab von Entwicklern festgelegten Verknüpfungen zwischen Benutzereingaben und den grafischen Ausgaben einzuführen. Eine zusätzliche Schwierigkeit in der Umsetzung dieser MCI kommt dann hinzu, wenn die Benutzereingabe durch Messdaten natürlich auftretender pp-Phänomene erfolgen soll. Denn die pp-Messdaten sind dadurch gekennzeichnet, dass deren natürlichen Phänomene ohne genau festlegbarem Beginn und Ende, durchwegs spontan bzw. unerwartet als auch meist unterhalb der Wahrnehmungsschwelle aufscheinen (Kempter & Bente 2004).

In dieser Teiluntersuchung gilt es eine Computerapplikation zu evaluieren, deren GBO sich selbsttätig mit dem Ziel verändert, bestimmte pp-Reaktionen in Benutzern auszulösen. In der Natur wird der Prozess der Herausbildung solcher Reiz-Reaktionszusammenhänge durch die evolutionäre Anpassung des Ausdrucks an den Eindruck erklärt (Kempter et al. 2003), d.h., ein kommunikativer Reiz entwickelt sich, weil er ganz bestimmte Effekte im Rezipienten auszulösen imstande ist und, weil sich dieser Auslösemechanismus in der Evolution als erfolgreich erwiesen hat. Auch die Anpassung der GBO an Benutzer kann bei entsprechenden Voraussetzungen als evolutiver Prozess betrachtet werden. Eine Voraussetzung ist, dass während der Benutzung fortlaufend das Systemverhalten eruiert wird, welches die optimale Reaktion im Benutzer auszulösen imstande ist. Im Rahmen dieser Untersuchung wollen wir diesen interaktiven Prozess auf einem computerbasierten Memory-Spiel umsetzen.

4.2   Evaluation eines computerbasierten Memory-Spiels

Das Ziel des Memory-Spiels besteht darin, aus einer Menge verkehrt und durchmischt aufgelegter Kartenpaare, die zueinander passenden Kartenpaare zu finden und dabei möglichst wenig Karten aufzudecken. Die variablen und anzusteuernden Grafikelemente der GBO des vergleichbaren Computerspiels waren die Hinter- und Vordergrundfarben, Strichstärken, Schriftgröße und Schriftfarbe dieser Karten, deren Konfiguration als Bitmuster beschrieben wurde. Diese Bitmuster wurden während des Spiels in mehreren Durchläufen mittels evolutionärer Algorithmen (Mitchell 1996) verändert. Im ersten Durchlauf (= erste Generation) wurden nach dem Zufall sechs Bitmuster (= Individuen) erstellt, die dann kontinuierlich, jeweils in einem Zeitraum von fünf Sekunden, sequentiell ineinander übergeleitet wurden. Sobald der Spieler ein Kartenpaar aufdeckte, wurde das aktuelle Bitmuster mit dem Mittelwert der elektrodermalen Aktivität dieses Spielers, der im Verlauf der nachfolgenden fünf Sekunden errechnet wurde, zugeordnet. Die Errechnung der pp-Messgröße wurde vorzeitig beendet, falls der Spieler innerhalb dieses Zeitraums ein weiteres Kartenpaar aufdeckte.

Nach Ablauf einer Generation wurden die Bitmuster ermittelt, welche die stärkste elektrodermale Reaktion auszulösen imstande waren. Es wurde angenommen, dass die Gedächtnis- und Konzentrationsleistung der Spieler dann am höchsten sei, wenn die pp-Orientierungsreaktion am stärksten ausgeprägt ist (vgl. Kempter & Bente 2004). Die nächste Generation an Bitmustern wurde dann nach den Regeln der natürlichen Vererbung erzeugt. Diese quasigenetische Verarbeitung bestand darin, Teile der Bitmuster von zwei zweckdienlichen Konfigurationen zu kreuzen und Mutationen zu unterziehen. Die Kreuzung bestand darin, zwei Bitmuster jeweils an einem zufällig ermittelten Punkt zu teilen und dann die Teile gegeneinander auszutauschen. Die Mutation erfolgte in Form einer zufälligen Änderung eines einzelnen Bits. Aus zwei erfolgreichen Elternteilen der alten Generation entstanden so Kinder der neuen Generation. Dieser Prozess wurde so lange wiederholt, bis das Spiel beendet war.

Für die Studie wendeten 18 Tp (zehn Frauen und acht Männer im Alter zwischen 21 und 49 Jahren) das Computerspiel in vier verschiedenen Variationen an. Im Experiment 1 spielten die Tp mit einer Version, bei der sich die grafischen Elemente der GBO nach einem vorher definierten und fixen Muster veränderten, und einer Kontrollversion, bei der keine Veränderungen dieser Elemente durchgeführt wurden. Nach zwei Wochen spielten die Tp mit einer Version, bei der sich die grafischen Elemente entsprechend der pp-Reaktionen der Benutzer, wie oben beschrieben, veränderten als auch mit der Kontrollversion. Die Reihenfolge der Einzelanwendungen wurde gewechselt, um Reihenfolgeffekte im Benutzerverhalten zu vermeiden.

4.3   Evaluationsergebnisse

In Abbildung 3 ist die gemittelte Anzahl der korrekt aufgedeckten Kartenpaare und damit die Spielleistung der Tp in den verschiedenen Spielversionen dargestellt. Im Experiment 1 war die Spielleistung mit der Kontrollversion signifikant höher als die Spielleistung mit der Version, bei der sich die grafischen Elemente der GBO nach einem vorab definierten und fixen Muster änderten ($M_{1,1} = 8.7$, $M_{1,2} = 6.7$; $p = 0.041$).

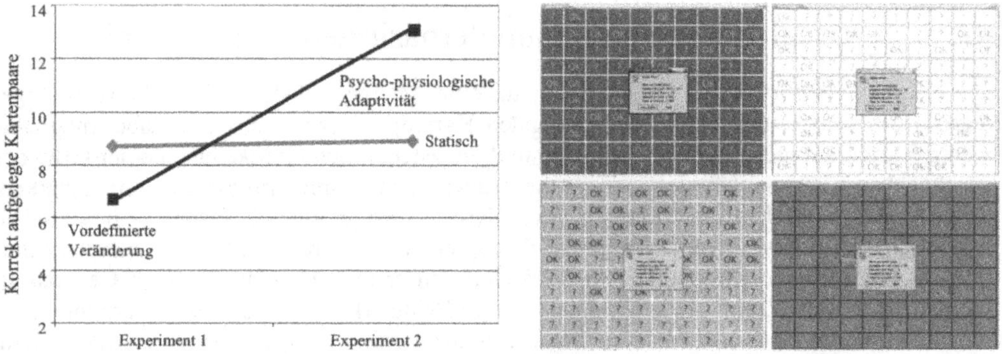

Abbildung 3: Das linke Diagramm zeigt die mittlere Anzahl korrekt aufgedeckter Kartenpaare in einem computerbasierten Memory-Spiel mit statischen, vordefiniert veränderlichen und psychophysiologisch adaptierten GBO-Elementen. Auf der rechten Seite sind vier exemplarische Endzustände der GBO abgebildet.

Im Experiment 2 deckten hingegen die Tp deutlich mehr korrekte Kartenpaare bei Anwendung der Spielversion mit den psychophysiologisch gesteuerten Veränderungen der grafischen Elemente auf als mit der Kontrollversion ($M_{2,1} = 8.9$, $M_{2,2} = 12.9$; $p = 0.018$). Ein Vergleich der Spielleistung mit der Kontrollversion des Computerspiels in Experiment 1 und 2 zeigt, dass diese Leistungssteigerung nicht ausschließlich auf Lerneffekte zurückgeführt werden kann. Es wird vielmehr angenommen, dass diese Leistungssteigerung auf die selbsttätige evolutionäre Anpassung der GBO an die pp-Belange der Benutzer zurückgeführt werden kann.

Die eingangs erwähnte Vermutung scheint sich zu bestätigen, dass die Implementierung von pp-Messdaten in MCS dann sehr vorteilhaft erscheint, wenn sie zur impliziten Steuerung von nicht-symbolischen Elementen der MCI herangezogen werden und es keiner Übersetzung in explizite kommunikative Verhaltensweisen bedarf. Der hier gewählte Ansatz birgt allerdings den Nachteil, dass aufgrund der fehlenden Konventionen ein allgemeingültiger Zusammenhang zwischen Ein- und Ausgaben in der MCI nicht herstellbar ist.

5   Diskussion

Von den drei in diesem Beitrag dargestellten pp-Computerapplikationen hat sich insbesondere der Bauchmuskel-Dasher, in der Absicht die Psychophysiologie für die MCI nutzbar zu machen, als nachteilig erwiesen. Mit Hilfe dieser Applikation wurden pp-Benutzerdaten verwendet, um ausschließlich dichotome bzw. stufenweise, auf jeden Fall aber eindimensionale, genau abgegrenzte Mitteilungen zu treffen, die in sequenzieller Reihung zu komplexeren Sprachmitteilungen kombiniert werden können. Dies erfordert einen Übersetzungsprozess sowohl auf Seiten des Computersystems als auch auf Seiten des Benutzers. Das Computersystem muss eindimensionale pp-Ausprägungen durch adäquate interaktive Visualisierungen in einer mehrdimensionalen Entscheidungssituation umsetzen. Die Benutzer müssen ihrerseits einem ursprünglich kontinuierlichen und nicht bewusst eingesetzten pp-Phänomen ohne Semantik, willentlich einen willkürlichen dichotomen Bedeutungsgehalt verleihen. Übersetzungsprozesse wirken sich, wie die Ergebnisse zeigen, aber meist auch auf die Leistungsfähigkeit eines interaktiven Systems aus.

Der Einsatz von Psychophysiologie in MCS scheint sich dann vorteilhaft auszuwirken, wenn im Verlauf der wechselseitigen MCI die Kommunikationsebenen beibehalten werden, d.h., wenn in einem ausgewählten Kommunikationskanal die Eigenschaften der Benutzereingaben auch den Eigenschaften der Computerausgaben (z.B. auf der GBO) entsprechen. Die Evaluation der Usability von Websites in diesem Beitrag hat gezeigt, dass mit Hilfe von pp-Messungen nicht bewusst steuerbare und kontinuierlich variierende psychologische Phänomene (z.B. natürliche Emotionen) erfasst und abgebildet werden können. Bei Verwendung dieser Art von pp-Messdaten in der MCI wird die Kommunikationsebene z.B. dann beibehalten, wenn diese Eingabedaten subliminale und kontinuierliche Veränderungen in Kommunikationselementen des Computersystems bewirken, die nicht willkürlich symbolisch kodiert worden sind. Solche kommunikativen Signale können wiederum jene universalen Wahrnehmungsmechanismen in den Benutzern ansprechen, welche die gemessen pp-Phänomene maßgeblich beeinflussen. Auf diese Weise schließt sich ein in sich konsistenter Regelkreis.

Literaturverzeichnis

Brandherm, B.; Schultheis, H.; Wilamowitz-Moellendorff, M.v.; Schwartz, T.; Schmitz, M. (2005): Using physiological signals in a user-adaptive personal assistant Paper presentation at Human Computer Interaction International, 22-27 July, Las Vegas.

Bruns, T.; Praun, N. (2002): Biofeedback. Ein Handbuch für die Therapeutische Praxis. Stuttgart: Schattauer. Vandenhoeck & Ruprecht.

Fahrenberg, J.; Rainer, L.; Friedrich, F. (2002); Alltagsnahe Psychologie. Datenerhebung im Feld mit Hand-Held PC und physiologischem Mess-System. Bern: Hans Huber.

Hinterberger, T.; Schmidt, S.; Neumann, N.; Mellinger, J.; Blankertz, B.; Curio, G.; Birbaumer, N. (2004): Brain-computer communication with slow cortical potentials: Methodology and critical aspects. IEEE Trans. Biomed. Eng., 51(6), 1011-1018.

Iszó, L.; Hercegfi, K.; Bali, K. (2005): INTERFACE: a physiologically based assessment of Human-Computer Interaction in a several second narrow time-window. Paper presentation at Human Computer Interaction International, 22-27 July, Las Vegas.

Kempter, G.; Bente, G. (2004): Psychophysiologische Wirkungsforschung: Grundlagen und Anwendungen. In: Mangold, P., Vorderer, P. & Bente, G. (Hrsg.), Lehrbuch der Medienpsychologie, 271-295. Göttingen: Hogrefe.

Kempter, G.; Roux, P. (2004): Psycho-physiological usability evaluation techniques. Paper presentation at International Congress of Psychology, 10-15 June, Peking.

Kempter, G., Ritter, W. & Dontschewa, M (2005): Evolutionary feature detection in interactive biofeedback interfaces. Paper presentation at Human Computer Interaction International, 22-27 July, Las Vegas.

Kempter, G.; Weidmann, K.H.; Roux, P. (2003): What are the benefits of analogous communication in human computer interaction? In C. Stephanidis (ed). Universal access in hci: inclusive design in the information society, 1427-1431. Mahaw: Lawrence Erlbaum.

MacKay, D. (2003). Dasher – an efficient keyboard alternative. Advances in clinical neuroscience & rehabilitation, 3 (2), 24.

Mitchell, M. (1996). An introduction to genetic algorithms. Massachusetts: MIT Press.

Wandke, H. (2004): Usability Testing. In: Mangold, P., Vorderer, P. & Bente, G. (Hrsg.), Lehrbuch der Medienpsychologie, 325-354. Göttingen: Hogrefe.

Danksagung und Kontaktinformationen

Die dargestellten Arbeiten wurden mit finanzieller Unterstützung des Europäischen Fonds für Regionalförderung und des Landes Vorarlberg (A) durchgeführt. Für die inhaltliche Unterstützung danken wir insbesondere den Kolleginnen und Kollegen von UCT Research.

Guido Kempter
Hochschulstraße 1
A-6850 Dornbirn
kem@fhv.at, +43 5572 792 7300

A. M. Heinecke, H. Paul (Hrsg.): Mensch & Computer 2006: Mensch und Computer im Struktur*Wandel*.
München, Oldenbourg Verlag, 2006, S. 175-184

Personalised Focus-Metaphor Interfaces: An Eye Tracking Study on User Confusion

Sven Laqua, Gemini Patel, M. Angela Sasse

University College London, Department of Computer Science

Abstract

Personalised web interfaces are expected to improve user interaction with web content. But since the delivery of personalised web content is currently not reliable, a key question is how much users may be confused and slowed down when personalised delivery goes wrong. The aim of the study reported in this paper was to investigate a worst-case scenario of failed personalised content presentation – a dynamic presentation of content where content was dynamically presented, but content units were selected at random. We employed eye-tracking to monitor the differences in users' attention and navigation when interacting with this "dysfunctional" dynamic interface, and a static version. We found that subjects who interacted with the dysfunctional version took 10% longer to read their material than those with static content, and displayed a different strategy in scanning the interface. The relatively small difference in navigation time in first-time viewers of dynamically presented content, and of the results from the eye-tracking patterns, suggests that users are not significantly confused and slowed down by dynamic presentation of content when using a Focus-Metaphor interface.

1   Introduction

The Internet is currently undergoing a major shift towards more service-oriented and integrative architectures with the aim to access, manage, create and communicate information more efficiently. These efforts of integration can be easily recognised in Microsoft's "live" strategy (Windows live), and similar undertakings by Yahoo (My Yahoo) and Google (Google's Personalised Homepage). On the one hand, rich internet applications (RIA) summarise developments towards more complex web based applications that span communication, information, collaboration and content creation in a wide range of ways (e.g. Flickr, Digg, Writely, Skype, Breeze or del.icio.us). On the other hand, huge efforts are made on improving the provision of personalised content (Lin 2005; Novak et al. 2003; Ting et al. 2005) with foci on agent-based systems (Buhler et al. 2003; Maamar et al. 2005), semantic web technologies (Dill et al. 2003) and quite recently and already very popular – collaborative tagging (Golder & Huberman 2006).

2   Related Work

Much research has been done on providing personalised content using adaptive websites (De Bra et al. 2004). At its core is the creation of sophisticated user models based on clickstream data (Ting et al. 2005), web usage mining (Lin 2005) or similar techniques. But the suggested reorganisation of websites based on these formally developed models has some major drawbacks. One of them is the widely recognised lack of reliable models of information-seeking behaviour (Ting et al. 2005) – information-seeking behaviour varies not just across users, but also within individuals (Boardman & Sasse 2004). Users often have unique aims and objectives and different interaction contexts.

Another problem is the visual component in the interaction. Simply recognising, recording and analysing clickstream data does not answer the key question: How long did it take the user to locate relevant information, and how long did she spend actually reading it?

Simply measuring the time between two clicks does tell us little about what actually is going on inside the user – is she confidently using the website, which would be reflected by a long **study time** (time with attention on content) and a short **scan time** (time to scan navigation and make decision). Or is she confused, with a shorter study time and a longer scan time?

In our study, we used eye-tracking to determine how much time participants spent on navigation, and how much on reading content with static and dynamic content presentation.

2.1   Considering the Interface

The biggest issue for personalised websites is the applied method of visualisation. Scanning a grid or table-based layout spanning two, three or more columns is a task of high cognitive load, and users have developed efficient techniques to facilitate interaction with these websites. It is widely accepted that websites are mainly scanned rather than read and that effects like second-visit blindness (Wirth 2003) and banner blindness (Norman 1999) affect the perception of a website. This is a big thread to personalisation, since most websites make extensive use of navigational elements. The actual content gets more or less visually hidden behind the navigational framework of a website and processes of visual search (Duchowski 2003) become crucial. Often it takes users a substantial amount of time to understand the structure of a website, which spans visual layout, navigation and structure of content.

In this study, the design of the prototype user interface applies the **Focus-Metaphor approach**, which combines aspects of design theory, cognition psychology and educational theory to create a more natural way of interaction (Laqua & Brna 2005).

Especially in personalisable environments, aspects of usability, learnability and satisfaction are crucial as they expect users to engage and immerse themselves to a degree that is far beyond the usual usage of a website.

Approaches to assist users in navigating through large information spaces – and thus making content more accessible – include Degree of Interest (DOI) Trees (Card & Nation 2002) and Fish-eye views (Gutwin 2002). Whereas DOI Trees still come with the problem of separation of navigation and content, which causes disruptions in cognitive processes, Fish-eye view interfaces provide a better focus + context solution but are mainly applicable to a very limited number of scenarios (like map visualisation) in a usable way.

2.2   The Focus-Metaphor

The Focus-Metaphor approach aims to provide a novel framework for building web-based applications and consists of two interdependent parts. Part one addresses the construction of the back-end suggesting a novel unitised structure of 'detached' information modules. Each of these modules is hierarchically structured, providing different levels of detail of information at different levels of the hierarchy. Part two targets the front-end counterpart promoting the unitised and hierarchically structured visual interface. This Focus-Metaphor interface displays a contextual subset of the available information modules which themselves act as means for the navigation (see Figure 1 for the prototype interface).

One core strength of the Focus-Metaphor is that it delivers intuitive interfaces (Laqua & Brna 2005) that are very easy to interact with, despite their novelty. An earlier study has shown that, compared with a standard website layout, a Focus-Metaphor interface (FMI) leads to faster navigational decisions and longer "on content" time (Laqua & Brna 2005). In addition to these objective outcomes, the majority of the participants also reported that they preferred the novel interface over the standard layout. It could be argued that ease of use, seamlessness of the interface, consistency and the provision of focus and context are the key reasons for participants' fondness for the FMI prototypes.

3   The Prototype

In order to evaluate effects of user confusion with a Focus-Metaphor interface (FMI), the prototype interface simulating personalised delivery was constructed for this experiment (see Figure 1). It uses the same visualisation style as in an earlier experiment by Laqua & Brna (2005). The FMI prototype models a simple information space based on textual and figurative elements. It is a high-fidelity prototype in the sense of allowing users to freely interact with all the integrated content. However, the prototype has been designed low-level in terms of integrated functionality, mainly due to its determination of solely being used for the eye-tracking study. To ensure a useful and efficient analysis later on, reading text, watching pictures and navigating through the prototype should be regarded as the highest feasible degree of freedom (based on experience with earlier studies).

The celebrity Michael Jackson was chosen as informational domain to ensure familiarity across participants, and because much content is publicly available. The prototype consists of 35 modules, covering various topics of Michael Jackson's career. For the purpose of the experiment, two versions of the prototype were developed.

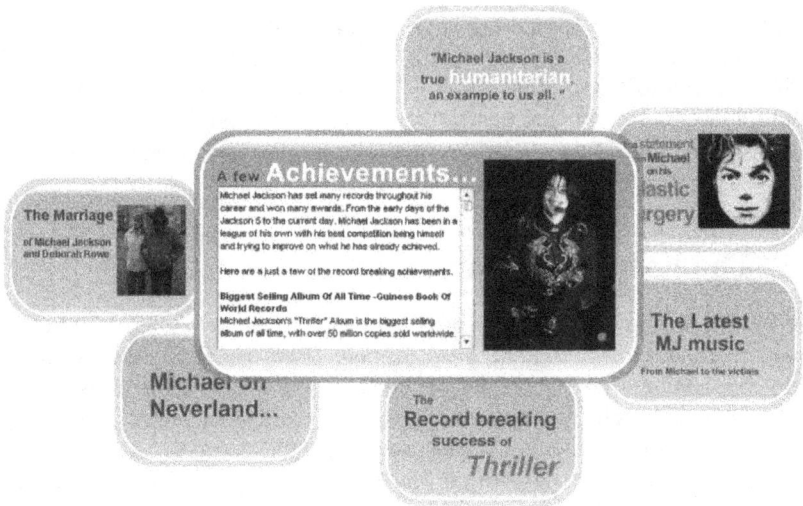

Figure 1: Focus-Metaphor prototype with primary focus and secondary focus modules

The first version dynamically displays content out of the pool of available modules. This version will be referred to as **dynamic version** and is used as treatment group. In order to maximise the measured effect and in order to use the findings of this study for future reference, a randomisation function has been used to determine the dynamically displayed content. This allows to measure the greatest possible impact in terms of user confusion using a Focus-Metaphor interface and to use the results as a benchmark for future dynamic personalisation. In the future, comparisons of the results of this study with those of subsequent studies[1], shall provide insights into the effectiveness of the personalisation.

The second version of the prototype displays static content which does not change during the session of the experiment. This **static version** is used as control group for this experiment. Due to its static nature, this version can only display a subset of the available modules. Consequently, 7 modules have been chosen which reflect a good mixture of the available 35 modules.

4   Eye-Tracking Study

The overall aim of this study was to measure user attention on the two different versions of the FMI prototype. The experiment has been conducted in a usability lab using the Eyegaze system (LC Technologies).

To have comparable results, the same visual layout (factor X) has been used during the experiment and the amount of accessible information has been altered through the randomly selected display of content in the dynamic version (experimental group). By comparing an

---

[1] Future studies will apply dynamic personalisation based on methods of machine learning and social tagging.

interface that provides randomly personalised content (dynamic version – X[1]) with one that keeps all information static and thus makes the interface predictable (static version – X[2]) the main objective has been to measure the biggest possible **effect of user confusion** through the means of visual attention (behaviour Y).

X[1]:   Dynamic experiment version (Focus-Metaphor): animated primary focus module; not animated secondary focus modules centred around the primary focus module; 35 content modules in total randomly loaded into the 7 visual placeholders

X[2]:   Static control version (Focus-Metaphor): animated primary focus module; not animated secondary focus modules centred around the primary focus module; 7 content modules in total remaining static within the 7 visual placeholders

As the Focus-Metaphor interface is based on a minimalist visualisation to keep cognitive load low and match the user's short term memory, the random personalisation has been chosen solely for the purpose of this experiment: to simulate a **worst-case scenario of personalisation**. By knowing the effects of this worst-case scenario, we can measure future prototypes that apply more sophisticated methods of personalisation with the benchmarks set by this study on user confusion.

4.1   Demographics

The eye-tracking study used a population sample of 24 participants, 16 male and 8 female, all university students (average age 20.7 years). Participants were from a variety of ethnic backgrounds. The most common first language spoken was English (14) and Gujarati (5). Participants were randomly assigned to either the experimental or the control group. The experimental group (11 participants) used the dynamic version X[1] and the control group (13 participants) used the static version X[2]. To allow fair comparisons none of the participants did have prior knowledge or expectations of the prototypes. This allowed the experiment to be more realistic. However, in preparation for the experiment, participants were given a brief warm-up session to familiarise with the way the prototypes worked and to rule out effects that are due to the novelty of Focus-Metaphor interfaces.

4.2   Procedure

Prior to each session, participants were given a scenario form which briefly described the procedure of the experiment. The studies used a between-subjects design, where each participant conducted one session with either version X[1] or X[2] of the prototype.

The used Eyegaze system does not require any head mounted parts, but in order to increase validity of the data, a chin-rest has been used to minimise head movements and to avoid interruptions in tracking the users' gaze. The experiment was set up such that that the participants were free to explore and interact with the prototype, simulating realistic browsing tasks.

During each session of the experiment, the raw eye-tracking data has been collected, the screen was video-captured and all user interaction was logged within the prototype for later analyses. Each participant interacted with the prototype for approximately 5 minutes, however if the participant viewed all the information faster, the experiment was terminated earlier. As expected this occurred more often with the static version X[2] as there was less information to read than in the shuffled version X[1]. Nevertheless with $t\_total_{X[1]} \sim 274$ sec. and $t\_total_{X[2]} \sim 253$ sec. the actual difference of average session duration between the two versions was less than 10%. For the analysis, the raw data has been normalised to cope with this variance.

4.3   Analysis

The main goal of the analysis has been to compare and find differences in user attention between the two different versions X[1] and X[2] over the complete length of sessions. The analysis of user attention includes a heatmap analysis to visualise the general distribution of user attention, and an attention analysis that reports on the effects of user attention on the actual content and navigational elements between static and dynamic version.

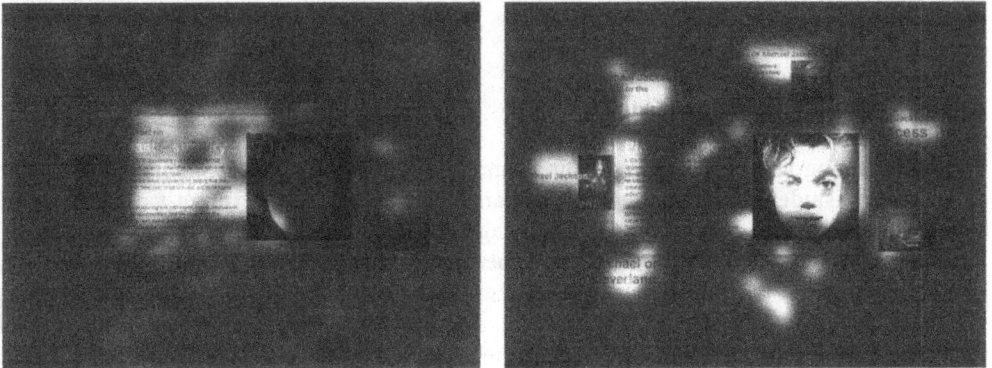

Figure 2: Heatmaps visualising the attention losses on content (left) and attention gains on navigation (right) of the dynamic version X[1] versus the static version X[2]

4.3.1   Heatmap Analysis

Screen-grids have been used to record fixations and to generate heatmaps that visualise the distribution of attention across the interface. In a first step, separate heatmaps for X[1] and X[2] have been created that visualise the mean of overall attention of the experiment group X[1] and the control group X[2]. Although differences between the two versions have already been clearly visible, additional 'difference heatmaps' have been generated that directly highlight the attention gains and losses between X[1] and X[2] (see Figure 2). In detail, the left heatmap shows the attention surplus of X[1] (static version) over X[2] (dynamic version) and the right heatmap shows the attention surplus of X[2] over X[1]. This analysis visually confirms that participants of the control group using the static version spent more time on the primary focus module (and thus on the content) than participants of the experiment group using the dynamic version. In contrast, the experiment group spent more time on the secondary foci modules (and thus on the navigation) than the control group.

4.3.2   Attention Analysis

In addition to the screen-grids, regions of interest have been set up to precisely record the fixations on the elements of the interface – mainly the primary focus module (the main content) and the navigation modules (the secondary content). These regions have been used in the attention analysis to compare the dynamic version X[1] with the static version X[2] over the length of the complete session, measuring the overall visual **attention on content (Y_cont)** and the overall visual **attention on navigation (Y_navi)**. This analysis provides insight into how long users' actually spent reading the content (and looking at pictures) indicated through eye fixations on the primary focus module and how much time they required for navigation, which is accumulated by the individual measures of eye fixations for each navigational module.

The left part of Figure 3 shows the amount of time participants spent on content in percent of the overall session time by comparing the geometric means of Y1_cont (for the dynamic version) and Y2_cont (for the static version). As expected, the attention on content analysis shows a significant statistical difference between **Y1_cont = 72.1%** and **Y2_cont = 83.9%** with standard errors for the means of $\sigma_{Y1\_cont} = 3.3$ and $\sigma_{Y2\_cont} = 1.1$.

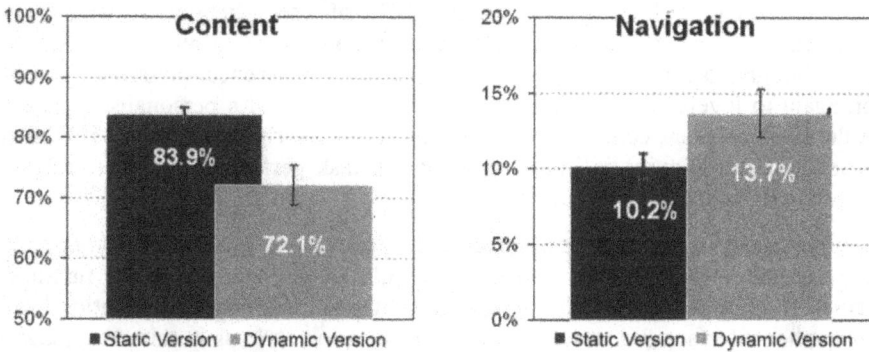

Figure 3: Comparison of user attention on content (left) and on navigation (right)

This result denotes a decrease of time spent on content by 11.8 percentage points when dynamically shuffled content is displayed instead of static content.

The right part of Figure 3 shows the amount of time participants focused their attention onto the navigational modules in percent of the overall session time by comparing the geometric means of Y1_navi (for the dynamic version) and Y2_navi (for the static version). The attention on navigation analysis also shows a significant statistical difference between the two versions with **Y1_navi = 13.7%** and **Y2_navi = 10.2%**. The standard errors for the means are $\sigma_{Y1\_navi} = 1.6$ and $\sigma_{Y2\_navi} = 0.8$.

The results confirm that participants spent more time navigating (Y1_navi) in the dynamic version X[1] which is an indicator for confusion, higher cognitive load and a longer decision making process to find the required content. This then consequently caused less attention on content (Y1_cont). Table 1 provides a summary of the data.

Table 1: Comparison of user attention in X[1] and X[2] on content and on navigation

	X[2] (static version)			X[1] (dynamic version)		
	in %	σ_M	Conf. Interval	in %	σ_M	Conf. Interval
Content	83.9	1.1	$81.7 \leq \mu \leq 86.1$	72.1	3.3	$65.7 \leq \mu \leq 78.5$
Navigation	10.2	0.8	$8.5 \leq \mu \leq 11.8$	13.7	1.6	$10.5 \leq \mu \leq 16.8$

5   Conclusions & Future Work

The findings of the **attention on content analysis** show a significant difference between the static version and the dynamic version. However, this has not been very surprising as we compared a static version with a dynamic version where content was shuffled randomly. As the aim of this experiment has been to measure the greatest possible effect of user confusion within a Focus-Metaphor interface it is rather surprising that the difference has not been bigger. When taking the results of this study as a benchmark for further work, a worst-case personalisation scenario loosing only around 10% of user attention is very promising. Providing means to personalise the displayed information using tags and methods of machine learning is thought to improve the interaction and user experience, potentially raising user attention again to levels close to the static version. The aim of a personalised version is to provide the most relevant contextual information to the user's current task. This obviously implies that task complexity will have an effect on task performance. An investigation of these aspects will be subject of future studies.

The study presented in this paper perpetuates the research and evaluation relating to the Focus-Metaphor approach. When comparing the results of this study with the findings of an earlier study (Laqua and Brna 2005) which investigated differences of attention between a Focus-Metaphor interface (that uses the same visualisation style as in this study) and a standard grid-layout interface, the findings for the static FMI version in the earlier experiment correlate with the findings for X[2] described in this paper. With 82.5% in the earlier study and 83.9% in the current, these results highlight the validity of the results.

Even more interesting in this context is the fact that the randomly dynamic FMI version X[1] in this study with 72.1% is still on the same level as the static grid-layout version of the former study with 70.0%. Although the significance of these cross-comparisons cannot be rendered precisely, it still provides some further insides.

Modularisation of content is one of the key advantages of the Focus-Metaphor approach. By its very nature, this solution is highly scalable, content is very easy to update, extended or also excluded without compromising the integrity of the whole environment. This can be done – like in the current existing prototypes – by content authors, but also in a collaborative way by peers – like intended for future prototypes.

The next step is the development of large scale prototype which will be available online for formative evaluation. This prototype will provide means to communicate, contribute and of course access information. The current plan envisions two separate prototype instances, applying two different informational domains, each with the aim to address a broad but unique audience and stimulate collaboration. Future studies will target both qualitative and quantitative evaluations in a mainly scenario-based fashion that is close to simulating real-world usage.

Conceptually, the integration of tagging as method for structuring the information space will be the next aspect that we will integrate and evaluate. This will enable us to investigate a growing socially personalised information space. The integration of methods of machine learning to combine human-centred and system-assisted automated adaptation will be the main body of research over the next years.

References

Boardman, R.; Sasse, M.A. (2004): Stuff goes in the Computer but it doesn't come out: A Cross-tool Study of Personal Information Management. In: Proceedings of CHI 2004, Vienna, Austria, April 20-24, pp. 583-590

Brusilovsky, P. et al. (2005): Workshop on New Technologies for Personalized Information Access. (Eds) In: 10th International Conference on User Modeling (UM'05), Edinburgh.

Buhler, P. A. et al.(2003): Adaptive Workflow = Web Services + Agents. College of Charleston, South Carolina.

Card, S. K.; Nation, D. (2002): Degree-of-Interest Trees: A Component of an Attention-Reactive User Interface. Palo Alto Research Center.

Del.icio.us, http://del.icio.us/. Last accessed 26 March 2006.

De Bra, P. et al. (2004): The Next Big Thing: Adaptive Web-based Systems. In: Journal of Digital Information, Volume 5 Issue 1. Article No. 247, 2004-05-27.

Dill, S. et al. (2003): SemTag and Seeker: Bootstrapping the Semantic Web via Automated Semantic Annotation. IBM Almaden Research Center. In: WWW 2003, Budapest, Hungary.

Digg, http://www.digg.com/. Last accessed 26 Match 2006.

Duchowski, A. T. (2003): Eye Tracking Methodology: Theory and Practice. Springer-Verlag, London.

Flickr, http://www.flickr.com. Last accessed 26 March 2006.

Golder, S. A.; Huberman, B. A. (2006): Usage patterns of collaborative tagging systems. In: Journal of Information Science, Vol. 32, No. 2, pp. 198-208, 2006.

Google Labs (incl. Google's Personalized Homepage), http://labs.google.com.

Gutwin, C. (2002): Improving Focus Targeting in Interactive Fisheye Views. In: Proceedings of the ACM Conference on Human Factors in Computing Systems (CHI'02), Minneapolis, pp. 267-274.

Laqua, S.; Brna, P. (2005): The Focus-Metaphor Approach: A Novel Concept for the Design of Adaptive and User-Centric Interfaces. In: Interact 2005, LNCS 3585. Rome: Springer-Verlag, pp. 295-308.

LC Technologies, http://www.eyegaze.com/. Last accessed 20 February 2006.

Lin, C. C. (2005): Optimal Web site reorganization considering information overload and search depth. In: European Journal of Operational Research. Elsevier, Article in Press.

Maamar, Z. et al. (2005): Toward an Agent-Based and Context-Oriented Approach for Web Services Composition. In: IEEE Transactions on Knowledge and Data Engineering, Vol. 17, No. 5, May 2005.

Macromedia Breeze, http://www.macromedia.com/software/breeze/. Last accessed 12 February 2006.

Microsoft Windows Live, www.live.com. Last accessed 18 March 2006.

Mika, P. (2005): Flink: Semantic Web technology for the extraction and analysis of social networks. In: Journal of Web Semantics, Vol. 3, No. 2, 2005.

Norman, D. (1999): Banner Blindness, Human Cognition, and Web Design. In: Internetworking, Fourth Issue, 2.1, March 1999.

Novak, J. et al. (2003): Verbindung heterogener Experten-Communities durch die Entdeckung, Visualisierung und Nutzbarmachung von stillem Wissen – das AWAKE Projekt. In: Mensch & Computer 2003: Interaktion in Bewegung. Stuttgart: B.G. Teubner, 2003, pp. 99-112.

Ting et al. (2005): UBB Mining: Finding Unexpected Browsing Behaviour in Clickstream Data to Improve a Web Site's Design. In: 2005 IEEE/WIC/ACM International Conference on Web Intelligence (WI 2005), France.

Wirth, T. (2002): Missing Links – Über gutes Webdesign. München: Carl Hanser Verlag.

Writely, www.writely.com/. Last accessed 26 March 2006.

Yahoo – My Yahoo, http://my.yahoo.com/. Last accessed 16 March 2006.

A. M. Heinecke, H. Paul (Hrsg.): Mensch & Computer 2006: Mensch und Computer im Struktur*Wandel*.
München, Oldenbourg Verlag, 2006, S. 185-194

Mauszeigerpositionierung mit dem Auge

Heiko Drewes, Albrecht Schmidt

Embedded Interaction Research Group, Institut für Informatik, LMU München

Zusammenfassung

Mit der vorliegenden Arbeit wird eine Verbesserung des MAGIC (Manual And Gaze Input Cascaded) Pointing vorgestellt. Die Idee hinter dem MAGIC-Pointing ist die Positionierung des Mauszeigers auf die Blickposition auf dem Bildschirm bei der ersten Bewegung der Maus nach einer Ruhephase. Die Problematik beim MAGIC-Pointing liegt darin, dass die initiierte Mausbewegung dazu führt über das Ziel hinaus zu schießen. Die Verbesserung besteht darin, eine berührungssensitive Maus zu verwenden. Es wurde ein entsprechendes System aus Blickverfolger und berührungssensitiver Maus aufgebaut, Software entwickelt und eine Benutzerstudie durchgeführt. Es wird gezeigt, dass die Mauspositionierung mit dem Auge bei unbekannter Zeigerposition signifikant schneller ist. Ein weiteres wichtiges Ergebnis ist eine überraschende Diskrepanz zwischen empfundenen und gemessenen Geschwindigkeiten bei bekannter Zeigerposition. Acht von zehn Personen stuften die Blickpositionierung als schneller ein, obwohl sie mit der Maus genauso schnell waren. Die Akzeptanz für die Blickpositionierung bei den Testpersonen war sehr hoch.

1   Einleitung

Die Sensorchips für Kameras werden immer leistungsfähiger und günstiger. Viele Notebookcomputer haben bereits heute integrierte Kameras; eine im Monitor eingebaute Kamera kann in Zukunft ähnlich normal sein wie heute oft integrierte Lautsprecher. Mit einer zusätzlichen Infrarot-Leuchtdiode lässt sich dann eine Video-basierte Blickverfolgung nahezu ohne weitere Hardwarekosten realisieren. Hieraus ergibt sich die Frage, welche Möglichkeiten die Blickverfolgung zur Bedienung von Computern bietet. Ein ausführlicher Überblick über die Grundlagen und Anwendungen dieses Gebietes findet sich in (Duchowski 2003).

Viele Arbeiten die sich aktuell mit Blickerfassung für die Eingabe beschäftigen, konzentrieren sich auf behinderte Menschen, welche die Augen als einzigen Kanal zu Kommunikation mit dem Computer verwenden (Majaranta & Räihä 2002). Diese Forschungsarbeit betrachtet die Blickverfolgung allgemeiner als eine weitere und zusätzliche Modalität zu Maus und Tastatur – auch für nicht behinderte Benutzer. Ziel hierbei ist die Vereinfachung der typischen Arbeiten am Computer wie sie z.B. in Büroumgebungen stattfinden.

Ein Grundproblem bei der Verwendung der Augen zur Steuerung (Ausgabe aus Sicht des Menschen) ist, dass diese in der Evolution sich zu einem hochkomplexen Eingabekanal für Bildinformationen entwickelt haben. Zur effizienten Erfassung der Umgebung führen sie darum Bewegungen aus, die nicht durch das Bewusstsein kontrolliert werden. Obwohl der Blick unter Menschen als ein wesentlicher Kanal zur Kommunikation verwendet wird, ist es dennoch fraglich, ob der Blick als willentliche Eingabe an den Computer nicht mit der zusätzlichen motorischen Steuerungsaufgabe überfrachtet wird. Es bietet sich darum an, die intuitiven Augenbewegungen zu nutzen. Wenn Menschen Computer bedienen gibt es zahlreiche Augenbewegungen die intuitiv und häufig sogar direkt mit der Wahrnehmungsfunktion zusammen hängen. Soll z.B. ein Menüpunkt mit der Maus angeklickt werden, so bewegt sich der Blick unweigerlich auf den anzuwählenden Menüpunkt. Das in (Zhai et al. 1999) beschriebene Verfahren für kombinierte Eingabe (*Manual And Gaze Input Cascaded, MAGIC*) macht sich diese Grundidee zunutze.

Mit wachsenden Bildschirmgrößen und zunehmenden Einsatz eines zweiten Bildschirms werden die mit der Maus zurückzulegenden Wege länger und oft ist es ein Problem den Mauszeiger auf dem Bildschirm zu finden (Benko & Feiner 2005). Die Unterstützung zum Auffinden des Mauszeigers kann auf zwei verschiedene Weisen geschehen: (1) es wird eine Funktion bereitgestellt die den Mauszeiger hervorhebt oder (2) der Mauszeiger wird an einer Stelle positioniert, wo ihn der Benutzer erwartet. Die Problematik hat bereits kommerzielle Lösungsansätze; z.B. versucht das Windows-Betriebssystem von Microsoft dieser Situation mit mehreren Optionen Rechnung zu tragen. So gibt es in der Systemsteuerung für die Maus die Option ‚Zeigerposition beim Drücken der STRG-Taste anzeigen'. Beim Drücken der STRG-Taste werden dann konzentrische Kreise um den Mauszeiger gemalt. Zusätzlich gibt es die Option ‚In Dialogfeldern automatisch zur Standardschaltfläche springen'. Im Windows-API können Dialoge mit Angabe von DS_CENTERMOUSE an der Position des Mauszeigers erzeugt werden. Da die Verwendung dieses Dialogstils dem Programmierer freigestellt ist, wird sie eher selten verwendet und die Programme reagieren nicht einheitlich.

Die geschilderte Problematik kann durch das MAGIC-Pointing teilweise gelöst werden. Nach einer längeren Ruhephase der Maus oder nach Texteingaben wird bei der ersten Mausbewegung der Mauszeiger auf die Blickposition gesetzt. Da die Maus in diesem Moment bereits in Bewegung ist, führt dieser Ansatz dazu, dass sich der Mauszeiger über das Ziel hinaus bewegt. Zur Lösung führten Zhai et al. eine Kompensationsmethode ein, die den Mauszeiger unter Berücksichtigung des Bewegungsvektors vor das Ziel setzt. Auf diese Weise lässt sich die notwendige Mausstrecke deutlich reduzieren, aber letztlich muss die Maus bewegt werden.

Der Ansatz dieser Studie ist es eine Maus zu verwenden, welche erkennt ob sie vom Benutzer berührt wird. Durch den Einsatz einer berührungssensitiven Maus, die bei Berührung den Mauszeiger auf die aktuelle Blickposition setzt, wird die Kompensationsmethode unnötig und es bedarf überhaupt keiner Bewegung der Maus. Hierdurch wird die Muskulatur der Hand entlastet. Da sich die Augen sehr schnell bewegen, kann sich zusätzlich auch ein Geschwindigkeitsvorteil bei der Bedienung ergeben.

2   Systemaufbau

Für den prototypischen Aufbau des Systems wurde ein kommerzielles Blickverfolgungssystem eingesetzt. Die berührungssensitive Maus wurde speziell für dieses Projekt entwickelt, wobei eine optische Funkmaus durch den Einbau eines Sensorchips erweitert wurde.

2.1   Der Blickverfolger

Als Blickverfolgungssystem kam das ERICA-System (Eye Response Technologies 2006) zum Einsatz. Das ERICA-System arbeitet mit einer Video-Kamera und Infrarot-Leuchtdiode, siehe Abbildung 1. Die Positionsbestimmung erfolgt über den Abstand zwischen Glanzpunkt und Pupillenmittelpunkt. Die Erkennungssoftware liefert circa 50 Positionen pro Sekunde. Da das System weder über eine Kopfverfolgung noch über eine Autofokusierung verfügt, ist eine Kopffixierung mittels Kinnstütze für die Durchführung von Experimenten sinnvoll. Die angestrebte Verwendung ist jedoch ein System ohne solche Einschränkungen, wie sie von andern Blickverfolgern z.B. dem Eyefollower (LC Technologies 2006) geboten werden. Für das Experiment stand aber ein solches (teueres) Gerät nicht zur Verfügung.

2.2   Die berührungssensitive Maus

Für das Experiment wurde eine berührungssensitive Maus entwickelt. In (Ken Hinckley & Mike Sinclair 1999) wird eine Maus vorgestellt, die auf einem ähnlichen Prinzip funktioniert und für das aus- und einblenden von Menüs verwendet wird.

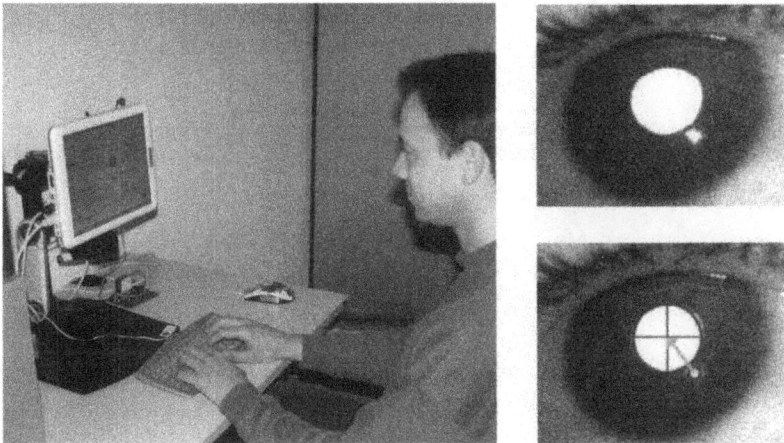

Abbildung 1: Im linken Bild ist der ERICA-Blickverfolger mit dem ersten kabelgebundenen Prototyp der berührungssensitiven Maus abgebildet. Rechts ist das Kamerabild des Blickverfolgers zu sehen. Durch die Reflexion des Infrarotlichts erscheint die Pupille weiß. Der Glanzpunkt liegt rechts unterhalb der Pupille und ist unabhängig von der Augenbewegung. Die Beziehung zwischen Glanzpunkt und Mittelpunkt der Pupille lässt eine Berechnung der Blickrichtung zu.

In zweiten Prototyp, der für das Experiment eingesetzt wurde, war nur die linke Maustaste berührungsempfindlich. Da die Zeit zwischen der Berührung der Maustaste und des darauf folgenden Klicks sehr kurz ist, ist ein schneller Sensorchip und eine schnelle Weitermeldung an das System notwendig. Im ersten Prototype wurde der Sensorchip QT110 eingesetzt, welcher sich aber mit einer Reaktionszeit von 130 Millisekunden als zu langsam herausstellte. Im zweiten Prototype wurde dann der Sensorchip QT113 verwendet, der eine Berührung in 30 Millisekunden detektiert. Die eingesetzten Sensoren basieren auf der Messung der Kapazität, die durch Berührung verändert wird (Quantum 2006). Zur Integration mit dem System wurde der Taster des X2-Knopfs entfernt und das invertierte Ausgangssignal des Sensorchips an den Eingang angelegt. Dies hat den Vorteil einer einfachen Einbindung in die Programmierung, da das Betriebssystem eine WM_XBUTTON-Nachricht verschickt. Außerdem werden die Mausnachrichten über Interrupts an das System weitergegeben, was gegenüber Polling-Technik schneller und Ressourcen-schonender ist. Der Nachteil besteht darin, dass die so modifizierte Maus nur innerhalb der Versuchssoftware verwendbar ist, da das Windows-Betriebssystem standardmäßig auf eine X2-Nachricht mit einem Kontextmenü reagiert.

Abbildung 2 zeigt die modifizierte Maus. Vor dem Zusammenbau musste die Platine mit dem Berührungssensor noch mit Klebeband und Kupferfolie abgeschirmt werden.

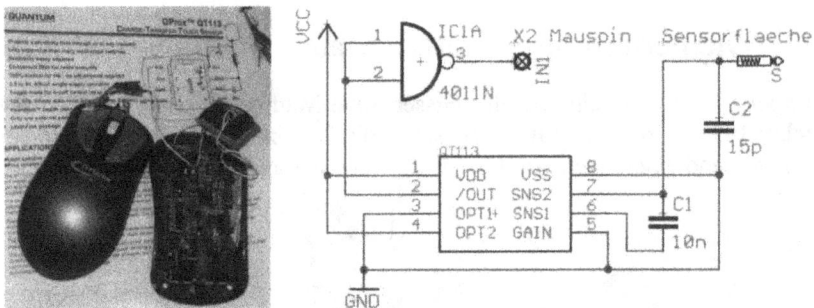

Abbildung 2: Im linken Bild ist die modifizierte Maus mit Berührungssensor zu sehen. Die Baugruppe, für die der Schaltplan rechts abgebildet ist, findet vollständig Platz im Gehäuse der verwendeten drahtlosen optischen Maus.

3   Die Benutzerstudie

Ziel der Benutzerstudie war herauszufinden, ob das Setzen des Mauszeigers auf die Blickposition bei Berührung der Maus Nutzen für die Anwender bringt. Erwartet wurden hierbei:

- Entlastung der Handmuskulatur,
- höhere Bediengeschwindigkeit,
- angenehmeres Arbeiten.

Die Benutzerstudie wurde unter Laborbedingungen durchgeführt, da ein Mitschnitt von Daten während normaler Arbeit mit der verfügbaren Technologie nicht sinnvoll möglich ist. Für die Benutzerstudie wurde eine spezielle Testsoftware implementiert. An der Studie nahmen zehn Personen im Alter zwischen 23 und 46 Jahren teil. Neun Versuchspersonen waren männlich, eine weiblich, alle Teilnehmer waren geübt im Umgang mit Computern und alle kamen aus europäischen Ländern.

3.1   Testumgebung

Zur Messung der Zeiten wurde eine Software entwickelt, die ein Ziel und den Mauszeiger per Zufall auf dem Bildschirm positionieren und die Zeiten zwischen der Positionierung, der ersten Mausbewegung und dem Klick in das Ziel misst. Ein solcher Programmablauf ist typisch für die Messungen des *Fitts' Law* (Fitts 1954). Für die verschiedenen Testfälle können im Programm Modi ausgewählt werden, z.B. setzt das Programm den Mauszeiger auf die Blickposition bei Berührung der Maus falls die entsprechende Option aktiviert ist.

Da bei der Positionierung von Ziel und Mauszeiger eine Änderung auf dem Bildschirm stattfindet, die auch in den Randbereichen des Blickfelds wahrgenommen wird, war den Versuchspersonen die Position des Mauszeigers im Moment der Anzeige bewusst. Um auch die Situation messen zu können in der die Versuchsperson nicht weiß wo der Mauszeiger steht, wurde dem Programm noch die Option hinzugefügt ein Hintergrundbild zusammen mit Ziel und Mauszeiger zu setzen. Hierdurch kann die Position des Mauszeigers im Moment der Anzeige nicht wahrgenommen werden. Diese Situation spiegelt einen typischen Fall wieder in dem der Benutzer an der Tastatur arbeitet und dann zur Maus greift. Als Bitmap wurde eine üppige Excel-Tabelle (mit Sensordaten aus einem anderen Projekt) gewählt. Das Ziel wurde als roter Kreis dargestellt, siehe Abbildung 3. Der Durchmesser wurde mit 100 Pixeln bewusst groß gewählt um mögliche Ungenauigkeiten des Blickverfolgers zu kompensieren.

3.2   Ablauf

Den Testpersonen wurde der Versuchsaufbau und die grundlegende Funktionsweise des der zentralen Komponenten kurz erklärt (ungefähr eine Minute). Daraufhin hatten sie die Möglichkeit das System auszuprobieren (ebenfalls ungefähr eine Minute). Danach wurde das eigentliche Experiment begonnen.

Alle Testpersonen absolvierten vier Durchläufe mit je 50 Klicks. Im ersten Durchlauf wurden Mauszeiger und Ziel auf weißem Hintergrund angezeigt und die Blickpositionierung ausgeschaltet. Anschließend folgte ein weiterer Durchlauf, jedoch mit eingeschalteter Blickpositionierung. Die beiden Durchläufe wurden mit den Fragen welche der beiden Eingabemethoden schneller empfunden und welche angenehmer empfunden wurde abgeschlossen.

In zwei weiteren Durchläufen wurde das gleiche Experiment, diesmal jedoch mit eingeblendetem Hintergrundbild, nochmals durchgeführt.

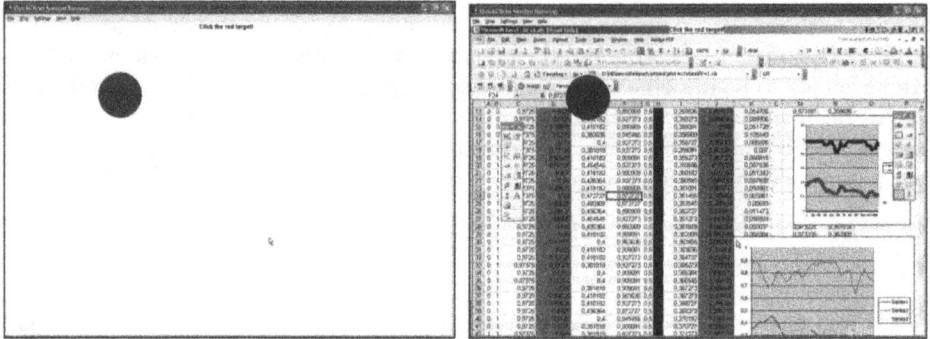

Abbildung 3: Versuchsprogramm ohne und mit Hintergrundbild

Gemessen wurde die Zeit zwischen der Anzeige des Ziels und der ersten Mausbewegung, also die Reaktionszeit und die Gesamtzeit bis zum Klick in das Ziel. Die Differenz aus der Gesamtzeit und der Reaktionszeit ergibt die Bewegungszeit. Diese Zeiten wurden für jeden Klick gespeichert und bildeten zusammen mit den Fragen die Datengrundlage für die Auswertung.

3.3 Ergebnisse

Alle zehn Testpersonen empfanden die Blickpositionierung gegenüber der normalen Maus-positionierung bei Verwendung des Hintergrundbilds als schneller. Ohne Hintergrundbild glaubten acht Personen mit der Blickpositionierung schneller zu sein, eine Person empfand beide Methoden gleich schnell und eine Person meinte bei der Blickpositionierung langsamer zu sein.

Bei den gemessenen Zeiten ergab sich kein Zeitgewinn zwischen den beiden Methoden bei der Verwendung des weißen Hintergrunds. Dies steht im Kontrast zu der subjektiven Ein-schätzung der Testpersonen.

Bei Verwendung des Hintergrundbilds, also im dem Fall, in dem die Position des Mauszei-gers unbekannt ist, ergab sich jedoch ein hoch signifikanter Zeitgewinn.

In Tabelle 1 sind die zusammengefassten Messdaten für jeden Benutzer dargestellt. In der letzten Zeile der Tabelle ist der Durchschnitt über alle Benutzer berechnet.

Um Ausreißerwerte durch Irritationen bei der Versuchsdurchführung zu eliminieren wurden die Medianwerte gewählt. Berechnungen mit den arithmetischen Mittelwerten ergab keine qualitativen Veränderungen im Bezug auf die Medianwerte; alle Testaussagen gelten auch bei Verwendung arithmetischer Mittelwerte.

Tabelle 1: Medianwerte für die Gesamtzeit in Millisekunden für alle Testpersonen

Testperson	ohne Hintergrund		mit Hintergrund	
	Blickpositionierung	Mauspositionierung	Blickpositionierung	Mauspositionierung
K1	751	1.097	826,5	1.382
K2	1.007	971,5	806	1.066
K3	716	1.121	791	1.276,5
K4	1.066,5	1.096,5	896,5	1.352
K5	871	932	696	1.191
K6	1.256,5	926,5	1.121	1.066
K7	957	1.111	891	1.217
K8	1.327	1.211,5	1.327	1.412
K9	1.482	1.062	1.277	1.266,5
K10	881	976	656	1.101
Arithmetischer Mittelwert	1.032	1.051	929	1.233

Die Ergebnisse für einen gepaarten Student'schen t-Test für die Kombinationen der vier Durchläufe sind in Tabelle 2 dargestellt.

Tabelle 2: T-Tests der vier verschiedenen Durchläufe

Blick- gegen Mauspositionierung			Hintergrund gegen kein Hintergrund	
ohne Hintergrund	mit Hintergrund		Blickpositionierung	Mauspositionierung
0,8236863	0,0020363		0,0207385	0,0000143

Beim Vergleich zwischen Blick- und Mauspositionierung ergibt sich mit mehr als 82 Prozent Wahrscheinlichkeit kein Geschwindigkeitsvorteil für die Testläufe ohne Hintergrundbild. Mit Hintergrundbild ist jedoch die Wahrscheinlichkeit keinen Geschwindigkeitsvorteil zu erhalten nur 0,2 Prozent. Die Blickpositionierung ist also mit hoher Signifikanz schneller als die Mauspositionierung.

Beim Vergleich zwischen den Testdurchläufen mit und ohne Hintergrundbild kann nahezu sicher davon ausgegangen werden, dass bei der Mauspositionierung durch die Unkenntnis der Mauszeigerposition sich die Zeit zum Finden des Ziels erhöht. Im Fall der Blickpositionierung ergibt sich mit zwei Prozent Fehlerwahrscheinlichkeit eine höhere Geschwindigkeit für den Testdurchlauf mit Hintergrundbild, was zwar signifikant aber nicht hoch signifikant ist. Dieses Ergebnis widerspricht den Erwartungen, da davon ausgegangen werden kann, dass mehr Information auf dem Bildschirm die Aufgabe erschwert. Die Daten lassen sich vermutlich auf den Lerneffekt zurückzuführen, da der Durchlauf mit Hintergrund und Blickpositionierung nach dem Durchlauf ohne Hintergrund durchgeführt wurde. Dies wird auch durch die allgemeinen Beobachtungen während des Experiments gestützt. Es wurde beobachtet, dass die Fähigkeit zur schnellen Blickpositionierung im Lauf des Experiments zunimmt.

4   Diskussion der Ergebnisse

Im Experiment konnte nachgewiesen werden, dass die vorgestellte Methode der Blickpositionierung die erwarteten Vorteile erfüllt.

Die Entlastung der Handmuskulatur liegt im Prinzip der Methode. Nach einer Blickpositionierung ist der Mauszeiger näher am Ziel als vorher und die zurückzulegende Mausstrecke wird kürzer. Die erwartete Verwendung der Maus zur Feinpositionierung wurde nur in minimalem Umfang von den Testpersonen genutzt. Es wurde vielmehr beobachtet, dass Benutzer im Falle einer Fehlpositionierung mit dem Blick eine zweite Positionierung oder Korrektur ebenfalls mit dem Blick vornahmen und somit in vielen Fällen die Maus gar nicht mehr bewegten. Dies legt die Überlegung nahe die Aktivierung der Blickpositionierung in die Tastatur zu integrieren.

Die Blickpositionierung wird als angenehm eingeschätzt, wobei der Wegfall der Kinnauflage stillschweigend vorausgesetzt wird. Keine der Testpersonen hatte Erfahrungen mit Blickverfolgersystemen. Die Hälfte der Personen saß bei der Durchführung des Tests zum ersten Mal vor einem solchen System. Die andere Hälfte hatte schon einmal ein 'Hallo' über die blickgesteuerte Tastatur eingegeben. Die angeführten Gründe das System nicht angenehm zu empfinden, war der Konzentrationsaufwand für die bisher ungeübte Koordination zwischen Auge und Finger. Es ist zu erwarten, dass sich hier noch ein Lerneffekt ähnlich wie bei der Bedienung einer Maus einstellt. Dieser Annahme über die Existenz eines solchen Lerneffekts wird durch die Daten, in denen sich ein signifikanter Zeitunterschied zwischen erstem und zweitem Durchlauf mit Blickpositionierung zeigt, gestützt.

Der erwartete Zeitgewinn hat sich nur bei Verwendung des Hintergrundbilds ergeben. Die Tatsache, dass bei weißem Hintergrund sich kein Zeitvorteil ergibt, subjektiv aber ein Zeitvorteil empfunden wird, ist das unerwartete und damit interessanteste Ergebnis der Studie. Bei der Betrachtung der Messdaten fällt auf, dass sich die Reaktionszeit bei der Blickpositionierung in etwa verdoppelt und die Bewegungszeit sich entsprechend verkleinert. Im Fall der klassischen Positionierung mit der Maus auf weißem Hintergrund werden bei der Anzeige von Ziel und Mauszeiger die Positionen in den unscharfen Randbereichen des Sehfelds erfasst und die Mausbewegung wird sofort (im Sinn der menschlichen Reaktionsgeschwindigkeit) initiiert. Im Fall der Blickpositionierung muss das Auge erst den Blick auf das Ziel bewegen bevor die erste Mauszeigerpositionierung (durch Berührung des Sensors) erfolgt. Es sieht so aus, als ob die Zeit zur Augenpositionierung von den Versuchspersonen nicht wahrgenommen wird und sich so die vermeintlich höhere Geschwindigkeit ergibt. In Abbildung 4 ist der zeitliche Verlauf graphisch dargestellt.'

Bei der Verwendung des Hintergrundbilds kann die Position des Mauszeigers nicht präattentiv wahrgenommen werden und muss bei der klassischen Positionierung mit der Maus erst gesucht werden. Keine der Versuchspersonen erledigte diese Aufgabe durch mustern des Bildschirms. Stattdessen begannen alle sofort mit der Maus zu „rühren" um den Mauszeiger durch die Bewegung zu orten. Die im Experiment erfasste und kurz eingeblendete Mausspur nach jedem Klick zeigte am Anfang einen typischen Haken. Diese Verhaltenweise scheinen sich die Nutzer in ihrer täglichen Arbeit mit der Maus angewöhnt zu haben, da die Wahrnehmung von Bewegung einfacher ist als das Finden eines Musters (Goldstein 2004). Bei der

Blickpositionierung entfällt die Zeit zum Suchen des Mauszeigers, woraus die Zeitersparnis resultiert.

Zeitlicher Ablauf

bei Mauspositionierung

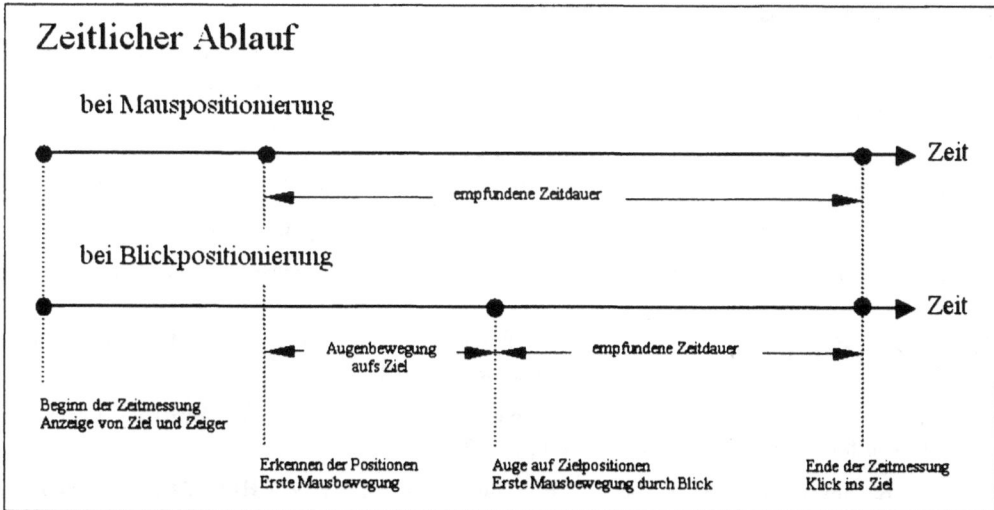

Zeit

empfundene Zeitdauer

bei Blickpositionierung

Zeit

Augenbewegung aufs Ziel — empfundene Zeitdauer

Beginn der Zeitmessung
Anzeige von Ziel und Zeiger

Erkennen der Positionen
Erste Mausbewegung

Auge auf Zielpositionen
Erste Mausbewegung durch Blick

Ende der Zeitmessung
Klick ins Ziel

Abbildung 4: Reaktions- und Bewegungszeit bei Maus- und Blickpositionierung ohne Hintergrundbild

5   Ausblick

Durch die Blickpositionierung mit Berührungssensor an der Maus entsteht eine Arbeitsweise bei der die Maus nicht mehr bewegt wird. Im Fall einer Fehlpositionierung durch den Blick wurde die erneute Positionierung meistens wieder über den Blick vorgenommen. Im Gegensatz zum MAGIC-Pointing wo die Maus bewegt werden muss um die Blickpositionierung auszulösen, ist bei der vorgestellten Methode mit Berührungssensor die Maus nicht nötig. Statt des Sensors hätte ebenso ein Tastendruck die Blickpositionierung auslösen können. Bei grafischen Anwendungen die vorwiegend mit der Maus bedient werden ist der Berührungssensor an der Maus vorteilhafter, während bei textorientierten Anwendungen die über die Tastatur bedient werden sich eine Positioniertaste empfiehlt. Die Zeit, die zum Bewegen der Hand von der Tastatur zur Maus benötigt wird (*homing*), ist mit ca. 400 Millisekunden (Card et al. 1980) relativ hoch im Vergleich zur Gesamtdauer einer Zeigeoperation.

Mauseingaben bestehen zum allergrößten Teil im Anklicken eines Zielpunkts oder in der Angabe eines Anfangs- und eines Zielpunkts wie beim Ziehen eines Objekts. Mauseingaben bei denen die exakte Mausspur wichtig ist, z.B. dem Malen mit einem Pinselwerkzeug in einer Grafikanwendung, sind eher selten. Mit der Blickpositionierung auf Tastendruck werden grafische Benutzeroberflächen möglich, die ganz ohne Maus auskommen. Die Vision einer blickgesteuerten grafischen Oberfläche die ohne Maus auskommt, gibt Anlass für weitere Forschung. Von besonderem Interesse könnte hierbei die Nutzung einer Taste der Tastatur zur willentlichen Positionierung der Maus auf die Blickposition sein.

Literaturverzeichnis

Benko, H.; Feiner, S. (2005): Multi-Monitor Mouse, In: Proc. ACM CHI 2005 (CHI'05: Human Factors in Computing Systems) Extended Abstracts. Portland, Oregon, USA. April 2-7, 2005. pp. 1208-1211.

Card, S. K.; Moran, T. P.; Newell, A. (1980): The Keystroke-Level model for user performance time with interactive systems. Communications of the ACM, 23, 7, 396-410, New York: ACM.

Eye Response Technologies (2006): The ERICA system: www.eyeresponse.com.

Duchowski, T. D. (2003): Eye Tracking Methodology: Theory and Practice. London: Springer-Verlag, ISBN 1-85233-666-8.

Fitts, P. M. (1954): The information capacity of the human motor system in controlling the amplitude of movement, Journal of Experimental Psychology, 47, 381-391.

Goldstein, B. (2004): Cognitive Psychology: Connecting Mind, Research and Everyday Experience, Wadsworth Publishing, July 2004, ISBN: 0534577261.

Hinckley, K.; Sinclair, M. (1999): Touch-Sensing Input Devices, in Proc. CHI'99:ACM Conference on Human Factors in Computing Systems, Pittsburgh, 1999.

LC Technologies (2006): Eyegaze Systems http://www.eyegaze.com/2Products/Eyefollower/Eyefollower.htm.

Majaranta, P.; Räihä, K. J. (2002): Twenty years of eye typing: systems and design issues, Proceedings of the symposium on Eye tracking research & applications, New Orleans, Louisiana, pp 15-22.

Quantum Research Group (2006): Touch Sensor Chips: http://www.qprox.com/products/touch.php

Zhai, S.; Morimoto, C; Ihde, S. (1999): Manual And Gaze Input Cascaded (MAGIC) Pointing, in Proc. CHI'99:ACM Conference on Human Factors in Computing Systems, Pittsburgh.

Danksagung und Kontaktinformationen

Die hier beschriebenen Forschungsarbeiten wurden im Rahmen der Nachwuchsgruppe „Eingebettete Interaktion" im Aktionsplan Informatik von der DFG gefördert.

Nachwuchsgruppe „Eingebettete Interaktion"
Lehr- und Forschungseinheit Medieninformatik
Institut für Informatik
Ludwig-Maximilians-Universität München
Heiko Drewes und Albrecht Schmidt

Amalienstraße 17, 80333 München
heiko@hcilab.org, albrecht@hcilab.org, www.hcilab.org
Tel.: +49 89/2180-4658

A. M. Heinecke, H. Paul (Hrsg.): Mensch & Computer 2006: Mensch und Computer im Struktur*Wandel*.
München, Oldenbourg Verlag, 2006, S. 195-202

Modellbasierte Entwicklung mobiler multimodaler Nutzungsschnittstellen

Peter Forbrig, Georg Fuchs, Daniel Reichart, Heidrun Schumann

Universität Rostock, Institut für Informatik

Zusammenfassung

Die Entwicklung von Nutzungsschnittstellen für mobile Geräte stellt neue Herausforderungen an Softwareentwickler. Durch den Entwurf von Aufgaben- und Dialogmodellen können geräteübergreifend Nutzungsschnittstellen spezifiziert werden. Konkrete Geräte und Kontextsituationen erfordern auch die Nutzung alternativer Interaktions- und Präsentationstechniken. Wir stellen hier einen Ansatz vor, der die Integration von Sprache und Visualisierung am Beispiel einer Anwendung im Bereich Instandhaltungsmanagement vorantreibt.

1   Einleitung

Unser tägliches Leben wird mehr und mehr von den Möglichkeiten der mobilen Kommunikation beeinflusst. Die zunehmende Ausbreitung drahtloser Netzwerke ermöglicht eine Vielzahl von Anwendungen sowohl im privaten als auch im geschäftlichen Bereich. Durch die große Menge an unterschiedlichen Geräten werden Entwickler interaktiver Software vor neue Herausforderungen gestellt. Um nicht für jedes Gerät eine eigene Nutzungsschnittstelle entwickeln und pflegen zu müssen, verfolgen wir einen Ansatz, bei dem plattformunabhängige Modelle eine zentrale Rolle spielen.

In diesem Beitrag wollen wir unsere Herangehensweise am Beispiel der Entwicklung einer Software zur Unterstützung von Instandhaltungsmaßnahmen darstellen. Dieses Szenario wird derzeit im Rahmen des 4. Landesforschungsschwerpunkt IuK „Multimediales Content Management in mobilen Umgebungen mit multimodalen Nutzungsschnittstellen" in Zusammenarbeit mit der SIV.AG bearbeitet. Das derzeitige Instandhaltungsmanagementsystem erlaubt es, Protokolle mit den anstehenden Arbeitspaketen auszudrucken und dem Wartungstechniker mitzugeben. Vor Ort kann dieser Reparaturzeiten, Messergebnisse, eingebaute Ersatzteile und andere Rückmeldeinformationen dort eintragen. Später müssen die im Protokoll eingetragenen Daten wieder ins System eingepflegt werden.

Ein Ziel ist es, dieses Protokoll durch die Entwicklung einer mobilen Komponente zu ersetzen und so beiden Seiten einen Wettbewerbsvorteil zu verschaffen: Die Verwaltung profitiert durch den geringeren Pflegeaufwand und aktuellere Daten, während der Wartungstechniker, insbesondere bei der Reparatur älterer oder selten eingesetzter Anlagen, auf technische Dokumentationen zugreifen und sich so vor Ort Hilfe holen kann.

2   Modellbasierte Entwicklung

Unser Entwicklungsprozess beginnt mit der Spezifikation von Aufgabenmodellen. Diese enthalten alle vom System und dessen Nutzern abzuarbeitenden Aufgaben und deren Beziehungen untereinander. Es ist u.a. möglich, zeitliche Abhängigkeiten, Alternativen, optionale Teilaufgaben und Iterationen zu definieren. Neben der sequenziellen Iteration, bei der ein Schritt beendet werden muss, bevor der nächste angefangen werden darf, haben wir auch einen Operator für Instanziteration eingeführt. Dieser bewirkt, dass mehrere Instanzen eines Aufgabentyps parallel abgearbeitet werden können. Das Ergebnis der Aufgabenmodellierung ist ein Aufgabenbaum, der alle Interaktionsmöglichkeiten strukturiert beschreibt.

Zur Entwicklung eines Dialogmodells gibt es bereits verschiedene Ansätze. Beispielsweise wird im TERESA-Projekt (Berti et al. 2004) das Dialogmodell automatisch generiert, indem aus dem Aufgabenmodell sogenannte Enabled Task Sets gewonnen werden, welche direkt in das Dialogmodell eingehen. Das bedeutet, die Nutzungsschnittstelle passt sich nach der Abarbeitung jeder Teilaufgabe automatisch an den neuen Zustand des Aufgabenmodells an. Gegen diese Methode sprechen in unserem Fall zwei Dinge: Erstens wäre durch die Einführung der Instanziteration die Menge der Enabled Task Sets unendlich groß, da zu einem konkreten Zeitpunkt eine beliebige Anzahl an Instanzen einer Aufgabe aktiv sein kann. Zweitens kann diese Vorgehensweise für mobile Geräte aufgrund ihrer geringen Displaygröße bei komplexen Aufgabenmodellen zu einer stark überladenen Nutzeroberfläche führen. Wir haben uns letztlich dafür entschieden, das Konzept der abstrakten Dialoggraphen (Schlungbaum & Elwert 1996) zur Spezifikation der Dialogstruktur zu nutzen.

Ein Dialoggraph ist ein gerichteter Graph, dessen Knoten, die Dialogsichten, einzelne Dialoge der Nutzungsschnittstelle repräsentieren. Es gibt verschiedene Typen von Dialogsichten, die sich unterschiedlich verhalten. Beispielsweise verhindert ein modaler Dialog das Aktivieren jedes anderen, gerade sichtbaren Dialogs, während eine multiple Dialogsicht das Erzeugen mehrerer Instanzen dieses Dialoges erlaubt. Dialogsichten sind durch sogenannte Transitionen miteinander verbunden, welche mögliche Dialogübergänge darstellen. Der Typ der Transition entscheidet zudem, ob der Ausgangsdialog bei diesem Übergang offen bleibt oder geschlossen wird.

Wir nutzen eine Kombination der beiden obigen Konzepte zur Spezifikation der Nutzungsschnittstelle. Die Aufgaben aus dem Aufgabenmodell werden dabei den einzelnen Dialogsichten aus dem abstrakten Dialoggraphen zugeordnet. Jeder Dialog dient der Bearbeitung einer oder mehrerer Aufgaben und es kann festgelegt werden, welche Aufgaben Dialogübergänge nach sich ziehen. Durch diesen Ansatz lassen sich bereits sehr präzise die Gesamtstruktur der Nutzungsschnittstelle und mögliche anvisierten Interaktionsfolgen spezifizieren. Durch die Gruppierung der Aufgaben in Dialogsichten werden Aufgabenmodelle häufig eingeschränkt. So kann z.B. durch die sequentielle Anordnung von Dialogen die Reihenfolge nebenläufiger Teilaufgaben erzwungen werden. Gerade für Geräte mit geringer Displaygröße können solche Einschränkungen Sinn machen, um die Anzahl möglicher Interaktionen und damit auch den Bedarf an Platz in der graphischen Nutzungsschnittstelle zu begrenzen.

Der letzte Schritt in unserem Entwicklungsprozess ist die Verfeinerung der Dialoge bis auf Komponentenebene. Es werden jeder Aufgabe Interaktionskomponenten zugeordnet und anschließend das Gesamtlayout des Dialogs festgelegt. Diese Komponenten können auf verschiedenen Abstraktionsebenen liegen und unterschiedlich komplex sein. So können bereits vorliegende komplexe oder sehr spezielle Komponenten, wie z.B. ein Browserfenster oder ein Videoplayer, mit generischen, plattformunabhängigen Komponenten kombiniert werden. Diese Zuordnung von Komponenten zu Aufgaben kann auch bei einer Umstrukturierung des Dialoggraphen erhalten bleiben, so dass bei einer Änderung der Anforderungen einmal getroffene Designentscheidungen wieder berücksichtigt werden können. Abbildung 1 zeigt noch einmal eine Übersicht über unseren gesamten Entwicklungsprozess.

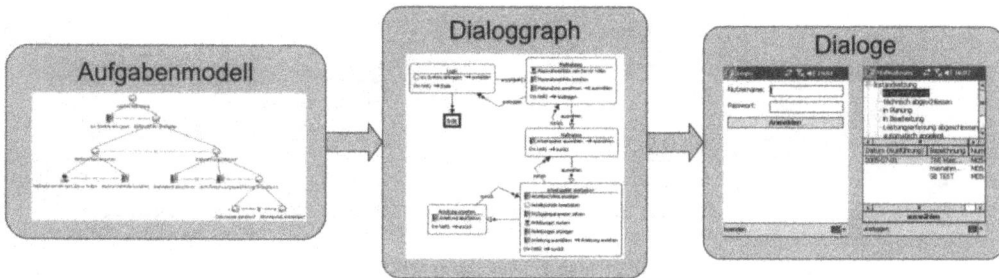

Abbildung 1: Entwicklungsprozess für Nutzungsschnittstellen

2.1   Modellierungswerkzeuge

Zur Unterstützung des oben beschriebenen Prozesses wurden von uns Werkzeuge entwickelt, welche die Modellierung und Simulation der oben genannten Modelle ermöglichen und diese anschließend weiterverarbeiten können, z.B. durch die Generierung von Quellcode für eine oder mehrere Zielplattformen. Diese Tools basieren auf dem Eclipse Modeling Framework (EMF) und fügen sich als Plug-Ins in die Eclipse IDE ein. Somit kann ein Softwareentwickler direkt innerhalb der Entwicklungsumgebung damit arbeiten.

Ausgangspunkt für die Entwicklung modellbasierter Werkzeuge unter EMF ist die Spezifikation von Metamodellen, im Normalfall mittels UML. Wir haben unter anderem Metamodelle für Aufgabenmodelle, abstrakte Dialoggraphen, Objektmodelle und Nutzermodelle entwickelt und daraus mit Hilfe von EMF ein ganzes Paket von Editoren in Form von Eclipse-Plugins generiert. Diese haben einen sehr generischen Charakter, eignen sich aber gut, um hierarchische Modelle, beispielsweise Aufgabenmodelle, zu bearbeiten. Modelle werden von EMF im XMI-Format abgelegt. Die generierten Plugins wurden von uns anschließend teilweise nachbearbeitet und dienen als Basis für komfortablere, graphische Werkzeuge.

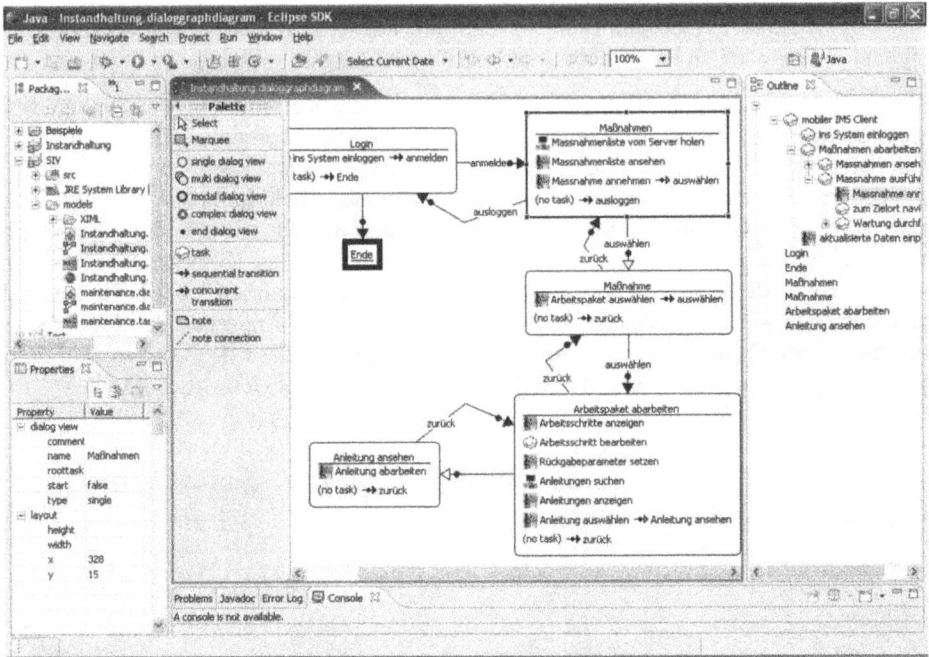

Abbildung 2: Dialoggrapheditor

Eines dieser graphischen Werkzeuge ist der Dialoggrapheditor (siehe Abbildung 2). Er basiert auf dem Graphical Editing Framework (GEF) und ermöglicht die Erstellung und Bearbeitung kompletter Dialoggraphen und die Zuordnung von Aufgaben zu einzelnen Dialogsichten. Außerdem wird hier definiert, ob nach Abarbeitung einer Aufgabe eine bestimmte Transition ausgelöst werden soll.

Neben Bearbeitungsfunktionen unterstützt unsere Toolsammlung auch die Simulation von Aufgabenmodellen und Dialoggraphen. Damit wird es dem Entwickler ermöglicht, bereits frühzeitig das Verhalten der Modelle mit seiner Vorstellung oder der des zukünftigen Anwenders zu vergleichen.

Im Anschluss an die Modellierung kann aus den Modellinformationen unter Anwendung von Templates Quellcode für einen Prototypen generiert werden, der auf dem gewünschten Zielgerät lauffähig ist. Es existieren derzeit Templates zur Erzeugung von GUIs für Java/SWING und das .NET Compact Framework. In Zukunft kann durch die Einführung neuer Templates mit relativ geringem Entwicklungsaufwand auch der Wechsel zu anderen Zielplattformen erreicht werden.

Als Dialogbeschreibungssprache verwenden wir XUL. Mit Hilfe eines von uns entwickelten XUL-Editors (Dittmar et al. 2005) können die generierten Dialogbeschreibungen anschließend verfeinert werden, ohne dass Beziehungen zu den Ausgangsmodellen verloren gehen. Wir haben XUL-Interpreter für Java und .NET und einen XUL-Compiler für J2ME entwickelt, so dass die Dialogbeschreibungen auf unterschiedlichen Plattformen verwendet werden können. Zudem kann der Dialogdesigner bereits während der Simulationszeit eines Dialoggraphen XUL zur Darstellung der Dialoginhalte verwenden und so schon einen sehr konkreten Eindruck der späteren Nutzungsschnittstelle erhalten.

3   Szenario „mobiles Instandhaltungsmanagement"

Unsere Werkzeuge kommen derzeit bei der Entwicklung einer Software zur Unterstützung von Technikern bei Instandhaltungsmaßnahmen zum Einsatz. Dieser Software liegt ein Framework zugrunde, welches unter anderem das Interpretieren XML-basierter Dialogbeschreibungen zur Laufzeit realisiert. Diese beinhalten neben XUL auch XAML, z.B. zur Einbindung eigener Komponenten für Visualisierungsaufgaben, und SALT (Speech Application Language Tags) zur Spezifikation von Sprachinteraktionen. Ein Teil der Instandhaltungsmanagement-Software beschäftigt sich mit der Präsentation von Wartungsanleitungen und soll hier kurz vorgestellt werden.

In Abhängigkeit von der Art der Instandhaltungsmaßnahme und dem Typ der zu wartenden Anlage wird dem Techniker auf seinem PDA eine Anleitung zur Verfügung gestellt, mit deren Hilfe er Schritt für Schritt eine Aufgabe abarbeitet. Da er hierfür in vielen Fällen beide Hände frei haben und sich auf seine Arbeit konzentrieren muss, sind andere Interaktionstechniken wie die Ein- und Ausgabe per Sprache notwendig. Weiterhin ist es sinnvoll, technische Sachverhalte visuell darzustellen und relevante Teile der Visualisierung hervorzuheben. Dies ist gerade auf kleinen Displays eine große Herausforderung und geschieht in unserem Fall unter Anwendung von Focus&Context-Techniken (Keahey 1998).

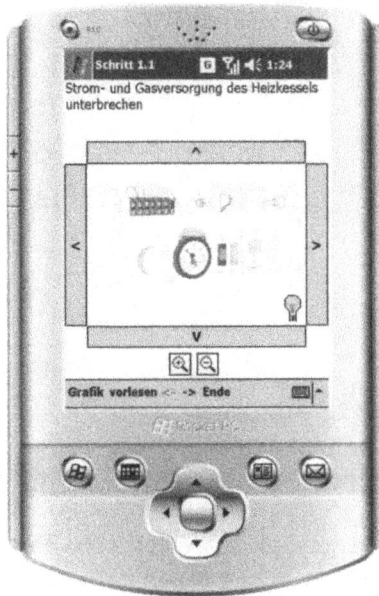

Abbildung 3: Digitale Wartungsanleitung auf einem PDA

Abbildung 3 zeigt einen Screenshot der Wartungsanleitung. Zum aktuellen Arbeitsschritt passend werden dem Techniker eine generelle Beschreibung als Text angezeigt und Detailinformationen vorgelesen. In einer Visualisierungskomponente wird parallel dazu der technische Sachverhalt graphisch dargestellt. Hierzu werden einzelne Bildausschnitte, sogenannte Features, hervorgehoben. Dies kann zum einen durch Einfärbung geschehen, gleichzeitig kann ein Feature aber auch in Abhängigkeit von seiner Wichtigkeit innerhalb der aktuellen Aufgabe vergrößert werden, während andere Bildausschnitte verkleinert dargestellt werden und so in den Hintergrund rücken. Durch diese Technik können Grafiken mehrfach wiederverwendet werden, nur die Wichtigkeiten der Features unterscheiden sich je nach Instruktion.

Im Hintergrund sendet das System zusätzlich eine Suchanfrage an einen eLearning-Server und wertet dessen Antwort aus, um bei Vorhandensein weiterer Informationen zum jeweiligen Arbeitsschritt dem Nutzer Zugriff auf diese anzubieten. Das Glühlämpchen in der rechten unteren Ecke der Visualisierungskomponente zeigt in diesem Fall das Vorhandensein von eLearning-Objekten an.

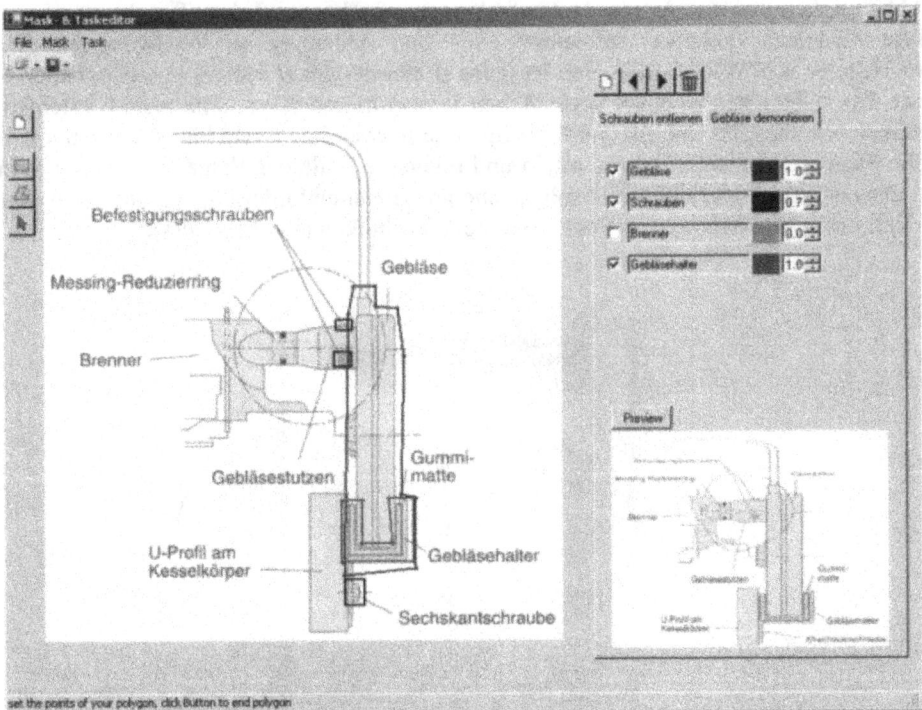

Abbildung 4: Autorenwerkzeug zur Erstellung von Visualisierungsinformationen

Die Visualisierungskomponente ermöglicht weiterhin das Vergrößern und Verschieben des Bildausschnittes und die gesonderte Selektion und Hervorhebung einzelner Features. Diese und andere Interaktionen können per Stift oder Spracheingabe geschehen. Nachdem der Nutzer den Arbeitsschritt beendet hat, kann er, wieder per Sprache oder konventioneller

Eingabe, zum nächsten Schritt wechseln. Damit ist eine durchgehend freihändige Bedienung des Gerätes denkbar.

Auch die Erstellung solcher Wartungsanleitungen wird von uns durch Werkzeuge unterstützt. Zur Spezifikation einer Anleitung bieten sich wiederum Aufgabenmodelle an. Damit wird es beispielsweise möglich, Anleitungen für eine ganze Klasse von zu wartenden Anlagen in einem einzigen Modell unterzubringen und zur Laufzeit die im konkreten Fall überflüssigen Teilaufgaben herauszufiltern. Zu diesem Zweck haben wir den Aufgabenmodelleditor so erweitert, dass für jede Aufgabe zusätzliche Informationen zur Sprachinteraktion und zur Visualisierung hinterlegt werden können. Die graphischen Informationen an sich, wie Bilder und in ihnen enthaltene Features, werden in einem separaten Autorenwerkzeug erstellt, welches ebenfalls als Eclipse-Plugin verfügbar ist. Als Ausgangsbilder werden Raster- und Vektorgraphiken unterstützt und die Definition der einzelnen Features erfolgt, wie in Abbildung 4 zu erkennen, durch Polygone.

4   Ausblick

In den vorherigen Kapiteln haben wir gezeigt, wie unsere Strategie zur Entwicklung von mobilen Nutzungsschnittstellen aussieht und diese an einem Beispiel näher erläutert. Für viele Schritte innerhalb dieses Entwicklungsprozesses bieten wir Werkzeugunterstützung an, diese ist aber bei weitem noch nicht lückenlos. Eine der Herausforderungen für die Zukunft ist sicherlich die Erzeugung kompletter Dialogbeschreibungen aus unseren Modellen. Hier gilt es, Kompromisse zu finden zwischen einer vollkommen automatischen Generierung und der Bereitstellung von Möglichkeiten, manuell Designentscheidungen treffen zu können. Durch die immer wiederkehrende Anwendung unserer Entwicklungsprozesse und die Analyse bestehender Nutzungsschnittstellen werden sich Patterns herauskristallisieren, die in Form von Werkzeugunterstützung in den Prozess mit eingehen werden.

Literaturverzeichnis

Berti, S.; Correani, F.; Mori, G.; Paternò, F.; Santoro, C. (2004): A transformation-based environment for designing multi-device interactive applications. In: Proceedings of the 9th international conference on Intelligent user interfaces. Funchal, Januar 2004.

Biehl, N.; Düsterhöft, A.(2005): Speech Control for Mobile Devices in Maintenance Support Scenarios. IEEE Int. Conference on Natural Language Processing and Knowledge Engineering (NLP-KE 2005), 30. Oktober-1. November 2005, Wuhan, China.

Dittmar, A.; Forbrig, P.; Reichart, D.; Wolff, A. (2005): Linking GUI Elements to Tasks – Supporting an Evolutionary Design Process. In: Proc. of TAMODIA 2005, Gdansk, September 2005.

Eclipse Homepage. http://www.eclipse.org/.

Eclipse Modeling Framework Homepage. http://www.eclipse.org/emf/.

Forbrig, P.; Dittmar, A.; Reichart, D.; Sinnig, D. (2004): From Models to Interactive Systems – Tool Support and XIML. In: Proc. Workshop #4 Making Model Based User Interface Practical, IUI/CADUI 2004, Funchal, Januar 2004.

Forbrig, P.; Schumann, H. (2005): Advanved Multi-Modal User Interfaces – Visualisation, Natural Language and Platform Independence. Workshop: Mobile Computing and Ambient Intelligence: The Challenge of Multimedia, Dagstuhl, May 2005.

Fuchs G.; Reichart, D.; Schumann, H.; Forbrig, P. (2006): Maintenance Support – Case Study for a Multimodal Mobile User Interface. IS & T/SPIE's 16th Annual Symposium Electronic Imaging: Multimedia on Mobile Devices II, 15.-19. Januar 2006, San Jose, California, USA.

Graphical Editing Framework Homepage. http://www.eclipse.org/gef/

Keahey, T. A. (1998): The generalized detail-in-context problem. In: Proc. of the IEEE Symposium on Information Visualization, IEEE Visualization, Oktober 1998.

Schlungbaum, E.; Elwert, T. (1996): Dialogue Graphs – A Formal and Visual Specification Technique for Dialogue Modelling. Springer, 1996.

Kontaktinformationen

Peter Forbrig – Lehrstuhl Softwaretechnik;
Email: peter.forbrig@informatik.uni-rostock.de, Tel.: 0381 498 7620

Georg Fuchs – Lehrstuhl Computergraphik;
Email: georg.fuchs@informatik.uni-rostock.de, Tel.: 0381 498 7484

Daniel Reichart – Lehrstuhl Softwaretechnik;
Email: daniel.reichart@informatik.uni-rostock.de, Tel.: 0381 498 7623

Heidrun Schumann – Lehrstuhl Computergraphik;
Email: heidrun.schumann@informatik.uni-rostock.de, Tel.: 0381 498 7490

Universität Rostock
Institut für Informatik
Albert-Einstein-Straße 21
18051 Rostock

A. M. Heinecke, H. Paul (Hrsg.): Mensch & Computer 2006: Mensch und Computer im Struktur*Wandel*.
München, Oldenbourg Verlag, 2006, S. 203-212

Hierarchische Stapelkarten und Sprachsteuerung: Neue Konzepte für multimodale PDA-Anwendungen

Hilko Donker, Oliver Stache

Dozentur Kooperative multimediale Anwendungen, Technische Universität Dresden

Zusammenfassung

Die multimodale Interaktion zwischen Mensch und Maschine stellt eine viel versprechende Basis für die Erstellung ergonomischer und gebrauchstauglicher PDA-Anwendungen dar. In diesem Beitrag wird die Kombination von Spracheingabe und stiftbasierter Steuerung der grafischen Benutzungsschnittstelle einer PDA-Anwendung untersucht. Zur Steuerung der Dialogabläufe wird die Metapher der hierarchischen Stapelkarten eingeführt. Zur Optimierung der Stiftinteraktion wird die grafische Benutzungsschnittstelle in einen Darstellungsbereich für Informationen und einen Navigationsbereich unterteilt. Alle Dialoge lassen sich sowohl durch eine Stifteingabe als auch durch Sprachkommandos steuern. Dieses Konzept wurde mit Hilfe einer Beispielimplementierung einer PDA-basierten Clientanwendung für den Webshop einer Online-Buchhandlung evaluiert.

1 Einleitung

In der Praxis werden unter multimodalen Benutzungsschnittstellen in der Regel hybride Benutzungsschnittstellen verstanden, die die visuellen und motorischen Kommunikationskanäle von Graphical User Interfaces (GUI) mit den auditiven von Speech User Interfaces (SUI) vereinen (Weinschenk & Barker 2000). Aufgrund der Kombination von GUI und SUI können die ergonomischen Vorteile beider Interaktionsformen in einer Benutzungsschnittstelle kombiniert und gleichzeitig einige ihrer Nachteile umgangen werden. Neben der Sprachausgabe kann eine auditive Ausgabe auch durch nichtsprachliche, gut differenzierbare akustische Signale (Earcons) (Brewster 1994) erfolgen. Sprachbasierte Benutzungsschnittstellen haben den Vorteil, dass sie die natürliche Sprache nutzen. Die natürliche Sprache ist variabel und abwechslungsreich, bei der Formulierung bietet sie dem Menschen einen Freiraum an Kreativität, ohne dabei an Effektivität zu verlieren. Das Hören von deutlicher, natürlicher Sprache stellt für den Menschen auch auf Dauer keine große kognitive Belastung dar. Die synthetisierte Sprachausgabe wird von den Nutzern jedoch auf Dauer als monoton und unnatürlich empfunden. Bei der Spracheingabe stellt die Vermittlung der Sprachkommandos ein wesentliches Problem dar. Weder das Nachschlagen der Kommandos in der Programmhilfe noch das Vorlesen durch die Sprachsynthese stellen einen effizienten Lösungsansatz dar. Im praktischen Einsatz sprachbasierter Systeme hat sich gezeigt, dass Spracherkennungssysteme sehr empfindlich auf Umgebungsgeräusche reagieren, was insbesondere in mobilen Anwendungssituationen zu Problemen führen kann. Diese Probleme lassen sich bei multimodalen Benutzungsschnittstellen kompensieren, indem der Nutzer in einer lauten Umgebung eine alternative Eingabemodalität, zum Beispiel die Stiftsteuerung, wählt. Bei der Stiftsteuerung einer PDA-basierten Anwendung verdeckt der Nutzer oftmals wichtige Kontextinformationen mit seiner eigenen Hand, da auf den Displays der PDAs nur sehr wenig Platz für die Darstellung der Interaktionsobjekte und der Anwendungsinformationen für jeden Dialogschritt zur Verfügung stehen.

1.1 Gestaltungsgrundsätze für multimodale Benutzungsschnittstellen

Bei der Gestaltung einer multimodalen Benutzungsschnittstelle gilt es, bewährte Gestaltungsgrundsätze für grafische sowie sprachbasierte Benutzungsschnittstellen zu berücksichtigen. Darüber hinaus ergeben sich aus der Kombination der Modalitäten neue Grundsätze, die ebenso bei der ergonomischen Gestaltung dieser Schnittstellen beachtet werden müssen. Die folgenden Grundsätze basieren auf Ausarbeitungen von Weinschenk und Barker (Weinschenk & Barker 2000), sowie Pitt und Edwards (Pitt & Edwards 2002). **Grenzen der menschlichen Informationsverarbeitung**: Der Mensch hat Grenzen in Bezug auf die Quantität sowie die Qualität der von ihm zu verarbeitenden Informationen. Eine Benutzungsschnittstelle sollte diese Grenzen berücksichtigen. Zur Grenze der kognitiven Verarbeitung gibt George A. Miller an, dass ein Mensch sich zwischen fünf und neun Elemente für ungefähr 20 Sekunden merken kann (Miller 1956). Um diese Zahl zu erhöhen, muss die Information zum Beispiel aufgeteilt werden. Sanders und McCormick (Sanders & McCormick 1982) zufolge kann der Mensch sich eine Struktur von drei bis vier Elementen mit je drei bis vier Unterelementen am leichtesten merken. Die **Grenzen der visuellen Wahrnehmung** des Menschen äußern sich dadurch, dass ein Nutzer nicht alle dargestellten Informationen liest. Dieser Effekt verstärkt sich, wenn Informationen unübersichtlich dargestellt werden. Es sollten somit nur die wichtigsten Informationen – angemessen auf dem Bildschirm positioniert – dargestellt werden. Die **Verarbeitung auditiver Informationen** wird z.B. dadurch beeinträchtigt, dass eine wahrgenommene synthetisierte Sprache eine höhere Konzentration des Hörers verlangt als eine in der natürlichen Sprache gesprochene Äußerung. Durch die Verwendung einer synthetisierten Sprache wird der Transfer der Informationen ins Langzeitgedächtnis beeinträchtigt. Als Konsequenz sollten Sprachausgaben, die synthetisiert erfolgen, kurz und prägnant gestaltet sein. **Modale Integrität**: Modale Integrität bedeutet, dass für jede Aufgabe die effektivste Ein- oder Ausgabemodalität verwendet wird (Sanders & McCormick 1982). So sollte zum Beispiel das Selektieren eines Kartenausschnitts mit der Maus erfolgen. Das anschließende Vergrößern des Kartenausschnitts wird optimal durch das Sprechen des Kommandos „Vergrößern" realisiert. Die Modale Integrität ist somit eine Voraussetzung für effektive multimodale Benutzungsschnittstellen. Damit Benutzungsschnittstellen auch resistent gegen äußere Einflüsse sind, sollte für jede Aufgabe ein alternativer Kommunikationskanal zur Verfügung gestellt werden. **Modale Konsistenz**: Wird ein und dieselbe Information über verschiedene Modalitäten gleichzeitig präsentiert, müssen die jeweiligen Ausprägungen konsistent gestaltet sein. Dies bedeutet insbesondere, dass eine einheitliche Terminologie verwendet werden muss. **Nichtsprachliche auditive Ausgabe**: Earcons eignen sich, um die Aufmerksamkeit des Nutzers zu steuern. Wenn das System nach einer längeren Sprechpause eine Sprachinformation ausgeben möchte, sollte der Nutzer darauf vorbereitet werden ansonsten kann es passieren, dass er die ersten Worte der Ausgabe überhört. Am besten eignet sich dafür ein kurzer Ton, der sofort die Aufmerksamkeit des Nutzers erregt. **Privatsphäre und Sicherheit**: Bei der Eingabe sensitiver Daten sollte gewährleistet sein, dass die unmittelbare Umgebung diese nicht mithören kann. Darüber hinaus kann es einem Nutzer peinlich sein, wenn Meldungen über Bedienfehler mitgehört werden können. Für diese und ähnliche Fälle muss eine Alternative zur Spracheingabe und -ausgabe vorhanden sein.

2 Konzeption einer multimodalen PDA-Benutzungsschnittstelle

2.1 Hierarchische Stapelkartenmetapher

Die Navigationsstruktur der Anwendung wird dem Nutzer mit Hilfe der Bildschirmmetapher der Stapelkarten vermittelt. Bei der Stapelkartenmetapher (vgl. Microsoft Power Point Präsentationen) werden einzelne Bildschirmseiten durch Karten und die gesamte Anwendung durch einen Kartenstapel repräsentiert. Wird eine Karte vom Stapel genommen, sieht der Nutzer die darunter liegende Karte. In dem hier vorgestellten Konzept wurde diese Metapher so erweitert, dass der Kartenstapel hierarchisch strukturiert ist. Von einer Karte kann entweder zu einer darunter liegenden Hierarchieebene oder zurück zur darüber liegenden Karte gewechselt werden. Die Metapher der „hierarchischen Stapelkarten" erlaubt es, die Dialoge der Anwendung sehr übersichtlich zu strukturieren. Beim Wechsel zwischen Karten wird deren Zusammenhang dadurch verdeutlicht, dass dieser Wechsel als Animation dargestellt wird. Beim Wechsel zu einer darunter liegenden Karte wird die aktuelle nach links aus dem Darstellungsbereich heraus geschoben und um zu einer Karte auf einer übergeordneten Hierarchiestufe zurückzukehren wird diese wiederum von links in den Darstellungsbereich hinein geschoben. Darüber hinaus entsteht mit Hilfe dieser Animation die Möglichkeit, zusätzliche Karten, die nicht Teil der Hierarchie sind, einzublenden, indem diese von einer anderen Seite ins Bild geschoben werden. Eine Karte, die Fehlermeldungen enthält, sollte zum Beispiel von der Hierarchie entkoppelt dargestellt werden. Die Aufmerksamkeit des Nutzers wird beim Eintreten von besonderen Dialogsituationen (Anzeige von Fehlermeldungen oder das Treffen einer kritischen Entscheidung) dadurch erhöht, dass mehrere Farbschemata für die Darstellung der Karten vorgesehen sind. Neben einem im Normalfall verwendeten grauen Farbschema werden zu diesem Zweck Farbschemata in Grün, Gelb und Rot als Signalfarben, sowie Blau als neutrale Farbalternative verwendet.

2.2   Layout der Benutzungsschnittstelle

Die Orientierung auf dem kleinen Display eines PDAs wird dadurch erleichtert, dass jede Stapelkarte in die beiden festen Darstellungsbereiche Information und Navigation untergliedert wird. Um zu vermeiden, dass der Nutzer bei der Bedienung mit einem Stift wichtige Informationen mit seiner Hand verdeckt, ist der Navigationsbereich unterhalb des Informationsbereichs angeordnet. Im Navigationsbereich sind Schaltflächen dargestellt, mit deren Hilfe der Nutzer sich zwischen den einzelnen Karten bewegen kann. Diese Schaltflächen sind untereinander angeordnet und erstrecken sich jeweils über die gesamte Displaybreite. Hierdurch wird gewährleistet, dass die Beschriftung der Buttons bei der Bedienung sowohl für Links- also auch für Rechtshänder nicht verdeckt wird. In Abbildung 1 wird die beschriebene Displayaufteilung schematisch verdeutlicht.

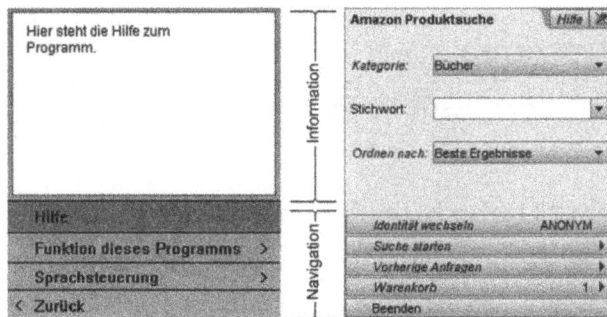

Abbildung 1: Darstellungsbereiche einer Bildschirmseite (Prototyp, Beispielanwendung)

2.3   Programmsteuerung mit Hilfe von Sprachkommandos

Die Vermittlung der in einer bestimmten Dialogsituation zur Verfügung stehenden Sprachbefehle wird dadurch realisiert, dass die Sprachbefehle besonders hervorgehoben in der GUI dargestellt werden. Auf diese Weise muss der Nutzer in der Einarbeitungsphase nicht sämtliche Befehle erlernen, sondern kann diese direkt vom Display ablesen. Als einheitliche Formatierung für Sprachbefehle werden diese kursiv gesetzt. Neben der Gestaltung der Sprachbefehle stellt die Ausgabe eines Feedbacks einen weiteren Problembereich der auditiven Programmsteuerung dar. Die Grundsätze der modalen Integrität fordern, dass die Reaktion auf eine auditive Eingabe ebenfalls auditiv übermittelt werden sollte. Nach einer Spracheingabe muss dem Nutzer zunächst eine Rückmeldung gegeben werden, ob ein gesprochenes Kommando vom System als solches identifiziert und zum Spracherkenner geleitet wurde oder ob der Nutzer sein Sprachkommando wiederholen muss. In einem zweiten Schritt muss dem Nutzer eine Rückmeldung über das Ergebnis der Erkennung gegeben werden. Der Nutzer benötigt eine Rückmeldung, ob ein Kommando erkannt wurde oder ob das Kommando zurückgewiesen wurde. Da beide Rückmeldungen nach jedem Sprachkommando gegeben werden, ist die effizienteste Möglichkeit für ein Feedback kurze aber prägnante Earcons zu verwenden. Nach jeder als Kommando interpretierten Spracheingabe wird ein kurzer Piepton ausgegeben. Weist der Spracherkenner ein Kommando zurück, wird ein doppelter Piepton verwendet. Das Feedback auf eine erfolgreiche Kommandoerkennung wird entgegen der modalen Integrität nur implizit als visuelle Information dargestellt, indem die gewünschte Funktion ausgeführt und ihr Ergebnis auf dem Display dargestellt wird.

2.4 Multimodale Repräsentation klassischer Interaktionsobjekte

Interaktionsobjekte und Informationen werden in klassischen Anwendungen auf der grafischen Benutzungsschnittstelle präsentiert. Im Folgenden wird analysiert, welche Interaktionselemente sich für eine multimodale Interaktion eignen und auf welche Weise deren Sprachsteuerung realisiert werden können. Ein Button kann entweder auf die gewohnte Weise durch Antippen mit einem Stift bedient werden oder über ein Sprachkommando, welches seiner Beschriftung entspricht. Zur Auszeichnung dieses Sprachkommandos muss die Beschriftung entsprechend den Überlegungen in Abschnitt 2.3 kursiv hervorgehoben werden. Für Dropdown-Boxen ist eine als Sprachkommando gekennzeichnete Beschriftung der Box erforderlich. Über dieses Sprachkommando wird die Box ausgeklappt und die Elemente der Box werden dargestellt. Die Auswahl der Elemente erfolgt, indem entweder die Beschriftungen der einzelnen Elemente selbst als Sprachkommando dienen oder eine den Elementen vorangestellte Nummerierung als Sprachkommando verwendet wird. In Abbildung 2 sind diese beiden Varianten der multimodalen Dropdown-Box dargestellt. Grafische Listen dienen zur Darstellung von Elementmengen. Es können einzelne Elemente oder Teilmengen der Liste für eine Weiterverarbeitung selektiert werden. Um ein Element einer multimodalen Liste mittels Sprache selektieren zu können, werden sämtliche Einträge der Liste durchnummeriert. Die einem jeweiligen Element vorangestellte Nummer dient wiederum als Sprachkommando für die Selektion. In ähnlicher Weise können auch Teilmengen einer Liste über Sprachbefehle selektiert werden, allerdings wird eine solche Funktion vorerst nicht unterstützt. In Tabellen werden Elementmengen strukturiert dargestellt. Sie bieten dem Nutzer die Möglichkeit, einzelne Zellen oder ganze Zeilen zu selektieren. Im Rahmen dieser Arbeit wird nur die Selektion von Tabellenzeilen unterstützt. Um eine konsistente Bedienung zu gewährleisten, werden dafür, wie bereits bei den Listen und Dropdown-Boxen, die Tabellenzeilen durchnummeriert. Über das Sprechen der Nummer wird eine Zeile selektiert. Kartenreiter (oder Tabbed Panes) können alternativ zur Stiftsteuerung über Sprache ausgewählt werden. Ihre Beschriftung dient gleichzeitig als Sprachkommando.

Abbildung 2: Dropdown-Box mit Sprachsteuerung über einen Index bzw. Wortlaut des Eintrags

3   Beispielanwendung

Als Anwendungsbeispiel wurde ein mögliches zukünftiges Einsatzgebiet mobiler Anwendungen im Sinne des Ubiquitous Computing gewählt. Es wurde eine multimodale PDA-basierte Clientanwendung für den Webshop einer Online-Buchhandlung erstellt, die dem Nutzer eine weiterführende Onlinerecherche ermöglicht, während er sich in seiner Lieblings-buchhandlung vor Ort befindet. Der Funktionsumfang entspricht nicht dem vollen Umfang dieses Online-Shops. Vielmehr liegt das Hauptaugenmerk auf der ergonomischen Gestaltung von wesentlichen Grundfunktionen. Die multimodale Benutzungsschnittstelle ist auf der Basis des frei verfügbaren Java-basierten GUI-Toolkits *Thinlet* (Bajzat 2005) und des Spracherkennungs- und Sprachsynthesesystems *jLab SpeechServer* entstanden, die miteinander kombiniert und um neue Funktionen erweitert wurden. Thinlet übernimmt die Darstellung der grafischen Benutzungsoberfläche, wickelt sämtliche GUI-basierten Interaktionen des Nutzers ab und steuert die daraus resultierenden Aufrufe der Programmlogik. Für die Beschreibung der grafischen Benutzungsschnittstelle dienen XML-Dateien. Der *jLab Speech-Server* wurde von der Fakultät Elektrotechnik und Informationstechnik der Technischen Universität Dresden entwickelt. Es handelt sich um einen auf Hidden-Markov-Modellen basierenden Sprachkommandoerkenner und dem auf Diphonkonkatenation basierendem Sprachsynthesesystem *DRESS*.

4   Evaluation der Beispielanwendung

4.1   Konzeption und Durchführung der Evaluation

Die Beispielanwendung wurde mit Hilfe eines Usability-Tests anhand der folgenden Kriterien und Fragestellungen analysiert: Welchen Einfluss hat die Metapher der hierarchischen Stapelkarten auf die Orientierung des Nutzers innerhalb der Anwendung? Wird eine bessere Übersichtlichkeit der dargestellten Informationen erzielt, indem das Display in einen Informations- und einen Navigationsbereich unterteilt wird? In welchem Umfang wird die Sprachsteuerung benutzt und welche Auswirkung hat dabei die Fehlerrate? Wird die Präsentation der Sprachkommandos in Form einer hervorgehobenen Darstellung in der GUI vom Nutzer ausreichend wahrgenommen? Sind die als Sprachbefehle gewählten Kommandos für den Nutzer verständlich und ist das Ergebnis dieser Anwendungsfunktionen vorhersehbar? Ist das Feedback, das die Nutzer im Anschluss an Sprachkommandos erhalten, ausreichend und zweckmäßig? Als Evaluationsmethoden wurden eine Videobeobachtung der Interaktion mit dem PDA und ein Interview im Anschluss an die Videobeobachtung gewählt. Im Rahmen der Videobeobachtung hatten die Versuchspersonen vier Aufgaben mit steigendem Schwierigkeitsgrad zu absolvieren. Die Evaluation wurde als Usability-Test mit anschließendem Interview durchgeführt. An der Studie haben sechs Versuchspersonen teilgenommen. Die Versuchspersonen gehörten zur Altersgruppe 20 bis 30 Jahre. Das Durchschnittsalter betrug 25,5 Jahre. Drei Versuchspersonen waren weiblich und drei männlich. Drei Personen hatten sehr gute Erfahrungen mit webbasierten Anwendungen, eine gute und zwei mittlere Erfahrungen. Keine der Versuchspersonen hatte Erfahrungen mit einem Sprachdialogsystem. Die folgenden vier Aufgaben wurden von den Versuchspersonen im Rahmen des Usability-Tests bearbeitet:

- Suchen nach einem konkreten Produkt innerhalb eines Beispielwebshops.

- Auslösen einer Bestellung innerhalb eines Beispielwebshops.

- Wiederholen einer bereits gestellten Suchanfrage.

- Freies Arbeiten unter Zuhilfenahme sämtlicher angebotener Funktionen.

4.2   Evaluationsergebnisse

Aus der Videoaufzeichnung der Versuche wurden die folgenden Größen betrachtet: die Bearbeitungzeit der Einzelaufgaben, die Anzahl der gegebenen Stift- und der Sprachbefehle, die Anzahl der nicht erkannten und der falsch erkannten Sprachbefehle, sowie die Anzahl offensichtlicher Navigationsfehler. Ergänzt wurden diese objektiven Größen durch subjektive Aussagen der Versuchspersonen aus den Interviews. Zu Beginn wird die **Orientierung innerhalb der Anwendung** betrachtet. Es wird analysiert, ob die benötigten Informationen und Funktionen gefunden wurden. Sämtliche Versuchspersonen erfassten den Aufbau der grafischen Benutzungsschnittstelle sofort und begannen jeweils unmittelbar mit der Erledigung der ersten Aufgabe. Die weitere Analyse des Videomaterials zeigt, dass die Unterteilung des Displaybereichs in Informations- und Navigationsteil ebenso schnell verinnerlicht wurde wie die hierarchische Strukturierung der Anwendungsseiten. Alle Versuchspersonen setzten zur Erfüllung der Aufgaben die Anwendungsfunktionen gezielt und effizient ein, was durch die geringe Rate an Navigationsfehlern belegt wird. Lediglich der Versuchsperson P3 sind zwei Fehler und der Versuchsperson P6 ist ein Fehler unterlaufen. Keine der Versuchspersonen griff zur Erfüllung der Aufgaben auf die Hilfefunktion der Anwendung zurück, was ebenfalls belegt, dass die Benutzungsschnittstelle intuitiv und übersichtlich gestaltet ist. Die Auswertung der ersten Phase der Arbeit mit dem System zeigt, dass sich die Metapher der hierarchischen Stapelkarten in Verbindung mit der Unterteilung der grafischen Benutzungsschnittstelle in einen Informations- und einen Navigationsbereich positiv auf die Übersichtlichkeit und die Bedienbarkeit dieser PDA-basierten Anwendung auswirkt. Die **Nutzung der Sprachsteuerung** bei der Erfüllung der Aufgaben war den Versuchspersonen freigestellt. In Abbildung 3 ist der Anteil der Spracheingaben an der Gesamtheit der Eingaben in Abhängigkeit von den Personen und Testaufgaben dargestellt. Darin wird deutlich, dass keine der Versuchspersonen ausschließlich die Sprachsteuerung oder aber ausschließlich die Stiftsteuerung verwendete, sondern die durch multimodale Benutzungsschnittstellen ermöglichte Kombination beider Modalitäten gewählt wurde. Abgesehen von Versuchsperson P3, die bis zu Beginn der vierten Aufgabe auf Stiftsteuerung verzichtete, ist bei allen anderen mit jeder Aufgabe ein Anstieg des Sprachanteils an der Interaktion festzustellen. Dies ist ein Indiz für eine steigende Akzeptanz der Sprachsteuerung. Für die Versuchspersonen P1, P3 und P5, welche die Sprachsteuerung besonders intensiv genutzt haben, ist jeweils in der vierten Aufgabe ein leichter Rückgang des Sprachanteils zu verzeichnen. Die Versuchspersonen wurden im Interview jeweils dazu befragt und begründeten diese Auffälligkeit mit der „zu langen Reaktionszeit des Spracherkenners" und mit der „auf Dauer zu hohen Fehlerrate der Spracherkennung". Der starke Einfluss der Fehlerrate der Spracherkennung auf die Verwendung der Sprachsteuerung wird bei Versuchsperson P4 besonders deutlich. Der Anteil der gesprochenen Befehle bei der vierten Aufgabe beträgt nur 38,9%, was auf die extrem hohe Fehlerrate bei der Spracherkennung von 64,3% zurückzuführen ist. Im Gegensatz dazu wurde bei Versuchsperson P2, die bei den Aufgaben 3 und 4 verstärkt Sprachbefehle einsetzte, jeweils eine Fehlerrate von 0% gemessen. Im Interview wurde von P2 ein besonderes Wohlgefallen der Sprachsteuerung bestätigt. Die Sprachsteuerung wurde insgesamt in hohem Maße genutzt, allerdings nur solange die Fehlerrate der Spracherkennung gering blieb.

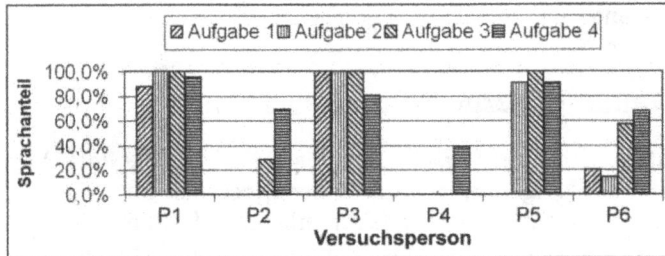

Abbildung 3: Anteil der Sprachinteraktion an der gesamten Interaktion

Die **Effizienz der Benutzungsschnittstelle** wurde anhand des Vergleichs der Bearbeitungszeiten der unterschiedlichen Eingabemodalitäten untersucht. Theoretisch ist die Sprachsteuerung der vorgestellten multimodalen PDA-basierten Clientanwendung weniger effizient als die Stiftsteuerung, da die Reaktion auf ein Stiftkommando unmittelbar folgt, ein Sprachkommando hingegen erst vom Spracherkenner mit einer durchschnittlichen Verarbeitungszeit von 1,1 Sekunden verarbeitet werden muss. Darüber hinaus treten bei der Sprachsteuerung Erkennungsfehler auf. Im Gegensatz dazu wird ein Stiftkommando stets korrekt erkannt, wenn der Nutzer auf die richtige Stelle tippt. Zur Bewertung der Effizienz der Modalitäten werden die Bearbeitungszeit der ersten drei Aufgaben von den Versuchspersonen P1 und P3 mit einem Sprachanteil von 98% im Vergleich zu denen der Versuchspersonen P2 und P4 mit einem Sprachanteil von 5% betrachtet (Abbildung 4). Bei der ersten Aufgabe ist die mittlere Bearbeitungszeit mit Sprachsteuerung niedriger als bei der stiftbasierten Steuerung. Für die Aufgaben 2 und 3 hingegen ist die Bearbeitungszeit mit der Sprachsteuerung geringfügig höher als die der Stiftsteuerung. Insgesamt ergibt sich aus diesen Beobachtungen, dass für die Zielgruppe der Einsteiger und Gelegenheitsnutzer keine signifikanten Unterschiede in der Effizienz der Eingabemodalitäten zu beobachten sind.

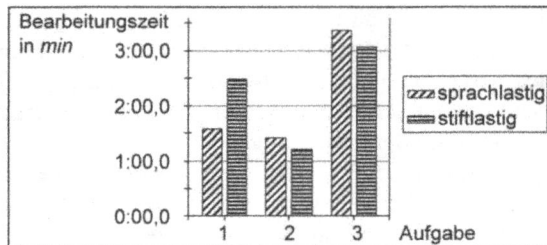

Abbildung 4: Bearbeitungszeiten bei stift- und sprachlastiger Interaktion

Die **Sprachbefehle** wurden von allen Versuchspersonen anhand ihrer Hervorhebung auf der grafischen Benutzungsschnittstelle sehr gut erkannt und gezielt zur Anwendungsbedienung genutzt. Die Analyse der Videoaufzeichnungen der Versuchspersonen P2 und P6, bei denen ein kontinuierlicher Anstieg des Sprachanteils zu verzeichnen ist, ergibt, dass zu Beginn ausschließlich Navigationsbuttons und erst später komplexe Interaktionselemente sprachgesteuert bedient wurden. Diese Versuchspersonen entwickelten schrittweise ein mentales Modell der sprachbasierten Programmsteuerung, indem sie zuerst die einfache mentale Verknüpfung eines Sprachkommandos mit dem Drücken eines grafischen Buttons verinnerlichten und sich darauf aufbauend die komplexere Sprachsteuerung von Dropdown-Boxen und Tabellen erschlossen. Die Auswertung der Interviews ergab, dass die Versuchspersonen die Vermittlung der Befehle als effektiv und die verwendeten Sprachkommandos überwiegend als angemessen und zweckmäßig empfanden. Sprachkommandos wurden jeweils durch ein **akustisches Feedback** quittiert, um dem Nutzer eine Rückmeldung über den Zustand des Spracherkennungssystems zu geben. Wurde ein Sprachkommado vom Spracherkennungssystems als gültiges Kommando identifiziert, so wurde dem Nutzer ein Feedback in Form eines kurzes Pieptons gegeben. Sofern ein Sprachkommando nicht als gültiges Kommando identifiziert wurde, wurde es mit einem doppelten Piepton zurück gewiesen. Die Videoaufzeichnungen dokumentieren, dass die Versuchspersonen bereits nach einer sehr kurzen Gewöhnungsphase korrekt auf das unmittelbar nach dem Sprechen eines Kommandos gegebenen Feedbacks reagierten. Blieb dieses aus, war den Versuchspersonen bewusst, dass das Kommando nicht als solches identifiziert wurde und das Kommando wurde erneut gesprochen. Alle Versuchspersonen verstanden ebenfalls das Feedback einer Rückweisung (doppelter Piepton). Ebenso problemlos haben die Nutzer die grafische somit eigentlich modal inkonsistente Reaktion auf ein erkanntes Sprachkommando erkannt. Problematisch war lediglich das Auftreten von Erkennungsfehlern, bei dem eine Funktion ausgeführt wurde, die vom Nutzer nicht gewollt war. Alle Nutzer benötigten beim ersten Auftreten eines Erkennungsfehlers eine Denkpause, um den Grund dieser unerwarteten Reaktion des Systems nachvollziehen zu können. Insgesamt wurde das Feedback, das im Anschluss an Sprachkommandos gegeben wurde, in den Interviews als verständlich eingestuft und der Zustand der Spracherkennung war den Benutzern dadurch stets transparent. Die Auswertung des Usability-Tests zeigt, dass die Versuchspersonen sehr gut mit der multimodalen Benutzungsschnittstelle zurechtkamen. Die alternative Programmsteuerung durch Sprachbefehle wurde von den Versuchspersonen sehr gut angenommen und effizient genutzt.

5   Ausblick

In diesem Beitrag wurden die Konzepte und Evaluationsergebnisse einer multimodalen Benutzungsschnittstelle für PDA-basierte Software vorgestellt. Die Metapher der hierarchischen Stapelkarten zur Strukturierung der Dialogabläufe wurde verwendet und auf jeder einzelnen Karte werden für eine bessere Übersichtlichkeit Informationen und Navigation räumlich getrennt dargestellt. Alle zur Verfügung stehenden Sprachkommandos waren ebenfalls auf der grafischen Benutzungsschnittstelle angegeben. Das vorgestellte Konzept wurde an einer PDA-basierten Clientanwendung für den Webshop einer Online-Buchhandlung erprobt. Diese Anwendung ist sehr stark durch den häufigen Wechsel zwischen Navigation und Informationspräsentation geprägt. Die Übertragbarkeit und die Effizienz des vorgestellten Konzepts auf andere Anwendungsgebiete werden in weiteren Studien untersucht.

Literaturverzeichnis

Bajzat, R. (2005): GUI-Toolkit Thinlet. In: SourceForge.

Brewster, S. (1994): Providing a Structured Method for Integrating Non-Speech Audio into Human-Computer-Interfaces. University of California, University of York.

Miller, G. A. (1956): The Magical Number Seven, Plus or Minus Two. In: The Psychological Review.

Pitts, I.; Edwards, A. (2002): Design of Speech-based Devices. London: Springer Verlag.

Sanders, M. S.; MacCormick, E. J. (1982): Human Factors In Engineering and Design. New York: McGraw-Hill.

Weinschenk, S.; Barker, D. T. (2000): Designing Effective Speech Interfaces. New York: John Wiley & Sons.

Kontaktinformationen

Oliver Stache: oliver.stache@t-systems.com
Dr. Hilko Donker: donker@inf.tu-dresden.de

A. M. Heinecke, H. Paul (Hrsg.): Mensch & Computer 2006: Mensch und Computer im Struktur*Wandel*.
München, Oldenbourg Verlag, 2006, S. 213-222

Adaptive Nutzerschnittstelle für intelligente Wohnumgebungen

Christian Ressel, Jürgen Ziegler

Fraunhofer Institut Mikroelektronische Schaltungen und Systeme,
Universität Duisburg-Essen, Lehrstuhl Interaktive Systeme und Interaktionsdesign

Zusammenfassung

Moderne Geräte des täglichen Lebens verfügen oft über eine Vielzahl von Funktionen. Daher kommt
einer effizienten Bedienungsführung solcher Geräte eine entscheidende Bedeutung zu. Die Menüführung einzelner Geräte ist heutzutage in jedem Gerät selbst fest verankert und wird von jedem Hersteller
eigenständig festgelegt. Dies führt dazu, dass sich sogar vom Funktionsumfang gleichartige Geräte von
der Bedienung her stark unterscheiden können und der Benutzer daher typischerweise mit inkonsisten-
ten Bedienkonzepten konfrontiert ist. Er muss bei jedem neuen Gerät die Logik der jeweiligen Bedienung erst mühsam erlernen, ehe er das Gerät effizient bedienen kann. Noch problematischer wird diese
Situation, wenn zukünftig eine sehr große Anzahl vernetzter Geräte und übergeordnete Softwaredienste
so genannte integrierte und intelligente Umgebungen bilden. Hier müssen viele Geräte mit einer großen
Bandbreite an Funktionen mit Hilfe einer sinnvollen Nutzerführung, zu einem beherrschbaren System
verwoben werden. In dieser Arbeit stellen wir ein Konzept für die Erzeugung einer integrierten Bedienoberfläche für solche Umgebungen vor. Die Bedienlogik (Menüführung) und die Darstellung
passen sich hierbei auf die Präferenzen des Benutzers an, so dass sich nicht der Mensch an die Umgebung, sondern die Umgebung an den Menschen adaptiert. Unbekannte Umgebungen, mit denen ein
Benutzer – als mobiles Wesen – zukünftig häufig interagieren muss, werden hierdurch intuitiv bedienbar. Des Weiteren trennt der vorgestellte Ansatz die Bindung zwischen Funktionalität und zugehörigem
Gerät auf, so dass vollkommen neue den Bedürfnissen des Nutzers angepasste Menüführungen entstehen können. Es entsteht dadurch eine bisher nicht erreichte Qualität in der Benutzerführung.

1 Einleitung

Die Frage wie wir in der Zukunft wohnen werden wird seit längerem von unterschiedlichen
Seiten, wie den Medien und wissenschaftlichen Organisationen, mit Hilfe von vielfältigen
Szenarien beleuchtet. Im Kern der meisten dieser Szenarien steht die Vorstellung einer intelligenten Umgebung, die den Bewohnern zeitraubende oder lästige Arbeiten abnimmt und
neue Dienste in den für die Nutzer wesentlichen Bereichen wie Sicherheit, Energieeffizienz
oder Gesundheit bietet (Tränkler 2001). Bei einer derartigen intelligenten Umgebung (smart

environment) werden nicht mehr die isolierten Funktionen der beteiligten Einzelgeräte betrachtet, sondern „vielmehr das abgeglichene und sinnvolle Zusammenspiel der Teile in einem gewerkeübergreifenden Gesamtsystem" (Scherer & Grinewitschus 2002, 153). So soll auch dem Benutzer vermittelt werden, dass er es mit einem Gesamtsystem und nicht mit einer Ansammlung von Einzelgeräten zu tun hat. Dies kann durch die Einführung eines einheitlichen Zugangs zur Bedienung erreicht werden (Ressel 2004), bei dem sich die Funktionen der Einzelgeräte sinnvoll in ein Gesamtbedienungskonzept eingliedern.

Da der Mensch im Zuge wachsender Mobilität zwischen unterschiedlichen Umgebungen wechselt, wird er in Zukunft mit unterschiedlichen vernetzten Umgebungen interagieren müssen. Dabei wird jede Umgebung ihre eigene Auswahl an Geräten, Diensten und eigenen Funktionen besitzen, welche durch unterschiedliche Hersteller und Provider realisiert werden können.

Die „Adaption" des Menschen an die jeweiligen Bedienschnittstellen (der Mensch passt sich mit dem Durchlaufen einer Lernphase an, ehe er in der Lage ist eine effiziente Bedienung durchzuführen), wie sie noch heutzutage bei modernen Haus- und Entertainmentsystemen üblich ist, ist in einer Welt, die aus mehreren unterschiedlichen vernetzten Umgebungen bestehen soll, nicht vorstellbar. Schnell würde sich der Mensch überfordert fühlen und die neuen Systeme nicht akzeptieren und daher meiden.

Um den Lernaufwand eines Benutzers bei einem Umgebungswechsel möglichst gering zu halten, muss daher gefordert werden, dass sich unterschiedliche Umgebungen mit ihren unterschiedlichsten Geräten möglichst ähnlich präsentieren, so dass der Benutzer mit bekannten (trainierten) Strukturen interagieren kann.

Auch sollte beachtet werden, dass sich Menschen in ihrem Denken und ihrer Vorgehensweise grundlegend unterscheiden können (Norcio & Stanley 1989). Eine Personalisierung der Bedienstrukturen sollte daher möglich sein, so dass z.B. auf dem jeweiligen Nutzer angepasste Menüstrukturen aufgebaut werden können. So könnte eine grafische Benutzerschnittstelle für den einen Benutzer die aufrufbaren Operationen nach den Standorten der zugehörigen Geräte sortiert haben, während ein zweiter Benutzer die Operationen lieber nach von ihm festgelegten Themen sortiert haben möchte. Unbekannte Bedienoperationen für zuvor nicht bekannte Geräte in unterschiedlichen Umgebungen sollten sich automatisch und sinnvoll in die jeweilige Struktur eingliedern.

In dieser Arbeit wird ein Konzept vorgestellt, mit dem eine abstrakte umgebungs- und geräteunabhängige Beschreibung einer personalisierten Bedienstruktur definiert werden kann, die den Benutzer in unterschiedliche Umgebungen begleitet. Den Umgebungen und ihren einzelnen Komponenten wird somit die Möglichkeit gegeben, ihre Funktionen auf ein dem Benutzer bekanntes und bevorzugtes Bedienkonzept zu adaptieren und eine in der Struktur und in der Präsentation personalisierte Benutzerschnittstelle aus den Beschreibungen der verfügbaren Dienste zu generieren. Dem Benutzer bietet dieser Ansatz eine intuitivere Bedienung wechselnder Geräte in unterschiedlichen Umgebungen, da diese in einer ihm vertrauten und von ihm anpassbaren Struktur erfolgt.

Das hier vorgestellte Konzept wird im Rahmen des EU Projekts „Amigo" (Amigo) entwickelt, welches sich mit der Schaffung einer Middleware für „Ambient Intelligence Environments" beschäftigt.

2 Verwandte Arbeiten und Grundlage

In der Literatur finden sich viele Arbeiten im Bereich der Benutzerschnittstellenadaptivität. Meist werden unterschiedliche Faktoren betrachtet, auf die sich die Adaptivität bezieht. So existieren Ansätze, die sich auf die Fähigkeiten des Gerätes beziehen, welches für die Interaktion benutzt wird. Dabei wird z.B. die Informationspräsentation den Fähigkeiten (meist der Bildschirmgröße) des Gerätes anpassen (Menkenhaus & Pree 2002). Auch existieren Ansätze, die eine Anpassung einer Applikation anhand des Wissenstands des jeweiligen Benutzers versuchen. Hierzu gehören z.B. wissensadaptive Lernsysteme, wie sie von Granic und Glavinic (Granic & Glavinic 2000) vorgestellt wurden. Seit den 90ern können auch immer mehr kontext-adaptive Systeme beobachtet werden, die nicht nur die Identität (und damit den Wissensstand, Verhaltensweisen, Interessen, Behinderungen) und den aktuellen Standort des Benutzers einbeziehen, sondern auch sämtlich andere Informationen, die den Kontext beeinflussen können in ihre Entscheidung einfließen lassen (Kaltz & Ziegler 2006). Neben den oben genannten Größen können dies z.B. auch der aktuelle Zeitpunkt, Umgebungsinformationen, aktuelle Benutzertätigkeiten (Was macht der Benutzer?), das soziale Umfeld oder die technische Infrastruktur sein (Oppermann 2005).

In dieser Arbeit bezieht sich die Anpassung auf die Erzeugung einer Benutzerschnittstelle, die den Funktionsumfang intelligenter Umgebung auf eine personalisierte Menüstruktur abbildet. Die Generierung benötigt neben einem Modell einer abstrakten Menüführung auch Modelle der Umgebung und der damit verbundenen bedienbaren Dienste. Die modellbasierte Erzeugung von Nutzerschnittstellen wurde in der Forschung bereits intensiv untersucht (s. z.B. Janesen et al. 1993, Shirgane & Fukazawa 1998). Hierbei werden aus Daten- und Dialogmodellen meist prototypische Systeme erzeugt, die vom Designer nachbearbeitet werden müssen. Die Verbindung der modellgetriebenen Generierung mit adaptierbaren oder adaptiven Nutzerschnittstellen ist eine noch weitgehend ungelöste Frage.

Einige Ansätze zielen darauf ab, Bedienoberflächen während der Laufzeit zu erzeugen, die nicht durch einen Designer oder Programmierer nachgebessert werden. Hierzu zählen Systeme wie der von Nichols et al. (Nichols 2004) vorgestellte Ansatz des „Personal Universal Controllers" (PUC). Auch das vorgestellte Konzept des „Universal Interactors" (Hodes et al. 1997), welches der Idee eines PUC entspricht, fällt in diese Gruppe.

Das hier vorgestellte Konzept lässt sich ebenfalls in die Gruppe der Systeme zur Erzeugung von UI zur Laufzeit einsortieren. Es unterscheidet sich aber von der Philosophie der oben genannten Systeme. So beziehen sich die bisherigen Ansätze immer auf eine einzige Anwendung und entwerfen eine Bedienoberfläche für diese eine Anwendung. Zwar kann der Benutzer die Anwendung wechseln, er erhält aber bestenfalls nur eine bidirektionale Fernbedienung, die getrennte Oberflächen einzelner Geräte zur Verfügung stellt, ähnlich einer Universalfernbedienung. Eine integrierende Bedienung von Umgebungen, die auch die Bindung von Bedienfunktionalitäten zu Geräten trennen kann, um unterschiedliche Funktionalitäten von unterschiedlichen Geräten in einer Menüebene zu bündeln, wird damit nicht erreicht und somit kann z.B. eine Bedienseite, die alle Funktionen zum Energiesparen über alle Geräte hinweg anbietet, bisher nicht automatisch erzeugt werden. Eine Personalisierung der Menüführung, welche gerade für intelligente Umgebungen sinnvoll erscheint, lassen die oben dargestellten Systeme ebenfalls vermissen.

In den letzten Jahren haben wir im Rahmen des inHaus-Projekts (inHaus) ein System entwickelt, welches unterschiedliche Hausbusse (wie EIB, EHS, IP/Ethernet) und deren Geräte abstrahiert und diese zusammenführt. So werden Geräte von unterschiedlichen Subsystemen abstrahiert durch Softwareproxies dargestellt. Diese Abstraktion entspricht nicht nur dem bisherigen inHaus-Ansatz, sondern wird nun auch im Amigo-Projekt eingesetzt. Sie ermöglicht übergeordneten Softwarediensten einen einfachen Zugriff auf die Geräte unabhängig von der tatsächlichen physikalischen Anbindung oder den benutzten Protokollen. Ein Dienst, wie z.B. ein GUI-Dienst, der für die Generierung von graphischen Bedienschnittstellen zuständig ist, kann nun auf die Softwareproxies der einzelnen Geräte zugreifen, und braucht dabei nicht die darunter liegenden (verborgenen) Schichten zu kennen. Der jeweilige Proxy ist für den Abgleich mit dem eigentlichen physikalischen Gerät verantwortlich.

Basierend auf einem solchen System konnten nun weitere Dienste aufgesetzt werden, die einen Mehrwert bieten, also z.B. Informationen aus Einzelgeräten, wie z.B. Sensoren zusammenführen und auch selbstständig Einstellungen an Geräten vornehmen können. Für die Erforschung von intelligenten Wohnumgebungen wurde in Duisburg ein spezielles Wohnhaus gebaut, in welchem wir unser System einschließlich der höherwertigen Funktionen seit Jahren entwickeln, testen und bewerten können. Der geschilderte Systemaufbau bildet die Grundlage und das zukünftige Testsystem für das im Folgenden beschriebene Konzept.

3   Erzeugung von Interaktionsstrukturen

In einer intelligenten Umgebung bieten vernetzte Geräte und übergeordnete Applikationen ihre Dienste sowohl anderen Diensten als auch dem Benutzer an. Für die Darstellung der durch den Benutzer durchführbaren Operationen (z.B. die Lautstärkeeinstellung) ist bei einer entsprechenden Funktionsvielfalt eine übersichtliche Präsentation unabdingbar. Deswegen werden Operationen gruppiert und die einzelnen Gruppen hierarchisch z.B. in einer Menüstruktur angeordnet. Das „Durchlaufen" dieser Gruppierungen bis zur eigentlichen Bedienoperationswahl wird als Navigation bezeichnet. Die Art und Weise der Gruppierungen (die Strategie nach der gruppiert wird) wird im Folgenden Navigationsstrategie genannt.

Vorstellbare personalisierte Navigationsstrategien reichen dabei von ortsbezogenen Konzepten (der Benutzer wählt erst das Stockwerk, dann den Raum, dann das Gerät und dann die entsprechende Operation aus) über lebensbereichsorientierte Navigation (hier werden Geräte oder Bedienoperationen Bereichen des Lebens, wie Entertainment, Heath-Care, Vorratshaltung, etc. zugeordnet) bis hin zu Konzepten, bei denen eine herstellerabhängige Sortierung vorliegt. Neben grundsätzlichen Strukturierungsunterschieden können aber auch nur kleinere Variationen der Navigationsstrategien vorliegen. So könnte ein Benutzer, der prinzipiell eine ortsbezogene Idee bevorzugt, auf jeder Navigationsebene direkte Primärfunktionalitäten einsortiert haben wollen, die die Atmosphäre des Ortes beeinflussen (z.B. die Raumtemperatur) oder Energiesparfunktionen. Diese Funktionalitäten sind dann nicht mehr einem Gerät zugeordnet, sondern werden praktisch zu Funktionen des Raumes. Für die Erzeugung der Bedienstrukturen einer Umgebung wird neben einer Beschreibung der abstrakten Navigationsstrategie (siehe unten) auch ein Umgebungsmodell benötigt, welches die Beziehungen innerhalb der Umgebung beschreibt. Ein vereinfachter Auszug aus dem verwendeten Konzept ist in Abbildung 1 dargestellt. Geräte und Softwaredienste bringen eine entsprechende Beschreibung mit, welche vom jeweiligen Hersteller des Dienstes bzw. des Gerätes geliefert werden muss. Die Daten der Umgebungskonfiguration (z.B. räumlicher Aufbau, Aufstellungsort) können teilweise durch andere Dienste ermittelt werden oder müssen durch den Benutzer bzw. einen Systemintegrator während der Inbetriebnahme eingegeben werden. Abbildung 2 zeigt eine vereinfachte graphische Darstellung eines solchen Beziehungsmodells einer beispielhaften Umgebung.

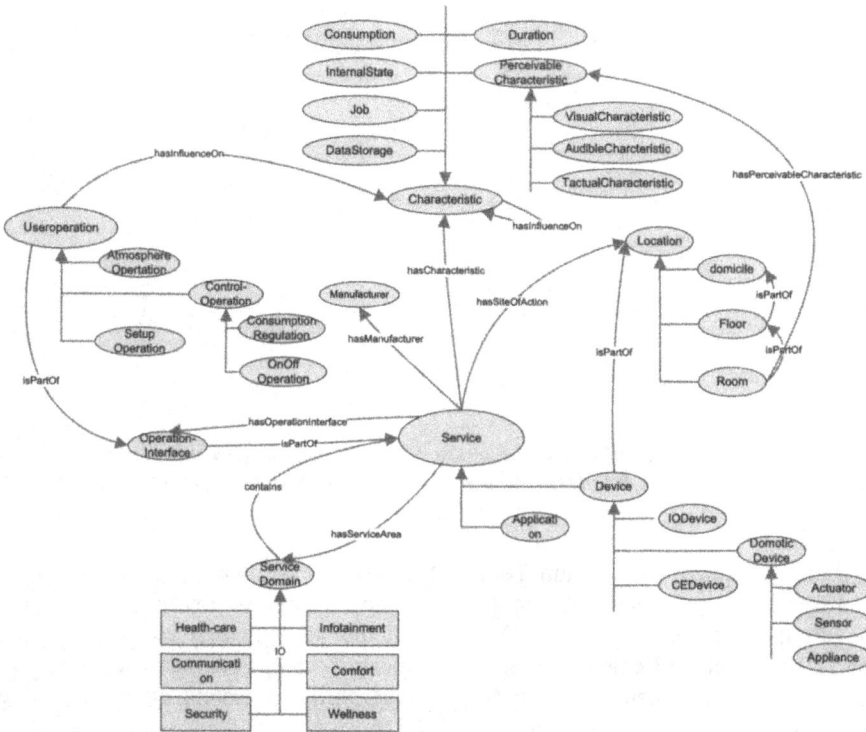

Abbildung 1: Auszug aus dem Ontologiekonzept, welches für die Modellierung der Umgebung benutzt wird

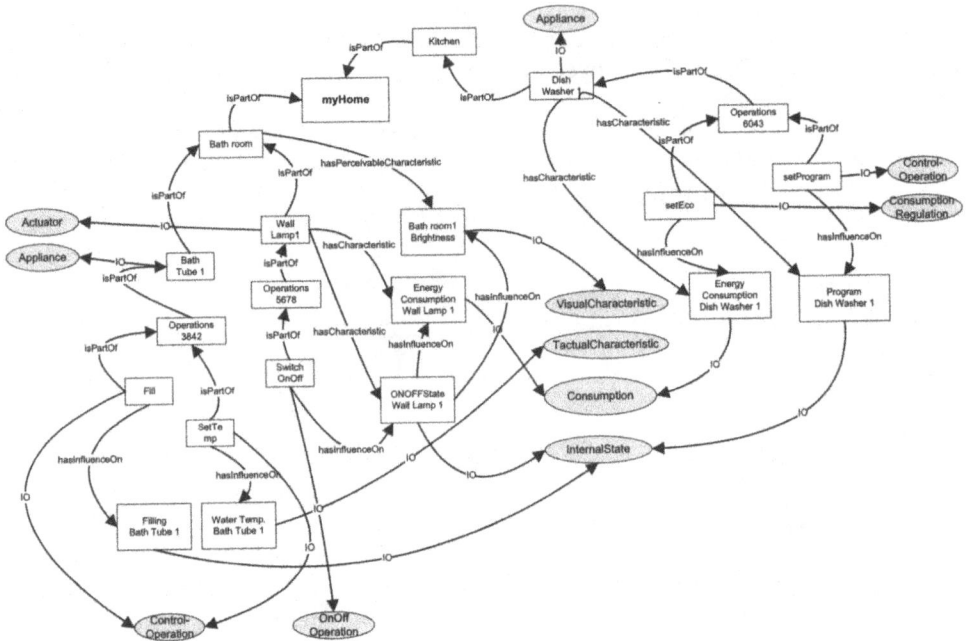

Abbildung 2: Darstellung eines beispielhaften Beziehungsmodells einer Umgebung unter Verwendung des Konzeptes aus Abbildung 1. Zur Steigerung der Übersichtlichkeit werden Beziehungen zu Konzepten nur teilweise dargestellt

Innerhalb dieses Graphen können nun Teilgraphen gesucht werden, deren Knoten in einer bestimmten Beziehung zueinander stehen. Diese Suche wird bei der Erzeugung der persönlichen Navigationsstrukturen eingesetzt. Das Modell der persönlichen Navigationsstrategie beschreibt deshalb, welche Beziehung Instanzen innerhalb einer gewissen Menüebene besitzen müssen, um in dem entsprechenden Navigationsschritt dargestellt zu werden. Hierbei werden feststehende Beziehungen innerhalb des Umgebungsmodells betrachtet, als auch Benutzereingaben aus den vorhergegangenen Navigationsschritten. Die durch den Benutzer getroffenen Entscheidungen in den höheren Ebenen bilden somit eine Verfeinerung der Beziehungsbedingungen in den unteren Ebenen.

Für die Beschreibung der Beziehungen der Menüeinträge innerhalb der Umgebung und der Beziehungen zu zuvor getätigten Benutzereingaben wurde von uns eine XML-Struktur entworfen. Wird diese Beschreibung rekursiv durchlaufen, entsteht die tatsächliche Navigationsstruktur zur Bedienung der aktuellen Umgebung.

Beispielhaft sei eine einfache „Raum – Gerät – Funktion-Navigationsstruktur" in Worten dargestellt: Suche erst alle Instanzen des Konzeptes Room. Stelle dann alle Instanzen des Konzeptes Device dar, welche mit der vorherigen Benutzerwahl in einer isPartOf-Beziehung stehen. Dann zeige sämtliche Operationen des vorher gewählten Gerätes an (isPartOf-Beziehung). Natürlich können auch komplexere Suchen auf den Graphen angewandt werden. Die Suche nach Operationen, die z.B. direkten oder indirekten Einfluss (z.B. transitive Beziehungen) auf eine Verbrauchseigenschaft (Consumption) haben, kann benutzt werden, um eine Bedienseite mit sämtlichen Operationen der Umgebung zur Energieeinsparung zu generieren. Für die Abbildung 2 würde dies auf die Operationen SwitchOnOff und SetEco zutreffen. Der beschriebene Ansatz erlaubt auch das multiple Auftauchen von Menüeinträgen in unterschiedlichen Menüebenen oder das mehrdimensionale Navigieren des Benutzers, z.B. nach Lebensbereichen und Räumen (eine mehrdimensionale Navigation ermöglicht dem Benutzer in unterschiedliche Richtungen zu navigieren, dabei schränkt die Spezialisierung einer Dimension (z.B. Lebensbereich) die Auswahlmöglichkeit in der anderen Dimension ein (z.B. Räume, die den gewählten Lebensbereich betreffen) und umgekehrt).

4 Filterung und Optimierung

Operationen, die zum betrachteten Zeitpunkt nicht durchführbar sind, sollten dem Benutzer nicht angeboten werden. Sie müssen also aus der Interaktionsstruktur herausgefiltert werden. Des Weiteren müssen die Operationen auf benötigte, vom Benutzer einzugebenden Informationen gemappt werden, damit dem Benutzer ein entsprechendes Interaktionselement zur Eingabe angeboten werden kann. Für diese Aufgaben wird ein weiteres Umgebungsmodell, das Abhängigkeitsmodell, herangezogen. Dienste wie auch Geräte werden innerhalb des Modells in einzeln ansprechbare Datenelemente und Funktionsmodule zerlegt. Datenelemente, welche den „Characteristics" aus dem Beziehungsmodell entsprechen, soweit sie durch den Benutzer eingesehen und/oder manipuliert werden können, bilden die unterste Ebene des Modells. Zwischen ihnen existieren die folgenden Abhängigkeiten:

- Eine Änderung des Wertes ändert den aktuellen Wert eines anderen Datenelements sofort (zeitlich unmittelbar; z.B. Bandrestanzeige bei der Videorekorderprogrammierung).

- Eine Änderung des Wertes ändert die Menge möglicher Werte eines anderen Datenelements (z.B. ändert eine Bouquetwahl die auswählbaren Programmsender beim digitalen Satellitenreceiver).

- Ein bestimmter Wert des betrachteten Datenelements macht ein anderes Datenelement nur noch lesbar und nicht mehr schreibbar (z.B. die DHCP Aktivierung sperrt die Eingabe der IP-Adresse, welche aber noch darstellbar ist).

- Ein bestimmter Wert des betrachteten Datenelements inaktiviert ein bestimmtes Datenelement. Dieses ist dadurch weder les- noch beschreibbar (z.B. das Ausschalten des Fernsehers verhindert die Änderung der aktuellen Lautstärke).

- Ein bestimmtes Datenelement besitzt eine Affinität / Informationszusammenhang zu einem anderen. Dies bedeutet, dass der Benutzer zur Bearbeitung des einen Datenelements den aktuellen Wert der anderen gebrauchen kann (z.B. bei der Einstellung der Raumtemperatur).

Jedes Datenelement besitzt eine Selbstbeschreibung, welche für die Darstellung benötigt wird (siehe unten). Des Weiteren besitzt es ein Funktionsmodul, welches die Anbindung an die tatsächliche Methode des Softwareservice zum Updaten eines Wertes beschreibt. Nicht jedes Funktionsmodul besitzt ein zugehöriges Datenelement, da nicht alle Funktionalitäten nur durch Datenelemente darstellbar sind. So existieren Funktionsmodule, welche nicht explizit auf ein bestimmtes Datenelement zugreifen und Funktionsmodule, welche zwar ein Datenelement verändern, die Art der Änderung aber nicht vom Benutzer bestimmt wird (z.B. das automatische Setzen der Uhrzeit).

Die einzelnen Funktionsmodule können nun zu Bedienoperationen, die dem Benutzer angeboten werden, zusammengefasst werden. Bedienoperationen beschreiben die Änderung eines oder mehrer Datenelemente als durchführbare Aufgabe, ohne über die Art der Änderung eine Aussage zu treffen (z.B. Lampeschalten). Jede Bedienoperation setzt sich somit aus einem oder mehreren Funktionsmodulen zusammen. Über die Funktionsmodule sind die Bedienoperationen an die Beschreibungen der Datenelemente (welche Eingaben kann der Benutzer machen) und an die tatsächlich aufzurufenden Methoden gebunden. Über die Bindungen an die Datenelemente wird auch die Verfügbarkeit von Bedienoperationen geregelt. Besitzt eine Bedienoperation ein Datenelement, das zum betrachteten Zeitpunkt nicht verfügbar ist, so steht die gesamte Operation dem Benutzer zurzeit nicht zur Verfügung und wird dem Benutzer daher nicht angeboten.

5   Aufbereitung für die Präsentation

Ein Layout-Modul fügt Informationen für die Darstellung zur Navigationsstruktur hinzu und passt diese Darstellung an die Möglichkeiten des darstellenden Gerätes an. Die Eingabe von Werten für Datenelemente erfolgt bei der Bedienung normalerweise nach der Wahl der entsprechenden Operation. Für Operationen, die nur ein einziges Datenelement betreffen, ist es sinnvoll, das Eingabeelement ohne eine vorherige explizite Wahl der Operation anzubieten. Dies muss natürlich durch das darstellende Gerät unterstützt werden. Der Benutzer braucht nicht erst die gewünschte Operation auswählen und muss dann den Wert setzen (erst „Lampe dimmen" wählen und dann den Dimmwert setzen), sondern setzt den Wert direkt und drückt somit aus, dass er die entsprechende Operation mit dem eingestellten Wert durchführen möchte.

Bekanntlich besitzt jedes Datenelement eine Beschreibung, welche unter anderem die Beschreibung der semantischen Bedeutung des enthaltenen Wertes enthält (z.B. Helligkeit). Diese semantische Beschreibung wird für die Darstellung benötigt, um ein passendes Widget für die Repräsentation (Ein- und Ausgabe) aus einem dem Benutzer persönlich zugeordneten Widget-Repository herauszusuchen. Bei der Suche werden ebenfalls die Möglichkeiten des darstellenden Gerätes beachtet, so dass im persönlichen Widget-Repository eine Darstellungsform für eine bestimmte semantische Beschreibung für bestimmte Eigenschaften des darstellenden Gerätes gesucht wird. Sollte keine passende Darstellungsform gefunden werden, so wird eine semantisch ähnliche (meist generellere) Darstellungsform gesucht. So kann ein „Ein-und Ausschalten für Helligkeit" durch ein generelles „Ein-Aus-Schalten" ersetzt werden. Damit diese semantische Suche funktioniert, müssen sämtlich mögliche semantischen Beschreibungen in einer (erweiterbaren) Taxonomie erfasst werden.

Die Anordnung der Widgets für eine Bedienfunktionalität auf dem darstellenden Gerät erfolgt mit Hilfe der Abhängigkeitsbeschreibung. Widgets, die interne Informationsträger repräsentieren, werden in einer Gruppe zusammengefasst, wenn Abhängigkeiten zwischen ihnen existieren. Innerhalb einer Gruppe werden die Widgets nach ihrem Einfluss, die sie auf andere Widgets haben, geordnet. In den obersten Ebenen befinden sich die Repräsentanten von Informationsträgern, die von keinem anderen Informationsträger abhängen und nur Einfluss auf andere Informationsträger haben. Die Sortierung spiegelt die Anordnung der Widgets auf der Oberfläche wieder, bei der im oberen Bereich die Eingaben getätigt werden, die Einfluss auf die weiteren Eingabeelemente besitzen. Für die Darstellung können zum einen frei zugängliche Bedienterminals (z.B. Touchscreens), bei denen sich der Benutzer z.B. über eine RFID-Armbanduhr identifiziert oder Personen zugeordnete PDAs als persönliches Bediengerät benutzt werden.

6   Zusammenfassung

Das von uns vorgestellte Konzept zur Erstellung von personalisierten Bedienstrukturen für intelligente Umgebungen ermöglicht es dem Benutzer unbekannte Umgebungen weitgehend intuitiv zu bedienen. Dazu werden Funktionalitäten der Umgebung auf bekannte, personalisierte Navigationsstrukturen, die sich als Menüführung darstellen lassen, abgebildet.

Personalisierte Navigationsstrategien können dabei, wie bisher üblich, geräte-orientiert sein, können aber auch die Bindung zwischen Gerät und Funktionalität auflösen und statt dessen Bedienseiten anbieten, die Geräte übergreifende Funktionen enthalten. Anders als bei bisherigen Ansätzen kann die Personalisierung von Menüstrukturen auf unbekannte Dienste und Funktionen angewandt werden, da nicht die Sortierung von bestimmten Instanzen in einer festen Menüstruktur festgelegt wird. Es wird vielmehr die Semantik, die in einer gewünschten Menüstruktur steckt, beschrieben, so dass auch neue Dienste sinnvoll integriert werden können. Durch die Einführung eines persönlichen Widget Repositorys wird auch bei der Darstellung ein möglichst hohes Angleichen an einer dem Benutzer bekannte Form erreicht. Methoden zur personalisierten Suche innerhalb einer Umgebungsbeschreibung und die Erzeugung von persönlichen Interaktionsstruktur als Finite-State-Machine wurden von uns auf Serverseite als Service realisiert und getestet. Clientoberflächen können diesen Service nutzen, um eine personalisierte Bedienschnittstelle darzustellen. Zur Zeit erfolgt eine Implementierung einer beispielhaften Clientoberfläche, welche die dargestellten Mechanismen der Serverseite nutzt. Die weitere Umsetzung des Konzepts erfolgt im Rahmen des Amigo-Projektes und wird auch in das inHaus integriert. Erste Nutzertests sind für Juni 2006 geplant.

Literaturverzeichnis

Amigo: Ambiente Intelligence for the networked home. http://www.amigo-project.org; Integriertes Projekt des 6. EU-Rahmenprogramms; Vertragsnummer: IST 004182.

Granic, A.; Glavinic, V. (2000): Functionality specification for adaptive user interfaces, in: 10th Mediterranean Electrotechnical Conference, 2000. MELECON 2000., Vol. 1, S. 123-126.

Hodes,T. D.; Katz, R. H.; Servan-Schreiber, E.; Rowe, L. (1997): Composable ad-hoc mobile services for universal interaction. In Proccedings of the 3rd annual ACM/IEEE international Conference on Mobile Computing and Networking, Seite 1-12.

inHaus: inHaus-Innovationszentrum Intelligente Raum- und Gebäudesysteme. http://www.inhaus-duisburg.de

Janssen, C.; Weisbecker, A.; Ziegler, J. (1993): Generating user interfaces from data models and dialogue net specifications. In: Proceedings of INTERCHI'93, ACM Press, Seite 418-423.

Kaltz, J. W.; Ziegler, J. (2006): Supporting Systematic Usage of Context in Web Applications. 19th International FLAIRS Conference, Special Track on Modeling and Applying Contexts in the Real World (MAC-06).

Menkhaus, G.; Pree, W. (2002): A hybrid approach to adaptive user interface generation, in: Proceedings of the 24th International Conference on Information Technology Interfaces, ITI 2002., Seite 185-190.

Nichols, J.; Myers, B. A.; Litwack, K.; Higgins, M.; Hughes, J.; Harris, T. K. (2004): Describing Appliance User Interfaces Abstractly with XML. In: Workshop on Developing User Interfaces with XML: Advances on User Interface Description Languages, Satellite Workshop at advanced visual interfaces, Gallipoli, Italy, Seite 9-16.

Norcio, A. F.; Stanley, J. (1989): Adaptive human-computer interfaces: a literature survey and perspective, in: IEEE Transactions on Systems, Man and Cybernetics, 2 / 1989, S. 399-408.

Oppermann, R. (2005): From User-adaptive to Context-adaptive Information Systems. i-com – Zeitschrift für interaktive und kooperative Medien, 4. Jahrgang (2005), Nr. 3, Seite 4-14.

Ressel, C. (2004): Integrierte Bedienung in intelligenten Umgebungen. In: Kongressdokumentation ehome – Home Solutions 2004, Messe-Berlin, Seite 70-72(engl.), Seite 73-75(deut.).

Scherer, K.; Grinewitschus, V. (2002): Das intelligente Haus: Neue Nutzeffekte durch integrierende Vernetzung im Bereich Wohnen und Arbeiten. In: VDE (Hrsg.): NetWorlds – Leben und Arbeiten in vernetzten Welten – VDE-Kongress 2002, Berlin, VDE-Verlag, S153-159.

Shirgane, J.; Fukazawa, Y. (1998): Method of User-Customizable GUI Generation and Its Evaluation. In: Proceedings on the 5th Asia-Pacific Software Engineering Conference, IEEE Computer Society, Digital Object Identifier: 101109/APSEC.1998.733742, Pages 377-384.

Tränkler, H. R (2001): Zukunftsmarkt intelligentes Haus. In: Tränkler,H.R.; Schneider, F. (Hrsg.): Das intelligente Haus, Seite 17- 34, München: Pflaum-Verlag GmbH & Co.KG.

A. M. Heinecke, H. Paul (Hrsg.): Mensch & Computer 2006: Mensch und Computer im Struktur*Wandel*.
München, Oldenbourg Verlag, 2006, S. 223-232

Können virtuelle Mitarbeiter nerven? Sozialer Einfluss computergenerierter Agenten in einer virtuellen Umgebung

Heike Ollesch, Edgar Heineken

Universität Duisburg-Essen, FB Ingenieurwissenschaften, Abteilung für Informatik und Angewandte Kognitions- und Medienwissenschaft

Zusammenfassung

Können Agenten in einer virtuellen Umgebung auch dann Einfluss auf die Akteure ausüben, wenn diesen bewusst ist, dass sie nicht mit wirklichen Menschen interagieren? Nur wenn dies gelingt, ist der Einsatz virtueller Umgebungen, in denen mittels computergenerierter Agenten soziale Aspekte der natürlichen Realität abgebildet werden, sinnvoll. Nach Blascovich et al. (2002) kann dies unter geeigneten Umständen durch einen hohen „behavioral realism" der Agenten erreicht werden. Eine experimentelle Untersuchung in der virtuellen Unternehmensumgebung „Motivator One" zeigt, dass bei einer geeigneten Gestaltung der Kommunikationscharakteristika computergenerierter Agenten eine soziale Einflussnahme der Agenten auf die Akteure nachgewiesen werden kann, die nicht nur ihr Handeln bestimmt, sondern auch die Emotionen, die sie im Umgang mit den Agenten erleben.

1 Soziale Präsenz und soziale Einflussnahme in virtuellen Umgebungen

In virtuellen Umgebungen können unterschiedlichste Handlungsfelder der natürlichen Realität in kondensierter Form abgebildet werden. Beim Handeln in solchen Umgebungen können die Akteure Bedingungen, Folgen, Fern- und Nebenwirkungen ihres Handelns unmittelbar erleben – ohne die Risiken, Kosten und den Zeitaufwand, die in vergleichbaren Situationen der natürlichen Realität oft gegeben sind. Zentrale Aspekte und komplexe Wirkungsgeflechte der natürlichen Realität treten verdeutlicht hervor. Problemsituationen, die in der natürlichen Realität selten oder unter unkontrollierbaren Rahmenbedingungen auftreten, können gezielt geschaffen werden. Daher sind virtuelle Umgebungen aus der Sicht der Psychologie vielversprechend für Training, Psychotherapie und Forschung (vgl. Blascovich et al. 2002).

Abhängig vom Einsatzfeld einer virtuellen Umgebung sind physikalische oder soziale Aspekte der natürlichen Realität mit mehr oder weniger starker Detailgenauigkeit nachzubilden. Eine überzeugende Abbildung *physikalischer* Aspekte ist z.B. gefordert, wenn in einer virtuellen Umgebung die räumliche Orientierung in einer unbekannten natürlichen Umgebung trainiert werden soll. *Soziale* Aspekte eines Handlungsfeldes müssen überzeugend abgebildet werden, wenn die Akteure in einer virtuellen Umgebung auf Repräsentationen (natürlicher oder virtueller) Personen treffen und mit diesen interagieren (für einen Überblick vgl. Blascovich et al. 2002). Auch wenn die natürliche Realität niemals in allen Details abgebildet werden kann, muss eine virtuelle Umgebung eine hinreichend zutreffende und überzeugende Abbildung der natürlichen physikalischen oder sozialen Realität liefern und die für den jeweiligen Einsatzzweck bedeutsamen Inhalte, Strukturen und Wirkungszusammenhänge in konsistenter und sinnhafter Weise abbilden (Dompke et al. 2000; Ollesch & Heineken 2003). Sie muss den Akteuren den Eindruck vermitteln, „in" der Umgebung zu agieren, ihnen das Erleben von „Präsenz" ermöglichen (für einen Überblick vgl. Schuemie et al. 2001). Bei der Abbildung sozialer Aspekte der natürlichen Realität kommt aus der Sicht von Mantovani und Riva (1999) der „capacity to produce a context in which social actors may communicate and cooperate" große Bedeutung zu – der Möglichkeit, dass die Akteure die Agenten in einer virtuellen Umgebung als Kommunikationspartner erleben. Inwieweit dies möglich ist, erörtern Blascovich et al. (2002). Eine hohe „soziale Präsenz" (vgl. Heeter 1992) ist z.B. in Umgebungen gegeben, in denen Avatare das Verhalten realer Personen repräsentieren oder in denen, wie im Chatroom, medial vermittelt mit realen Personen kommuniziert wird. Beim Umgang mit computergenerierten virtuellen Agenten (agent avatars) ist dagegen die soziale Präsenz generell niedrig, solange den Akteuren bekannt ist, dass kein wirklicher Mensch hinter einem Agenten steht.

Es stellt sich die Frage, unter welchen Bedingungen computergenerierte Agenten dennoch sozialen Einfluss auf die Akteure in einer virtuellen Umgebung ausüben können. Blascovich et al. (2002) zufolge ist dies – zumindest dann, wenn die Handlungsziele für die Akteure keine hohe Selbstrelevanz besitzen und die Einflussnahme der Agenten sich auf aktuelle Prozesse (z.B. Verhalten in der virtuellen Umgebung) bezieht und keine langfristigen, tiefergehenden Effekte (z.B. Einstellungsänderungen) auf die Akteure erwartet werden – möglich, wenn bei der Gestaltung der Agenten ein hoher Grad an „behavioral realism" erreicht wird. Der „behavioral realism" von Agenten ist wesentlich durch eine realitätsnahe und glaubwürdige Gestaltung ihres Verhaltens und ihrer Kommunikationscharakteristika bestimmt. Nach Badler und Allbeck (2001, p. 191) sind es „the character's *actions* and *communications* that ought to appear similar enough to those of real people". Die Autoren nennen eine Reihe von Gestaltungsfaktoren, die dazu beitragen. Zentral ist dabei das Kriterium der Konsistenz: Das Verhalten von Agenten muss situationsübergreifend konsistent sein, mit den Erwartungen der Akteure an menschliche Kommunikationspartner korrespondieren, und den Akteuren darüber hinaus erlauben, den Agenten eine definierte Rolle in der virtuellen Umgebung sowie stabile Persönlichkeitseigenschaften und Ziele zu attribuieren. Dazu muss sich die Verhaltensmodellierung computergenerierter Agenten an einem Persönlichkeitsmodell orientieren, das Konsistenz stiftet, mit den Alltagsvorstellungen der Akteure übereinstimmt und das Eigenschaften vorsieht, die sich bereits in kurzen Verhaltensepisoden zeigen.

In der vorliegenden Untersuchung wurden computergenerierte Agenten in einer virtuellen Unternehmensumgebung so gestaltet, dass sich ihre Reaktionen in der Kommunikation mit den Akteuren nicht nur sinnvoll auf die Äußerungen der Akteure beziehen, sondern auch den

Eindruck erwecken, dass sie in jeweils persönlichkeitsspezifischer Weise reagieren. Bei der Modellierung der Agenten sind mit „Temperament" und „Motivstruktur" zwei Persönlichkeitsdimensionen realisiert worden. Die antike Temperamentenlehre Galens findet sich sowohl in wissenschaftlichen Modellen (z.B. Eysencks Dimensionen „Extraversion" und „Neurotizismus") als auch in alltagspsychologischen Vorstellungen wieder, so dass es leicht fällt, den Temperamenten korrespondierende Verhaltensweisen der Agenten in der Kommunikation mit den Akteuren in überzeugender Weise zu implementieren. Orientiert am Persönlichkeitsmodell von Gray (1970) wurden zwei prägnante Agenten-Persönlichkeiten gestaltet, die sich in der Kommunikation mit dem Akteur entweder durch „impulsive" (hoch extravertierte / hoch neurotische, und damit dem cholerischen Temperament entsprechende) oder „ängstliche" (hoch introvertierte / hoch neurotische, und damit dem melancholischen Temperament entsprechende) Verhaltensmuster auszeichnen. Darüber hinaus unterscheiden sich die beiden Agenten-Persönlichkeiten in ihrer Motivstruktur, die sich auf der Verhaltensebene in unterschiedlichen Handlungszielen ausdrückt. In einer experimentellen Anordnung wird überprüft, ob diese unterschiedlich gestalteten Agenten-Persönlichkeiten in unterschiedlicher Weise sozialen Einfluss auf die Akteure ausüben. Soziale Einflussnahme drückt sich nach Allport (1985) nicht nur im Handeln, sondern auch im Denken und Fühlen aus. Die Abbildung der natürlichen, sozialen Realität in einer virtuellen Umgebung kann daher nur dann als gelungen gelten, wenn sich unterschiedliche Agenten-Persönlichkeiten nicht nur auf das Handeln, sondern auch auf die Emotionen der Akteure auswirken. Konkret wird angenommen, dass die Akteure mit der „impulsiven" Agenten-Persönlichkeit in der Kommunikation anders umgehen als mit der „ängstlichen" Agenten-Persönlichkeit, und dass sie den Umgang mit ersterer als emotional belastender erleben als mit letzterer.

2   Methode

2.1   Stichprobe

An der Untersuchung nahmen dreißig Personen, überwiegend Studierende (mittleres Alter: 29,2 Jahre), davon 14 Frauen und 16 Männer teil. Neun der Teilnehmer verfügten bereits über Führungserfahrung.

2.2   Versuchsanordnung

Mit der Software „MotivatorOne"[1] (vgl. Heineken et al. 2003; Ollesch & Heineken 2003) wurde ein virtuelles Unternehmen inszeniert, die „Magic Monster GmbH", die sich mit Herstellung und Vertrieb von Spielzeugmonstern befasst und sich in die drei Abteilungen Einkauf, Produktion und Verkauf gliedert. In der Rolle einer Führungskraft sollen die Akteure das virtuelle Unternehmen zum wirtschaftlichen Erfolg führen. Sie können über eine intuitiv verständliche Oberfläche (vgl. Abb. 1) selbständig im Szenario agieren und sich u.a. jeder-

---

[1] Eine interaktive Darstellung ist unter http://www.uni-duisburg-essen.de/Motivator_Demo zu finden.

zeit über die wirtschaftliche Entwicklung des Unternehmens und die Leistungen der drei Abteilungen informieren (Abb. 1, untenliegendes Bild links). Das betriebliche Geschehen können sie beeinflussen, indem sie im Gespräch mit drei computergenerierten Agenten – den Leitern der drei Abteilungen – geeignete Aussagen treffen (vgl. Abb. 1, mittleres Bild), die sie einer Auswahl führungsbezogener Aussagen entnehmen können.

Bei der Gestaltung der virtuellen Mitarbeiter wird auf eine photorealistische, animierte Darstellung der Agenten ebenso verzichtet wie auf eine auditive Vermittlung der kommunikativen Inhalte: Visuell sind die Agenten lediglich durch eine Portraitskizze repräsentiert, die „Gespräche" zwischen Führungskräften und Mitarbeitern bedienen sich visuell präsentierter Textelemente (vgl. Abb. 1). Der Gestaltung der Agenten-Persönlichkeiten liegt ein Modell zugrunde, das sicherstellt, dass sie in der Kommunikation mit den Führungskräften individuell unterschiedlich reagieren: Die virtuellen Mitarbeiter unterscheiden sich in ihrem „Temperament" und darin, wie stark unterschiedliche „Motive" (u.a. Leistungsmotiv, Anerkennungsmotiv, Machtmotiv) bei ihnen ausgeprägt sind. Ihre aktuelle „Motivationslage", die ihr „Verhalten" in der virtuellen Umgebung bestimmt, wird dynamisch aus der Motivstärke und aus „Anreizen" berechnet, die sich aus den Entwicklungen in der jeweiligen Abteilung und aus der Interaktion mit dem Akteur ergeben. Dabei sind die Aussagen, die der Akteur in Gesprächen mit den Agenten wählen kann, jeweils mit einem spezifischen Anreizprofil verknüpft. Die jeweils dominierenden Motivationen der Agenten drücken sich zum einen in deren „Handeln" als Abteilungsleiter und somit in den Leistungen der einzelnen Abteilungen aus. Zum anderen finden sie ihren Ausdruck in den Äußerungen der Agenten dem Akteur gegenüber (vgl. Abb. 1). In den menügesteuerten Gesprächen zwischen Führungskraft und Mitarbeitern werden die Aussagen der Agenten generiert, indem aus einem Pool vorab definierter Äußerungen eine Auswahl getroffen wird, die die aktuellen Motivationen eines Agenten widerspiegelt und in ihrem „Timbre" konsistent mit seinem „Temperament" ist. Die Aussagen, aus denen die Führungskräfte im Gespräch mit den Mitarbeitern wählen können, sind in einem Menü unterschiedlichen Themen zugeordnet, z.B. Lob aussprechen, Kritik aussprechen, Ziele vereinbaren oder Konflikte ansprechen. Zu jedem Thema bietet das Gesprächsmenü eine Auswahl von sieben Aussagen an, die sich tendenziell darin unterscheiden, wie stark sie Motive der Mitarbeiter ansprechen, die förderlich für den Unternehmenserfolg sind (z.B. Leistungsmotiv, Erkenntnismotiv, Hilfeleistungsmotiv), oder Motive, die ein Verhalten der Mitarbeiter im Sinne der Unternehmensziele eher behindern (z.B. Aggressionsmotiv, Anerkennungsmotiv).

In den Abteilungen Einkauf und Verkauf wird jeweils eine der beiden kritischen Agenten-Persönlichkeiten eingesetzt. Ihr „impulsives" bzw. „ängstliches" Verhaltensmuster wird erzeugt, indem Temperament und Motivprofil jeweils unterschiedlich angelegt sind: Die „ängstliche" Agenten-Persönlichkeit wird in ihrer „Personalakte" als unabhängig und eigenbrötlerisch, die „impulsive" Agenten-Persönlichkeit als eigenwillig, kritisch und unkonventionell dargestellt. Das Timbre ihrer Äußerungen entspricht dieser Charakterisierung – im Falle der „ängstlichen" Agenten-Persönlichkeit erscheinen sie melancholisch, im Falle der „impulsiven" Agenten-Persönlichkeit cholerisch. Das „Verhalten" der Agenten im Szenario ist jedoch nicht nur von ihrer „Persönlichkeit" bestimmt, sondern maßgeblich auch von den Führungsaktivitäten des Akteurs.

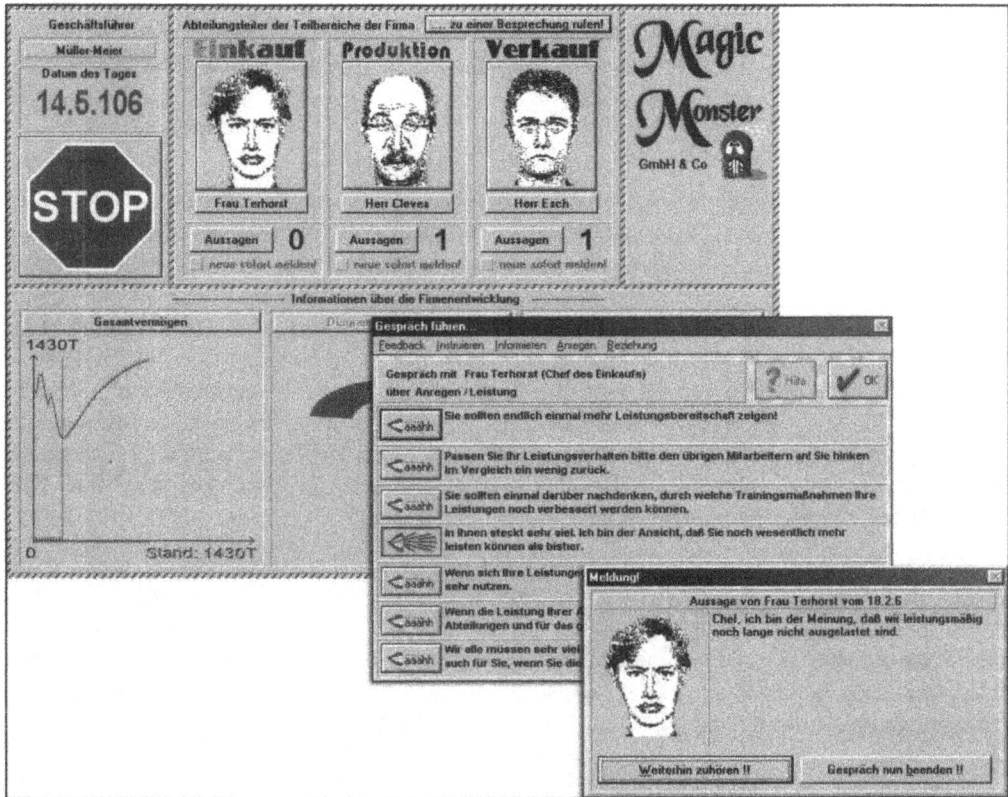

Abbildung 1: Benutzeroberfläche der virtuellen Unternehmensumgebung „Motivator One" (untenl. Bild). Die Akteure können Informationen über die Firmenentwicklung abrufen. Ein Mausklick auf die Portraits der Mitarbeiter öffnet deren „Personalakte", ein Mausklick auf den Namen oder den Schalter „zu einer Besprechung rufen!" öffnet das Fenster für die Kommunikation mit den Mitarbeitern, in dem der Akteur über ein Menü seine Aussagen treffen kann (mittl. Bild). Antworten der Mitarbeiter erscheinen in einem eigenen Fenster (obenl. Bild).

Da bislang kein spezifisches Instrument zur Erfassung emotionaler und kommunikativer Anforderungen in der Kommunikation mit virtuellen Agenten zur Verfügung steht, wurde ein Fragebogen eingesetzt, der ursprünglich zur Untersuchung der Arbeitsbelastung von Call-Center-Agents entwickelt wurde. Der EMOKOM-Fragebogen von Schwefeß et al. (2002) umfasst sechs Skalen zur Emotionsarbeit (Attentiveness, Emotionale Variabilität, Emotionale Variabilität/Kontrolle, Häufigkeite emotionaler Arbeit, Emotionale Devianz, Emotionale Dissonanz) und vier Skalen zur Kommunikationsarbeit (Schwieriger Gesprächspartner, Leichter Gesprächspartner, Schwierige Kommunikation, Leichte Kommunikation), die sich durch eine zufriedenstellende Reliabilität und Konstruktvalidität auszeichnen. Auf einer vierfach abgestuften Skala – von „trifft nie zu" bis „trifft immer zu" – sollen die Probanden angeben, in wie weit ihre Situation durch die einzelnen Items treffend beschrieben ist. Um zu erfassen, welche emotionalen resp. kommunikativen Anforderungen die Akteure im Umgang mit jeder der beiden Agenten-Persönlichkeiten erleben, wurden zwei Varianten des Fragebogens eingesetzt, in die sich jeweils auf einen der beiden Agenten bezogen. So erscheint z.B. das EMOKOM-Item „Die Gespräche an sich sind häufig anstrengend" in dieser Untersuchung als „Die Gespräche mit [Name des Agenten] sind häufig anstrengend".

2.3   Versuchsablauf

Der Versuch fand in Einzel- und Gruppensitzungen mit bis zu vier Personen statt. Jeder Proband arbeitete an einem separaten Rechner. Die Dauer betrug zwischen einer und anderthalb Stunden. Nach einer Einführung in den Umgang mit der virtuellen Umgebung machten sich die Teilnehmer zunächst mit der Benutzeroberfläche und ihren Handlungsmöglichkeiten vertraut. Anschließend wurden sie nach dem Zufall einer der Varianten des Szenarios zugewiesen und agierten 45 Minuten lang in der Rolle des Betriebsleiters der „MagicMonster GmbH" mit der Aufgabe, den Gewinn des Unternehmens zu erhöhen. Danach erhielten sie zwei EMOKOM-Fragebögen, jeweils einen zur Beurteilung der erlebten Anforderungen im Umgang mit der „impulsiven" bzw. der „ängstlichen" Agenten-Persönlichkeit. Im abschließenden Debriefing wurden die Teilnehmer über die erreichte „Führungsleistung" und über die Ziele der Untersuchung informiert.

2.4   Versuchsplan

Der Untersuchung lag ein einfaktorieller Versuchsplan mit dem Meßwiederholungsfaktor „Agenten-Persönlichkeit" (impulsiv / ängstlich) zu Grunde. Die Zuordnung der beiden Agententypen zu den Abteilungen „Einkauf" und „Verkauf" wurde ausbalanciert.

3   Befunde

Um eine mögliche soziale Einflussnahme der Agenten auf das Führungsverhalten der Probanden festzustellen, wird betrachtet, wie häufig in der Kommunikation mit den beiden Agenten-Persönlichkeiten Aussagen der unterschiedlichen Themen des Gesprächsmenüs gewählt wurden. Wie die in Abbildung 2 dargestellten Mittelwerte und varianzanalytischen Befunde zeigen, werden mit der „impulsiven" Agenten-Persönlichkeit signifikant häufiger die Themen „Konflikte ansprechen" und „Zusammenarbeit verbessern" und seltener die Themen „Aufstiegsmöglichkeiten besprechen" und „Lob aussprechen" angesprochen als im Gespräch mit der „ängstlichen" Agenten-Persönlichkeit. Dabei ist auf den Faktor „Agenten-Persönlichkeit" ein beachtlicher Anteil der Varianz (zwischen 13 und 36%) zurückzuführen.

Lob aussprechen — $F_{1,29}=4,30^{+}$; $eta^2=0,13$

Kritik aussprechen — $F_{1,29}=1,88$

Meinungen erfragen — $F_{1,29}=0,00$

Ziele vereinbaren — $F_{1,29}=0,00$

Anweisungen geben — $F_{1,29}=2,88$

Leistung verlangen — $F_{1,29}=0,46$

Fachliche Kompetenz — $F_{1,29}=0,11$

Unternehmensziele — $F_{1,29}=0,26$

Gehaltsentwicklung — $F_{1,29}=0,62$

Aufstiegsmöglichkeiten — $F_{1,29}=10,85^{++}$; $eta^2=0,27$

Kontakt pflegen — $F_{1,29}=1,73$

Zusammenarbeit verbessern — $F_{1,29}=7,85^{++}$; $eta^2=0,21$

Konflikte ansprechen — $F_{1,29}=16,30^{++}$; $eta^2=0,36$

Gewählte Aussagen in Gesprächen mit der ...

☐ "impulsiven" Agenten-Persönlichkeit ■ "ängstlichen" Agenten-Persönlichkeit

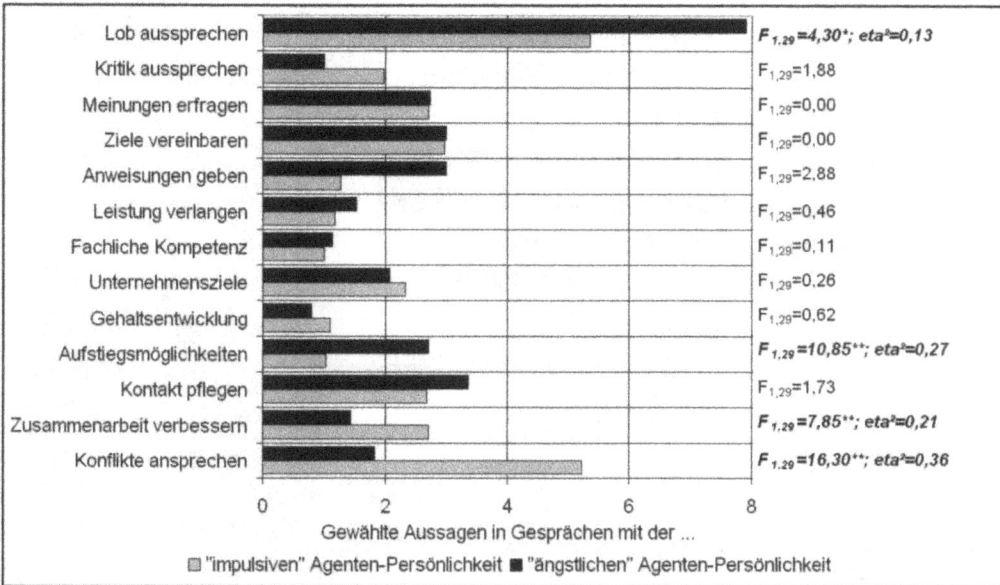

Abbildung 2: Anzahl der gewählten Aussagen zu den unterschiedlichen Themen des Gesprächsmenüs in der Kommunikation mit der „impulsiven" und der „ängstlichen" Agenten-Persönlichkeit und Ergebnisse der Varianzanalyse über die Anzahl der gewählten Aussagen zu den unterschiedlichen Themen des Gesprächsmenüs mit dem Faktor „Agenten-Persönlichkeit"

Mittels der EMOKOM-Skalen wurden die erlebten emotionalen und kommunikativen Anforderungen beim Umgang mit den beiden unterschiedlichen Agenten-Persönlichkeiten erfasst. Wie die in Abbildung 3 dargestellten mittleren Skalenwerte zur Emotions- und Kommunikationsarbeit und die varianzanalytischen Befunde zeigen, wird der „impulsiven" Agenten-Persönlichkeit mehr Aufmerksamkeit geschenkt als der „ängstlichen" Agenten-Persönlichkeit (Attentiveness). Im Umgang mit ihr sind die Akteure darüber hinaus stärker gefordert, ihre eigenen Emotionen zu unterdrücken (Dissonanz). Dabei versagt das Emotionsmanagement in der Kommunikation mit dieser Agenten-Persönlichkeit öfter als im Umgang mit der „ängstlichen" Agenten-Persönlichkeit (Devianz). Die „impulsive" Agenten-Persönlichkeit wird im Vergleich zur „ängstlichen" Agenten-Persönlichkeit als schwierigerer (bzw. weniger leichter) Gesprächspartner beurteilt. Auch die Kommunikation mit ihr wird als schwieriger (bzw. weniger leicht) beurteilt. Der durch den Faktor „Agenten-Persönlichkeit" gebundene Varianzanteil liegt zwischen 14 und 61%.

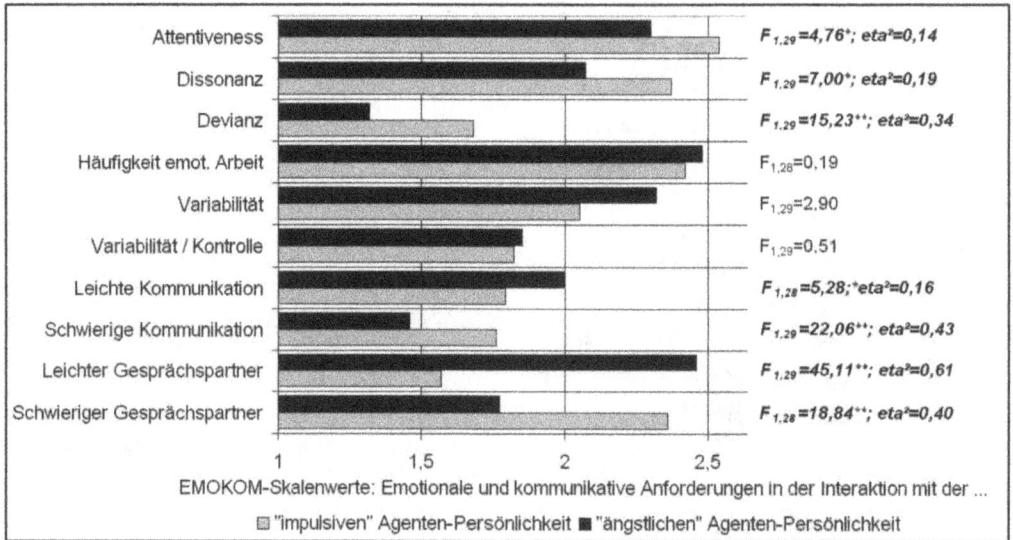

Abbildung 3. Mittlere Ausprägung der erlebten emotionalen und kommunikativen Anforderungen auf den Skalen des EMOKOM bei der Kommunikation mit der " impulsiven" und der „ängstlichen" Agenten-Persönlichkeit sowie Ergebnisse der Varianzanalysen dieser Skalenwerte mit dem Faktor „Agenten-Persönlichkeit"

4   Diskussion

Erwartungsgemäß zeigen die Befunde, dass sich die Akteure nicht nur in ihrem Führungsverhalten, sondern auch in ihren emotionalen Reaktionen gegenüber den beiden Agenten-Persönlichkeiten unterscheiden: Die in Gesprächen mit der „impulsiven" Agenten-Persönlichkeit bevorzugt angesprochenen Themen unterscheiden sich von denen, die in der Kommunikation mit der „ängstlichen" Agenten-Persönlichkeit angesprochen werden, gleichzeitig wird der Umgang mit ihr deutlich als emotional belastender erlebt als mit der „ängstlichen" Agenten-Persönlichkeit.

Dieses Ergebnis kann als Beleg dafür genommen werden, dass computergenerierte Agenten sozialen Einfluss auf die Akteure ausüben können – selbst wenn den Akteuren bekannt ist, dass kein „wirklicher" menschlicher Kommunikationspartner hinter einem Agenten steht. Eine Implementierung non- und paraverbaler Aspekte des Kommunikationsgeschehens in der virtuellen Realität ist dazu nicht zwingend notwendig: So wie bei der Abbildung physikalischer Realitäten ein niedriges „level of detail" (vgl. Reddy et al. 1997) das Präsenz-Erleben nicht zwangsläufig beeinträchtigt, ist auch bei der Abbildung sozialer Realitäten keine detailgetreue Abbildung erfordert, sondern es reicht bereits eine adäquate Abbildung der relevanten konstellativen Beziehungen. In einer sozialen virtuellen Umgebung, in der die Kommunikation mit computergenerierten Agenten im Mittelpunkt steht, kommt es darauf an, den Akteuren Hinweisreize anzubieten, die diejenigen Schemata aktivieren, die ihr Kommunikationsverhalten in analogen Situationen der natürlichen Realität bestimmen. Hierzu gehören neben Kontext und Kommunikationsanlass (hier: betriebswirtschaftliche Veränderungen im Unternehmen), auch Informationen, die als Indikator für aktuelle Zielsetzungen und individuelle Persönlichkeitszüge der Kommunikationspartner dienen können (Hier: Äußerungen der virtuellen Mitarbeiter in der Kommunikation mit der Führungskraft). Auch wenn der Kommunikationsprozess im Szenario MotivatorOne recht karg modelliert ist und ausschließlich mittels „vorgefertigter" Dialogelemente erfolgt, scheint es gelungen, eine virtuelle Umgebung zu generieren, in der die Agenten sozialen Einfluss auf die Akteure ausüben können. Eine besondere Rolle spielt dabei der von Schubert et al. (1999) angeführte Präsenz-Faktor „Drama", der sich auf die Wahrnehmung dramatischer Inhalte und Strukturen bezieht, auf das Erleben eines kohärenten und spannungsvollen Geschehens. Im Szenario MotivatorOne sind es offenbar diese Inhalte und Strukturen und nicht die Darstellungsdetails, die das Verhalten der Agenten als hinreichend „realistisch" erscheinen lassen.

Das Interesse an interaktiven virtuellen Umgebungen, in denen soziale Zusammenhänge abgebildet werden ist groß: Sie sind vielversprechend für den Einsatz im Training, aber auch in Therapie und Forschung. Da Führungsfehler in einer virtuellen Umgebung keine „realen" Konsequenzen haben, werden sie gern als Trainingstools für die Vorbereitung führungsunerfahrener Personen auf Führungsaufgaben eingesetzt (vgl. Salas & Cannon-Bowers 2001). Virtuelle Umgebungen bieten die Chance, Personen mit kritischen Situationen zu konfrontieren, die in der natürlichen Realität nur selten auftreten. Darüber hinaus sind sie vielversprechend für die experimentelle sozial- und organisationspsychologische Forschung, wenn die Fragestellung Bedingungen erfordert, die sich in der natürlichen Realität aus praktischen oder ethischen Gründen nicht realisieren lassen (vgl. Blascovich et al. 2002; Heineken & Lenné 1998). In virtuellen Umgebungen sind dagegen geeignete experimentelle Settings denkbar, wenn eine soziale Einflussnahme computergenerierter Agenten auf die Akteure geschaffen werden kann. Die adäquate Modellierung des Verhaltens virtueller Agenten bleibt dabei ein zentrales Desiderat bei der Gestaltung virtueller sozialer Umgebungen.

Literaturverzeichnis

Allport, G. W. (1985): The historical background of Social Psychology. In: The Handbook of Social Psychology, Vol. I, 3rd Ed. (Eds. Lindzey, G.; Aronson, E.). Hillsdale, N. J: Erlbaum.

Badler, N.; Allbeck, J. (2001): Towards behavioral consistency in animated agents. In: Deformable Avatars (Eds. Magnenat-Thalmann, N.; Thalmann, D.). Kluwer Academic Publishers.

Blascovich, J.; Loomis, J.; Beall, A. C.; Swinth, K. R.; Hoyt, C. L.; Bailenson, J. N. (2002): Immersive virtual environment technology as a methodological tool for social psychology. Psychological Inquiry, 13(2), 103-124.

Dompke, U. K. J.; Heineken, E.; von Baeyer, A. (2000): Problems of Validating Computer-Simulations of Human Behaviour. Pro-ceedings to the Simulation Interoperability Standards Organisation Workshop, Orlando, USA, March 2000.

Gray, J. A. (1970): The psychophysiological basis of introversion-extraversion. Behavior Research and Therapy, 8, 249-266.

Heeter, C. (1992): Being there: The subjective experience of presence. Presence, 1, 262-271.

Heineken, E.; Lenné, C. (1998): Geschlechts- und selbstkonzeptspezifische Unterschiede im Führungs-verhalten? Verhaltensbeobachtungen in einer computersimulierten Führungssituation. In: Geschlechtertheorie und Geschlechterforschung (Hrsg. Heinz M.; Kuster,F.) Bielefeld: Kleine.

Heineken, E.; Ollesch, H.; Stenzel, M. (2003): Führungsverhalten unter Stress – ein organisationspsy-chologisches Experiment in virtueller Umgebung. Zeitschrift für Arbeits- und Organisationspsy-chologie, 47(3), 123-133.

Mantovani, G.; Riva, G. (1999): "Real"-presence: How different ontologies generate different criteria for presence, telepresence, and virtual presence. Presence, 8 (5), 540-550.

Ollesch, H.; Heineken, E. (2003): Zur Validität von Computerszenarios als Trainingstools. In: Psycho-logiedidaktik und Evaluation IV (Hrsg. Krampen, G.; Zayer, H.) Bonn: Deutscher Psychologen Verlag.

Reddy, M.; Watson, B.; Walker, N.; Hodges, L. F. (1997): Managing level of detail in virtual environ-ments – a perceptual framework. Presence, 6(6), 658-666.

Salas, E.; Cannon-Bowers, J. A. (2001): The science of training. A decade of progress. Annual Review of Psychology, 52, 471-500.

Schubert, T. W.; Friedmann, F.; Regenbrecht, H. T. (1999): Decomposing the sense of presence: Factor analytic insights. Presented at the 2nd International Workshop on Presence, University of Essex, UK, 6-7 April 1999.

Schuemie, M. J.; van der Straaten, P.; Krijn, M.; van der Mast, C. A. P. C. (2001): Research on pres-ence in virtual reality: A survey. CyberPsychology & Behavior, 8, 183-201.

Schwefeß, H.; Schweer, R.; Genz, A. (2002): Emotion und Kommunikation als Herausforderung im Call Center – Ein Tool zur Erfassung emotionaler und kommunikativer Anforderungen (CCall – Report 17). Hamburg: VBG.

Kontaktinformationen

Dr. Heike Ollesch
Universität Duisburg-Essen
FB Ingenieurwissenschaften / Abteilung für Informatik und
Angewandte Kognitions- und Medienwissenschaft

Forsthausweg 2
47048 Duisburg

heike.ollesch@uni-due.de

Tel.: +49 203 379 2251
Fax: +49 203 379 1846

A. M. Heinecke, H. Paul (Hrsg.): Mensch & Computer 2006: Mensch und Computer im Struktur*Wandel*.
München, Oldenbourg Verlag, 2006, S. 233-242

Crossmediales Spielen in „Epidemic Menace"

Uta Pankoke-Babatz[1], Irma Lindt[1], Jan Ohlenburg[1], Sabiha Ghellal[2]

Fraunhofer FIT [1], Sony NetServices GmbH [2]

Zusammenfassung

In diesem Papier werden Spielinterfaces vorgestellt, die in Epidemic Menace crossmediales Spielen in unterschiedlichen Spielmodi und über Mediengrenzen hinweg ermöglichen. In einer realen Umgebung können virtuelle Viren mit Hilfe mobiler Geräte bekämpft werden. Stationäre Spieler können von einem mit Computermonitoren ausgestatteten Teamraum aus die Feldspieler unterstützen. Für die Feldspieler wurden ein mobiler Assistent auf Mobiltelefon und ein mobiles Augmented Reality (AR) System entwickelt. Jeder Spielmodus und jedes -interface bot unterschiedliche Beteiligungsmöglichkeiten am Spiel. Erste Ergebnisse und Beobachtungen während eines zweitägigen Spieltests werden vorgestellt. Ethnographische Beobachtungen haben gezeigt, wie die Spieler mittels der unterschiedlichen Interfaces zusammengearbeitet und -gespielt haben.

1 Einleitung

Eine Vielzahl unterschiedlicher elektronischer Geräte – beispielsweise Mobiltelefone, PCs, PDAs, Fernsehgeräte und öffentliche Displays – gehört heute bereits zu unserem Alltag. Die Potenziale dieser unterschiedlichen Geräte zur menschlichen Interaktion und Kooperation über Mediengrenzen hinweg sind jedoch noch nicht hinreichend erforscht. Diese neuen Möglichkeiten können gut in Spielen exploriert werden. In Crossmedia Spielen werden neuartige Umgebungen geschaffen, die mit Hilfe dieser unterschiedlichen Geräte und Interaktionsmöglichkeiten bespielt werden können (Lindt 2005). Spieler können jederzeit und von überall aus und mit jedem beliebigen verfügbaren Gerät mitspielen. Crossmedia Spiele eröffnen eine neue Form von pervasivem Spielen (Magerkurth, Cheok et al. 2005; Montola 2005). Sie integrieren realweltliche Umgebungen einschließlich ihrer physikalischen Eigenschaften mit elektronischen, virtuellen Spielmöglichkeiten (Flintham 2003; Lundgren 2003).

Im vorliegenden Papier wird das Crossmedia Spiel „Epidemic Menace" vorgestellt, das entwickelt wurde, um folgende Forschungsfragen zu beantworten: Wie können mobile Spieler im Feld mit stationären Spielern am Computermonitor erfolgreich miteinander kooperieren? Wie beeinflussen die unterschiedlichen Geräte und Interfaces das Zusammenspiel? Wie gehen Spieler mit den unterschiedlichen Geräten um? Wie kann die Funktionalität der unterschiedlichen Geräte und Spielmodi angemessen ausbalanciert werden?

Für das Spiel wurde eine Hintergrundgeschichte entworfen, die das stationäre und mobile Spielen mit Hilfe unterschiedlicher Medien und Geräte motiviert. Das vorliegende Papier schildert zuerst die Hintergrundgeschichte und die Grundmechanismen des Spiels. Anschließend werden die Designziele für die unterschiedlichen Geräte und Spielinterfaces erläutert. Dann werden Ergebnisse des ersten zweitägigen Spieltests vorgestellt. Am Schluss werden die Ergebnisse zusammengefasst und ein Ausblick auf die Weiterentwicklungen gegeben.

2   Das Epidemic Menace Spiel

Mit Epidemic Menace sollte ein Spiel entwickelt werden, das neuartige Erfahrungen vermittelt, die über Video-, Spielkonsolen- und Computerspiele hinausgehen und körperliche Interaktionen einbeziehen. Das Spiel sollte außerdem die soziale Qualität und den Spielspaß klassischer nicht computerisierter Spiele mit dem Spielspaß von computerbasierten Spielen verbinden (Salen und Zimmermann 2004) und die Potenziale von augmentierter Realität explorieren. Außerdem sollten Möglichkeiten des Geschichtenerzählens untersucht werden bis hin zu einer Verschmelzung von linearen und interaktiven Spielelementen (Ghellal 2006).

Für das „Epidemic Menace" genannte Spiel wurde ein crossmediales Spielfeld konstruiert, das aus einem realen mit virtuellen Kreaturen – den Viren – augmentierten Areal bestand und für digitales Spielen als Karte repräsentiert wurde. Die Viren sollten von mobilen Feldspielern lokalisiert und vor Ort bekämpft werden. Im „Teamraum" konnte die auf einem großen Monitor gezeigte Karte von stationären Spielern wie ein klassisches Computerspiel bespielt werden. Das crossmediale Spielfeld wurde als ein Setting (Pankoke-Babatz 2003) für das Zusammenspiel von mobilen und stationären Spielern designed.

2.1   Hintergrundgeschichte und Aufgaben der Spieler

In dem Spiel Epidemic Menace (Epidemic_Menace 2005) stiehlt ein frustrierter Wissenschaftler ein besonders aggressives Virus aus einem Labor und steckt seine Kollegin mit dem Virus an. Bei einem Verhör belastet er die im Koma liegende Kollegin schwer und wird anschließend freigelassen. In der Zwischenzeit breitet sich der Virus aus. Die Viren können sich bewegen, replizieren und in noch gefährlichere Formen mutieren. Die Viren reagieren auf realweltliche Umweltbedingungen, beispielsweise können Wetterbedingungen ihre Bewegungsrichtungen, Geschwindigkeit sowie ihre Replikationsraten beeinflussen.

Um Schlimmstes zu verhindern werden „medizinische Expertenteams" – die Spieler – eingesetzt. Es bleiben ihnen nur 48 Stunden, um das Gelände von den Viren zu befreien, einen Antivirus zu entdecken und herauszufinden, was wirklich geschah.

2.2   Spielsteuerung und Anforderungen an Spielinterfaces

Die zentrale Spielsteuerung generierte elektronische Viren, deren Zusammensetzung, Eigenschaften, Verhalten und Position im realen Spielfeld. Sie lokalisierte die Spieler im Spielfeld und führte die von den Spielern getriggerten Aktionen aus. Sie protokollierte den Spielstand, den Infektionsstatus der Spieler sowie deren Spielmodus und Ausstattung. Die zentrale Spielsteuerung sorgte für die Konsistenz und Synchronität der im Spielfeld gezeigten Informationen, d.h. der für Außenspieler am Ort wahrnehmbaren Viren sowie den im Teamraum auf dem Spielfeldmonitor gezeigten Spielern, Virenpositionen und weiteren Spieldaten.

Je nach Spielmodus standen den Spielern verschiedene Spielinterfaces und Geräte zur Verfügung, die sie nutzen konnten, um zum einen die Viren zu lokalisieren, einzufangen, zu analysieren und zu zerstören, und um zum anderen mit ihrem Team zu kommunizieren und zu kooperieren. Spieler konnten auch während des Spiels die Geräte wechseln und das für ihre jeweilige Aufgabe zweckmäßigste Gerät auswählen. Mobile Spieler konnten, während sie über den Campus liefen, die Viren mit Hilfe von elektronischen Geräten im Spielfeld lokalisieren. Stationäre Spieler konnten von den beiden Teamräumen aus die Positionen der Viren und Außenspieler im Spielfeld beobachten und ihre Außenspieler koordinieren.

Designziel war, dass die Affordanzen (Gibson 1986) der jeweiligen Spielinterfaces evident sein und eine intuitive Nutzung ermöglichen sollten (Norman 1988). Der Lernaufwand zur Nutzung der unterschiedlichen Geräte und Interfaces sollte gering gehalten werden und einfaches Wechseln zwischen Geräten erlauben. Nach einer kurzen Erklärung des jeweiligen Gerätes und Interfaces sollten Spieler in der Lage sein, es angemessen zu nutzen und im Verlauf des Spielens nach Bedarf zwischen den Geräten zu wechseln. Dazu wurden Funktion und Handhabung der unterschiedlichen Spielinterfaces im Crossmedia-Spiel auf die Eigenschaften des jeweiligen Gerätes abgestimmt. Die Funktionalität eines Spielinterfaces berücksichtigte sowohl die Form des Gerätes, als auch von der Hardware angebotene Interaktionsmöglichkeiten. Darüber hinaus wurden die unterschiedlichen Möglichkeiten der Geräte so ausbalanciert, dass zwar einerseits aus spieltaktischen Gründen der Wechseln zwischen Geräten motiviert werden sollte, dass aber andererseits kein Gerät einem Spieler zu viel Macht und Kontrolle über den Spielverlauf geben sollte.

Für das mobile Spielen wurden die Feldspieler mit einem mobilen Positionierungsgerät ausgerüstet und sie konnten einen mobilen Assistenten oder ein mobiles AR-Gerät auswählen. Für das stationäre Spielen wurden die Teamräume mit einem Spielfeldmonitor und einer Spielwand ausgerüstet. Dies wird im Folgenden näher beschrieben.

2.3   Spielinterfaces und -geräte

Für das *stationäre Spielen* stand in jedem Teamraum (s. Abbildung 2) ein großer berührungssensitiver Bildschirm als *Spielfeldmonitor* zur Verfügung. Dieser zeigte die Landkarte des Campus sowie die mit GPS getrackten aktuellen Positionen der Feldspieler und die der virtuellen Viren. Die stationären Spieler konnten einen Überblick über das gesamte Spielfeld und den aktuellen Spielstatus erhalten und die Feldspieler ihres Teams koordinieren.

An der *Kommunikationsstation* im Teamraum konnte mit den Feldspielern telefoniert oder Textchats ausgetauscht werden. An der *Virusanalysestation* konnten die von Feldspielern gefangenen Viren analysiert werden. Aus der Zusammensetzung der Farbkomponenten eines Virus konnten die Spieler auf dessen spezifische Eigenschaften schließen.

Abbildung 1: Mobiler Assistent und mobiles AR-System

Alle *mobilen Feldspieler* wurden mit einem mobilen *Positionierungsgerät* – bestehend aus einem PDA und einem GPS Empfänger – ausgestattet. Dieses Gerät war in eine Gürteltasche verpackt und wurde zum Teil der Kleidung der Feldspieler. Mit Hilfe dieses Positionierungsgerätes konnten sie durch ihre körperliche Bewegung im Spielfeld den Spielverlauf beeinflussen. Ihre Position im Spielfeld wurde lokalisiert und auf dem Spielfeldmonitor im Teamraum angezeigt. So wurden sie für die stationären Spieler sichtbar und präsent.

Der *mobile Assistent* stellte basierend auf einem Smartphone zwei Interfaces bereit, eines zur Vireninteraktion und eines zur Kommunikation mit den stationären Spielern. Mit dem ersteren konnten Viren in der näheren Umgebung gesucht, gefangen und in die Analysestation im Teamraum transferiert werden.

Das *mobile AR-System* (s. Abbildung 1) bestand aus einer Brille mit einem semidurchsichtigen Glas (see-through head-worn display), die mit einem Bewegungstracker (inertial Tracker) und einem Notebook verbunden war, das in einem Rucksack getragen wurde. In das semidurchsichtige Brillenglas wurde vom Notebook das Abbild eines in der Nähe befindlichen Virus projiziert, so dass der Spieler die realweltliche Umgebung einschließlich des eingeblendeten Virus wahrnehmen konnte. Mit Hilfe des Bewegungstrackers wurden Spielerposition und Blickrichtung festgestellt, so dass die Spielsteuerung ihm die „richtigen" Viren zeigen konnte. Viren, die nah genug waren, konnte der Spieler dann mit Hilfe eines „Sprays" vernichten, das er mit einer kabellosen Maus aktivierte. Die Sichtweite dieses Gerätes und auch die Reichweite des Sprays wurden auf ein paar Meter im Umkreis des Spielers limitiert, damit das Finden und Vernichten von Viren nicht zu einfach wurde. Um die Spielmöglichkeiten der Geräte untereinander auszubalancieren stand jedem Spielteam auch nur ein solches Gerät zur Verfügung.

Viren erzeugten entsprechend ihrer Zusammensetzung und Eigenschaften Tonfolgen. Ein sogenanntes *Mobile Malleable Music* Interface (Tanaka 2004) erlaubte den Feldspielern per Kopfhörer ein nahe gelegenes Virus hören. Die Lautstärke war von der Entfernung und der

Richtung des Virus und die Tonfolge von den Eigenschaften eines Virus abhängig, bei-spielsweise von dessen Ausbreitungsgeschwindigkeit oder Infektionsrisiko.

3   Spieltest und Begleituntersuchung

Für den Spieltest wurde das Epidemic Menace Spiel für zwei Tage auf dem Campus Birling-hoven veranstaltet. Als Spielfeld wurde das Areal von ca. 80.000 m² bestehend aus Wiesen und kleinen Waldstücken zur Verfügung gestellt, auf dem sich auch mehrere Gebäude befin-den. Das Außenareal wurde flächendeckend mit WLAN ausgestattet. Außerdem wurden zwei Räume in einem Gebäude als Teamräume eingerichtet. Als Testspieler haben sich Stu-denten bzw. Studienabsolventen beworben, fünf Spieler und drei Spielerinnen wurden aus-gewählt und in zwei Teams eingeteilt.

Das Spiel begann mit einem ca. 8-minütigen Videoclip, in dem – zur Hintergrundgeschichte passend – die aktuellen Verhöre zur Ermittlung des Verursachers der Kontamination gezeigt wurden. Mit dem abschließenden Hinweis, dass nun zwei Expertenteams die Bekämpfung der Viren unterstützen würden, wurden die Spieler in das Geschehen einbezogen. Danach wurde den Teams die Benutzung der Spielinterfaces und Geräte erklärt. Anschließend konn-ten die Spieler aktiv werden.

3.1   Untersuchungsziele und Methoden

Im Rahmen der Evaluation des Spieles sollte untersucht werden, wie Feldspieler und statio-näre Spieler zusammenspielen und über die Mediengrenzen hinweg kooperieren. Außerdem wollten wir sehen, wie die Spieler die unterschiedlichen Geräte nutzen.

Zentrale Evaluationsmethode war die ethnographische Beobachtung. Für die Dokumentation des Zusammenspiels über Ortsgrenzen hinweg wurde ein Erfassungsbogen entwickelt, in den Uhrzeit und Ort sowie Akteur und die Art der Aktion notiert wurden. Jedem Team wurden zwei Beobachter zugeordnet, wobei jeweils einer das Spielgeschehen im Teamraum und der andere die Feldspieler des Teams beobachtete. Bei der Auswertung konnten die Aktionen im Teamraum und im Feld durch die Uhrzeitangabe in Relation gesetzt werden. Dies wurde ergänzt durch die Erfahrungen der Spieler, die am Ende jedes Spieltages in einer moderierten Diskussionsrunde und nach Beendigung des Spiels durch einen Fragebogen ermittelt wurden.

Während der zwei Spieltage wurden folgende unterschiedlichen crossmedia Spielsessions untersucht: 1) die individuelle Exploration des Areals durch die einzelnen Spieler, 2) jedes Team spielte in Zweierpaaren – zwei Feldspieler und zwei stationäre Spieler, 3) jeweils ein stationärer Spieler koordinierte vom Teamraum aus drei Feldspieler seines Teams.

3.2   Erste Ergebnisse und Beobachtungen

In der ersten Spielsession (s. Abbildung 3) wurden alle als Feldspieler mit einer Gürteltasche mit Positionierungsgerät und mit einem mobilen Assistenten ausgestattet. Alle Spieler konn-ten mit Hilfe der Geräte die Augmentierungen im Spielfeld wahrnehmen, die mobilen Spielmöglichkeiten im Feld ausprobieren und auch das Spielfeld kennen lernen. Wir beobachteten, dass die Spieler einzeln langsam über den Campus gingen und nach Viren suchten. Ohne die Mithilfe eines stationären Spielers war es jedoch sehr schwierig, Viren zu finden und zu fangen. Aber in dieser Spielsession hatten sie die Wahrnehmungs- und Spielmöglichkeiten im Feld ausreichend gut kennen gelernt, um dann als stationäre Spieler die Handlungsmöglichkeiten der Feldspieler einzuschätzen und sie entsprechend koordinieren zu können.

Abbildung 2: Im Teamraum mit Spielfeldmonitor und Spielwand

In der zweiten Spielsession teilten sich beide Teams in Zweierpärchen auf, jeweils zwei Feldspieler und zwei im Teamraum (s. Abbildung 4 und Abbildung 2). Die folgende Szene zeigt das Zusammenspiel: Im Teamraum beobachtet eine Spielerin auf dem großen Spielmonitor die Positionen der Viren, sie zeigt auf eine große Ansammlung von Viren. Gleichzeitig hört sie das Gespräch ihres Mitspielers mit den Außenspielern mit. Der spricht ins Mikrofon: „lauft hinter das Schloss. Da gibt's eine große Virenansammlung" und – als die Beobachterin auf die Position der Gegenspieler zeigt – fügt er hinzu „beeilt Euch, das andere Team ist schon in der Nähe". Der telefonierende Außenspieler wiederholt für seinen Mitspieler „Wir müssen schnell hinters Schloss". Beide rennen über das Spielfeld. Beide Innenspieler verfolgen die Bewegungen der Außenspieler auf dem Spielmonitor. „Ja jetzt müsstet ihr ihn sehen" die beiden Außenspieler werden langsamer, und einer sucht mit dem mobilen Assistenten die Umgebung nach dem Virus ab. „Habt ihr ihn schon?" fragt der stationäre Telefonist. Die Mitspielerin im Teamraum sieht das gefangene Virus auf der Anzeige der Analysestation und sagt „Ja, cool, das ist ein mutierter." Ihr Mitspieler wiederholt dies am Telefon für die Feldspieler.

Diese Szene gibt ein typisches Beispiel für die Form der Zusammenarbeit über die Spielmodi und Mediengrenzen hinweg. Die stationären Spieler leiten ihre Feldspieler zu einer kontaminierten Stelle. In ortsübergreifender Zusammenarbeit lokalisieren die Feldspieler die Viren und einer fängt sie ein. Gefangene Viren erscheinen dann in der Analysestation und können von einem stationären Spieler analysiert werden. Das Gespräch der Spieler zeigt auch deutlich, dass es einen Wettbewerb zwischen den beiden Teams gab.

Abbildung 3: Exploration des Spielfeldes und Positionierungsgeräte mit Tasche

In der anschließenden dritten Session mit nur einem stationären Spieler pro Team saß dieser erst ratlos in seinem Teamraum, dann rief er seine Feldspieler an und bat, es möge doch einer wieder reinkommen und innen mitspielen. Unabhängig davon organisierte sich auch das andere Team wieder in Zweierpärchen.

In beiden Spielmodi wurde bei den Zweierpärchen eine *Arbeits- und Rollenteilung* beobachtet. Im Feld kommunizierte ein Spieler als „Telefonist" mit den stationären Spielern, während der andere als „Spurensucher" das Areal nach Viren absuchte. Ähnlich im Teamraum, hier beobachtete ein stationärer Spieler in der Rolle eines „Taktikers" das Verhalten der Viren und koordinierte die Feldspieler, während der andere als „Telefonist" die kommunikative Verbindung zu den Außenspielern hielt.

Die Beobachtungen haben deutlich gezeigt, dass das Spielen in Zweierpärchen am meisten Spaß machte. Dies zeigte sich auch an der deutlich höheren Bewegungsgeschwindigkeit und der hohen Konzentration der Spielenden. Überraschend war, dass nicht nur die Feldspieler zu den von den stationären Spielern bezeichneten kontaminierten Orten rannten, sondern auch die beiden stationären Spieler im Teamraum zwischen den Spielstation hin- und her rannten. Die Spieldynamik war deutlich höher, als wenn nur ein Spieler im Raum war. Die Spieler selbst haben in der Abschlussbefragung bestätigt, dass Ihnen das *kooperative* Spielen in Zweierpärchen am meisten Spaß gemacht hat.

Interessanterweise nutzten die Spieler ein Gerät jeweils nur für genau einen einzigen Zweck. So wurde der mobile Assistent von einem Spieler entweder als Telefon benutzt – dann verstand sich der Spieler als Telefonist – oder als Skanner – wenn er als Spurensucher agierte. Spieler wechselten also nicht zwischen beiden Nutzungsmöglichkeiten hin und her. Auch im stationären Spielmodus entwickelten die Spieler gerätespezifische Rollen. Hier bestätigt sich die These von Buxton (Buxton 2001), dass weniger Funktionalität die Brauchbarkeit eines Gerätes erhöht. Die Affordanzen und Nutzungsmöglichkeiten sind so schneller erkennbar, dies reduziert den Lernaufwand. Die Spielgeschwindigkeit kann erhöht werden, da der Aufwand zum Wechseln zwischen verschiedenen Anwendungen entfällt. Beispielsweise konnten die stationären Spieler schneller zwischen den Stationen hin und herlaufen. Die beobachtete Rollen- und Aufgabenteilung ermöglichte den Spielern, auch Expertise für bestimmte Aufgaben zu erwerben. Diese Ergebnisse müssen in späteren Spieltests jedoch noch überprüft werden.

Tabelle 1: Aus der Befragung: Spielmodi und Engagement im Spiel im Vergleich

How deeply did you feel engaged in the game?	Very much				Not at all
As mobile player	5	2	1	0	0
As stationary player	3	4	1	0	0
When seeing the movie	3	4	1	0	0

Im Spielverlauf konnte beobachtet werden, dass die Spieler in verschiedenen Sessions andere Rollen einnahmen und so auch die anderen Funktionen nutzten, so dass letztendlich jeder Spieler beide Spielmodi und auch fast alle Spielinterfaces für einige Zeit ausprobiert hatte.

Abbildung 4: Feldspieler mit mobilen Assistenten

Die Hintergrundgeschichte wurde zu Beginn, während des Spiels und am Spielende in Form von Videoclips erzählt. Das Zeigen von Videoclips zwischen einzelnen Spiel-Sessions reduzierte die Spielgeschwindigkeit, die in den kooperativen crossmedialen Sessions sehr hoch war. Die Teams unterbrachen ihre Virenjagd und diskutierten in ihren Teamräumen, wer nun wohl die Viren ausgesetzt habe. Am Anfang und am Ende des zweitägigen Spiels gab es jeweils eine Life-Performance mit Schauspielern aus dem Video. So verschwammen für die Spieler die Grenzen zwischen Video und Realität so, dass am Schluss sogar ein Spieler fragte, ob er denn nun auch Teil des Videos würde.

Die schriftliche Befragung der Spieler nach dem Spiel hat bestätigt (s. Tabelle 1), dass die Spieler sich in allen Spielmodi sehr im Spiel engagiert gefühlt haben, wobei das mobile Spielen in der augmentierten Realität eine leichte Präferenz hatte.

3.3   Schlussfolgerungen

Der Spieltest hat gezeigt, dass mobile und stationäre Spieler – trotz der unterschiedlichen Geräte und den damit verbundenen unterschiedlichen Wahrnehmungsmöglichkeiten – erfolgreich kooperieren konnten und ihnen dies auch Spaß gemacht hat. Nicht zuletzt dadurch, dass die Spieler im Verlauf des Spieltests alle Geräte und Spielmodi mal ausprobiert, und die Örtlichkeiten auf dem Campus kennen gelernt hatten, konnten sie erfolgreich zusammen spielen. Alle Spieler sind mit allen Geräten zurecht gekommen. Wir schließen daraus, dass der Gebrauch der Geräte und der Benutzerinterfaces ausreichend intuitiv war. Das mobile AR-System war jedoch zum Zeitpunkt des Spieltests noch nicht so ausgereift, dass die volle Spieldynamik möglich war. So fanden abschließend einige Spieler, dass es für den Spielspaß von zentraler Bedeutung sei, während andere es gar nicht für das Spiel nutzen wollten. Insgesamt hatten wir den Eindruck, dass die Funktionalität der Geräte und die damit verbundenen Spielmöglichkeiten recht gut ausbalanciert waren. Interessant war zu beobachten, dass die Spieler ein Gerät in einer Spielsession nur für einen Zweck nutzten, obwohl sie wussten, dass es auch mit einem anderen Interface andere Spielmöglichkeiten bot. Da die Evaluation in einer frühen prototypischen Entwicklung des Spiels stattfand, ist es erforderlich, gerade diese Ergebnisse in späteren Spieltests zu verifizieren.

Darüber hinaus war es für uns überraschend, wie wichtig für die Spieler Kooperation und Konkurrenz waren. Konkurrenz mit dem anderen Team hat motiviert, stimuliert und das Spiel beschleunigt. Kooperation und Kommunikation mit dem eigenen Team hat auch über die Mediengrenzen und Spielmodi hinweg funktioniert und zum Spielspaß beigetragen. Die Spieler haben nicht nur – wie im Spiel erforderlich – über die Spielmodi hinweg kooperiert, sondern paarweise im gleichen Spielmodus zusammengespielt und dabei eine Aufgaben- und Rollenteilung entwickelt. Wir erklären dies damit, dass zum einen der Umgang mit der doch recht komplexen Technologie sich zu zweit besser ausprobieren lässt, und dass zum anderen die vom Spiel geforderte Strategie besser per Diskussion und im Team entwickelt werden kann. Auch dies sollte in späteren Spieltests überprüft werden.

4   Zusammenfassung und Ausblick

Das Epidemic Menace Spiel wurde als crossmediales Spiel entwickelt und veranstaltet, in dem verschiedene Spielinterfaces mit unterschiedlicher Spielfunktionalität genutzt werden konnten. Der zweitägige Spieltest hat gezeigt, dass die Spieler diese unterschiedlichen Funktionalitäten schnell angemessen zu nutzen gelernt haben. Während einer Spielsession nutzte ein Spieler ein Gerät stets nur für einen Zweck. Dadurch entwickelten sich aufgaben- und funktionsspezifische Rollen und es entstanden weitere Kooperationserfordernisse.

Zusammenfassend lässt sich sagen, dass wir als Beobachter den Eindruck hatten, dass die Spieler dieses Spiel als eine echte und realistische Herausforderung betrachteten und das Spielen des Spiels mit den zur Verfügung stehenden Geräten und Interfaces den vollen Einsatz der Spieler – körperlich und mental – verlangte.

Die Resultate dieses ersten Spieltests des Epidemic Menace Prototyps haben die Spielidee bestätigt und gezeigt, dass das Spielen über Mediengrenzen hinweg mit Hilfe von unterschiedlichen Geräten und unterschiedlichen Aktions- und Einflussmöglichkeiten auf den Spielverlauf möglich ist und Spaß macht. In der Abschlussbefragung bestätigten alle Spieler, dass dies eine neuartige Erfahrung für sie gewesen wäre und dass sie eine kommerzielle Version dieses Spieles gerne spielen würden. Wir werden daher dieses Spiel einschließlich der unterschiedlichen Geräte und Interfaces für ein augmentiertes Außenspielfeld weiter entwickeln. Wir planen die nächste Version des Spiels auch mit einer größeren Anzahl von Spielern zu testen, um so unsere Ergebnisse zu verifizieren.

Literaturverzeichnis

Buxton, B. (2001): Less is More (More or Less). In: Hrsg: The Invisible Future: The seamless integration of technology in everyday life. New York: McGraw Hill: S. 145-179.

Epidemic_Menace. (2005). Spectator Page. from http://iperg.fit.fraunhofer.de.

Flintham, M.; Anastasi, R., Benford, S. (2003): Where on-line meets on-the-streets: experiences with mobile mixed reality games. In, CHI 2003.

Ghellal, S.; Lindt, I. (2006): Interactive Movie Elements in a Pervasive Game. Investigating new user experience challenges in iTV: mobility & sociability workshop, CHI 2006.

Gibson, J. J. (1986): The Ecological Approach to Visual Perception. Hillsdayle, New Jersey: Lawrence Erlbaum Associates, Publishers.

Lindt, I.; Ohlenburg, J.; Pankoke-Babatz, U. (2005): Designing Cross Media Games. In: PerGames Workshop, Pervasive 2005.

Lundgren, S. B. (2003): Game Mechanics: Describing Computer-Augmented Games in Terms of Interaction. In: (TIDSE) Darmstadt, Germany.

Magerkurth, C.; Cheok, A. D.; Mandrykund, R. L.; Nilsen, T. (2005): Pervasive games: bringing computer entertainment back to the real world. Comput. Entertain. 3(3): 4-4.

Montola, M. (2005): Exploring the Edge of the Magic Circle: Defining Pervasive Games. In: DAC 2005 Copenhagen, Denmark.

Norman, D. (1988): The Design of Everyday Things. New York: Doubleday.

Pankoke-Babatz, U. (2003): Designkonzept für Systeme zur computergestützten Zusammenarbeit unter Nutzung der Behavior Setting Theorie. Aachen: Shaker Verlag.

Salen, K.; Zimmermann, E. (2004): Rules of Play. Cambridge, MA: The MIT Press.

Tanaka, A. (2004): Malleable Mobile Music In: Ubicomp 2004: Springer-Verlag.

Danksagung und Kontaktinformationen

Wir danken unseren Kolleginnen und Kollegen sowie unseren Projektpartnern für ihr Engagement beim Design und der Realisierung des Spiels. Bei den Spielern und Spielerinnen möchten wir uns für ihren Einsatz bedanken. Die Untersuchungen wurden im Rahmen des von der EU geförderten IPerG Projektes durchgeführt (IST Projektnummer 004457).

Irma Lindt
Fraunhofer Institut für Angewandte Informationstechnik FIT
Schloß Birlinghoven
5357 Sankt Augustin
irma.lindt@fit.fraunhofer.de

Tel.: +49 2241 /14 2206
Fax.: +49 2241/14 2804

A. M. Heinecke, H. Paul (Hrsg.): Mensch & Computer 2006: Mensch und Computer im StrukturWandel.
München, Oldenbourg Verlag, 2006, S. 243-252

Untersuchung der Hand-Auge-Koordination bei einer industriellen Anwendung von Augmented Reality

Milda Park, Christopher Schlick

Institut für Arbeitswissenschaft, RWTH Aachen

Zusammenfassung

In diesem Beitrag ist die ergonomische Untersuchung eines Schweißschutzhelms mit integrierter Augmented Reality Technologie beschrieben. Der neuartige Schweißschutzhelm verbessert die Sicht des Schweißers und ermöglicht es, zusätzliche Informationen direkt in das Sichtfeld einzublenden. Um die Hand-Auge-Koordination mit der Videobrille zu testen, welche in dem Schweißschutzhelm integriert ist, wurden Untersuchungen im Labor durchgeführt. An den Untersuchungen waren sowohl Schweißer als auch Nicht-Schweißer beteiligt. Die Ergebnisse haben gezeigt, dass die Schweißer mit gut trainierter Handmotorik bessere Leistung bei Nutzung des Augmented Reality-Schweißschutzhelms erzielen konnten. Zusätzlich wurde der Effekt der Bildwiederholungsrate auf die Benutzerakzeptanz bezüglich des Systems nachgewiesen, indem die höheren Bildwiederholungsraten zur besseren Bewertung verschiedener Aspekte beigetragen haben.

1   Einleitung

Das MIG/MAG-Schweißen zählt aufgrund seiner hohen Produktivität und seiner industriellen Anwendung zu den am weitesten verbreiteten Schweißverfahren. Beim MIG/MAG-Schweißen brennt ein Lichtbogen zwischen einer aufgespulten Drahtelektrode und dem Werkstück. Die Drahtelektrode wird als Schweißzusatzwerkstoff durch das Drahtvorschubgerät dem Werkstück zugeführt und im Lichtbogen geschmolzen. Ein Schutzgas umströmt die Draht-Elektrode und schützt den Lichtbogen vor atmosphärischen Einflüssen. Der strahlungsintensive Lichtbogen beim MIG/MAG-Schweißen ist auch der Grund dafür, dass die Sicht des Schweißers wesentlich erschwert wird. Um die Augen und das Gesicht vor der gefährlichen UV-Strahlung zu schützen, muss der Schweißer während seiner Arbeit einen Helm mit eingebauter, verdunkelter Sichtschutzscheibe tragen. Dadurch ist lediglich ein heller Punkt in der Dunkelheit zu erkennen, weshalb man auch sagt, dass ein Schweißer „mit dem Gehör" schweißen muss. Gleichzeitig ist es aber unumgänglich, dass die Hand den Brenner gleichmäßig und exakt führt, um eine Schweißnaht mit hoher Qualität zu erzeugen.

Der Mensch erhält in der Regel eine Vielzahl von Umgebungsinformationen über sein visuelles System, das auch bei der Koordinationsfähigkeit der Hand eine wichtige Rolle spielt. Mit einem konventionellen Helm kann der Schweißer diese visuellen Informationen nur schlecht wahrnehmen. Sicherheitsrelevante Nähte müssen daher häufig zusätzlich von einem Experten geröntgt und auf Schwachstellen hin überprüft werden. Dies ist ein sehr zeit- und kostenaufwendiger Prozess. In dem vom BMBF geförderten Projekt TEREBES (Tragbares Erweitertes Realitäts-System zur Beobachtung von Schweißprozessen) wurde ein neuartiger Schweißschutzhelm mit integrierter AR-Technologie (weiter als AR-Schweißschutzhelm bezeichnet) entwickelt, welche die beschriebenen spezifischen Nachteile nicht aufweist (Abbildung 1).

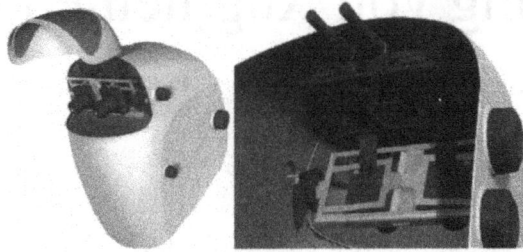

Abbildung 1: AR-Schweißschutzhelm mit integrierten Kameras
und video see-through Display (Hillers et al. 2004)

Da das Schweißen zu den Prozessen zählt, die ein hohes Maß an Sicherheit erfordern, konnten die entwickelten Prototypen nicht sofort in einer realen Arbeitsumgebung getestet werden. Aus diesem Grund wurden die Handführung beim Schweißen sowie die Hand-Auge-Koordination mit verschiedenen Versuchsaufgaben im Labor simuliert und getestet. Kapitel 2 beschreibt die experimentellen Untersuchungen des AR-Schweißschutzhelms mit zwei verschiedenen Bildwiederholungsraten.

2   Experimentelle Untersuchungen

Die Bildwiederholungsrate ist einer der zeitbezogenen Qualitätsfaktoren in AR-Systemen. Niedrige Bildwiederholungsraten tragen dazu bei, dass das Realitätsbild mit einer gewissen Zeitverzögerung auf dem Head-Mounted-Display (HMD) abgespielt wird (Adelstein et al. 2000; Renkewitz & Conradi 2005). Dieser Effekt verursacht viele Probleme bei der Benutzung des AR-Systems und schränkt sogar bei einigen Szenarien die Anwendung des videobasierten HMDs ein. Die negativen Effekte der Zeitverzögerung sind das so genannte Motion-Sickness (Übelkeit bei der Anwendung von videobasierten HMDs und Simulatoren), visuelle Beschwerden sowie eine Störung des visuell-motorischen Systems. Da beim Schweißen die Hand-Auge-Koordination eine besondere Rolle spielt, ist es wichtig eine ausreichende Bildwiederholungsrate zu gewährleisten, jedoch ohne dadurch die anderen softwaretechnischen Möglichkeiten zu sehr einzuschränken.

Dabei ist bekannt, dass ab der Bildwiederholungsfrequenz von 75 – 80 Hz (Anzahl der Halbbilder pro Sekunde) das menschliche Auge ein flimmerfreies Bild wahrnimmt. Im Fernseher wird die Vertikalfrequenz von 50 Hz (oder 25 Vollbilder, frames per second – fps) benutzt.

Das Ziel der in diesem Kapitel beschriebenen experimentellen Untersuchungen war die Evaluation der Prototypen in Bezug auf die Hand-Auge-Koordination mit zwei verschiedenen Bildwiederholungsraten sowie unter verschiedenen Sichtbedingungen: Videosicht und natürliche Sicht (ohne HMD, ohne Schweißhelm). Ein zusätzlicher Aspekt dieser Experimente war, dass professionelle Schweißer als Benutzer des Systems in die Evaluation einbezogen wurden.

2.1   Versuchsdesign

Die Stichprobe von den Schweißern, die berufsbedingt über eine überdurchschnittliche Hand-Auge-Koordination verfügen, wurde mit einer Stichprobe von Nicht-Schweißern verglichen. Insgesamt wurden zwei Versuchsreihen zu verschiedenen Zeitpunkten mit den Bildwiederholungsraten von jeweils 16 und 20 Bilder pro Sekunde (fps – frames per second), welche technisch bedingt zur Systemevaluation zur Verfügung standen, durchgeführt. Die in beiden Versuchen verwendete Hardware ist identisch: AR-Schweißschutzhelm mit integriertem video see-through HMD (DH-4400 D; Auflösung 800 (H) x 600 (V)) und High Dynamic Range COMS[1] (HDRC) Kameras (Falldorf Fuga 1000 Chipset).

Vor dem Versuch wurde das Sehvermögen jedes Versuchsteilnehmers geprüft. Die Versuchspersonen mit Presbyopie (Weitsichtigkeit) und Myopie (Kurzsichtigkeit) ohne Korrekturgläser sowie mit ungenügender räumlicher Sehschärfe (Kriterium: Die Unfähigkeit das räumliche Bild zu erkennen, beim Winkel der Stereopsie < 100″) wurden von dem Versuch ausgeschlossen.

Um die Ergebnisse nicht durch interpersonelle Unterschiede zu beeinflussen, wurde zum Vergleich der Versuchsbedingungen mit und ohne HMD bei beiden Versuchsreihen das Innersubjekt-Design gewählt (eine Gruppe testete mehrere Bedingungen). Zum Vergleich der Hand-Auge-Koordination von den Schweißern und den Nicht-Schweißern sowie zum Vergleich der Leistung mit den zwei Bildwiederholungsraten wurde das Zwischensubjekt-Design angewandt, um den Lerneffekt zu minimieren. Eine Gruppe von Schweißern hat das System mit 16 fps getestet, während die andere Gruppe das System mit 20 fps zur Probe hatte.

Um die Beschreibung der Evaluation übersichtlicher zu gestalten, wird die Versuchsreihe nach Versuchsdesign 1 und Versuchsdesign 2 unterschieden (Abbildungen 2 und 3). Zusätzlich wird Versuchsdesign 3 zum Vergleich der beiden Gruppen von Schweißern mit unterschiedlichen Bildwiederholungsraten verwendet (Abbildung 4).

---

[1] Complementary Metal Oxide Semiconductors

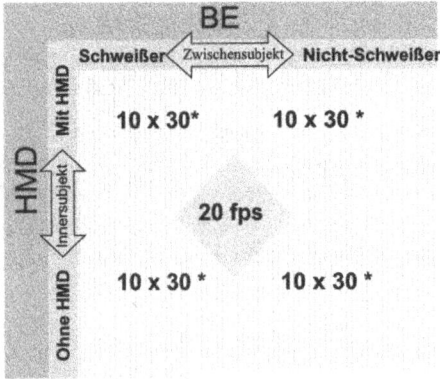

Abbildung 2: Versuchsdesign 1

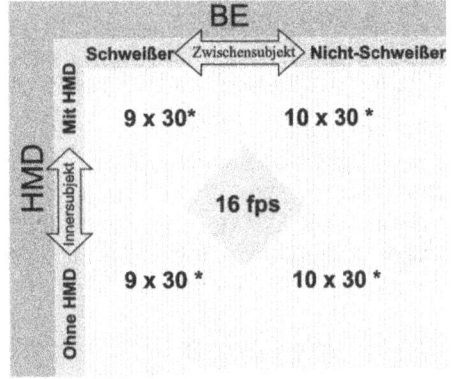

Abbildung 3: Versuchsdesign 2

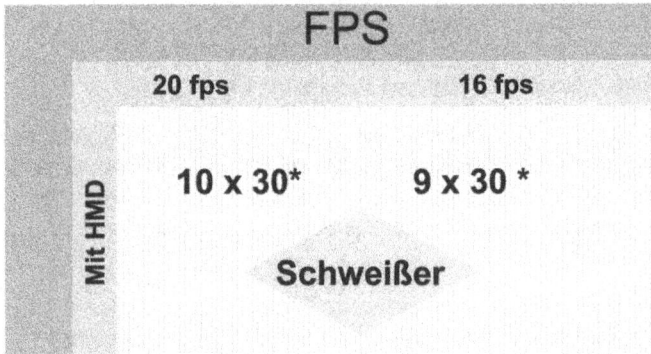

Abbildung 4: Versuchsdesign 3

Beim Versuchsdesign 1 betrug die Bildwiederholungsrate 20 fps und beim Versuchsdesign 2 16 fps. Die für die beiden Versuchsdesigns aufgestellten Versuchshypothesen sind gleich und sagen aus, dass die Schweißer mit der natürlichen Sicht eine genauere Hand-Auge-Koordination haben als die Nicht-Schweißer, weil sie im beruflichen Umfeld diese durch die Handführung beim Schweißen der Nähte trainieren. Eine weitere Versuchshypothese postuliert den Einfluss des HMD auf die Hand-Auge-Koordination sowohl bei der Gruppe der Schweißer, als auch der Nicht-Schweißer mit der Erwartung von einer Verschlechterung der Hand-Auge-Koordinationsgenauigkeit (definiert durch den Abweichungsfaktor) verglichen mit der Leistung ohne visuelle Sichtbeeinträchtigung. Zusätzlich wird bei diesem Versuchsdesign die Hypothese der Wechselwirkungseffekte überprüft.

Bei dem Versuchsdesign 3 handelt sich um einen Vergleich zweier Stichproben (Schweißer, die am Versuch 1 und 2 teilgenommen haben) unter zwei verschiedenen Bildwiederholungsraten (20 fps und 16 fps).

2.2   Versuchspersonen

An den beiden Versuchen nahmen insgesamt 39 Probanden im Alter zwischen 16 und 56 Jahren teil, dabei 20 unter Versuchsdesign 1 (zehn Schweißer und zehn Nicht-Schweißer) und 19 unter Versuchsdesign 2 (neun Schweißer und zehn Nicht-Schweißer).

2.3   Versuchsaufgabe

Zur Ermittlung des Abweichungsfaktors wurde eine Aufgabe zur Nachzeichnung von Linien gewählt. Bei dieser Versuchsaufgabe sollten die Versuchspersonen die auf einer Berührungsoberfläche erscheinenden Linien mit einem elektromagnetischen Stift möglichst genau und möglichst schnell nachzeichnen. Dazu wurden gerade und rechtwinklig geknickte Linien in zufälliger Reihenfolge und Ausrichtung auf der Berührungsoberfläche präsentiert, die dann von den Versuchspersonen insgesamt 30 Mal für jede Bedingung nachgezeichnet werden sollten. Dabei wurde die Abweichungsfläche zwischen vorgegebener und nachgezeichneter Linie als Integral berechnet und durch die Gesamtlänge der vorgegebenen Linie dividiert, um den standardisierten Abweichungsfaktor (AF) zu bilden. Zwecks statistischer Auswertung wurden die erhobenen Daten für jede Versuchsbedingung gemittelt.

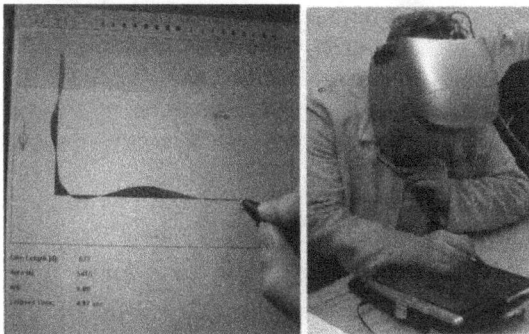

Abbildung 5: Versuchsaufgabe

Diese sehr einfache Methode erlaubt eine ziemlich präzise Messung der Hand-Auge-Koordination, sowohl in Bezug auf Genauigkeit als auch Bearbeitungszeit. Die Versuchsaufgabe entspricht der Handführung bei vielen realen Arbeitsaufgaben (vgl. Schweißen, Schneiden, Fräsen).

2.4   Ergebnisse

<u>Versuchsdesign 1</u> (20 fps). Die Varianzanalyse mit Messwiederholung (Design mit Zwischensubjektfaktor) hat mit $F(1, 18) = 42.293$, $p = 0.0001$ (Signifikanzniveau $\alpha = 0.05$) einen signifikanten Effekt des Innersubjektfaktors *HMD* und mit $F(1, 18) = 42.293$, $p = 0.035$ einen signifikanten Effekt des Zwischensubjektfaktors *Berufserfahrung (BE)* $F(1, 18) = 5.214$, $p = 0.0001$ aufgedeckt. Die Wechselwirkung *HMD* x *BE* fällt mit $p > 0.05$ nicht signifikant aus.

Die Gruppe der Schweißer wies bei der Nachzeichnung von Linien mit natürlicher Sicht eine um 34% bessere Leistung auf, als die Gruppe der Nicht-Schweißer. Mit $p = 0.059$ liegt jedoch dieser Leistungsunterschied knapp über der statistischen Signifikanzgrenze. Bei der Nachzeichnung der Linien mit Videosicht erhöht sich der Leistungsunterschied auf 38% zwischen den beiden Gruppen und fällt statistisch signifikant aus ($t = -2.204$, $p = 0.048$).

Innerhalb der Gruppe wurde eine Verschlechterung der Hand-Auge-Koordinationsleistung mit der videobasierten Sicht im Vergleich zu der natürlichen Sicht um 51% ($t = 6.266$, $p = 0.000 < 0.001$) bei den Schweißern und um 55% ($t = 4.471$, $p = 0.002 < 0.05$) bei den Nicht-Schweißern beobachtet (Abbildung 6).

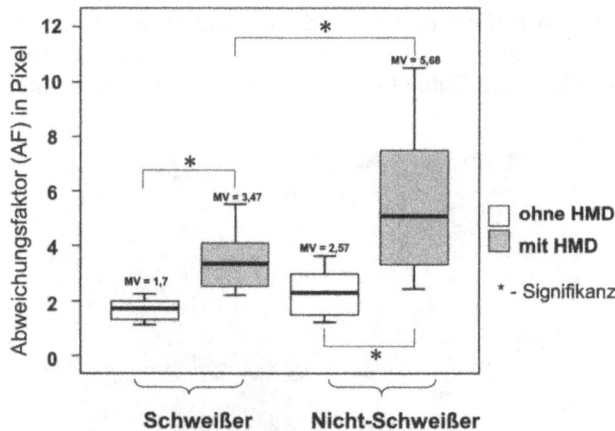

Abbildung 6: Boxplots (Median, Quartile, Extremwerte) des Abweichungsfaktors in Abhängigkeit von der beruflichen Erfahrung und Sichtbedingungen

<u>Versuchsdesign 2</u> (16 fps). Durch die Varianzanalyse mit Messwiederholung (Design mit Zwischensubjektfaktor) wurde mit $F(1, 17) = 88.644$, $p = 0.0001$ ein signifikanter Effekt des Innersubjektfaktors *HMD* und mit $F(1, 17) = 7.025$, $p = 0.017$ eine signifikante Wechselwirkung *HMD* x *BE* ermittelt. Der Effekt des Zwischensubjektfaktors *BE* war mit $p > 0.05$ nicht signifikant.

Bei der Nachzeichnung von Linien mit natürlicher Sicht erbrachte die Gruppe der Schweißer eine um 13% bessere Leistung als die Gruppe der Nicht-Schweißer. Mit $p > 0.05$ ist dieser Leistungsunterschied jedoch statistisch nicht signifikant. Mit Videosicht erhöht sich der

Leistungsunterschied zwischen den beiden Gruppen auf 37% und ist statistisch signifikant (t = 2.191, p = 0.04).

Innerhalb der Gruppe wurde bei der Hand-Auge-Koordination ein Leistungsabfall mit der videobasierten Sicht um 51% (t = 6.292, p = 0.001) bei den Schweißern und um 65% (t = 6.042, p = 0.001) bei den Nicht-Schweißern beobachtet (Abbildung 7).

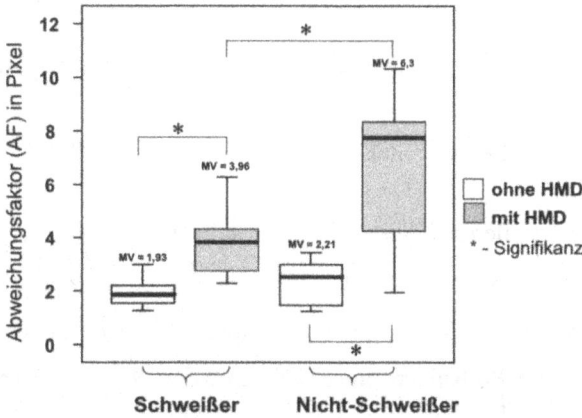

Abbildung 7: Boxplots (Median, Quartile, Extremwerte) des Abweichungsfaktors in Abhängigkeit von der beruflichen Erfahrung und Sichtbedingung

Versuchsdesign 3 (20 fps; 16 fps). Diese Daten beziehen sich auf den Vergleich von zwei Gruppen von Schweißern, die jeweils den Prototyp mit 20 fps oder den mit 16 fps getestet haben (Zwischensubjektfaktor FPS) (Abbildung 8).

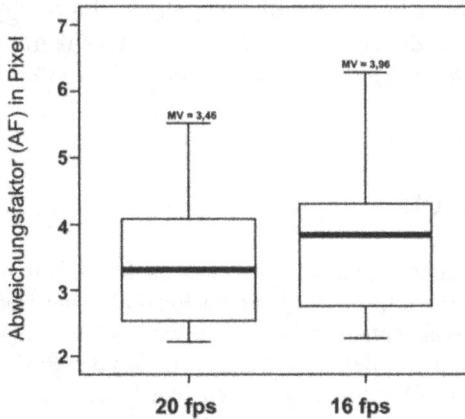

Abbildung 8: Boxplots (Median, Quartile, Extremwerte) der Bearbeitungsgenauigkeit in Abhängigkeit von der Bildwiederholungsrate und Sichtbedingung

Mittelwertevergleich mit Hilfe von t-Tests (Normalverteilungsvoraussetzung mit p > 0.05 bei Kolmogorov-Smirnov Test erfüllt) zeigte mit t = 2.203, p = 0.059 ein nicht signifikantes Ergebnis in Bezug auf die Bearbeitungsgenauigkeit.

<u>Subjektive Bewertung</u>. Die subjektive Bewertung bezieht sich auf folgende Fragen, die in Form eines Fragebogens den Benutzern gestellt wurden:

- Wie würden Sie Ihre 3D-Wahrnehmung mit Helm im Gegensatz zu Ihrer 3D-Wahrnehmung ohne Helm bewerten?

- Wie würden Sie Ihre Sehschärfe mit Helm im Gegensatz zu Ihrer Sehschärfe ohne Helm bewerten?

- Wie würden Sie Ihre Leistung mit Helm im Gegensatz zu Ihrer Leistung ohne Helm bewerten?

- Können Sie sich vorstellen mit diesem Helm zu schweißen?

- Würde dieser Helm für Sie eine Arbeitserleichterung beim Schweißen darstellen?

- Können Sie sich vorstellen, den Helm zu Ausbildungszwecken zu nutzen?

Zur Antwort nutzten die Probanden eine Skala mit den Werten: 1 (mit Helm sehr viel schlechter bzw. auf gar keinen Fall) bis 7 (mit Helm sehr viel besser bzw. auf jeden Fall) mit einem mittleren Wert von 4 (gleich bzw. unentschieden).

Für die statistische Analyse der subjektiven Daten wurde der nichtparametrische Man-Whitney-U-Test zum Vergleich von zwei unabhängigen Stichproben angewandt. Die Bewertung der räumlichen Wahrnehmung war beim System mit 20 fps signifikant besser als beim System mit 16 fps (Man-Whitney-U = 91, p = 0.005 < 0.01). Die Bewertung weiterer Merkmale fiel beim System mit höherer Bildwiederholungsrate ebenfalls besser aus, mit p > 0.05 wird der Unterschied aber als statistisch nicht signifikant bewertet.

Insgesamt wurden die Fragen, die sich auf die aktuelle Situation und den Stand der Technik beziehen (räumliche Wahrnehmung, Sehschärfe, eigene Leistung) eher negativ bewertet (Werte kleiner als 4), wobei die Antworten bezüglich der Zukunft des AR-Schweißschutzhelmes etwas positiver ausfallen, insbesondere bei dem System mit 20 fps.

3   Diskussion

Ein Ziel dieser experimentellen Untersuchung war es festzustellen, ob eine Erhöhung der Bilderanzahl pro Sekunde um 4 fps signifikant zur Erhöhung der Hand-Auge-Koordinationsleistung sowie zur Benutzerakzeptanz beiträgt. Ein weiteres Untersuchungsziel war der Vergleich zwischen zwei Gruppen – den Schweißern, für die das System bestimmt ist, und den Nicht-Schweißern als Kontrollgruppe. Zusätzlich wurde die Leistung unter jeder der Versuchsbedingungen mit der natürlichen Arbeitsleistung ohne Display verglichen.

Die Ergebnisse zeigen einen signifikanten Einfluss des HMDs auf die Nachzeichnungsgenauigkeit für alle Versuchsbedingungen. Es wurde ein Leistungsabfall von 51% bis zu 65%

mit dem HMD in Bezug auf Hand-Auge-Koordination beobachtet. Dies ist dadurch zu erklären, dass die videobasierte Sicht viele Einflussfaktoren hat (Biocca & Rolland 1998; Park et al. 2005), die das visuell-motorische System „belasten". Die Schweißer konnten ohne HMD signifikant bessere Hand-Auge-Koordinationsleistungen erzielen als die Gruppe der Nicht-Schweißer. Dies bestätigte die Hypothese, dass die Schweißer über eine berufsbedingt bessere Handpräzision verfügen als die Probanden, die kein spezielles Hand-Auge-Koordinationstraining ausübten (Nicht-Schweißer). Durch die visuelle Kontrolle der Motorik mit videobasierter Sicht (Bedingung mit HMD) hat sich die Hand-Auge-Koordinationsleistung der Schweißer insgesamt weniger verschlechtert als die der Nicht-Schweißer. Die Schweißer arbeiten unter erschwerten visuellen Bedingungen, indem sie einen Schweißhelm mit verdunkelter Sicht während des Arbeitsprozesses tragen. So haben sie wenig an visuellem „Feedback" während der feinmotorischen Steuerung der Hände. Mit anderen Worten sind die Schweißer beruflich trainiert, die Hand auch unter den erschwerten visuellen Bedingungen präzise zu führen. Diese Faktoren begründen die Unterschiede zwischen den Gruppen der Schweißer und Nicht-Schweißer in Bezug auf die Hand-Auge-Koordinationsleistung und sagen aus, dass die besonderen motorischen Fertigkeiten bei den AR-unterstützten Arbeitsabläufen mit hoher Präzisionsgenauigkeit von Vorteil sind.

Die Auswertung der Bearbeitungszeiten zeigt einen umgekehrten Trend der Ergebnisse verglichen mit den Genauigkeitsdaten. Dies lässt sich auf den aus der Literatur bekannten „Speed-Accuracy Trade-Off" (Woodworth 1899; Kim et al. 1996) zurückführen, indem mit steigendem Zeitverbrauch die Genauigkeit steigt und umgekehrt.

Es konnte kein signifikanter Effekt der Erhöhnung der Bildwiederholungsrate von 16 fps auf 20 fps in Bezug auf die Leistung nachgewiesen werden. Die Benutzerbefragung zeigte aber, dass dies zu einer deutlichen Steigerung der Benutzerakzeptanz des vorgestellten AR-Systems führte, was eine äußerst wichtige Rolle bei der Einführung von neuartigen Technologien in der Industrie spielt. Besonders positiv wurde die Möglichkeit des AR-Schweißschutzhelmes bei der Ausbildung der Schweißer bewertet.

Aufgrund der technischen Einschränkungen des prototypischen AR-Schweißschutzhelmes war es nicht möglich, weitere Bildwiederholungsraten zu testen. Dies ist jedoch in weiteren Untersuchungen nötig, um den Einfluss der Bildwiederholungsrate auf die Hand-Auge-Koordination genauer zu untersuchen.

Ebenso stellt sich die Frage, wie gering sollte die zeitliche Latenz sein, um eine ausreichende Qualität der visuell-motorischen Koordination zu gewährleisten, und ab welchem Genauigkeitsniveau kann die Leistung als ausreichend für die Erzeugung von Schweißnähten bezeichnet werden. Im Idealfall sollte die Hand-Auge-Koordination mit videobasierter Sicht gleich der Koordination mit natürlicher Sicht oder ihr sogar überlegen sein. Da dieses Ziel zurzeit noch bei weitem nicht erreichbar ist, ist es nötig, die Systemkomponenten im Sinne der ergonomischen Gestaltung so zu optimieren, dass Präzisionsaufgaben mit videobasierter Sicht bei ausreichender Arbeitssicherheit und Qualität durchzuführen sind.

Aus Sicherheitsgründen war es in dieser Projektphase noch nicht möglich, den Schweißhelm unter realen Bedingungen (beim Schweißen) mit mehreren Probanden zu testen. Laboruntersuchungen haben den Nachteil, dass die Störvariablen, die unter normalen Arbeitsbedingungen entstehen würden, künstlich „ausgeschaltet" werden und sich dadurch die Generalisierbarkeit verringert. Abgesehen davon liefern die Ergebnisse der Laboruntersuchungen wichtige Gestaltungshinweise, wenn sie methodisch korrekt durchgeführt werden. Durch kontrollierbare Versuchsbedingungen (z.B. konstante Beleuchtung, Belüftung, Tageszeit etc.) lassen sich Störvariablen minimieren, und somit werden die Trends der abhängigen Variablen viel ersichtlicher, sogar bei geringeren Stichproben.

Literaturverzeichnis

Adelstein, B. D.; Elis, S. R.; Jung, J. Y. (2000): Discriminability of Prediction Artifacts in a Time-Delayed virtual Environment. In: Proceedings of the IEA 2000 / HFES 2000 Congress. San Diego: *Human Factors and Ergonomics Society, 2000*, S. 499-502

Biocca, F. A.; Rolland, J. P. (1998): Virtual Eyes Can Rearrange Your Body: Adaption to Visual Displacement in See-Through Head-Mounted Displays. In: Presence, Band 7 (1998), Nr. 3, S. 262-277.

Hillers, B.; Aiteanu, D.; Tschirner, P.; Park, M.; Gräser, A.; Balazs, B.; Schmidt, L. (2004): TEREBES: Welding Helmet with AR capabilities. In: Tagungsband: International Status Conference „Virtual and Augmented Reality". Februar 19-20, 2004, Leipzig.

Kim, K.; McMillan, M.; Zelaznik, H. N. (1996): Behavioral analysis of trajectory formation: The speed – accuracy trade-off as a tool to understand strategies of movement control. In: H. N. Zelaznik, (Hrsg.): Advances in Motor learning and control, chapter 1. Champaign (IL).

Park, M.; Schmidt, L.; Luczak, H. (2005): Changes in Hand-Eye-Coordination with Different Levels of Camera Displacement from Natural Eye Position. In: 10th International Conference on Human Aspects of Advanced Manufacturing: Agility and Hybrid Automation – HAAMAHA 2005, July 18th-21st, San Diego, CA, USA.

Renkewitz, H.; Conradi, J. (2005): On the effects of tracking errors and latency for Augmented Reality interaction. In: Kuhlen, T.; Kobbelt, L.; Müller, S. (Hrsg.): Virtuelle und Erweiterte Realität, 2. Workshop der GI-Fachgruppe VR/AR. Aaachen, S. 95-106.

Woodworth, R. S. (1899): The Accuracy of voluntary movement. In: Psychological Review 3 (1899), S. 1-114.

A. M. Heinecke, H. Paul (Hrsg.): Mensch & Computer 2006: Mensch und Computer im Struktur*Wandel*.
München, Oldenbourg Verlag, 2006, S. 253-262

Virtual and Tangible User Interfaces for Social and Accessible Pervasive Gaming

Wendy Ann Mansilla, Andreas Schrader, Soenke Dohrn, Alma Salim

ISNM – International School of New Media at the University of Lübeck, Germany

Abstract

Nowadays, more advanced multimedia and feedback tools and assistive technologies enable enhanced gaming experiences. However, many publishers in the gaming market prefer to stay mainstream resulting in a limited variety of gaming experiences available to physically impaired gamers. This is especially the case for physically impaired gamers experiencing some social digression when playing computer games or complex physical games. We describe a simple pervasive gaming approach using tangible user interfaces developed in-house that involves both physical and virtual experiences. In real world, playing board games may be hard, tiring or perhaps impossible for disabled people. The challenge of our work is to allow for supplementing physical activities on such games using enhanced interface technologies.

1   Introduction

The use of Tangible Interfaces has been suggested by Ishii as an approach for human-computer-interaction (Ullmer & Ishii 2000). He demonstrated the functional use of Graspable and Tangible User Interfaces (TUIs) using physical objects as intuitive interfaces. TUIs apply combined virtual and real-world physical concepts and personal experiences that may be considered more "intuitive" since they follow familiar metaphors. To the disabled people, TUIs thus can be the solution to overcome hardware difficulties that they are facing when playing computer or real-world games.

Some projects such as the Mercator project (see Mynatt & Edwards 1992) and TiM project (see Archambault, et al. 2001) address graphical user interface accessibility issues and use of assistive technologies specifically for nonsighted people. However, available assistive technologies are sometimes expensive and may not always fit all sorts of user interface requirements, therefore, home-brewed tangible user interfaces (e.g. Jung et al. 2005) can be a functional approach.

To develop a single holistic game that covers all sorts of disabilities may not be possible. Some games attempt to solve this problem by providing configuration functionalities such as levels of parameterisation on the size of the objects, speed and distance of the action, life and tolerance of the game, and sounds[1]. The majority of these accessible computer or video games support not only audio or visual customisation but also other high level assistive technologies such as voice recognition[2] or Global Positioning System[3]. Although these games provide accessibility support, the question of how to aid physically impaired people experience social rewards from non-computer based games (e.g. board games) remains unanswered.

2   Accessibility Problems in Computer Games

The game design requirements depend on the level of disabilities of the players. There are two important issues that need attention regardless of the disability of the players: social gaming experience and accessible user interface.

2.1   Social issues in computer-mediated games

Computer-mediated communications (CMC) (i.e., Internet, Emails, chat rooms, or network games) for social purposes is one of the main concerns in the social presence research arena. Despite claims that CMC has some negative effects, e.g. significant amounts of Internet users decreased their traditional social interactions and social support (Kraut et al. 1998; Clay 2000), there are strong benefits suggesting that CMC is a good tool for physically disabled people to improve their status (Baym 1995), increasing their independence, self reliance and potentially affecting positively their sense of self confidence (Coombs, 1989). Some experts also noted that using CMC provides social and emotional support for disabled persons since they can easily communicate with other people without worrying about social expectations that restrict them in face-to-face interaction (Brennan et al. 1992).

Although traditional media use was perceived by others as irrelevant to computer media access, computer service was seen as a useful supplement to traditional media instead of a complement or displacement mechanism (Lin 2002). Computer media can be a rewarding supplementary tool to help disabled persons play real-world social games that may otherwise be too difficult or impossible for them to play. Although there are increasing efforts towards providing accessible games to disabled people, further research is required to make computer games more socially rewarding for disabled people in real-life situations.

---

[1] See Arcess games (http://www.arcess.com/), Tachido (http://www.jeux-france.com/news1798_tachido-un-jeu-pour-mal-voyants.html), and Shades of Doom (http://www.gmagames.com/sod.html).

[2] See Game Commander (http://www.gamecommander.com/).

[3] See Terraformers (http://www.terraformers.nu/).

2.2   Disabilities that hinder game usability

Estimates on individuals with disabilities that may need accessible games may vary. According to Wyoming Institute for Disabilities (n.d.) the major categories of disabilities that are hindering game usage are cognitive, hearing, motor and visual. We try to summarise the main impacts of these categories related to gaming in terms of hardware and software problems in Table 1 (see http://www.igda.org/accessibility/; http://www.w3.org/WAI/).

Table 1: Hardware and software interface problems experienced by disabled people

Disability Type	Software (S) & Hardware (H) Problems
Auditory (hard of hearing, Deafness) This impairment ranges from partial loss of hearing to total loss of hearing.	S: It may be hard for these types of gamers to follow a game whose story evolves by cut scenes. Furthermore, these types of gamers always miss important audio cues needed to understand the plot of the story. H: Games lack output feedback support alternatives that can help stimulate some important auditory cues present from output speakers or headphones.
Visual (Blindness, Low Vision, Colour Blindness) visually impaired is generally used to describe "all those who have a seeing disability that cannot be corrected by glasses" (Hopkins 2000).	*S:* Small and pixelated looking images or text graphics may not be visible or readable when enlarged. In addition, lack of colour contrast on the screen will make it difficult for colour blinds to see the game. Thus, games that are focused only on visual output such as colour cues to convey meaning will be hard or totally inaccessible by impaired players. *H:* Games that are high on mouse-driven navigation are inaccessible for visually impaired people.
Cognitive These are disabilities that include inability to retain memory, problem solving, learning and perception difficulties, and attention deficits disorder.	S: For this type of player, lack of an easy navigational structure in games may infer gaming experience. In addition, complex game instructions may be too difficult to follow and understand. Lack of non-text materials (i.e. graphics, or pictures) is also seen as penalising for these players. H: Lack of several output devices such as speakers; tactile feedback output and other media may hinder comprehension and gaming experience of these gamers.
Motor These are disabilities that affect a person's ability to perform motor tasks such as manipulating and moving objects, inability to use a mouse or other input devices.	S: These gamers may find it difficult to follow the game speed. It may also be hard for them to respond quickly with game decisions that require urgent actions and precision timing using controllers. H: Games that lack support to alternative input devices may be inaccessible to these gamers. Even though some games support assistive tools such as "puff-and-sip" tools, this may cause fatigue to gamers.

3   The Fruit Salad Game

Considering the outlined problems in the previous section, a prototype game called "Fruit Salad" (FS) (http://www.isnm.de/projects/FruitSalad.html) was developed addressing the threefold core issues: (1) to play intuitively even without full preparatory instructions, (2) to receive social and emotional feedback both physically (e.g. collaboration with another player or audience) and virtually (e.g. through avatars). (3) to be able to play the game even when the player is blindfolded or without sound feedback (see Figure 1).

FS is a two-player board game that comes with various physical objects that are embedded with sensors, motors and improvised force feedback. The board was assembled to host various removable fruit objects, represented by plastic representation of real fruits equipped with RFID tags. These are supported by avatar voice output or background sounds which inform the gamers about the exact positions of the objects in the board game.

The game starts with two players sitting in front of the board. The game coordinator positions on top of the board, 24 plastic fruits. The goal of the game is to gather "good" combinations of fruit objects into physical fruit baskets to make a nice and tasty fruit salad. The player who collects the most sweet fruits gets the highest score and wins the game.

To begin, one of the players presses a push button attached on the board. The player is then instructed by an avatar displayed on a screen to shake a "fruit shaker" to influence the spatial arrangements of the fruits on the board, initially randomise the game card, and trigger the animation of the virtual fruit shaker. Each player then alternatively draws a card by moving the fruit shaker. The cards give the player instructions on what to do. The possible instructions are: (1) Move man 1 step forward (i.e. move the pawn one slot on the board). Once the player reaches the third row of the board, the fruit chosen through this move has to be picked and added to the player's basket. (2) Shake the shaker again, or (3) No move.

The physical FS interface was constructed using the Physical Widgets or Phidgets (www.phidgets.com) building blocks. Phidgets bypass the difficulty of electronics, building circuit boards, and microprocessors. Since our group doesn't have an expert knowledge in electronic engineering, such gadgets provided a useful solution. The hardware components used were: dual axis accelerometer (embedded into the fruit shaker), force sensors (placed into the board of the game as push buttons), servo-motors (used to rotate the plates based on the number of shakes made by the player), RFID labels and RFID readers (placed inside the fruits and the fruit baskets).

4   Evaluation

FS was showcased for the first time during the 2004 ISNM Open House event. The game's simplicity of use and social potentials were well received among players and audience. Players and audience were asked to answer open-ended questionnaires (about 15 questions) or interviewed patterned after the usability heuristics suggested by Nielsen (1993). The feedback gathered suggests that ease of use and social rewards (e.g. enjoyment and sense of competition) normally found on collaborative games was successfully met by FS.

However, some participants evaluated FS as quite difficult to play when blindfolded (to simulate visually impaired gamers) and most difficult to play without sound feedback (to simulate auditory challenged players). Outlined are the acquired suggestions to meet the needs of impaired gamers and the potential solutions implemented in Fruit Salad II (see §5).

- **Feedback to direct the attention of the gamer.** Although FS is initially designed with feedback responses through avatars for scoring and turns, many saw this functionality as insufficient to support auditory or cognitively impaired gamers. The solution is to install force feedback devices to direct the attention of the impaired gamers on the screen, to remind the players of their game turns or to stress the reactions of the avatar (as a form of multimodal feedback) aside from the graphical feedback displayed on the screen.

- **Track board items with voice output.** Initially, there was no voice output installed to aid visually impaired gamers keep track of the location being accessed on the board game and locate the player's pawn. The visually challenged players need to repeatedly touch the fruits to develop a strategy (e.g. to determine which board location will the player choose if given multiple options to pick a fruit from the board). The solution is to provide an RFID reader tracker that aids players to readily identify board positions and locate the player's pawn. Keeping track of the player's pawn is rated as the most difficult task for visually challenged players.

- **Implementation of subtitles.** Initially, FS does not provide an option to display readable subtitles on presented dialogs and avatars reactions. Many players however failed to capture some of the dialogues spoken by the avatars.

- **Alternative hardware input support.** Although FS highly utilises TUIs such as fruit readers, push button commands, or physical fruit shaker, other input alternatives are also seen by some gamers as important to consider. Thus, a keyboard input alternative (i.e. using the tab key or numeric keypads) to achieve similar effects is seen as a solution.

- **Option to repeat previous sessions.** Not all visual or auditory output from FS can be repeated again. The players particularly noticed the need to repeat some instructions, text or dialogue spoken by the avatars. The solution is to accommodate a "replay" functionality.

- **Graspable physical objects.** The initial FS uses very small fruits that are sometimes hard to grasp and to readily identify even by those who are not visually impaired. The solution is to use plastic fruits that are close to their real life size.

- **Expressive avatars add enjoyment.** Research strongly suggest that the cognitive and affective gratification-seeking factors were the strongest predictors of likely media service use (Lin 2001). In FS, the feedback suggests that expressive avatars provide affective gratification and add enjoyment to the game.

- **Sufficient colour contrast.** The colour used on the board and display such as yellow and orange is seen as the same for some colour-blinded observant. Providing alternative colour schemes for different types of colour blindness may be a good approach but to keep the game design simple, observing the general contrast of colours is enough.

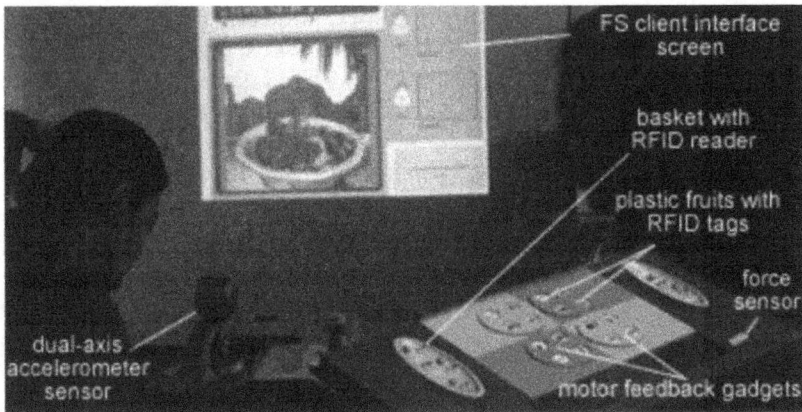

Figure 1: The client graphical screen and physical interface of FS

5   The Fruit Salad II

Based on the analysis of the requirements for accessible gaming from the previous section and the suggestions placed by the audience and players, we came up with an enhanced game design approach called "Fruit Salad II" (FS2). The new game installation consists of the following parts:

- Twenty four plastic fruits, which are combinations of sweet and sour fruits.

- A board. The board includes the following elements: (1)two round discs, each of which is connected to a motor. Each disc contains four slots where fruits are placed. (2) two fruit baskets (one per player) are integrated into the board. Each is equipped with an RFID reader, which tells the game logic the content of each player's basket. (3) two push buttons. The push buttons are used to start the game, ask for further instructions or ask help from the audience. Gamers can also use a keyboard input alternative using the space key to trigger the simulated card deck (see Figure 2b).

- RFID reader trackers. Trackers identify board positions and locate the player's pawn.

- A shaker. The fruit shaker is embedded with an accelerometer sensor. Moving the fruit shaker causes the board discs to rotate, randomises the game card, and triggers the animation of the virtual fruit shaker.

- Two Bass PC speakers (serve as an improvised force feedback positioned under the board of the game as a vibration pad).

A computer or wall display is used to show information about the game state to aid auditory impaired gamers perceiving events happening on the board game through the audio and voice being played. It includes each player's overall scores, graphical and text information.

Finally, the screen also displays a virtual fruit shaker and emotional avatars with speech and text output capability (see Figure 2a).

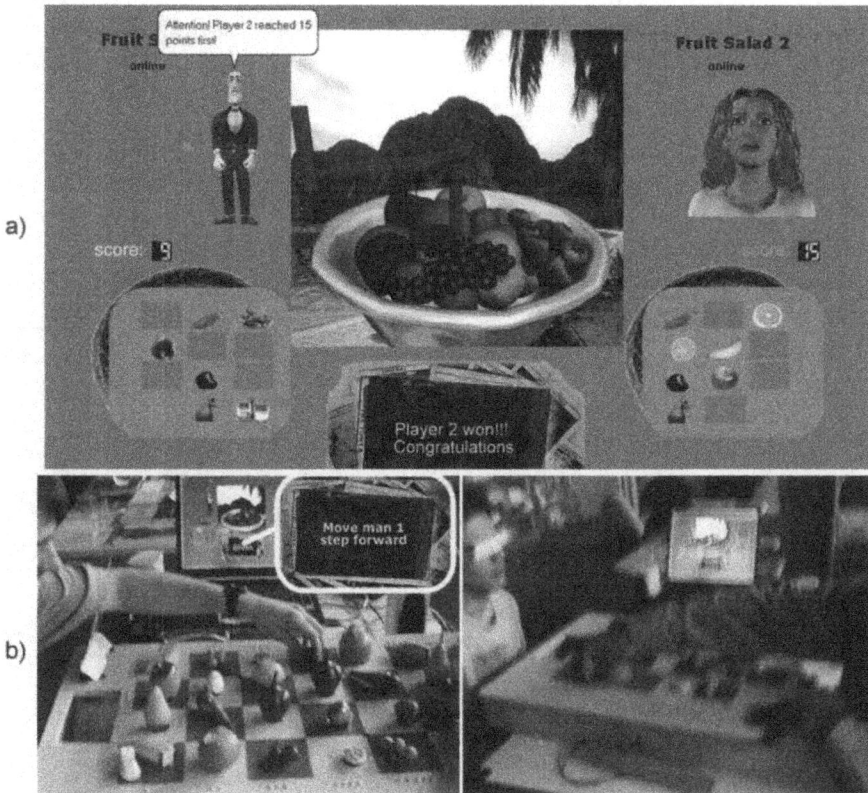

Figure 2: a) FS2 client interface screen; b) FS2 game board and tangible interfaces

Overall, there are six event-triggering possibilities in FS2. First is the shaker, second are the RFID-controlled fruit objects, third is the push button command, fourth are the RFID-reader fruit baskets, fifth are the RFID-reader character pieces or pawns, and lastly is the push button audience help. All of which provide visual and spoken feedback when used. In total, there are 2 push buttons, 1 shaker sensor, 2 motors, 24 RFID labels, and 4 RFID readers from the Phidgets building blocks and 2 improvised low-range bass speakers that are all connected to the physical board and are linked to the software game logic.

A high degree of physical interactivity (with the tangible game objects) and social interactivity (with the other player and with an audience) is thus combined with computer game features (game logic control, display) to fully address the specific needs of the target disabled players.

6   Fruit Salad II Architecture

The system architecture of FS2 consists of the following main components: (1.) Virtual Avatar Management (2.) Sensor Events Management (3.) Audiovisual Components (4) User Interface and (5) Game Logic (see Figure 3).

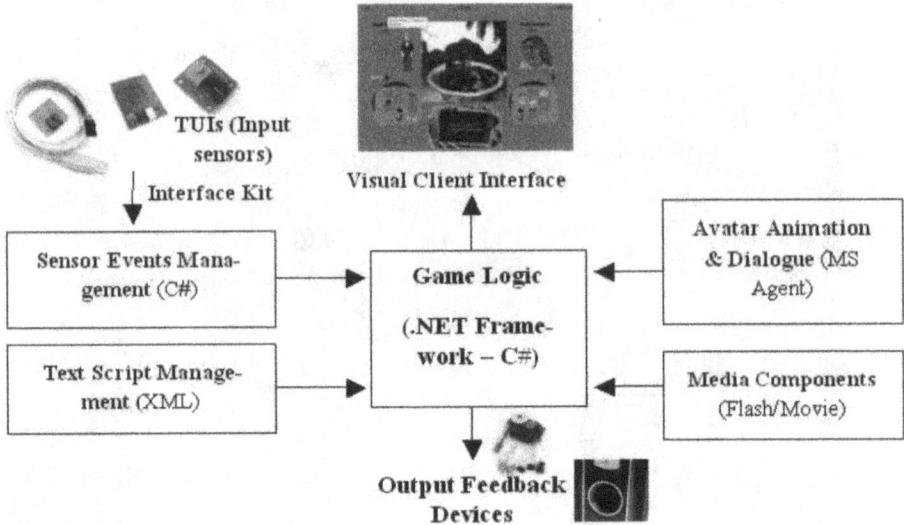

Figure 3: Layout of the system architecture of FS2

The Game Logic (GL) is the core processor of the entire application and functions as a mediator between other main components of the system. This component is developed in a C# .NET platform which is capable of integrating Flash controls (http://www.macromedia.com), MS Agent (www.microsoft.com/msagent/), and eXtensible Markup Language (XML) functionality. Once the user performs an action to the TUIs (that hosts the input sensors), the interface kit reads the analog output, converts it to computer readable form and sends it to the Sensor Events Management (EM) layer of the system. The GL layer of the application then receives events from the EM layer and processes these events. Once the necessary calculations such as scores of the players, drawing of the deck of cards, and other validations have been performed by the GL, it sends out corresponding responses such as updated graphics and avatar gesture animation, speech or sound output, player's score and others to the output feedback devices and/or to the visual client interface.

7   Conclusion and Future Work

We have demonstrated a game using a mixture of virtual and tangible interfaces that addresses not only some accessibility issues in games but also considered the social interactivity requirements that a game should support to aid disabled people playing a traditional board game. Based on the feedback gathered, the game represents a viable solution to address the specific needs of impaired gamers. The use of existing off-the-shelf development software (Flash, C#, MS Agent) and physical components (Phidgets) allows a relatively simple and affordable design that can be carried out by a small team and yet provides a convincing and usable end product.

Further developments of this work are threefold. First, we are planning to test Fruit Salad II (FS2) with disabled people, particularly visual and auditory impaired gamers. An initial user testing (14 students) was conducted with FS2. Majority of the participants were able to play the game (nonsighted or without sound feedback) with ease. In addition to Nielsen's usability heuristics, future work will include the user centred approach evaluation suggested by Duckett and Pratt (2001). They noted the relevant importance of an evaluation methodology that considers the "social, economic and political barriers that 'disable' people who have impairments" (p. 816). This includes gathering the user characteristics and social information needs rather than focusing too much on the format of information and physical disability itself. We are also planning to enhance the spatial sounds and audio by implementing the research results on the use of acousmatic presence to stimulate emotions in the game (2005, Mansilla & Jung). Finally, it should be possible to devise a more flexible or alternative approach to address even those disabled people who cannot access physical devices. The concept of using home-brewed or improvised devices could be adapted to the development of new versions of well-known existing games tailored for this audience, be it traditional board games or computer games.

References

Baym, N. (1995): The emergence of community in computer-mediated communication. S. G. Jones, Ed. CyberSociety: Computer-Mediated Communication and Community. Sage, Thousand Oaks, CA. 138-163.

Brennan, P. F.; Moore, S. M.; Smyth, K. A. (1992): Alzheimer's disease caregivers' uses of a computer network. Western Journal of Nursing Research, 14. 662-673.

Clay, R. A. (2000): Linking up online. Is the Internet enhancing interpersonal connections or leading to greater social isolation? Monitor on Psychology, April 2000. 20-23.

Coombs, N. (1989): Using CMC to overcome physical disabilities. Mason, R., & Kaye, A.R. Eds. Mindweave: Communication, computers and distance education. London: Pergamon, 180-184.

Craven, J. (2003): Access to electronic resources by visually impaired people. Information Research, 8(4), paper no. 156. http://informationr.net/ir/8-4/paper156.html. (Accessed February, 2006).

Duckett, P. S.; Pratt, R. (2001): The researched opinions on research: visually impaired people and visual impairment research. Disability and Society, 16(6). 815-835.

Kraut, R., et al. (1998): Internet paradox: A social technology that reduces social involvement and psychological well-being? American Psychologist, 53(9). 1017-1031.

Hopkins, L., ed. (2000): Library services for visually impaired people: a manual of best practice. London: Resource: The Council for Museums, Archives and Libraries. Library and Information Commission Research Report 76.

Jung, B., Schrader, A.; Carlson, D. (2005): Tangible Interfaces for Pervasive Gaming. In: Proc. of the 2nd International Conference of the Digital Games Research Association. Changing Views: Worlds in Play, Vancouver, British Columbia, Canada.

Lin, C. A. (2001): Audience Attributes, Media Supplementation, and Likely Online Service Adoption. Mass Communication & Society, 4(1). Lawrence Erlbaum Associates, Inc. 19-38.

Lin, C. A. (2002): Perceived gratifications of online media service use among potential users. Telematics and Informatics, 19 (1). Pergamon Press, Inc., Tarrytown, NY, USA. 3-19.

Mansilla W.A.; Jung B. (2005): Emotion and Acousmetre for Suspense in an Interactive Virtual Storytelling Environment. In: Proc. of the GDTW 2005 – The Third Annual International Conference in Computer Game Design and Technology.

Mynatt, E. D.; Edwards, W. K. (1992). New Metaphors for Nonvisual Interfaces. Technical Report GIT-GVU-92-28. ftp://ftp.cc.gatech.edu/pub/gvu/tr/92-26.ps.Z

Nielsen, J. (1993). Usability engineering. Cambridge, MA: Academic Press.

Ullmer, B.; Ishii, H. (2000). Emerging frameworks for tangible user interfaces. IBM Systems Journal, 39(3-4). 915-931.

Wyoming Institute for Disabilities (n.d.). Accessibility and What it Means. http://wind.uwyo.edu/onlinecourseaccessibility/accessibility.asp. (Accessed January, 2006).

Acknowledgement and Contact information

Prof. Dr. Bernhard Jung for the supervision during the initial Fruit Salad project prototype and Prof. Dr. Joachim Hasebrook for the usability engineering advices.

w.mansilla@isnm.de, andreas.schrader@isnm.de, s.dorhn@isnm.de, a.salim@isnm.de

A. M. Heinecke, H. Paul (Hrsg.): Mensch & Computer 2006: Mensch und Computer im Struktur*Wandel*.
München, Oldenbourg Verlag, 2006, S. 263-272

Hören und Handeln: Die interaktive Hörspielumgebung TAPE-Player

André Melzer, Oliver Jeskulke, Michael Herczeg

Universität zu Lübeck, Institut für Multimediale und Interaktive Systeme

Zusammenfassung

Das Hörspiel als Unterhaltungsmedium hat in den letzten Jahren wieder an Beliebtheit gewonnen. Mit dem *TAPE-Player* wird ein innovatives Konzept vorgestellt, das die traditionelle Nutzung (Zuhören) durch die Möglichkeit zur Aufzeichnung und Bearbeitung der eigenen sprachlichen Rolleninterpretation um eine aktive Produktionskomponente erweitert. Während ein vorstrukturiertes TAPE-Hörspiel abläuft, können die Dialoge der gewählten Rolle(n) beim Einsprechen wie im Schauspiel beliebig interpretiert und anschließend editiert werden. Die nahtlose Integration in das Hörspiel folgt einem nicht-linearen, plastischen Systemansatz auf der Basis separater digitaler Spuren. Die empirische Prüfung des *TAPE-Player* belegt den Erfolg des Konzepts, der insbesondere in der individuellen Gestaltungsfreiheit, der einfachen Bedienung sowie dem großen Einfluss auf den Produktionsprozess besteht.

1 Einleitung

Die Idee des Hörspiels ist eng mit der Entstehung des Radios in den 20er Jahren des letzten Jahrhunderts verknüpft. Die bekannteste Form arrangierter narrativer Audioinformationen, im angloamerikanischen Sprachraum mit *Radio Drama* bezeichnet, ist das Erzählen von Geschichten auf der Basis von Handlungen einzelner Charaktere. Trotz Gemeinsamkeiten mit Theater und Film besitzen Hörspiele eigenständige Gestaltungskriterien (Huwiler 2005).

Mit dem Erfolg von Hörbüchern war in den letzten Jahren auch wieder eine erhöhte Nachfrage nach Hörspielen zu verzeichnen. Dieses Interesse ist deshalb erstaunlich, da das Hörspiel als mutmaßlich unzeitgemäßes Unterhaltungsmedium Vorstellungen von veralteten Trägermedien (Bandkassette, Vinylschallplatte), fehlender Interaktivität („passives" Zuhören) sowie Beschränkung auf eine sensorische Modalität (Hören) weckt.

Bereits etablierte Medien können jedoch durch neue Technologien erfolgreich weiterentwickelt werden, wie wir etwa mit dem Interaktiven Perspektivenfilm (Melzer et al. 2004) zeigen konnten. In der vorliegenden Arbeit wird mit dem TAPE-Player ein ähnlicher Ansatz gewählt. Dabei wird das Hörspiel als traditionelles Medium mit kreativer Interaktivität verknüpft und eine neue, nicht-lineare Weiterentwicklung vorgestellt, die ein Erleben des Mediums Hörspiel ermöglicht, ohne dass dessen alten Stärken verloren gehen.

Eine zentrale Stärke des Hörspiels, das Anregen intensiver Vorstellens- und Fantasieprozesse, wird nachfolgend dargestellt. Im Anschluss wird auf das bedeutsame Konzept der Interaktion durch Rollenübernahme eingegangen. Danach wird die Konzeptentwicklung sowie die Implementierung des TAPE-Player erläutert. Anschließend folgen die Darstellung der empirischen Prüfung mit den zentralen Ergebnissen sowie die Schlussdiskussion.

2 Fantasieprozesse versus Echtzeit und Realismus

Hörspiele entfalten ihre Wirkung durch das Anregen von Vorstellens- und Fantasieprozessen, bei der eine monomodal (akustisch) präsentierte Ausgangssituation vor dem geistigen Auge des Zuhörers als komplexer, aktiver Prozess mit Leben gefüllt wird (Huwiler 2005). Viel stärker als das primär visuelle Medium Film, ist das Hörspiel somit Rahmenwerk eigener Phantasie. Konventionelle Hörspiele sind insbesondere für solche Rezipienten optimal, die weniger Wert auf visuell-realistische Darstellung legen, als vielmehr bereit sind, sich im Sinne von S. T. Coleridges *„willing suspension of disbelief"* vollständig auf eine angebotene Geschichte einzulassen, ohne diese aktiv mitgestalten zu wollen. Das mentale Abtauchen aufgrund fokussierter Aufmerksamkeit wird als *Immersion* bezeichnet (Sherman & Craig 2002). Die erhebliche immersive Wirkung der entstehenden Fantasieprozesse im Sinne einer Verwechslung von Realität und Fiktion wurde 1938 von Orson Welles in seinem Hörspiel „Krieg der Welten" eindrucksvoll demonstriert: Viele Zuhörer hielten das Hörspiel für eine authentische Reportage über den Angriff von Außerirdischen – eine Panik war die Folge.

Hörspiele stehen den multimodalen Ansätzen aktueller Unterhaltungsmedien gegenüber, in denen die Vermittlung von Erlebnissen durch technisch aufwändige multimediale Elemente (Raumklang, 3D-Animationsgrafik, haptisches Feedback) angestrebt wird. Ziel ist dabei die Annäherung an *Telepräsenz* als höchster Form der Immersion, mit der die kognitive und emotionale Überzeugung bezeichnet wird, physisch an einem anderen Ort, *im Medium selbst* zu sein (Patrick et al. 2000). Die mit multisensorischen Reizsteigerungen vor allem in Computerspielen einhergehende Tendenz zu Echtzeit und Realismus (Klimmt 2004) kann das subjektive Erleben jedoch negativ beeinflussen, indem eine gezielte Suche nach verbleibenden Differenzen zur Realität induziert wird, die der Betrachter dann als besonders störend empfindet (Wages et al. 2004). Inzwischen hat auch in den Führungsetagen der Computer- und Videospiel-Hersteller ein Umdenken eingesetzt. So stellte Satoru Iwata, Präsident von Nintendo, zur Game Developers Conference 2005 fest: *„Making games look more photorealistic is not the only means of improving the game experience"*.

Neben der Steigerung der Lebendigkeit der Darstellung hängt die Annäherung an Telepräsenz auch vom Grad der Optimierung der Interaktionsprozesse ab (Bente & Krämer 2002). Dieser in konventionellen Hörspielformen nicht berücksichtigte Aspekt des aktiven Gestaltens bzw. Produzierens wird nachfolgend dargestellt.

3   Hörspiele, Interaktivität und Produktion

Interaktivität kennzeichnet die Freiheitsgrade der Beeinflussbarkeit von Form und Inhalt bei medial vermittelter Kommunikation (Jensen 1999). Dies gilt sowohl für Eingaben in das System, als auch für Ausgaben, hier das durch Handlungen des Benutzers initiierte oder zumindest beeinflusste Systemfeedback. Durch Interaktion kann eine bessere kognitive Durchdringung (Norman & Draper 1986) und ein stärkeres subjektives Erleben eines Mediums oder Systems (Shedroff 1999) i. S. der Telepräsenz erreicht werden (Bente & Krämer 2002). Dabei sind Systeme umso vorteilhafter, je geringer der mentale Transformationsaufwand für die Umsetzung von Intentionen durch Aktivitäten und die Bewertung der Ergebnisse ist (Norman & Draper 1986). So bewirkt die Unterstützung natürlicher, möglichst multimodaler, Handlungsweisen bei der Interaktion (z.B. durch natürlichsprachige Steuerung), dass eine Schnittstelle zum System nicht direkt wahrgenommen wird (Norman 1999).

Aufgrund ihrer geringen Interaktivität standen traditionelle Hörspiele lange Zeit im Schatten des Medienforschungsinteresses. Trotz aktueller Trägermedien (CD/DVD) und Vertriebswege (Internet) ist die Hörspielnutzung weitgehend auf das Zuhören beschränkt. Im Unterschied zu Theater, Schauspiel, aber auch Computerspielen, ist *interaktives Handeln,* etwa das Erfahren einer anderen Perspektive durch individuell gestaltetes Einsprechen der Dialoge einer Rolle, in traditionellen Hörspielproduktionen nicht möglich. Visuell orientierte Ansätze wie das *Interaktive Storytelling* greifen diesen Aspekt im Rahmen computergestützter narrativer Systeme seit einiger Zeit erfolgreich auf (z.B. Cavazza et al. 2003).

Das Erstellen einer Hörspielproduktion ist prinzipiell nicht nur Profistudios vorbehalten. Für die Heimanwendung sind qualitativ hochwertige Audioaufnahmen mit umfangreichen, z. T. kostenlosen, Softwarelösungen möglich (z.B. *Magix Samplitude, Audacity, Apple Garage-Band*). Mit diesen Autorenwerkzeugen können auf separaten Tonspuren basierende Musikstücke, Podcasts oder Hörspiele produziert und von anderen Nutzern weiter editiert werden. Allerdings bieten diese Schnittprogramme keine „natürliche" Interaktion im o. g. Sinne; eine freie Gestaltung einzelner Dialoge unabhängig von Zeitparametern ist aufgrund des Fehlens einer entsprechenden Verknüpfungslogik nicht möglich. Zudem erfordern die genannten Programme zusätzliche Werkzeuge, da sie keine integrierte visuelle Präsentation des jeweils einzusprechenden Dialogtextes bieten. Uns ist keine Softwarelösung bekannt, die eine flexible Verwaltung einzelner Spuren bietet und die Kernmerkmale des *Radio Drama* bewahrt.

4   Konzeptentwicklung und Implementierung

Aus der vorstehenden Analyse ergibt sich die Forderung, die Nutzung „traditioneller" Hörspiele um Interaktionsanteile zu erweitern und so die übliche Rollentrennung Rezipient/Produzent aufzuweichen. Die Teilhabe am Produktionsprozess kann durch eine Umgebung erreicht werden, die den Nutzer als Autor beim Verfassen eines komplexen Skripts und der Erstellung aller benötigten Hörspielelemente unterstützt. Das im vorliegenden Beitrag dargestellte System fokussiert jedoch eine Produktionsbeteiligung durch die kreative Interpretation im Drehbuch/Skript festgelegter Rollen durch den Sprecher (Schauspieler). Dazu muss das Hörspiel in der Interaktion eine Ausgestaltung der Inhalte erlauben sowie dem

Nutzer/Sprecher ermöglichen, selbst Teil des Mediums zu werden. Das kreative Einsprechen von Dialogen der gewählten Rolle(n) darf daher keinen Einschränkungen mehr unterliegen. Als Gesamtergebnis wird dann eine individualisierte Hörspielproduktion angestrebt: Aus getrennt gespeicherten Sprechleistungen wird ein vollständiges Hörspiel erzeugt (produziert), das – wie gewohnt – als Unterhaltungsmedium die Fantasie des Zuhörers anregt[1].

Während Hörspiele üblicherweise aus einem kontinuierlichen Datenstrom vieler fest miteinander verbundener auditiver Inhalte bestehen, stellt *Separierbarkeit* eine wichtige Voraussetzung für interaktive Hörspiele dar. Damit ist die Möglichkeit gemeint, Sprecher aus einem Hörspiel technisch „herauszulösen" und durch andere zu ersetzen. Ein entsprechendes Hyperaudiosystem (Barbará & Naqvi 1997) setzt einzelne Komponenten im Rahmen asynchroner Produktion über eine Verbindungsvorschrift zu einem navigierbaren Informationssystem zusammen. Basis solcher Hypermediasysteme ist ein nicht-linear organisierter Handlungsraum aus Informationseinheiten (*Hypernodes* oder *Frames*), deren Beziehungen als *Hyperlinks* realisiert werden (Woodhead 1991). Wie beim *WorldWideWeb* (WWW) als bekanntestem Hypermediasystem kann ein Benutzer den Inhalt des nicht-linearen Raumes aktiv erkunden. Für das Medium Film beschreibt Naimark (1997) mit der Aspen Moviemap und der 3D Moviemap hypermediale Lösungen. Ein verwandter Ansatz wurde mit der freien Wahl von Perspektiven bei der Rezeption eines DVD basierten Hyperfilms vorgestellt, die sich auf die Erfahrung alternativen Realitäten durch den Nutzer bezieht (Melzer et al. 2004).

Das Konzept der *Plastizität* beschreibt das nahtlose Einfügen eines Sprechers in das Hörspiel, ohne ihn in seiner Interpretationsfreiheit, etwa in der für das Einsprechen zur Verfügung stehenden Zeit, einzuschränken. Die Verarbeitung der Audioclips unabhängig von Inhalt und Länge setzt eine formal abstrakte Betrachtung voraus. Da häufig mehrere Sprecher gleichzeitig aktiv sind, ist ein Hörspiel nicht aus einfachen Relationen zwischen Einzelknoten rekonstruierbar, sondern erfordert die logische Verknüpfung mehrerer Relationen (z.B. in Intervall-Skripten: Pinhanez et al. 1997). Im TAPE-Player geschieht diese Verknüpfung durch *Stichworte*. Ähnlich wie in Petri-Netzen wird jedem Audioclip eine Stichwortliste zugewiesen, deren Auftreten Vorbedingung für das Abspielen ist (Abbildung 1).

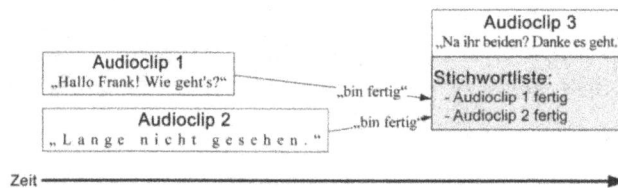

Abbildung 1: Audioclip 3 kann starten, da seine Stichwörter gegeben wurden

Für ein TAPE-Player Hörspiel liegen die Audiodaten im *Wave*-Dateiformat vor. Alle anderen Informationen über das Hörspiel, dessen Inhalt und die Interaktionen des Benutzers wer-

---

[1] Dabei wird keine Sprachsteuerung des Computers i. S. einer reinen Audio-Interaktion angestrebt, sondern die sprachlich-kreative Interpretation innerhalb einer grafischen Schnittstelle, die als visuelle Orientierungshilfe für die Hörspielproduktion dient.

den als XML-Dateien gespeichert. Die Implementierung des TAPE-Player erfolgte in Java mit dem Java Media Framework (JMF).

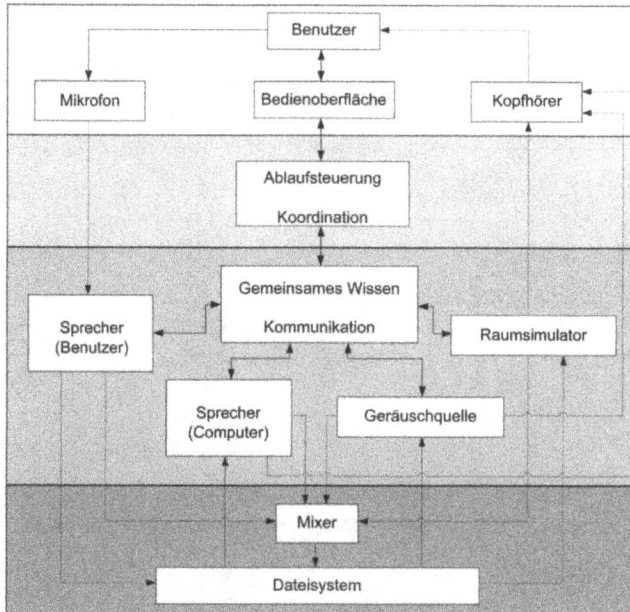

Abbildung 2: Architektur des TAPE-Player

Abbildung 2 zeigt die Gesamtarchitektur des Systems. Der Benutzer nimmt Eingaben über das Mikrofon und die grafische Oberfläche vor. Ausgaben erfolgen über die grafische Oberfläche sowie den Kopfhörer. Die Verarbeitung der Eingaben und die Steuerung des Gesamtablaufs werden von einem separaten Modul, ähnlich einem Aufnahmeleiter, koordiniert. Die Kommunikation der einzelnen Module über Stichworte und die Speicherung bisher gefallener Stichworte übernimmt das Wissens- und Kommunikationsmodul. Über dieses läuft die gesamte Synchronisation des Hörspiels ab. Alle Programmteile, die Stichworte verschicken können, werden auch immer über neu ankommende Stichworte informiert. Ein Mixer-Modul sorgt für den optionalen Export des Hörspiels in eine einzelne *Wave*-Datei.

Durch Aktivieren der *Record*-Funktion wird das gewählte Hörspiel chronologisch durchlaufen (Abbildung 3) und die nicht vom Nutzer gewählten Rollen/Texte akustisch präsentiert. TAPE-Player bietet so gewohntes „Hörspiel-Feeling". Liegen noch nicht für alle Rollen Audiodaten vor, wird das Sprechen des jeweiligen Textes zur visuellen Orientierung wie beim *Karaoke* durch sukzessives Einfärben der Buchstaben simuliert. Beginnt jedoch ein Dialog der gewählten Rolle, wird der Text rot umrahmt und die Audio-Aufzeichnung startet. Der Benutzer kann mit dem Einsprechen beginnen und seine Rolle frei interpretieren.

Eine Beachtung des Handlungsortes ist beim Einsprechen nicht notwendig, da die im Hörspielskript festgelegten Raumeffekte in TAPE-Player bei der Aufzeichnung automatisch hinzufügt werden (z.B. Raumhall). Eine Rolle kann beim Sprechen frei interpretiert werden, indem Text geändert, ergänzt, oder Geräusche (z.B. Pfeifen) hinzufügt werden, wenn dies für die Gestaltung der Rolle angemessen erscheint. Die *Export*-Funktion speichert die gesamte individuelle TAPE-Player Produktion als eine *Wave*-Datei und erlaubt so das Abspielen mit gängigen Audioapplikationen, somit das „nur Zuhören" wie bei konventionellen Hörspielen.

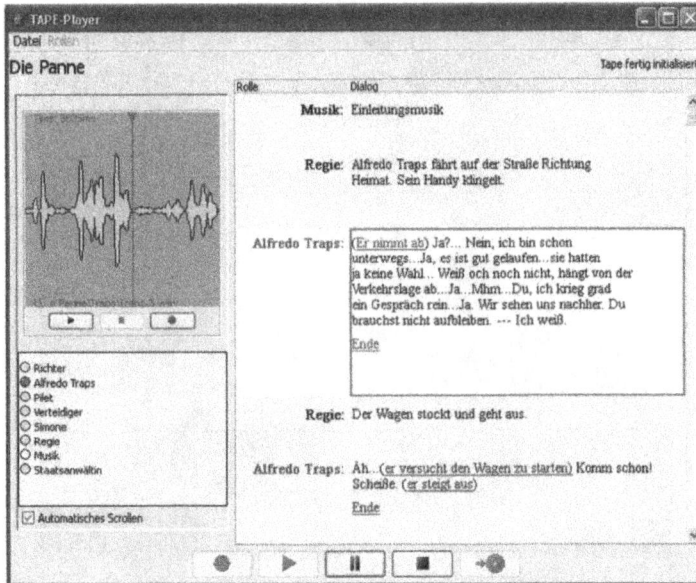

Abbildung 3: Das Hauptfenster des TAPE-Player mit Audio-Editor (links) und Hörspielskript (rechts)

Der Dialogtext enthält spezielle Marken als Hyperlinks in WWW-Darstellungsform (blaue Unterstreichung). Wie WWW-Links kündigen Hyperlinks Aktionen an, die vom Benutzer auszulösen sind, etwa Abspielen eines Geräusches, Beenden der Aufzeichnung am Ende eines Dialogs oder Geben von Stichworten. Allerdings ist ein Anklicken nicht notwendig: Aktionen werden bereits durch einfaches Überfahren mit der Maus ausgelöst. Durch diese Interaktionsform wird ein vertrautes mentales Handlungsmodell aufgegriffen (WWW-Nutzung) und eine intuitive Interaktion erreicht (Norman 1999). Zudem werden die Audioaufnahme störende Geräusche durch Mausklicks vermieden.

Die Kontrolle über das Auslösen der Stichworte liegt im TAPE-Player Konzept vollständig beim Benutzer. Durch die Interaktionen, die Inhalt und Wahrnehmung des Hörspiels beeinflussen, resultiert beim Benutzer ein intensives Erleben, ein Gefühl der Immersion. In dem gewählten Konzept werden die Möglichkeiten der Hörspiel-Interaktion weitgehend in die reale Welt ausgelagert: Der Benutzer kann seine Rolle nach seinen Wünschen mit allen Freiheiten eines Schauspielers gestalten (vgl. Perlin et al. 1996; Pinhanez et al. 1997). Alle Entscheidungen haben aber direkten Einfluss auf das Hörspiel als Ergebnis seiner Arbeit.

5   Evaluation

Die empirische Überprüfung fand im Rahmen eines Online-Tutorial (zwölf HTML-Seiten) statt, an der Studierende und wissenschaftliches Personal teilnahmen (N = 16; 11m, 5w). Das Durchschnittsalter betrug 25.6 Jahre (18-40 Jahre, Standardabweichung SD = 5.18).

Zunächst waren die notwendigen Komponenten (Java, JMF, TAPE-Player sowie die ersten zehn Minuten des vorbereiteten Hörspiels „Die Panne" nach F. Dürrenmatt 1961[2]) zu installieren. Nach Einführung in Hauptfenster- und Hyperlinkfunktionen wurde das Auslösen von Aktionen an interaktiven Lernbeispielen geübt. Aus Gründen der Vergleichbarkeit war immer die Rolle des Alfredo Traps zu wählen, wobei die individuelle Gestaltbarkeit besonders betont wurde. Nach Einsprechen der Dialoge wurde der Audio-Editor für die Nachbearbeitung erklärt. Die Teilnehmer hörten sich nun ihre Hörspielproduktion an und bearbeiteten abschließend den neu konzipierten Fragebogen (29 Items). Dieser enthielt demografische Fragen, Fragen zu Mediennutzung (z.B. Medienverhalten) und Verständlichkeit von Tutorial und Aufgabe sowie zu Bedienung, Benutzbarkeit und Interaktionsmöglichkeiten des TAPE-Player. Zusätzlich waren Einschätzungen des Konzepts sowie zukünftiger Entwicklungen vorzunehmen. Die Gesamtbearbeitungszeit betrug jeweils 45-60 Minuten.

5.1   Ergebnisse

In der Regel erfolgte ein Urteil durch Ankreuzen auf einer vierstufigen Skala (positiv, z.B. „Auf jeden Fall"; negativ, z.B. „Auf keinen Fall"). Nachfolgend in den Klammern stehende Werte entsprechen den Item-Nummern des Fragebogens und sind Tabelle 1 jeweils mit den statistischen Kennwerten (Mittelwert und Standardabweichung) im ungefähren Wortlaut zu entnehmen. Mit * markierte Werte kennzeichnen statistisch bedeutsame Beziehungen zwischen den Items (Korrelationskoeffizient nach Pearson: r; α = .05).

Das TAPE-Player Konzept wurde sehr positiv bewertet (21). Die Anwendung hatte zudem die von den Teilnehmern erwartete Leistungsfähigkeit (12). Allgemeine Benutzbarkeit (13), Geschwindigkeit, mit der Aktionen erfolgen mussten (14) sowie Gefühl der Orientiertheit bezüglich anstehender Aktionen (20) wurden überwiegend positiv eingeschätzt. Bedienung (9) und Auslösen von Aktionen durch Überfahren von Hyperlinks (10) wurde als „einfach" empfunden. Die Umgebung war „sehr gut" bis „eher gut" zu kontrollieren (15). Die Teilnehmer honorierten sowohl die Interpretationsfreiheit bei der Gestaltung der eigenen Rolle (17), als auch den wahrgenommenen Einfluss auf das gesamte Hörspiel (18). Die Interaktion mit TAPE-Player führte zu der subjektiven Überzeugung, Teil einer lebhaften Geschichte gewesen zu sein (16). Großen Einfluss auf das Gefühl der Immersion hatte dabei die Beurteilung der individuellen Gestaltungsmöglichkeit über die Sprache (16-17; r = .55*).

Zwar bestand kein Zusammenhang zwischen allgemeiner Hörspielnutzung und Bewertung des TAPE-Player (21; r = -.02), doch hing die Einschätzung zukünftiger Entwicklungen vom generellen Interesse an Hörspielen ab (3). So wird die eher skeptische Einschätzung der Eignung des Konzepts für visuelle Medien (29) dadurch relativiert, dass Hörspielinteressierte weniger Interesse an Kino/Film hatten (2f; r = -.56*), jedoch einen besonders ausgeprägten

---

[2] Die Umsetzung des Hörspiels für den TAPE-Player erfolgte mit freundlicher Genehmigung des Diogenes Verlag.

Wunsch nach weiteren interaktiven Hörspielen (*24*; $r = .65^*$). Hörspielinteressierte zeigten auch größere Bereitschaft zu sozialem Austausch und Engagement in einer zukünftigen Community (*28*; $r = .71^*$), die den TAPE-Player über das Internet nutzt (*27*; $r = .59^*$).

Tabelle 1: Ergebnisse der Evaluation TAPE-Player. Auf eine Frage (Nr.) erfolgte ein Urteil jeweils durch Ankreuzen auf einer vierstufigen Skala und wurde mit den Werten 1 (positiv) bis 4 (negativ) kodiert. Angegeben sind jeweils mittleres Teilnehmerurteil (M) und dazu gehörige Standardabweichung (SD). Weitere Informationen im Text.

Nr.	Frage	M	SD
2f	Wie oft nutzt Du folgende Medien: Kino?	1.69	0.60
3	Wie oft hörst Du Hörspiele?	2.06	0.93
10	Das Auslösen von Aktionen bzw. Geräuschen war:	1.56	0.63
12	Haben sich Deine Erwartungen bezüglich des TAPE-Player erfüllt?	1.44	0.51
13	Wie beurteilst Du die Benutzung / Benutzbarkeit?	1.50	0.52
14	Die Geschwindigkeit in der Du handeln musstest, war…	1.56	0.73
15	Meine Kontrolle über den TAPE-Player war…	1.38	0.50
16	Hattest Du das Gefühl…(Dimension: „In Geschichte sein/Geschichte erleben" vs. „Arbeit")	1.50	0.82
17	Wie beurteilst Du die Gestaltungsmöglichkeiten nach Deinen Vorstellungen?	1.25	0.45
18	Wie beurteilst Du Deinen Einfluss auf das Gesamtergebnis / fertige Hörspiel?	1.63	0.50
20	Wusstest Du jeder Zeit, was Du zu tun hast?	1.31	0.48
21	Wie beurteilst Du das Konzept des TAPE-Player?	1.06	0.25
23	Würdest du gerne den Verlauf der Hörspielhandlung beeinflussen können?	2.00	0.82
24	Würdest Du gerne noch andere Hörspiele mit dem TAPE-Player ausprobieren?	1.38	0.62
25	Würdest Du für die Nutzung guter Hörspiele mit dem TAPE-Player Geld bezahlen?	2.25	0.68
26	Würdest Du gerne eigene Hörspiele für den TAPE-Player schreiben?	2.06	1.00
27	Würdest Du gerne gleichzeitig mit Anderen (z.B. über Internet) den TAPE-Player nutzen?	1.75	0.93
28	Angenommen, es gäbe eine Internet-Community, in der jeder eigene TAPE-Hörspiele veröffentlichen kann und alle gemeinsam daran arbeiten. Würdest Du Dich aktiv beteiligen?	1.88	1.02
29	Würdest Du gerne einen TAPE-Player für Video benutzen und so in einem Film mitspielen?	2.31	1.14

In den freien Abschlusskommentaren wurde wiederholt der Wunsch geäußert, in weiteren Entwicklungen des Konzepts nicht nur eine (vorgeschriebene) Rolle interpretieren, sondern zusätzlich Einfluss auf die Handlung nehmen zu wollen (*23*), etwa durch das Schreiben eigener interaktiver Hörspiele (*26*). Allerdings bestand keine Einigkeit hinsichtlich kommerzieller Entwicklungen, speziell der Bereitschaft, für interaktive Hörspiele Geld zu bezahlen (*25*).

Die Evaluationsdaten belegen insgesamt, dass mit dem TAPE-Player ein Wert steigernder Einsatz *zeitgemäßer Technologie* (kreative Interaktion auf Basis nicht-linearen Strukturen) in einem *traditionellen Medium* (Hörspiel) gelungen ist. Zwar gehörten die meisten Teilnehmer zur Zielgruppe, doch zeigen die positiven Ergebnisse, dass der TAPE-Player deren hohen Erwartungen und Anforderungen gerecht wurde. Die funktionalen Anforderungen wurden erfüllt, die Bedienung konnte mit grundlegenden Computerkenntnissen vollzogen und das vorgegebene Szenario mit den gewählten Interaktionsmöglichkeiten zielgerichtet umgesetzt werden. Grundkonzept und Gestaltungsfreiheit wurden dabei durchgängig positiv beurteilt und interaktive Hörspiele als interessante Alternative zu gängigen Hörspielformen betrachtet.

6 Fazit

Menschen haben ein allgemeines Bedürfnis nach Geschichten und Unterhaltung, die immersiv (unmittelbar erfahrbar), individualisierbar und als Erlebnis persönlich relevant sind (Shedroff 1999). Das neuartige Konzept des TAPE-Player als interaktive Hörspielumgebung an der Schnittstelle von Rezeption und Produktion ist in dieser Hinsicht vorzüglich geeignet. Der TAPE-Player verbindet erfolgreich das traditionelle Hörspiel mit den aktuellen Mitteln nicht-linearer, computergestützter interaktiver Systeme.

Das TAPE-Player Konzept kommt in seiner Wirkung nicht nur einem unspezifischen Unterhaltungswunsch nach, sondern ermöglicht, wie interaktive narrative Systeme (z.B. Cavazza et al. 2003), ein aktives Erfahren einer anderen Perspektive durch Übernahme einer (vordefinierten) Rolle. Durch die individuelle Ausgestaltung der Sprechleistungen wird die bisher ausschließlich auf Vorstellens- und Fantasieprozesse beschränkte Form traditioneller Hörspiele substanziell erweitert. Die interaktive Hörspielumgebung unterstützt auf diese Weise die Erweiterung von individuellem Wissen und Fähigkeiten und macht Kognitionen und Gefühle anderer nachvollziehbar (Flavell et al. 1968). Gleichzeitig verringert das innovative Konzept den hohen Aufwand für die Teilnahme an verwandten Konzepten wie Theaterstück oder traditionellem Hörspiel. Zudem nutzt das TAPE-Player Konzept die Attraktivität computervermittelter Kommunikation: Wie im Internet-Chat oder in Online-Rollenspielen kann Neues ohne (gesellschaftliche) Sanktionsrisiken anonym ausprobiert werden (Klimmt 2004).

Die nächste Erweiterung des Konzepts, der *TAPE-Maker,* wird das kreative Element durch eine Autorenumgebung zusätzlich unterstützen: Über das Verfassen eigener Hörspiele wird dann ein komplexer, dramaturgischer Einfluss möglich, der über das Interpretieren von Dialogen in dem vorgestellten TAPE-Player Konzept hinausgeht. Auf diese Weise wird das Konzept für diejenige Nutzergruppe interessant, die als Autor den kreativen Produktionsprozess durch das Verfassen eines Skripts und der benötigten Hörspielelemente beschreiten will.

Literaturverzeichnis

Barbará, D.; Naqvi, S. A. (1997): The AudioWeb. In: Proceedings of the CIKM 97. New York: ACM Press. S. 97-104.

Bente, G.; Krämer, N. C. (2002): Virtuelle Realität als Gegenstand und Methode in der Psychologie. In: Bente, G.; Krämer N. C.; Petersen, A. (Hrsg.): Virtuelle Realitäten. Göttingen: Hogrefe. S. 1-31.

Cavazza, M.; Charles, F.; Mead, S. J. (2003): Interactive Storytelling: From AI Experiment to New Media. In: Proceedings of the ICEC 2003. New York: ACM Press. S. 1-8.

Flavell, J. H.; Botkin; P. T.; Fry, C. L.; Wright, J. W.; Jarvis, P. E. (1968): The development of role-taking and communication skills in children. New York: Wiley.

Huwiler, E. (2005): Erzähl-Ströme im Hörspiel: Zur Narratologie der elektroakustischen Kunst. Paderborn: Mentis Verlag.

Iwata, S. (2005): Ansprache auf der Game Developers Conference 2005. verfügbar unter http://www.kotaku.com/gaming/text/2005_gdc_Iwata_Keynote.pdf v. 23.02.2006.

Jensen, J. (1999): 'Interactivity'–Tracking a New Concept in Media and Communication Studies. In: Mayer, P. A. (Ed.): Computer Media and Communication. Oxford: Oxford University Press. S. 160-188.

Klimmt, C. (2004): Computer- und Videospiele. In: Mangold, R.; Vorderer, P.; Bente, G. (Hrsg.): Lehrbuch der Medienpsychologie. Göttingen: Hogrefe. S. 696-716.

Melzer, A.; Hasse, S.; Jeskulke, O.; Schön, I.; Herczeg, M. (2004): The Interactive and Multi-protagonist Film: A Hypermovie on DVD. In: Rauterberg, M. (Ed.): Proceedings of the ICEC 2004. Berlin: Springer Verlag. S. 193-203.

Naimark, M. (1997): A 3D Moviemap and a 3D Panorama. In: Fisher, S. S. et al. (Eds.): Proceedings of the SPIE 1997, San Jose, California, USA. S. 297-305.

Norman, D. A. (1999): The Invisible Computer. Cambridge: MIT Press.

Norman, D. A.; Draper, S. (1986): User Centered System Design: New Perspectives on Human-Computer Interaction. Hillsdale, NJ: Lawrence Earlbaum Associates.

Patrick, E.; Cosgrove, D.; Slavkovic, A.; Rode, J. A.; Verratti, T.; Chiselko G. (2000): Using a Large Projection Screen as an Alternative to Head-Mounted Displays for Virtual Environments. In: Proceedings of the SIGCHI 2000. New York: ACM Press. S. 478-485.

Perlin, K.; Goldberg, A. (1996): Improv: A System for Scripting Interactive Actors in Virtual Worlds. In: Proceedings of the SIGGRAPH 96. New York: ACM Press. S. 205-216.

Pinhanez, C. S.; Mase, K.; Bobick, A. F. (1997): Interval Scripts: a Design Paradigm for Story-Based Interactive Systems. In: Pemberton, S. (Ed.): Proceedings of the SIGCHI 97. New York: ACM Press. S. 287-294.

Shedroff, N. (1999): Information Interaction Design: A Unified Field Theory of Design. In: Jacobsen, R. (Ed.): Information Design. Cambridge: MIT Press. S. 267-292.

Sherman, W.; Craig, A. (2002): Understanding Virtual Reality. Interface, Application, and Design. San Francisco: Morgan Kaufmann Publishers.

Wages, R.; Grünvogel, S.; Grützmacher, B. (2004): How Realistic is Realism? Considerations on the Aesthetics of Computer Games. In: Rauterberg, M. (Ed.): Proceedings of the ICEC 2004. Berlin: Springer Verlag. S. 216-225.

Woodhead, N. (1991): Hypertext and Hypermedia: Theory and Applications. Boston: Addison-Wesley Longman.

Kontaktinformationen

André Melzer, Universität zu Lübeck,
Institut für Multimediale und Interaktive Systeme
Ratzeburger Allee 160
D-23538 Lübeck
melzer@imis.uni-luebeck.de

Tel.: +49 451/500-5171
Fax: +49 451/500-5102

A. M. Heinecke, H. Paul (Hrsg.): Mensch & Computer 2006: Mensch und Computer im Struktur*Wandel*.
München, Oldenbourg Verlag, 2006, S. 273-282

Gestaltungsdimensionen im interaktiven digitalen Storytelling

Markus Specker, Jörg Niesenhaus, Jürgen Ziegler

Universität Duisburg-Essen, Abt. Informatik, Interaktive Systeme und Interaktionsdesign

Zusammenfassung

Dieser Beitrag führt einen Gestaltungsraum für Anwendungen im Bereich des interaktiven digitalen Storytellings mit besonderer Berücksichtigung von Computer- und Videospielen als Plattform für Storytelling ein. Darüber hinaus wird eine Übersicht über Konzepte, Methoden und Technologien des interaktiven digitalen Storytellings geboten und exemplarisch eine Story-Engine vorgestellt, die an unserem Lehrstuhl im Rahmen eines Studierendenprojekts entwickelt wurde.

1 Einleitung und Motivation

Während das Geschichtenerzählen in traditionellen Medien wie Buch, Theater, Film und Fernsehen bereits eine lange Tradition hat, kann das noch junge Medium Computer und mit ihm die Computer- und Videospiele erst auf eine kurze Historie des eigenen Mediums und des darin verwirklichten Storytellings zurückblicken. Zahlreiche Veröffentlichungen (u.a. Laurel 1991, Murray 1997) und eigene Konferenzen (ICVS[1] seit 2001; TIDSE[2] seit 2003) weisen auf eine wachsende Bedeutung des Storytellings in interaktiven Systemen hin.

Auch in der Spieleindustrie, dem größten Produzenten interaktiver Unterhaltung, wird dem Thema Storytelling zunehmend mehr Aufmerksamkeit entgegen gebracht, nachdem in den vergangenen Jahren vor allem grafische Aspekte im Vordergrund der Spieleentwicklung standen (vgl. Glassner 2004, Crawford 2005). Durch die intensivere Beschäftigung mit dem Thema werden in der Forschung und unter den Entwicklern von Spielen neue Fragen aufgeworfen sowie neue Technologien eingeführt und erprobt.

Welche Voraussetzungen müssen erfüllt sein, um ein dynamisches und interaktives Storytelling in Computerspielumgebungen zu ermöglichen? Welche konzeptuellen, methodischen

---

[1] International Conference for Virtual Storytelling

[2] Technologies for Interactive Digital Storytelling and Entertainment Conference

und technischen Ansätze gibt es und welche Implikationen haben sie für den Entwurf interaktiver Storytelling-Systeme? Dieser Beitrag soll erste Antworten auf diese Fragen geben.

Wir betrachten Computer- und Videospiele in dieser Arbeit stellvertretend für andere
interaktive Storytelling-Systeme, da sie aufgrund ihres technologischen und inhaltlichen
Facettenreichtums eine geeignete Grundlage für die Betrachtung und Diskussion des
interaktiven digitalen Storytellings bilden.

Ziel des Beitrags ist eine klare Definition der allgemein gebräuchlichen Termini des Storytellings und die Skizzierung eines Gestaltungsraums zur Orientierung von Entwicklern beim
Entwurf erzählerisch dichter interaktiver Systeme. Darüber hinaus soll ein erster Eindruck
der Bandbreite der in Storytelling-Systemen verwendeten Technologien vermittelt werden.

1.1   Begriffsabgrenzung Storytelling

Eine Folge der unterschiedlichen fachlichen Herkunft der Beteiligten an der Diskussion über
interaktives Storytelling ist der Mangel an einem einheitlichen Kanon von Begrifflichkeiten
zur Beschreibung des Forschungsgegenstandes. Die im Folgenden dargestellte Untergliede-
rung soll zu einem besseren Begriffsverständnis beitragen.

Mit *Interactive Storytelling* beschreibt Crawford (2005), der diesen Begriff weitgehend geprägt hat, eine Form der interaktiven Unterhaltung, in welcher der Spieler die Rolle des Protagonisten in einer erzählerisch dichten Umgebung übernimmt. Andere, weitaus weniger
häufig vorkommende Begriffe, die meist synonym zum Interactive Storytelling verwendet
werden, sind z.B. *Interactive Drama*, *Interactive Fiction* und *Interactive Story*. Figa (2004)
hingegen beschreibt Interactive Storytelling als Text aufnehmende und generierende Story-
telling-Medien, die eine Erzählung auf Basis von Nutzerinteraktionen produzieren.

Während die Begriffe *Digital Storytelling* und *Interactive Storytelling* bei einigen Autoren
ähnlich konnotiert sind (z.B. bei Miller 2004), finden sich anderswo deutlichere Abgrenzun-
gen. Crawford (2005) und Figa (2004) etwa beschreiben Digital Storytelling als ein individuelles und alltägliches Geschichtenerzählen mit der Unterstützung digitaler Medien, das auf
die Berücksichtigung von Interaktionen mit dem Benutzer weitgehend verzichtet. Ein Beispiel für eine reine Digital Storytelling Applikation ohne interaktiven Charakter ist die
BRUTUS Storytelling Machine von Bringsjord & Ferrucci (2000), ein System zur automatischen Generierung von Erzählungen, die in jeder generierten Instanz den Vorgang des Ver-
rats thematisieren.

Der wichtigste Unterschied zwischen dem Interactive Storytelling und dem traditionellen
linearen Geschichtenerzählen ist nach Crawford das Fehlen einer vorbestimmten Unabwend-
barkeit, die konventionellen Geschichten ein erhebliches Maß an Spannung und Kraft ver-
leiht. Die seiner Meinung nach dem Interactive Storytelling am nächsten liegende Form des
konventionellen Storytellings ist die Soap Opera, die sich in erster Linie auf Beziehungen
zwischen den Charakteren konzentriert, und weniger auf einen grundlegenden Plot. Laut
Glassner (2004) und Crawford (2005) existieren erst wenige Anwendungen, die den Kriterien des interaktiven Storytellings gerecht werden. Nur einige wenige Spiele und Forschungsprojekte, wie z.B. *Facade* (Mateas & Stern 2004), ein auf Künstlicher Intelligenz
(KI) basierendes interaktives Drama, oder die Plattform *art-E-fact* (Iurgel et al. 2004), die
auf der Basis eines Erzählmoduls, einer Interaktionsschicht und einer Ausprägungsschicht

eine konsistente und interaktive Geschichte mit Berücksichtigung der Nutzerinteraktion erstellt, werden demnach den Kriterien eines interaktiven Storytelling-Systems gerecht.

Mit *Virtual Storytelling* werden in der Regel Anwendungen beschrieben, die dem Bereich des Interactive Storytellings zuzuordnen sind, jedoch darüber hinaus einen besonderen Fokus auf den Anwendungsbereich der Virtual Reality (VR) Environments, Mixed Realities und in diesem Kontext verwendete graphische Schnittstellen und Agentensysteme setzen (siehe z.B. Figa 2004). Betrachtet man die Beiträge der internationalen Virtual Storytelling Konferenzen (ICVS 2001-2005), fällt auf, dass sich dort auch viele Storytelling-Themen ohne direkten Bezug zu VR-Anwendungen finden. Demnach wird die Bedeutung des Begriffs Virtual Storytelling in vielen Bereichen dem des Interactive Storytellings gleichgesetzt.

Um alle wichtigen Aspekte des Storytellings zu berücksichtigen, schlagen wir die Verwendung des thematisch eindeutig konnotierten Begriffs *Interactive Digital Storytelling* vor. Diese Begriffskombination schließt sowohl die Verwendung von digitalen Medien, als auch das Vorhandensein von nicht-trivialen Entscheidungen und Interaktionen mit ein, die einen Einfluss auf das Storytelling haben.

1.2 Storytelling in Computerspielen

Storytelling kann sowohl mit als auch ohne Computerunterstützung funktionieren. Mit dem Einsatz von Computern ist jedoch Interaktivität in Storys möglich geworden, die es erlaubt, jeweils alternative Wege des weiteren Storyverlaufes auszuprobieren und zu verfolgen. Aus diesem Grund werden die Geschichten nicht mehr nur passiv aufgenommen, sondern aktiv durchlebt. Dem Benutzer wird die Story nicht direkt erzählt, sondern sie schreitet beeinflusst durch sein eigenes Handeln voran, so dass er dadurch selbst zum Spieler wird und die Rolle eines aktiv handelnden Protagonisten in einem Rollenspiel einnehmen kann. Das *interaktive* Storytelling ist daher vor allem im Bereich der Computerspiele anzusiedeln.

Für die neuen Interaktionsmöglichkeiten, die gegenüber klassischen Storytelling-Methoden auch eine erhöhte Komplexität aufweisen, sind andere Techniken notwendig geworden als beim herkömmlichen linearen Storytelling. Von der Auswahl der Technik hängt ab, ob die Interaktion gering oder stark ausfällt und ob die Story eher rezipiert oder aktiv erlebt wird. Hat der Spieler z.B. nur die Möglichkeit, an festgelegten Stellen aus verschiedenen vorgefertigten Handlungssträngen auszuwählen, ist die Interaktion insgesamt geringer und die Story wird eher rezipiert, als wenn er durch zu erledigende Aufgaben die Story selbst erlebt.

Eine interaktive digitale Story kann anhand vorgefertigter Wege erzählt werden oder generativ aufgebaut sein, so dass Handlungsstränge erst zu gegebener Zeit entstehen. Während der Freiheitsgrad bei vorgefertigten Storys mit jeweils einer endlichen Anzahl von Alternativen eingeschränkt bleibt, da die Anwendungskomplexität und damit die Modellierbarkeit proportional zur Anzahl der unterschiedlichen Möglichkeiten steigt, hat man bei generierten Stories das Problem, größere kausale Zusammenhänge zu erzeugen und damit einen Spannungsbogen der Geschichte zu erhalten.

2   Ein Gestaltungsraum für Interaktives Storytelling

In Anbetracht der sehr unterschiedlichen Ausprägungen von Storytelling führen wir im Folgenden mehrere Gestaltungsdimensionen ein und schaffen damit die Grundlage eines Gestaltungsraumes (*Design Space*) zur Einordnung verschiedener Storytelling-Aspekte. Eine solche systematische Einordnung bietet die Möglichkeit, verschiedene Aspekte des Storytellings miteinander vergleichbar zu machen, und ermöglicht somit die Evaluation von Storytelling-Anwendungen nach bestimmten Gesichtspunkten, in der auch Anwendungen ohne direkten Storytelling-Bezug (z.B. Spiele wie TicTacToe) berücksichtigt werden können. So können im Gestaltungsraum systematisch neue Lösungen exploriert und gefunden werden.

Einen Ansatz, verschiedene Aspekte des Storytellings nach unterschiedlichen Dimensionen zu unterteilen, findet man auch bei Schäfer (2004), die hierfür einen *Dimension Star* vorschlägt, der insgesamt zwölf verschiedene Storytelling-Dimensionen umfasst. Wir sind jedoch der Auffassung, dass dieser für unsere Bewertungsgrundlage des Storytellings nicht geeignet ist, da die Dimensionen unserer Meinung nach nicht ausreichend trennscharf sind, um verschiedene Aspekte des Storytellings sinnvoll voneinander abzugrenzen. Beispielsweise werden hier *Involvement* und *Immersion* oder *Interactivity* und *Control* jeweils als eigene Dimensionen genannt, die jedoch sehr ähnliche Eigenschaften haben und sich gegenseitig beeinflussen können.

2.1   Die Dimensionen des Gestaltungsraums

Um für das Storytelling relevante Dimensionen herauszustellen, ist es wichtig, dass diese orthogonal zueinander stehen, also unabhängig voneinander sind.

Ein weiterer Anspruch, den wir an eine Dimension des Gestaltungsraums stellen, ist, dass ihre Ausprägungen objektiv messbar sind. Hierdurch scheiden rein subjektive bei jedem Menschen unterschiedlich empfundene Faktoren wie die *Immersion* (Eintauchen in die Geschichte) als Kandidaten für eine Dimension aus. Solche Faktoren können zwar für das Storytelling durchaus von Interesse sein, sollten jedoch separat betrachtet werden, da hier eine objektive Messbarkeit und damit die Einordnung in einen Gestaltungsraum schwierig ist.

Weiterhin sollten die Dimensionen auch tatsächlich einen Einfluss auf die Qualität des Storytellings haben. Kandidaten wie zum Beispiel die Art des Zeitverlaufs spielen für das interaktive Storytelling zwar eine Rolle, da aber im Storytelling jegliche Art des Zeitverlaufs vorkommen darf (z.B. Parallelität, Zeitdehnung oder Zeitstraffung), ohne Einfluss auf die Storytellingqualität zu haben (gutes Storytelling kann durchaus mit oder ohne Zeitsprünge funktionieren), ist für uns der Zeitverlauf keine geeignete Dimension für einen Gestaltungsraum.

Wir stellen nun verschiedene Dimensionen vor, die uns geeignet erscheinen, die Variabilität für eine Dimension im Gestaltungsraum hinreichend zu erfüllen.

2.1.1 Die Interaktionsdimension

Die Interaktivität kann beim Storytelling in unterschiedlich hohem Maße ausgeprägt sein (siehe Abbildung 1). Klassische Storytellingformate wie Text oder Film sehen z.B. überhaupt keine Interaktionsmöglichkeiten vor. Um den Anspruch auf *interaktives* Storytelling zu erheben, müssen wenigstens grundlegende Interaktionsmechanismen vorhanden sein.

Das Ausmaß der Interaktivität hängt von verschiedenen Aspekten ab. Zum einen ist dieses die Häufigkeit der Interaktion. Hierzu kann man erfassen, wie oft der Benutzer im System agieren kann oder muss. Zum Beispiel wird der Benutzer in einem *Jump and Run-Spiel* wie Mario Bros. ständig zum Handeln gefordert, er agiert also sehr viel.

Zum anderen hängt diese Dimension auch von der Art der Interaktion ab, insbesondere vom Freiheitsgrad des Spielers. In einem Rollenspiel, in dem der Spieler sein weiteres Vorgehen in hohem Maße selbst bestimmen kann, ist die Interaktion höher als in einem Spiel wie Pong, in dem der Spieler zwar zu jeder Zeit seinen Steuerungsbalken auf und ab bewegen kann, aber darüber hinaus keinerlei weitere Interaktionsmöglichkeiten hat.

Abbildung 1: Die Interaktionsdimension

Ein zu hoher Freiheitsgrad kann jedoch für das Storytelling auch schädlich sein. Das klassische Storytelling sieht bewusst vor, den Protagonisten an einigen Stellen einzuschränken, um Spannung zu erzeugen. Nehmen wir zum Beispiel den *Suspense*-Begriff, mit dem Hitchcock in seinen Filmen wiederholt arbeitet. Während der Zuschauer schon weiß, dass das, was der Protagonist gerade vorhat, sehr gefährlich für ihn sein kann und er diesen am liebsten davor warnen möchte, aber nicht kann, geht der Protagonist nichts ahnend seinem Schicksal entgegen. Würde im interaktiven Storytelling ein maximaler Freiheitsgrad auch das beste Storytelling bedeuten, wären derart Situationen nicht mehr modellierbar.

Ein entsprechendes Beispiel in Spielen dafür ist, wenn ein Spieler in eine für ihn schwierig zu bewältigende Situation gerät, z.B. wenn er auf einen Opponenten trifft, den er besiegen muss, um weiterzukommen. Wäre hier ein maximaler Freiheitsgrad gegeben, könnte er jederzeit wieder zurück bzw. diese Situation anders umgehen. Dieses hätte jedoch zur Folge, dass die Spannungskurve des Storytellings stets recht flach bliebe.

2.1.2 Der Abstraktionsgrad

Im interaktiven digitalen Storytelling gibt es unterschiedliche Arten von Abstraktion. Die Dimension des *Abstraktionsgrades* setzt sich zusammen aus der Art der grafischen Darstellung und der Ausprägung des Spielverhaltens (siehe Abb. 2). Die Qualität des Storytellings hängt nicht allein von der grafischen oder physischen Realitätsausprägung ab, denn es gibt durchaus auch einfache bis keine grafische Umsetzungen von Spielen oder Textadventures, die dennoch eine gute Story vermitteln. Umgekehrt bedeutet eine gute grafische oder physikalische Umsetzung der Realwelt, wie sie zum Beispiel im Microsoft Flugsimulator vorhanden ist, nicht automatisch, dass ein spannendes Storytelling vermittelt wird.

Abbildung 2: Die Dimension des Abstraktionsgrades

Daher muss außerdem beachtet werden, ob das Spiel*verhalten* eher abstrakt oder konkret ist. Während z.B. Brettspiele im Spielverhalten sehr abstrakt sind, da ihnen keine konkreten Situationen aus der Realwelt (z.B. keine Charaktere) zu Grunde liegen, sind Jump-and-Run-Spiele in dieser Hinsicht schon deutlich konkreter. Ein konkretes Spielverhalten liegt dann vor, wenn unabhängige Charaktere in einer Welt nach realem Vorbild handeln können.

2.1.3 Der Determiniertheitsgrad

Die letzte Dimension unseres Gestaltungsraums leitet sich aus der Frage ab, welche Möglichkeiten das System hat, um den weiteren Storyverlauf zur Laufzeit zu beeinflussen. Im einfachsten Fall läuft die Handlung linear vorgefertigt ab und der Storyplot ist von vornherein festgelegt. Dieses ist typisch für die klassische Art des Storytellings, wie sie z.B. in Filmen vorkommt. Diese zwar durchaus erfolgreiche Art des Storytellings gehört jedoch nicht zum Fokus des *interaktiven* Storytellings.

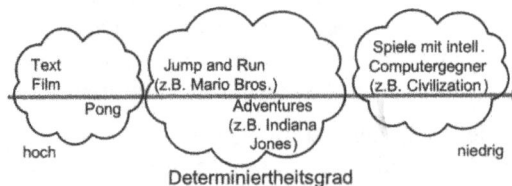

Abbildung 3: Die Determiniertheitsdimension

Mit abnehmenden *Determiniertheitsgrad* steigen die Möglichkeiten, die der Benutzer während eines Spiels durchleben kann. Das System wirkt in diesem Fall insgesamt intelligenter, da es direkt auf aktuelle Spielsituationen und deren Kontext eingehen kann. Auf diese Weise kann der Benutzer zum aktiven Handeln gezwungen werden, z.B. indem ein Computergegner den Spieler angreift. Des Weiteren können im wenig determinierten interaktiven Storytelling Überraschungsmomente eingestreut werden, z.B. wenn der Benutzer seine eigentlichen Aufgaben nicht mehr aktiv wahrnimmt, sondern andere Dinge tut, die jedoch die Handlung nicht weiter vorantreiben.

Das Ziel eines guten interaktiven Storytellings sollte es sein, dass das System selbständig auf den Benutzer zugeschnittene Handlungen erzeugt, die den Plot weiter vorantreiben.

2.1.4 Der Gestaltungsraum in der Gesamtbetrachtung

Fügt man die oben beschriebenen Dimensionen zusammen, erhält man den Gestaltungsraum in Abbildung 4. Hier sind einige der Beispiele aus den vorangegangenen Abschnitten eingeordnet.

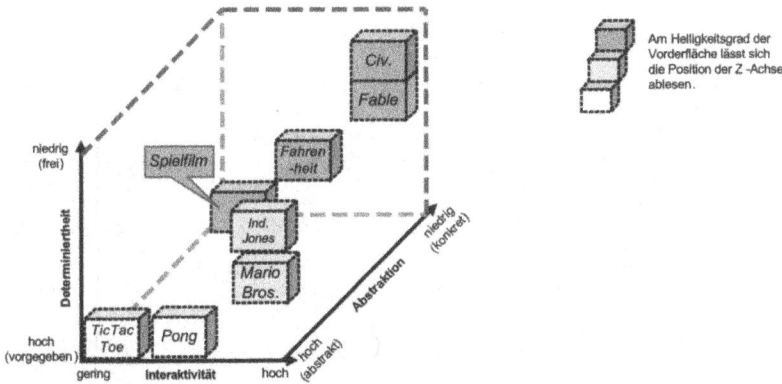

Abbildung 4: Der Gestaltungsraum und die Einordnung verschiedener Beispiele hierin

In der Gesamtbetrachtung ist zu sehen, dass für ein funktionierendes Storytelling zwar alle Dimensionen von Bedeutung sind, schwache Ausprägungen einzelner Dimensionen jedoch noch nicht automatisch bedeuten, dass hier Storytelling unmöglich ist, z.B. ist ein Spielfilm determiniert und Interaktivität ist nicht vorhanden. Dennoch ist der Film ein geeignetes Medium für Storytelling. Die für das interaktive Storytelling interessanteren Anwendungen findet man jedoch erst, wenn alle Dimensionen zumindest eine mittlere Ausprägung haben.

3 Techniken zur Storytelling-Umsetzung

Nach der Herleitung des Gestaltungsraums zur Einordnung von Storytelling-Anwendungen geben wir nun mit Hilfe einer Matrix einen Überblick über unterschiedliche Konzepte des interaktiven digitalen Storytellings sowie ihrer Abstraktion in Methoden und Technologien.

Wir unterteilen die Konzepte, Methoden und Technologien zunächst in zwei Kategorien: Die *Geschichtensteuerung*, sowie die rein *strukturellen Aspekte der Spielwelt* (siehe Tabelle 1). Die erste Kategorie beschreibt die Summe aller denkbaren Prozesse und Systeme, die Storytelling erzeugen und/oder kontrollieren können. Sie umfasst sowohl eher statische und vor

Spielbeginn determinierte Konzepte wie beispielsweise Quest-Systeme, Story-Patterns oder Drama-Manager als auch situationsorientierte Ansätze wie Agenten- oder Case-Based Reasoning-Systeme. Die strukturellen Aspekte der Spielwelt werden in Computerspielumgebungen beispielsweise durch Operationssysteme und feste Beziehungen sowie Hierarchien von Objekten repräsentiert. Diese Systeme enthalten Informationen zur Simulation der physikalischen Gegebenheiten, der Möglichkeiten der Manipulation und der Interaktion der spielrelevanten Objekte. Gleichzeitig beschreibt der Begriff der Struktur eine Art Wissensbasis, die nicht nur Informationen zur Syntax, sondern auch zur Semantik und Pragmatik der Spielwelt mit einschließt.

Tabelle 1: Verschiedene Konzepte, Methoden und Technologien im Storytelling

			Strukturelle Aspekte der Spielwelt	
			Statisch	**Manipulativ**
Geschichtensteuerung	**Planbasiert**	Konzepte	• Questsysteme • Story-Schemata und - Patterns • Drama-Manager	• Baukastensysteme • Kybernetic Simulations • Verb Sets
		Methoden/ Technologien	• Scriptsprachen; Prolog • Geschichtenfragmente • Endliche Automatensysteme	• Story-Grammars • Game Operation Repositories • Game Languages
	Situativ	Konzepte	• Situationsabhängiges NPC- und Spielweltverhalten • Personality Models	• Spielwelt-Ontologie • History Books, Player Diaries • Story Chromosomes
		Methoden/ Technologien	• Agenten-Systeme • Case-based Reasoning • Bayes-Netze & Fuzzy-Logic	• hybride evolutionäre Fuzzy-Algorithmen • Ontologie-Modellierung in OWL • Prozedurale Techniken

Ein ähnliches Konzept der Unterteilung findet sich bei Braun (2004), der Systeme zum automatisierten Erzählen von Geschichten nach der Art der Kontrollmöglichkeiten der Erzählung und nach der Art der Interaktionsmöglichkeiten der Benutzer unterscheidet. Die Art der Interaktionsmöglichkeiten wird im Rahmen der strukturellen Aspekte durch Operationssysteme vertreten, die den durch sie definierten möglichen Interaktionsraum und damit auch die Grenzen interaktiver Spielumgebungen aufzeigen. Zwei zur Geschichtenkontrolle gehörige Subebenen sind die kontrollierten Geschichten und die entstehenden Geschichten (Braun 2004), die wir in Form des *planbasierten* und des *situativen* Ansatzes berücksichtigen.

Der in Tabelle 1 vorgestellte *planbasierte Ansatz* beschreibt Anwendungen, die einem determinierten Ablauf folgen und auf vorher fest definierte Änderungsindikatoren innerhalb der Spielwelt reagieren. Dieser Ansatz ist die gerichtete und kontrollierte Form von Aktionen einer übergeordneten und außerhalb der Spielwelt verorteten Instanz und wird mit dem Begriff des *Top-Down Storytellings* beschrieben.

Situativ hingegen meint die angemessene Reaktion des Systems auf Eingaben des Benutzers, die auch unvorhergesehene Situationen mit einfasst. Storytelling wird in diesem Bereich meist durch das Verhalten autark oder kollaborativ arbeitender und in die Spielwelt integrierter Entitäten repräsentiert. Entsprechend dieser Denkweise arbeitet der situative Ansatz nach dem *Bottom-Up Storytelling*.

Die strukturellen Aspekte der Spielwelt gliedern sich in *statische* und *manipulative* Elemente. Während der statische Aufbau einer Welt nur geringfügig durch den Spieler oder eine

Story-Engine verändert werden kann, ist der Aufbau einer manipulativen Struktur weitaus flexibler und bietet Spieler und Story-Engine eine größere Einflussnahme. Grundlegende Technologien, die innerhalb des planbasierten Ansatzes der Geschichtengenerierung und -kontrolle zur Verwendung kommen, sind Scriptsprachen, endliche Automatensysteme, regelbasierte Programmiersprachen oder Pattern-Sprachen.

Methoden und Technologien des situativen Ansatzes sind unter anderem Agenten-Systeme, Case-Based Reasoning, Bayes-Netze und Fuzzy-Logic oder die Artificial Intelligence Markup Language (AIML). Das eingangs bereits erwähnte Facade (Mateas & Stern 2004) benutzt beispielsweise die Sprache ABL (*A Behavior Language*), die bereits Bestandteil des Oz-Projekts (Bates 1992) war und geschaffen wurde, um an Persönlichkeit reiche und emotional unabhängige Charaktere zu modellieren. Konzepte des statischen strukturellen Aufbaus der Spielwelt sind z.B. die Zuordnung logischer Objekte zu ihren grafischen Repräsentationen, Verb Sets oder Operationssysteme, die das Spektrum aller Handlungsmöglichkeiten innerhalb der Spielwelt abstecken.

Strukturelle Aspekte die eher manipulativ konnotiert sind, sind vor allem der Ansatz, Semantik und Pragmatik in einer angemessenen Form in die Spielwelt zu integrieren, sowie der hoch stehende Ansatz einer Spielwelt-Ontologie. Eine mehrere Methoden und Technologien umspannende Umsetzung ist die HEFTI-Story Engine, die unter anderem mit evolutionären Fuzzy-Algorithmen arbeitet (Ong & Leggett 2004).

3.1 Grimmix: Beispiel für eine Story-Engine

In einem Praxisprojekt mit Studierenden der Universität Duisburg-Essen (siehe Systemdemonstrationen in diesem Tagungsband) wurde die Grimmix-Storytelling-Engine entwickelt, deren Storyvermittlung über Quests geschieht. Die Quests sind – bis auf wenige Ausnahmen – bereits alle im System vorhanden und entsprechen daher eher dem planbasierten Ansatz des Storytellings. Die Questauswahl hingegen verfolgt einen eher situativ-orientierten Ansatz und funktioniert dynamisch. Sie beruht auf Bayes-Wahrscheinlichkeiten, d.h. es ist nicht von Vornherein deterministisch festgelegt, wann ein Spieler welche Quest erhält.

Das Spiel ist in mehrere unabhängige Module aufgeteilt, die der Spieler in beliebiger Reihenfolge abarbeiten kann. Mit welchem Modul er beginnt, hängt davon ab, welcher NPC (Non Player Character) er als erstes anspricht.

In unseren Gestaltungsraum können wir die Grimmix Story-Engine folgendermaßen einordnen: Durch die hohe Interaktivität und den niedrigen Abstraktionsgrad gehört die Grimmix Story-Engine in den Bereich des interaktiven digitalen Storytellings. Auf der Determiniertheitsskala ist Grimmix mittig anzusiedeln, da ein Großteil des Quest-Inhalts vorgegeben ist, deren Auswahl aber dynamisch erfolgt.

4 Zusammenfassung und Ausblick

Dieser Beitrag hat gezeigt, wie ein Gestaltungsraum für vorhandene und zukünftige Storytelling-Systeme, die bislang wenig strukturiert sind, benutzt werden kann, um die verschiedenen Storytelling-Systeme systematisch in den Gestaltungsraum einordnen zu können. Darüber hinaus wurden mehrere Orientierungshilfen für die Konzeption von Anwendungen im Bereich des interaktiven Storytellings beschrieben und die Vielzahl an Konzepten und Methoden gegenüberstellt und systematisiert.

Dieser Ansatz bildet einen Anfang für eine methodische Herangehensweise zur Einordnung von Storytelling-Systemen. Darauf aufbauend müssen in Zukunft weitere Beziehungen zwischen konzeptuellen Ansätzen und konkreten Technologien herausgearbeitet werden, um weitere Implikationen für die Gestaltung von Storytelling-Systemen zu finden.

Literaturverzeichnis

Bates, J. (1992): Virtual Reality, Art and Entertainment. In: The Journal of Teleoperators and Virtual Environments, 1(1). Cambridge, MA: MIT Press.S. 133-138.

Braun, N. (2004): Kontrolliertes Erzählen von Geschichten mit integrierten, Videobasierten Hyperstories. In: Mensch & Computer 2004: Allgegenwärtige Interaktion. München: Oldenbourg Verlag.

Bringsjord, S.; Ferrucci, D. (2000): Artificial Intelligence and Literary Creativity: Inside the Mind of BRUTUS, a Storytelling Machine. Mahwah, NJ: Lawrence Erlbaum.

Crawford, C. (2005): Chris Crawford on Interactive Storytelling. Berkeley: New Riders.

Figa, E. (2004): The Virtualization of Stories and Storytelling. In: Storytelling Magazine. Vo. 16, Nr. 2, S.34-36.

Glassner, A. (2004): Interactive Storytelling. Wellesley, MA: AK Peters.

Iurgel, I.; Hoffmann, A.; Spierling, U. (2004): Wissensvermittlung durch interaktives Erzählen – die Plattform art-E-fact. In: Keil-Slwaik, R., Selke, H; Swillius, G. (Hrsg.): Mensch & Computer 2004: Allgegenwärtige Interaktion. München: Oldenbourg Verlag.

Laurel, B. (1991): Computers as Theatre. Reading, MA: Addison-Wesley.

Mateas, M.; Stern, A. (2004): Natural Language Processing in Façade: Surface-Text Processing. In: Technologies for Interactive Digital Storytelling and Entertainment (TIDSE) 2004. Darmstadt: Springer-Verlag.

Miller, C. (2004): Digital Storytelling. Burlington, MA: Focal Press, Elsevier.

Murray, J. H. (1997): Hamlet on the Holodeck – The Future of Narrative in Cyberspace. Cambridge, MA: MIT Press.

Ong, T.; Leggett, J. (2004): A genetic algorithm approach to interactive narrative generation. In: Proceedings of the fifteenth ACM Conference on Hypertext and Hypermedia. New York: ACM Press.

Schäfer, L. (2004): Models for Digital Storytelling and Interactive Narratives. In: Proceedings of the COSIGN 2004, University of Split, Split (Kroatien), http://www.cosignconference.org/ cosign2004/papers/Schaefer.pdf, letzter Aufruf: 28.2.2006

A. M. Heinecke, H. Paul (Hrsg.): Mensch & Computer 2006: Mensch und Computer im Struktur*Wandel*.
München, Oldenbourg Verlag, 2006, S. 283-292

Kontextbewusste Lernunterstützung für das Lernen bei Bedarf

Simone Braun, Andreas Schmidt

FZI Forschungszentrum Informatik, Karlsruhe

Zusammenfassung

Die Flexibilisierung der Arbeitswelt führt zu einer Individualisierung der Bildungspfade, denen zunehmend das praktizierte Lernen auf Vorrat nicht mehr gerecht wird. Ein Wandel hin zu einem Lernen bei Bedarf erfordert allerdings auch einen Wandel der Rolle von lernunterstützenden Systemen. Als Methode hierfür präsentieren wir das kontextgesteuerte Lernen und zeigen, wie sich Lernen sowohl durch klassische Lernobjekte als auch durch zwischenmenschliche Kommunikation mittels Berücksichtigung des Kontextes initiieren und verbessern lässt.

1   Einleitung

E-Learning wird im allgemeinen Sprachgebrauch mit der Vorstellung von einem CD- oder webgestützten Kurs verbunden. Doch diese Übertragung des klassischen Seminarlernens wird den Anforderungen einer Arbeitswelt, die sich in einem fundamentalen Wandel befindet, nicht gerecht. Durch die Kursorientierung haben sich auf inhaltlicher Seite große Lerneinheiten herausgebildet, die organisatorisch in von den Arbeitsprozessen getrennten Lernzeiten durchgearbeitet werden. Dabei komplett ignoriert wurde bisher der *Kontext*, in dem Lernen in Unternehmen stattfindet. Das ist das unterschätzte pädagogische Potential des betrieblichen Lernens: die Unmittelbarkeit des Anwendungskontextes. Ansätze zum situierten Lernen (Lave & Wenger 1991) betonen die Bedeutung der Authentizität der Lernsituation und fordern, diese im Rahmen der schulischen und universitären Ausbildung gezielt zu schaffen; beim Lernen in Unternehmen ist dieser Kontext in natürlicher Weise gegeben, sofern man die Lernprozesse in die Arbeitsprozesse zu integrieren versteht. Hier kann dann ein Grundproblem des Seminarlernens angegangen werden: Seminare führen oft zu einem hohen Anteil an trägem Wissen, das zwar reproduziert, aber nicht angewandt werden kann, da in der Seminarsituation der Anwendungsbezug fehlt (Röll 2003).

Das aufkommende Paradigma *„Lernen bei Bedarf"* erscheint hier viel geeigneter, die Herausforderungen einer Individualisierung der (lebenslangen) Bildungspfade, wie sie sich durch erhöhte Fluktuation und Dynamik der Anforderungen ergeben, zu meistern. Allerdings bedeutet „Lernen bei Bedarf" auch einen grundsätzlichen Wandel der Systemrolle; fort von einer reaktiven, verwaltenden Rolle zu einer proaktiven, unterstützenden Rolle, die sich über klassische Grenzen von E-Learning, Wissensmanagement und Performance-Support hinwegsetzt (Schmidt 2005a). Im Folgenden soll eine Methode vorgestellt werden, die Lernmöglichkeiten auf der Basis der Arbeitssituation empfiehlt. Anschließend soll an zwei Bausteinen gezeigt werden, wie diese Methode technisch umgesetzt werden kann.

2 Kontextgesteuertes Lernen als Methode

2.1 Überblick: Steuerung von Lernprozessen

Die in Unternehmensumgebungen auftretenden Lernprozesse können, abhängig ihrer Initiierung und vorwiegenden Steuerung, in drei Typen eingeteilt werden (vgl. Schmidt 2004):

- *Kursgesteuertes Lernen.* Dies ist sicherlich die derzeit am weitesten verbreitete Form des Lernens. Die Lernaktivität wird durch die vorgegebene Kursstruktur bestimmt. Kurse sind dabei i.d.R. relativ lange Lerneinheiten, die abonniert oder zugewiesen werden. Dies kann sich sowohl auf Präsenzkurse als auch elektronische Kurse beziehen.

- *Selbstgesteuertes Lernen.* Hierbei sucht der Lernende selbst aktiv nach Lerneinheiten, die sein momentanes Wissensbedürfnis zu befriedigen helfen. Er bestimmt vollständig Lernziele, -zeitpunkt und -ort und führt auch eine evtl. Lernkontrolle eigenständig durch.

- *Ungesteuertes Lernen.* Diese eher subtile und weniger bewusste Art der Lernform findet vor allem in sozialen Prozessen statt, so z.B. als eine unverbindliche Unterhaltung beim Essen oder in der Kaffeepause. Hier wird vor allem informelles, nicht explizites Wissen ausgetauscht. Es existieren keine Lernziele und keine Erfolgskontrolle.

Im Wesentlichen existieren die beiden Pole *Kurssteuerung* und *Selbststeuerung*, wobei die Entwicklung deutlich in Richtung Selbststeuerung geht. Allerdings sind beide Extreme nicht optimal. Im Falle des kursgesteuerten Lernens erfolgt die Strukturierung (und die daraus resultierende Steuerung) ohne Berücksichtigung der konkreten Arbeitssituation und zudem meist in relativ großen Einheiten. Dies eignet sich nicht für die Integration in die Arbeitsprozesse, sondern führt praktisch immer zu einer Trennung der beiden Aktivitäten – sei es nur in Form von „Lernzeiten" am Arbeitsplatz. Umgekehrt ist selbstgesteuertes Lernen in seiner Extremform sehr anspruchsvoll: es erfordert eine hohe Lern- und Selbstorganisationskompetenz. Weiter lassen sich hier die Ergebnisse aus der Informationsverhaltensforschung übertragen, d.h. Lernprozesse werden durch kognitive wie affektive Barrieren abgebrochen oder gar nicht erst initiiert (Niedzwiedzka 2003). Auch wenn (Kraft 1999) betont, dass „selbstgesteuertes Lernen […] ja gerade nicht [heißt], Lernende allein zu lassen im Lernprozess", so legt die Begriffsbildung und die Praxis dieses Missverständnis eben doch nahe.

2.2 Modell für das kontextgesteuerte Lernen

Lernen braucht pädagogische Führung – gerade auch beim in die Arbeitsprozesse integrierten Lernen. Grundlage hierfür ist ein Paradigma der Lernunterstützung, das sich bewusst zwischen den Extremen Kurssteuerung und Selbststeuerung positioniert, indem davon ausgegangen wird, dass die Entscheidungsgewalt über das Einleiten und Verfolgen von Lernaktivitäten beim Lernenden liegt, der aber in seiner Entscheidung durch Angebote des Systems unterstützt wird. Die hierzu entwickelte Methode wird als „kontextgesteuertes Lernen" bezeichnet, da der Kontext das zentrale Element ist, das Lernziele und mögliche Inhalte, Zeitpunkte und Interventionen definiert.

Die Grundidee des kontextgesteuerten Lernens (vgl. Abb. 1) ist, dass der Mitarbeiter seinem Alltagsgeschäft nachgeht, ohne dass er sich ausdrücklich weiterqualifizieren möchte. Das System verfolgt die Aktionen des Benutzers und kann auf der Basis von Veränderungen und der aktuellen Wissenslücke dem Lernenden signalisieren, dass bestimmte Lernmöglichkeiten existieren. Der Benutzer kann dann entscheiden, ob er eine der Empfehlungen annimmt und mit dem Lernen beginnen will oder diese auf später verschiebt bzw. ganz ignoriert.

Die empfohlenen Lernressourcen können sowohl klassische Lernobjekte bzw. -programme, aber auch Kommunikationspartner bzw. Interaktionsmöglichkeiten sein. Somit ist es möglich, Wissen auf unterschiedlichen Reifestufen (vgl. Schmidt 2005b) bzw. mit unterschiedlichem Grad der pädagogischen Aufbereitung mit ein und derselben Methode zu unterstützen. Dies soll durch zwei Beispiele illustriert und nachfolgend noch vertieft werden:

- Konsolidiertes Wissen kann in Form von Lernobjekten aufbereitet sein. Das System kann dann auf der Basis des Kontextes ein Lernprogramm zusammenstellen und anpassen, das in einer Lernumgebung durchgearbeitet werden kann. Hierbei muss berücksichtigt werden, dass evtl. zusätzliche Materialien notwendig sind, um das vom eigentlichen Lernobjekt vorausgesetzte Wissen zu vermitteln. Hierdurch wird vermieden, dass der Benutzer durch Unverständliches überfordert wird.

- Fehlt eine pädagogische Aufbereitung bzw. ist diese aufgrund des geringen Reifegrades überhaupt nicht möglich, so ist eine Wissensvermittlung nur in informellen Lehrprozessen möglich. Hierbei empfiehlt das System mögliche „informelle Lehrer". Wie die Erfahrung mit Expertensuchsystemen zeigt, ist für die Akzeptanz kritisch, dass diese selbst in Arbeits- oder Lernprozessen stecken, aus denen sie „herausgerissen" werden. Es muss als Hauptherausforderung der Kontext *beider Seiten* bei der Kommunikation bzw. deren Anbahnung berücksichtigt werden.

Wichtig ist dabei, dass unmittelbar im Anschluss an den Lernprozess (und ggf. dessen Dokumentation in einem elektronischen Portfolio oder einer Kompetenzdatenbank) das erworbene Wissen angewandt werden kann, um die Arbeitssituation zu bewältigen.

Nachfolgend sollen für oben skizzierte Empfehlungsformen Lösungen für die jeweiligen Kernprobleme vorgestellt werden. Im Fall von Lernobjekten geht es um die kontextbewusste Zusammenstellung von Lernprogrammen; im Fall von informellen Lehr-Lern-Situationen um die kontextbewusste Mediation hierzu notwendiger Kommunikationsprozesse.

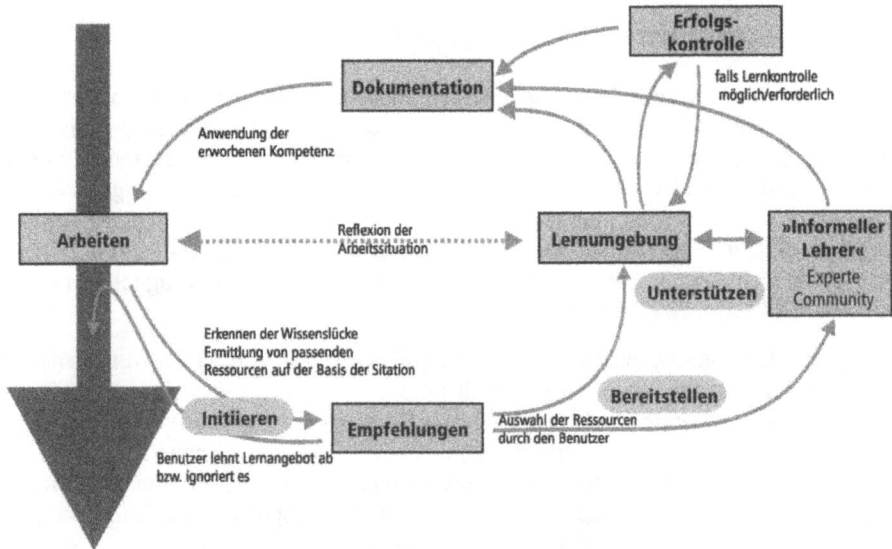

Abbildung 1: Modell für das kontextgesteuerte Lernen

3   Kontextbewusste Zusammenstellung von Lernprogrammen

Ziel einer kontextbewussten Zusammenstellung ist die Bereitstellung eines Lernprogrammes, das dem jeweiligen Lernenden den Erwerb der für die Arbeitssituation erforderlichen, ihm aber fehlenden Kompetenzen ermöglicht. Hierzu gehört die Auswahl von Lernobjekten, welche erforderliche Kompetenzen vermitteln. Dies ist jedoch nicht ausreichend, da der Benutzer evtl. mit Lernobjekten konfrontiert wird, die ihn überfordern, weil ihm die notwendigen Verständnisvoraussetzungen fehlen. Was also benötigt wird, ist ein Verfahren zur Zusammenstellung von Lernprogrammen für den konkreten Kontext des Lernenden.

Basis hierfür ist eine kompetenzorientierte Modellierung. Lernobjekte müssen in Form von Lernzielen und Voraussetzungen beschrieben werden, d.h. es muss festgelegt werden, welche Kompetenzen vorausgesetzt und welche vermittelt werden sollen. Zusätzlich können noch didaktische Abhängigkeiten (wie z.B. ein Lernobjekt nimmt auf ein Beispiel Bezug, das in einem anderen eingeführt wurde) bzw. Empfehlungen mit einbezogen werden. Gleichzeitig muss aber auch für die jeweilige Arbeitssituation ermittelbar sein, welche Kompetenzen diese erfordert. Hierzu werden organisationale Aspekte des Kontextes modelliert (z.B. Rolle, Organisationseinheit, Prozess, Aktivität) und mit Kompetenzanforderungen annotiert.

Zur Laufzeit muss dann anhand des beobachtbaren Verhaltens des Benutzers und evtl. bereits vorhandener Informationen der eigentliche Benutzerkontext ermittelt werden, der z.B. enthält, in welcher Organisationseinheit ein Mitarbeiter arbeitet, in welchem Prozessschritt er sich befindet oder welche Rolle er bekleidet. Zudem sind darin seine aktuellen Kompetenzen verzeichnet und seine Lernpräferenzen, die Elementen der Lernobjektmetadaten entsprechen.

Die Ablaufschritte des Verfahrens sind wie folgt:

- *Analyse der Wissenslücke*, d.h. der Menge von Kompetenzen, die erforderlich sind, aber der Benutzer nicht besitzt.

- *Ermitteln von Lernobjekten und Zusammenstellung des Lernprogramms*. Lernobjekte, die fehlende Kompetenzen vermitteln können, werden unter Berücksichtigung evtl. vorhandener direkter Abhängigkeiten und Kompetenzvoraussetzungen zu möglichen Lernprogrammen zusammengestellt.

- *Bewerten der möglichen Lernprogramme*. Anhand von Benutzerpräferenzen und Kontextattributen (z.B. verfügbare technische Ausstattung) kann aus den generierten Lernprogrammen das geeignetste ausgewählt werden.

4   Kontextbewusste Mediation von informellem Wissensaustausch

Eine wichtige Rolle im informellen Lernen, d.h. dem Lernen außerhalb von Kursen und Lehrbücher, spielt die Kommunikation bzw. der Austausch mit anderen. Wir lernen durch Fragen oder im zufälligen Gespräch in der Kaffeeküche (vgl. Grebow 2002). Mit den heutigen Kommunikationsmöglichkeiten kann der Lernende auf einfache Art und Weise andere Personen (potentielle „informelle Lehrer") kontaktieren, wenn er Unterstützung braucht, und ist nicht mehr nur auf Personen vor Ort beschränkt. Solch spontane Kommunikation, insbesondere unter räumlich verteilten Kommunikationspartnern, bringt jedoch auch Herausforderungen mit sich. Beim Schreiben einer Nachricht per Email oder in einem Forum bleibt für den Sender unklar, wann er eine Antwort erhält und ein Telefonanruf schlägt fehl, wenn die Person nicht erreichbar ist, so dass der Lernende im schlimmsten Fall in seiner Arbeit nicht fortfahren kann. Überdies ist es für den Lernenden oft auch schwierig, eine geeignete Kontaktperson zu finden, die ihm weiterhelfen kann.

Völlig unberücksichtigt blieben bisher die Bedürfnisse und Wünsche des informellen Lehrenden. Denn erfolgt eine Anfrage zu einem ungünstigen Zeitpunkt, z.B. während eines Meetings, so erweist sich die Unterbrechung durch die Kommunikation als lästig und störend (vgl. Adamczyk & Bailey 2004). Treten solche Situationen häufiger auf, sinkt die Bereitschaft des informellen Lehrenden als solcher weiterhin zu fungieren. Auf der anderen Seite kann der Lehrende auch von einer solchen Kommunikation profitieren. Er gewinnt soziales Ansehen, kann aber auch sein eigenes Wissen festigen und vertiefen.

Um nun den informellen Wissensaustausch zu verbessern, ist eine kontextbewusste Mediation sinnvoll, eine Mediation also, die sowohl die aktuelle Situation des Lernenden und sein Bedürfnis nach einer Kontaktperson als auch die aktuelle Situation des informellen Lehrenden und dessen Verfügbarkeit berücksichtigt und entsprechend diesen Kontexten die Kommunikation vermittelt. Jede Rolle impliziert hierbei spezifische Anforderungen und Faktoren, die eine kontextbewusste Mediation determinieren und folgend erläutert werden (s.a. Tab. 1).

Tabelle 1: Bestimmende Faktoren des Lehrenden und Lernenden für eine kontextbewusste Mediation

Der Lehrende	Der Lernende
Derzeitige Tätigkeit	Derzeitige Tätigkeit
Relevanz der Anfrage	Thematik der Anfrage
Unterbrechbarkeit	Dringlichkeit
Bevorzugter Kommunikationskanal	Bevorzugter Kommunikationskanal
Unterbrechungskosten	Verzögerungskosten
Kompetenzniveau	Kompetenzniveau
Soziale Beziehung zum Lernenden	Soziale Beziehung zum Lehrenden

4.1   Faktoren der kontextbewussten Mediation

Zur Bestimmung der Faktoren des Lehrenden kann auf Arbeiten aus dem Gebiet der unterbrechenden Kommunikation zurückgegriffen werden, in denen Auswirkungen und Strategien zum Umgang mit Unterbrechungen auf Empfängerseite untersucht wurden.

Zuvorderst steht dessen *Unterbrechbarkeit*, d.h. die Empfänglichkeit für Unterbrechungen, basierend auf dem Wunsch, in der *derzeitigen Tätigkeit* möglichst nicht gestört zu werden. Dabei wirken sich Unterbrechungen in Abhängigkeit der Tätigkeit unterschiedlich aus (vgl. Czerwinski 2000). Ist die Person beispielsweise in eine sehr komplexe Aufgabe vertieft oder befindet sie sich in einem Meeting, ist eine Unterbrechung eher störend, wohingegen sie an anderer Stelle eine willkommene Abwechslung sein kann. Ebenso gilt es den *bevorzugten Kommunikationskanal* zu beachten. Verschiedene Kommunikationskanäle bedürfen unterschiedlicher Aufmerksamkeit. Eine eingehende Email beispielsweise kann vom Empfänger zunächst ignoriert und zu einem späteren Zeitpunkt beantwortet werden, wohingegen es schwerer fällt, ein klingelndes Telefon zu ignorieren. Auch stehen nicht immer alle Kanäle zur Verfügung. Ein weiterer Punkt sind die *Unterbrechungskosten*; ökonomische Kosten, die für den Lehrenden entstehen, wenn er durch eine Anfrage unterbrochen wird. Darüber hinaus ist es für die Ausübung der Funktion als Lehrender wichtig, dessen *Kompetenzniveau* zu bestimmen. Er sollte ein höheres Kompetenzniveau wie der Lernende innehaben, um als solcher fungieren zu können. Entsprechend diesem kann in der kontextbewussten Mediation ein geeigneter Lehrer empfohlen werden. Insbesondere auch dann, wenn eine *Relevanz der Anfrage* des Lernenden für den Lehrenden besteht, da er beispielsweise Gleiches selbst kurz zuvor erlernt hat und nun z.B. durch das Erklären selbst sein Wissen festigen kann. Hierbei spielen aber auch soziale Aspekte eine wichtige Rolle. Denn der Experte muss nicht automatisch der beste Lehrer sein. Oft bevorzugen Lernende eine Person mit ähnlichem Kompetenzniveau oder die kürzlich ähnliche Schwierigkeiten hatte. Seitens des Lehrenden beeinflusst die Qualität der *sozialen Beziehung zum Lernenden* seine Bereitschaft zur Beantwortung von Fragen. So hilft man etwa einem Freund bereitwilliger als einem Fremden.

Dem gegenüber stehen die Anforderungen des Lernenden, der sich schnelle und gute Hilfe wünscht. Eine wichtige Rolle spielt hierbei die *Dringlichkeit* seiner Anfrage. Manchmal ist es nur eine kleine Frage, die keiner sofortigen Antwort bedarf, manchmal kann der Lernende aber ohne weitere Unterstützung nicht in seiner derzeitigen Arbeit fortfahren, so dass ihm schnellstmöglich Hilfe vermittelt werden sollte. Auch hier muss der *bevorzugte Kommunikationskanal*, der dem Lernenden zur Verfügung steht und über den er kommunizieren möchte, beachtet werden. Und wie auch für den Lehrenden, können auf Seiten des Lernenden ökonomische Kosten, sog. *Verzögerungskosten*, entstehen, wenn er keine Hilfe erhält und ggf. seine Tätigkeit nicht fortsetzen kann. So bestimmt seine *derzeitige Tätigkeit* zum einen, an welcher Stelle der Wissensbedarf besteht und zusammen mit seinem *Kompetenzniveau* wie groß dieser ist. Ferner dient das Kompetenzniveau zur Ermittlung eines geeigneten informellen Lehrenden. Hierfür spielt auch die genaue *Thematik seiner Anfrage* eine wichtige Rolle. Besteht ein Bezug zur aktuellen Tätigkeit des Lehrenden, so wird dieser nicht völlig aus seinem Kontext herausgerissen und er kann dem Lernenden eine schnellere und bessere Antwort geben (vgl. Czerwinski 2000), wobei für die Auswahl des Lehrenden auch die *soziale Beziehung* zu diesem aus Sicht des Lernenden ein wichtiger Faktor ist. Beispielsweise fällt es leichter, nahe stehende Personen wie etwa befreundete Arbeitskollegen um Unterstützung zu bitten, als sich an eine Person zu wenden, die einem unsympathisch ist oder mit der man sich nicht gut versteht.

5   Umsetzung

Im Rahmen des von der EU geförderten Projektes Learning in Process (LIP) wurde das kontextgesteuerte Lernen erstmals in Form eines Empfehlungssystems für Lernobjekte umgesetzt und hinsichtlich seiner Akzeptanz durch Lernende untersucht (Schmidt 2004; Schmidt 2005a). Die Realisierung erfolgte durch eine dienstorientierte Architektur auf der Basis einer ontologiebasierten Modellierung in RDFS. Als Kontextquellen wurden Office-Anwendungen, Web-Browser und Entwicklungsumgebungen überwacht. Die ersten Benutzerstudien in zwei Unternehmen mit 21 Teilnehmern haben das Konzept des kontextgesteuerten Lernens als praktikabel und nützlich für den Arbeitalltag bestätigt; eine befürchtete Ablehnung wegen Überwachung hat sich nicht als problematisch herausgestellt. Derzeit wird an der Integration in ein kommerzielles ERP-System gearbeitet.

Rechnergestützte Kommunikation im Allgemeinen durch Berücksichtigung des Kontextes effizienter zu gestalten, ist der Ansatz des MatchBase-Systems (Gross et al. 2006). Dieser Ansatz wurde für die Kommunikationskanäle Email und Instant Messaging umgesetzt. Mittels verschiedener Sensoren werden Daten über die aktuelle Situation der Nutzer erfasst. Wird nun eine Kommunikation initiiert, d.h. eine Email oder Instant Message verschickt, so werden die benötigten Informationen über den Initiator, den Empfänger und die Nachricht an sich angefordert und analysiert, um die bestmögliche Strategie zur Handhabung der Kommunikationssituation zu ermitteln. Aus den betreffenden Informationen wird im Matching-Verfahren ein sog. Effizienzgrad errechnet, welcher das weitere Systemverhalten bestimmt; das bedeutet im Falle eines hohen Effizienzgrades die sofortige Übermittlung der Nachricht oder im Falle eines niedrigen Wertes das Zurückhalten der Nachricht, bis ein geeigneterer Zeitpunkt zur Überlieferung ermittelt wird. Das MatchBase-System besteht aus drei Komponenten: einer Sensoren-Komponente mit verschiedenen Hard- und Software-Sensoren, einer Matching-Komponente zur Inferenzierung der gesammelten Informationen und einer Aktoren-Komponente mit verschiedenen Aktoren, welche das Verhalten der Email und Instant-Messaging-Applikationen entsprechend dem ermittelten Effizienzgrad anpassen. Die Umsetzung zeigte die Machbarkeit des Ansatzes.

Derzeit wird eine Integration der beiden Ansätze auf der Basis der Kontextmanagement-Plattform aus LIP durchgeführt. Die Plattform ist in der Lage, mit unvollkommenen und dynamischen Kontextinformationen umzugehen und hierzu eine beliebige Anzahl von Kontextquellen (z.B. Sensoren, aber auch Mehrwertdienste) aufzunehmen.

6   Verwandte Arbeiten

Die Grundidee des Wissenserwerbs in den Arbeitsprozessen wurde auch Ende der 90er Jahre mit dem geschäftsprozessorientierten Wissensmanagement (Abecker et al. 2002) verfolgt. Hierbei wurde allerdings davon ausgegangen, dass die prozessorientierte Bereitstellung von „Wissensinhalten" ausreicht. Vernachlässigt wurde jedoch, dass zum einen der Kontext eines Mitarbeiters sich nicht nur auf Prozessaktivitäten beschränkt (z.B. sozialer Kontext, aktuelle Konzentrationsfähigkeit u.v.m.) und man zum anderen auch berücksichtigen muss, ob die „Wissensinhalte" für die individuelle Wissenskonstruktion (pädagogisch) geeignet sind. Letzteres trifft ebenso auf den Ansatz des Just-In-Time Information Retrievals (Rhodes & Maes 2000) zu, der ebenfalls proaktive Empfehlungen statt reaktiver Recherche vorschlägt. Im Bereich der didaktischen Konzepte entspricht das vorgestellte Konzept einer stark reduzierten, aber dadurch automatisierbaren Form des Scaffolding.

Ansätze für den Bereich der kontextbewussten Mediation von informellem Wissensaustausch sind auf dem Gebiet der unterbrechenden Kommunikation zu finden. Für den Umgang mit unterbrechender Kommunikation bieten sich zwei Strategien bezüglich der Verantwortlichkeitszuweisung bei der Kontaktinitiierung an. Die *erste Strategie* basiert auf dem Ansatz der Social Translucent Systems (vgl. Erickson et al. 2000) und überlässt der kontaktaufnehmenden Person die Entscheidungsverantwortung. Mittels verschiedener Sensoren werden Informationen über den Empfänger gesammelt und der kontaktaufnehmenden Person zur Verfügung gestellt. Anhand dieser Informationen kann sie über die Angemessenheit der Kontaktinitiierung entscheiden. Auf diesem Ansatz basierende Systeme (z.B. Fogarty et al. 2004; Lai et al. 2003) versuchen durch die Analyse z.B. von Sprache, Bewegung, Standort oder Computeraktivität, die Präsenz und Verfügbarkeit einer Person zu ermitteln. Diese Informationen werden den Kommunikationspartnern zur Verfügung gestellt. Allerdings zeigten Pilotstudien, dass die Systeme in der Vermeidung von störender Kommunikation oft fehlschlugen. Die *zweite Strategie* überlässt die Entscheidungsverantwortung dem System. Ebenfalls auf Basis von Sensorinformationen inferenzieren die Systeme die Unterbrechbarkeit einer Person und gestatten oder unterdrücken die Kommunikation auf Empfängerseite. Das System Busy-Body (Horvitz & Apacible 2004) ermittelt die Unterbrechbarkeit einer Person, indem, basierend auf Arbeitsbelastung und Aufmerksamkeitsfokus, die sog. Unterbrechungskosten errechnet werden, wobei die Unterbrechungskosten als die Zahlungsbereitschaft zur Vermeidung der Unterbrechung definiert werden. Hiervon ausgehend entscheidet das System, ob, wann und wie der Empfänger unterbrochen wird. Die Präferenzen der kontaktaufnehmenden Person bleiben unbeachtet.

7   Zusammenfassung

Lernen bei Bedarf erfordert einen grundsätzlichen Wandel der Systemrolle für lernunterstützende Systeme. Dies umfasst sowohl formelle wie auch informelle Lernprozesse. Hierfür wurde die Methode des kontextgesteuerten Lernens vorgestellt, die Lernprozesse durch kontextbewusste Empfehlung von Lernmöglichkeiten initiiert *und diese kontextbewusst bereitstellt*. Für klassische Lernobjekte besteht das Bereitstellungsproblem in der kompetenzorientierten Zusammenstellung von Lernobjekten zu einem pädagogisch sinnvollen Lernprogramm; für Kommunikationsmöglichkeiten besteht das Problem in der Abwägung des Kontextes des Lernenden und des Kontextes des informell Lehrenden. Für beide Probleme wurden entsprechende Lösungen vorgestellt und hinsichtlich ihrer Akzeptanz getestet. Sie zeigen, dass Kontextbewusstsein für eine neue Form der Lernunterstützung sowohl sinnvoll als auch möglich ist. Derzeit wird als Erweiterung an der Realisierung eines ganzheitlichen Modells für die Lernunterstützung, dem „Wissensreifungsprozess", gearbeitet.

Literaturverzeichnis

Abecker, A.; Hinkelmann, K.; Maus, H.; Müller, H. J. (2002): Geschäftsprozessorientiertes Wissensmanagement – Effektive Wissensnutzung bei der Planung und Umsetzung von Geschäftsprozessen. Heidelberg, Deutschland: Springer Verlag.

Adamczyk, P. D.; Bailey, B. P. (2004): If Not Now, When?: The Effects of Interruption at Different Moments Within Task Execution. In: Dykstra-Erickson, E.; Tscheligi, M. (Hrsg.): Proc. of the CHI '04. New York, USA: ACM Press, S. 271-278.

Czerwinski, M., Cutrell, E., Horvitz, E. (2000): Instant Messaging and Interruption: Influence of Task Type on Performance. In: Paris, C.; Ozkan, N.; Howard, S.; Lu, S. (Hrsg.): Proc. of the OZCHI '00. North Ryde, Australia: CSIRO Mathematical and Information Sciences, S. 356-361.

Fogarty, J.; Lai, J.; Christensen, J. (2004): Presence versus Availability: The Design and Evaluation of a Context-Aware Communication Client. Journal of Human-Computer Studies, Vol. 61, Nr. 3, S. 299-317.

Grebow, D. (2002): At the Water Cooler of Learning. In: Transforming Culture: An Executive Briefing on the Power of Learning. Charlottesville, USA: Batten Institute, Darden Graduate School of Business, University of Virgina, S. 55-57.

Gross, T.; Braun, S.; Krause, S. (2006): MatchBase: A Development Suite for Efficient Context-Aware Communication. In: Proc. of the 14th Euromicro Conference on PDP 2006. Los Alamitos, USA: IEEE Computer Society, S. 308-315.

Horvitz, E.; Koch, P.; Apacible, J. (2004): BusyBody: Creating and Fielding Personalized Models of the Cost of Interruption. In: Herbsleb, J.; Olsen, G. (Hrsg.): Proc. of the CSCW '04. New York, USA: ACM Press, S. 507-510.

Kraft, S. (1999): Selbstgesteuertes Lernen. Zeitschrift für Pädagogik, Vol. 45, Nr. 6, S. 833-845

Lai, J.; Yoshihama, S.; Bridgman, T.; Podlaseek, M.; Chou, P.; Wong, D. (2003): MyTeam: Availability Awareness through the Use of Sensor Data. In: Rauterberg, M. et al. (Hrsg.): Proc. of the INTERACT '03. Amsterdam, Niederlande: IOS Press, S. 503-310.

Lave, J.; Wenger, E. (1991): Situated Learning: Legitimate Periperal Participation. Cambridge, UK: Cambridge University Press.

Niedzwiedzka, B. (2003): A proposed general model of information behaviour. Information Research, Vol. 9, Nr. 1.

Rhodes, B. J.; Maes, P. (2000): Just-in-time Retrieval Agents. IBM Systems Journal, Vol. 39, Nr. 3-4, S. 685-704.

Röll, F.-J. (2003): Pädagogik der Navigation – Selbstgesteuertes Lernen durch Neue Medien. München, Deutschland: Kopäd.

Schmidt, A. (2004): Kontextgesteuertes Lernen in Unternehmensumgebungen – Der Learning in Process-Ansatz. In: Engels, G.; Seehusen, S. (Hrsg.): DeLFI '04. Bonn, Deutschland: Gesellschaft für Informatik, S. 259-270.

Schmidt, A. (2005a): Bridging the Gap between Knowledge Management and E-Learning with Context-Aware Corporate Learning Solutions. In: Althoff, K.-D. et al. (Hrsg): Professional Knowledge Management – WM '05. Heidelberg, Deutschland: Springer Verlag, S.203-213.

Schmidt, A. (2005b): Knowledge Maturing and the Continuity of Context as a Unifying Concept for Knowledge Management and E-Learning. In: Tochtermann, K.; Maurer H. (Hrsg): Proc. of the I-KNOW '05. Heidelberg, Deutschland: Springer Verlag.

Kontaktinformationen

FZI Forschungszentrum Informatik Forschungsbereich Information Process Engineering
Simone Braun, Andreas Schmidt

Haid-und-Neu-Str. 10-14
76131 Karlsruhe
{Simone.Braun|Andreas.Schmidt}@fzi.de

Tel.:   +49 721 9654-722 bzw. 732
Fax.:   +49 721 9654-723 bzw. 733

A. M. Heinecke, H. Paul (Hrsg.): Mensch & Computer 2006: Mensch und Computer im Struktur*Wandel*.
München, Oldenbourg Verlag, 2006, S. 293-302

Interactively Exploring Bibliographical Data for Literature Analysis

Stefan Schlechtweg, Stefan Büder, Marcel Götze

Otto-von-Guericke-Universität Magdeburg, Institut für Simulation und Graphik

Abstract

This paper introduces techniques for interactive navigation within large sets of bibliographic data. The main conceptual idea is to use various relations between the entries to navigate within the information space. A visualisation that supports both the display of the data itself and the relations is introduced. Interaction techniques offer possibilities to follow relations and, thus, create new views onto the data. The proposed visualisation and interaction techniques improve literature analysis tasks that occur when writing a scientific document or when reviewing and exploring a scientific topic based on literature.

1   Introduction

Writing a scientific paper, a thesis, or any other work in the scientific community requires a thorough understanding and analysis of other people's written work. Literature review and analysis is therefore an integral part of successful scientific work. Working with literature not only includes to know about the contents of papers and books but also to know relations between certain works, topics and authors who work in an area and how these are interrelated. Especially these relations are a valuable basis to derive new ideas.

Keeping track of the literature in a field is rarely supported by visual tools for exploring the above mentioned relations. Often, a database containing bibliographic information, possibly personal annotations, and a reference to an electronic version of the article is the only source for a literature survey or analysis. Relations are established and maintained mainly mentally by the person doing the survey, or, for example, taken down in (handdrawn) diagrams.

We propose techniques to support the literature analysis by means of visualization and interaction of and with such relations. Based on a database containing bibliograpic and additional information, several kinds of data are visualized. This includes information for single papers, a whole body of papers, and relations between papers and/or authors. We further propose interactive tools to explore the information space, and possibly to add new information.

2   Related Work

There exist a wealth of projects that deal with a certain visualization of bibliographic data. Most interfaces to digital libraries, however, do not use the full power that can be gained when exploiting relational connections among the documents in the library. A standard search engine interface is not enough if it comes to analyzing a field of research or following a scientific topic. The problem here is that the queries to the digital library have to be created manually from the contents of the read paper or the information presented within the digital library. The exploitation of relational information would help to create such queries automatically and, thus, provide an easier way to navigate within the library.

Almost all digital libraries today use a form based interface to their search engine and provide the query results in list form on a web page. Different information about the documents are given ranging from author, title and abstract to a list of citations or a list of documents that are related in some other way. Navigation is almost exclusively based on user formulated queries. A recent example that uses relations for navigation in a digital library is CITEULIKE (www.citeulike.org). Here, a user can collect documents and relate them to each other via the assignment of "tags". CITEULIKE offers a node-link-diagram to show which documents are related to each other and to navigate through the library. The relations are solely computed based on the assigned tags, no citation or authoring relations are considered.

Hsu et al. (2004) present with MONKELLIPSE an interactive visualization that builds on an elliptical design. All documents are chronologically laid out in an elliptical shape, where additional indicators show a grouping by years. Research topics are shown in the inner area of the ellipse with each area in the relative center of the documents that belong to it. Selecting a document leads to an emphasis of all cited documents as well as of the respective research area. A selection of the research area emphasises all comprising documents. While the pleasing layout, a good use of screen space and the elaborate interaction concept make MONKELLIPSE a nice tool to explore a body of literature, many features that are needed for a deeper literature analysis are missing. Also, the unchangeable layout poses some problems, especially if other criteria than the year of publication are needed to sort the documents.

A different approach was taken by Wong et al. (2004) with their IN-SPIRE system. Here, the most important point is the distribution of documents among various topic areas. A set of documents is visualized as topic map or galaxy view showing clusters of documents belonging together. Additional tools allow, for instance, filtering by time of publication. The outlier tool allows further filtering and a more detailed examination of the document set. Both the topic map and the galaxy view are not connected to each other. This makes the exploration of the information space rather difficult. Also, the visualizations can not be adapted to other information needs, as for instance, authors or document-author relationships.

With a focus on visualization and analysis of large complex networks, WILMASCOPE was presented by Ahmed et al. (2004). To visualize bibliographic data, relations between authors, documents, and other relations are extracted from the data and a network is built. This is then visualized in various ways, allowing to see, for example, the (co-)citations, authors and their relations, or relations within and in between research topics. Considering all such relations yields a complex network which can be visualized differently. The used layout techniques make the most prominent nodes in the network stand out. Also, the layered layout offers the advantage of less edge crossings as with normal 2D graph layouts. WILMASCOPE leads to very comprehensive visualizations which are, however, not interactively explorable.

Most applications for handling bibliographical data restrict themselves to browsing the database and showing statistical data. BIBRELEX (Brueggemann 1999) uses standard graph drawing techniques to reveal and show document relationships, e.g. the citation network. It is, however, restricted to these kinds of relations and the chosen spring mass based graph layout changes if new nodes were added, possibly leading to a complete layout change. The DBL-BROWSER (Klink 2004) is primarily an interface for browsing in an online bibliographic database. Some visualization tools are added to explore various aspects. The timeline graph gives an overview of time-oriented aspects, e.g., the distribution of published papers of an author over a certain time period. Other more network based visualizations show relations between authors (co-authorship) or between documents (citations). While these visualizations are very useful, a global overview of the complete data set is missing.

Citation and Co-Citation analysis is another area to be considered. Often citation chains and co-citations lead to different documents that are of use for the task at hand. HISTCITE (Garfield 2002), for example, uses node link diagrams to visualize citation and co-citation graphs. While such visualizations help to get an overview, they might become rather com-plex and contain too much information for an actual literature analysis task. This can be seen in the CITESPACE system (Chen 2004; Chen 2006). Based on co-citation networks, Chen builds a visualization that supports the identification of intellectually significant articles based on a visual inspection of the graph. Even though the goal behind Chen's work is some-what different from ours, it shows that a visualization of relational data helps to get new information from a set of bibliographic data.

3 Requirements

For an overview of the complete data set, a comprehensive visualization of the *complete* data should be provided. Almost all of the mentioned systems offer such a feature. Searching as well as filtering needs to be provided to support navigation and to reduce the amount of data with which a user is working. WILMASCOPE does not offer searching while even more of the previously mentioned systems, namely WILMASCOPE, MONKELLIPSE, and BIBRELEX, do not contain filtering. As far as the navigation is concerned, a smooth transition between the views is required in order to keep the context. Detail-on-demand techniques can be used to get specific information about one selected entity, narrow a selection, or working as initiator for a new filtering. An example is to get information about the authors of a publication and then use the co-authorship relation to get to a different set of documents. To enable this filtering, relational information have to be extracted from the initial data and tools have to be provided for navigating with these relations. Astonishingly enough, only WILMASCOPE makes extensive use of such relations. User defined relations are a further information source and even more support navigation. Such relations need to be defined for or computed from the given data. Also, user defined annotations and possibly changes of the data (addenda, corrections) will help in supporting literature analysis in an interactive and visual way.

4   The Data

The original data which were used to form the information space consist of an extended BiBTeX database of approximately 600 documents from the area of computer graphics written by about 800 authors. We have added a field to each entry that holds the keys of all documents which are cited by the respective document, a field for topic keywords and a field containing an abstract of the document. Each document in the database is characterized by a set of attributes, which are derived from the given BiBTeX fields. Other input formats, e.g., XML, can also be used if a respective import filter exists. In order to provide the necessary data for a rich visualization and interaction, we derive three sets of data entities, a set of documents: **D**, a set of authors: **A**, and a set of research topics: **T**.

There exist various relations between these three sets which can be calculated from the data base. The following are the most important of them:

- $D \to A^n$: all authors of a document
- $A \to D^n$: all documents written by an author
- $A \to A^n$: all co-authors of an author
- $D \to D^n$: all documents being cited by a document or all documents citing a document
- $D \to T^n$: all topic areas of a document
- $T \to D^n$: all documents in a topic area

In general, the following visualization tasks need to be realized for the task at hand:

- visualizing all members of a dataset (overview)
- visualizing the attributes of a single document (attribute relations)
- visualizing relations within one dataset (internal relations)
- visualizing relations between two different datasets (external relation)

5   Visualization and Interactive Literature Analysis

To visualize the literature data and relations, we borrow the elliptic design from TEXTARC (Paley 2002) and MONKELLIPSE (Hsu 2004). TEXTARC is an alternative way of displaying a continuous text which is arranged line by line in an elliptical form. In the inner area of the ellipse relevant words are placed according to their position in the text. Relations between words and the whole text are displayed via lines drawn when moving the pointer over a certain word. We build on this basic idea and generalize it for certain types of relations and data sets. The main power of our approach lies in the combination of those visualizations via interaction. Thus, the presented visualization together with interactive techniques allows a target-oriented navigation within the information space. In the following we will present tools for navigation using actual screenshots from the implemented system. The system was realized as a prototype using OpenGL for visualization and a MySQL database to store the bibliographic information. The principles behind can, however, easily be adopted to other graphics libraries and to data handling via network.

The elliptic design offers two primary advantages. First, due to its aspect ratio, screen space is better used in comparison to a circular layout. Second, an elliptical visualization can be devided into an inner (the ellipse's surface) and an outer part (the ellipse's line and the surface outside of the ellipse), so two different data sets can be easily combined visually.

5.1   Visualization of Bibliographical Data

The most general visualization, tool is the *browse ellipse* which displays all entities of a certain set. Figure 1 shows an implementation of this concept. All entries are arranged around the circumference of the ellipse where a single entry is displayed as label.

Figure 1: Concept of the browse ellipse, showing all documents of one author

Such visualization gives a first overview of the information space and offers various navigation tools to gain a deeper insight. The ellipse itself in subdivided into segments, one for each label, which are colored alternatively to make the items more distinguishable. If a very large number of items is present, the labels are not readable. Therefore, Focus+Context techniques according to the *Information Seeking Mantra* (Shneiderman 1996) should be provided. In a sense, this layout with labels made unreadable to fit the whole information space in the visualization, resembles the Information Murals as presented by Jerding and Stasko (Jerding & Stasko 1998). Moving the pointer over the labels is used to enlarge the focused label, a direct selection triggers the attribute relation and reveals detailed information in the inner area of the ellipse. Selecting more than one item gives the possibility to group these or open a new browse ellipse with just these items. Offering search functionality yields a selection of entries that match the search and which are then displayed.

The browse ellipse is also the basis for the visualization of relations. Figure 1 has already shown the display of attribute relations: selecting exactly one entry activates the attribute relation and the entry's attributes are shown in the inner surface of the ellipse. If internal rela-tions like $A \rightarrow A^n$ or $D \rightarrow D^n$ are to be displayed, the originator of the relation is selected and all related items will automatically become selected. Between both, lines or arrows, depending on the kind of relation, are drawn as in Figure 2. To enhance the visibility of the lines, especially when they reach to nearby items, they start from markers drawn inward from the position of the respective labels. All selected labels are enlarged and made readable.

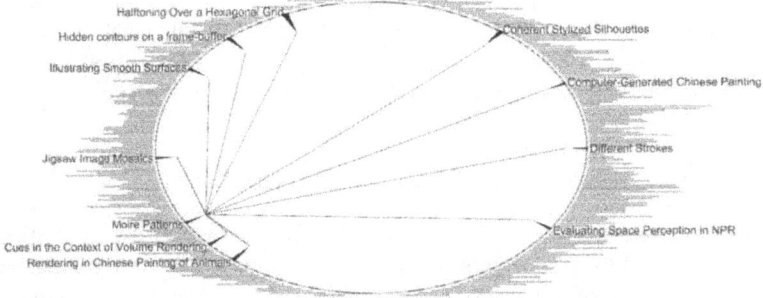

Figure 2: Showing internal relations as arrows between the selected origin and all related entries

External relations, i.e., relations between data items from two different sets use the inner area of the ellipse to display the second data set while the first is laid out as shown for the browse ellipse. This layout is especially useful for relations between authors and documents, i.e., $D \rightarrow A^n$ or $A \rightarrow D^n$. A single data item from the second set is placed in the inner area while lines emanate from there to the related items from the first data set on the circumference of the ellipse. The position of the inner data item is either central or can be computed using a force based algorithm that positions the inner item with respect to the positions of the related items in their relative center.

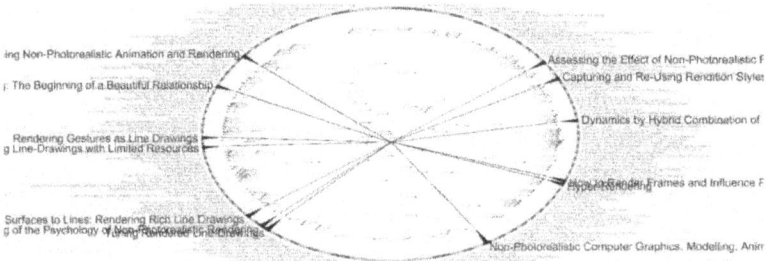

Figure 3: A single item is related to some data items from another data set.

Such a force based model is also needed if external relations between several data items from both sets are to be displayed. The items from the first set are, again, distributed on the ellipse's circumference. All items from the second set are laid out following the force based approach in the inner area. In this way, items having similar relations to items from the first set come close together. A direct link via lines and arrows is established when moving the pointer over the respective item (cf. Figure 3). This visualization seems especially valuable for relations like $D \rightarrow A^n$ or $A \rightarrow D^n$. However, both data sets can also be identical, so that this concept can also be used to show internal relations like $A \rightarrow A^n$ or $D \rightarrow D^n$.

To visualize groupings, the browse ellipse is segmented according to the number of groups and these groups are visually emphasized by drawing wedges in the inner area of the ellipse. Each wedge can then hold certain information if space permits. The most simple kind of information being displayed is a label as in Figure 4. Moreover, all group members can be displayed as points within the area of the wedge belonging to the group so that a display of relations becomes possible. When the pointer is moved over a data item, all relations to other items from other groups are shown as direct lines between the respective points.

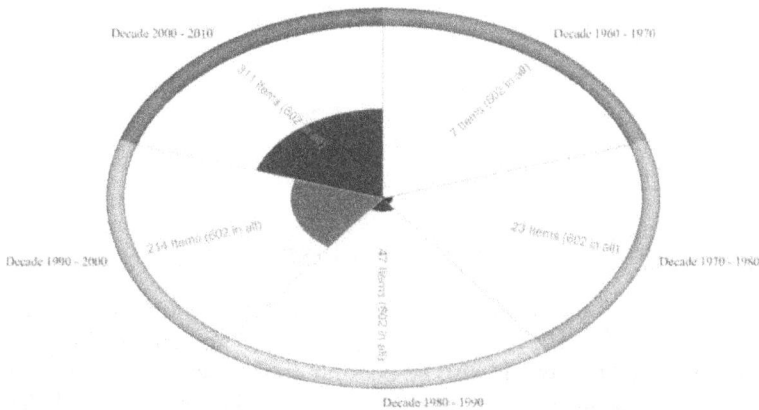

Figure 4: Grouping of entries with general information about the groups shown as labels. Here, overview of the data grouped by decade of publication

Some of the relations which are of interest in literature analysis lead to relation chains. The most prominent example here is the citation relation which yields citation networks. A standard way of visualizing such citation networks as graphs soon becomes problematic since the resulting graphs are rather complex. For a literature analysis in connection with a writing task, citation networks are often needed level by level, or, alternatively, single paths need to be followed, so that an interactive exploration of such networks is more appropriate. Starting with a browse ellipse, all citation relations (for example) can be treated like external relations, so that the ellipse itself with the selected item is moved into the center of a second ellipse which shows the same data set. All relations are drawn as direct links. For the next level of the network, a third ellipse is created in the same way. Moving those ellipses in 3D on separate levels even enhances the recognition of the links due to the possibility to view the network from various angles (see Figure 5).

The visualization designs so far concentrate mainly on one particular relation. When working with bibliographical data, there is often the need to follow different relations in order to gain deeper insight into the topic or to establish connections between different documents that are not obvious on a first glance. Therefore, interaction techniques are needed to explore the information space in various ways.

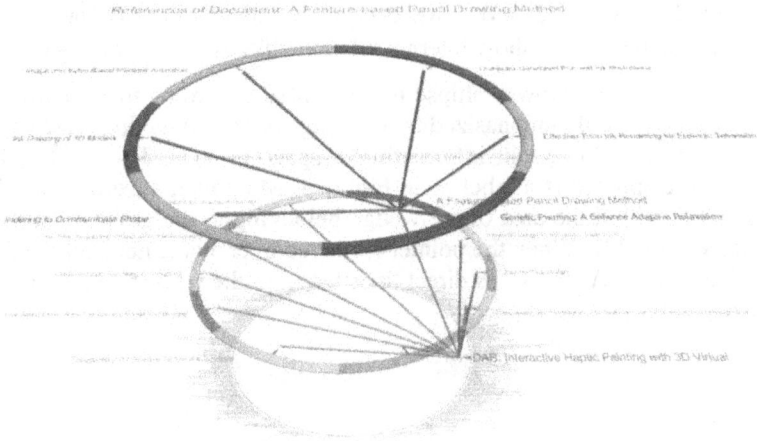

Figure 5: Three levels of the citation network shown in three ellipses laid out in 3D

5.2   Interactive Literature Analysis

The usual starting point for a literature analysis is a search in the database for either a specific author or a keyword that reveals a set of papers which contain that keyword in the title or even the document text. It would also be possible to start with an overview visualization of the complete set of documents (e.g., as shown in Figure 1). This is a good idea if someone who starts an analysis within a relatively unknown area and wishes to actually search for a paper or author. In our example, we shall start with a different kind of overview visualization that gives the temporal distribution and grouping of the papers related to computer graphics (our example data set). Figure 4 shows this overview where all papers are grouped by decade of publication. This overview is augmented by a histogram like indicator in the ellipse's area to quickly get a comparison of the number of documents in each decade.

We then select the biggest chunk of data, the decade starting 2000 and call a browse ellipse for all documents within this decade. Now the user can browse through these data by moving the mouse over the titles. Note that due to the number of elements the titles are reduced in size so that they are not readable at the moment. However, the title currently under the mouse will be enlarged and highlighted. Moreover, for each selected document, detail information is shown in the middle of the ellipse, as can be seen in Figure 1.

After the user has found a paper "show references" was selected yielding Figure 2 which shows all cited documents as internal relation of the kind $D \rightarrow D^n$. From this relation mainly alternative or previous research approaches can be derived. Taking this further and selecting one of the cited documents and again calling up all references leads to the second level of the citation network. Going another step yields Figure 5 where three levels of the citation network are shown. Note that only the subset of the documents that is actually cited is shown on higher levels to avoid too much overlapping and visual clutter.

After working with the citation network, we return to the document overview in Figure 1 and go a different way which is also often gone when analyzing scientific literature. Assuming that the author of a specific paper is working in a specific topic area, it is a good idea to find other papers by the same author. This will yield an overview of the author's research. There are two possible ways to get this information. First, a new browse ellipse can be opened which shows just the documents by the respective author (see Figure 1). Second, the external relation $A \rightarrow D^n$ can be used to relate author and documents visually to each other as can be seen in Figure 3. In contrast to the first option, here the displayed information space is not limited and can be explored further. However, the visualization is also more complex. The inner visualization is made up of the authors which are placed in the relative center of their documents. Selecting one author highlights the documents he or she has written.

Co-authors of an author are likely to work on the same or similar research topics, so that the co-authorship relation can be used to get a more focussed overview of a research area. Figure 2 is an example of a visualization of the co-author relation $A \rightarrow A^n$, which is an internal relation on the set of authors.

All visualizations as shown in this section are interlinked with each other and reachable via simple interactions, i.e., selecting an item and determining the new visualization via popup menu selection. The transition between one visualization to the other is smooth and an undo functionality helps in going back to earlier stages in the exploration process.

6 Conclusion and Future Work

The proposed visualization and interaction techniques offer a way to browse bibliographic data while being focussed on relational connections between documents, authors and their attributes. In comparison to standard form based interfaces to digital libraries, such a relation based exploration eases the way to find new documents or to mentally connect information. Form based interfaces to digital libraries are perfectly suited for specific queries if the user exactly knows what he or she is looking for. In comparison, queries that may accure from reading a document are rather unspecific, as for example "all documents form an author and his co-authors", or do not (yet) belong to standard queries for digital libraries.

We argue that for such queries an exploratory approach using relational information and directly visualizing relations is better suited as a standard form based input. Furthermore, the time to find matching results and the mental load is supposed to be smaller. The user is no longer required to build the query outside of the interface and, possibly to mentally integrate several earlier query results. First informal tests have supported this hypothesis, however, a detailed user study will be necessary to evaluate the amount of improvement. Such a study will, nonetheless, require a reimplementation of the techniques so that it could be integrated in existing digital libraries.

The core argument of this paper is that an explicit visualization of relational information within bibliographical data and the use of such visualizations in navigating bibliographical information helps in performing literature analysis tasks. So far we have only considered those relations that have a strong bibliographical background. Adding user-centered relations as it is sometimes done in digital libraries ("users who have read A also read B") or even user defined relations will open new possibilities and directions. Also, a closer combination with standard query-based retrieval will offer advantages by combining the positive sides of both concepts. One application area that is interesting to investigate is the use of our techniques in thematic communities related to scientific literature. One such community, CITEULIKE has already been mentioned in Section 2. The discussion of literature will also be enhanced by offering navigation aids through the steadily increasing amount of publications.

Aside from bibliographical data, the presented techniques can also be applied to other areas where relational information between data items play an important role. It might be worthwhile to investigate the use of our techniques in the context of online communities and social networks where members are connected by a wealth of different relations.

References

Ahmed A.; Dwyer T.; Murray C.; Song L.; Wu Y. X. (2004): Wilmascope graph visualisation. In: Proc. of INFOVIS'04, IEEE Computer Society, p. 216.4.

Brüggemann-Klein A.; Klein R.; Landgraf B. (1999): Bibrelex: Exploring bibliographic databases by visualization of annotated contents-based relations. D-Lib Magazine 5(11): (1999).

Chen, C. (2004): Searching for intellectual turning points: Progressive knowledge domain visualization. In: Proc. of the National Academy of Sciences of the United States of America (Washington, 2004), vol. 101, National Academy of Sciences, pp. 5303-5310.

Chen, C. (2006): CiteSpace II: Detecting and Visualizing Emerging Trends and Transient Patterns in Scientific Literature. Journal of the American Society for Information Science & Technology.

Garfield, E.; Pudovkin, A. I.; Istomin, V. S. (2002): Algorithmic Citation-Linked Historiography – Mapping the Literature of Science. In: Proc. of the 65th Annual Meeting of the American Society for Information Science & Technology, vol. 39, pp. 14-24.

Hsu, T.-W.; Inman, L.; Mccolgin, D.; Stamper, K. (2004): MonkEllipse: Visualizing the History of Information Visualization. In: Proc. of INFOVIS'04, IEEE Computer Society, p. 216.9.

Jerding, D. F.; Stasko, J. T. (1998): The Information Mural: A Technique for Displaying and Navigating Large Information Spaces. IEEE Transactions on Visualization and Computer Graphics 4(3):(1998), pp. 257-271.

Klink, S.; Ley, M.; Rabbidge, E.; Reuther, P.; Walter, B.; Weber, A. (2004): Browsing and visualizing digital bibliographic data. In: Proc. of the 2004 Eurographics/IEEE TVCG Workshop on Visualization., Eurographics Association, pp. 237-242.

Paley, W. B. (2002): TextArc: Revealing Word Associations, Distributions and Frequency. Interactive Poster at the IEEE INFOVIS'02.

Shneiderman, B. (1996): The Eyes Have it: A Task by Data Type Taxonomy for Information Visualization. In: Proc. of VL'96 Symposium on Visual Languages, IEEE Press, pp. 336-343.

Wong, P. C.; Hetzler, B.; Posse, C.; Whiting, M.; Havre, S.; Cramer, N.; Shah, A.; Singhal, M.; Turner A.; Thomas, J. (2004): In-spire infovis 2004 contest entry. In: Proc. of INFOVIS'04, IEEE Computer Society, p. 216.2.

A. M. Heinecke, H. Paul (Hrsg.): Mensch & Computer 2006: Mensch und Computer im Struktur*Wandel*.
München, Oldenbourg Verlag, 2006, S. 303-312

Kommunikative Vernetzung in der universitären Lehre

Steffen Budweg, Joel E. Fischer, Peter Mambrey, Uta Pankoke-Babatz

Fraunhofer FIT, Institut für Angewandte Informationstechnik, Sankt Augustin

Zusammenfassung

In diesem Beitrag gehen wir der Frage nach, welche Medien im Rahmen eines Seminars genutzt werden und welche kommunikativen Beziehungen aufgebaut bzw. gefördert werden. Dazu stellen wir Ergebnisse einer Befragung zur Mediennutzung von Studierenden vor, die im Rahmen einer Langzeitstudie erhoben wurden. Wir sind davon ausgegangen, dass durch die Nutzung mehrerer Medien in einem Seminar die Vernetzung unter den Teilnehmern steigen wird und neue Teilnehmer einbezogen werden. Die Ergebnisse unserer Untersuchung zeigen aber, dass dies nur zögerlich geschieht. Entscheidend für die kommunikative Vernetzung ist der Kontext, innerhalb dessen Studierende arbeiten und nicht das Medienangebot.

1   Einführung

Uns interessiert die mediale Unterstützung von Wissensteilung in der Praxis. Seit 1997 unterstützen wir im Rahmen der universitären Lehre die kooperative Wissensteilung in virtuellen Lernräumen (Appelt 1997; Appelt & Mambrey 1999; Mambrey et al. 2003a). Dabei versuchen wir, die Vision eines digitalen Lehr- und Lernraums umzusetzen und im Rahmen einer Langzeitstudie begleitend zu evaluieren. Als technische Basis wird eine digitale Kooperationsplattform (BSCW – vgl. erstmals Bentley et al. 1995) genutzt, um die direkte Interaktion zwischen Dozenten und den Lernenden sowie zwischen den Lernenden zu unterstützen. Dieses Kooperationswerkzeug wird seit Jahren mit Erfolg eingesetzt (Sikkel 2001). Es wird ergänzt durch Medien wie z.B. Email, Telefon, Mailinglisten, Foren und natürlich dem direkten Treffen (Face-to-Face-Meeting). Traditionell trifft man sich einmal wöchentlich zum Seminar und geht dann getrennte Wege. Kooperationsplattformen und weitere Medien bieten dagegen einen ganz wesentlichen zusätzlichen Vorteil: der direkte Zugang zu Personen und Material. Orts- und zeitunabhängig kann Kooperation zwischen Personen oder Zugriff auf Inhalte erfolgen.

Im Zusammenhang mit neuen Medien interessiert uns, wie digitale Infrastrukturen zur Wissensteilung von verteilten Partnern adaptiert, genutzt und weiterentwickelt werden. Wir gehen davon aus, dass Signale, Daten und Informationen mittels technischer Systeme generiert, verteilt, dupliziert und gespeichert werden können. Diese Informationen werden durch die körpereigenen Sinnesorgane wahrgenommen und dann interpretiert. Bedeutungen, Vorstellungen und Empfindungen werden dadurch evoziert. In der einzelnen Person entsteht dadurch leiblich gebundenes Wissen. Wissen ist dabei die Gesamtheit der Kenntnisse und Fähigkeiten, die Individuen zum Problemlösen einsetzen. Es sind theoretische Erkenntnisse, praktische Alltagsregeln und Handlungsanweisungen, die emotional gewichtet und auf Basis einer ethischen Bewertung moralgebunden sind (vgl. Mambrey et al. 2003b). Es wird in den Individuen konstruiert sowie rekonstruiert und repräsentiert deren Erwartungen über Ursache-Wirkungszusammenhänge (Probst et al. 1998, 44). Wir haben ein umfassendes Verständnis von Wissen, es ist erfahrungsgeleitet, kontextgebunden, affirmativ, emotional, wertend, handlungsorientiert und liegt in Form von handlungsrelevanten, nicht allein kognitiv-intellektuellen Kompetenzen von Individuen vor. Wir gehen weiter davon aus, dass Wissensteilung innerhalb einer Gruppe mehr ist als die Verteilung von expliziten Informationen. Es werden Sichtweisen und Bewertungsmuster mit übertragen und er- und gelebt. Wir betrachten individuelles und kollektives Wissen. Zwischen individuellem und kollektivem Wissen kommt es zu Transformationsprozessen (Nonaka & Takeuchi 1995), die vom individuellen Können über individuelles Wissen zum kollektiven Wissen bis hin zum kollektiven Können führen. Die sich dadurch vollziehende Wissensteilung ist nach Brödner et al. (1999, 258) ein komplexer gesellschaftlicher Interaktionsprozess, durch den Wissen effektiv generiert und genutzt wird. Er umfasst sowohl die Spezialisierung und Fragmentierung von Wissen bei der Genese, als auch die Diffusion durch Teilhabe bei deren Nutzung. Individuelles und kollektives Wissen ändert sich durch Aneignung, Nutzung und Weitergabe (alltägliche Praxis), sowie durch zeitliche, situationale und kontextuelle Bedingungen, die insgesamt alle dynamisch sind. Das Anpassen bzw. die Weiterentwicklung wird als Lernen angesehen. Auf diesen Annahmen aufbauend betrachten wir den Wissensaustausch über Kooperationsplattformen als kollektiven Aneignungs- und Teilungsprozess. Wissensarbeit ist dabei das selbstorganisierte alltägliche Lernen und geleitete Handeln eines Individuums. Wissensmanagement ist die explizite Intervention in die digital vernetzte Wissensteilung einer Gruppe bzw. einer Organisation (vgl. Herrmann et al. 2003). Wissensteilung vergleicht Hayek (1937 zit. nach Helmstädter 1999) mit Arbeitsteilung und unterstellt ihr einen immensen Produktivitätsschub, wie er auch von Arbeitsteilung ausgeht. Diese Wissensteilung hat menschliche, organisatorische, technische und ökonomische Aspekte.

Will man den Prozess der alltäglichen Wissensteilung innerhalb einer Gruppe durch digitale Kooperationsplattformen ergänzen, sind ganzheitliche Konzepte und praxisorientierte Experimente erforderlich. In diesem Zusammenhang wird auch einer Vorstellung von Lernen gefolgt, die darauf aufsetzt, dass Lernen ein aktiv-konstruktivistischer Prozess ist (Lave & Wenger 1991). Es ist ein Prozess der wechselseitigen Auseinandersetzung mit anderen Personen, der in situativen Handlungskontexten erfolgt. Innerhalb einer Community of Practice (CoP) (vgl. Wenger 2000) kommt es zu gegenseitigen diskursiven Bedeutungszuweisungen, die langfristig verhaltensändernd wirken, dem Lernen. Dieses sozio-kulturelle Verständnis von Lernen kann auf das universitäre Lernen übertragen werden (vgl. Haake et al. 2004). Das universitäre Lernen erfolgt überwiegend theoretisch, auf Vorrat und durch instruktionistische Anleitung. Instruktionistische Lernformen wie Vorlesung, seminarbasierter Unterricht und andere synchrone Belehrungen können jedoch ergänzt werden um kooperative Momente des gemeinsamen und somit gruppenbasierten Lernens. Gerade deshalb ist es wichtig herauszufinden, ob zusätzliche Mediennutzung zu einer Verstärkung bisheriger Kontakte und zu einer

Erweiterung des Kommunikationsgeflechts führt und was dies fördert oder hemmt. Kommunikative Vernetzung ist die Voraussetzung für Wissensteilung.

2   Methodisches Vorgehen

In der vorliegenden Studie wurde über mehrere Jahre hinweg der Medieneinsatz in einer Folge gleichartiger Seminare untersucht. In den ersten Jahren ab 1997 wurde im Wesentlichen teilnehmend beobachtet und qualitativ exploriert. Im letzten Jahr haben wir zusätzlich Befragungen durchgeführt, die die Beobachtungen durch quantitative Daten ergänzen. Auf der Basis früherer Erhebungen und den Ergebnissen einer Online-Befragung einer Vorstudie[1] entwickelten wir einen Fragebogen zur Mediennutzung und zum Kommunikationsverhalten der Seminarteilnehmer untereinander. Dieser wurde im Rahmen der Abschlussbesprechung des Seminars erläutert und ausgefüllt. Die teilnehmende Beobachtung im Laufe des Seminars erlaubt uns, die quantitativen Daten des Fragebogens vor einem bekannten Hintergrund zu interpretieren. Der Fragebogen[2] erfasst die Nutzung der allgemeinen Kommunikations- und Kooperationsmittel: Der Einzelne adressiert eine Gruppe (Groupware; One-to-Many). Hinzu kamen die spezifischen Kommunikationsbeziehungen der einzelnen Teilnehmer untereinander: Der Einzelne adressiert einen Einzelnen (Direkte Kommunikation; One-to-One). Bei den One-to-Many-Medien wählten wir die in der Vorstudie besonders häufig genannten Kommunikationsmittel aus, die studiengangsspezifisch verfügbar waren, also Yahoogroup als erweiterte Mailinglisten-Plattform, Forum als „Newsgroup" und Chat-Möglichkeit sowie BSCW als Kooperationsplattform. Für diese drei baten wir jeweils um eine Nutzungseinschätzung (gar nicht, selten, gelegentlich, häufig) im Hinblick auf die folgenden Nutzungskontexte: persönliche Nutzung, in der Referatsgruppe, in diesem Seminar, in anderen Seminaren sowie im Studiengang. Diese Differenzierung sollte der Tatsache Rechnung tragen, dass einige Kommunikationsmittel wie BSCW im Seminar verbindlich waren und wir auch Nutzungseinschätzungen außerhalb oder aus anderen Anlässen erfahren wollten. Um die spezifischen Kommunikationsbeziehungen der Teilnehmer untereinander zu erfassen, führten wir neben den Namen aller Seminarteilnehmer die Kommunikationswege persönlicher Kontakt („Face-to-Face"), Email, Telefon sowie Instant Messenger auf. Daneben baten wir um Einschätzungen zum persönlichen Kontaktursprung/-status (Kein Kontakt, nicht bekannt, in diesem Seminar kennen gelernt sowie bereits vor dem Seminar bekannt). Die Auswertung selbst erfolgte durch Erfassung und Kodierung der einzelnen Kommunikationsbeziehungen, wobei sich bei insgesamt 34 Antwortenden und 52 möglichen Kontaktadressaten 1768 mögliche Varianten ergaben. Eine geeignete Darstellungsform kommunikativer Beziehungen zwischen Einzelpersonen sind Soziogramme. Die Suche nach einem geeigneten Werkzeug gestaltete sich nicht ganz einfach. Da die Soziogramme Interpretationsgrundlage sein sollten, sollte in ihrer Darstellung die Möglichkeit bestehen, Personen und Beziehungen dynamisch ein- und auszublenden sowie die Personen grafisch zu gruppieren, um (augenfällige) Besonderheiten festzustellen. Zur Modellierung der Beziehungen zwischen den Personen verwendeten wir das Protégé OWL-Plugin (Stanford Medical Informatics 2006) und visualisierten

---

[1] siehe http://fit-bscw.fit.fraunhofer.de/pub/bscw.cgi/d36794736/index.html

[2] verfügbar unter http://fit-bscw.fit.fraunhofer.de/pub/bscw.cgi/36794695

die so entstandenen Soziogramme mit dem Jambalaya-Plugin[3] für Protégé (CHISEL 2006). Diese Werkzeuge und die verwendete Sprache OWL sind nicht entwickelt worden, um Soziogramme zu erstellen. Es hat sich jedoch gezeigt, dass mit OWL Beziehungen (in OWL: Properties) auch zwischen Personen (in OWL: OWLClasses) einfach zu modellieren sind und dynamisch erweiterbar und übersichtlich bleiben. Verschiedene Visualisierungen der Daten können erstellt werden. Jambalaya erlaubt die wünschenswerten Manipulationen der grafischen Repräsentation.

3   Ergebnisse

Zuerst stellen wir die Ergebnisse aus dem Fragebogen bezüglich der Mediennutzung dar. Anschließend analysieren wir das kommunikative Beziehungsgeflecht. Im Hauptseminar „Technikfolgenforschung und -gestaltung" im Sommersemester 2005 hatten sich 53 Teilnehmer angemeldet. Sie kamen aus zwei Studienrichtungen unterschiedlicher Fachbereiche bzw. Fakultäten: Es waren angehende Sozialwissenschaftler (Politikwissenschaftler, Soziologen, Ost-Asien-Wissenschaftler etc.) sowie Bachelor- und Master-Studierende des Studienganges Angewandte Kommunikations- und Medienwissenschaft (Kommedia). Der interdisziplinäre Studiengang Kommedia ist in der ingenieurswissenschaftlichen Fakultät angesiedelt und bezieht Lehrinhalte aus Informatik und Psychologie sowie Sozialwissenschaften und Literaturwissenschaften ein. Der Fragebogen wurde von insgesamt 34 Teilnehmern (16 männlich und 18 weiblich) beantwortet. Das Durchschnittsalter der Studierenden betrug dabei 28 (Männer) respektive 25,8 Jahre (Frauen). Bei der Verteilung nach Studiengängen ergaben sich 20 Antworten aus Kommedia und 14 aus den Sozialwissenschaften.

3.1   Pragmatische und plurale Nutzung von Groupware

Betrachtet man die angegebene Nutzungshäufigkeit der drei Groupwareanwendungen (One-to-Many), so gewichten die Studierenden das im Seminar vorgegebene BSCW-System am höchsten, gefolgt von Forum und Yahoogroup (s. Tabelle 1). Dies ist nicht überraschend, da die Nutzung des BSCW Vorraussetzung für eine erfolgreiche Seminarteilnahme war. Lediglich eine Person gab an, den BSCW auch im Seminar nicht zu nutzen. Die beiden anderen Groupware-Anwendungen wurden von drei Viertel der Studierenden nicht für die Mitarbeit im Seminar genutzt. Dies zeigt sehr deutlich, dass eine bestimmte Mediennutzung zur Wissensteilung vorgeschrieben werden kann und dies auch befolgt wird. Daneben wurden zu anderen Zwecken andere Medien weiter genutzt. Im Studiengang und für die persönliche Nutzung wurde das Forum weiter von ca. einem Drittel der Studierenden gelegentlich bis häufig genutzt, Yahoogroup wurde kaum genutzt (s. Tabelle 1).

---

[3] Jambalaya verwendet die domänenunabhängige Visualisierungstechnik *Simple-Hierarchical Multi-Perspective*. Mehr Informationen unter http://www.thechiselgroup.org/jambalaya

Tabelle 1: Mediennutzung One-to-Many

Medium	Kontext	Nutzung			
		gar nicht	selten	gelegentlich	häufig
BSCW	persönlich	41%	26%	12%	15%
	in diesem Seminar	3%	29%	35%	32%
	im Studiengang	9%	18%	38%	29%
Yahoogroup	persönlich	44%	21%	21%	6%
	in diesem Seminar	79%	9%	-	-
	im Studiengang	35%	21%	29%	6%
Forum	persönlich	28%	20%	16%	30%
	in diesem Seminar	79%	6%	-	3%
	im Studiengang	29%	18%	18%	26%

Die parallele Nutzung unterschiedlicher Groupware-Anwendungen scheint kein Problem zu sein. Die individuellen Selbsteinschätzungen der Teilnehmer bezüglich der unterschiedlichen Groupware ergaben, dass 29% ein Medium, 15% zwei Medien und 56% alle drei aufgeführten Medien persönlich und zu Studienzwecken nutzten – einen (bekennenden) Medienverweigerer gab es nicht. Vorgeschriebene Groupware-Nutzung führt nicht zur Substitution oder Verdrängung anderer Anwendungen, sondern wird akzeptiert und dem Medienrepertoire hinzugefügt. Diese pragmatische Sicht der Studierenden zeigt den flexiblen, pluralen Umgang mit Medien: die Nutzung stellt keine langfristige Entscheidung für ein System dar, sondern ist temporär und in Abhängigkeit von den vorgeschriebenen Anforderungen. Dieser pragmatische Medienpluralismus lässt auf eine geringe Relevanz einzelner, spezieller Medien für die universitäre Wissensteilung schließen.

3.2 Kommunikative Beziehungen entstehen und verstärken sich kaum im Laufe eines Seminars

Der Fragebogen erfasst ebenfalls, wer mit wem über welches Medium in welcher Intensität kommunikative Beziehungen pflegt. Um den Einfluss des Kontaktstatus auf das Mediennutzungsverhalten der Studierenden zu berücksichtigen, fragten wir ebenfalls, ob zu der Person Kontakt besteht, und ob sie sich bereits seit vor dem Seminar kennen, gar nicht kennen oder in diesem Seminar kennen gelernt haben. Gibt ein Teilnehmer einen Kontakt an, so ist klar, dass er die Kontaktperson *namentlich* kennt; ob andere Personen nur vom Sehen bekannt sind, erfasst der Fragebogen nicht. Die Auswertung der Fragebogen hat uns überrascht. Die Teilnehmer hatten durchschnittlich zu 11 Personen Kontakt. (Insgesamt nannten die 34 Teilnehmer 378 kommunikative Beziehungen gegenüber den 52 (N-1) möglichen Adressaten, wobei die Nennung lediglich eines Kontaktes das Minimum und die Nennung von 37 Kontakten das Maximum darstellte, das gerundete arithmetische Mittel lag bei 11,12 und der Median bei 11.) Sie lernten (durchschnittlich) nur zwei vormals unbekannte Personen im Laufe des Seminars kennen. Da es sich um ein Hauptseminar handelte, hatten alle Studierenden schon mindestens zwei Jahre an der Hochschule in gemeinsamen Fachbereichen verbracht. Da Duisburg-Essen als Campus-Universität konzipiert ist, läuft man sich zwangsweise über den Weg. Wenn – wie in diesem Seminar –nur ein geringer Teil der fortgeschrittenen

Studierenden in Kontakt stehen, ist dies ein Hemmnis für den Aufbau kommunikativer Beziehungen zur Wissensteilung. Fast alle Studierenden nutzen innerhalb ihrer bestehenden Kontakte das direkte Treffen (Face-to-Face) als erste Wahl (98% der Teilnehmer). Als zweites Medium wird Email für kommunikative Beziehungen genutzt (60% der Teilnehmer), allerdings wird es nur in wenigen Kommunikationsbeziehungen häufig genutzt. Deutlich seltener wird das Telefon (19% der Teilnehmer) genannt. Der typische Kommunikationsweg in dieser Präsenzuniversität ist das direkte Gespräch gefolgt von Email und Telefon. In der Nutzung überrascht dabei der deutliche Unterschied zwischen den Studiengängen. Nach der Häufigkeit der Kontakte in bestehenden Beziehungen gefragt, werten sich Kommedia-Studierende im Vergleich zu den Studenten der Sozialwissenschaften in allen drei Medien als aktiver. Dies betrifft sowohl die Gesamtzahl der Kontaktpersonen wie auch die Nutzung von Face-to-Face-Treffen, Email und Telefon (Tabelle 2).

Tabelle 2: Medien und Kontakthäufigkeit nach Studiengängen

Medium	Kontext	Kontakte pro Person und Medium		
		häufig	gelegentlich	selten
Face-to-Face	Kommedia	2,8	5,1	5,8
	Sozialwissenschaften	0,8	2,1	4,2
Email	Kommedia	1,0	2,6	4,6
	Sozialwissenschaften	0,3	1,6	2,6
Telefon	Kommedia	0,2	0,8	1,7
	Sozialwissenschaften	0,4	0,3	0,6
Instant Messenger	Kommedia	0,05	0,05	0,7
	Sozialwissenschaften	--	--	--

Dieses Ergebnis zeigt uns, dass der Studiengang einer befragten Person einen Einfluss auf die Anzahl der gewählten Kontaktpersonen hat. Sozialwissenschaftler nennen deutlich weniger Kontakte als Kommedia-Studierende. Der Grund liegt – so die Vermutung von Befragten – in der örtlichen Herkunft der Studenten sowie den Regelungen des Studienganges. Studierende der Sozialwissenschaft kommen häufig aus der lokalen Nähe der Universitätsstadt, Kommedia-Studierende dagegen werden nach NC ausgewählt und sind deshalb oft ortsfremd. Sie müssen aktiver kommunizieren, um sich Kommunikationsbeziehungen aufzubauen und zu pflegen. Der Kommedia-Studiengang ist zusätzlich deutlich strukturierter und bringt die Studierenden in vergleichbare Situationen, so dass man vom Anderen relevante Informationen erwarten kann. Die Wahlfreiheit ist bei den Sozialwissenschaftlern größer, die sich deshalb auch weniger als Gruppe aufeinander beziehen und auch weniger gemeinsam lernen können. Insgesamt blieben die Studiengänge unter sich, eine Ausweitung des Kontaktkreises auf einen anderen Studiengang war selten. 80% der Kontakte der Kommedia-Studierenden bezogen sich auf Kommedia-Studierende und nur 15% auf Studierende der Sozialwissenschaften. So blieb es bei der Gruppenbildung, obwohl das Seminarthema interdisziplinären Zugang erlaubte und auch unterschiedliche Medien vorhanden waren. Dies allein reichte also nicht, um bestehende Konventionen und Gewohnheiten zu überwinden. Will man kommunikative Dichte in studiengangsgemischten Lerngruppen, muss darüber hinaus aktiv auf kommunikative Dichte hingearbeitet werden, z.B. durch interdisziplinäre Kleingruppenbildung. Überspitzt formuliert beginnt ein Studierender ein Seminar in festen kommunikativen (Gruppen-) Bezügen und verbleibt auch darin. Eine Erweiterung der kommunikativen Dichte, die zum Einschluss neuer Kommilitonen führt, findet nur in engen Grenzen statt, dies ist insbesondere dann der Fall, wenn es interdisziplinär wird. Das Angebot an zusätzlichen Medien hilft wenig dabei, diesen Zustand zu verbessern, es sind wohl Kontextfaktoren, die das Verhalten bestimmen.

3.3 Jeder Studiengang hat seine kommunikative Kultur

Abbildung 1 stellt die direkten (Face-to-Face) kommunikativen Beziehungen dar. Gruppiert man nach Studiengängen (links: Kommedia, rechts: Sozialwissenschaften), wird der Einfluss des Studiengangs bei der Wahl der Kontaktpersonen deutlich. Die gestrichelten Linien stehen für seltenen direkten Kontakt, die helleren durchgezogenen Linien für gelegentlichen direkten Kontakt und die dunkleren für häufigen direkten Kontakt. Die Person Max unten in der Mitte ist der Dozent, Lexi und Kasi die studentischen Betreuer.

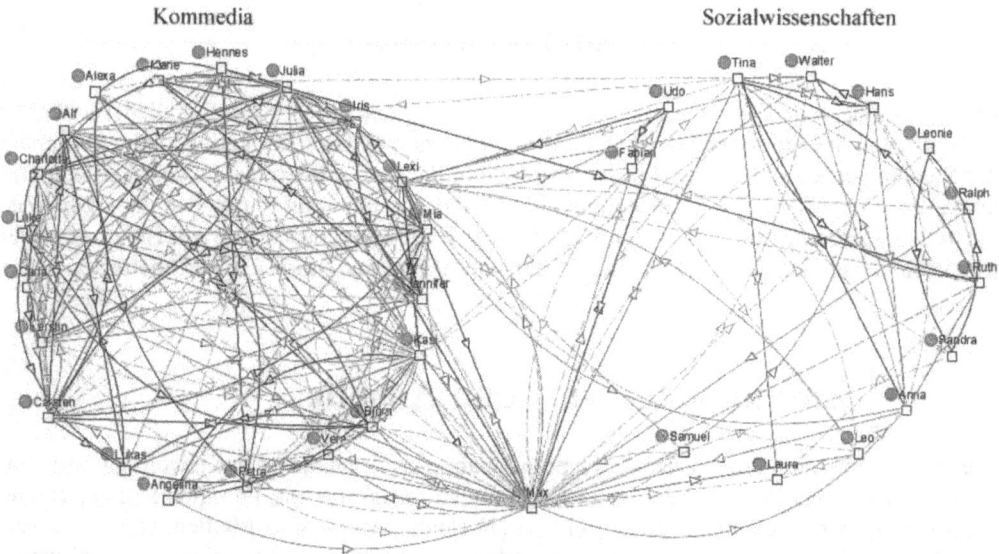

Abbildung 1: Face-to-Face Gesamtübersicht

Wenn man Dozenten und studentische Betreuer aus der Darstellung herausnimmt wird noch deutlicher, dass die beiden Gruppen der Studierenden kaum Kontakt zueinander haben. Lediglich ein häufiger und vier seltene direkte Kontakte bleiben bestehen. Dies zeigt, dass Dozenten und Mitarbeiter hier Scharnierfunktionen übernehmen. Das am meisten genutzte digitale Medium war Email. Verzichten wir erneut auf die Darstellung des Dozenten und der Betreuer ergibt sich ein noch krasseres Bild (Abbildung 2). Die beiden Gruppen stehen isoliert nebeneinander.

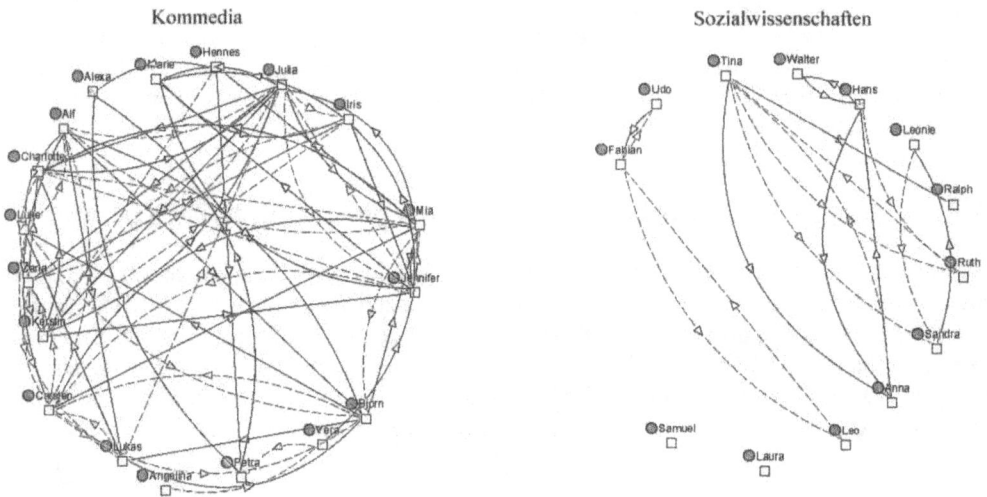

Abbildung 2: Email ohne Betreuer

Diese Besonderheiten sind uns erst bei der Auswertung der Erhebung aufgefallen, nicht etwa am Verhalten der Studierenden während des Seminars. Die kommunikative Dichte innerhalb des Studiengangs Kommedia ist in jedem Medium deutlich größer, als die des Studiengangs Sozialwissenschaften. Will man kommunikative Dichte innerhalb eines Seminars zur Wissensteilung fördern, sind Aktionen nötig, die über Einführung, Schulung und Beratung neuer Medien hinausgehen und die Kommunikationskultur und den Studienkontext betreffen.

4   Zusammenfassung und Ausblick

Aus der Untersuchung leiten wir die Hypothese ab, dass der Kontext des jeweiligen Studiengangs und die studiengangspezifische Kommunikationskultur die kommunikativen Beziehungen zwischen Studenten stärker beeinflussen als das Angebot an Medien. Diese Auswertung hat gezeigt, dass man Innovationen induzieren kann: Die Anwendung und Nutzung neuer Medien kann erreicht werden, indem man sie einfach vorschreibt. Seit Jahren findet eine stetige Diffusion und Einbettung unterschiedlicher kollaborativer Medien in die lokale Hochschullandschaft statt. Dies zeigen uns die Aussagen der Teilnehmer unserer Seminare, die wachsenden Nutzerzahlen aus Sicht des lokalen Hochschulrechenzentrums (Weckmann 2005) sowie die Erfahrungen eines mehrjährigen Projektes zur Qualifizierung von Hochschullehrenden (E-Competence 2004). Dies ist sicherlich vergleichbar zu anderen Universitäten.

Die Art und Weise der Nutzung kann man durch Vorgeben der Technik aber kaum beeinflussen. Intuitive Benutzungsschnittstellen, Softwarefunktionalitäten wie Gewärtigkeitsmechanismen zur Gruppenwahrnehmung, Schulungen und Beratungen haben einen hohen Stellenwert. Will man jedoch die kommunikative Dichte in Lerngruppen erhöhen, um Wissenteilung unter Studierenden zu ermöglichen, muss man medienzentrierte Entwicklungen um die Förderung kollaborativer Lernkulturen ergänzen (vgl. Hampel 2002; Hampel et al. 2005). Um dies zu erreichen, werden wir auf die Idee des „Activity Setting" (Barker 1999, 30) zurückgreifen, der aktiven Gestaltung des Zusammenarbeitens unter Berücksichtigung von Situation und Kontext. Interdisziplinäre Kleingruppenarbeit, Rollenspiele und die explizite Zielsetzung von kommunikativer Dichte in einem Seminar als eigenständige Aufgabe werden in Zukunft angestrebt werden. Kommunikative Dichte zur Wissensteilung in Lerngruppen muss explizites Ziel der jeweiligen Lerngruppe werden und ist nicht nebenläufiges Ergebnis von Mediennutzung.

Literaturverzeichnis

Appelt, W. (1997): Kooperation auf Basis des World-Wide Web – Das BSCW System des CoopWWW Projekts. In: Lehner, F.; Dustdar, S. (Hrsg.): Telekooperation in Unternehmen. Wiesbaden: Gabler. S. 151-168.

Appelt, W.; Mambrey, P. (1999): Experiences with the BSCW Shared Workspace System as the Backbone of a Virtual Learning Environment for Students. In: *Proceedings of the World Conference on Educational Multimedia, Hypermedia and Telecommunications ED-MEDIA 99*, Seattle, USA.

Barker, J. (Hrsg.) (1999): Street-Level Democracy. Political Settings at the Margins of Global Power. West Hartford, CT: Kumarian Press.

Bentley, R.; Horstmann, T.; Sikkel, K.; Trevor, J. (1995): Supporting Collaborative Information Sharing with the World Wide Web: The BSCW Shared Workspace System. In: The World Wide Web Journal: Proceedings of the 4th International WWW Conference, Issue 1, December 1995, S. 63-74.

Brödner, P.; Helmstädter, E.; Widmaier, B. (1999): Wissensteilung. Zur Dynamik von Innovation und kollektivem Lernen. München: Rainer Hampp Verlag.

CHISEL, Computer-Human Interaction and Software Engineering Lab (2006): Jambalaya. In: http://www.thechiselgroup.org/jambalaya. Zuletzt abgerufen am 10.03.2006.

E-Competence (2004): Das Duisburg-Essener E-Competence-Transfer-Modell. http://www.uni-due.de/imperia/md/content/e_comp/transferthesen_7.pdf

Haake, A.; Bourimi, M.; Haake, J.M.; Schümmer, T.; Landgraf, B. (2004): Endbenutzer-gesteuerte Gruppenbildung in gemeinsamen Lernräumen. In: Engels, G.; Seehusen, S. (Hrsg.): DeLFI 2004: Die 2. e-Learning Fachtagung Informatik. Bonn: Lecture Notes in Informatics, S. 235-246.

Hampel, T. (2002): Virtuelle Wissensräume – Ein Ansatz für die kooperative Wissensorganisation. Universität Paderborn, Dissertation.

Hampel, T.; Roth, A.; Kahnwald, N.; Köhler, T. (2005): An Adaptable Platform for Evolving Communities of Practice. Paper presented at the Conference on Communities and Technologies 2005in Milano.

Helmstädter, E. (1999): Arbeitsteilung und Wissensteilung. In: Brödner, Peter, Ernst Helmstädter, Brigitta Widmaier (Hrsg.) (1999): Wissensteilung. Zur Dynamik von Innovation und kollektivem Lernen. München: Reiner Hampp Verlag

Herrmann, T.; Mambrey, P.; Shire, K. (Hrsg.) (2003): Wissensgenese, Wissensteilung und Wissensorganisation in der Arbeitspraxis. Wiesbaden: Westdeutscher Verlag.

Lave, J.; Wenger, E. (1991): Situated learning: Legitimate peripheral participation. New York: Cambridge University Press.

Mambrey, P.; Pankoke-Babatz, U.; Budweg, S.; Poschen, M.; Törpel, B. (2003a): Vernetzte Handlungsräume: Zur Ausgestaltung technisch unterstützter, verteilter Wissensarbeit. In: Herrmann, T. et al. (Hrsg.) (2003): Wissensgenese, Wissensteilung und Wissensorganisation in der Arbeitspraxis. Wiesbaden: Westdeutscher Verlag.

Mambrey, P.; Pipek, V.; Rohde, M. (Hrsg.) (2003b): Wissen und Lernen in virtuellen Organisationen. Konzepte, Praxisbeispiele, Perspektiven. Heidelberg: Physica-Verlag.

Nonaka, I; Takeuchi, H. (1995): The Knowledge-Creating Company. Oxford: Oxford University Press.

Probst, G.; Raub, S.: Romhardt, K. (1998): Wissen Managen. Wie Unternehmen ihre wertvollste Ressource optimal nutzen. 2. Auflage. Wiesbaden: Gabler.

Sikkel, K.; Gommer, L.; van der Veen, J. (2001): A cross-case comparison of BSCW in different educational settings. In: Dillenbourg, P.; Eurelings A.; Hakkarainen K. (Hrsg.): *Proceedings of the First European Conference on CSCL*, Maastricht, S. 553-560.

Stanford Medical Informatics (2006): Protégé. In: http://protege.stanford.edu. Zuletzt abgerufen am 10.03.2006.

Weckmann, H.-D. (2005): BSCW an der fusionierten Universität Duisburg-Essen. Unveröffentlichter Vortrag im Rahmen des BSCW-Anwenderforums am 6. Juli 2005. St. Augustin.

Wenger, E. (2000): Communities of Practice. Cambridge: Cambridge University Press.

A. M. Heinecke, H. Paul (Hrsg.): Mensch & Computer 2006: Mensch und Computer im Struktur*Wandel*.
München, Oldenbourg Verlag, 2006, S. 313-320

Enhancing the meta structure
of weblogs

Jochen Reich, Karlheinz Toni, Dr. Georg Groh

TU München, Lehrstuhl für angewandte Informatik

Abstract

Weblogging as a concept for publishing personal lifestyle as well as knowledge driven contents has gained popularity in the last years. In this paper we outline the advantages of weblogging and tool driven approaches to information gathering. We will introduce a solution to combine the advantages of both approaches by assigning a meta structure on weblogs.

1   Introduction

Many possibilities to satisfy information needs and support the knowledge worker have been introduced. Scientific work was strongly focused on organizational software systems [1]. In recent years the concept of weblogging has gained increased popularity. They appear not only as personal dairies but also as knowledge driven information spaces. They contribute to the knowledge management of profit and non-profit organizations. We will first compare structured information gathering as it is accomplished in the tool- based approach with unstructured information gathering as it is done in weblogs. The result is that weblogs have the potential to present an easy to use, dynamic and up to date knowledge base. What lacks is a meta structure, which would allow to perform extended information retrieval on a semantical basis. In the following chapters we will present how a meta structure can be assigned to weblogs.

2   Shortintroduction to Weblogs/Blogs

Weblogging is one of the latest concepts for publishing all kinds of recent information. [1]
Although there is no general definition of the term weblog [3] some features are characteris-

---

[1] A general definition of the term information does not yet exist [2]. We define information as externalized knowledge. Knowledge derives from information which is interpreted by a human being.

tic and commonly accepted. A weblog is a website that contains information of users commenting about subjects of their fields of interest, e.g. other websites or happenings in their daily lives. As bloggers can publish contents immediately weblogs have the potential to contain up to date information on recent events. Weblogs are typically represented to the user as an ordered list in which the latest entries appear on top. Blogger can post links and cite or reply to entries [4]. We distinguish two kinds of weblogs; personal weblogs, containing exclusively private information and knowledge driven weblogs which aim at sharing explicit knowledge in profit or non-profit organizations. In this paper we will concentrate on knowledge driven weblogs as they deliver information assets in the term of acquisition of knowledge according to Probst [5].

3   Underlying scenario

In order to pursue the idea of knowledge management several approaches and theories have been introduced. A huge variety of knowledge management tools has been implemented [6][7], providing the knowledge worker with functionality to gain,structure, store, retrieve, share and provide different views of information. In this tool based approach the information acquisition is performed via predefined concepts, e.g. an entry mask. In this way the information and metadata can be stored withoutpostprocessing in a predefined format according to logical, semantical and syntactical rules. It can thus be easily retrieved by the tool. The knowledge management tool can to some extend verify and reason the information being provided by the user.

Weblogs on the other hand present an unstructured knowledge base. Metadata can be derived from the assumption about structural elements, e.g. the name of the header, and the linkage provides information about topically related entries. The main information is written in unstructured, natural language, in the body of the entry. The weblog can be seen as a semantic net in which the entries of the weblogs can be put into relation to each other. The relations themselves are specified by the textual description of the links provided in the entry. A meta structure is provided by the content itself, namely by the links. This meta structure is created by the user on subjective decisions and his own preferences. Even the topical relatedness of two weblogs connected by trackback or pingback links may be doubted. The reader may have missunderstood the weblog he refers to, oreven change the topic at will. The concept of weblogging lacks a meta structure which is complete, objective and helpful in performing information retrieval. The advantages of this approach is that because of the informal character and the provided simple user interface weblogging is easy to do even for users with average skills concerning the use of computers and no skills concerning web publishing. The openess of weblogging sites and the ease of use contribute to a dynamic, fast growing and up-to-date information base. The realization of a weblog is cheap, as only webspace and the weblog page itself with scripts enabling the blogger to publish his entries have to be provided. The weblogs can be globally accessed via a web browser.

The conclusion is that both approaches, structured and informal information gathering, have their advantages. The main advantage of the tool based approach is the predefined metastructure of the information base. Creating a comparable metastructure on weblogs would make information retrieval easier and more sufficient on them. It will be possible to deliver a structured view of the information available according to the needs of the knowledge worker. We will introduce how such a metastructure can be builtin the next chapter.

The concepts introduced will also be applicable on Wikis as they share most of the characteristics of weblogs. Both weblogs and wikis can be interpreted as knowledge driven semantic nets whose contents can be collaboratively edited and enhanced.

4   Proposed solution

In this chapter we will introduce steps towards a structured weblog. The first step is to improve the linkage between the entries. To do so we have to extract the entries of the weblog. For the further treatment stop word removal and stemming are then accomplished. To establish associations between the entries their semantical distance is then computed. This distance is computed according to the vector space model under the consideration of the entries' structural elements. Determining the complete link structure is an information asset itself and represents the basis for the further ranked clustering of the entries. We will first subsume entries to clusters and compute their relevance within the clusters. The clustering is accomplished under the use of word vectors. The clusters represent only a unit of topical related entries but do not state the entries' relevance within the clusters. Thus our second step is to compute a entries relevance by applying the PageRank algorithm after having completed the linkage between the entries.

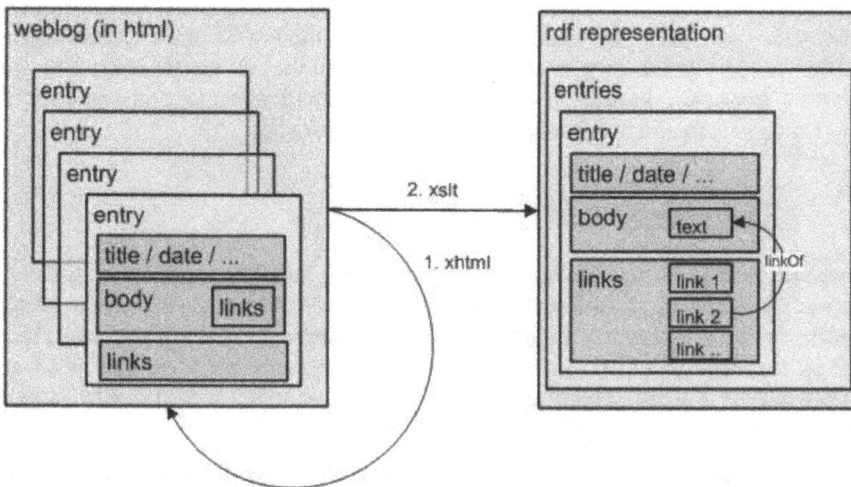

Figure 1: Extraction of a structural weblog elements to RDF

4.1   Extracting entries from webblogs

As we work on single entries of weblogs we have to extract these entries first. The weblog has to be parsed and recurring structural elements have to be examined as they potentially represent entries. A weblog from a technical view could for example consist of a table containing rows which represent the entries.

Once these recurring structures have been identified their content needs to be compared with characteristics of an entry of a weblog. Examinations of the number of words and links in one entry have been introduced in [8]. The authors estimate the typical length of a weblog as somewhere between 80 and 494 (mean = 209,3). They empirical found that a typical number of links is between 0 and 6 for internal links and 0 to 5,25 for external links[2]. An entry of a weblog typically does not contain images or other tables. The heading is at the beginning of the entry and is mostly highlighted by a bigger font size or color than the entry's text. Oncerecurring structures are found that conform with the stated characteristics they can be considered as entries.

We implemented an easy to adapt "*SemBlog agent*" transforming the weblog, which is typically available as html, to xhtml. Our agent instantiates our OWL declaration by transforming the xhtml document via (automatically derived)[3] xslt to RDF. We do so in order to get a standardized, formal, easily accessible representation of the structural elements of the weblog (cf. figure 1).

4.2   Stop word removal

As we create a metastructure on weblogs in dependence of their semantics we only handle words that carry semantic information. As so called stop words appear typically in large numbers they are the dominating words in texts although they do not contribute to their content. Therefor frequently appearing conjunctions, punctuation marks and expletives will be removed. To do so a catalogue of stop words has to be available.

4.3   Stemming

In order to compute word vectors for clustering and applying the vector space model we need to overcome the problem of different variations of words. Although the words stopped and stopping are nearly semantically equal they differ in their orthography and may thus not be identified as the same word by text comparison algorithms. What is needed is a method to identify the root of a word. This procedure is called stemming. It is a highly language dependent problem.

Porter introduced an often cited approach which supplies transformation rules for stemming words in english language. The appraoch by Porter transforms a word step by step by deleting its prefixes and suffixes and afterwards reconstructing the end of the word. The deletion

---

[2]internal links point to resources on the same web domain, external links to external web domains

[3]Although the xslt is automatically derived from the xhtml document via the analysis of recurring structures, it still has to be revised manually

is done until a minimum number of syllables is reached. The resulting roots are not necessarily linguistical correct. But as the aim of stemming in the context of information retrieval is to deliver a logical view of words the results are sufficient. Implementations of this algorithm can be found easily in the web. It can easily be adapted to other languages by changing the transformation steps.

We have followed the suggestions in the evaluation of different kinds of stemming algorithms in [11]. Our SemBlog agent performs this step after stop word removal and structural normalization of the webblog entries (cf. section 1).

4.4   Computed and weighted interrelations

The entries of weblogs are connected by links the user sets. These links are equally from a technical view but carry different semantics. A blogger can set a link to an entry he replies to, cites, adds information to, or only points to. He can also link to resources outside the blog, somewhere in the web, which is called permalink. Other bloggers again can refer to his entry and create a so called trackback link. The linkage of weblogs is created by the bloggers on their subjective decisions, their interests and preferences. It has not the claim of being sound or complete. What is needed is a linkage structure that is complete and thus connecting all topical related entries. With this structure the user could be provided with a list of topically related entries and navigate through more entries than originally referenced by the one he was viewing. As most of the entries are related to each other even though to a small percentage a threshold has to be found above which they are significantly related. The user should be offered to specify this threshold due to his information needs. Also for the Pagerank algorithm which we will apply in chapter 2 the underlying link structure is of fundamental importance.

4.5   Consideration of structure

The only usable structural information a weblog provides is the determination between heading and the body of the entry. Headings contain only few words which typically outline the content of the following entry. Therefor their weight in comparing the topical relatedness of entries of weblogs is higher than the weight of the words appearing in the body of the entry. To meet this demand we multiply the number of words in the heading with a weight, automatically determined by our SemBlog agent. The weight depends on the mean semantic simularity of the single title words and the keywords in the body of the weblog entry as well as the mean semantic diffusion, i.e. whether the topical coherence is high or low[4].

4.6   Determining the semantical distance of entries

In the context of information retrieval in weblogs the vector space model poses an appropriate means for the computation of the semantical distance of entries. The linkage can then be accomplished according to the distance. The basic idea of this approach is to express the

---

[4]A paper about semantic diffusion and topical coherence, going into algorithmic detail is in preparation

content of texts as vectors and to evaluate their distance. For each entry e_k and the query q_l a vector is computed which will be compared. The dimension of the vector space is determined by the number of words of the underlying vocabulary V. It consists of positive, real valued weights. R^V mit $V = V$ (*{dk}*). The weights can be determined according to the relative number of occurrences of a feature in the single entry or in the set of available entries. The feature is a term or part of a term (n-gram) [9] to which a dimension is assigned to. The mapping of the features of a given text to a vector is called *indexing*. The semantic of each entry and the querry is represented by the associated vector. The closer their distance the better the entry suits the querry. The distance is computed according to the following formula [10]:

$$
R(d_k, q_l) \;=\; \mathrm{sim}(d_k, q_l) = \cos(\sphericalangle(d_k, q_l)) = \frac{q_l \bullet d_k}{\|q_l\| \cdot \|d_k\|}
$$

$$
=\; \frac{\sum_{t=1}^{V} w_{tl} \cdot w_{tk}}{\left(\sum_{t=1}^{V} (w_{tl})^2\right)^{\frac{1}{2}} \cdot \left(\sum_{t=1}^{V} (w_{tk})^2\right)^{\frac{1}{2}}}
$$

In the context of weblogs the vector space model can be used for the computation of the association between topically related entries. Every entry is characterised by its vector[5].The vectors will be compared with each other by assigning the role of the querry vector to every vector one after another and applying the space vector model. The user could be presented a topic map showing to which percentage entries are related. Another view of the computed result could be a ranked list of the related entries.

4.7   Overlapping Clustering

To find groups of topical related entries we build overlapping clusters. As entries of weblogs strongly differ in the number of words a metric has to be found that takes this assumption into account. We suggest that if a word represents more than a user defined percentage of the entry's text it can represent the name of one of the clusters. This is accomplished for every entry. Each cluster has a number of entries assigned to it. As an entry can contain several words which represent more than a given percentage of the text it can be assigned to several clusters. The clusters can thus be overlapping. The user could be provided with an index of available collections of entries.

4.8   Relevance of entries

What we have achieved in the previous chapters was to find sets of entries with the same topic which are all connected by a diverse number of links. When the user is presented the entries of a cluster a mean to indicate the relevance of each entry within the cluster is helpful. Consider a set of entries connected through links. The more entries refer to an entry the more

---

[5]note that the number of words appearing in the heading is weighted

relevance it has within this topic. Entries which are often linked to will be thus ranked higher than others.

4.8.1   Requirements for the evaluation algorithm

As weblogs are mostly unsupervised information spaces the algorithm for computing the relevance of entries would have to immediately or after a short deceleration evaluate their content. The algorithm will be applied to large amounts of entries. Duo to performance reasons it has to converge after a well defined and reasonable number of iterations. The number of entries will encrease and thus the algortihm has to be highly scalable.

4.8.2   PageRank

We suggest the PageRank algorithm as a possibility to state the relevance of entries of weblogs. New to our approach is that the algorithm will be applied to several parts of a web page. We will shortly introduce the concept of PageRanking. The main idea is that if an entity is referenced by many others its content is of high quality and thus deserves a high rank. Also the rank of the entities referencing this entity is of importance. Thehigher their rank the higher the rank of the referenced entity will be. Before applying the algorithm some entities have to be ranked manually. The less references an entity contains the higher is their value. As the PageRank consists of only a few calculation steps it is performant enough even if applied to large amounts of entities. In this context the entities are the entries of weblogs. The PageRank algorithm is as provided in the following listing.

$$R_i = (1 - d) + d(Pr(R_j/C_j)) \ mit \ j = 1....n$$

R_i stands for a floating point number which represents the value on which the entries are ranked. The higher the number R_i the higher is the relevance of the entry i. R_j represents the trustworthiness of page j, which in this equation is devided by the number of links on this page C. This quotient is computed for every entry linking to entry i and the resulting values are added up. This sum is multiplied by an damping factor d with $0 < = d < = 1$ and $(1-d)$ is added. The multiplication with the damping factor and the addition of $(1-d)$ is needed to lead the equation to convergence. Convergence is reached after a certain number of iterations depending on the distance between the value of the initial relevance and its final value according to PageRank.

5   Application scenario

The initial point was that we were only able to perform full-text search on weblogs. The assets we have gained through our approaches will be pointed out in this chapter. Once the links to the topical related entries are computed we can provide the reader with different views of the semantical neighborhood of the entry he is currently reading. A map of topical related entries would show him every for his information needs relevant entry at a glance. The degree of relatedness and trustworthiness could be indicated by graphical elements and colours. To supplement this map and a full-text search a filter can be implemented that only returns entries above a certain degree of relevance specified by the user. In the map only related entries above a threshold again specified by the user would be shown. If the reader requires an overview of the topics available in a weblog an index can be created. He could be provided a list of available topics. Chosing one he will be presented a complete list of the entries related to the topic sorted by their relevance.

References

[1] Lehel, V.; Matthes, F.; Steinfatt, K. (2003): Weblogs als ein innovatives Instrument des betrieblichen Wissensmanagements, Mensch und Computer 2003: Interaktion in Bewegung.Stuttgart: B. G. Teubner.

[2] Bick, M. (2004): Knowledge Management Support System – Nachhaltige Einführung organisationsspezifischen Wissensmanagements. Universität Duisburg-Essen.

[3] Westner, M. K. (2004): Weblog service providing. UNITEC Institute of Technology.

[4] Burg, T. N. (2003): Zum neuartigen von Weblogs, MONSTER MEDIA.

[5] Probst, G. J. B.; Gibbert, M. (2005): Strategic management in the knowledge economy. Publicis.

[6] Reininghaus, A.; Minrath, H.: Eureka: Wissensmanagement im technischen Kundendienst bei Xerox, Xerox.

[7] ARIS Process Platform, 2003, IDS Scheer AG.

[8] Nardi, B. A.; Schiano, D. J.; Gumbrecht, M.; Swartz, L. (2004): "I'm Blogging This" A Closer Look at Why People Blog. ACM Press.

[9] Wikipedia; 2006; http://de.wikipedia.org/wiki/NGram Analyse.

[10] Groh. G. (2001): Applying Text Classification Methods to the Mapping of simple Extensional Ontologies for Community Information Management, 2001, Universitaet Kaiserslautern.

[11] Hull, D.A. (1996): Stemming Algorithms: A Case Study for Detailed Evaluation Journal of the American Society of Information Science. 47, 70-84.

Kontaktinformationen

TU München
Lehrstuhl für angewandte Informatik
Jochen Reich

Boltzmannstr. 3
85748 Garching
JochenReich@in.tum.de

A. M. Heinecke, H. Paul (Hrsg.): Mensch & Computer 2006: Mensch und Computer im Struktur*Wandel*. München, Oldenbourg Verlag, 2006, S. 321-330

Weniger ist mehr – Wissensmanagement für die Schule

Harald Selke

Heinz Nixdorf Institut, Universität Paderborn

Zusammenfassung

In einem evolutionären Prozess wurde unter Beteiligung von Anwendern ein webbasiertes Content-Management-System, das über vielfältige Funktionen verfügte, wegen seiner Komplexität jedoch von den Benutzern als schwer zu erlernen empfunden wurde, mit einer vollständig neuen, im Funktionsumfang stark beschnittenen Benutzungsschnittstelle versehen. Befragungen der Benutzer sowie eine in einem unabhängigen Projekt durchgeführte Evaluation belegen, dass die Reduktion auf wenige Funktionen – auch wenn dabei manche als wünschenswert empfundene Funktion nicht angeboten wird – zu einer deutlich breiteren Akzeptanz in dem hier betrachteten Benutzerkreis – Lehrer und Schüler, die ein solches System im Rahmen ihrer normalen Schultätigkeit bei der Unterrichtsvorbereitung, -durchführung und -nachbereitung nutzen – führt.

1 Einleitung

Im Rahmen der medienpädagogischen Initiative *Bildungswege in der InformationsGesellschaft (BIG)* – dokumentiert in (Bentlage & Hamm 2001) – entstand der Bedarf, die dort für schulische Zwecke entwickelten Materialien Lehrern zur Verfügung zu stellen. Zu diesem Zweck wurde das von uns bereits in anderen Kontexten erfolgreich genutzte Content-Management-System *Hyperwave Information Server* (vgl. Maurer 1996) eingesetzt. Ein wesentlicher Grund für die Verwendung eines solchen Systems bestand darin, dass nicht lediglich fertige Materialien angeboten werden, sondern Lehrer individuell sowie gemeinsam – mit Kollegen der eigenen Schule sowie mit Kollegen, mit denen sie an Fortbildungen teilgenommen hatten oder in schulübergreifenden Arbeitsgruppen kooperierten – mit den vorhandenen Materialien arbeiten sollten. So sollte es möglich sein, die Materialien in beliebiger Form zusammenzustellen und durch eigene Dokumente zu ergänzen; eine Anpassung der Dokumente an eigene Bedürfnisse sollte ebenfalls möglich sein. Eine weitere Anforderung bestand darin, Rechte für den lesenden sowie schreibenden Zugriff vergeben zu können, da nicht alle Materialien der Öffentlichkeit zugänglich sein sollten und bei einer Verwendung der Materialien im Unterricht Dokumente auch gezielt für einzelne Schülergruppen freigegeben werden sollten.

Schnell zeigte sich, dass die gewählte Plattform zwar die benötigten Funktionen anbot, diese jedoch für die Mehrzahl der Benutzer schwierig zu erlernen waren. Auch wurden zahlreiche Funktionen des Servers nicht benötigt. Daraus ergab sich die Notwendigkeit, das Web-Interface, über das die Funktionen des Servers im Regelfall bedient wurden, durch ein neues zu ersetzen, das speziell auf die realen schulischen Bedürfnisse zugeschnitten war. Dazu wurde die Funktionalität stark reduziert, um vor allem die Einarbeitungszeit und damit die Hemmschwelle zur Nutzung des Servers zu reduzieren. Auf Grundlage der dabei gemachten Erfahrungen wurden in einer dritten Entwicklungsstufe einige durch die zugrunde liegende Plattform bedingte Schwierigkeiten beseitigt und zusätzliche, von erfahrenen Benutzern gewünschte Funktionalität in Modulen gekapselt, die nach Bedarf zur Verfügung gestellt werden können. Zu dieser letzten Entwicklungsstufe liegen bislang zwar erste Erfahrungen und Rückmeldungen vor; diese sind jedoch bislang nicht systematisch erhoben worden. Zur Präsentation im Rahmen der Tagung sollen entsprechende Daten vorliegen.

Der Funktionsumfang, wie er sich den schulischen Benutzern darstellt, wird in (Selke 2006) beschrieben und soll nicht Gegenstand dieses Beitrags sein. Hier soll beschrieben werden, welche Aspekte bei der Entwicklung in welcher Form berücksichtigt wurden. Der evolutionäre Entwicklungsprozess wurde durch ein Gremium koordiniert, das die Anforderungen der Benutzer durch Befragungen, Rückmeldungen im Rahmen von Schulungen und Fortbildungen sowie in Teilaspekten durch eine in einem unabhängigen Projekt durchgeführte Evaluation ermittelte. Das Ziel bestand dabei weniger darin, ein System für die Wissensorganisation zu schaffen, das möglichst viele in der Schule sinnvoll nutzbare Funktionen abbildete. Vielmehr sollte ein möglichst breiter Einsatz in den Schulen möglich sein, wobei eine geeignete Gestaltung des technischen Systems nur eine notwendige, keinesfalls aber eine hinreichende Voraussetzung ist. Entsprechende organisatorische Maßnahmen, Fortbildungen sowie pädagogische und didaktische Handreichungen sind weitere wichtige Faktoren für einen breiten und nachhaltigen Einsatz eines solchen Systems in der Schule.

Mit Stand März 2006 wurden drei Server betrieben, für die weit über 5000 Benutzer von etwa 500 Schulen registriert waren. Die Nutzung an den einzelnen Schulen fällt dabei sehr unterschiedlich aus. Während an einigen Schulen sämtliche Lehrer (bei dennoch sehr unterschiedlichem Nutzungsgrad) über einen Zugang verfügen, sind an anderen Schulen nur einzelne Lehrer registriert. Eine große Anzahl von registrierten Benutzern verfügt auch über einen Zugang, arbeitet jedoch de facto nicht mit dem System, so dass derartige Zahlen mit Vorsicht zu betrachten sind. Die Gründe für den unterschiedlichen Grad der Nutzung sind vielfältig und nicht nur in der Technik begründet, sondern auch im Berufsalltag. Hier werden im Folgenden drei Schulen betrachtet, an denen die zusätzlich erforderlichen Maßnahmen – also die organisatorische Einbettung, Schulungsmaßnahmen und die Entwicklung von Konzepten zum methodischen Einsatz von Wissensmanagement in der Schule – durchgeführt wurden. Außerdem wurde an diesen Schulen eine ausführliche Evaluation im Rahmen eines Projekts „School Wide Web" durchgeführt, so dass hier gute Hinweise darauf vorliegen, wie die tatsächlichen Anforderungen an eine Plattform zur Unterstützung von Wissensorganisation in Schulen und die tatsächliche Nutzung unter den gegebenen Einsatzbedingungen aussehen.

2   Nutzung von Hyperwave

Der Hyperwave Information Server ist in seinen Ursprüngen ein serverbasiertes Hypertextsystem, das zu einem Content-Management-System ausgebaut wurde. Im Laufe dieser Entwicklung wurde der Funktionsumfang des Systems kontinuierlich erweitert. Die mit dem Server ausgelieferte webbasierte Benutzungsoberfläche bietet den Zugriff auf annähernd den kompletten Funktionsumfang, kann aber auf verschiedenen Ebenen angepasst werden. Eine solche Anpassung erfolgte im Rahmen der Initiative BIG jedoch nicht, so dass die Benutzer mit der ausgelieferten Oberfläche arbeiten mussten. Auch in anderen Schulprojekten, in denen üblicherweise keine Mittel für eine Anpassung der Oberfläche vorgesehen waren, wurde diese Oberfläche eingesetzt.

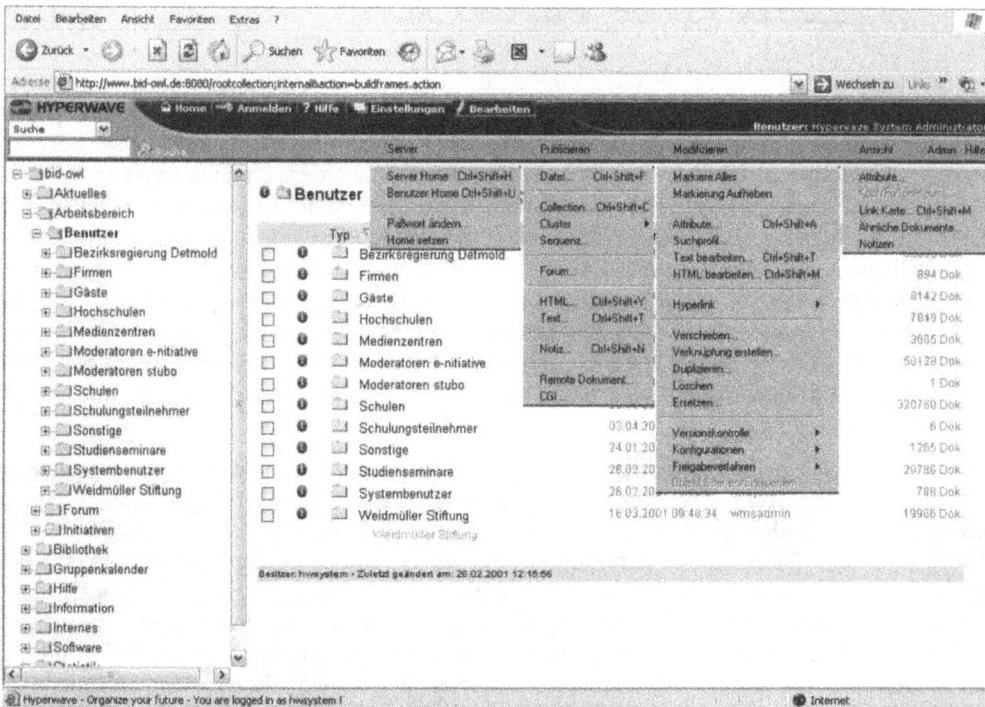

Abbildung 1: Alle Menüs (ohne Untermenüs) der Standard-Oberfläche des Hyperwave Information Servers. Bei der Benutzung ist selbstverständlich stets höchstens eines dieser Menüs geöffnet.

In diesem Beitrag soll nicht im Einzelnen auf die angebotenen Funktionen eingegangen werden. Es zeigte sich jedoch nicht nur im Rahmen des Netzwerks Medienschulen, eines „Best-Practice- oder Expertennetzwerkes" (Vorndran 2003, 12), dem ausschließlich im schulischen Umgang mit Computern versierte Lehrer angehörten, dass auch nach Schulungen, die sich auf die Grundfunktionalitäten beschränkten, erhebliche Unsicherheiten im Umgang mit dem Server bestanden. Im schulischen Alltag gewannen diese Unsicherheiten dadurch weiter an Bedeutung, dass nicht alle Lehrer regelmäßig mit dem Server arbeiteten. Außerdem sahen sich die Lehrer nur eingeschränkt in der Lage, insbesondere Kollegen, die bislang wenig mit webbasierten Werkzeugen gearbeitet hatten, aber auch Schüler in die Benutzung des Systems einzuführen: „Die Benutzeroberfläche, die sich zwar am Windows Explorer orientiert, ließ sich nicht intuitiv bedienen. Dafür beinhaltet das System zu viele verschiedene Funktionen, die nicht ohne weiteres auf Grundfunktionalitäten wie z.B. das Einstellen und Verknüpfen von Dokumenten reduziert werden können. Hemmschwellen bei Lehrern und Schülern waren die Folge." (Dankwart 2003, 316) Im Netzwerk Medienschulen wurde daher entschieden, Quickplace, eine im Funktionsumfang reduzierte Variante von Lotus Notes einzusetzen. Neben der Stabilität des Systems wird insbesondere betont, dass es hierbei um „eine sinnvolle Reduzierung eines komplexen Systems" (Dankwart 2003, 317) handelt.

3   Reduktion der Funktionalität

Der verwendete Server verfügt über zahlreiche Möglichkeiten der Anpassung. Elementare Modifikationen sind möglich, indem einzelne Menüpunkte auskommentiert und den Benutzern somit nicht mehr angeboten werden. Über das Konzept der Dokumentklassen (Hyperwave 1999) können außerdem neue Objekttypen definiert werden, die über objektspezifische und damit ggf. auch eingeschränkte Funktionalität verfügen. Die Benutzungsoberfläche wird durch die Einführung von Dokumentklassen jedoch nicht vereinfacht, sondern noch erweitert. Auch eine Vereinfachung der Dialoge ist aufgrund der Komplexität des webbasierten Frontends mit hohem Aufwand verbunden. Es wurde daher beschlossen, ein vollständig neues Frontend zu entwickeln, was über serverseitiges JavaScript und die Hyperwave-eigene Makrosprache PLACE möglich ist. Die ebenfalls mögliche Implementierung eines in PHP umgesetzten Frontends auf einem separat zu betreibenden Web-Server wurde nicht in Betracht gezogen.

Um die Entwicklung zu koordinieren, wurde ein aus bis zu sieben Mitgliedern bestehender „Technikkreis" gegründet, dem Lehrer verschiedener Schulformen (Hauptschule, Gymnasium und Berufsschule), ein Vertreter der Weidmüller-Stiftung – die schulische Projekte in Kooperation mit Unternehmen durchführt –, der für die Medienbildung verantwortliche Referent der Bezirksregierung Detmold, ein Vertreter des Medienzentrums des Kreises Gütersloh sowie der Autor dieses Beitrags als Verantwortlicher für die technische Realisierung angehörten. Über dieses Gremium konnten zum einen durch die unmittelbare Erfahrung der Mitglieder und von deren Kollegen, zum anderen über Rückmeldungen im Rahmen von Schulungen die konkreten Anforderungen sowie die Defizite im Umgang mit dem bisherigen System ermittelt werden. Dabei wurde kein formales Vorgehen gewählt; die Anforderungen wurden in einer Vielzahl von Gesprächen ermittelt, anhand von prototypischen Umsetzungen zunächst im Technikkreis geprüft und anschließend zunächst einem kleinen Benutzerkreis vorgestellt.

Da das Ziel in erster Linie darin bestand, die Einstiegshürde für den Umgang mit dem System möglichst niedrig zu halten, wurde zunächst eine Art von Minimallösung angestrebt. Zu den Grundfunktionen gehörten insbesondere die Erstellung von Ordnern, die Bereitstellung von Dokumenten beliebigen Dateityps, die Erstellung von einfachen Texten sowie die Ablage von Referenzen zu Web-Adressen („Social Bookmarks"). Als elementar wurden außerdem Möglichkeiten zum Löschen, Verschieben und Kopieren von Dokumenten, zur Vergabe von Zugriffsrechten sowie zur Suche nach Stichworten und im Volltext angesehen. Die Dialoge zur Bewerkstelligung dieser Funktionen wurden stark vereinfacht, so dass nur noch die unbedingt notwendigen Felder bei der Erstellung angezeigt wurden. Erst über einen „Eigenschaften"-Dialog wurden dann weitere Möglichkeiten sichtbar. In den Schulungen wurden diese zusätzlichen Möglichkeiten zwar vorgestellt, aber nur bei Bedarf erläutert. Im Umgang mit dem Hyperwave-Server oder auch mit anderen webbasierten Systemen erfahrene Benutzer äußerten über diese Grundfunktionen hinaus mitunter auch Wünsche nach Foren oder einer Versionskontrolle. Um auf diese zugreifen zu können, wurde daher über einen separaten Port die Standard-Oberfläche des Hyperwave-Servers bereitgestellt.

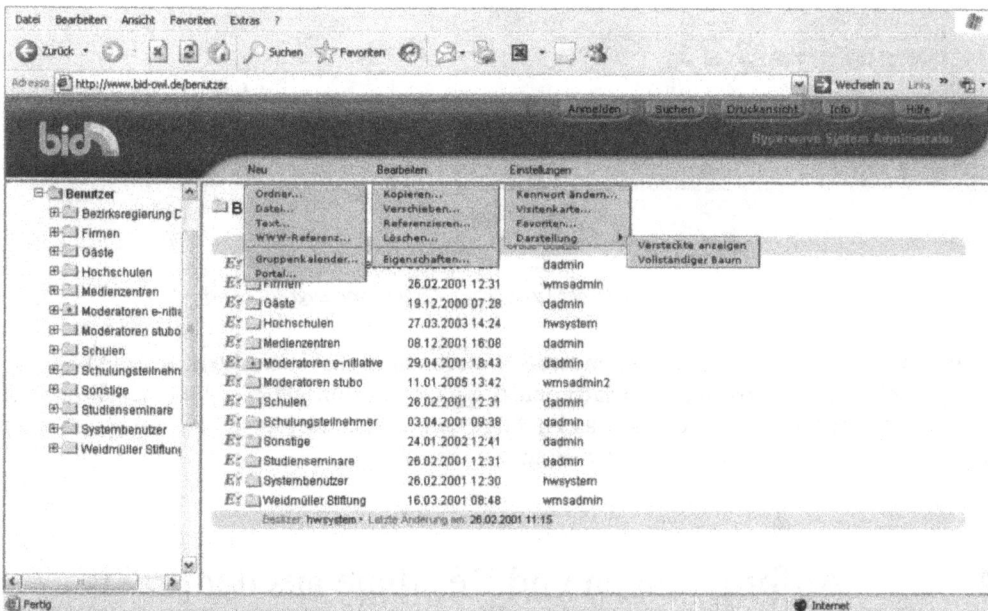

Abbildung 2: Alle Menüs der reduzierten Oberfläche, wie sie sich in der letzten für den Hyperwave-Server entwickelten Version darstellte. Kalender und Portale fehlten in den früheren Versionen.

Besonders deutlich lassen sich die bei der Entwicklung angestellten Überlegungen anhand der Umsetzung des Dialogs für die Zugriffsrechte illustrieren. Der Standard-Dialog des Hyperwave-Servers erfordert zunächst die Eingabe eines Benutzer- oder Gruppennamens (oder eines Teils davon) in ein Suchfeld. Aus dem Suchergebnis können dann die gewünschten Benutzer ausgewählt und diesen Lese- oder Schreibrechte zugewiesen werden. Da in dem konkreten Anwendungsfall in der Regel in stabilen Kontexten kooperiert wird – im Allgemeinen arbeiten einzelne Benutzer oder auch Gruppen über einen eher langen Zeitraum zusammen, beispielsweise im Rahmen von Fortbildungsprogrammen, in einer Schulklasse oder einer Arbeitsgemeinschaft –, entschieden wir uns für ein zweistufiges Vorgehen. Zunächst werden im Rechtedialog nur die Gruppen angezeigt, denen der Benutzer selber angehört. Soll einem anderen Benutzer oder einer Gruppe, der der Benutzer nicht angehört, ein Zugriffsrecht gewährt werden, so muss dieser über einen separaten Dialog den eigenen „Favoriten" hinzugefügt werden. Diese Favoriten werden zusätzlich im Rechtedialog angezeigt, so dass nun auch diesen Benutzern und Gruppen Zugriffsrechte eingeräumt werden können. Dieses Vorgehen ist im Falle von „Einmal-Kooperationen" umständlicher, in der Regel in diesem Anwendungsfall jedoch einfacher, da der Dialog erheblich übersichtlicher und schneller bedienbar ist.

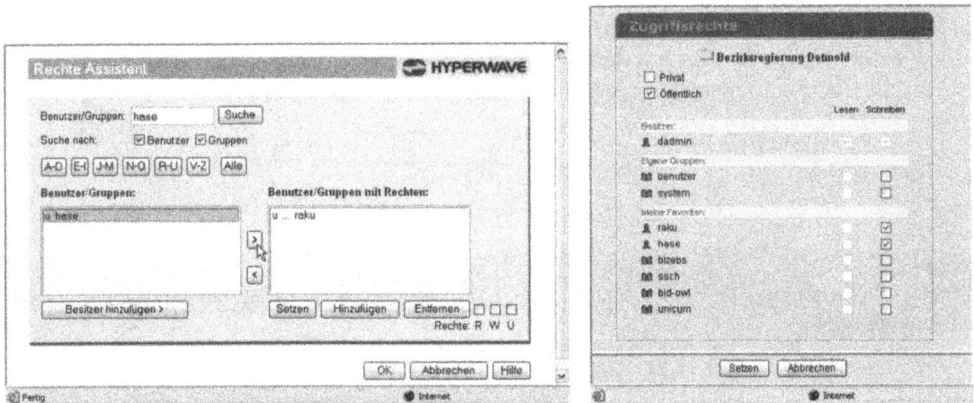

Abbildung 3: Vergleich der Dialoge zur Vergabe von Zugriffsrechten

In ähnlicher Weise wurde auch bei anderen Funktionen zunächst ermittelt, welche Anforderungen sich aus dem konkreten Einsatzkontext ergaben und anschließend ein auf diesen Fall zugeschnittener Dialog entwickelt, was im Allgemeinen in einer Reduktion von Möglichkeiten und damit von Komplexität für den Benutzer resultierte.

4   Anforderungen und Resultate aus der Praxis

Im von der Heinz Nixdorf Stiftung und der Bertelsmann Stiftung durchgeführten Projekt „School Wide Web – Intranets in Schulen" (dokumentiert in Dankwart 2005) wurde das System in der Form, wie es im vorangegangenen Abschnitt beschrieben ist, an drei Schulen systematisch eingeführt. Die Entscheidung, dieses System einzusetzen, wurde durch die aus je vier bis sechs Lehrer bestehenden Projektsteuergruppen der Schulen in gemeinsamen Sitzungen auf Grundlage eines Anforderungskatalogs getroffen (Dankwart 2005, 57ff.). Diese Lehrer waren zu einem kleinen Teil mit der in Abschnitt 2 beschriebenen Version der Oberfläche vertraut.

Zahlreiche Anforderungen des Katalogs wurden von der in Abschnitt 3 beschriebenen reduzierten Version bereits erfüllt, insbesondere die Funktionen zum Dokumentenmanagement, zur Rechtevergabe sowie zur Suche. Als besonders wichtig wurden außerdem eine einfache Handhabung angesehen sowie, „dass nach einer bzw. zwei kurzen Fortbildungen jeder Lehrer und Schüler in der Lage sein sollte, Dokumente einzustellen, zu bearbeiten und zu löschen" (Dankwart 2005, 59). Die wichtigsten Anforderungen an die Benutzerverwaltung konnten recht kurzfristig ohne großen Aufwand umgesetzt werden, indem mittels Skripten die in einem LDAP-Server vorhandenen Daten importiert werden konnten. Defizite hingegen wies das System bei den Funktionen auf, die im Projekt als Groupware bezeichnet, jedoch zumindest in der Anfangsphase des Projekts als weniger wichtig angesehen wurden. Genannt wurden hier Diskussionsforen, eine Chat-Funktion, Email-Verteiler sowie Terminkalender für Einzelpersonen und Gruppen. Der Server wurde daher während der Projektlaufzeit um entsprechende Kalenderfunktionen erweitert. Für Foren wurde aus Kapazitätsgründen keine Erweiterung vorgenommen; sie konnten jedoch über die Standard-Oberfläche des Hyperwave-Servers verwendet werden. Auf einen Chat wurde verzichtet, Email-Verteiler konnten über den LDAP-Server genutzt werden und wurden daher ebenfalls nicht in die Oberfläche integriert.

Bei der Befragung am Ende des Projektzeitraums nutzten mehr als die Hälfte der 220 Lehrer den Server; von den den Server nutzenden Lehrern gaben 40% an, ihn mindestens einmal pro Woche zu verwenden (alle Werte aus Dankwart 2005, 42ff.). Am weitesten verbreitet war dabei die Nutzung für die Unterrichtsvorbereitung (67%), gefolgt von der Erstellung von Unterrichtsmaterialien (48%) und der Unterrichtsdurchführung (40%). Über die absolute Nutzungshäufigkeit und den Umfang der Nutzung wurden keine Angaben publiziert. Zu Beginn des Projekts gaben etwa 42% aller Lehrer an, dass sie das Internet regelmäßig oder häufig für die Unterrichtsvorbereitung einsetzten, und etwa 19%, dass sie es regelmäßig für die Unterrichtsdurchführung nutzten – niemand jedoch häufig. Bei Projektende lagen diese Werte bei etwa 58% bzw. 38%, wobei nun immerhin gut 10% das Internet sogar häufig für die Unterrichtsdurchführung nutzten. Ein erheblicher Anteil dieses Nutzungszuwachses dürfte auf die Einführung des hier beschriebenen Systems entfallen; die Nutzung im Unterricht wurde sicher jedoch auch durch die zwischenzeitlich verbesserte Ausstattung der Schulen gefördert, so dass der Effekt nicht eindeutig einer bestimmten Ursache zuzurechnen ist.

Auf einer Schulnotenskala bewerteten die Lehrer, die den Server nutzten, die Angemessenheit der Einarbeitungszeit zu 16% mit „sehr gut", 42% bewerteten sie mit „gut", 21% mit befriedigend, 11% mit ausreichend und 5% mit mangelhaft (alle Zahlen gerundet; an 100% fehlende machten keine Angabe). Bei der Befragung zu den eingesetzten Funktionalitäten zeigte sich, dass die Terminkalender nur von wenigen Lehrern genutzt wurden; der Grund dafür dürfte in technischen Problemen gelegen haben, die erst im Laufe des Einsatzes deutlich wurden. Ähnlich wenig genutzt wurden die Foren; dies dürfte dem Umstand geschuldet sein, dass diese nur auf dem Umweg über die Standard-Oberfläche von Hyperwave verwendet werden konnten.

In der Befragung zum Projektende wurde nicht ausdrücklich nach fehlenden Funktionalitäten gefragt. Durch mündliche Rückmeldungen in informellem Rahmen zeigte sich jedoch, dass gewisse zusätzliche Funktionen gewünscht wurden. Dazu gehörten zum einen die Foren, die in der angebotenen Form nur an einer der drei Schulen genutzt, von den anderen Schulen jedoch ebenfalls gewünscht wurden. Ein weiteres, bereits während der Projektlaufzeit festgestelltes Defizit bestand in einer fehlenden Möglichkeit zur einfachen Präsentation von Arbeitsergebnissen. Auch aus anderen Schulen, die einen der beiden anderen Server unabhängig von dem evaluierten Projekt verwendeten, wurde an den Technikkreis der Wunsch herangetragen, eine Art einfaches Redaktionssystem bereitzustellen, das ohne jegliche HTML-Kenntnisse kooperativ und arbeitsteilig gepflegt werden kann. Diese Anforderung wurde in Form so genannter „Portale" bereits während der Laufzeit des Projekts „School Wide Web" umgesetzt. Bei der abschließenden Befragung gaben bereits knapp 30% der den Server benutzenden Lehrer an, dass sie die Portale häufig oder regelmäßig verwendeten – wobei fast sämtliche der erstellten Portale von einer einzigen der drei Schulen stammten, so dass hier möglicherweise ein Problem in der Vermittlung der Möglichkeiten oder der Nutzung vorlag.

5   Erweiterung der Funktionalität

Inzwischen wurde die dritte Stufe der Entwicklung umgesetzt. Aus Gründen, die für den vorliegenden Beitrag von untergeordneter Bedeutung sind, wurde der zugrunde liegende Hyperwave-Server durch das Open-Source-System open-sTeam ersetzt, das auf dem Konzept der virtuellen Wissensräume basiert (Hampel & Keil-Slawik 2002). Dabei wurde die in Abschnitt 3 beschriebene von uns entwickelte Benutzungsoberfläche weitestgehend beibehalten – zum einen, weil sie sich bewährt hat, zum anderen, weil eine Umstellung einen erheblichen Fortbildungsbedarf bei Lehrern und Schülern zur Folge gehabt hätte. Insbesondere wurden jedoch einige Probleme beseitigt. Beispielsweise wurde die Nutzung von Funktionen vereinfacht, bei denen sich herausgestellt hatte, dass sie eher umständlich zu bedienen waren. Auch die Vergabe von Zugriffsrechten konnte weiter vereinfacht werden, da die neue Basisplattform hier über ein für diesen Anwendungsfall besser geeignetes Rechtekonzept verfügt.

Eine besondere Herausforderung stellte jedoch das Funktionsangebot dar. Zum einen wurde – aufgrund der Erfahrungen im Projekt „School Wide Web" und nicht zuletzt durch attraktive Angebote wie den lo-net-Server (http://www.lo-net.de/) – unter den mittlerweile mehr oder weniger versierten Benutzern der Ruf nach zusätzlichen Funktionen laut, zum anderen blieb die Zielrichtung bestehen, dass eine möglichst breite Basis von Lehrern und Schülern ohne hohe Einstiegshürde mit dem System arbeiten können sollte. Zu den neuen Angeboten gehören nunmehr in ihrem Funktionsumfang erheblich erweiterte Portale (die auch als Blog genutzt werden können), Foren, interaktive Fragebögen mit Exportmöglichkeiten, Wikis sowie zusätzliche Kommunikationsmöglichkeiten, die teilweise im System integriert sind und teilweise über externe Anwendungen angebunden werden (siehe dazu Selke 2006).

Insgesamt ist so ein System entstanden, das mittlerweile über einen erheblichen Funktionsumfang verfügt und mit den – aus schulischer Sicht mit berechtigtem Interesse vorgetragenen – Anforderungen weiter wachsen wird. Somit tut sich unter den Benutzern eine wachsende Lücke auf zwischen versierten und anspruchsvollen Benutzern einerseits und leicht zu verunsichernden Neulingen andererseits, wobei diese sehr unterschiedlichen Benutzer jedoch miteinander kooperieren, also dasselbe System verwenden müssen. Die neue Version des Systems wurde daher derart modular angelegt, dass Einsteigern zunächst nur die Grundfunktionen angeboten werden. Diese Benutzer sind beispielsweise zunächst nicht in der Lage, eigene Foren zu erstellen, können aber gleichwohl in Foren, die von anderen Benutzern erstellt wurden, Beiträge verfassen. Über einen einfachen Dialog mit Benutzereinstellungen kann jeder Benutzer individuell entscheiden, eines der zusätzlichen Module zu verwenden, also entsprechende Objekte auf dem Server selber erstellen zu können.

Abbildung 4: Dialog für Benutzereinstellungen;
die einzelnen Module kann jeder Benutzer individuell für sich freischalten.

6   Ausblick

In diesem Beitrag wurde beschrieben, wie in einem evolutionären Prozess unter Einbeziehung von Benutzern ein System zur Unterstützung von Wissensorganisation in Schulen erfolgreich eingeführt werden konnte. In einem solchen Umfeld, in dem die Anwender ihre Kernaufgaben auch ohne die Nutzung von Computern erfüllen können, muss – selbst wenn die Nutzer einen Mehrwert in Form von verbesserter Qualität oder langfristig vermindertem Arbeitsaufwand sehen – sichergestellt sein, dass die Anwender das System leicht erlernen können. Wie sich im Netzwerk Medienschulen gezeigt hat, spielt der Funktionsumfang einer Plattform – bei bestimmten Grundvoraussetzungen – eine untergeordnete Rolle. Das auch bei der Auswahl von Lernplattformen für die Hochschullehre verbreitete Vorgehen, diese in erster Linie anhand der angebotenen „Features" zu bewerten, erscheint vor diesem Hintergrund fragwürdig – ähnlich wie bereits in (Finck et al. 2004) die Einfachheit von E-Learning-Systemen gefordert wird.

Mit zunehmender Verbreitung von Systemen wie den hier beschriebenen besteht eine der größeren Herausforderungen darin, die vielfältigen denkbaren bzw. in verschiedenen Systemen bereits realisierten Funktionen in einer Weise anzubieten, dass erfahrene Benutzer bei Bedarf auf sie zugreifen können, Einsteiger jedoch nicht überfordert werden. Gelingt dies nicht, so mögen zwar „Best-Practice-Inseln" entstehen, eine durchgängige und nachhaltige Verankerung von Wissensorganisation im Schulalltag wird dann jedoch nicht gelingen.

Mit der im vorangegangenen Abschnitt beschriebenen Version des von uns entwickelten Systems glauben wir, einen Schritt in Richtung einer solchen Verankerung getan zu haben. Ob sie diesen Anspruch wenigstens ansatzweise erfüllt, bleibt zu zeigen. Eine Evaluation der neuen Umsetzung konnte bislang noch nicht erfolgen, da erst seit Kurzem größere Anzahlen von Benutzern mit dem System arbeiten. Bis zu einer hoffentlich erfolgenden Präsentation des Beitrags auf der Tagung erwarten wir hier jedoch zumindest erste Erkenntnisse.

Literaturverzeichnis

Bentlage, U.; Hamm, I. (2001): Lehrerausbildung und neue Medien. Gütersloh: Verlag Bertelsmann Stiftung.

Dankwart, M. (2003): Aufbau von Intranets in Schulen – Erfahrungen, Anregungen und Empfehlungen. In: Vorndran, O.; Schnoor, D. (Hrsg.): Schulen für die Wissensgesellschaft. Ergebnisse des Netzwerkes Medienschulen. Gütersloh: Verlag Bertelsmann Stiftung.

Dankwart, M. (2005): School Wide Web. Kommunikations- und Kooperationsplattformen in der schulischen Praxis. Gütersloh: Verlag Bertelsmann Stiftung.

Finck, M; Janneck, M.; Oberquelle, H. (2004): Gebrauchstaugliche Gestaltung von E-Learning-Systemen. i-com 2/2004, S. 40-46.

Hampel, T.; Keil-Slawik, R. (2002): sTeam: Structuring Information in a Team – Distributed Knowledge Management in Cooperative Learning Environments. ACM Journal of Educational Resources in Computing Vol. 1, Nr. 2, S. 1-27.

Hyperwave (1999): Hyperwave Benutzerhandbuch. München: Hyperwave AG.

Maurer, H. (1996): Hyper-G now Hyperwave: The Next Generation Web Solution. Reading (Ma.): Addison-Wesley.

Selke, H. (2006): Knowledge Management in Schools – From Electronic Schoolbag to Social Software. Erscheint in Proceedings EC-TEL 2006, First European Conference on Technology Enhanced Learning.

Vorndran, O. (2003): Netzwerk für die Schulentwicklung: Reflexionen am Beispiel des Netzwerks Medienschulen. In: Vorndran, O.; Schnoor, D. (Hrsg.): Schulen für die Wissensgesellschaft. Ergebnisse des Netzwerkes Medienschulen. Gütersloh: Verlag Bertelsmann Stiftung.

A. M. Heinecke, H. Paul (Hrsg.): Mensch & Computer 2006: Mensch und Computer im Struktur*Wandel*.
München, Oldenbourg Verlag, 2006, S. 331-338

LDS+ – zum Wandel der Diagnoseunterstützung an CNC-Maschinen

Henning Brau, K. Gaßmann, S. Schöll, U. Fischer

DaimlerChrysler AG

Zusammenfassung

Mit LDS+ stellt der Bereich für Produktions- und Werkstofftechnik der DaimlerChrysler AG zusammen mit der konzerninternen Forschung ein lernfähiges Diagnoseunterstützungssystem zur Hilfestellung für Betriebspersonal zur Störungslokalisation und -behebung an CNC-Maschinen vor. Es basiert nicht auf umfassenden Wissensmodellen mit generalistischer Anwendbarkeit, sondern auf dem Erfahrungswissen des Instandhaltungspersonals, das die betroffene CNC-Maschine betreut. Das System ist dabei nicht von der Maschine entkoppelt, sondern als Modul der Maschinensteuerung in die CNC-Maschine integriert. Ein Novum ist die Nutzung von Netzwerktechniken und Mobilfunk, um im Störungsfall Informationen direkt von der CNC-Maschine an die Instandhaltung zu übertragen.

1 Einleitung

Eine zentrale Anforderung der industriellen Fertigung mit CNC-Werkzeugmaschinen ist die Gewährleistung einer hohen Prozesssicherheit. Maschinenstillstände während der laufenden Prozesse führen schnell zu so genannten „Bandabrissen", d.h. dem Erliegen des gesamten Fertigungsprozesses aufgrund fehlender Bearbeitungsteile. Da die entstehenden Folgekosten eines solchen Fertigungsausfalles drückend sind, sind ergeben sich hier drei zentrale Anliegen:

1. Störungslokalisation: zügige Diagnose der Störungsursache nach erkannter Störung

2. Störungsbehebung: Minimierung der Instandsetzungszeit und umgehender Wiederanlauf durch Betriebs- oder Instandhaltungspersonal

3. Störungsdokumentation: Störungsdaten (z.B. Frequenz, Ursache, Dauer) sowie ergriffene Maßnahmen zur Wiederherstellung werden beschrieben, zum Zweck der vorbeugenden Instandhaltung bzw. zum Aufbau eines Erfahrungspools für den Fall der erneuten Störung durch die gleiche Ursache.

Zwar gibt die zentrale Steuerungssoftware der CNC-Maschine Störungsmeldungen aus, doch diese sind häufig nicht dazu geeignet, eine gezielte Störungslokalisation vorzunehmen: Zum einen sind sie meist abstrakt, verkürzt und nicht eindeutig formuliert, zum anderen handelt es sich bei der jeweiligen Störungsmeldung meist um eine Symptombeschreibung, auf die viele Störungsursachen zutreffen könnten. Als Unterstützung der Störungslokalisation wurden daher in der Vergangenheit softwarebasierte Diagnosesysteme entwickelt, die eine zügige Störungsbehebung durch das Betriebs- und Instandhaltungspersonal unterstützen sollen, beispielsweise das System ComPASS (Marzi 2005). Erfahrungen mit wissensbasierten Diagnosesystemen der vergangenen Jahre zeigen allerdings, dass häufig langwierige Handhabung und mangelnde Akzeptanz der Systeme deren Leistungsfähigkeit stark mindern. Erschwerend hinzukommt, dass die Erstellung, Wartung und Pflege der Wissensbasis zu hohen Kosten und somit zur Ablehnung der Systeme durch die Unternehmen führt (Anders 1998). Auch der häufig gewählte Ansatz, diese Systeme an zentral aufgestellten PC-Systemen zu betreiben, die somit nicht direkt am Ort der Störung erreichbar sind, kann unserer Erfahrung nach unter dem Zeitdruck der notwendigen Instandsetzung dazu führen, dass diese Systeme gar nicht erst zum Einsatz kommen.

Der vorliegende Beitrag beschreibt das Vorgehen und die Ergebnisse eines Projektes zur Technologiegestaltung eines flach-hierarchischen lernfähigen Diagnosesystems (LDS+), welches die aktuelle Tendenz zur Amorphisierung von Mensch-Maschine-Systemtechniken (Rötting 2005) aufgreift: Die CNC-Maschinen werden aus ihrer Rolle als simple Fertigungseinheiten gelöst, indem sie über ein in die Maschinensteuerung integriertes Softwaremodul Diagnoseunterstützungsaufgaben erhalten. Wie von Anders (1998) angeregt, stehen dabei Symptom-Ursache-Beziehungen und Wissen des Betriebs- und Wartungspersonals im Mittelpunkt; anstelle von tiefen maschinenunspezifischen Wissensmodellen wird ein konkreter maschinenbezogener Datenpool aufgebaut. Dies bedeutet, dass die Mitarbeiter die Datenbasis nach erfolgter Störungsbehebung direkt an der CNC-Maschine oder über eine dezentral auf einem PC installierten Schnittstelle anhand von vorgegebenen Formularen und Freitextfeldern befüllen. Damit dies mit hinreichender Informationstiefe geschieht, müssen sich die notwendigen Interaktionen durch ein besonders hohes Maß an Gebrauchstauglichkeit (DIN EN ISO 9241 1996) auszeichnen. Weiterhin können aus dem LDS+-Modul heraus Beauftragungen von Instandsetzungsmaßnahmen vorgenommen und den beauftragten Mitarbeitern vorab Störungsinformationen per SMS oder Email übermittelt werden.

2   Vorgehen

Schon bevor der eigentliche Entwicklungsprozess zum LDS+-Modul gestartet wurde, lagen Teilfunktionen vor, die aus Gründen der Überprüfung der technischen Realisierbarkeit vorentwickelt wurden. Diese Teilfunktionen waren Basis des systematischen Entwicklungsprozesses bestehend aus einer Analyse- und Konzeptionsphase sowie einer Entwicklungs- und Evaluationsphase.

2.1 Analyse- & Konzeptionsphase

Die DIN EN ISO 13407 (1999) gibt Hinweise zur benutzerorientierten Gestaltung interaktiver Systeme. Die Kernsätze dieser Norm sind ein aktives Einbeziehen der Nutzer, eine angemessene Verteilung von Funktionen zwischen Mensch und Maschine, die iterative Evaluation der Design-Entwürfe mit Nutzern sowie den Aufbau eines multidisziplinären Entwicklungsteams, das in seiner Zusammensetzung Rollen der Systementwickler und der beauftragenden Organisation widerspiegelt (z.B. Nutzer, Software-Ingenieure, Arbeitswissenschaftler). Kujala (2003) weißt auf den generell positiven Zusammenhang zwischen Partizipation und Systemqualität sowie Nutzerzufriedenheit hin. Unsere vorangegangenen empirischen Arbeiten bestätigen diese Aussage (z.B. Brau & Schulze 2005). Deswegen wurde ein bewusst partizipativ ausgerichteter Gestaltungsansatz gewählt, der in drei Schritten die Erhebung von Nutzer- und Prozesswissen umfasst:

- Beobachtung der Diagnosetätigkeit an vier Transferstraßen der PKW-Motoren-Fertigung.

- Befragung von Betriebs- und Instandhaltungspersonal zu Abläufen während der Störungslokalisation und –behebung.

- Vorstellung der vorentwickelten Teilfunktionen an einem Schulungsbedienfeld einer CNC-Maschine, das unabhängig von der eigentlichen Maschine eine Simulation von Störungszuständen erlaubt. Mitarbeitern des Betriebs- und Instandhaltungspersonal wurde die Gelegenheit gegeben, die Funktionen hinsichtlich ihrer Eignung zur Unterstützung von Störungslokalisation und –behebung zu bewerten.

Diese Analyseschritte wurden durchlaufen, um ein tiefes Verständnis über die Abläufe im Zusammenhang mit der Störungslokalisation und –behebung, sowie notwendige Dokumentationsumfänge zu erzielen. Die Erkenntnisse wurden in die Konzeption des LDS+-Moduls eingebracht. In diesem Rahmen wurde insbesondere seitens des Instandhaltungspersonals bekräftigt, dass sie ein Interesse daran haben, die Wissensbasis zu pflegen und auszubauen, auch wenn dieses zunächst ein Mehraufwand für sie bedeutet. Sie versprechen sich dadurch, seltener zu „leichten" Störungen gerufen zu werden, wenn die Betriebsmitarbeiter durch das LDS+-Modul Hinweise bekommen, wie sie solche Störungsursachen selbst diagnostizieren und beheben können.

Abbildung 1 und 2 geben den Bedienungskontext und den Funktionsumfang des LDS+-Moduls schematisch wieder.

Innerhalb der CNC-Maschine kommt es zu einer Störung. Der Betriebsmitarbeiter erhält über die Anzeige des Benutzungspanels eine Störungsmeldung als erste Information zur möglichen Ursache. Die Störungslokalisation gelingt nicht anhand dieser Angabe und der Mitarbeiter ruft das LDS+-Modul auf.

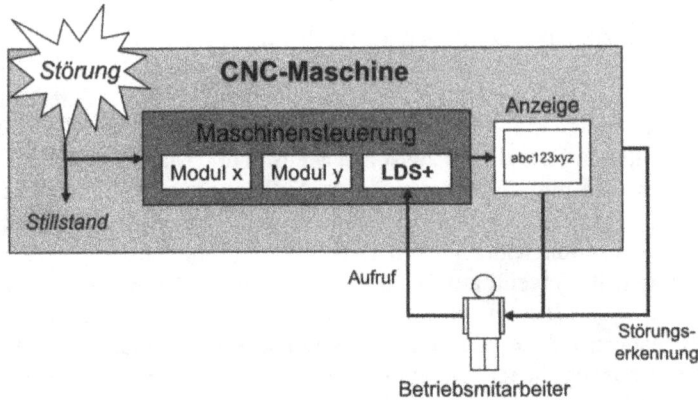

Abbildung 1: Benutzungskontext Störung und Aufruf LDS+

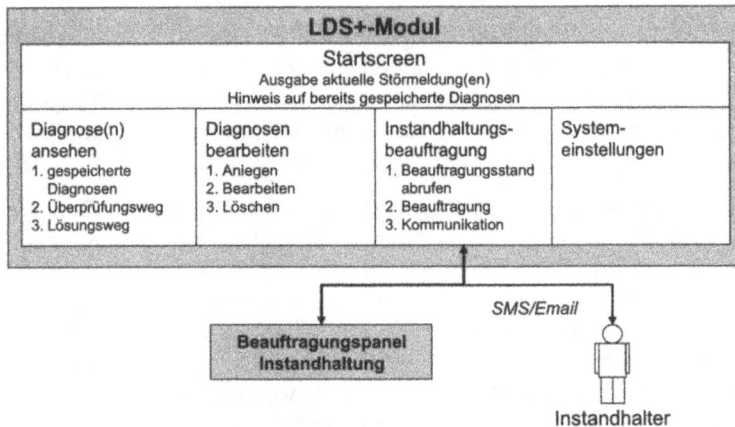

Abbildung 2: Funktionsschema LDS+-Modul

Hier erhält er zunächst eine Liste der zuletzt angefallenen Störungsmeldungen und kann somit erkennen, ob dies ein für diese CNC-Maschine gehäuft auftretende Störung ist. Weiterhin erhält er durch Auswahl einer Störungsmeldung eine Aussage darüber, ob schon eine oder mehrere mögliche Diagnosevorschläge vorliegen und ggf. als Freitext hinterlegte Hinweise des Instandsetzungspersonals (vgl. Abbildung 3 unter Punkt 2.2). Nun kann der Nutzer entweder die bereits hinterlegten Diagnosen einsehen, die Instandhaltung direkt von der Maschine aus beauftragen oder – wenn er dazu die notwendigen Berechtigungen hat – die Störung aus der Liste entfernen sowie den Diagnosepool zu dieser Störungsmeldung bearbeiten. Weiterhin können in diesem Dialog die Systemeinstellungen des LDS+-Moduls verändert werden. Vorgesehen ist weiterhin, hier den Aufruf einer Störungsstatistik über die CNC-Maschine gesamt oder nach Bauteilgruppen getrennt anzubieten. Die statistische Analyse soll Hinweise auf die Wahrscheinlichkeit des Vorliegens einer Störungsursache geben. Eine solche Funktion ist in der aktuellen Version allerdings noch nicht implementiert, da kein hinreichend großer Störungspool vorlag, der hinsichtlich der Möglichkeiten zur statistischen Modellierung bewertet werden konnte.

Wählt der Nutzer die Option „Diagnose(n) ansehen" wird eine Liste mit zu dieser Störungsmeldung gespeicherten Diagnosen angezeigt. Zusätzlich erhält er Informationen, wann diese Diagnose zuletzt und wie häufig sie insgesamt als Störungsursache festgestellt wurde. Sind mehrere Diagnosen hinterlegt, wird weiterhin ausgegeben, zu welchem Prozentsatz die Diagnosen jeweils als Störungsursache bestätigt wurden. Zu jeder möglichen Diagnose erhält der Nutzer Hinweise, wie er überprüfen kann, ob sie die Störung ausgelöst hat und wie sie zu beheben ist, beispielsweise:

- Bezeichnung: *„Berührungsloser Endschalter X-Achse falsch eingestellt"*

- Überprüfungsweg: *„Haube oben Links mit Vierkantschlüssel öffnen und nach oben heben. Wenn die orange LED leuchtet, trifft diese Diagnose zu."*

- Lösungsweg: *„1. Position und Abstand des Bero neu einstellen. 2. Nacheinander Steuertasten ‚NC-Aus', ‚NC-An', ‚Antriebe An' und ‚Reset' drücken. 3. Referenzpunkt anfahren."*

Eine Diagnose, die im System zu einer Störungsmeldung hinterlegt wird, besteht damit aus ihrer Bezeichnung, einem Überprüfungsweg und einen Lösungsweg zur Störungsbehebung. Diese Datengruppe wird codiert und im Laufe der Zeit mit weiteren Daten angereichert, z.B. Frequenz des Auftretens. Der Nutzer muss allerdings erst eine Diagnose bestätigen, bevor er den dazugehörigen Lösungsweg erhält. Dies erscheint zunächst vielleicht unergonomisch, stellt aber sicher, dass der Nutzer nach Störungsbehebung nicht versäumt, die Diagnosestatistik um diesen Vorgang zu erweitern. Bei Bestätigung einer Diagnose geschieht dieses automatisch im Hintergrund. Trifft keine der hinterlegten Diagnosen zu oder ist noch keine Diagnose gespeichert, kann der Nutzer entweder die Instandhaltung beauftragen oder eine neue Diagnose anlegen – insofern er als Mitarbeiter der Instandhaltung die Störungsursache kennt. Der Nutzer hat darüber hinaus jederzeit die Möglichkeit, den gesamten Vorgang abzubrechen und zur Startseite zurückzukehren.

Über die Funktion „Instandhaltung beauftragen" kann der Nutzer aus dem Modul heraus relevante Informationen an das Instandhaltungspersonal weitergeben, beispielsweise, ob die Maschine stillsteht, ob bereits eine bestimmte Diagnose vermutet wird sowie Informationen über die eigene Erreichbarkeit per Mobiltelefon. Letzteres ermöglicht es dem Mitarbeiter, bereits anderen Aufgaben nachzugehen und trotzdem für Rückfragen erreichbar zu sein. Das LDS+-Modul versendet die Beauftragung an ein schon zuvor existierendes Beauftragungspanel der Instandhaltung, in dem protokolliert wird, welcher Mitarbeiter in welchem Fertigungsbereich aktuell tätig ist. Dieses Panel gleicht die Anfrage aus dem LDS+-Modul mit dem aktuellen Beauftragungsstatus ab und gibt eine Liste der verfügbaren Instandhaltungsmitarbeiter mit deren Mobiltelefonnummer an das LDS+-Modul zurück. Der Nutzer kann nun den Kontakt herstellen. Darüber hinaus hat er die Möglichkeit, dem kontaktierten Kollegen bereits per SMS oder Email automatisch generierte relevante Informationen über Standort und Zustand der Maschine zu übermitteln.

2.2   Entwicklungs- & Evaluationsphase

Eine Gruppe aus Ingenieurpsychologen und Ingenieuren der Fertigungstechnik entwickelten
auf Basis der Ergebnisse der ersten Phase ein Layoutkonzept für das LDS+-Modul. Dieses
Konzept wurde dann mit Bezug zu den Konventionen, welche die Maschinensteuerung vorgab, in eine grafische Mensch-Maschine-Schnittstelle überführt. Zunächst wurde eine De-
monstratorlösung mit Verlinkungen der späteren Schaltflächen in Powerpoint erarbeitet, die
es ermöglichte, realistische Use Cases durchzuspielen. Der Demonstrator wurde dann Mitarbeitern und Führungskräften des Betriebs- und Instandhaltungspersonal in einem Workshop
vorgestellt und hinsichtlich gewünschter Verbesserungen oder Erweiterungen zur Diskussion
gebracht. Das Konzept wurde danach einvernehmlich als Lastenheft der Software-
Entwicklung verabschiedet.

Bezüglich der Umsetzung des LDS+-Moduls ergaben sich Beschränkungen, die in den bereits angedeuteten Konventionen der Maschinensteuerung fußen. Bei ihr handelt sich um
eine auf Windows NT4 basierende Systemlösung der Siemens AG, die einen festen Anteil
des relativ kleinen Bildschirms für statische Interaktionsflächen und Statusanzeigen reser-
viert. Abbildung 3 gibt den Startscreen des LDS+-Moduls wieder. Die gestrichelte schwarze
Umrahmung umfasst den für LDS+ bereitgestellten Bereich. Da die auf der Maschinensteuerung zur Verfügung stehenden Systemressourcen (Speicher und Performanz) limitiert sind
und der optimale Betrieb der CNC-Maschine nicht durch die Installation des LDS+-Moduls
belastet oder eingeschränkt werden darf, wurde auf gezeichnete Grafiken und ein von der
Konvention abweichendes GUI verzichtet. Die Interaktion mit dem Modul erfolgt über me-
chanische Taster, die im Maschinengehäuse neben den Interaktionsflächen auf der rechten
Seite eingelassen sind. Zusätzlich steht ein ebenfalls im Gehäuse nahe der Anzeigefläche
untergebrachter Trackball mit Maustastern zur Verfügung. Text kann über ein Feld mit Soft-
touchbuttons eingegeben werden, doch empfiehlt sich hier aus ergonomischen Gesichtspunkten das Bereitstellen einer externen Tastatur, die über eine PS/2-Schnittstelle angeschlossen
werden kann.

Ein Prototyp der aus dem Lastenheft umgesetzten Systemlösung wurde im Rahmen eines
formativen Evaluationsschrittes von einer Gruppe aus drei Arbeitspsychologen, die zuvor
nicht an der Konzeption und Entwicklung des Moduls beteiligt waren, einem Cognitive
Walkthrough (Lewis & Wharton 1997) unterzogen. Dieser diente der Validierung der kognitiven Ergonomie und der Überprüfung der Gebrauchstauglichkeit nach DIN EN ISO 9241
(1996) aus Expertensicht. Die Ergebnisse wurden an das Entwicklungsteam zurückgemeldet
und fanden Berücksichtigung bei der Weiterentwicklung des LDS+-Moduls.

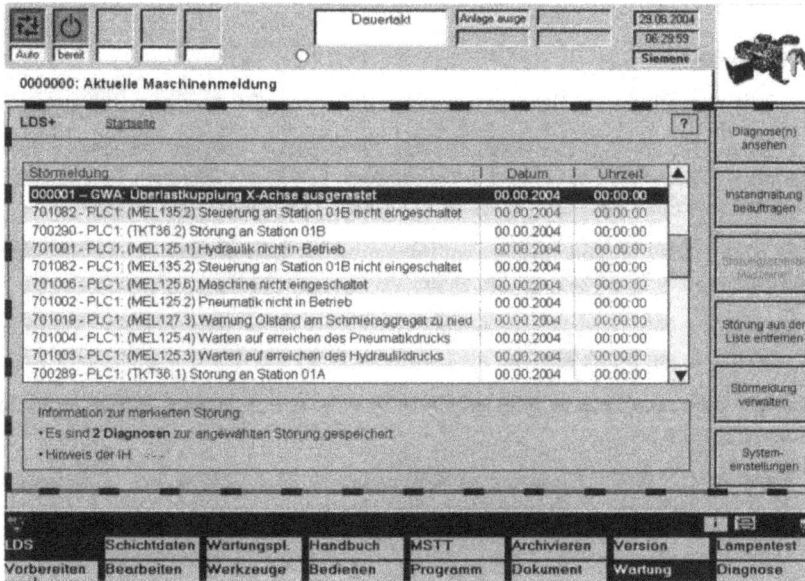

Abbildung 3: LDS+-Modul Startscreen

3   Ergebnisse & Ausblick

Das LDS+-Modul wurde nach Abschluss der Entwicklungs- und Evaluationsphase pilothaft im Werk Untertürkheim der DaimlerChrysler AG eingesetzt. Die Praxistauglichkeit und Akzeptanz durch die Mitarbeiter konnten hier bestätigt werden. Insbesondere die Möglichkeit zur Kommunikation mit dem Beauftragungspanel der Instandhaltung erwies sich dabei als Erfolgskonzept. Maßnahmen zur systematischen summativen Evaluation sind im Abstand einiger Monate nach abgeschlossener Flächeneinführung geplant.

Derzeit wird das System sukzessive in weiteren Fertigungsbereichen und auch in anderen Werken ausgerollt. Eine zukünftige Funktionserweiterung ist somit denkbar, beispielsweise könnte ein vernetzter Maschinenpark mittels des LDS+-Moduls hinsichtlich maschinenübergreifender Störungsabhängigkeiten im Fertigungsprozess ausgewertet werden. Durch die maschinenseitig vorgegebenen engen Kapazitätsgrenzen derzeit aufgestellter Maschinen und der Diversifikation ihrer Betriebsystemversionen beschränkt sich diese Überlegung derzeit jedoch lediglich auf Zukunftsszenarien. Unabhängig davon kann aber konstatiert werden, dass es mit dem LDS+-Modul erfolgreich gelungen ist, CNC-Maschinen über ihre Fertigungsaufgaben hinaus als Diagnose- und Kommunikationsplattformen in den Fertigungsprozess zu integrieren.

Literaturverzeichnis

Anders, C. (1998): Adaptierbares Diagnosesystem bei Transferstraße. Springer: Stuttgart.

Brau, H.; Schulze, H. (2005): Der Einfluss von Partizipation auf die Akzeptanz handgeführter Industrieroboter. In: Karrer, K., Gauss, B. & Steffens, C. (Hrsg.). Beiträge zur Mensch-Maschine-Systemtechnik aus Forschung und Praxis. S. 351 – 366. Symposion: Düsseldorf.

DIN EN ISO 9241 (1997): Ergonomische Anforderungen für Bürotätigkeiten mit Bildschirmgeräten. Deutsche Fassung EN ISO 9241. Berlin: Beuth Verlag.

DIN EN ISO 13407 (1999): Benutzer-orientierte Gestaltung interaktiver Systeme. Deutsche Fassung EN ISO 13407. Berlin: Beuth Verlag.

Kujala, S. (2003): User involvement: a review of the benefits and challenges. Behaviour & Information technology, 22 (1), 1-16.

Lewis, C.; Wharton, C. (1997): Cognitive walkthroughs. In: M. G. Helander; T. K. Landauer; P. V. Prabhu (Eds.). Handbook of Human-Computer Interaction, (pp. 717–732). Amsterdam: North-Holland.

Marzi, R. (2005): Kompetenzförderung in der Instandhaltung – Entwicklung und Erprobung geeigneter Werkzeuge. In: Karrer, K., Gauss, B. & Steffens, C. (Hrsg.). Beiträge zur Mensch-Maschine-Systemtechnik aus Forschung und Praxis. S. 351 – 366. Symposion: Düsseldorf.

Rötting (2005): Mensch-Maschine-Systemtechnik. In: Urbas, L.; Steffens, C. (Hrsg.). Zustandserkennung und Systemgestaltung, Fortschritts-Berichte VDI, Reihe 22, Nr. 22. VDI Verlag: Düsseldorf.

A. M. Heinecke, H. Paul (Hrsg.): Mensch & Computer 2006: Mensch und Computer im Struktur*Wandel*.
München, Oldenbourg Verlag, 2006, S. 339-347

Biometrical Signatures in Practice: A challenge for improving Human-Computer Interaction in Clinical Workflows

Andreas Holzinger, Regina Geierhofer, Gig Searle

Institute for Medical Informatics, Statistics & Documentation, Medical University Graz

Abstract

Experience shows that within the sensitive area of documentation in a clinical centre, there are problems involved in acquiring the end user's acceptance of authentication solutions based on smart cards, passwords, finger prints or digital signatures. The individual signature is still the most accepted method of certifying medical documents in hospitals and other health care sectors.

This paper presents some solutions to the problem of using the biometric signature for certifying Diagnostic Finding Reports (DFRs) within a traditional clinical workflow. For this purpose, the authors implemented a framework application in C# and .NET on a Tablet-PC. A usability study was carried out to gain insight into the acceptance and usability of the biometric signature. Good end user acceptance and usability can only be obtained by providing simple operation (good user guidance), very short response times and, where possible, low rejection rates. In order to make an application successful, a clear increase in value must be immediately apparent to the end user.

1 Introduction

The law in Austria demands that all Medical Doctor's certificates (Diagnostics Findings Report, DFR) are authenticated ("vidiert" in German, from lat. videre = to check visually). The interpretation of the KALG (Styrian Hospital Law paragraph 31, section 2, which refers to paragraph 13 section 2) does not specifically state that this must take the form of a handwritten or personal signature; however, the importance of determining the signatory and the possibility of tracing this person is made clear. No Doctor's certificates may be sent out without this authentication.

The medical profession is traditionally accustomed to providing this authentication by means of a hand written signature, which has always been accepted as a very safe method of identification. Every other procedure rapidly incurs rejection: Passwords can be forgotten, ID cards can be lost, fingerprints are impractical within the clinical workflow (gloves), retina scan and iris scan are unusual and digital signatures are laborious.

2   Initial Situation

At the Pathology Department of the University Hospital in Graz, a Medical Doctor (MD) controls and signs up to 30 certificates at a time, several times a day.

The present solution consists of a reiterated input of the doctor's username and password. However, this is an unsatisfactory solution from the point of view of both Medical Doctors and Lawyers. In addition, the continual signing of papers represents an enormous expenditure of effort on the part of the MD's. Furthermore, when the system later converts to electronically transmitted documents, the establishment of an electronic signature will become inevitable and make the printing of the document, together with the extra work of forwarding it by post, unnecessary while retaining the individual signature as the method of authentication.

The Pathology attaches importance to the fact that their referrers still receive a controllable and recognizable signature on their electronic diagnoses report. Furthermore, this identification must also remain verifiable for many years. Therefore, the method utilized is crucial in ensuring the simplification of the conversion while increasing usability. Special attention must also be placed on the psychological factors; only a method which the MD's accept and are willing to use can be integrated into any routine practice, while the visual examination of the document and signature play an important role in the referrer's acceptance, which must not be underestimated.

3   Identification Possibilities

Generally, we can differentiate between various possibilities of identification, which can be arranged in a four-quadrant field: Objects versus Biometrics and passive physical (bodily) characteristics versus active behavioural characteristics (see figure 1) (Guptaa et al. 2004).

Biometrics generally refers to the identification (or verification) of an individual by using certain physiological or behavioural characteristics or traits associated with the person (Jain et al. 1999). The term biometrics designates extremely diverse applications of mathematical statistics. However, by using biometrics it is possible to establish an identity based on *who you are,* rather than by *what you possess* (e.g. ID card) or *what you remember* (e.g. a password) (Jain and Ross 2004).

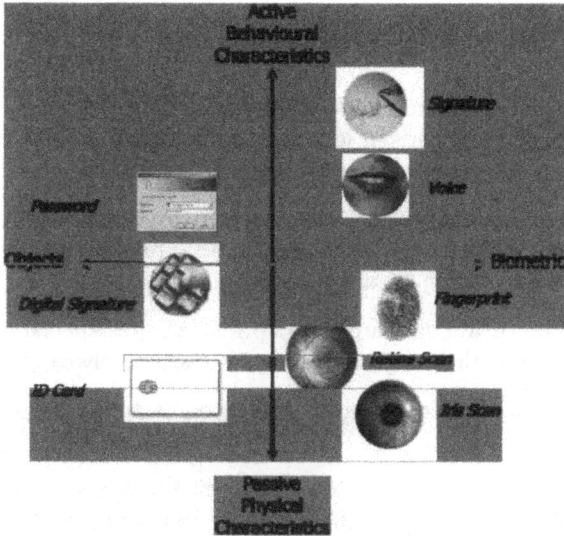

Figure 1: View of different identification possibilities

Biometric characteristics are a component of the users' personality. These characteristics are generally available, impractical to steal and can only be falsified with difficulty. Besides bolstering security, biometric systems enhance user convenience (Jain and Ross 2004). Some attributes of biometric characteristics include:

- Universality: everyone has a biometric characteristic;

- Singularity: the attributes of a biometric characteristic differ from person to person;

- Permanence: the biometric characteristics are durable;

- Measurability: biometric characteristics are mathematically, quantitatively easily detectable;

- Performance: with regard to accuracy, speed and robustness of a procedure;

- Acceptance: a biometric procedure is accepted by the end users;

- Security: a biometric system is relative secure against falsification.

How and where, which biometric system will be applied will depend most often on performance. However, the final decision about putting a specific identification possibility to work depends almost entirely on the application's purpose (Phillips et al. 2000).

4   Biometric Signature

Technically, the classical signature is referred to by the term *biometric electronic signature* or *biometric signature*. In comparison to other technologies, hand written signatures have some general advantages (Guptaa et al. 2004), (Jain et al. 2002):

- The signature can be automatically authenticated by analyzing dynamical parameters including the shape, speed, acceleration, stroke, pen pressure, pen removal, writing angle and timing information during the act of signing;

- Whereas recognition of iris, retina or fingerprints requires special and relatively expensive hardware to capture the image, a signature is respectively easy to confirm;

- Signatures are generally accepted by the general public as a common method of identity verification.

Since the evaluation of dynamic parameters represents the identification of a living person, the security against falsification is fairly high and the high error rate experienced recently by our users. In this connection, positive experiences have been made in the clinical centre at Ingolstadt (Germany), (Kleemann 2004).

At the time of writing of this paper, the most common method of entering signatures is by the use of a commercial graphic tablet or signature pad. However, in order to take full advantage of state-of-the-art mobile computing technology, we implemented special software for a Tablet PC.

5   Our Implementation

The electronic forms interface, similar in layout to the currently used printouts, was developed for signature using Microsoft® InfoPath 2003. On completion of the examination data input, an XML file containing the diagnostic data was created and placed before the physicians for control and signature.

Decisive for choosing this method was that an application to convert the doctors certificates to XML format, for the electronic document transmission, had already been developed and implemented within the clinics. This solution makes both the correction of the data possible and takes advantage of the implementation of the Soft Pro SignDoc® for InfoPath, which already exists, to make the input and control of the signature possible. The authentication of the signature is achieved by comparison with the physician's registered signature (Dimauro et al. 2004).

The development of a framework application was unavoidable in order to embed these solutions into our questionnaire. C# and .NET were chosen to enable and promote a synergy with other projects. These languages were used for the presentation, control and transfer of the Diagnostic Findings Report (DFR) certificate. The InfoPath form was developed from the current printed form, whereby the basic rules of good usability (for instance: minimal scrolling) were applied. Two solutions were substantialized, whereby, after controlling the document, the Medical Doctor was given the choice of returning this for correction or signing and releasing the document. However, the solutions differ only in the *method of signing the documents*.

6   The Usability Study

6.1   Experimental Setting

During the current *on paper* signing process, the Medical Doctors work through a pile of printed DFRs, page for page, either signing and releasing the reports or correcting them by hand and returning them for retyping. The electronic solution, in which the users identify themselves by means of an account name and password, corresponds to the general methods currently used for identification in IT systems and/or user interfaces with authentication by means of digital signature. This process is known as *electronic signature*. Our solution, in which the physicians sign by means of a biometric signature, corresponds, to a large extent, to the natural, print and sign, process. This process is called: *biometric signature*. The two processes were compared to the *on paper* signing process and tested for usability (see section 7) in a real-life situation at the end-users workplaces (figure 2).

6.2   Participants, Methods and Tasks

For usability evaluations, five participants are usually sufficient to get reliable results (Virzi 1992), (Nielsen 1993), (Holzinger 2005). Subsequently, five selected Medical Doctors from the Department of Pathology were presented with fifteen examination reports to be controlled and released: five were printed on paper; five were on a Tablet PC in an application for *biometric signature* and five on a Tablet PC in an application *electronic signature*. The end users received a numerical password, similar to those used by cash card systems and digital signatures. All tests were filmed on video and timed with a stop watch.

After each of the 15 sessions, we asked the participants to answer a questionnaire asking what they liked and disliked most, what they would wish to be added, their opinion on signing DFRs in batches and how they found the handling of the Tablet PC. One week later, the tests were repeated and the pathologists interviewed.

The videos were examined by using INTERACT 7.0 analysis software; thus we were able to compare our observations and to determine the congruence between the individual analysis sessions.

Efficiency is one of the major aspects of the usability of a new software application. During our experiments, we concentrated particularly on the *time required to perform a specific task*, which is still the most important factor to measure the efficiency of an software application (Stary et al. 1997), (Stary and Peschl 1998).

Figure 2: A Pathologist during a usability test session with our solution on a Tablet PC

6.3   Application Flow

To begin the procedure, the InfoPath form can either be started directly from a directory listing of the pathological reports or by use of the Launcher Program, which enables all the forms to be automatically displayed on the screen (see figure 3). This program observes the activity in the directory listings relevant to the pathological reports. Changes (such as a file transfer) can immediately be observed in the respective column. The forms can be opened separately with a double mouse click within the Launcher window. In this manner, it is possible to control the processed forms, for example, for a visual control of the signature. The form at the top of the directory list can be opened by pressing the button "Nächsten Befund öffnen" (open next document).

Within each form, it is possible to initiate a transfer of the form on closure, either to the signed and released directory or to a return for correction directory, the Launcher reacts to this process by starting the next report waiting for completion from the list on the screen. This procedure can be repeated until all reports have been controlled and transferred to another directory or until the program is terminated by the user. The root directory is C:\public\Befunde and the *Unsigned, Signed and To be Completed* directories direct subdirectories.

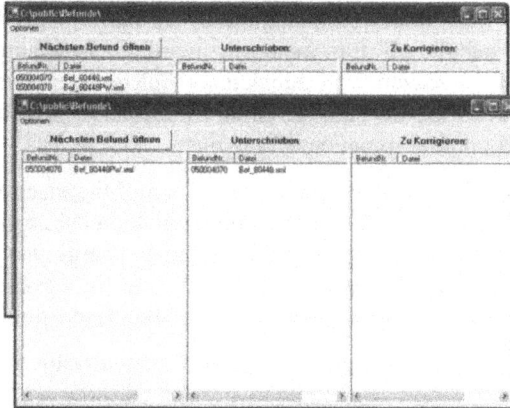

Figure 3: A view of the Launcher

In order to present both procedures (signing with a biometric signature and signing with username and password) rapidly, it was necessary to install two different form templates on the Tablet PC with two corresponding sets of test data. The forms and the test data were swapped by the use of batch jobs.

7   Findings & Discussions

From the experiments, a total of 150 measurements were taken. The results of the measurements can be seen in figure 4. The mean time necessary for the paper based workflow was slightly less at the second trial, one week later, which is definitely within variance, whereas the mean time of the electronic version was significantly less. Consequently the learnability of our software was satisfying. Although the mean time to perform the task was higher when using the electronic system, the participants liked the system generally.

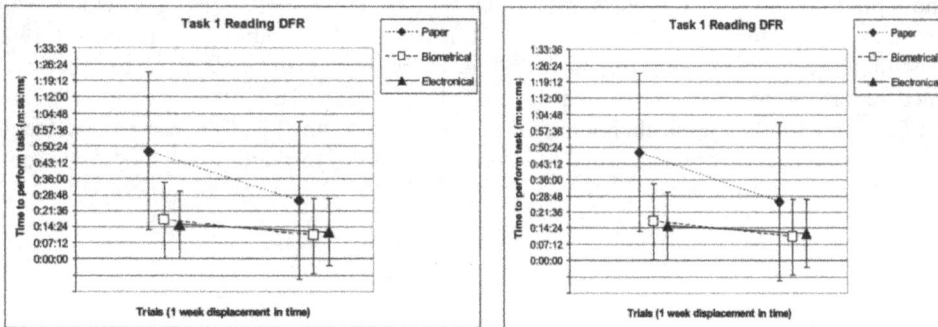

Figure 4: Reading and Signing DFR Trials

The biometric signature was perceived as natural by all participants. The greatest disadvantage with the password was the effort to memorize it and the unwieldy handling of the input. After the second trial, the software was subjectively felt to be slower by 3 participants although the response times were the same as in the first trial. A possible cause being that the novelty having worn off, natural impatience took over.

The arrangement of the fields was conform to the format of the electronic exchange interface used for the DFRs, not however to the print format which the MDs usually signed. This was felt to be disturbing and slowed the process down. In the same way, the switch from keyboard to stylus was disturbing. The waiting time between the appearance of the reports on the screen was too long, both from the developer's and the user's point of view.

Activating the mouse's *Double-Click* function caused difficulty for four of the five end users taking part in the test. The single mouse click caused less difficulty but was not completely problem free either. The *right mouse button* function, which was integrated into the stylus, was unintentionally activated by three of the five end users, despite previous warnings. Three end users were decidedly in favor of a separate keyboard to enter the password, since they found the Tablet PC's screen keyboard unpleasant to use.

Three end users considered the display quality bad; only one end user tilted the Tablet PC in an attempt to influence the light reflection factor. The end users were completely unaccustomed to handling Tablet PCs.

Four end users endorsed a batch signing process; one end user was against this on the grounds of protecting the direct connection between the DFR and the corresponding patient. He wished to avoid the de-personalization of a production line. Only one end user wanted to see the document after signing it, he considered this form of the signature positive.

The sequential report control workflow varied for printed and electronic forms; the focus of the pathologist remained on the paper in front of him. This meant that, while his hand was placing the signed copy on the *completed* pile, his eyes were already on the next report. With both electronic variations, the focus could only be on the screen. One end user conscientiously signed only a few reports during the first trial, due to finding medically incorrect formulations. He returned these for correction, despite being informed that the reports used in the test had already been signed and forwarded to the referrers. Two end users wanted to make alterations directly on the Tablet PC. Two end users wanted to know whether it would be possible to retain signed reports, rather that sending them off directly. This is interesting, because one of the main benefits of this system is exactly this method of immediate forwarding of the reports to the referrer. Several end users expressed concern as to whether the printed reports were to be forwarded by post after signing. This could be due to a strong identification with the classical signature procedure. Interesting in this context is the fact that none of the end users were concerned as to the reliability of forwarding the electronic reports to the referrers after signature.

8 Conclusion and Future Work

This study explored the extent to which the MD's were supported in their workflow by the implementation of the biometric signature together with the electronic report and to what extent an appropriate solution can increase the worth of this support. A new method must not involve a greater expenditure of time for learning, perception or execution than the previously employed method of the handwritten signature on documents. On the contrary, efficiency should be increased by the application of time-saving innovations, such as grouping (a number of documents are controlled and marked for signing) so that the single signature validates all documents. In this manner, it is possible for the MD to sign a number of examination reports with one signature, which is a definite increase in efficiency and a time-saver for the physician. Further investigations into the security and efficiency aspects of biometric signatures will require the enlargement of the application to include every aspect involved with biometric signatures. Here, Usability Engineering methods will be essential.

References

Dimauro, G.; Impedovo, S.; Lucchese, M. G.; Modugno, R.; Pirlo, G. (2004): *Recent Advancements in Automatic Signature Verification.* Paper presented at the Ninth International Workshop on Frontiers in Handwriting Recognition (IWFHR'04) Tokyo, 179-184.

Guptaa, A.; Tung, Y. A.; Marsden, J. R. (2004): Digital signature: use and modification to achieve success in next generation e-business processes. *Information & Management,* 41, 561-575.

Holzinger, A. (2005) Usability Engineering for Software Developers. *Communications of the ACM,* 48, 1, 71-74.

Jain, A. K.; Bolle, R.; Pankanti, S. (Eds.) (1999): *Biometrics: Personal Identification in a Networked Society,* Dordrecht (The Netherlands), Kluwer.

Jain, A. K.; Griess, F. D.; Connell, S. D. (2002): On-line signature verification. *Pattern Recognition,* 35, 12, 2963-2972.

Jain, A. K.; Ross, A. (2004): Multimodal interfaces that flex, adapt, and persist. *Communications of the ACM,* 47, 1, 34-40.

Kleemann, T. (2004): Hospital Increases Productivity with Integrated Desktop Tools to Automate Workflow.

Nielsen, J. (1993): *Usability Engineering,* San Francisco, Morgan Kaufmann.

Phillips, P. J.; Martin, A.; Wilson, C. L.; Przybocki, M. (2000): An introduction to evaluating biometric systems *IEEE Computer,* 33, 2, 56-63.

Stary, C.; Peschl, M. F. (1998): Representation Still Matters – Cognitive Engineering and Task-Based User Interface Development. *Behavior and Information Technology,* 17, 6, 338-360.

Stary, C.; Vidakis, N.; Mohacsi, S.; Nagelholz, M. (1997): *Workflow-Oriented Prototyping for the Development of Interactive Software.* Paper presented at the IEEE COMPSAC 1997, 530-535.

Virzi, R. A. (1992) Refining the test phase of usability evaluation: how many subjects is enough?. *Human Factors,* 34, 4, 457-468.

A. M. Heinecke, H. Paul (Hrsg.): Mensch & Computer 2006: Mensch und Computer im Struktur*Wandel*.
München, Oldenbourg Verlag, 2006, S. 349-358

Patientengerechte Schnittstellen in der Teletherapie am Beispiel *ergocat*

Oliver Schirok[1], Andreas M. Heinecke[2]

PSUW Designbüro [1]
Fachhochschule Gelsenkirchen, Fachbereich Informatik [2]

Zusammenfassung

In der Rehabilitation sind teletherapeutische Systeme eine Möglichkeit, die individuelle Versorgungs-
qualität trotz wachsenden Kostendrucks zu verbessern. Ein Überblick über Telerehabilitationssysteme
zeigt Erfolge in der technologischen Entwicklung. Unzureichend sind dagegen die Benutzungsschnittstellen der meisten Systeme.

Mit *ergocat* wird ein Projekt vorgestellt, in dem anhand eines exemplarischen Teletherapiesystems für
die Handrehabilitation die Möglichkeiten für eine patientengerechte Umsetzung aufgezeigt werden
sollen. Das *ergocat*-Konzept integriert Information und Übungsdurchführung in eine Umgebung und
setzt die Idee einer eigenaktiven, qualifizierten Therapieanwendung im häuslichen Umfeld entlang des
therapeutischen Grundgedankens um.

1 Einleitung

Der Wandel im Gesundheitswesen äußert sich vielgestaltig: Eine optimale Behandlung erfordert heute eine hohe finanzielle und ideelle Eigenbeteiligung. Der „mündige Patient"
erwartet zeitgemäße, aber individuelle Betreuung. Gleichzeitig schlägt sich der Kostendruck
in der Verkürzung von Behandlungseinheiten nieder, die Zeit für Aufklärung und Beratung
ist knapp bemessen (Warda & Noelle 2003).

In der Rehabilitation erfordern immer kürzere Klinikaufenthalte weitere umfangreiche, meist
ambulant durchgeführte Reha-Maßnahmen. Kurze Behandlungseinheiten verbunden mit
aufwendigen Anfahrten sprechen dafür, die zeitintensiven Übungen in das heimische Umfeld
zu verlagern. Dies ermöglicht eine höhere Übungsfrequenz und mehr Zeit für Aufklärung
und Beratung in den Face-to-Face-Sitzungen. So ist es heute Ziel von Forschung und Entwicklung im Feld der Teletherapie, den Patienten in die Lage zu versetzen, aktiv an der Förderung der eigenen Gesundheit mitwirken zu können. Dabei stehen die Übungsmethodik und
ihre Technologie im Mittelpunkt des Interesses.

Im vorliegenden Projekt wurde hingegen versucht, aus dem ergotherapeutischen Ansatz heraus Anforderungen abzuleiten, bei denen Motivation und Compliance (Bereitschaft zur Mitarbeit und Therapietreue) des Patienten im Mittelpunkt stehen. Es werden Möglichkeiten aufgezeigt, wie sich technische Forschungsergebnisse im sensiblen Anwendungsfeld der eigenaktiven Therapie verwenden lassen.

Als Beispiel, wie ein therapeutisches System aussehen kann, das neue Therapieformen patientengerecht und entlang der therapeutischen Idee implementiert, wurde das Anwendungssystem *ergocat* entwickelt. Es soll der Handrehabilitation im Rahmen einer ergotherapeutischen Behandlung dienen, wobei als Therapiemittel ein Datenhandschuh zum Einsatz kommt.

2   Teletherapeutische Systeme

2.1   Ziele

Die Teletherapie geht als Komponente der Telemedizin von einer räumlichen oder zeitlichen Distanz zwischen Patient und Therapeut aus (Mohr et al. 2004) und entspricht damit den heutigen Ansprüchen an Behandlungsmethodik und Alltagsgestaltung. Sie ermöglicht eine unterbrechungsfreie und nachhaltige Versorgung, indem sie während oder nach einer ambulanten oder stationären Behandlung eine gleich bleibende Therapiequalität gewährleistet. Als Ergänzung zur Face-to-Face-Therapie kann Teletherapie Übungszeiten flexibilisieren und gleichzeitig die Gesamtintensität der Therapie erhöhen. Dabei soll das eigenaktive Training den Heilungsprozess unterstützen und ggf. verkürzen. Die Vernetzung im Gesamtsystem ermöglicht dem Therapeuten Kontrolle und Planung durch kontinuierliche, lückenlose Verlaufsdokumentation.

2.2   Bisherige Entwicklungen zur Handrehabilitation

Brooks und Skorten (1990) haben eine Studie zu computergestützten Therapieeinheiten mit einem Datenhandschuh durchgeführt, bei denen der Patient über Handbewegungen ein Spielelement steuern kann. Sie weisen darauf hin, dass eine Übung nur mit aufwendiger Kalibrierung mit gleichen Werten wiederholbar ist. Der überwiegende Teil der Testpersonen empfand das System als herausfordernd und unterhaltsam.

Burdea et al. (1999) haben mit dem Rutgers Master II einen Datenhandschuh eingesetzt, der sich durch haptische Rückmeldung auch für das Training von Kraft und Granularität eignet. Sie verwenden den Handschuh im eigenen Telerehabilitationssystem, das im Übungskontext virtuelle Umgebungen nutzt und konnten die Wirksamkeit des Systems im klinischen Test belegen (Popescu et al. 2000).

Bei dem Teletherapiesystem von Holden et al. (2001) kann der Therapeut Behandlungseinheiten durch ein Videokonferenzsystem verfolgen und die Parameter der Übung in Echtzeit verändern. Der Patient trainiert nach vorgeführten Bewegungsabläufen mit klassischen Therapiemitteln und einem Motion Tracking System. Die Möglichkeit, die im Training erreichte Verbesserung in den Alltag zu transferieren, wurde in klinischen Studien nachgewiesen (Holden et al. 2005).

Mittlerweile gibt es bereits einige kommerzielle Produkte mit teletherapeutischem Ansatz. Beim E-Link-System (Biometrics 2004) können auf ein Eingabegerät, das am Tisch montiert wird, verschiedene Griffelemente aufgesteckt werden. Eine Reihe von digitalen Wertgebern, die klassischen therapeutischen Messinstrumenten nachempfunden sind, ermöglichen die Vermessung und Befunderhebung. Das Training besteht aus Übungsspielen, der Therapeut hat über eine Verwaltungsoberfläche Zugriff auf Parameter und Ergebnisse der Übungen.

Das EvoCare-System besteht aus einem portablen Terminal, an das verschiedene Therapiegeräte angeschlossen werden können – Laufband, Gymnastikball, Ergometer. Software-Module für verschiedene therapeutische Fachrichtungen werden über eine Touchscreen-Oberfläche bedient und können Übungswerte per GPRS oder ISDN übermitteln. Im klinischen Test konnte die Akzeptanz des System überprüft und eine mit der klassischen Behandlung vergleichbare Wirksamkeit festgestellt werden (Eisermann et al. 2004).

3   Eine integrierte Teletherapieanwendung

3.1   Systemanforderungen

Zwar ist die Wirksamkeit der bisher entwickelten Systeme und Geräte bei Therapieübungen im Rahmen einer Teletherapie nachgewiesen, die Gebrauchstauglichkeit und die Einbindung in das Behandlungskonzept wurde dagegen bisher weniger betrachtet. Für die Nutzung durch den Patienten ist ein Rahmenkonzept erforderlich, das die Komplexität des Systems durch eine patientengerechte Hard- und Software-Schnittstelle zugänglich macht. Die Ausgestaltung muss sich dabei an den therapeutischen und den benutzerspezifischen Anforderungen orientieren.

Das Ziel der Rehabilitation ist es, einem kranken oder behinderten Menschen die Teilnahme am Arbeits- und gesellschaftlichen Leben wieder zu ermöglichen. Die Kräftigung, die Mobilisation und die Schulung der Koordination haben die Wiederherstellung der körperlichen Leistungsfähigkeit zum Ziel. Daneben ist aber auch die aktive Auseinandersetzung mit der Erkrankung wichtiger Bestandteil der Therapie (Hasselblatt 1996). Information und Aufklärung dienen der psychischen Stabilisierung und ermöglichen eine eigenverantwortliche Bewältigung des Alltags.

Daher benötigt das System neben einer nachweislich wirksamen Übungsfunktionalität die Einbettung in einen Kontext aus Information, Kommunikation und Aktivität. So kann das System nicht nur zur Übungsdurchführung verwendet werden, sondern es versetzt den Patienten in die Lage, seine Therapie bis zu einem bestimmten Grad selbstbestimmt und eigenverantwortlich anzugehen. Gleichzeitig garantiert es – gleichsam als „langer Arm" des Therapeuten – eine medizinisch fundierte Übungsausführung und eine ebensolche Aufklärung.

Hieraus ergeben sich für das System die folgenden Konzepte:

• Integration von Information und Übung in eine Anwendung,

• eigenaktive, supervidierte, interaktive Übungssitzungen,

• selbstgesteuerte, qualifizierte Aufklärung,

• integrierte, lückenlose Dokumentation.

3.2   Systemkomponenten

Das Gesamtsystem besteht nach dem Ansatz der „multiplexed telerehabilitation" (Burdea 1998) aus drei Komponenten:

• dem Informations- und Übungssystem als Patienten-Subsystem,

• dem Verwaltungs- und Dokumentationssystem zur Therapieplanung und Auswertung,

• einem zentralen Daten- und Dienste-Server, auf den die Komponenten ihrer Rolle entsprechend zugreifen.

Im Folgenden soll nur auf das Informations- und Übungssystem eingegangen werden, das die Schnittstelle zwischen dem Patienten und der Anwendung beinhaltet. Seine Software und Hardware sollen es ermöglichen, dass der Patient große Teile der Therapie zuhause durchführen kann. Dabei kann nicht vorausgesetzt werden, dass der Patient ein eigenes Computersystem besitzt, so dass ihm sowohl der Computer als auch die nötigen speziellen Ein- und Ausgabegeräte leihweise zur Verfügung gestellt werden müssen.

Die Anwendung für den Patienten soll daher auf transportablen Terminals verwendet werden, an welche die jeweils benötigten Eingabegeräte angeschlossen sind. Da bei den Patienten keine Erfahrungen im Einsatz von Computern vorausgesetzt werden können, ist eine möglichst einfache und intuitive Benutzerschnittstelle erforderlich. Als Eingabegerät zur Steuerung der Anwendung ist daher ein Touchscreen vorgesehen. Als therapeutisches Eingabegerät wird exemplarisch der Datenhandschuh CyberGlove der Firma Immersion verwendet, der 22 Sensoren aufweist, mit denen verschiedene Winkel an der Hand gemessen werden können.

Das Informations- und Übungssystem ist exemplarisch als Java-Anwendung implementiert. Die Benutzungsoberfläche besteht aus einem Basisfenster und mehreren nicht-modalen Dialogfenstern, die den Zugriff auf Informationen und Übungen ermöglichen.

3.3   Interfacedesign und Bedienkonzept

Die Nutzergruppe des Systems stellt sich hinsichtlich Alter und Nutzungskompetenz heterogen dar. Alle Nutzer weisen eine körperliche Dysfunktion an einer oder beiden Händen auf. Andere Einschränkungen wie Lähmungen, Sehstörungen oder Gehörverlust sind möglich, eine psychische Labilität ist wahrscheinlich.

Der besondere Nutzungskontext impliziert eine hohe persönliche Relevanz des Therapiesystems für den Nutzer. Gestaltung und Bedienkonzept müssen daher eine pragmatische sowie eine besondere hedonische Qualität aufweisen, die den Nutzererwartungen begegnet (Hassenzahl 2003). Auch die visuelle Identität des Systems, seine Produktsprache, beeinflusst die Akzeptanz und wirkt idealerweise motivierend.

Aus diesem Grund wurde ein Gestaltungskonzept entwickelt, das klar strukturiert und prägnant auftritt. Auf lichtgrauem Hintergrund bestimmt mutiger Farbeinsatz den Charakter der Oberfläche. Jedem Bereich ist durchgängig Farbe, Titel und Symbol zugeordnet. Die Bildsprache ist bewusst illustrativ und vermeidet eine unnötige Emotionalisierung durch Fotomaterial. Der Abstraktionsgrad der Bildinformation ist bis in die Übungen hinein konsistent. Die formale Struktur erinnert an ein Kiosksystem und motiviert zu einem entschlossenen, explorativen Umgang. Die Karten-Analogie im Basisfenster (Abbildung 1) motiviert einen spielerischen Umgang mit den täglichen Aufgaben und filtert die komplexe Aufgaben- und Informationsstruktur des Therapieprozesses. Der Übungsassistent (Abbildung 3) erinnert mit seinem Statusbereich und den Animationen an Spielumgebungen. So bewegt sich der Charakter der Anwendung zwischen Spielumgebung, Informationssystem und medizinischer Gerätesteuerung. Sie wirkt unterhaltsam und einladend, beherrschbar, aber auch fundiert und effektiv.

Aufgaben und Informationen sind im System nach Priorität in Leserichtung geordnet. Der Nutzer erhält so Handlungsempfehlungen für sein Vorgehen im Sinne eines Leitfadens, verfügt aber letztlich über Wahlfreiheit in der Auswahl. Wenige, großzügig bemessene Schaltflächen berücksichtigen eingeschränkte Zeigegenauigkeit. Aktionen initiieren kurze, übersichtliche Dialogschritte. Kurze Texte und multimediale Aufbereitung entsprechen dem Medium. Die minder-komplexe, offene Umgebung fördert die selbstgesteuerte Aufklärung.

4   Das Informations- und Übungssystem *ergocat*

4.1   Zentrale Übersicht

Im Basisfenster (Abb. 1) sind an prominenter Stelle Tagesaufgaben und andere wichtige Objekte, die der Aufmerksamkeit bedürfen, in Form einer Kartenreihe angeordnet. Dies können sein: Übungseinheiten, Anleitungen zur Aktivität, Informationsbeiträge, Terminerinnerungen, Nachrichten. Jede dieser Aufgabenkarten verfügt über eine Schaltfläche, deren Betätigung ein Dialogfenster mit der jeweiligen Information oder Übung öffnet. Bei Hinweisen, zum Beispiel einer Terminerinnerung, dient die Schaltfläche zur Bestätigung. Wenn der Patient die jeweilige Aufgabe erledigt hat, verschwindet die Karte aus der Reihe, eventuell nachfolgende Karten rutschen von rechts nach.

Zurückgenommen, im unteren Bereich des Fensters, finden sich der Therapiekalender und Schaltflächen zur direkten Kontaktaufnahme mit dem Therapeuten sowie die bisherige Werte-Entwicklung als Kurve. Die Schaltflächen oberhalb der Aufgaben ermöglichen den Zugriff auf die verschiedenen Bereiche des Systems zur Information und Kommunikation.

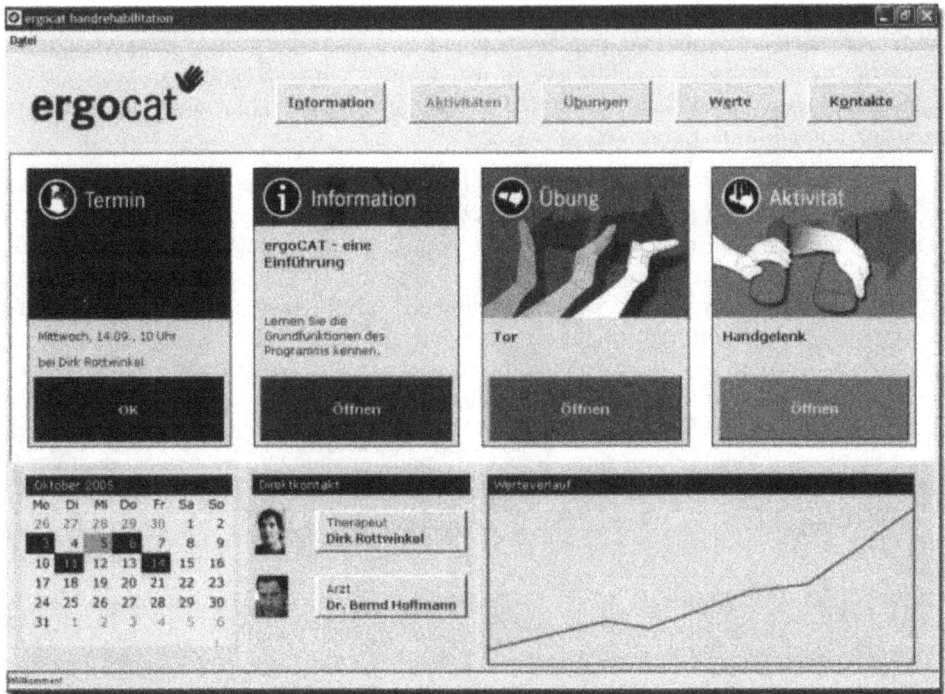

Abbildung 1: Der „Arbeitsplatz" des Patienten

4.2   Information und Kommunikation

Die Bereiche „Information", „Aktivitäten" und „Übungen" sind gleich strukturiert und enthalten die vom Therapeuten ausgewählten Informationseinheiten und Übungen, die über die jeweiligen Schaltflächen wahlfrei aufgerufen werden (Abbildung 2). Die Informationseinheit wird im gleichen Fenster angezeigt und kann multimedial aufbereitet sein. Eine Suchfunktion erlaubt es, nach weiteren Informationen, Aktivitäten oder Übungen zu suchen.

Im Bereich „Werte" erhält der Patient Auskunft über seine Übungswerte. „Übersicht" zeigt die Entwicklung pro Gelenk in Kurven. Die Tageswerte werden als Balkendiagramm dargestellt. Der „Vergleich" stellt die Werte der betroffenen Hand denen der Vergleichshand gegenüber.

Der Bereich Kontakt dient der Kommunikation mit den anderen Beteiligten. Der Patient kann auf Vorlagen basierende Nachrichten versenden. Ein Videokonferenz-Modul ist denkbar. Der Kalender zeigt Therapieplan und Termine an.

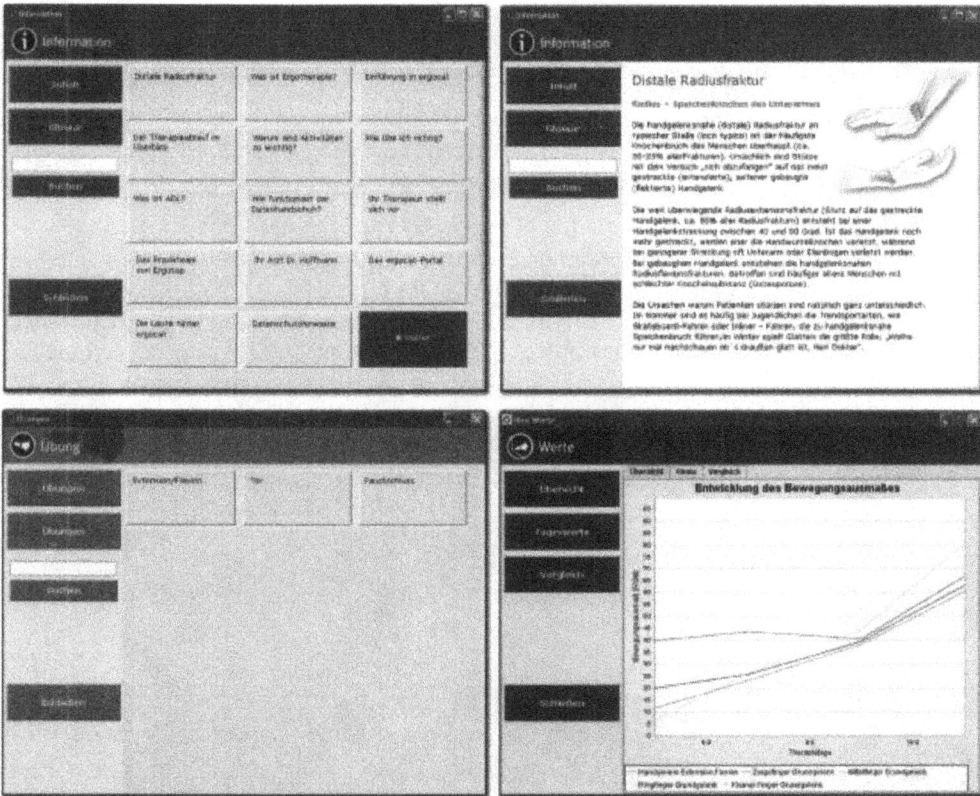

Abbildung 2: Die Bereiche Information, Übung und Werte

4.3   Übungsassistent

Der Aufruf einer Übung aus den Aufgabenkarten oder aus dem Bereich „Übungen" startet den Übungsassistenten (Abbildung 3), der den Patienten bei Vorbereitung, Durchführung und Nachbereitung einer Übungseinheit unterstützt. Der Therapeut hat die jeweilige Übungseinheit aus einer Bibliothek von Bewegungsübungen, aufklärenden Informationen und Feedback-Abfragen zusammengestellt. So besteht eine Übungseinheit zum Beispiel aus einer einführenden Information, dem kontrollierten Ausführen einer vorgeführten Bewegung, einer spielerischen Anwendung dieser Bewegung und einem abschließenden kurzen Interview zum Schmerzempfinden.

Während der Übungseinheit führt der Patient die einzelnen Übungsschritte nacheinander aus. Mit der rechten Schaltfläche schaltet er von einem Schritt zum nächsten. Mit der mittleren Schaltfläche kann er den Verlauf des gerade aktiven Schrittes kontrollieren. Ein Abbruch der Übung ist jederzeit über die linke Schaltfläche möglich.

Der Datenhandschuh wird als zusätzliches Eingabegerät verwendet und nimmt die Bewegungswerte der zu therapierenden Hand auf. Da derzeit eine Kalibrierung des Handschuhs unumgänglich ist, wird diese in Form einiger Gesten in den Übungsprozess eingebunden.

Durch die Ausführung therapeutischer Bewegungsabläufe manipuliert der Patient die Bildschirmanzeige. So bewegt beispielsweise das Abwinkeln der Fingergrundgelenke ein Spielelement. Ein Offset bewirkt dabei den Trainingseffekt, eine Erweiterung des Bewegungsausmaßes.

Während der Übungseinheit werden im unteren Bereich des Fensters die aktuell gemessenen Werte angezeigt. Eine dreidimensionale Repräsentation der Hand ermöglicht den Abgleich der eigenen Bewegung mit deren Auswirkung. Außerdem finden sich hier kontextbezogene Anzeigen, wie der Punktestand eines Spiels, die den spielerischen Charakter unterstreichen.

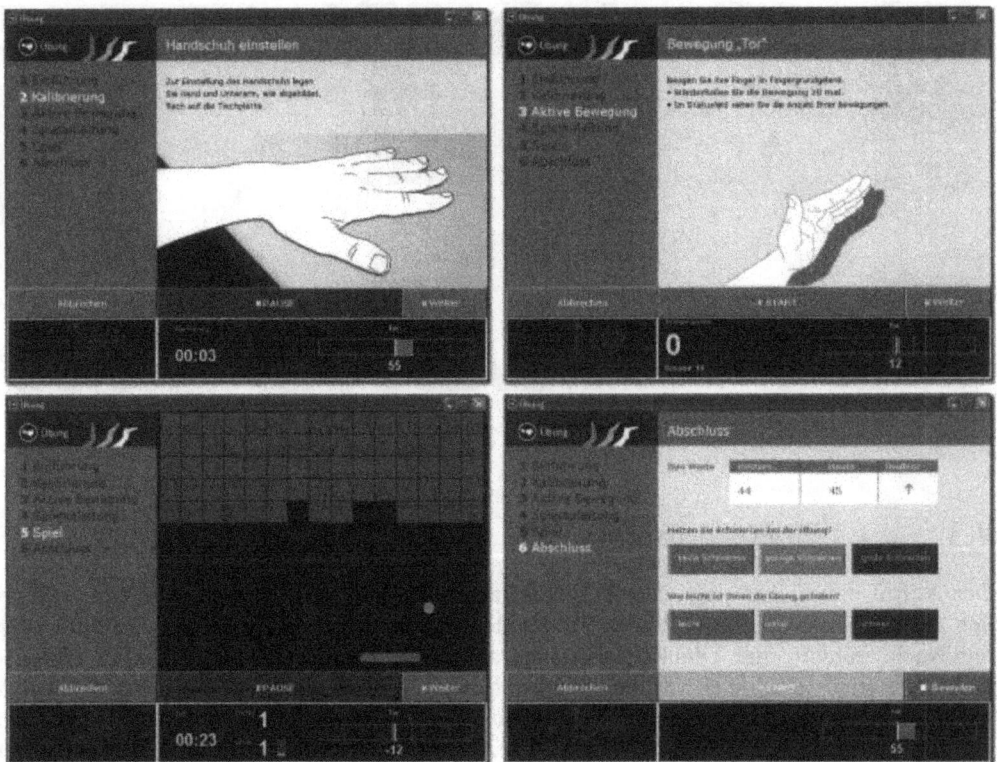

Abbildung 3: Der Übungsassistent: Kalibrierung, Aktive Bewegung, Übungsspiel, Interview

5   Fazit und Ausblick

Teletherapeutische Systeme können klassische Vorgehensweisen in der Therapie nicht erset-zen, aber ergänzen. Die Implementierung zeigt, dass ein digitales System dem fachlichen – hier ergotherapeutischen – Ansatz entsprechen kann und eine zeitgemäße Erweiterung des therapeutischen Prozesses darstellt. Das System ist dabei als Werkzeug – als Therapiegerät – zu verstehen, welches durch neuartige Mehrwerte den Rehabilitationsprozess zeitlich und qualitativ optimieren kann. Klare Vorteile zeigt ein digitales Therapiesystem beispielsweise hinsichtlich des Dokumentationsaufwands und in der objektiven Erfassung von Patientenda-ten im Sinne einer evidenzbasierten Therapie.

Der Erfolg teletherapeutischer Systeme hängt letztlich von der Akzeptanz des Patienten ab. Eine konsequente Überprüfung der Gebrauchstauglichkeit, aber auch der emotionalen Quali-tät eines Systems, sind die Grundlage für eine patientengerechte Lösung im Sinne der thera-peutischen Idee. Nötig ist daher eine Evaluation des implementierten Systems mit Patienten, die im Rahmen des Projekts bisher nicht möglich war. Dabei ist insbesondere darauf zu ach-ten, ob die Bewegungseinschränkungen, die mit dem System therapiert werden sollen, eine Benutzung wie vorgesehen zulassen. Ein kritischer Punkt ist hierbei die nötige Kalibrierung des Datenhandschuhs durch bestimmte Standardgesten.

Angesichts der hohen Kosten von Nicht-Standard-Eingabegeräten wie dem Datenhandschuh ist außerdem eine sorgfältige Kosten-Nutzen-Analyse unumgänglich. Hierzu wäre ein Probe-einsatz in der Praxis sinnvoll.

Literaturverzeichnis

Biometrics Ltd (2004): E-LINK Produktbroschüre, URL: http://www.biometricsltd.com, Abruf: 14.03.2006.

Burdea, G. (1998): Multiplexed Orthopedic Telerehabilitation using Virtual Reality, Proposal to NIDRR.

Burdea, G.; Popescu, V.; Bouzit, M.; Girone, M.; Hentz, V. (1999): PC-Based Telerehabilitation Sys-tem With Force Feedback. In: Proc. of Medicine Meets Virtual Reality, Amsterdam: IOS Press, S. 262-267.

Burdea, G. et al. (2002): Virtual Reality-Based Post-Stroke Hand Rehabilitation. In: Proc. of Medicine Meets Virtual Reality, Newport Beach: IOS Press, S. 64-70.

Dietzel, G. (2004): Auf dem Weg zur europäischen Gesundheitskarte und zum e-Rezept. In: Jähn, K.; Nagel, E.: e-Health, Berlin u.a.: Springer Verlag.

Eisermann, U.; Haase, I.; Kladny, B. (2004): Computer-Aided Multimedia Training in Orthopedic Rehabilitation. In: American Journal of Physical Medicine & Rehabilitation, No. 9, 83, Philadel-phia: Lippincott Williams & Wilkins.

Hasselblatt, A. (1996): Ergotherapie in der Orthopädie, Köln: Stam.

Hassenzahl, M. (2003): Attraktive Software – Was Gestalter von Computerspielen lernen können. In: Machate, J., Burmester, M. (Hrsg.): User Interface Tuning, Frankfurt: Software & Support

Holden, M.K.; Dyar, T.A.; Schwamm, L.; Bizzi, E. (2005): Virtual-environment-based telerehabilitation in patients with stroke. In: Presence: Teleoperators and Virtual Environments, 14, (2), S. 214-233.

Holden, M.K.; Dettwiler, A.; Dyar, T.; Niemann, G.; Bizzi, E. (2001): Retraining movement in patients with acquired brain injury using a virtual environment. In: J.D. Westwood et al. (Hrsg.): Proc. of Medicine Meets Virtual Reality. Amsterdam: IOS Press, S. 192-198.

Kolster, F. (1999): Systematik der Ergotherapie. In: Scheepers, C.; Steding-Albrecht, U.; Jehn, P.: Vom Behandeln zum Handeln. 2. Auflage, Stuttgart u.a.: Thieme.

Mohr, M.; Schall, T.; Nerlich, M. (2004): Teleservices in der Praxis. In: Jähn, K.; Nagel, E.: e-Health. Berlin u.a.: Springer.

Popescu V., Burdea, G.; Bouzit, M;. Girone, M.; Hentz, V. (2000): Orthopedic Telerehabilitation with Virtual Force Feedback, IEEE Transactions on Information Technology in Biomedicine, S. 45-51.

Warda, F.; Noelle, G. (2003): Telemedizin und e-Health in Deutschland: Materialien und Empfehlungen für eine nationale Telematikplattform. Köln: Deutsches Institut für medizinische Dokumentation und Information

Kontaktinformation

Oliver Schirok
PSUW Designbüro, Köln
www.psuw.de
schirok@psuw.de

Angenommene Systemdemonstrationen

A. M. Heinecke, H. Paul (Hrsg.): Mensch & Computer 2006: Mensch und Computer im Struktur*Wandel*.
München, Oldenbourg Verlag, 2006, S. 361-365

ExpertFinding: Auffinden von Experten in großen Organisationen

Tim Reichling

Universität Siegen, Wirtschaftsinformatik und Neue Medien

Zusammenfassung

Fehlende Transparenz von Mitarbeiterkompetenzen kann in mitarbeiterstarken oder verteilten Organisationen zum Problem werden. Das Suchen nach zuständigen bzw. qualifizierten Personen kostet Zeit und Geld. Dies ist besonders in solchen Arbeitsbereichen der Fall, in denen das Wissen und die Kompetenz der Mitarbeiter zu den Wert schöpfenden „Gütern" gehören. Das im Folgenden beschriebene ExpertFinding-System bietet die Möglichkeit, durch die Nutzung vorhandener Artefakte der Benutzer – wie etwa Textdokumente – eine rasche und zuverlässige Einschätzung der Expertisen von Mitarbeitern in solchen Organisationen durchzuführen und somit die Transparenz zu erhöhen.

1 Einleitung

Seit längerem ist in der sozialwissenschaftlichen Forschung die Bedeutung informeller sozialer Netzwerke zur Bildung und Verbreitung von Wissen als wichtiger Bestandteil erkannt worden (Cohen & Prusak 2001; Lave & Wenger 1991). Dabei meint der Begriff des Wissens nicht nur explizites Wissen, das effektiv in Textform gespeichert werden kann, sondern auch implizites Wissen, das an Personen gebunden ist und nicht „übertragen" oder gespeichert werden kann. Während frühere Ansätze im Bereich des Wissensmanagements vorwiegend die effiziente Verwaltung von explizitem Wissen (z.B. Dokumente oder Lernmaterialien) unterstützten, fokussieren aktuelle Ansätze die bessere Nutzung von implizitem Wissen.

Das im Folgenden beschriebene ExpertFinding-System, das an der Universität Siegen entwickelt wird, stellt einen Ansatz im Bereich des Wissensmanagements dar, der Träger von explizitem und implizitem Wissen sichtbar bzw. auffindbar machen soll und somit eine erhöhte Transparenz von Expertenwissen in Organisationen schaffen soll[1]. In diesem Bereich der Experten-Recommender-Systeme lassen sich eine Reihe konzeptuell ähnlicher Ansätze nennen: Systeme wie beispielsweise „Who knows" (Streeter & Lochbaum, 1988) oder Yenta

---

[1] Die Möglichkeit, Experten einfacher auffinden zu können stellt einen ersten Schritt bei der Nutzung von deren „implizitem Wissen" dar. Es ist im weiteren Verlauf die Sache der Benutzer, Kontakt zu den gefundenen Experten aufzunehmen und für einen Wissensaustausch zu sorgen.

(Foner 1997) extrahieren Personaldaten über menschliche Interessen automatisch aus Dokumenten, die von den Akteuren erstellt wurden. Vivacque und Lieberman (2000) haben ein System entwickelt, das Daten bezüglich des Qualifikationsniveaus eines Programmierers aus dem von ihm entwickelten Java-Quellcode extrahiert. Basierend auf diesen personenbezogenen Daten erlaubt das System Fragen zu stellen oder Akteure miteinander bekannt zu machen. Die genannten Ansätze basieren jeweils auf einem Vergleichsalgorithmus, der speziell für einen bestimmten Typus personenbezogener Daten konzipiert wurde.

Zentrale Anforderungen an das hier beschriebene ExpertFinding-System wurden im Rahmen des Forschungsprojektes WIN (Wissensmanagement in Informationsnetzwerken) für einen bedeutenden und mitarbeiterstarken Europäischen Industrieverband ermittelt. Aktuell findet die prototypische Einführung des Systems im Verband statt. Interessanterweise finden sich in der Literatur nur wenige Beispiele einer empirischen Analyse von Wissensmanagement in realen Anwendungsfeldern. (McDonald 2000, Groth and Bowers 2001) bilden Ausnahmen in diesem Feld. Somit lässt sich derzeit noch nicht auf einen reichen Erfahrungsschatz oder Best-Practise-Lösungen zurückgreifen.

2 Wissensmanagement-Bedarfe in einem Industrieverband

Der Industrieverband zählt zu den größten und bedeutendsten in Europa. Er beschäftigt ca. 450 Mitarbeiter und zählt fast 3000 Mitgliedsunternehmen aus technischen Branchen. Im Rahmen des Forschungsprojektes wurden in einer einführende Studie über ca. zwölf Monate Probleme und Potenziale für Wissensmanagement ermitteln. Die Studie umfasste sechzehn semi-strukturierte Interviews von 60 bis 150 Minuten Länge mit Mitarbeitern und Managern verschiedener Abteilungen des Verbandes sowie Arbeitsplatzbeobachtungen und Workshops. Im Folgenden sollen die hier relevanten Ergebnisse der Studie dargestellt werden. Eine detaillierte Ausführung der Ergebnisse sowie Methoden der Studie findet sich in (Reichling & Veith 2005).

Die gesamte Organisation des Industrieverbandes mit seinen Unterorganisationen wird sowohl von Kunden als auch von den eigenen Mitarbeitern als sehr komplex angesehen. Es herrscht bei vielen Mitarbeitern Unwissenheit über die Aufgaben, Kompetenzen und Qualifikationen von Kollegen, die nicht im direkten Umfeld des Mitarbeiters tätig sind. Dies wird als ein großes Hindernis für Kooperationen angesehen. Ein System, das das effektive Auffinden von Experten innerhalb der Organisation ermöglicht wird als viel versprechend angesehen. Gleichzeitig werden hohe Ansprüche an ein solches System hinsichtlich Zuverlässigkeit, Bedienfreundlichkeit und Datenschutz gestellt.

Ein klassisches „Yellow-Pages"-System (YP), das Auskunft über die Fähigkeiten und Kompetenzen von Mitarbeitern geben soll wird von einem Großteil der Teilnehmer der Studie als problematisch betrachtet, da sich oftmals nur oberflächliche und allgemeine Informationen über die Teilnehmer abrufen lassen, die zudem schnell veralten. Darüber hinaus stellt es einen beachtlichen Aufwand dar, ein wirklich aussagekräftiges, repräsentatives und umfassendes Qualifikationsprofil zur eigenen Person zu erzeugen und regelmäßig zu aktualisieren.

Dies wird nach der Studie von einem Großteil der Teilnehmer abgelehnt. Gleichermaßen werden umfassende, unternehmensweite Content- bzw. Document-Management-Systeme, die eine Expertensuchfunktion als eine von vielen Funktionen bieten, kritisch betrachtet. Zum einen bilden die voraussichtlichen Kosten für Erwerb, Unterhalt und Schulungen eine Hürde. Zum anderen wird die Vielzahl von Funktionen, von denen nur wenige tatsächlich genutzt werden, als verwirrend und somit kontraproduktiv betrachtet.

3 Das ExpertFinding-System

Das ExpertFinding-System stellt eine Erweiterung des YP-Ansatzes dar, der die oben beschriebenen Schwachpunkte eliminieren und so den im Industrieverband ermittelten Anforderungen besser gerecht werden soll. Es soll die Kenntnisse, Fähigkeiten, Erfahrungen, Aktivitäten und Interessen der Akteure sichtbar und auffindbar machen. Es bietet hierzu zum einen die Möglichkeit, YP-typische, personenbezogene Daten, wie Angaben über den Aufgabenbereich, Qualifikationen und Kontaktmöglichkeiten selbst einzugeben. Da diese Daten aus o.g. Gründen alleine nicht geeignet sind ein effektives Wissensmanagement zu unterstützen, werden diese durch eine zweite Profilkomponente ergänzt, die aus automatisch hergeleiteten *Keyword-Profilen* besteht, die aus arbeitsbezogenen Textdokumenten gewonnen werden. Dies können beispielsweise Arbeitspapiere, Publikationen, oder Vortragsfolien sein, die im Rahmen der Arbeit der Teilnehmer erzeugt oder gelesen werden[2]. Mittels statistischer Verfahren werden, basierend auf (Heyer et al. 2002), nach einer Stoppwortfilterung die insgesamt (in allen vom Benutzer zu diesem Zweck ausgewählten Dokumenten) am häufigsten auftretenden Begriffe als Keywords betrachtet. Eine Studie, die im Forschernetzwerk zweier wissenschaftlicher Institute durchgeführt wurde zeigt, dass derartige Dokumente zur Generierung von Expertise-Profilen durchaus geeignet sind (Reichling et al. 2005).

Erste Evaluationsergebnisse, die im Industrieverband ermittelt wurden zeigen, dass die Auswahl entsprechender Dokumente und Ordner durch bereits vorhandene und gepflegte Ordnerstrukturen der Mitarbeiter stark vereinfacht wird. Zudem stellt offenbar der Zugriff des Systems auf die ausgewählten Dokumente zum Zweck der Generierung eines Expertenprofils keine Verletzung der Datenschutzbedürfnisse der Benutzer dar. Denkbare alternative „Datenquellen", die als Indikatoren für Expertenwissen geeignet erscheinen, sind beispielsweise Forenbeiträge oder Emails. Im Sinne der Datenschutzbedürfnisse der Benutzer sind diese jedoch als problematisch anzusehen.

Ein Benutzerprofil besteht folglich – in der hier beschriebenen Implementierung des Systems, die stark auf das konkrete Anwendungsfeld des Industrieverbandes bezogen ist – aus zwei Komponenten: Eine YP-typische Komponente sowie ein Keyword-Profil. Während nicht davon auszugehen ist, dass eine Einzelne der beiden Komponenten alleine dazu geeignet ist, hinreichende Aussagen über das Expertenwissen der Akteuren zu machen soll gerade die Kombination dieser beiden Komponenten eine bessere Einschätzung des Expertenwissens der Benutzer zulassen. Zum einen geschieht die Erzeugung und Aktualisierung der

---

[2] Die Auswahl solcher Dokumente und Ordner obliegt dem Benutzer. Zum einen kann nur dieser entscheiden, welche Dokumente sein Expertenwissen reflektieren, zum anderen erfordern dies die Datenschutzbedürfnisse der Benutzer.

Keyword-Profile (durch wiederholtes Durchsuchen der ausgewählten Dateien und Ordner in regelmäßigen Abständen) weitgehend automatisch, wodurch die Benutzer entlastet werden sollen. Zum anderen bieten die so erzeugten Profile einen alternativen Einblick in mögliche Expertisen der Benutzer. Während YP-typische Angaben subjektive Einschätzungen der Benutzer darstellen, die unvollständig und verzerrt sein können, ist anzunehmen, dass Textdokumente aus dem Arbeitskontext der Benutzer i.A. eine umfassendere und vergleichsweise objektive Einsicht in die vom Benutzer bearbeiteten Themengebiete geben[3]. Inwieweit diese Annahmen zutreffen ist Gegenstand der aktuell laufenden Evaluation im Industrieverband.

Abbildung. 1: Links: Dateien und Ordner zur Generierung des Keyword-Profils. Rechts: Generiertes Keyword-Profil (Abbildungen anonymisiert)

Das ExpertFinding-System beruht auf einer Client-Server-Architektur. Das clientseitige Benutzer-Frontend dient zur Eingabe und Generierung der Benutzerprofile (Abb. 1: Keyword-Profil) und bietet Suchmöglichkeiten nach Experten. Zudem stellt es Kommunikationsfunktionalität bereit um mit den gefundenen Experten in Kontakt zu treten. Die Server-Komponente dient der zentralen Verwaltung der Benutzerprofile sowie der Ausführung der Experten-Suchanfragen. Eine offene Architektur des Systems erlaubt die Einbindung beliebiger Profilkomponenten und entsprechender Suchalgorithmen. Somit sind weitere Profil-Komponenten denkbar, die sich zu einer vollständigeren Beschreibung interessanter Benutzerattribute eignen und sich auf andere evtl. vorhandenen Datenquellen beziehen.

4   Zusammenfassung

Das hier vorgestellte ExpertFinding-System stellt einen neuen Ansatz im Bereich des Wissensmanagements dar, der auf die effektive Suche nach Wissensträgern – Experten – in größeren Organisationen abzielt. Hierdurch soll die Transparenz der Organisation und somit ihre Konkurrenzfähigkeit erhöht werden. Eine Kombination YP-typischer Informationen durch

---

[3] Hierbei wird von einem nicht-opportunistischen Verhalten der Benutzer ausgegangen, d.h. diese werden nicht versuchen, durch eine fehlleitende Auswahl an Dokumenten ihr Profil zu manipulieren

weitgehend automatisiert erstellte Keyword-Profile soll den benutzerseitigen Aufwand minimieren sowie einen umfassenderen Eindruck des Expertenwissens der Benutzer erlauben.

Das Design und der Funktionsumfang richten sich nach „realen" Bedarfen, die in der komplexen Organisation eines bedeutenden europäischen Industrieverbandes erhoben wurden. Dies stellt einen weiteren Unterschied zu einigen bisherigen Ansätzen auf diesem Gebiet dar. Aktuell findet die Evaluation des Systems im Industrieverband statt, die durch weitere iterative Entwicklungszyklen das System stärker an die ermittelten sowie evtl. emergierende Bedürfnisse der Benutzer anpassen sollen.

Literaturverzeichnis

Cohen, D.; Prusak, L. (2001): In Good Company: How Social Capital makes Organizations Work, Harvard Business School Press, Boston.

Foner, L. N. (1997): Yenta: A Multi-Agent, Referral-Based Matchmaking System. In: First International Conference on Autonomous Agents (Agent'97), ACM-Press, New York 1997, S. 301-307.

Groth, K.; Bowers, J. (2001): On Finding things out: Situated organizational knowledge in CSCW. In: Proceedings of the 7th ECSCW, Kluwer, Dordrecht, pp. 279-298.

Heyer, G.; Quasthoff, U.; Wolff, Chr. (2002): Möglichkeiten und Verfahren zur automatischen Gewinnung von Fachbegriffen aus Texten, Proc. Innovationsforum „Content Management – Digitale Inhalte als Bausteine einer vernetzten Welt", Stuttgart.

Lave, J.; Wenger, E. (1991): Situated Learning: Legitimate Peripheral Participation. Cambridge University Press, Cambridge.

McDonald, D. W. (2000): Supporting Nuance in Groupware Design: Moving from Naturalistic Expertise Location to Expertise Recommendation, PhD-thesis, University of California, Irvine.

Reichling, T.; Schubert K.; Wulf, V. (2005): Matching Human Actors based on their Texts: Design and Evaluation of an Instance of the ExpertFinding Framework. In Proceedings of GROUP 2005, ACM-Press, New York 2005.

Reichling, T.; Veith, M. (2005): Expertise sharing in a heterogeneous organizational environment. In: Proceedings of the 9th European Conf. on CSCW, Springer, Netherlands, 2005, pp. 325-345

Streeter, L. A.; Loch, K. A. (1988): An expert/expert location system based on an automatic representation of semantic structure. In: Proc. of the 4th Conf. on AI Applications, CA, 1998, S. 345-350

Vivacque, A.; Lieberman, H. (2000): Agents to assist in finding help. In: Proceedings in the Conference on Computer Human Interaction (CHI 2000), ACM-Press, New York 2000, S. 65 – 72

A. M. Heinecke, H. Paul (Hrsg.): Mensch & Computer 2006: Mensch und Computer im Struktur*Wandel*.
München, Oldenbourg Verlag, 2006, S. 367-372

OO-Framework zur benutzer- und gruppenspezifischen Anpassung der SAP-Oberflächenelemente

Aldo Fobbe, Siegbert Kern, Arno Niemietz, Marc Zimmermann

Fachhochschule Gelsenkirchen, Fachbereich Informatik,
IOT Institut für Organisation- und Technikgestaltung

Zusammenfassung

Innerhalb der Softwarearchitektur des mit SAP-Technologien entwickelten MES Basissystems spielt das objektorientierte Framework zur benutzer- und gruppenspezifischen Anpassung der SAP-Oberflächenelementen eine wichtige Rolle. Damit wurde die Möglichkeit geschaffen, Oberflächen einheitlich, nach ergonomischen Gesichtspunkten auf Basis standardisierter SAP-Oberflächenelementen über Steuertabellen nach dem Informationsbedarf des Benutzers zu gestalten, ohne damit in den Quellcode der Anwendung eingreifen zu müssen.

1 Einleitung

Zur Gestaltung von Anwendungen auf Basis von SAP standen bis 1998 lediglich zwei Möglichkeiten zur Verfügung: Eine einstufige Maske als Einstieg in eine Auswertung oder die Verwendung eines Dynpros, welches als Träger verschiedener Steuerelemente dienen konnte. Mit der Initiative EnjoySAP wurden 1998 weitere Oberflächenelemente zur Verfügung gestellt, um sowohl den steigenden ergonomischen Anforderungen der Benutzer als auch den steigenden softwaretechnischen Anforderungen der Entwickler nachzukommen. Im Rahmen der Entwicklung eines objektorientierten Informationssystems zur Abbildung von produktionsnahen Prozessen wurde ein Framework entwickelt, welches ermöglichen sollte, dass sich jede Anwendung dem Benutzer und Entwickler gleich präsentiert. Das entwickelte Framework basiert auf den Elementen des SAP GUI Control, welches alle im Rahmen von Enjoy-SAP zur Verfügung gestellten Steuerelemente beinhaltet. Das Ergebnis ist ein mächtiges Framework zur benutzer- und gruppenspezifischen Anpassung der SAP GUI Controls an die Bedürfnisse der Anwender.

2   Anforderungen

In einem Informationssystem können viele Informationen unter verschiedenen Aspekten gesehen werden. So kann beispielsweise ein Produktionsmaterial unter dem Aspekt des Bearbeitungsstatus oder aber auch unter dem Aspekt der Geometrie (Abmaße) gesehen werden. Entlang der Aufbauorganisation entstehen nahezu so viele Aspekte wie Organisationsbereiche. Es besteht der Bedarf an flexibler, aufgabenorientierter Anzeige von Anwendungsdaten. Zum einen sollen die Anwendungen stets alle relevanten Informationen enthalten, zum anderen aber nur jene die für den Benutzer bzw. die Benutzergruppe für die jeweilige Aufgabe zweckdienlich sind. So kann sich eine Stahlbramme dem Mitarbeiter der Gießanlage mit ihren geometrischen und qualitativen Eigenschaften repräsentieren, dem Mitarbeiter in der Planungsabteilung hingegen mit den qualitativen und kaufmännischen Eigenschaften. Gleichzeitig möchte der Benutzer, die für ihn relevanten Informationen kompakt und übersichtlich dargestellt bekommen. Dies erfordert in vielen Fällen eine mehrdimensionale Informationspräsentation. Das bedeutet, dass in einer Maske mehrere Dimensionen zu einem Objekt (z.B. Riegel), z.B. über mehrere Tabellen dargestellt werden sowie auch eine oder mehrere Dimensionen zu mehr als einem Objekt (z.B. Schmelze und Riegel) zu präsentieren sind. Damit der Benutzer nicht unter der Informationsflut erstickt, ist eine Oberfläche notwendig, die es erlaubt, die **Informationsdichte** (Herczeg 1994) und **Informationsrelevanz** weitgehend **vom Benutzer bestimmen** zu lassen.

Natürlich sollten alle Anwendungen mit der ein Benutzer arbeitet sich gleichartig präsentieren und den ergonomischen Anforderungen (Heinecke 2004) entsprechen.

Die Flexibilität der Gestaltung von Oberflächen erfordert einerseits eine **einfache** und andererseits eine **mächtige Nutzung der SAP-Oberflächenelemente**. Durch den Einsatz standardisierter Schnittstellen und Anwendungsklassen soll jedes Element einfach in die Anwendung integriert werden. Die Anpassung der Oberflächeneigenschaften soll dabei außerhalb des Programmcodes erfolgen. Alle relevanten Informationen zur Abbildung der unterschiedlichen Repräsentationen in Abhängigkeit der Aufgabe sollen in Tabellen hinterlegt werden. Gleichzeitig sollen systemweit gleichartige Anwendungsbausteine (Klassen bzw. Controller) implementiert werden, damit jede Anwendung mit den gleichen grafischen Oberflächenelementen präsentiert wird. Dadurch soll dem Benutzer der Umgang mit der Anwendung erleichtert und gleichzeitig dem Entwickler die Realisierung und Wartung der Anwendung vereinfacht werden.

3   SAP-Oberflächenelemente im Überblick

Im **Tree-Control** können Hierarchien grafisch dargestellt werden. Hierzu stehen verschiedene Varianten zur Verfügung. Auf der linken Seite der Abbildung ist der Simple Tree abgebildet, er eignet sich zur direkten Visualisierung von Hierarchien. Will man nun spezielle Informationen zum Knoten bereitstellen, bietet sich der Column-Tree an, dieser bietet die Möglichkeit neben der Beschriftung des Knotens weitere Spalten hinzuzufügen, die sowohl Informationen als auch Symbole oder Steuerelemente beinhalten können. Drag und Drop, Kontext-Menü und Doppelklick stehen zur Interaktion zur Verfügung.

Das **ALV-Grid (Advanced List Viewer)** kann immer dort eingesetzt werden, wo eine Menge gleichartiger Daten als Liste zur Darstellung gebracht werden soll. Durch umfangreiche Bordmittel wie z.B.: Summenbildung, Sortierung, Filter, ABC-Analyse, Diagramm, u.a. bietet es einen großen Komfort und den Vorteil einer schlanken Anwendung. Über einen Feldkatalog wird die Menge der darzustellenden Spalten festgelegt. Zur Konfiguration der Einstellungen (Spalten, Filter, Sortierung etc) wird ein Layout abgelegt. Dieses kann nach den Bedürfnissen der Benutzer und Gruppen angepasst und separat gesichert werden. Jeder Benutzer hat die Möglichkeit neben dem Standardlayout sein eigenes Layout festzulegen.

Die Interaktion mit der Anwendung kann zum einen über die Control-spezifischen Ereignisse wie z.B. Doppelklick oder Kontext-Menü erfolgen, zum anderen kann die **Toolbar** zur Interaktion benutzt werden. Neben den Standardfunktionalitäten lassen sich weitere Schaltflächen oder Menüs definieren, die zur Ausführung von Operationen genutzt werden können. Die Schaltflächen der Toolbar können über Berechtigungen ein- und ausgeblendet werden.

4   Framework als Teil eines MES-Basissystems

Das **Framework** ist Teil eines MES Basissystem (Manufacturing Execution System), dass die produktionsnahe Feinplanung und Steuerung einer Einzelstückproduktion mit Schnittstellen an über- und untergeordneten Systemen unterstützt und in ABAP Objects realisiert wurde. Sowohl Objekte aus der realen Welt, als auch abstrakte Objekte wurden in Form von persistenten ABAP Objects Klassen realisiert. Prozesse, die Operationen auf und zwischen diesen Objekten durchführen, wurden durch Anwendungsfälle im MES UseCaseController (MES UCC) umgesetzt.

Unter einem **Anwendungsfall** versteht man einen Vermittler zwischen Benutzer (GUI-Anwender, ausführendes System) und Business-Objekt(en). Er kapselt alle Funktionalitäten die zur Kommunikation mit dem Benutzer und den zugrunde liegenden Business Objekten erforderlich sind. Anwendungsfälle können einen rein informativen Charakter besitzen (reine Anzeige) oder aber auch komplexe objektübergreifende Prozesse kapseln. Durch die Ergänzung und Erweiterung des SAP-Ansatzes in der dargestellten Softwarearchitektur mit dem MES UCC wurden Möglichkeiten geschaffen, für jeden Anwendungsfall flexibel die Darstellung der Oberflächenelemente über Steuertabellen sowie direkt über die Oberfläche zu bestimmen.

Die Anwendungsfälle sind zwischen der Service-Schicht und dem Frontend angesiedelt. Die Anordnung der angezeigten Objekte wird zur **Entwicklungszeit** festgelegt. Welche Objekte, die Untermenge der zur Verfügung stehenden Attribute, die Filterung und Sortierung von Attributen wird initial über Steuertabellen zur Laufzeit ermittelt und an der Oberfläche angezeigt. Das bedeutet, zur jeder Zeit kann über Änderungen in den Steuertabellen die Oberfläche den veränderten Bedürfnissen der Benutzer oder Gruppe angepasst werden, ohne dabei den Quellcode verändern zu müssen. Das Layout der Grids kann vom Benutzer selbst direkt an der Oberfläche sowohl an die Bedürfnisse der Gruppe als auch jedes einzelnen Benutzers angepasst werden.

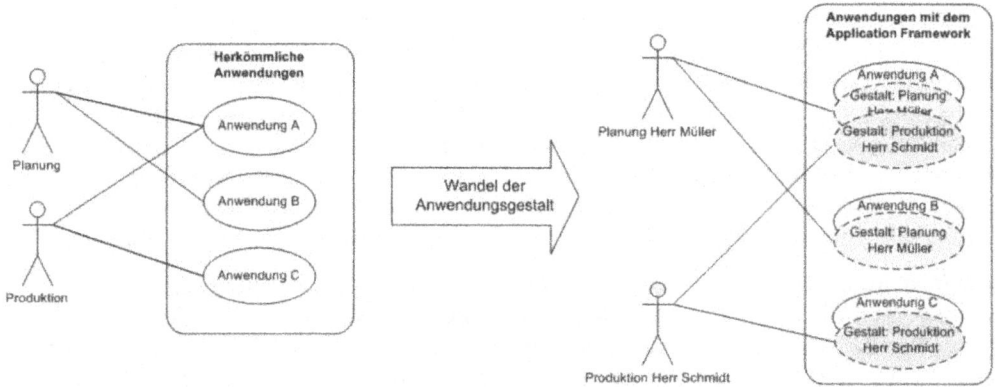

Abbildung 1: Wandel der Oberflächenflexibilität

Am Beispiel der Toolbar soll eine der vielfältigen Möglichkeiten veranschaulicht werden. So ist es möglich über Einträge in Steuertabellen festzulegen, welche Toolbar-Objekte (Buttons, Separatoren und Menüs) erscheinen und in welcher Reihenfolge sie angezeigt werden sollen. Zur **Gestaltung der Oberfläche** eines Anwendungsfalls stehen die in Kapitel 3 genannten SAP GUI Controls zur Verfügung. Der entwickelte MES UCC erlaubt es, diese SAP Oberflächenelemente über Steuertabellen beliebig zu kombinieren (Krüger 2005). Damit wird eine flexible und komfortable Benutzerschnittstelle geschaffen. Beispielsweise kann man zur Kopf-Position-Anzeige zwei Grids benutzen, die in Abhängigkeit von der Selektion des Kopfobjektes die Positionen im unteren Teil darstellt (siehe Abbildung 2). Zur Eingabe von Daten kann ebenfalls das Grid benutzt werden. Die farbliche Darstellung von Plausibilitätsverletzungen kann flexibel gewählt werden.

5   Anwendung des Frameworks in BRAIN

BRAIN ist ein aus dem MES-Basissystem adaptiertes Anwendungssystem für die Stahlproduktion. Alle Prozesse sind als systemweite Services auf Basis des MES Business Objects Modells realisiert. In Zusammenarbeit mit der FH-Gelsenkirchen, Fachbereich Informatik wurde der gewählte Lösungsansatz im Hinblick auf eine Service orientierte Softwarearchitektur (SOA) evaluiert. Damit ist der Weg geebnet, BRAIN in die ESA-Architektur (Karch 2004) der SAP einzubinden.

Auf Basis des im MES Basissystem implementierten **objektorientierten Frameworks (MES UCC)** zur benutzer- und anwendungsspezifischen Anpassung der vorgestellten SAP Oberflächenelemente wurde mit BRAIN ein benutzerfreundliches System geschaffen, dass die Fertigung von Brammen in den Stranggießanlagen und die Adjustage in den Schnittanlagen zu Stahlriegeln feinplant und steuert. Das System ist seit Juli 2005 im produktiven Einsatz.

Mit diesem System wurden fünf Altsysteme substituiert. Die Benutzer waren das Arbeiten mit monochromen Terminals gewöhnt und die Informationen mussten mühsam aus mehreren

Systemen beschafft werden. Mit BRAIN wurden nicht nur die Informationen in einem System vereint, sondern auch die Benutzeroberfläche erfuhr einen enormen Wandel, der von den Benutzern als sehr hilfreich und praktisch aufgenommen wurde. So kann man jeder Anwendung die Gestalt geben die man als Benutzer wirklich benötigt. Der Anwender kann Sortierungen vorgeben und Summen bilden, je nach dem welche Informationen für ihn wichtig sind. Die Anwender mit Windows-Erfahrung konnten sich aufgrund der Erwartungskonformität innerhalb kürzester Zeit sicher im System bewegen und ihrer Arbeit nachgehen.

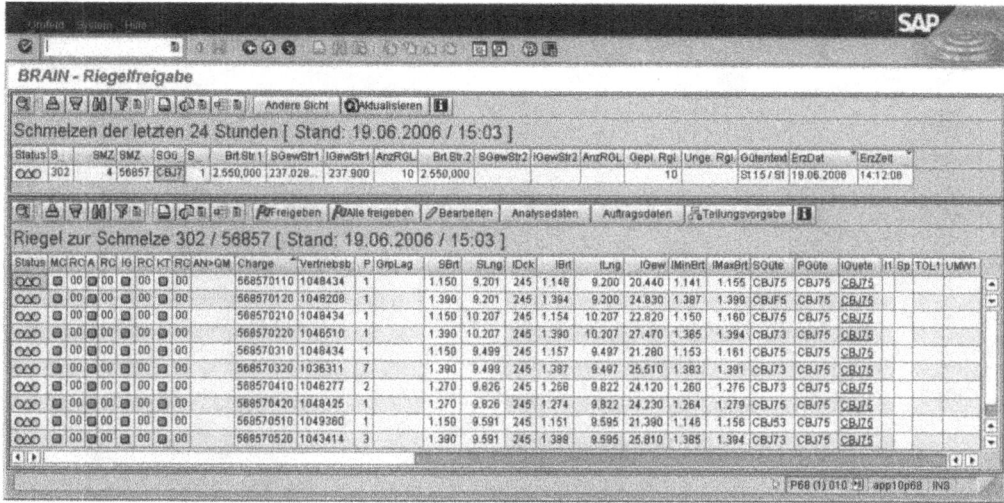

Abbildung 2: Die Repräsentation der Bramme in der Riegelfreigabe

Beispielhaft stellt die Abbildung 2 einzelne Stahlbrammen (hier Riegel) zu einer produzierten Schmelze dar. Für die Mitarbeiter der Steuerstelle sind die Qualitätsdaten, die Abmaße und die Ergebnisse der qualitätsbezogenen Plausibilitätsprüfungen von entscheidender Bedeutung. Anhand dieser Daten wird ein relevanter Auftrag zugeordnet oder ggf. eine Anpassung an den Daten vorgenommen. Abbildung 3 zeigt die Stahlbramme innerhalb des Verladedialogs. Im mittleren Teil werden diejenigen Stahlbrammen angezeigt, die der links ausgewählten Lagerstruktur zugeordnet sind. Den Benutzer der Verladung interessieren im Gegensatz zum Benutzer der Steuerstelle Chargen-, Qualitäts- und Empfängerinformationen. Bei den beiden Beispielen wird deutlich wie unterschiedlich die Anforderungen an Anwendungsdaten ist. Die beispielhaften Oberflächen wurden über das beschriebene objektorientierte Framework erstellt. Über Einstellungen in den Steuertabellen wurden notwendige Grids, Attribute, Toolbar-Objekte eingeblendet sowie deren Reihenfolge bestimmt, Filter, Sortierungen und Summierungen gesetzt. Direkt an der Oberfläche konnte der Benutzer die für Ihn relevanten Spalten bestimmen sowie nach der Bedeutung der Daten deren Reihenfolge festlegen.

Die Abbildungen 2 und 3 sind Beispiele **mehrdimensionaler Darstellungen**, zwei Tabellen bezogen auf zwei Objekte (Schmelzen, Schmelze zu Riegel) sowie zwei Tabellen bezogen auf ein Objekt (Adjustage). Durch die benutzerspezifischen Anspassungsmöglichkeiten der

Tabellen und der Einblendung von Zusatzinformationen (z.B. Summen, Zwischensummen oder Analysen) in den Tabellen, kann dem Bedürfnis nach hoher Informationsdichte und gleichzeitiger Übersichtlichkeit entsprochen werden. Die benutzerspezifischen Darstellungsformen können jederzeit verändert, gespeichert und geladen werden.

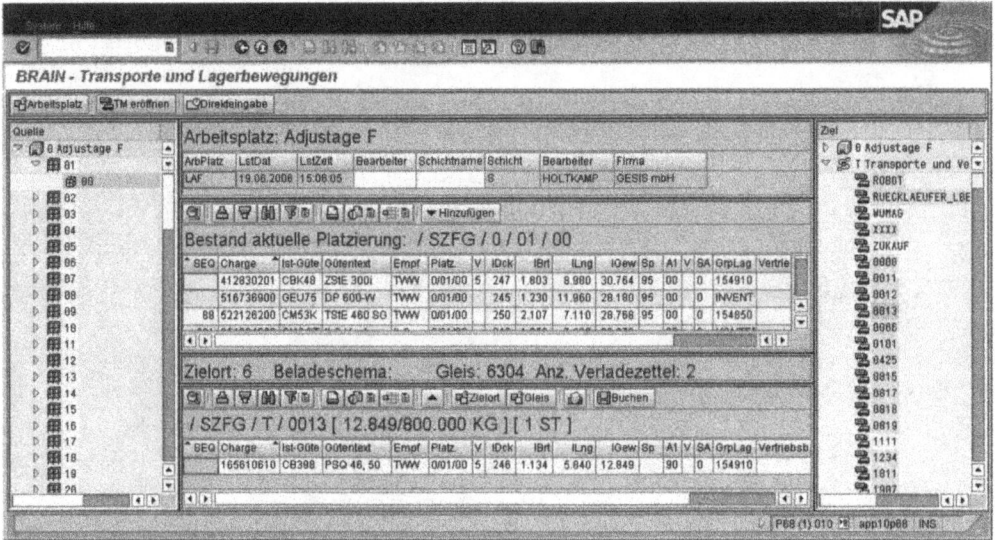

Abbildung 3: Dialog Lagerbewegung

Literaturverzeichnis

Heinecke, A. M. (2004): Mensch-Computer-Interaktion, München: Hanser Verlag.

Herczeg, M. (1994): Software-Ergonomie: Grundlagen der Mensch-Computer-Kommunikation, 1. Auflage, Bonn: Addison-Wesley.

Karch, S. (2004): SAP NetWeaver: lernen Sie, neue Wertschöpfungspotenziale zu erschließen; profitieren Sie von vier Projektbeispielen mit Wertbetrachtung; erfahren Sie Details zu technischen Komponenten, Webservices und ESA, 1. Auflage, Bonn: Galileo Press.

Krüger, S. (2005): ABAP best practices: praxis- und problemorientierte Lösungen für die tägliche Arbeit; Anleitungen zu dynamischer und generischer Programmierung, RTTI, SQL-Performance und Zeichenkettenverarbeitung; ALV-Grid-Control, 1. Auflage, Bonn: Galileo Press.

A. M. Heinecke, H. Paul (Hrsg.): Mensch & Computer 2006: Mensch und Computer im Struktur*Wandel*.
München, Oldenbourg Verlag, 2006, S. 373-378

Design und Realisierung eines Softwareassistenten zur Planung von Halsoperationen

Claudia Janke[1], Christian Tietjen[2], Alexandra Baer[2], Bernhard Preim[2], Carola Zwick[1], Ilka Hertel[3], Gero Strauß[3]

Fachhochschule Magdeburg, Industrial Design Institute[1],
Universität Magdeburg, Institut für Simulation und Graphik[2],
Universitätsklinikum Leipzig, Hals-Nasen-Ohren-Universitätsklinik[3]

Zusammenfassung

Computerunterstützung für die Planung von Operationen ist ein etabliertes Forschungsgebiet. Die Entwicklung von Benutzungsschnittstellen für die computergestützte Operationsplanung ist nicht Gegenstand der Forschung. Diese Arbeit stellt den Entwicklungsprozess eines Softwareassistenten zur Planung von Halsoperationen vor. Wichtige Vorarbeiten zu dem vorliegenden Beitrag betreffen die Diskussion und Entwicklung geeigneter Visualisierungstechniken. Ausgehend von diesen Vorarbeiten soll ein Softwareassistent entwickelt werden, der die Planung von Halsoperationen durchgängig unterstützt. Das visuelle Design dieses Systems steht im Mittelpunkt dieses Beitrages.

1 Einleitung

Aufgrund der hohen Dichte lebenswichtiger anatomischer Strukturen stellen Operationen im Halsbereich eine große Herausforderung dar. Notwendig werden solche Operationen bei Lymphknotenmetastasen einer Krebserkrankung im Nasen-, Mund-, oder Rachenbereich. Der HNO-Chirurg muss in solchen Fällen entscheiden, ob eine Operation möglich ist und eine Operationsstrategie festlegen. Radikale Strategien umfassen die Entfernung von Nerven und Muskelabschnitten, während selektive Strategien diese Strukturen schonen.

Bisher gibt es für die Planung von Halsoperationen keine spezielle Computerunterstützung. Die HNO-Chirurgen betrachten in der Regel am Computer die Schichten eines Computertomographiedatensatzes (CT) und stellen sich auf dieser Basis die dreidimensionale Erscheinung der Strukturen bei dem konkreten Patienten vor. Wichtige Vorarbeiten zu dem vorliegenden Beitrag betreffen die Diskussion und Entwicklung geeigneter Visualisierungstechniken (Krüger et al. 2005). Die Segmentierung aller notwendigen Strukturen wird mit einem separaten Softwareassistenten vorgenommen (Cordes et al. 2006). Ausgehend von diesen Vorarbeiten soll ein Softwareassistent entwickelt werden, der die Planung von Halsoperationen durchgängig unterstützt. Das visuelle Design dieses Systems steht im Mittelpunkt dieses Beitrages.

2   Stand der Forschung

Computerunterstützung für die Planung von Operationen ist ein etabliertes Forschungsgebiet. Die Arbeiten konzentrieren sich auf die Bildanalyse (möglichst automatische Identifikation der relevanten Strukturen) und die Simulation biomechanischer Vorgänge, z.B. um die Belastbarkeit von Implantaten einzuschätzen. Die Entwicklung von Benutzungsschnittstellen für die computergestützte Operationsplanung ist kaum Gegenstand der Forschung. Sie werden eher ad-hoc entwickelt; basieren weder auf einer systematischen Aufgaben- und Benutzeranalyse noch auf einer systematischen Evaluierung und Verfeinerung von Prototypen. Es gibt jedoch Bestrebungen, insbesondere das Studium klinischer Workflows zur Grundlage der Systemgestaltung zu machen (Burgert et al. 2006). Als Forschungsprototypen existieren einige allgemein anwendbare Systeme, wie der 3D-Slicer (Gering et al. 1999) und der InterventionPlanner (Preim et al. 2003). Für den gesamten Bereich der HNO-Chirurgie gibt es keine speziellen Planungssysteme. Da die Operationen in diesem Bereich aber viele Eigenheiten aufweisen, ist eine spezielle Planungssoftware erforderlich.

3   Analyse der Arbeitsabläufe

Durch den Radiologen werden die CT-Daten des Patienten ausgewertet und eine Diagnose gestellt. Radiologen sind dabei extrem gut geschult in der räumlichen Vorstellung auf Basis von Schichtdaten. Der Chirurg erhält momentan die gleichen 2D-Bilder um die operative Entfernung unter Beachtung der möglichen chirurgischen Zugänge zu planen. Es kommt vor, dass betroffene Lymphknoten auf den Schichtdaten nicht entdeckt werden oder Operationen abgebrochen werden müssen, weil die Operabilität des Patienten falsch eingeschätzt wurde. Aussagekräftigere Visualisierungen über die patientenindividuelle Anatomie sollen dies verhindern. Aus diesem Grund wird aus den Schichtbildern ein 3D-Modell rekonstruiert.

Die Planung ist trotz des Vorhandenseins von 3D-Modellen sehr komplex. Viele Optionen werden nicht benötigt oder die dargestellten Funktionen sind nicht an seinen Arbeitsablauf angepasst. Die Programmfunktionen sollten auf den Eingriff abgestimmt sein und den Workflow optimal unterstützen. Immer wieder auftretende Fragestellungen bestimmen den Arbeitsablauf des Arztes, u.a. die Lokalisation aller vergrößerten Lymphknoten oder die Einschätzung der Infiltration von Muskeln und Gefäßen, da diese über die Operabilität des Patienten entscheiden. Da manche Fälle nicht einfach zu klären sind, müssen sich die Ärzte über die Planungsergebnisse austauschen können.

4   Design des NeckSurgeryPlanners

Die Handhabung des Programms sollte genau die Fragen des Arztes adressieren und auf alle Fragen durch die vom Radiologen erstellte Diagnose eine Antwort bieten. Ein intuitiver Zugriff auf die Befunddetails wird in Form eines gerafft dargestellten Protokolls ermöglicht. In diesem Protokoll wird jede Besonderheit der Befunddetails dargeboten, z.B. die Lage und Anzahl der vergrößerten Lymphknoten. Durch die Erstellung eines solchen Protokolls wird das Erfassen der Gegebenheiten vereinfacht. An das Protokoll gekoppelt sind die bildlichen Ergebnisse in einer 3D-Visualisierung und in CT-Daten, die synchron eingespielt werden können. Strukturen sind in logischen Kategorien zusammengefasst und können je nach Erfordernis eingeblendet werden. Während dieses Arbeitsablaufes müssen die wichtigsten Erkenntnisse protokolliert werden, zum einen die Operationsvorgehensweise zu konstruieren und zum anderen um schnell Rücksprachen mit Kollegen durchführen zu können.

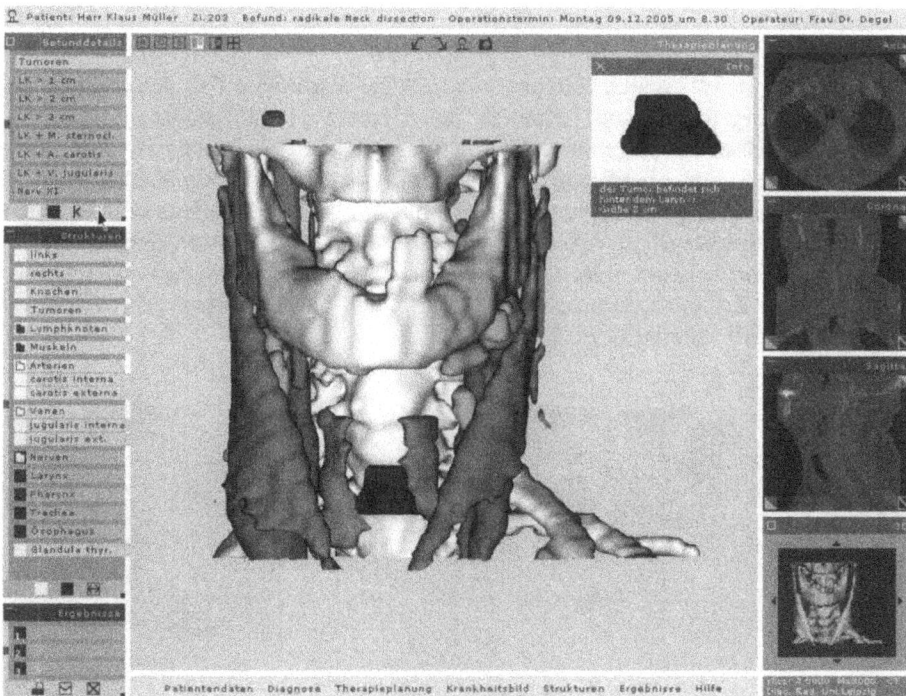

Abbildung 1: Die „Befunddetails" sind im Fenster oben links zu sehen. Zurzeit ist der Tumor ausgewählt, welcher in einem extra Fenster gesondert hervorgehoben wird. Die aktuelle Auswahl wird über den verbindenden Balken und eine farbliche Veränderung visuell unterstützt. (Alle Namen wurden geändert)

Das modulare Gestaltungsraster erzeugt eine eindeutige visuelle Gliederung der Funktionsbereiche und bietet die Möglichkeit, die Bildschirmfläche flexibel zu nutzen. Die Benutzeroberfläche ist durchgängig flächig und monochromatisch gehalten, um nicht durch dreidimensionale Effekte der Benutzeroberfläche von den Inhalten abzulenken. Die Bilddaten, d.h.

3D-Modell und CT-Daten, sollen parallel und so groß wie möglich dargestellt werden. Im Zentrum des Bildschirms befindet sich das großzügige Hauptdarstellungsfenster. Am rechten Bildrand werden alle drei Arten der CT-Schichtdarstellungen parallel zueinander angeboten.

Im Fenster „Befunddetails" werden dem Arzt vorgefertigte Ansichten, auf den Krankheitsfall abgestimmt, angeboten (Abbildung 1). Dieses Fenster kann die wichtigsten Eckpunkte des Falls als Film abspielen. Die logische Verknüpfung des Befunddetails mit dem Darstellungs- fenster wird über einen gleichfarbigen, die Fenster verbindenden Balken geschaffen. So ist die Auswahl für den Nutzer eindeutig nachvollziehbar und korrigierbar. Weiterhin gibt es die Möglichkeit einzelne Befunddetails kombiniert anzuschauen, um Beziehungen besser erken- nen zu können.

Das Fenster „Strukturen" beinhaltet detailliert alle relevanten anatomischen Strukturen. Auch hier wird die Auswahl über den verbindenden Balken und eine farbliche Veränderung visuell unterstützt. Um diese Wahl zu erleichtern, werden Strukturen zu Kategorien zusammenge- fasst. Diese Option soll ein schnelleres Arbeiten ermöglichen, um nur involvierte Kategorien zu bearbeiten. Dadurch kann erreicht werden, dass wichtige Aspekte der Therapieplanung ständig sichtbar sind.

Im Fenster „Ergebnisse" können Erkenntnisse zum gegenwärtigen Fall festgehalten werden (Abbildung 2). Über das Symbol „Kamera" kann eine Szene aufgenommen werden. Die Szene wird unmittelbar im „Ergebnisse" Fenster gespeichert. Gleichzeitig zu dieser Prozedur öffnet sich ein Text- bzw. Tonfenster, in welchem Annotationen festgehalten werden kön- nen. Dieses Fenster öffnet sich im unteren Abschnitt des Betrachtungsfensters, um eine visu- elle Verbindung zum aktuellen Arbeitsfokus darzustellen. Das Fenster „Ergebnisse" bietet weiterhin die Option Erkenntnisse weiterzugeben. So können schwierige Zusammenhänge leicht mit anderen Kollegen besprochen werden, indem eine aufgenommene Szene ausge- druckt oder via Email verschickt wird.

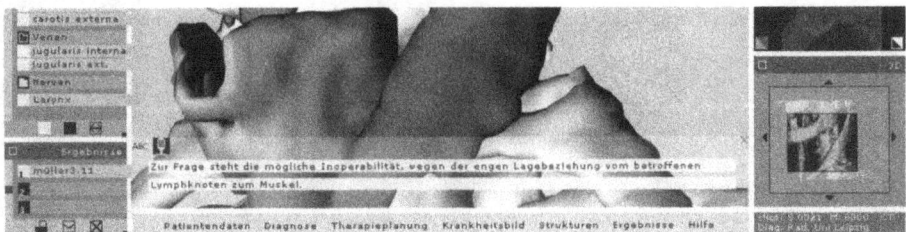

Abbildung 2: Die „Ergebnisse" sind im Fenster in der Mitte links zu sehen. Hier kann der Chirurg Besonderheiten des Falles als Szene festhalten und mit einem Kommentar versehen.

5   Umsetzung des Designs

Bei der Umsetzung der Designstudie wurde vor allem Wert darauf gelegt, die übersichtliche Anordnung der Bedienelemente und die Unterstützung des Workflows zu übernehmen. Die

Funktionalität des Programms selbst wurde mit der Entwicklungsumgebung MeVisLab (http://www.mevislab.de) realisiert (Hahn et al. 2003).

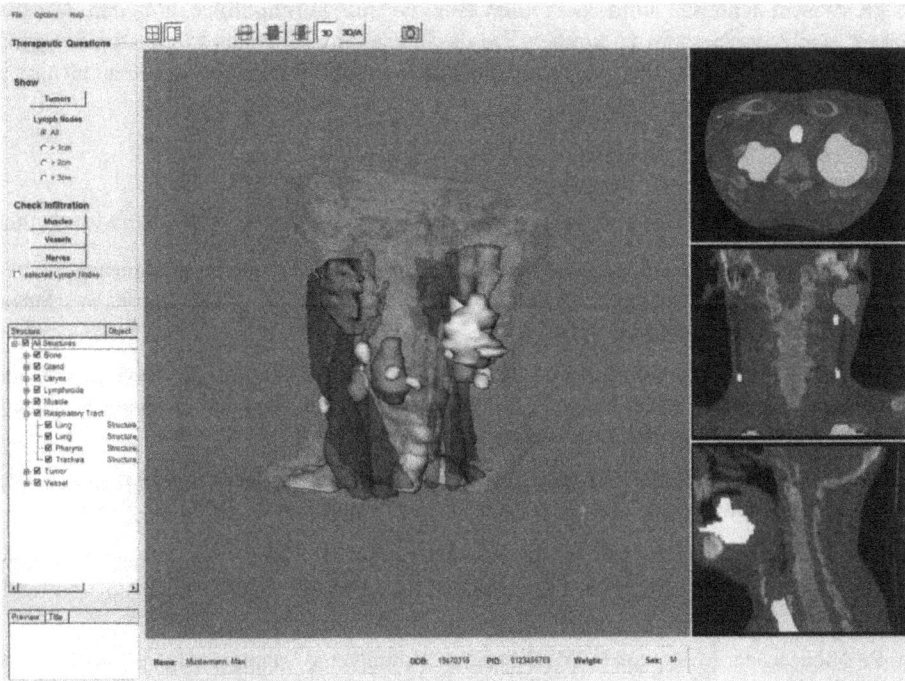

Abbildung 3: Standardansicht zur Operationsplanung.

Einige Details wurden bei der Umsetzung nochmals durchdacht, wodurch die Realisierung an einigen Stellen vom ursprünglichen Design abweicht. Die „Befunddetails" (Therapeutic Questions) wurden grundlegend überarbeitet. Die eingangs erwähnten auftretenden Frage-stellungen können auf zwei Hauptpunkte reduziert werden: auf die Anzeige der pathologi-schen Strukturen und auf die Anzeige der möglichen Infiltration in umliegende Strukturen. Bei den festgehaltenen Ergebnissen wird anstelle einer fortlaufenden Nummer ein kleiner Screenshot angezeigt. Abbildung 3zeigt die Standardansicht, welche beim Laden eines Falls angezeigt wird. Alternativ kann eine Ansicht gewählt werden, bei der die 3D-Darstellung und die drei Schichtansichten gleichgroß angezeigt werden. Wird auf die alternative Ansich-ten umgeschaltet, werden zusätzliche Annotationen bei den Schichtbildern eingeblendet.

6   Zusammenfassung

Es wurde der Entwicklungsprozess des *NeckSurgeryPlanner*s vorgestellt. Das Design ist darauf gerichtet, möglichst viel Platz für die Visualisierung zur Verfügung zu stellen, 2D-und 3D-Darstellungen zu integrieren und zu synchronisieren und direkt die typischen Fragen der OP-Planung zu unterstützen. Diese Aspekte sind wahrscheinlich übertragbar auf die Gestaltung anderer OP-Planungssysteme.

Der Prototyp wird zurzeit gestestet, die klinische Erprobung ist für das 2. Quartal 2006 geplant. In diesem Rahmen wird auch eine Evaluierung durchgeführt, um den *NeckSurgeryPlanner* weiter verbessern zu können. Da das Interaktions-Fenster zugunsten der größeren Schichtansichten weichen musste, muss die Maus-Interaktion in der 3D-Ansicht auf jeden Fall verbessert werden.

Literaturverzeichnis

Burgert, O.; Neumuth, T.; Fischer, M. et al. (2006): Surgical Workflow Modeling. In: MMVR 2006.

Cordes, J.; Dornheim, J.; Preim, B.; Hertel, I.; Strauß, G. (2006): Preoperative Segmentation of Neck CT Datasets for the Planning of Neck Dissections. In: Siegel, E. L.; Krupinski, E.; Sonka, M. (Hrsg.): SPIE Medical Imaging. SPIE Press.

Gering, D.; Nabavi, A.; Kikinis, R.; et al. (1999): An Integrated Visualization System for Surgical Planning and Guidance using Image Fusion and Interventional Imaging. In: Medical Image Computing and Computer-Assisted Intervention (MICCAI), 809-819.

Hahn, H. K.; Link, F.; Peitgen, H.-O. (2003): Concepts for Rapid Application Prototyping in Medical Image Analysis and Visualization. In: Simulation und Visualisierung, SCS Europe, 283-298

Krüger, A.; Tietjen, C.; Hintze, J.; Preim, B.; Hertel, I.; Strauß, G. (2005): Analysis and Exploration of 3D-Visualizations for Neck Dissection Planning. In: Computer-Assisted Radiology and Surgery, Springer, 497-503.

Preim, B.; Hindennach, M.; Spindler, W.; Schenk, A.; Littmann, A.; Peitgen, H.-O. (2003): Visualisierungs- und Interaktionstechniken für die Planung lokaler Therapien. In: Simulation und Visualisierung, SCS Europe, 237-248.

A. M. Heinecke, H. Paul (Hrsg.): Mensch & Computer 2006: Mensch und Computer im Struktur*Wandel*.
München, Oldenbourg Verlag, 2006, S. 379-384

Towards Tangible Work Modelling

Stefan Oppl, Christian Stary, Andreas Auinger

Johannes Kepler Universität Linz

Abstract

Digital Montessori-inspired Manipulatives (MiMs), so far have been used effectively for knowledge transfer in elementary educational settings. For work modelling and task-based interactive systems design we propose a modelling concept and usage scenario that should help to increase effectiveness in organization and technology development. The Tangible Task Modelling Demonstrator (TTMD) facilitates the representation and development of work and task models by means of MiMs. Using the TTMD users can directly grasp and manipulate work tasks. As a result, the cognitive load for modelling and (re-)arranging elements of work spaces can be reduced.

1   Motivation

Interactive work models represent and keep the alignment between multiple elements of an organization. This type of modeling is not only fundamental to understand how an organization operates and adapts to changing business environments (cf. Caetano et al. 2005), but also to design task-centered user interfaces (cf. the recent series of ACM TAMODIA conferences). Although the modeling process facilitates human understanding and communication, it is by no means clear what kind of notation should be used to facilitate the communication between stakeholders, business specialists, and interactive software developers (cf. Holmboe 2005; Oppl et al. 2005). Nevertheless, identifying the properties and relationships of work tasks is fundamental to help understanding and evolving interactive work support.

The requirement for proper representation techniques as a mediator between technology-oriented people and workers has already been recognized. In the field of Semantic Web Dori (2004) points out that 'humans and machines must each use a different format of knowledge representation' (p.121). In order to reconcile the apparent human-machine language orientation dilemma, not only the modeling process, but also the representation of design knowledge has to be revisited, since the latter is a critical (cognitive) concept (Crapo et al. 2000).

Both, the modeling process, and the domain knowledge representation with respect to work tasks, can be addressed through adequate concepts for visualization and hands-on support, as recent studies with Digital Montessori-inspired Manipulatives (MiMs) (cf. Zuckerman et al. 2005) reveal. It also facilitates capturing the intended semantics of work domains – a feature that currently cannot be provided even by standardized specification approaches (cf. Harel &

Rumpe 2004 for UML). In this paper we focus on work-task and business process modeling according to different aspects, of which each can then be handled independently and later composed to synthesize a comprehensive model of a work domain. To do so, we propose defining two complementary representations, a direct manipulative tangible and a conventional UML-based one. We argue that using the tangible objects to model work tasks and business processes improves the understandability of the individual work objects and of the adjunct business process, in line with the successful hands-on organization of discrete pieces of abstract information (cf. Jacob et al. 2002), and discrete physical object manipulation representing digital information (cf. Ullmer et al. 2005). The Tangible Task Modeling Demonstrator (TTMD) builds upon approaches like Task Blocks (Terry 2001), a system that uses physical blocks (task blocks) to represent computational functions. In our case not only "pipelines" can be created that sequentially manipulates data, but also entire business process representations.

2   The Tangible Task Modeling Demonstrator

The dual presentation approach of the Tangible Task Modeling Demonstrator (TTMD) entails several implications for the modeling process. Using a cluster case study from the automotive sector (see also URL: http://www.CrossWork.org), the basic steps of modeling are described in the following. In the case of networked organizations which work on a common customer order the organization of work has to be revisited from case-to-case, according to the capabilities of the cluster partners. We exemplify an enterprise in the automotive sector that has to analyze its supplier selection process, e.g., to handle specific orders. For clarification on how to handle a particular order the CIO arranges a meeting involving the heads of the involved departments, the supplier manager and the product manager. Confronted with a blank modeling surface, the group starts to model the initial activity, e.g., 'specification of goals' by placing a respective block and labeling it. After a short discussion they add the role responsible for executing that activity, and the data resulting from this activity (see figure 1).

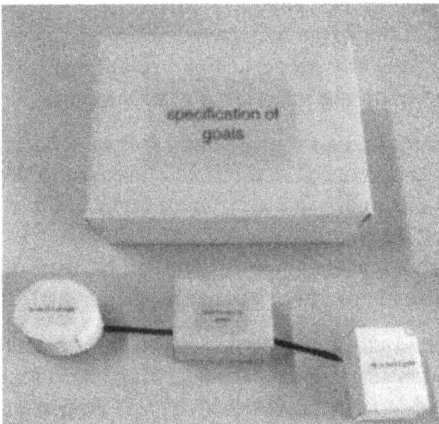

Figure 1: Initial Modeling Steps   *Figure 2: Using a Contextual Symbol*

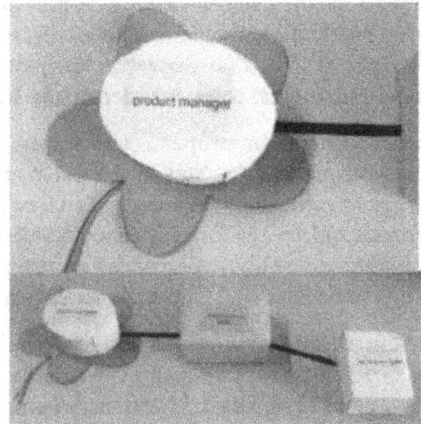

The involved heads of department recognize the product manager not being the only one involved in the goal specification activity. It is rather a cooperative activity involving all department members. Since there are five different departments consulted by the product manager, they term this involvement 'the shamrock' with each leaf representing a department. Accordingly, they define a corresponding contextual information symbol. It shadows the role 'product manager' (see figure 2).

They continue modeling by placing another activity – 'goal decomposition' – requiring the data produced by the first activity as an input. Since that activity is handled by the product manager in the same way as the activity before (again involving the shamrock), they connect the respective role to this activity. As a new output, a data block labeled 'list of parts' is placed (see figure 3).

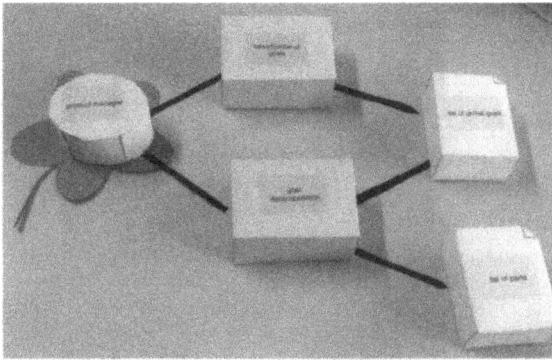

Figure 3: Modeling Interdepencies between Process Elements

While most of the involved persons feel this placement to fit their view on the process, the supplier manager is not satisfied. He would like to formalize this activity based on a set of textual instructions that have to be applied in any case. After a short discussion, they decide to include this information in the model. They use a 'Data'-Artifact to be put into the concerned 'Activity'-Block (now used as a container). To do so, initially they need to dock the digital instruction document to the artifact via an explicit binding interface of the TTMD. Subsequently, the artifact can be put into the activity container physically (see figure 4).

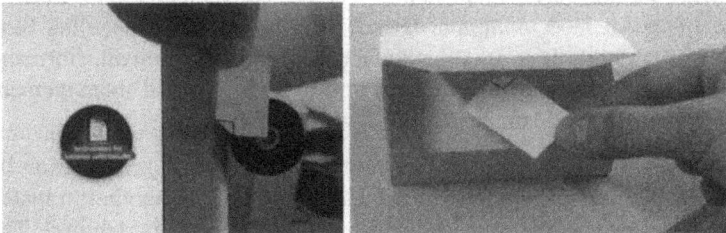

Figure 4: Use of Artifacts for Element Refinement

They finish modeling the process by connecting the activity to the input data block and as-signing a role for execution, in this case 'supplier manager'. As the shamrock is not involved in this activity, this role has not to be shadowed.

Since the modeling process has been tracked permanently in an unobtrusive way by the TTMD, immediately after polling the physical surface data the model becomes available on the virtual interface for future reference or reuse. The CIO marks this version of the model to be the final one. The captured history of creating the model also becomes available. This feature is especially useful to convey the rationale of modeling and to step back to different and/or previous design versions at the virtual level (see figure 5 for the dual interfaces).

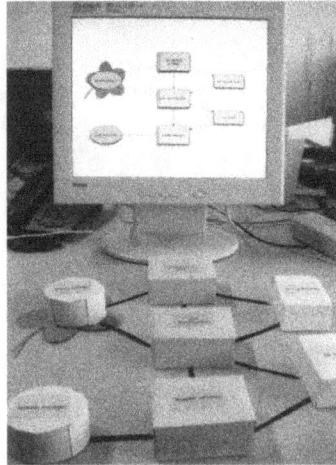

Figure 5: Dual View of Work Processes

Dual View While traditional modeling approaches basically assemble work processes of activities, roles and data, the TTMD modeling language provide individualized and visual means to capture contextual information concerning the organization of work. In this way, the intelligibility can be increased for all parties (cf. Oppl et al. 2005).

Based on the developed diagrammatic notation scheme and its counterpart for interactive hands-on modeling the TTMD software and hardware system enabling the creation and ma-nipulation of work models has been designed. The core of such an environment has to handle the dual view (physical ←→ computer-based) and the physical modeling blocks to create task models including both their organizational and processing context. Correspondingly, the TTMD is composed of two parts, a physical and a virtual 'world' management, with some functionality available in both and some of it distributed.

While in most cases the interfaces between virtual and physical presentation layers have to be transparent for the users, there are certain cases in which the explicit transfer of informa-tion from the virtual part to the physical surface and vice versa is required. Those cases re-quire a dedicated management facility. Accordingly, we distinguish two intertwined compo-nents of the TTMD: the physical surface and the virtual surface. These surfaces are linked through implicit interfaces (which are not visible for users) and explicit interfaces (which require explicit interaction with the user) (see figure 6).

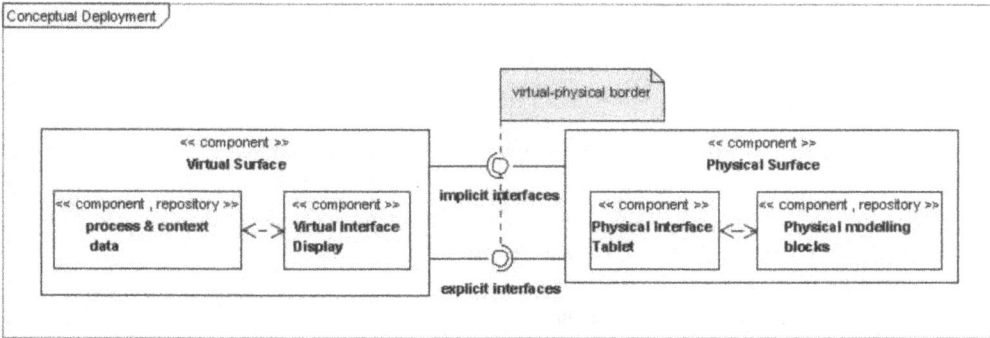

Figure 6: Conceptual Overview

The surface parts are used as follows: The actual modeling of a process is carried out on the physical surface. The virtual surface can also be used for modeling and is additionally able to export or archive existing process models and their development steps. The two surfaces are permanently synchronized via the implicit interfaces, e.g., the underlying sensor infrastructure. Data that are available initially on the virtual surface but required on the physical surface, such as newly defined contextual symbols, are made available physically through explicit interfaces.

The TTMD also provides proper hardware support for modeling as described above. Although both, a straightforward *Smart Thing* approach (with IT-infrastructure merely in the manipulatives), and a corresponding *Smart Space* approach (with IT-infrastructure only in the physical surface) can be pursued for implementation, existing solutions (Jacob et al. 2002; Patten et al. 2001) show that a combined approach increases the degrees of freedom (cf. Oppl 2006).

In order to facilitate the communication between the virtual surface and the physical surface, a standardized data representation for the software interface is crucial. Methodologies and notations for process descriptions, such as ARIS (Scheer 2003), and task modeling, such as UML (Booch et al. 1999) use the XML metadata representation language XMI (XML Metadata Interchange proposed by OMG 2006). It facilitates the storage and compatible interchange of task and process representations. The XMI-compliant TTMD-representation scheme has been generated using the Eclipse Modeling Framework. The XMI scheme as a container for concrete data is used by the physical surface. It tunes functional elements with the software required for the virtual presentation of the work models. All XMI structured data are stored in the process- and context-data repository (see figure 6).

The TTMD software support system has been designed

1. to mirror the processes modeled on the physical surface at a virtual one

2. to provide extensive modeling capabilities addressing contextual information

3.   to store and retrieve modeling data, its creation and changes

4.   to output data to the physical surface via implicit or explicit interfaces.

In this way, we were able to enhance Digital Montessori-inspired Manipulatives for interactive system design including work tasks.

References

Booch, G.; Rumbaugh, J.; Jacobson, I. (1999): The Unified Modeling Language User Guide. Addison Wesley.

Caetaono, A.; Silva, A.R.; Tribolet, J. (2005): Using Roles and Business Objects to Model and Understand Business Processes. Proc. SAC'05, ACM, pp. 1308-1313.

Crapo, A.W.; Waisel, L.B.; Wallace, W.A.; Willemain, Th. R. (2000): Visualization and the Process of Modeling: A Cognitive-theoretic View. Proc. KDD'00, ACM, pp.218-226.

Dori, D. (2004): ViSWeb – The Visual Semantic Web: Unifying Human and Machine Knowledge Representations with Object-Process Methodology. VLDB-Journal 13, pp. 120-147.

Harel, D.; Rumpe, B. (2004): Meaningful Modeling: What's the Semantics of "Semantics"? IEEE Computer 37(10), pp. 65-72.

Holmboe, Ch. (2005): The Linguistics of Object-Oriented Design: Implications for Teaching. Proc. ITiCSE'05, ACM, pp. 188-192.

Jacob, R. J. K.; Ishii, H.; Pangaro, G.; Patten, J. (2002): Hands-On Interfaces: A Tangible Interface for Organizing Information Using a Grid. Proc. CHI'02, ACM, 2002.

Montessori, M. (2005): The Montessori Method, Kessinger Publishing.

Object Management Group (2006): MOF 2.0, XMI Mapping Specification 2.1. http://www.omg.org /technology/documents/formal/xmi.htm (last visited 27.02.2006).

Oppl, S. (2006): Towards Intuitive Work Modeling with a Tangible Collaboration Interface Approach, Proc. WETICE 2006 (TICE 2006), IEEE, 2006.

Oppl, S.; Stary, Ch. (2005): Towards Human-Centered Design of Diagrammatic Representation Schemes. Proc. TAMODIA'05, ACM, 2005.

Patten, J.; Ishii, H.; Hines, J.; Pangaro, G. (2001): Sensetable: A Wireless Object Tracking Platform for Tangible User Interfaces. Proc. CHI 2001, ACM, pp. 253-260.

Scheer, A.-W. (2003): ARIS – Business Process Modeling. Springer, Berlin.

Terry, M. (2001): Task Blocks: Tangible Interfaces for Creative Exploration. Proc. CHI, ACM.

Ullmer, B; Ishii, H.; Jacob, R. J. K. (2005): Token+Constraint Systems for Tangible Interaction with Digital Information. ACM-TOCHI 12.

Zuckerman, O.; Arida, S.; Resnick, M. (2005): Extending Tangible Interfaces for Education: Digital Montessori-inspired Manipulatives. Proc. CHI, ACM, pp. 859-868.

Kontaktinformationen

Institut für Wirtschaftsinformatik – Communications Engineering, www.ce.jku.at

A. M. Heinecke, H. Paul (Hrsg.): Mensch & Computer 2006: Mensch und Computer im Struktur*Wandel*.
München, Oldenbourg Verlag, 2006, S. 385-390

Spielerverhalten und Storyerzeugung in interaktiven Spielumgebungen am Beispiel der Grimmix Story-Engine

Kathrin Gerling, Anja Thieme, Jörg Niesenhaus, Markus Specker, Jürgen Ziegler

Universität Duisburg-Essen, Abt. Informatik, Interaktive Systeme und Interaktionsdesign

Zusammenfassung

Aktuelle Computerspiele eröffnen dem Spieler immer größer werdende Handlungs- und Bewegungs-räume mit einer Vielzahl von Freiheitsgraden. Doch die steigenden Möglichkeiten des Spielers schaf-fen neue Probleme für das Story-Telling im Rahmen des digitalen Spiels. Daraus ergibt sich die Frage-stellung, wie die Story dem neuen Freiheitsdenken in der Spielwelt angepasst werden kann.

Diesem Problem versucht *Grimmix* entgegenzuwirken: Das auf den Märchen der Gebrüder Grimm basierende Spiel ist mit einer Story-Engine verbunden, die immer dann, wenn es im Spiel zu einer Interaktion zwischen Spieler und anderen Charakteren kommt, angesprochen wird und dafür zuständig ist, auf das Spielerverhalten zugeschnittene, aber dennoch logische Elemente der Story zurückzugeben.

1 Einleitung

Grimmix ist ein interaktives Computerspiel, das im Rahmen eines Praxisprojektes mit 15 Studierenden der Universität Duisburg-Essen entwickelt wurde. Die in Grimmix enthaltene Story-Engine ermöglicht eine dynamische Generierung von Spielabläufen. Inhaltlich ist das Spiel an die Märchen der Gebrüder Grimm angelehnt. Diese bilden aufgrund mehrerer Fak-toren eine geeignete Grundlage für eine Beeinflussung des Spielablaufs durch das Spieler-verhalten.

In den Märchen ist meist eine für den Spieler leicht nachvollziehbare recht eindeutige ethisch-moralische Polarisierung der Protagonisten identifizierbar. Auch die Spielwelt stellt ein für die meisten Spieler thematisch bekanntes Terrain dar. Ein weiterer Vorzug ist die ähnliche Grundstruktur der verschiedenen Märchen der Gebrüder Grimm, die eine Strukturierung des Spiels in Module und *Quests* (Aufgaben für den Spieler) begünstigt. Im Rahmen üblicher Computerspiel-Taxonomien ist Grimmix dem Genre der Rollenspiele[1] zuzuordnen.

Während der Entwicklung stand vor allem die Frage nach Konsequenzen des Spielerverhaltens für die Spielwelt und für die in ihr stattfindende Geschichte im Vordergrund. Im Laufe des Projekts bewies sich die Interaktion des Spielers mit computergesteuerten Charakteren der Spielwelt, so genannten *NPCs*[2], als geeignete Grundlage für eine interaktive und dynamische Storyworld.

Diese Erkenntnis findet sich in der aktuellen Version des Spiels wieder: Trifft der Spieler auf einen NPC, überprüft die Story-Engine, ob der NPC in der Lage ist, Aufgaben, auch Quests genannt, zu vergeben. Ist dies der Fall, wird anschließend anhand verschiedener Bedingungen ein auf den Spieler abgestimmtes Quest ausgewählt.

2 Verwandte Arbeiten

Die Märchenwelt der Gebrüder Grimm wurde bereits im Projekt *InterTale* (Berndtsson & Kindmark 2003) verwendet. Hierbei wurde der ähnliche Aufbau der Märchen ausgenutzt und diese als Datenbasis für Geschichten benutzt. Über 40 Märchen wurden isoliert und mittels einer *Narrative Grammar*, die sich die typische Struktur der Grimmschen Märchen zu Nutze macht, neue Geschichten generiert.

Ebenfalls mit Märchen beschäftigte sich der russische Folklorist Vladimir Propp. Er analysierte in der ersten Hälfte des vergangenen Jahrhunderts über 100 russische Volksmärchen und stellte dabei fest, dass die Märchen viele ähnliche Komponenten aufweisen, die er als *Funktionen* bezeichnete (Propp 1968). Die Propp'schen Funktionen wurden bereits mehrfach als Grundlage für Forschungsansätze im Bereich des interaktiven digitalen Storytellings verwendet, z.B. bei Fairclough und Cunningham (2002) in ihrem System OPIATE (*Open-Ended Proppian Interactive Adaptive Tale Engine*).

Ein in der Art der Umsetzung mit Grimmix verwandtes Storytelling-System, HEFTI (*Hybrid Evolutionary-Fuzzy Time-based Interactive*) (Ong & Leggett 2004), basiert auf genetischen Algorithmen und Fuzzy Logic. Das System zeichnet sich durch eine Unterteilung in unterschiedliche Komponenten aus: einer Wissensbasis, einer Auswahl und einer Generierung von Storytelling-Elementen. Die Datenbasis des Systems, die Teil der Wissensbasis ist, besteht aus so genannten *Story Components*, welche Events, Scripts und Charaktere beinhalten. Die Wissensbasis erhält über ein in einem XML-Dialekt beschriebenes Authoring Environment jeweils neue Daten. Anhand der Spielerinteraktionen und des Fuzzy Decision Bases System werden aufgrund unterschiedlicher Regeln, Variablen und Constraints mit Hilfe von Fuzzy Logic neue Stories ausgewählt.

---

[1] Spiele, in denen der Spieler eine neue Rolle annimmt und aus dieser Perspektive handelt

[2] Non Player Character, computergesteuerte Charaktere im Spiel, mit denen der Spieler interagieren kann

3   Das Spiel

Grimmix bietet dem Spieler die Möglichkeit, die Märchenwelt mit seinem Avatar aus einer Draufsicht zu erforschen. Der Spieler kann seine Figur frei in der Spielwelt bewegen, Personen ansprechen, Gegenstände aufnehmen, diese konsumieren oder abgeben und kämpfen (siehe Abbildung 1). Der Spielaufbau ist modular, so dass das Spiel jederzeit erweitert werden kann. Dennoch arbeiten die Module nicht völlig unabhängig voneinander, sondern sind durch unterschiedliche Bedingungen miteinander verknüpft, auf die wir später detaillierter eingehen werden. Diese Bedingungen bleiben dem Spieler jedoch verborgen, ihm wird der Eindruck vermittelt, dass es sich um eine einzige, große Spielwelt handelt.

Jedes Modul stellt jeweils ein Märchen der Gebrüder Grimm in den Vordergrund. Das Spiel besteht bisher aus insgesamt drei Modulen. Neben „Schneewittchen" sind dies „Hänsel und Gretel" sowie „Aschenputtel". Die aus diesen Märchen bekannten Personen und Vorgänge werden für das Storytelling aufgegriffen. Im Modul „Schneewittchen" ist dies beispielsweise Schneewittchen als Hauptperson; die „Sieben Zwerge" und die „böse Stiefmutter" sind Nebenakteure. Je nach Modul sind auch „märchenfremde" Questgeber eingebunden, die die Spielwelt glaubwürdiger und lebendiger erscheinen lassen sollen.

Abbildung 1: Screenshots aus Grimmix

Für die grafische Umsetzung von Grimmix wurde die Golden T Game Engine (GTGE)[3] benutzt, eine kostenlose Game-Engine zur Entwicklung von Java-Spielen für verschiedene Genres. Sie bietet unter anderem eine 2D-Grafikengine, die auf einem Tileset-Raster mit multiplen Ebenen beruht und sämtliche Eingaben des Nutzers, die ausschließlich über die Tastatur erfolgen, verarbeiten kann.

3.1   Die Story-Engine

Die eigens entwickelte Story-Engine ist für die Aufgabenvergabe an den Spieler sowie für die Überprüfung des Status des jeweiligen Aufgabenfortschritts verantwortlich. Sobald der

---

[3] Informationen und Download unter www.goldenstudios.or.id/products/GTGE

Spieler auf einen NPC trifft, wird die Story-Engine über RMI[4] von der Game-Engine ange-sprochen, um zu ermitteln, ob der Spieler eine neue Aufgabe (*Quest*) vom NPC erhalten soll und wenn ja, welche. Aufgrund der Kommunikation mittels RMI zwischen Game-Engine und Story-Engine kann das Spiel auch problemlos über das Internet gespielt werden.

Bevor ein NPC eine Aufgabe vergibt, wird mit dem Spieler ein *Gesinnungsdialog* mit vorge-fertigten Antwortmöglichkeiten geführt. Dabei ist jede Antwortmöglichkeit einem Gesin-nungstyp zugeordnet, so dass nicht nur die bereits bearbeiteten Quests, sondern auch das momentane Verhalten des Spielers einen Einfluss auf die Gesinnung des Spielers nehmen können.

Trifft der Spieler beispielsweise auf die Hexe, die auf der Suche nach Hänsel und Gretel ist, so kann diese ihn zu seiner Meinung über Kinder befragen. Wählt der Spieler dann die nega-tiv belegte Antwortoption „Ich habe Kinder zum Fressen gern...", steigt die Wahrscheinlich-keit, dass die Hexe ihm ein „böses" Quest anbietet.

Die *Gesinnung* des Spielers wird über dessen Spielverhalten bestimmt und hat einen großen Einfluss auf die Auswahl der Quests durch die Story-Engine. Zu Beginn des Spiels wird dem Spieler eine neutrale Gesinnung zugeordnet, die sich im Laufe des Spiels jedoch in Abhän-gigkeit der von ihm bearbeiteten Aufgaben verändern kann. Dabei werden die Spielerhand-lungen jeweils als *gut*, *böse* und *neutral* bewertet. Sowohl dem Spieler als auch den Quests sind Gesinnungswerte zugeordnet, die bei erfolgreicher Beendigung einer Aufgabe mitein-ander verrechnet werden. Durch den Gesinnungswert übt das Spielerverhalten einen Einfluss auf die Spielwelt und die weitere Entwicklung der Story aus.

Die Quests, die durch die Story-Engine ausgewählt werden, liegen als vorgefertigte Kon-strukte im XML-Format vor. Jeder Questgeber verfügt über mindestens ein Quest pro Gesin-nungsausrichtung, so dass der Spieler entsprechend seiner eigenen Gesinnung stets gute, neutrale oder böse Aufgaben erhalten kann. Durch einen dazu gehörenden XML-Editor kön-nen Quests auch später noch eingefügt werden.

Um zur Spielergesinnung passende Quests zu erhalten, wurden probabilistische Bayes-Netze modelliert, die es ermöglichen, eine Wahrscheinlichkeitsverteilung der jeweils zur Auswahl stehenden Quests zu erhalten. Dabei wird berücksichtigt, dass der Spieler ein Quest nicht annehmen kann, sofern sich dieses von einem bereits absolvierten Quest aus einem der vo-rangegangenen Module thematisch nicht grundlegend unterscheidet. Dadurch soll gewähr-leistet sein, dass das Spiel dem Spieler möglichst abwechslungsreiche Quests offeriert. Ins-gesamt gibt es je Modul ein Hauptquest-Netz und vier Nebenquest-Netze für die vier Haupt-charaktere eines jeden Märchenmoduls.

Abbildung 2 zeigt, dass bei einem neutralen Spielerverhalten und einem als „böse" bewerte-ten Gesinnungsdialog die Wahrscheinlichkeit steigt, ein negatives Hauptquest (S_H_Mieder) zu erhalten. Bei erfolgreicher Beendigung wirkt sich die negative Gewichtung des Quests wiederum auf die Gesinnung des Spielers (Spielerstatus) aus.

---

[4] Remote Method Invocation, Methodenaufruf eines entfernten Java-Objekts

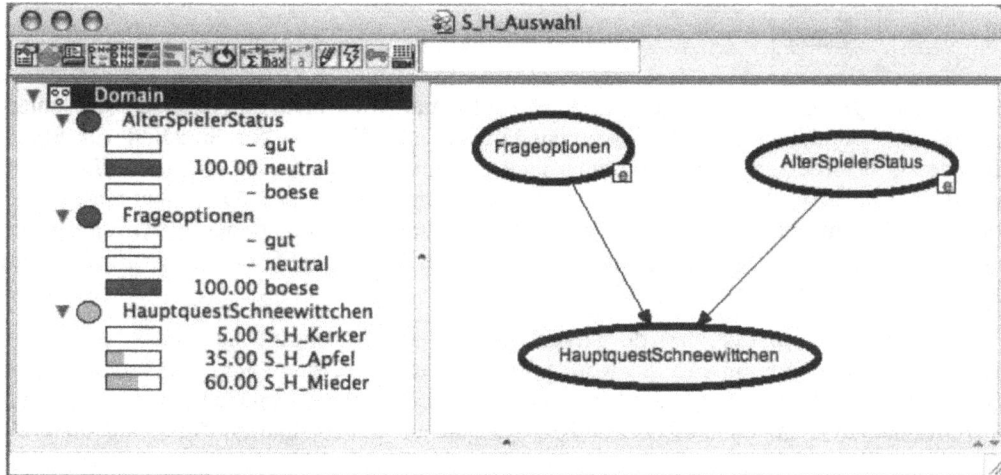

Abbildung 2: Beispiel zur Gesinnungsbeeinflussung durch Fragendialoge

Für die Auswahl der Quests spielen neben der Gesinnung noch andere Einflussfaktoren eine Rolle. Diese werden im Folgenden näher erläutert.

In der *Spielerfahrung* wird das Wissen des Spielers über die Spielwelt und die Vorgänge in ihr zusammengefasst. Die Spielerfahrung setzt sich aus unterschiedlichen Eigenschaften zusammen, wie die vom Spieler im Spiel bisher getroffenen NPCs, die von ihm gesammelten Gegenstände sowie die Anzahl der bereits absolvierten Aufgaben. Da davon auszugehen ist, dass sich die Gesinnung eines Spielers während des Spielverlaufs festigt, wird ihr Einfluss in Abhängigkeit vom Faktor Spielerfahrung im Laufe des Spiels gesteigert.

Weiterhin können *frei gewählte Bedingungen* die Questwahl beeinflussen. So kann zum Beispiel die Bearbeitung eines bestimmten Quests oder die Ausführung einer bestimmten Handlung im Spiel Einfluss auf die spätere Questwahl der Story-Engine haben, so dass der Spieler zu einem möglichst abwechslungsreichen Spielerlebnis gelangt.

Alle Bayes-Netze wie auch die Module lassen sich nahezu beliebig durch weitere Einflusskriterien erweitern.

Neben der Möglichkeit, dass die Storyengine Quests über probabilistische Bayes-Netze aus einem Pool auswählt, besteht zusätzlich die Möglichkeit, mittels Prolog dynamisch Quests zu *generieren*. Diese werden frei aus einem Personen-, Item- und Aktionspool zusammengestellt und dann erzeugt, wenn der Spieler alle regulären Quests bereits bearbeitet oder sie abgelehnt hat. Die Prolog-Quests folgen fest definierten Regeln, und gewährleisten damit die Konsistenz der Story.

Ein mittels Prolog generiertes Quest besteht aus vier Faktoren: Zum einen muss es Informationen enthalten, um was für eine Aufgabenart es sich handeln soll, zum anderen benötigt die Game-Engine Informationen über im Quest eingebundene Personen, das Ziel des Quests sowie die Belohnung, die der Spieler bei Beendigung erhalten soll. Für die Umsetzung wurde SWI-Prolog in Verbindung mit JPL gewählt.

4   Fazit

Die in das Spiel Grimmix eingebundene Story-Engine ist ein neuer Ansatz, der sich unterschiedlicher Methoden und Technologien bedient, um diese in Kombination zur Story-Erzeugung einzusetzen. Die Verbindung einer Datenbasis aus Quests, die im XML-Format gespeichert werden, probabilistischer Bayes-Netze zur Auswahl der Quests und eines regelbasierten Systems zur dynamischen Questerzeugung mittels Prolog bilden die Grundlage für einen auf das Verhalten des Spielers abgestimmten Spielverlauf, der damit Einfluss auf Spielwelt und Storytelling gewinnt.

Vorteil dieses Ansatzes ist, dass der Aufgabenpool der Story-Engine jederzeit – und je nach Implementierung auch unabhängig vom Spiel – erweitert werden kann. Die Trennung von Story-Engine und Game-Engine erlaubt zusätzlich den Anschluss unterschiedlicher Visualisierungsmethoden, angefangen bei der Text-Ausgabe bis hin zu einer 3D-Spielumgebung.

Literaturverzeichnis

Berndtsson, K.; Kindmark, L. (2003): Intertale – A new way to create interactive narratives. In: Proceedings of Technologies for Interactive Digital Storytelling and Entertainment. Darmstadt: Teubner, S. 9-24.

Fairclough, C.; Cunningham, P. (2002): An interactive Story Engine", AICS 2002, LNAI 2464, S 171-176.

Ong, T.; Leggett, J. (2004): A genetic algorithm approach to interactive narrative generation. In: Proceedings of the fifteenth ACM Conference on Hypertext and Hypermedia. New York: ACM Press.

Propp, V.: (1968): Morphology of the Folktale. Austin, TX: University of Texas Press.

Danksagung und Kontakinformation

Wir danken allen Teilnehmern des Praxisprojektes für ihren engagierten Einsatz am Grimmix-Projekt.

Jörg Niesenhaus, Markus Specker, Jürgen Ziegler
{niesenhaus, specker, ziegler}@interactivesystems.info

A. M. Heinecke, H. Paul (Hrsg.): Mensch & Computer 2006: Mensch und Computer im Struktur*Wandel*.
München, Oldenbourg Verlag, 2006, S. 391-395

Ein 3-D-Adventure zur spielerischen Wissensvermittlung im Museum

Andreas M. Heinecke, Alexander Schwaldt

Fachhochschule Gelsenkirchen, Fachbereich Informatik

Zusammenfassung

Unter dem Arbeitstitel „Salz 3D" wurde für das Deutsche Salzmuseum ein Computerspiel entwickelt, das als Kiosksystem auf spielerische Art Wissen über den bis zum Ende des 18. Jahrhunderts vorhandenen Bergbaubetrieb vermitteln soll. Durch die Verwendung von 3-D-Grafik aus der Ich-Perspektive, von 3-D-Klang und haptischer Rückmeldung wird ein hoher Immersionsgrad erreicht. Durch die engere Einbeziehung der Benutzer werden Vorteile in Bezug auf die Wissensvermittlung gegenüber herkömmlichen Kioskanwendungen erwartet.

1 Defizite herkömmlicher Kiosksysteme

Zahlreiche Museen und Ausstellungen setzen schon seit längerer Zeit Kiosksysteme zur Informationsvermittlung ein. Dabei sind die Anwendungen meist als multimediale Informationssysteme in der Art eines elektronischen Buches mit einer Mischung aus hierarchischer und linearer Navigationsstruktur aufgebaut, so dass Benutzer Informationsdarstellungen anhand von Auswahlmenüs sowie Vorwärts- und Rückwärts-Schaltflächen ansteuern können. Querverweise sind ebenfalls weit verbreitet. Spielerische Elemente sind dagegen selten anzutreffen. Eine Darstellung des Computereinsatzes in größeren Museen Ende der neunziger Jahre (Compania Media 1998) enthält nur bei zwei von acht Häusern auch spielerische Anwendungen, wobei in einem der beiden Fälle die Computerspiele selbst die Exponate sind. Im anderen Fall werden als spielerische Elemente mit Bezug auf die Ausstellung Quiz- und Simulationsanwendungen eingesetzt.

Bei Informationssystemen in der Art eines elektronischen Buches ist sowohl die mittlere Benutzungsdauer je Benutzer als auch die Verweildauer bei den einzelnen Informationsdarstellungen recht gering (Heinecke 1999). Dies legt die Vermutung nahe, dass oft nur geblättert und nicht gelesen wird. Es stellt sich daher die Frage, wie durch eine andere Gestaltung ein höheres Interesse der Benutzer und eine intensivere Beschäftigung mit den Inhalten erreicht werden kann. So kann beispielsweise ein Verzicht auf die lineare Navigationsstruktur und eine direktere Ansprache der Benutzer zu Verweildauern bei den Informationsdarstellungen führen, die annehmen lassen, dass im Regelfall die dargestellte Information aufgenommen wird (Heinecke 2002). Aber auch hier werden im Mittel nur wenige Inhaltsblöcke aufgerufen.

Besteht das Ziel darin, mehrere Informationen in einem Gesamtzusammenhang zu vermitteln, so ist es nötig, die Benutzer zu motivieren, länger und intensiver mit dem System zu interagieren. Mit dem vorliegenden Projekt soll untersucht werden, in wie weit sich typische Elemente heutiger Computerspiele hierfür eignen.

2   Das Konzept „Salz 3D"

Das Deutsche Salzmuseum in Lüneburg hat neben Artefakten, Installationen, Modellen und Abbildungen bisher auch Kiosksysteme der üblichen Art eingesetzt. In dem Ausstellungsbereich, der über die Salzgewinnung vor 1800 informiert, gibt es allerdings bisher keine Computeranwendungen. Der Bereich besteht aus einem begehbaren Nachbau der damals vorhandenen Bergwerksstollen und einem Modell des einstigen Bergwerksbetriebes zusammen mit den zugehörigen Erläuterungstafeln. Durch ein Computerspiel in der Art eines 3-D-Adventure soll nun die Informationsvermittlung in diesem Bereich insbesondere für eine jugendliche Zielgruppe verbessert werden. Das Programm soll den Besuchern einen aktiven und möglichst realitätsnahen Besuch der seit mehr als zweihundert Jahren nicht mehr vorhandenen Bergwerksanlage ermöglichen und ihnen dabei die Abläufe und Besonderheiten des Bergwerksbetriebes sowie Hintergrundinformationen nahebringen.

Die Spielaufgabe besteht darin, dass die versehentlich durch einen Luftschacht in die Stollengänge gefallene Spielfigur das Bergwerk schnellstmöglich wieder verlässt. Hierzu muss sie mit den Bergwerksarbeitern sprechen, die ihr einige Aufgaben stellen, zu denen ein bestimmtes Wissen über den Betrieb erforderlich ist. Das Spielgeschehen wird dabei aus der Ich-Perspektive der Spielfigur visualisiert.

Für die Entwicklung der Anwendung wurde das 3-D GameStudio als Basis verwendet. Um eine weit gehende Immersion zu erreichen wird eine möglichst realistische 3-D-Grafikausgabe mit verschiedenen Lichtquellen, Schattenwurf, Partikeleffekten und Oberflächeneffekten erzeugt. Im Prototyp erfolgt die Ausgabe auf einen 2-D-Bildschirm. Bei der Installation im Museum soll eine 3-D-Ausgabe mittels Shutterbrille oder 3-D-Display erfolgen, wenn möglich. Die akustische Ausgabe erlaubt Raumklang. Zur Steuerung wird ein so genanntes Gamepad mit zwei Steuerknüppeln und haptischer Rückmeldung verwendet.

Neben der 3-D-Darstellung der Spielumgebung enthält die Grafikausgabe nur wenige für die Spielführung nötige Elemente. In einem Statusbereich oben rechts werden der Spielstand, die momentane Aufgabe und die abgelaufene Zeit dargestellt. In der linken oberen Ecke wird ein Piktogramm des Gegenstands oder der Person dargestellt, mit dem oder der gerade interagiert werden kann. In der rechten unteren Ecke befindet sich als Hilfe ein Pfeil, der die Richtung zum nächsten Wegpunkt anzeigt (Abb. 1).

Abbildung 1: Bildschirm des 3-D-Spiels

An bestimmten Stellen werden in einem weiteren Fenster zusätzliche Informationen dargestellt, die für das Lösen der Aufgaben wichtig sind (Abb. 2).

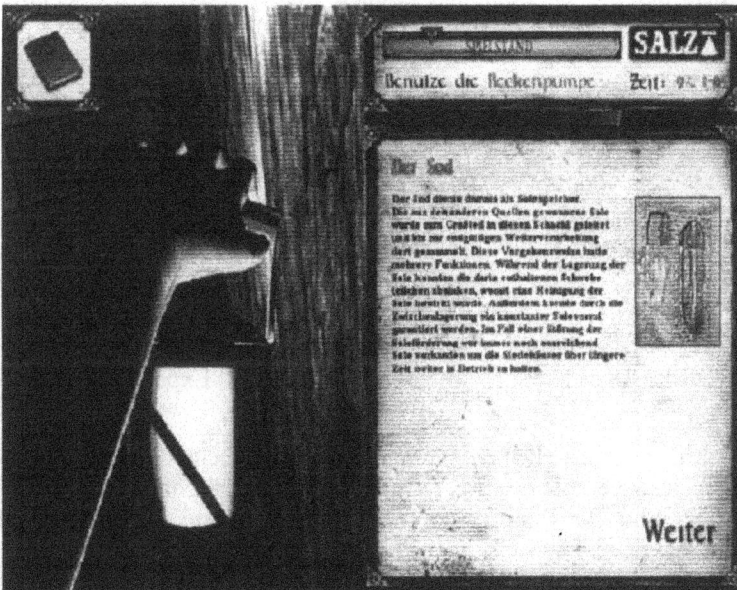

Abbildung 2: Informationsfenster

Zur Erleichterung der Navigation kann eine dynamische Karte eingeblendet werden (Abb. 3).

Abbildung 3: Informationsfenster und dynamische Karte

Das Spiel kann nicht nur in einem Terminal im Museum, sondern auch in einer CD-ROM-Version auf dem heimischen Computer gespielt werden. Als Eingabegeräte können dabei auch Maus und Tastatur anstelle des Gamepad eingesetzt werden.

3   Geplante Evaluation

Das Programm soll zunächst als Terminal-Version im Deutschen Salzmuseum eingesetzt werden. Durch Beobachtung und durch Aufzeichnung soll ermittelt werden, ob die mittlere Benutzungsdauer höher liegt als bei herkömmlichen Kioskanwendungen, was ein Hinweis auf eine höhere Attraktivität wäre. Wünschenswert wäre auch ein Vergleich zu Anwendungen, bei denen 3-D-Modelle ohne Spielaufgabe durchschritten werden können, wie beispielsweise in der 3-D-Darstellung Quedlinburgs auf der Expo 2000 (Deutsche Stiftung Denkmalschutz 2000).

Im zweiten Schritt soll mit Hilfe von Fragebögen untersucht werden, was die Spieler im Verlaufe des Spieles gelernt haben und nach dem Spiel wiedergeben können. Dabei soll auch die subjektive Wertung der Benutzer ermittelt werden in Hinblick auf die Gebrauchstauglichkeit und auf den Spaß am Spiel.

Offen ist noch die Frage, wie groß der Spielumfang bei der Terminal-Version sein darf, damit einerseits die Spieler nicht während des Spiels aufgeben und andererseits wartende Besucher nicht verärgert werden. Denkbar ist eine gekürzte Version für das Kiosksystem und eine Langfassung auf CD-ROM zum Verkauf im Museum.

Literaturverzeichnis

Compania Media (Hg.) (1998): Neue Medien in Museen und Ausstellungen; Einsatz – Beratung – Produktion; Ein Praxishandbuch. Bielefeld: transcript.

Deutsche Stiftung Denkmalschutz (2000): Per Mausklick durchs Weltkulturerbe. Pressemitteilung im Web (04.07.2006) unter http://www.denkmalschutz.de/presse/59/fullView?flash_or_js=flash

Heinecke, A. M. (2002): Evaluation of POI Systems by Logfile Recording. In: Luczak, H.; Çakir A. E.; Çakir, G. (Eds.): Proceedings of the 6th International Scientific Conference on Work With Display Units WWDU 2002 – World Wide Work. Berlin: ERGONOMIC Institut für Arbeits- und Sozialforschung, pp. 452-454.

Heinecke, A. M. (1999): Evaluation of the Use of POI Systems in the German Salt Museum. In: EVA Europe'99 Berlin, Electronic Imaging & the Visual Arts, Conference Proceedings. Berlin: Gesellschaft zur Förderung angewandter Informatik e.V.

Angenommene Design-Präsentationen

A. M. Heinecke, H. Paul (Hrsg.): Mensch & Computer 2006: Mensch und Computer im Struktur*Wandel*.
München, Oldenbourg Verlag, 2006, S. 399-404

Elastic Interfaces zur Navigation in diskreten und kontinuierlichen Medien

Wolfgang Hürst, Tobias Lauer

Institut für Informatik, Albert-Ludwigs-Universität Freiburg

Zusammenfassung

Wir präsentieren verschiedene Weiterentwicklungen der so genannten *Elastic Interfaces*, die eine flexible, einfache und intuitive Navigation in großen Datenbeständen auf unterschiedlichen Granularitätsstufen ermöglichen. Die wesentlichen Neuerungen der hier beschriebenen Entwicklungen ist die Anwendung des Konzepts der Elastic Interfaces auf kontinuierliche Medienströme (Audio und Video) sowie die Einführung eines *Elastic Panning* genannten Ansatzes, der das Hauptproblem bisheriger Umsetzungen dieser Interaktionsart im Zusammenhang mit visuellen Datenströmen umgeht.

1 Elastic Interfaces

Elastic Interfaces wurden Mitte der 90er Jahre eingeführt (Masui et al. 1995, 1998) und in verschiedenen Anwendungen umgesetzt und getestet. Motivation für ihre Entwicklung war die mangelnde Skalierbarkeit herkömmlicher Schieberegler (*Slider*) und Scrollbars. Bei beiden, Scrollbars und Slidern, wird ein Dokument oder ein geordneter Datenbereich auf das entsprechende Bedienelement abgebildet (vgl. Abb. 1). Durch Bewegen des Scrollbalkens bzw. des Slider-Elements kann ein Benutzer auf sehr einfache und intuitive Weise in den entsprechenden Daten navigieren, um beispielsweise bei der Suche nach einer bestimmten Information schnell einen groben Überblick zu bekommen oder eine konkrete Stelle zu lokalisieren und anschließend durch eine langsamere Bewegung genauer zu untersuchen. Bei sehr großen Datenmengen bzw. langen Dokumenten kann jedoch nicht mehr jede beliebige Stelle über die Scrollbar bzw. den Slider direkt angesteuert werden. Dieses Problem der Skalierbarkeit führt schlimmstenfalls dazu, dass eine bestimmte Information komplett übersprungen und bei einer Suche daher nicht gefunden wird. Elastic Interfaces lösen dieses Problem dadurch, dass das Slider-Element oder der Scrollbalken nicht direkt bewegt wird, sondern der Benutzer seine Position (und damit die entsprechende Position in den Daten) indirekt beeinflusst, indem er das betreffende Element „hinter sich her zieht". Man stelle sich ein zwischen Mauszeiger und Slider-Element gespanntes Gummiband vor (vgl. Abb. 2): Bei starkem Zug in eine Richtung verstärkt sich die Kraft auf das Gummiband, und das Slider-Element folgt den Bewegungen des Benutzers mit einer höheren Geschwindigkeit. Nähern sich Mauszeiger und Slider-Element einander an, reduziert sich die Spannung auf dem Gummiband, und die Navigation verlangsamt sich dementsprechend. Letztendlich wird diese, für den Benutzer als „elastisch" wahrgenommene Bewegung des Slider-Elements durch eine Abbildungsfunktion der Entfernung zwischen Slider-Element und Mauszeiger auf eine entsprechende Bewegungsgeschwindigkeit realisiert. Bei geeigneter Wahl der Funktionsparameter lässt sich somit eine langsame Navigation in den Daten erreichen, die bei einem herkömmlichen Slider nicht realisierbar wäre, da sie eine Bewegung des Slider-Elements im Sub-Pixel-Bereich erfordern würde.

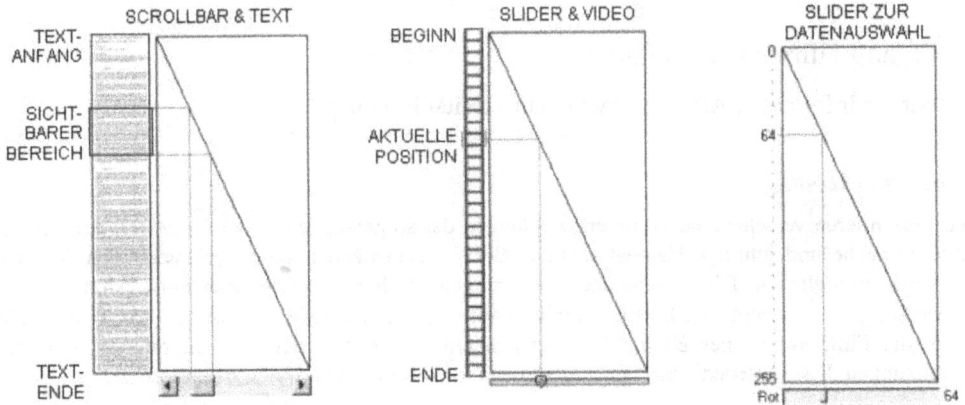

Abbildung 1: Beispiele für Scrollbars und verschiedene Slider sowie die Zuordnung zu den entsprechenden Daten.

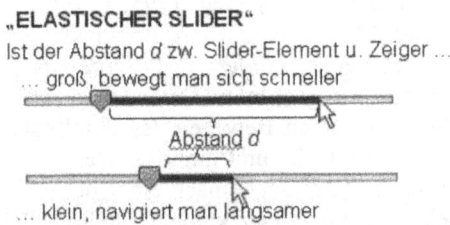

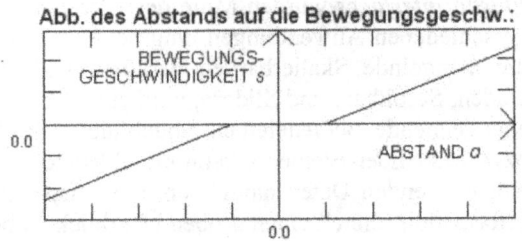

Abbildung 2: Illustration der Grundidee von „Elastic Interfaces" am Beispiel von Slidern (Scrollbars analog).

Auf diesem Prinzip der „Elastic Interfaces" beruhende Schnittstellen wurden ursprünglich vor allem zur verbesserten Navigation in statischen Dokumente eingeführt (Masui et al. 1995, 1998). In der Praxis konnten sie sich jedoch leider nicht auf breiter Front durchsetzen. Hauptkritikpunkt derartiger Schnittstellen ist die unvorteilhafte Eigenschaft, dass sich ein Benutzer bei der Navigation auf zwei räumlich getrennte Bildschirmbereiche konzentrieren muss: die eigentliche Darstellung des Dokumenteninhalts sowie das betreffenden Interface. Da die Bewegung im Dokument nicht nur von der Position des Mauszeigers abhängt, sondern auch von der sich kontinuierlich ändernden Position des Slider-Elements, ist eine volle

Konzentration auf den präsentierten Inhalt, ohne fortwährend die aktuelle Position des Sliders zu überprüfen, oft nur schwer möglich. Verlangsamt ein Benutzer beispielsweise die Bewegung, indem er den Abstand zwischen Slider und Mauszeiger verringert, bewegen sich beide Objekte aufeinander zu. Auch wenn die Bewegungsgeschwindigkeit des Slider-Elements bei reduzierter Distanz abnimmt kann es daher leicht passieren, dass ein Benutzer den Mauszeiger versehentlich hinter das Slider-Element bewegt, was einem unbeabsichtigten Richtungswechsel gleichkommt. In unseren Evaluationen haben wir darüber hinaus folgendes festgestellt: Während sich mit konstanter Geschwindigkeit bewegende Texte in der Regel recht gut wahrgenommen werden (vgl. den Abspann am Ende eines Films), haben Benutzer häufig Schwierigkeiten in der Wahrnehmung, wenn sich Texte mit unterschiedlicher, sich ständig ändernder Geschwindigkeit bewegen, wie dies bei den Elastic Interfaces der Fall ist.

Im Folgenden führen wir ein neues Konzept zur Umsetzung elastischer Interfaces ein, bei dem sich die Bedienelemente nicht mehr in einem separaten Bereich befinden, sondern mit den eigentlichen Daten überlagert werden. Durch diesen Ansatz wird das Hauptproblem bisheriger Realisierungen von Elastic Interfaces umgangen, wie wir in ausführlichen Tests bestätigen konnten. Die durchgeführten Evaluationen verdeutlichten jedoch auch die bereits erwähnte Problematik bei der Navigation in Texten. Es konnte aber nachgewiesen werden, dass sich das modifizierte Konzept hervorragend zur „elastischen" Navigation in Bilddaten sowie in kontinuierlichen Medienströmen eignet. Die Anwendung des Konzepts elastischer Interfaces auf derartige Daten stellt eine völlige Neuerung dar, die bisher von keinem der vergleichbaren Projekte erfolgreich umgesetzt wurde. Der Nutzen einer „elastischen" Navigation in kontinuierlichen Medienströmen, zum Beispiel bei der Suche nach einer bestimmten Information, wurde von uns in zahlreichen, umfassenden Experimenten nachgewiesen. Aus Platzgründen beschränken wir uns in der vorliegenden Design-Präsentation jedoch auf die Beschreibung der entsprechenden Schnittstellen und verweisen bezüglich ausführlicher Evaluationen auf Hürst et al. 2004 und Hürst et al. 2005 für Video bzw. Audiodaten.

2   Elastic Panning und multimediale Anwendungen

Um die im vorangehenden Abschnitt beschriebene Problematik zu vermeiden, schlagen wir ein neues Konzept zur Umsetzung elastischer Interfaces vor, das wir im Folgenden als *Elastic Panning* bezeichnen. Grundidee hierbei ist es, beides – die Darstellung der Daten sowie die Bedienung der betreffenden Interaktions-Elemente – in den aktuellen Fokusbereich des Benutzers zu legen und dadurch Fehlbedienungen, die sich bei herkömmlichen Realisierungen ergeben, zu vermeiden. Beim Elastic Panning wird eine Navigation durch einen MousePressed-Event im Fenster, in dem die entsprechenden Inhalte des Dokuments dargestellt werden, aktiviert (bei interaktiven Dokumenten, die beispielsweise Hyperlinks o. ä. enthalten, lässt sich die betreffende Funktionalität auf eine andere Maustaste legen). In Folge dieser Aktivierung erscheint das Icon eines Slider-Elements an der entsprechenden Stelle. Diese wird mit der aktuellen Position auf dem „normalen" Slider (und damit auch der aktuellen Position im Dokument) assoziiert (vgl. Abb. 3a). Eine Bewegung des Mauszeigers nach rechts oder links wird auf die gleiche Art und Weise auf eine Vorwärts- bzw. Rückwärtsbewegung im Dokument entlang einer virtuellen Skala abgebildet, wie wenn man den elastischen Slider am unteren Rand des Fensters bewegen würde (vgl. Abb. 3b). Der für die Bewegungsgeschwindigkeit des Slider-Elements ursächliche Abstand zum Mauszeiger wird nur in horizontaler Ausrichtung bestimmt. Vertikale Bewegungen beeinflussen lediglich die Visualisierung, nicht jedoch das Bewegungsverhalten. Beginn und Ende der virtuellen Slider-Skala werden auf die Fenstergrenzen abgebildet (vgl. Abb. 3c). Die daraus resultierende Re-Skalierung zu beiden Seiten des visualisierten Slider-Elements erweist sich in der Praxis als irrelevant, da die Idee der Elastic Interfaces ja gerade auf der Umsetzung einer skalierungsunabhängigen Navigation beruht. Eine „ungeschickte" Visualisierung kann gemäß unserer Tests jedoch zu Irritationen bei den Benutzern führen, die sich aber durch eine geeignete Darstellung, wie sie zum Beispiel in Abb. 4 illustriert ist, vermeiden lassen, wie wir durch Experimente mit verschiedenen Darstellungsarten bestätigen konnten (Hürst et al. 2004).

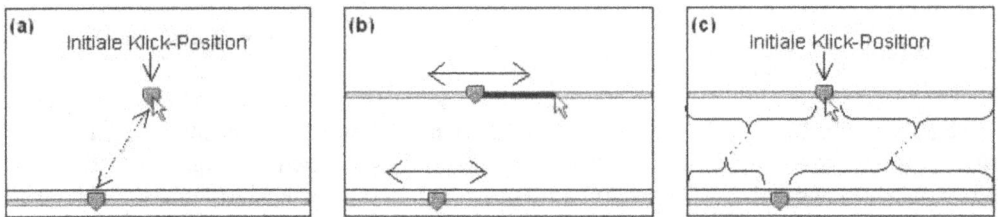

Abbildung 3: Illustration des Konzepts eines „Elastic Pannings" (Erläuterungen siehe Text).

Das Konzept des Elastic Panning löst die mit der optischen Trennung von Interface und Dokumentinhalt normalerweise einhergehenden Probleme, wie zum Beispiel versehendliche Richtungswechsel beim Verlangsamen. Trotzdem erscheinen Elastic Interfaces, wie bereits zuvor erwähnt, für das Überfliegen von Texten ungeeignet. Erste Tests zur Navigation in großen Bildern (z.B. Panoramabildern) legen jedoch nahe, dass Elastic Panning bei derartigen Daten eine vernünftige, gewinnbringende Alternative zu herkömmlichen Interaktionsarten darstellt. Darüber hinaus konnten wir nachweisen, dass sich Elastic Interfaces in besonderem Maße für die Navigation und interaktive Suche in multimedialen Daten, insbesondere Video und Audio, eigenen.

Elastic Panning mit Videos. Videoströme unterschieden sich von diskreten Daten wie Texten und Bildern vor allem dadurch, dass pro Zeiteinheit nicht ein kompletter Ausschnitt, sondern immer nur eine Grundeinheit, d.h. ein einzelnes Standbild (*Frame*) auf dem Bildschirm zu sehen ist. Das Skalierungsproblem von Slidern resultiert daher bei der Bewegung eines entsprechenden Slider-Elements entlang der Zeitachse zusätzlich in einer verstärkt ruckartigen Wiedergabe, die oft als besonders störend empfunden wird. Die Technik des Elastic Panning, wie sie in Abbildung 4 illustriert ist, erlaubt dagegen eine flüssige, kontinuierliche Navigation in den Videodaten, bei der der Benutzer durch einfache Bewegung des Mauszeigers nach links oder rechts die Scroll-Geschwindigkeit verlangsamen bzw. vergrößern kann (vgl. Hürst et al. 2004).

Elastic Interfaces mit Audiodaten. Videodaten setzen sich aus einzelnen Frames zusammen, die auch völlig isoliert voneinander betrachtet werden können. Im Gegensatz dazu bestehen digitale Audiosignale aus einzelnen Samples, die nur dann eine sinntragende Bedeutung ergeben, wenn eine hinreichende Anzahl davon abgespielt wird. Aus diesem Grund lassen sich für die Navigation in Audiodaten normalerweise keine in ihrer Flexibilität und Handhabbarkeit mit Slider-Schnittstellen vergleichbaren Bedienelemente realisieren. Durch eine geeignete Wahl der Abbildungsfunktion von Abstand auf Scroll- bzw. Abspielgeschwindigkeit (vgl. Abb. 2) ist es jedoch möglich, einen „elastischen Audio-Slider" zu realisieren, der eine entsprechende Funktionalität liefert (vgl. Hürst et al. 2005). Abbildung 5 illustriert eine derartige Umsetzung sowie die Visualisierung, die wir in unseren Evaluationen verwendet haben. Durch Einsatz eines Signalverarbeitungsalgorithmus zur Beibehaltung der Tonhöhe eines Sprachsignals lässt sich eine beschleunigte Wiedergabe der Tonspur erreichen. Ähnlich wie bei visuellen Daten ist ein Benutzer durch die Kopplung mit dem elastischen Slider nun in der Lage, bestimmte Stellen schnell zu überfliegen, um beispielsweise eine grobe Idee des Inhalts zu bekommen und beim Auftauchen einer möglicherweise interessanten Stelle sofort zu verlangsamen, um die betreffende Information genauer anzuhören. Die hier umgesetzten Geschwindigkeitsmodifikationen in einem Bereich vom 0,5-fachen bis zum 3,0-fachen der normalen Abspielgeschwindigkeit entsprechen den Grenzen, die sich in zahlreichen Studien für die Navigation in Audiosignalen bewährt haben (Arons 1997).

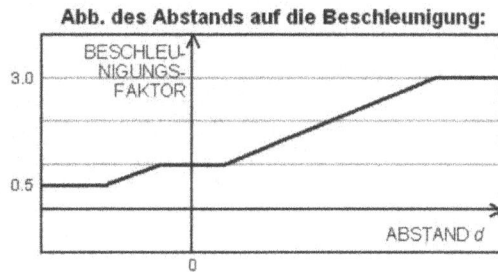

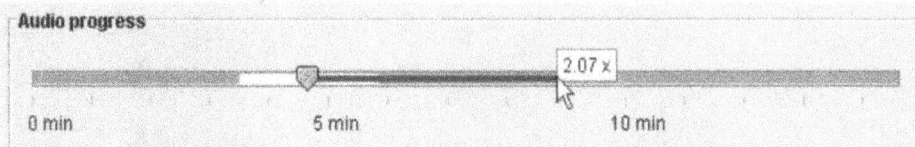

Abbildung 4 (oben links): Elastic Panning zur flexiblen Navigation in Video-Daten. Abbildung 5 (oben rechts und unten) : Flexible, interaktive Manipulation der Abspielgeschwindigkeit von Audiodaten durch Elastic Interfaces (Abbildungsfunktion und Visualisierung).

Literaturverzeichnis

Arons, B. (1997): SpeechSkimmer: A System for Interactively Skimming Recorded Speech. ACM Transactions on Computer Human Interaction 4(1), pp. 3-38.

Hürst, W.; Götz, G.; Lauer, T. (2004): New Methods for Visual Information Seeking Through Video Browsing. Proceedings of the 8th International Conf. on Information Visualisation, (IV 2004).

Hürst, W.; Lauer, T.; Bürfent, C.; Götz, G. (2005): Forward and Backward Speech Skimming with the Elastic Audio Slider. Proceedings of the 19th British HCI Group Annual Conference (HCI 2005).

Masui, T.; Kashiwagi, K.; Borden IV., G. R. (1995): Elastic graphical interfaces for precise data manipulation. ACM CHI 1995, conference companion, ACM Press, (CHI 1995).

Masui, T. (1998): LensBar – Visualization for Browsing and Filtering Large Lists of Data. Proceedings of 1998 IEEE Symposium on Information Visualization, IEEE Computer Society (InfoVis 1998).

A. M. Heinecke, H. Paul (Hrsg.): Mensch & Computer 2006: Mensch und Computer im Struktur*Wandel*.
München, Oldenbourg Verlag, 2006, S. 405-409

Interaktive Echtzeit-3D-Visualisierung

Webbasierte Darstellung „Mobilisierung und Homing von Blutstammzellen"

Jens Herder[1], Ralf Kronenwett[2], Simone Lambertz[1], Georg Kiefer[1] und Johann Freihoff[3]

Fachhochschule Düsseldorf, Fachbereich Medien[1] und Fachbereich Design[3]
Heinrich-Heine Universität Düsseldorf, Klinik für Hämatologie, Onkologie und klinische Immunologie[2]

Zusammenfassung

Die interaktive Echtzeit 3D-Visualisierung *„Mobilisierung und Homing von Blutstammzellen"* wurde konzipiert, um ein sehr komplexes medizinisches Wissen mit den Mitteln der 3-dimensionalen Visualisierung in Echtzeit und des Internets sowie der daraus resultierenden Interaktivität aufzubereiten. Dies musste auf einer Ebene geschehen, die es hinterher auch jedem Nicht-Mediziner erlaubt, die grundlegenden biologischen und medizinischen Sachverhalte nachzuvollziehen. Das Resultat: Eine informative und didaktische Anwendung, aus einer Mischung von interaktiven 3D-Stationen und erklärenden 3D-Animationen. Diskutiert werden die Methodik der Konzeptionsphase und die Interaktionstechniken.

1   Problemexposition und konzeptioneller Einstieg

Komplexe und fachlich hochspezifische Themen, hier „Adulte Stammzellen", benötigen eine besondere Form der Vermittlung, um sie auch Laien, die Kenntnisse über diese Inhalte gewinnen wollen, erfolgreich zu präsentieren (Mantovani, F. 2001). Dieses interdisziplinäre Projekt ist ein Versuch der Entwicklung und Bereitstellung eines gebrauchsfähigen Produkts, welches die Dimension von relevantem Inhalt, technisch-medialer Umgebung und künstlerisch-gestalterischer Aufbereitung integriert. Es ist wichtig, wissenschaftliche Kenntnisse in einer anschaulichen, unterhaltsamen und gut verständlichen Form aufzubereiten und zu präsentieren (so genanntes „Infotainment", I4 Learning 2005). So kann Forschung einer breiten Öffentlichkeit zu Zwecken der Werbung oder der Aufklärung zugänglich gemacht werden.

Die Auswirkungen und die Faktoren der Mobilisierung und des Homings von Blutstammzellen bilden an der Uniklinik Düsseldorf einen wichtigen Forschungsschwerpunkt im Kampf gegen Blutkrankheiten (Haas & Kronenwett 2005). Mobilisierung bedeutet hierbei das Loslösen dieser Stammzellen aus dem Knochenmark und das Einwandern in die Blutbahn. Als

Homing bezeichnet man den umgekehrten Vorgang. Die beiden Vorgänge werden therapeutisch im Rahmen von Chemotherapien genutzt, daher ist dieses Thema für Patienten interessant. Die Blutstammzellen sitzen in ihren Nischen im Knochenmark. Die Knochenmarkhöhlen sind mit Blutzellen verschiedener Reifungsstufen ausgefüllt: Von der Blutstammzelle bis zum reifen weißen oder roten Blutkörperchen. Außerdem wird der Knochenmarkraum von kleinen Blutgefäßen durchzogen, in die Blutstammzellen auswandern und in den Blutkreislauf gelangen können (Mobilisierung), wenn der Menschen unter körperlichem Stress steht, einen Gewebeschaden erlitten hat oder ihm ein gentechnisch hergestellter Wachstumsfaktor gespritzt wurde (Kronenwett et al. 2000). Die durch die Gabe von Wachstumsfaktoren mobilisierten Blutstammzellen können dann durch ein spezielles Verfahren, der Leukapherese, gewonnen und anschließend für eine Blutstammzelltransplantation zur Therapie eines Patienten mit Leukämie verwendet werden.

Die freizugängliche interaktive Animation zur Visualisierung und Erläuterung dieser Vorgänge (Herder et al. 2005) soll als Erweiterung zu vorhandenen Informationen auf Webseiten, in Broschüren und einschlägiger Literatur verstanden werden. Für Erstellung und Darstellung wurden die Werkzeuge von Anark eingesetzt (Anark Inc. 2005). Die Anwendung bietet durch die Animation und besonders durch Hinzufügen von Interaktion eine neue, attraktive Art der Informationsvermittlung, bei der der Benutzer aktiv in das Geschehen eingreift und so das Gesehene besser aufnehmen kann. Die Inhalte müssen hierbei einem Standard genügen, der gleichzeitig Ärzte, Medizinstudenten, Patienten der Klinik und „Normal-Interessierte" berücksichtigt (Adler et al. 1998).

Mit fortschreitendem Durcharbeiten der Applikation lernt der Benutzer immer mehr über den Ablauf der Mobilisierung und des Homings von Blutstammzellen kennen. Ferner erfährt er mehr über die Zusammenhänge und Mechanismen sowie die einzelnen Elemente, die für diese Prozesse verantwortlich sind und gewinnt einen Einblick in den „Mikrokosmos Leben". Der Anwender taucht in dieser virtuellen Reise ganz in das Innere des lebenden, menschlichen Körpers ein. Deshalb sind Farben, Formen, Bewegungen und Geräusche so weit wie nur möglich der Natur nachempfunden.

Die Hauptakteure der Blutstammzellenwanderung und ihrer Umgebung (siehe Abb. 1) werden in (Schiebler et al. 1986)(Mitrou & Länger 2001) beschrieben. Die Formen, Farben und Größenverhältnissen sind so detailgetreu wie möglich dargestellt. Die Komplexität des zu vermittelnden Inhalts ist für eine ausschließlich interaktive Umsetzung ungünstig. Die Reihenfolge der biologischen Abläufe, die zum Verständnis notwendig sind, macht eine weitgehende Linearität sinnvoll.

Eine Untersuchung des Inhaltes dahingehend, an welchen Stellen dieser sich besser durch Interaktion und an welchen eher durch Animation erklären lassen würde, war die Vorarbeit zum strukturellen Aufbau. Diese Kombination aus passiven und aktiven Elementen ermöglicht außerdem dem Benutzer, einerseits „die Vorstellung zu genießen" und andererseits interaktiv in den Verlauf der Handlung einzugreifen. Somit steuert er seine Lerninhalte und sein Lerntempo zum Teil selbst.

Das Konzept liefert die Basis für ein interaktives, erweitertes Drehbuch, in dem der gesamte Aufbau und Ablauf der einzelnen Szenen festgehalten ist. Dies beinhaltete alle Aspekte des späteren Endproduktes: Menge und Position der sichtbaren Elemente und Beschreibung ihres Verhaltens in einem Objektkatalog, Kameraeinstellungen und -fahrten, mögliche Interaktionen, Soundeffekte und Sprechertexte. Die technische Umsetzung wurde hierdurch erheblich erleichtert und rechtfertigte damit den hohen Aufwand in der Konzeptionsphase.

2   Interaktion und Ablauf

Zu Beginn der Anwendung wird der Benutzer unvermittelt ins Knochenmark gestellt[1], allein mit der Information, dass er sich eben *dort* nun befindet (Abb. 1 rechts). Er bekommt den Auftrag herauszufinden, was all diese Objekte, in deren Mitte er sich aufhält, für eine Bedeutung haben. Mit dem Auftrag geht eine kurze Anleitung für die Bedienung der Eingabegeräte zur Fortbewegung einher.

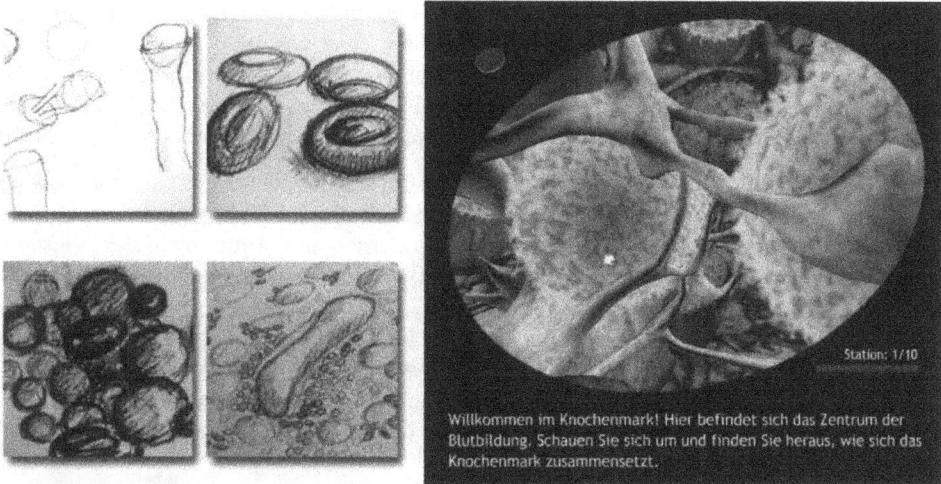

Abbildung 1 links: Entwurfskizzen der Zellen basierend auf Mikroskopbildern und Beschreibungen; rechts: Der Benutzer bekommt die Möglichkeit durchs Knochenmark zu schweben und Informationen zu sammeln.

Die erste Motivation des Besuchers ist es, die Form der Fortbewegung auszuprobieren und ein Gefühl für den immersiven Raum des Knochenmarks durch Exploration zu bekommen. Darauf folgt die wichtigste Motivation: das Lernen. Der Benutzer wird entdecken, dass er durch das Anklicken der Objekte Informationen per Lauftext und Sprache über sie erhält. So lernt er seine Umgebung immer mehr kennen. Außerdem kann er sein zuvor schon vorhandenes Wissen spielerisch überprüfen

Die Schwierigkeit einer Selektion eines Objektes im dreidimensionalen Raum wurde durch die Hervorhebung eines ausgewählten Objekts reduziert. Als Möglichkeiten für solch eine Markierung standen zur Diskussion: Ein (animierter) Rahmen um ein Objekt, das Heranfah-

---

[1] Die Mobilisierung der Stammzellen für die medizinische Anwendung beginnt im Knochenmark. Hier werden auch alle wichtigen Zellen eingeführt.

ren mit der Kamera an ein Objekt, Verstärkung der Helligkeit eines Objektes (Leuchten) und Veränderung der Farbe eines Objektes. Als die geeignete Form stellte sich die farbliche Hervorhebung der Objekte heraus, da dies sich für unterschiedliche Objektgrößen eignet.

Der Benutzer wird über einen Balken über den Fortschritt informiert. Jedes Mal wenn er eine neue Art von Objekten entdeckt und sich über sie informiert, schreitet der Balken einen Schritt vor. Er wird auch bei einem Stationswechsel darauf hingewiesen, wenn er sich noch nicht alles angeschaut hat. So kann der Besucher selbst entscheiden, wie viel Wissen er sich aneignen will. Alternativ oder besser noch zusätzlich zur umgesetzten Textbenachrichtigung beim Verlassen, hätte man den Benutzer durch spezielle Kameraführung, Lichtsteuerung oder andere Arten der Hervorhebung auf noch fehlende Objekte hinweisen können (Herder & Cohen 1997). Dies wäre eine gute, aber technisch aufwendige Möglichkeit gewesen, da sie dem Anwender nicht nur sagt, *wie viele* sondern zudem auch *welche der Objekte* er übersehen hat.

Um Nachteile wie Wissenslücken oder vorzeitiges Aufgeben einzudämmen, wird dem Benutzer ein freier Stationswechsel per Menü ermöglicht. Dies geschieht mittels eines, über die gesamte Anwendung hinweg präsenten Buttons für diese Option. Auf diese Art und Weise hat der Benutzer die Möglichkeit zu Stationen zurückzukehren, wenn er das Gefühl hat, dort etwas verpasst zu haben oder er sein Wissen noch einmal auffrischen möchte.

Alle Objekte, die der Anwender sich zu Beginn im Knochenmark angesehen hat, tauchen in den folgenden Stationen wiederholt auf. Wiedererkennungs-Erlebnisse „belohnen" und motivieren, auch noch die anderen Stationen kennen zu lernen, um immer mehr der „vertrauten" Objekte wieder zu finden. In der zweiten interaktiven Station geht es darum, sich die Blutstammzelle, die man bis dahin nur in ihrer groben Bedeutung kennen gelernt hat, mitsamt ihren Bestandteilen näher zu betrachten. Da das Interesse auf die neu hinzugekommenen einzelnen Bestandteile der Blutstammzelle gelenkt werden soll, sind diese nun mit hervorstechenden Farben dargestellt. Dies ist nötig, um dem Anwender zu signalisieren, dass dies in dieser Station die anwählbaren Objekte sind, zu denen er weitere Informationen erhalten kann.

3   Fazit

Das Ergebnis des Projektes ist eine semi-interaktive Lehranwendung, mit welcher der Einstieg in das Thema der Blutstammzellwanderung erleichtert wird. Der große Vorteil der dreidimensionalen Medien ist jedoch, Dinge möglich und sichtbar zu machen, die in der Realität niemals so stattfinden könnten. Die dritte Dimension ist äußerst geeignet für die Umsetzung, welches sich ja zum überwiegenden Teil *im* Menschen abspielt. Und das Ergebnis ist sehenswert und neuartig in diesem Bereich der medizinischen Wissensvermittlung.

Literaturverzeichnis

Adler, M.; Dietrich, J. W.; Holzer, M. F.; Fischer, M. R. (1998): Computer Based Training in der Medizin – Technik – Evaluation – Implementation, Shaker Verlag.

Anark Inc. (2005): http://www.anark.com/. Boulder, Colorado

Haas, R.; Kronenwett, R. (2005): Fragen und Antworten zur hämatopoetischen Stammzelle – Grundlagen, Indikationen, therapeutischer Nutzen-. Köln: Deutscher Ärzte-Verlag.

Herder J.; Cohen M. (1997): Enhancing Perspicuity of Objects in Virtual Reality Environments, CT'97 – Second International Cognitive Technology Conference, Aizu, pp. 228-237, IEEE Press.

Herder, J.; Lambertz, S.; Kiefer, G.; Freihoff, J. (2005): Mobilisierung und Homing von Blutstammzellen – Eine interaktive Echtzeit-3D-Visualisierung, (http://vsvr.medien.fh-duesseldorf.de/~herder/education/gallery/st_zellen2005/). Labor für Virtuelles Studio / Virtuelle Realität, FH Düsseldorf.

I4 Learning (2005): http://www.i4learning.com/qu/research_lab.html. 3440 Oakcliff Rd. Suite 104, Atlanta, GA 30340.

Kronenwett, R.; Martin, S.; Haas, R. (2000): The role of cytokines and adhesion molecules for mobilization of peripheral blood stem cells. Stem Cells, AlphaMed Press, 18: 320-330.

Mantovani, F. (2001): VR Learning: Potential and Challenges for the Use of 3D Environments in Education and Training, in Towards CyberPsychology: Mind, Cognitions and Society in the Internet Age, Amsterdam, IOS Press.

Mitrou, P. S; Länger F. (2001): Atlas der Hämatologie und hämatologischen Onkologie. Frankfurt: Mitrou & Länger GbR.

Schiebler, T. H.; Peiper, U.; Schneider Fr. (1986): Histologie – Lehrbuch der Cytologie, Histologie und mikroskopischen Anatomie des Menschen [2. korrigierte Auflage]. Berlin, Heidelberg, New York, London, Paris, Tokyo: Springer.

Danksagung und Kontaktinformationen

Diese Projektarbeit entstand auf Initiative von Prof. Horst Seiffert. Besonderer Dank gilt Prof. Dr. Rainer Haas für die unterstützende Beratung.

Prof. Jens Herder, Dr. Eng. / Univ. of Tsukuba
Labor für Virtuelles Studio / Virtuelle Realität, Fachbereich Medien
Fachhochschule Düsseldorf, Josef-Gockeln-Str. 9, 40474 Düsseldorf
Tel.:+49/211/4351-810, Fax: +49/211/4351-803
Email: herder@fh-duesseldorf.de,
WWW: http://vsvr.medien.fh-duesseldorf.de

A. M. Heinecke, H. Paul (Hrsg.): Mensch & Computer 2006: Mensch und Computer im Struktur*Wandel*.
München, Oldenbourg Verlag, 2006, S. 411-418

Matrix-Lupe

Browser zur Exploration multimedialer Datenbestände in Verbindung mit gestenbasierter PointScreen Technologie

Wolfgang Strauss, Monika Fleischmann, Andreas Muxel, Jochen Denzinger, Ansgar Himmel

IMK – Fraunhofer Institut für Medienkommunikation

Zusammenfassung

Der Beitrag stellt ein gestengesteuertes Interface zur Exploration multimedialer Datenbestände, nämlich der Projekte des ‚digital sparks' Wettbewerbes vor. Funktionalität und Gestaltung der so genannten „Matrix Lupe" (GUI), einem Browser zur Vergrößerung und Hervorhebung einzelner Bilder einer Bildmatrix und die berührungslose „PointScreen"-Technologie (HCI) werden in ihrem Einsatz als Rauminstallation ‚digital sparks Matrix' detailliert beschrieben. Die Installation wurde im Mai 2006 im Rahmen der Ausstellung Kunst Computer Werke im Zentrum für Kunst- und Medientechnologie (ZKM) Karlsruhe erstmals ausgestellt.

1 Einleitung

Das Verhältnis von Mensch und Computer, die Auseinandersetzung mit neuen technischen Entwicklungen, sowie die Rezeption dieser Technologien und ihrem Einfluss auf Gesellschaft und Individuum sind wichtige Themen in Bildung und Forschung, aber auch im kulturellen Sektor (Matanovic 2004). Die Technik soll menschengerechter werden und sich auf bestimmte Personen einstellen. So soll im Umgang mit Computern die menschliche Intuition eingesetzt werden. Statt Befehle über die Tastatur einzugeben, sollen sich Daten wie Dialogpartner verhalten und über Gestik abgerufen und gesteuert werden. Wenn der Benutzer den Zeigefinger in Richtung der gewünschten Information ausstreckt, soll die Software entsprechende Reaktionen einleiten.

Die Erkundung großer Datenfelder ist ein Schwerpunkt der Forschung des Fraunhofer MARS – Exploratory Media Lab in Bremen. Das Online-Archiv netzspannung.org verzeichnet seit seinem Start 2001 ständig steigende Benutzerzahlen und bietet kontinuierlich wachsendes Informationsmaterial rund um das Thema digitale Kultur. Heute, 2006, gehen hier täglich durchschnittlich 2100 und monatlich mehr als 70.000 Besucherinnen und Besucher auf Wissens-Entdeckungsreise. Um sich in den über 1.400 Vorträgen, Workshops, Unterrichtsreihen, wissenschaftlichen Texten und künstlerischen Projekten der Online-Datenbank zurechtzufinden, wurden neuartige Visualisierungstools entwickelt, die einen innovativen Zugang zu virtuellen Archiven zeigen. Am Beispiel der Bilderlupe der digital sparks Matrix – wird in diesem Beitrag gezeigt wie digitale Informationen öffentlich zugänglich und räumlich inszeniert werden.

Eines der Module der Plattform „netzspannung.org" ist der Wettbewerb ‚digital sparks' für Studierende und Absolventen aller Fachbereiche, die in den Feldern Medienkunst, Mediengestaltung, Medieninformatik und mediale Architektur arbeiten (vgl. Fleischmann & Strauss 2005). Ziel des Wettbewerbs ist es – neben der Nachwuchsförderung – mit dem Datenarchiv Materialien für curriculare Fragen zur Medienkunst, Mediengestaltung und Medientechnologie aufzubauen, der eine Basis für die Aus- und Weiterbildung schafft. Dabei wird zugleich ein Einblick in Forschung und Lehre der medienkulturellen Bildung an Hochschulen im deutschsprachigen Raum möglich (vgl. Fleischmann et al. 2003, http://netzspannung.org /digital-sparks/)

Die mehr als 400 ‚digital sparks' Arbeiten werden im Rahmen der Ausstellung „Kunst-Computer-Werke" im Zentrum für Kunst- und Medientechnologie (ZKM) Karlsruhe im Mai 2006 öffentlich zugängliches Archiv präsentiert. Die Installation zeigt, wie digitale Informationen räumlich inszeniert werden und wie sie mit der Matrix-Lupe gleichzeitig vom Überblick zum Detail überschaubar werden.

2   ‚Digital Sparks Matrix' Installation

2.1   Ziel

Ziel der Installation ist es, die studentischen Arbeiten, die im Rahmen des Wettbewerbs seit 2001 auf netzspannung.org im Internet gesammelt wurden als multimediales Archiv zugänglich zu machen. Insgesamt sind das über 400 Arbeiten, die bisher nur auf einzelnen Webseiten visualisiert, dokumentiert und archiviert sind. Die Installation will einen Überblick im Kontext bieten, der gleichzeitig und unmittelbar einen Maßstabswechsel vom Überblick ins Detail – auf das einzelne Werk erlaubt. Damit wird das breite Spektrum des Archivs im Ausstellungskontext öffentlich sichtbar und einsehbar. Die Installation wird als großflächige und plakative Projektion in der Art eines *public screen* mit der speziell entwickelten „Matrix-Lupe" einem großen Publikum interaktiv präsentiert. Die „Matrix-Lupe" wird berührungslos durch Gesten mit Hilfe der PointScreen Technologie gesteuert.

2.2   Aufbau der Installation: Digital Sparks Matrix

Das grafische Interface der Bildmatrix wird auf einen 4 x 3 Meter großen Screen projiziert. Im Abstand von ca. fünf Metern wird der PointScreen, bestehend aus einer senkrecht stehenden Glasscheibe nebst Halterung, davor installiert. Am Boden vor der Glasscheibe befindet sich eine Metallplatte, die den Interaktionsraum des Nutzers definiert und technisch zur Verstärkung des elektrostatischen Feldes benötigt wird. Auf dem PointScreen selbst wird ausschließlich der Cursor in Form der Matrix-Lupe projiziert. Richtlautsprecher an der Decke übertragen den Sound der einzelnen Projektbeispiele und die klackenden Geräusche der Lupenbewegung.

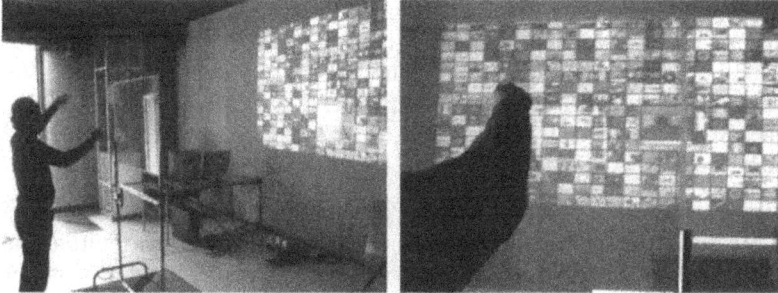

Abbildung 1 und 2: Testaufbau mit PointScreen Glasscheibe

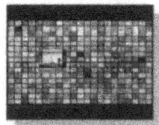

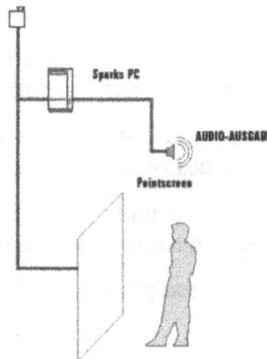

Abbildung 3: Digital Sparks Matrix – Set-Up

2.3   PointScreen Technologie und Anforderungen

Mit der PointScreen Technologie wird auf ein neuartiges Navigationsmedium zurückgegriffen, das eine berührungslose, gestenbasierte Interaktion erlaubt. PointScreen wurde am MARS – Exploratory Media Lab des Fraunhofer Institut für Medienkommunikation entwickelt und in weltweit patentiert. Die PointScreen Technologie basiert auf dem sog. ‚Electric Field Sensing' (EFS) und nutzt das elektrostatische Feld des Menschen, um interaktive Anwendungen zu steuern (vgl. Strauss & Li 2003). Das System besteht im Wesentlichen aus einem transparenten Screen mit integrierten Antennen zur Messung der verstärkten Körperelektrizität, einem PC und einer Steuerungseinheit. Es spricht den Mouse-Controller des PCs an und wird in dieser Anwendung in eine virtuelle Lupe transformiert. Mit einer gleitenden Geste wird die Lupe über die Bildmatrix geführt. Über Zeitverzögerung durch Verweilen auf dem gewünschten Bildtitel erfolgt die Auswahl. Der Entwicklung liegen zahlreiche medienkünstlerische Experimente mit elektrostatischen Feldern zugrunde, bspw „MARS Bag", „MARS Floor" oder „MARS Light".

PointScreen wird seit 2002 als interaktives Präsentationsmedium international auf Ausstellungen und Messen eingesetzt; zunächst als interaktives Terminal zur multimedialen Präsentation der Arbeiten des MARS Lab und inzwischen auch als Produktpräsentation für große Firmen aus der Automobil- und der Energiebranche oder auch als Informationsinterface im öffentlichen Raum und im musealen Kontext (vgl. Strauss et al. 2003).

Das PointScreen Interface stellt bestimmte Anforderungen an die Gestaltung der Mensch-Computer-Interaktion und damit auch der Konzeption und Gestaltung grafischer Interfaces:

*   Die Eigenart des Systems – das berührungslose Steuern des Cursors – muss kommuniziert werden.
*   Die Benutzung muss idealerweise selbst-verständlich und ad hoc erfassbar sein. Die Installation muss stabil laufen und darf für die Dauer einer Ausstellung nicht zu viel Wartung erfordern.
*   Das System ist individuell und einfach kalibrierbar. Es erfordert dafür nur eine initiale Kreisbewegung. Diese Anforderung muss kommuniziert werden.[1]
*   Die Steuerung des Cursors erfolgt über die Bewegung des Armes; Wege müssen optimiert sein und eine Ermüdung des Nutzers vermieden werden.
*   Um die technische Funktionsweise und robuste Benutzbarkeit im Ausstellungsbetrieb zu gewährleisten, muss der Funktionsumfang reduziert werden.
*   Die Auswahl erfolgt über Zeitverzögerung, da PointScreen weder Mausklick noch Drag and Drop unterstützt.
*   Im Unterschied zu kamerabasierten Optical-Tracking Systemen ist diese berührungslose Tracking Technologie einfacher installierbar, kostengünstiger, robuster und vandalensicher.
*   Im Unterschied zu Touch Screen Terminals, die nach mehreren1000 Berührungen ausfallen können, gibt es bei der berührungslosen PointScreen Technologie auch kein hygienisches Problem.

Neuartige Interfaces müssen für das Publikum medial inszeniert und durch einprägsame Interaktions- und Informationsmuster in einfacher Art und Weise eingeführt werden. Insbe-

---

[1] In der Vergangenheit erfolgte dies bspw. durch eine entsprechende Animation, die im „Ruhezustand" abgespielt wurde

sondere kommunikative Aspekte sind wichtig – ästhetische Setzungen, visuelle und semantische Aussagen, dienen als Attraktoren. Die durch Echtzeit hervorgerufene „Präsenz" des Bildes ist im Kontext immersiver Raumerfahrung für den Besucher von Bedeutung. Das Publikum wird eingeladen in einen filmartigen Raum einzutreten. Dabei muss die kurze Aufmerksamkeitsspanne der Besucher, die geschätzt bei durchschnittlich 2-5 Minuten liegt, Berücksichtigung finden. Um die geforderte Präsenz zu erzielen, wird bei der ‚Digital Sparks Matrix' auf eine Projektion zurückgegriffen, die Inhalte auf einer Größe von ca. 4 x 3 Meter darstellt. Die Projektion beeinflusst gestalterische und technische Aspekte wie Farben und Auflösung. Auch die Raumsituation ist für die Gestaltung relevant, da die Lichtsituation einbezogen werden muss. Die Installation ist per se Lichtraum der Projektion, in dem mittels Richtlautsprechern Klanginseln geschaffen werden.

Generell ist eine gewisse Holzschnittartigkeit und Plakativität in der Gestaltung wie in der Bedienung gefordert, um die gewünschte Klarheit und Einfachheit in der kommunikativen Aussage zu erzielen. Dies erfordert ein bewusstes Reduzieren der möglichen Features und funktionalen Aspekte. Der Entwicklungsprozess in einem derartigen Projekt schließlich macht es erforderlich, schnell Design- und Interaktionsvarianten auszuprobieren und iterativ entwickeln zu können[2]. Um ein derartiges Rapid Prototyping und die transdisziplinäre Zusammenarbeit von Architekten, Medienkünstlern, Gestaltern und Informatikern zu ermöglichen, wurde auf Macronmedia Director als entsprechende Entwicklungsumgebung zurückgegriffen. Diese Software ermöglicht es auch, durch entsprechende Kommunikation via XML, auf die Datenbank von netzspannung.org zuzugreifen, in der die Daten des ‚digital sparks' Wettbewerbs gespeichert sind. Da die aktuelle Ausgabe des Wettbewerbs 2006 während der laufenden Entwicklung der ‚Digital Sparks Matrix' Installation durchgeführt wurde, war es ferner erforderlich, diesen Datenimport automatisch aktualisieren zu können.

3   Interface: Matrix-Lupe

Die Gestaltung des grafischen Interfaces „Matrix-Lupe" versucht eine Ästhetik der Dichte umzusetzen. Die Matrix visualisiert die Masse der Beiträge in einem Raster von 24 x 18 Feldern,[3] stellt also 432 Arbeiten dar. Indem die physikalische Größe der Projektion genutzt wird, sind alle Beiträge des Wettbewerbs ad hoc und in dynamisch sich vergrößernden ausgewählten Bildern sichtbar. Die Bild-Matrix visualisiert Heterogenität und Vielfalt der Arbeiten und gewährt einen visuellen, bildhaften Zugang. Die Matrix-Lupe, die über das PointScreen Interface gestisch-spielerisch gesteuert wird, vergrößert die ausgewählten Bilder und ermöglicht damit eine Vorschau der Projekte. Es entsteht ein Spiel mit der Parallelität von Übersicht und Detail, von Makro und Mikro, von Überblick und Einsicht.

---

[2] Die traditionelle Methode der Task-Analyse kann hier nicht greifen, da keine „scharfe" Requirements definierbar sind, die dann den Weg bestimmen, um die Aufgabe bestmöglichst und am effizientesten umzusetzen.

[3] Tests haben gezeigt, dass das Interface nicht mehr als 400 Arbeiten darstellen sollte, weil der Zugriff auf einzelne Bild-Werke durch höhere Dichte und Kleinteiligkeit erschwert würde.

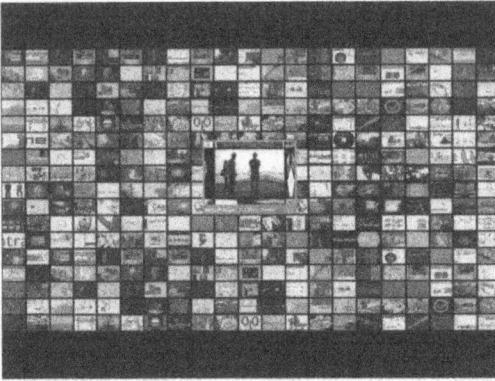

Abbildung 4: Bildmatrix mit Matrix-Lupe   *Abbildung 5: Matrix-Lupe mit geöffnetem Inhalts-*
                                                              frame bzw. Player Window

3.1   Funktionalität der Matrix-Lupe

Das Anwählen des Point-of-Interest mit der Lupe bzw. dem Cursor stellt das wesentliche
Interaktionsprinzip der Installation dar. Da die PointScreen Technologie auf der Zeigebewe-
gung der Hand basiert, wird Bewegung auch als Hauptprinzip für die Navigation verwendet.
Der Nutzer steuert durch seine Handbewegung eine Lupe, die über die Bildmatrix navigiert
wird. Beim Rollover vergrößert die Lupe die einzelnen Bild-Inhalte. Zusätzlich werden Au-
tor und Titel der jeweiligen Arbeit angezeigt. Die Lupe rastet im vorgegebenen Grid ein. Ein
Klick-Geräusch gibt dem Betrachter ein Feedback und erzeugt akustisch den Eindruck von
Präzision.

Fokussiert der Benutzer für einen Augenblick auf einer Arbeit durch Anhalten der Lupe wird
diese Arbeit durch das eingebaute Time-Delay ausgewählt. Sie wandert in das Zentrum des
Interfaces und wird vergrößert, wobei gleichzeitig die im Hintergrund liegende Matrix abgedimmt wird. Dadurch wird der Fokus der Aufmerksamkeit auf die ausgewählte Arbeit gelegt.
Im Inhaltsfenster wird dann ein Film oder eine Slideshow aus Einzelbildern dargestellt – je
nach dem in der Datenbank zum Projekt vorhandenen Material. Unterhalb der Bildebene
werden Informationen zu Autor, Titel, Subtitel, Wettbewerbsjahr und -status (eingereicht,
nominiert, Preisträger), Mitarbeiter, Betreuer, und Hochschule mit URL eingeblendet.

Ist der Film bzw. die Slideshow beendet, wandert die ausgewählte Arbeit zurück in die Matrix und das Auswahlfenster verkleinert sich wieder. Eine „Abbrechen"-Funktionalität ermöglicht dem Betrachter jederzeit den Abbruch des Films bzw. der Slideshow und das Zurückkehren zur Matrix-Lupe[4] durch die „back" Funktion.

Entsprechend der Wettbewerbskategorien „Medienkunst", „Mediengestaltung", „Medieninformatik" und „mediale Architektur" sind die mehr als 400 Bildbeiträge in einer Art „Kate-
gorien-Landkarte" in der Matrix geordnet; dieses Mapping wird aus den Kategorien der

---

[4] Sie wird als Hover-Effekt – visuelles Feedback-über dem Inhaltsfenster dynamisch ein- und ausgeblendet.

XML Struktur ausgelesen. Die einzelnen Kategorien kommunizieren ihre Zugehörigkeit über eine farbliche Kennzeichnung.

Eine weitere Funktionalität ermöglicht es, die Beiträge zu filtern. An vier zufälligen Stellen befinden sich in der Matrix Schaltflächen anstelle der Bilder, die ebenfalls mit der Lupe ausgewählt werden können. Sie ermöglichen es entweder „alle Projekte" darzustellen oder, die dargestellten Projekte auf die „nicht-nominierten", die „nominierten" oder die „Preisträger" zu beschränken. Die anderen Projekte werden jeweils entsprechend abgedimmt dargestellt.

3.2   Technische Umsetzung und iterative Entwicklung der Bildmatrix

Die Anwendung ‚Digital Sparks Matrix' greift auf Daten zurück, die im Datenpool der Internetplattform netzspannung.org unter der Rubrik digital sparks gespeichert sind. Es wurde ein Datenexport implementiert, der die entsprechenden Projekte filtert und alle Mediadaten (Bilder, Videofiles) sowie ein XML-File ausschreibt. Hier werden für alle Projekte die dazugehörigen Mediafiles (Ikon, Bilder, Movies, Sounds...), sowie die Metadaten (Autor, Titel, Untertitel...) definiert. Diese Daten werden automatisiert in die Director-Applikation importiert; das XML-File wird geparst und die Mediafiles werden importiert. Die Formatierung der Medienfiles (Größe, Dateiformat) wird über Scripte automatisiert. Diese Umsetzung ermöglicht es, sehr schnell und effizient unterschiedliche Visualisierungen und alternative Interaktionsprinzipien durchzuspielen.

Die Entwicklung der Interfaces erfolgt iterativ in zahlreichen Funktionsskizzen. So wurden verschiedene Variablen für Design und Interaktion getestet wie:

- Raster, Größen, Anordnung, Farben, Typografie; grafische Elemente (Cursor)

- Funktionalitäten wie Filter, Positionierung von Erläuterungen, Hover-Effekte und andere visuelle Feedbacks

- Organsiation der Inhalte

- Bewegungen (Ablauf, Geschwindigkeit), Transitions / Übergänge, Auto-Modus

- Sound und Geräusche

- Funktionsumfang

In verschiedenen Evaluierungsstufen erfolgte jeweils ein Abgleich von Funktionalität, Bedienbarkeit, kommunikativer Aussage, Ästhetik und Performance.

4   Fazit

Mit der Matrix-Lupe, der Digital Sparks Matrix und der PointScreen Technologie haben wir Beispiele künstlerisch-wissenschaftlicher Interface Gestaltungen auf Software (GUI) und

Hardware (HCI) Basis vorgestellt, die durch neuartige Mensch-Maschine Interaktionen entwickelt wurden. So wurden an der Grenze von Kunst, Forschung und Interfacetechnologien innovative Interfaceanwendungen hervorgebracht und exemplarisch deren kulturelle Anwendungsmöglichkeiten im musealen Kontext vorgestellt.

Neben den Forschungsthemen „Interaktionsdesign" und „Informationsvisualisierung" waren bei der Entwicklung der Matrix-Lupe, der Digital Sparks Matrix und der PointScreen Technologie auch die Begriffe „Schönheit", „Spaß", „Benutzungsfreude" und „Ästhetik" im Zusammenhang mit der Usability von großer Bedeutung.

Mit unseren Entwicklungen möchten wir einen Beitrag zur aktuellen HCI-Debatte leisten, die sich mit neuartigen Displays und Urban Screens, mit Knowledge Discovery und dem Zugang zu multimedialen Datenarchiven beschäftigt. Dabei steht über allem die Freude an der Entdeckung von neuem Wissen, das bisher in Online-Archiven versteckt war und jetzt auf der Basis von Bildern, Texten und Videos in neue Kontexte gestellt und im öffentlichen Raum medial inszeniert wird.

Literaturverzeichnis

Bolter, J. D.; Gromala, D. (2003): Windows and Mirrors: Interaction Design, Digital Art and the Myth of Transparency. Cambridge, MA: MIT Press.

Fleischmann, M.; Strauss, M. (2005): On the Development of netzspannung.org – An Online Archive and Transfer Instrument for Communicating Digital Art and Culture. In: Present Continuous Past(s). Media Art. Strategies of Presentation, Mediation and Dissemination von Ursula Frohne, U.; Schieren, M.; Guiton, J.-F. (eds. 2005). Springer Wien / New York.

Fleischmann, M.; Strauss, W.; Blome, G.; Müller, D.; Heckes, K.; Schmitz-Justen, F.; Kunze, K.; Paal, S.; Pfuhl, D. (2003): digital sparks – ein Wettbewerb studentischer Medienprojekte. In: Stanke, G. (Hrsg.) u.a.: Konferenzband EVA, Elektronische Bildverarbeitung & Kunst, Kultur, Historie, Berlin, 2003. Berlin: Gesellschaft zur Förderung angewandter Informatik, S. 166-169

Mandel, T. (Februar 1997): The Elements of User Interface Design, John Wiley & Sons

Matanovic, W. (2004): Anmerkungen zur Entwicklung und Vermittlung von Medienkunst. In: Fleischmann, M.; Reinhard, U. (Hrsg.): Digitale Transformationen. Positionen interaktiver Medienkunst im deutschsprachigen Raum. Heidelberg: Whois Verlag, S. 269 ff.

Nielsen, J. (1990): *Designing Interfaces for International Use*, Amsterdam: Elsevier

Preece, J.; Rogers, Y.; Sharp, H. (2002): Interaction Design: Beyond Human-Computer Interaction. John Wiley and Sons Ltd.

Raskin, J. (2001): Das intelligente Interface. Neue Ansätze für die Entwicklung interaktiver Benutzerschnittstellen. Addison Wesley.

Strauss, W.; Fleischmann, M.; Denzinger, J.; Groengress, C.; Li, Y. (2003): Information Jukebox – A semi-public device for presenting multimedia information content. In: *Personal and Ubiquitous Computing*, 7-2003, S. 217-220 (vgl. auch: http://netzspannung.org/database/streaming/145734/301 375/de

Strauss, W.; LI, Y. (2003): Gesture frame-a screen navigation system for interactive multimedia kiosks. Lecture Notes in Artificial Intelligence Proceedings. Issue Nov.03, Genua 2003. Heidelberg: Springer-Verlag.

A. M. Heinecke, H. Paul (Hrsg.): Mensch & Computer 2006: Mensch und Computer im Struktur*Wandel*.
München, Oldenbourg Verlag, 2006, S. 419-424

Visuelle Inszenierung im urbanen Raum

Daniel Michelis[1,2], Hendrik Send[2], Florian Resatsch[2], Thomas Schildhauer[2]

Institut für Medien- und Kommunikationsmanagement, Universität St.Gallen [1]
Institut für Electronic Business, Universität der Künste Berlin [2]

Zusammenfassung

Bereits lange vor der Entwicklung digitaler Computer wurden Spiegel für visuelle Inszenierungen und die Simulation virtueller Welten genutzt. Vor diesem Hintergrund wird die Geschichte der visuellen Inszenierung von der Frühen Neuzeit bis ins digitale Zeitalter des 21. Jahrhunderts skizziert. Im Anschluss wird die Installation MAGICAL MIRRORS vorgestellt, mit der die Tradition des Spiegels als Medium visueller Inszenierung in die Welt der digitalen Medien übertragen wird.

1   Einleitung

Spiegel üben eine fast magische Faszination auf ihre Betrachter aus. Das eigene Abbild und die Welt „hinter" dem Spiegel gibt seit Jahrhunderten Anlass zu intensiver Auseinandersetzung und wilden Spekulationen. Kinder, Jugendliche und Erwachsene erkunden ihre Spiegelbilder mit großer Neugier und erfahren sich und ihre Umwelt aus neuen Perspektiven. Dieser Artikel beschreibt die Medienkunstinstallation MAGICAL MIRRORS, mit der die Tradition des Spiegels als Medium visueller Inszenierung in die Welt der digitalen Medien übertragen wird.

2   Spiegel als Medium visueller Inszenierung

Bereits lange vor der Entwicklung digitaler Computer wurden Spiegel als Medium für visuelle Inszenierungen und die Simulation virtueller Welten genutzt. Der Begriff der Virtualität bezeichnete dabei ursprünglich das Gegenteil der Realität: Das Virtuelle grenzt sich vom Realen ab und bezeichnet eine fiktive Welt. Der Spiegel war das zentrale Instrument für die Erzeugung virtueller Welten. Die Inszenierung von Illusionen war und ist seine inhärente Funktion. Die Bilder, die durch die Reflexion auf seiner Oberfläche entstehen, existierten nur scheinbar. Sie geben ein anderes reales Bild fiktiv wieder (Ryan 2001).

Die Anschaffung von Spiegeln war lange Zeit ein Zeichen von großem Reichtum und daher dem Adel und wohlhabenden Bürgertum vorbehalten, die Spiegel vor allem zu repräsentativen Zwecken einsetzten. So fanden Spiegelkabinette oder Spiegelsäle zunächst in Schlössern größere Verbreitung (Gronemeyer 2004). Zur beliebten Attraktion wurden auch sphärische (konkave oder konvexe) Spiegel, die ein verzerrtes Spiegelbild des Betrachters wiedergaben.

Nachdem Spiegel zu repräsentativen Zwecken in Burgen und Schlössern in ganz Europa eingeführt wurden, folgten im 19. Jahrhundert öffentliche Cafés, Jahrmärkte und Vergnügungsparks. Der Spiegel wurde zum Medium des intelligenten Zeitvertreibs, mit dem die steigende Nachfrage nach visueller Unterhaltung befriedigt werden konnte (Gronemeyer 2004).

War die Fähigkeit, die reale Welt einzufangen und realitätsgetreu oder manipuliert wiederzugeben lange Zeit das alleinige Privileg des Spiegels, wird diese Fähigkeit heute durch digitale Medientechnologien emuliert. Durch die Entwicklung von Fotografie, Film, Radio, Fernsehen und Computern ist die Welt heute voll mit Abbildungen, die die Virtualität des Spiegelbildes nachahmen (Ryan 2001). Nicht nur der Spiegel, sondern sämtliche Formen der Repräsentation, die Menschen in den vergangenen fünf tausend Jahren entwickelt haben, wurden mit dem Einzug der Neuen Medien in digitale Form übersetzt. Als Resultat konnte sich eine Vielfalt digitaler Techniken zur visuellen Inszenierung etablieren, die in der Tradition visueller Medien der Vergangenheit stehen. Sie erfüllen noch immer denselben Zweck: sie stillen die Lust des Betrachters und erfüllen seinen Wunsch nach inszenierter Unterhaltung. Nicht Inhalt und Zweck der Darbietung haben sich verändert, sondern Technik und Form. Durch die Nutzung digitaler Technologien ergeben sich neue Möglichkeiten, dem uralten Wunsch des Menschen nachzukommen, sich in fiktive Welten zu begeben. Unabhängig vom Inhalt und der fiktionalen Geschichte steht der Wunsch nach Immersion im Vordergrund: Bei dem Streben, uns in fiktive Welten zu begeben, sind wir auf der Suche nach demselben Erlebnis, wie beim Sprung in einen Swimmingpool oder ins Meer. Das Erlebnis, vollständig in eine andere Wirklichkeit einzutauchen. Wir genießen es, unsere vertraute Welt zu verlassen und die Eigenarten der neuen Umgebung zu erkunden. Wir wollen umher schwimmen und lernen, welche neuen Möglichkeiten sich ergeben. Das Gefühl, sich virtuell an einen fiktiven Ort zu begeben ist nach Murray „pleasurable in itself" (Murray 1998).

3   Installation Magical Mirrors

Die Installation MAGICAL MIRRORS überträgt die Tradition der visuellen Inszenierung durch magische Spiegel in die Welt der digitalen Medien. Die Medienfassade in der Rosenthaler Straße in Berlin wird zu einer Spiegelwelt, durch die der Betrachter eine virtuelle Realität betreten kann. Mit der Installation sollen neue Möglichkeiten der Medienfassade zur Interaktion mit den Passanten erprobt werden. Die Installation übernimmt dabei die Rolle eines „epistemischen Dings", eines fass- und erlebbaren Instruments der Theorie- und Modellbildung (Stephan 2001), mit dem neue Formen der Interaktion zwischen Mensch und Medientechnologie im urbanen Alltag erforscht und die Funktionsweise digitaler Repräsentation mit Blick auf tradierte Formen visueller Inszenierung untersucht werden soll.

Abbildung 1: Ansicht der Medienfassade in der Rosenthaler Straße

Die Installation erstreckt sich über die gesamten Projektionsflächen der Medienfassade. Den Mittelpunkt bilden digitale „Zauberspiegel", mit denen die Passanten direkt interagieren können.

Die drei wesentlichen Elemente der Installation sind vier Großdisplays im Casino, drei Rückprojektionen im Foyer sowie Projektionsflächen im Turm, Foyer und Casino.

3.1   Großdisplays im Casino (DLPs)

Die vier Großdisplays werden zu digitalen Spiegelbildern, die auf die Bewegungen des Betrachters direkt reagieren. Jedes Spiegelbild folgt eigenen Regeln und gibt den Betrachter in anderen Umgebungen wieder:

Luminary – Der Spiegel ist von einem pulsierenden Gestirn aus leuchtenden Nullen und Einsen überzogen. Tritt ein Besucher vor den Spiegel entsteht eine Strömung um den Betrachter. Die Zahlen reagieren auf seine Bewegungen, mit denen er den Zahlenstrom im Spiegel steuern kann.

Aura – Begibt sich ein Betrachter in das mit Energie aufgeladene Bild, so entsteht auch um ihn eine Aura der Energie. Der Spiegel reagiert auf Bewegungen des Betrachters mit flammenartigen Wolken, die ihn wie ein Polarlicht umspielen.

Progression – Von den Rändern des Spiegels strecken sich dem Betrachter Ranken entgegen, die schnell zu einem Pflanzengeflecht werden, das über den gesamten Spiegel wachsen kann. Erkennen die Ranken ihren Betrachter, wachsen sie ihm in zart verzweigten Ästen entgegen und sprießen um ihn herum.

Abbildung 2: Spiegelung Luminary

Flexibility – Ein magisches Band wandert über den Spiegel und seine Ränder. Der Betrachter kann es mit den Händen führen, kunstvolle Figuren in den Raum schreiben und sich hinter den Schlaufen seines virtuellen Band im Spiegel betrachten.

Abbildung 3: Spiegelung Flexibility

3.2   Rückprojektionen im Foyer

Die Projektionsflächen über dem Haupteingang werden zur Bildergalerie. Angezeigt werden ausgewählte Momentaufnahmen der Spiegelungen. Die angezeigten Bilder sollen durch den farblichen Kontrast die Aufmerksamkeit der Passanten für die Installation auf sich ziehen.

Abbildung 4: Rückprojektionen im Foyer

3.3   Projektionsflächen in Turm, Foyer und Casino

Auf den zusätzlichen Präsentationsflächen wird der Farbverlauf auf und vor das Gebäude projiziert. Über die Projektionsflächen fließen Fragmente aus ausgewählten Texten, die nicht zusammenhängend, sondern in einzelnen Wörtern dargestellt werden. Der Texte erschließt sich nur, wenn der Betrachter sich mit der Fassade beschäftigt und Hintergrundwissen hat.

Abbildung 5: Projektionsflächen mit Textfragme nten

4   Fazit

Wie die Entwicklungsgeschichte visueller Inszenierungen zeigen konnte, stehen die Kern-funktionen der Installation MAGICAL MIRRORS in einer Jahrhunderte alten Tradition. Die Installation überträgt die Tradition der Zauberspiegel in die digitale Welt. Anstelle von gläsernen Spiegelsälen und Kabinetten kommen digitale Illusionsgeneratoren dem Bedürfnis nach Faszination, Schaulust und Manipulation nach. Es ergeben sich lediglich neue technologische Möglichkeiten – der Wunsch des Menschen nachzukommen, sich durch visuelle Illusionen in fiktive Welten zu begeben, ist noch immer derselbe.

Wie sich am Beispiel der MAGICAL MIRRORS zeigt, handelt es sich bei der Entwicklung nicht zwingend um einen radikalen sondern häufig um einen steten, kontinuierlichen Wandel. Der Entwicklung neuer Medien – und auch des Verhältnisses zwischen Mensch und Computer – liegt oftmals eine langjährige Tradition zugrunde, die durch neue Technologien fortgesetzt wird.

Literaturverzeichnis

Ryan, M.-L. (2001): Narrative as Virtual Reality: Immersion and Interactivity in Literature and Electronic Media, John Hopkins, Baltimore, London.

Gronemeyer, N. (2004): Optische Magie: Zur Geschichte der visuellen Medien in der frühen Neuzeit, Bielefeld.

Murray, J. (1998): Hamlet on the Holodeck, MIT Press, Cambridge, Mass.

Stephan, F. P. (2001): Denken am Modell – Gestaltung im Kontext bildender Wissenschaft in: Bernhard E. Bürdek (Hrsg.): »Der digitale Wahn«, Frankfurt/M.

A. M. Heinecke, H. Paul (Hrsg.): Mensch & Computer 2006: Mensch und Computer im Struktur*Wandel*.
München, Oldenbourg Verlag, 2006, S. 425-430

ARTierchen – Augmented Reality in touch

Armin Strobl, Ansgar Wolsing, Christina Mohr, Rouven Lotze,
Eike Michael Lang, Jürgen Ziegler

Institut für Informatik und Interaktive Systeme, Universität Duisburg-Essen

Zusammenfassung

Augmented Reality (AR) ist eine Technik, welche die reale Welt um virtuelle Objekte erweitert. Unter
Nutzung von mobilen Geräten und speziellen AR-Displays können auch virtuelle Spielwelten in räumliche Umgebungen eingebettet werden. Im vorliegenden Beitrag sollen am Beispiel des Augmented-Reality-Spiels „*ARTierchen*" die Möglichkeiten dargestellt werden, die sich dem Entwickler durch die computergerenderte visuelle Erweiterung einer zugrunde liegenden natürlichen Spielwelt für interaktive 3D-Spiele bieten.

1   Einleitung

Augmented Reality (dt. „erweiterte Realität") ist die Kombination virtueller und physikalischer Realität (Azuma 1997). Die physikalische Realität wird in Echtzeit um Objekte erweitert, die in ihren dreidimensionalen Kontext eingebunden werden. Azuma (1997) hebt insbesondere die Aspekte der Interaktivität und der Kombination von Informationen in Echtzeit hervor. Auch wenn die Konzentration von Forschungsarbeiten und technischen Umsetzungen von AR-Systemen auf den Bereich der Erweiterung visueller Reize eine Beschränkung suggeriert, können auch auditive, olfaktorische oder haptische Stimuli „ergänzt" werden (vgl. z.B. Landin al. 2002).

Das „*ARTierchen*" ist ein interaktives Spiel, welches das Potential von Augmented Reality nutzt. Seine Entwicklung begann 2004 als interdisziplinäres Praxisprojekt am Lehrstuhl für Interaktive Systeme und Interaktionsdesign der Abteilung für Informatik an der Universität Duisburg-Essen. Zielsetzung des Projekts waren der Entwurf und die Implementierung eines Spielkonzepts und die Einbettung der virtuellen Spielwelt in eine räumliche reale Umgebung. Während des gesamten Prozesses stand auch stets die Entwicklung eines Tangible User Interfaces (TUI) im Mittelpunkt. Dabei mussten zwei Anforderungen an ein geeignetes Eingabegerät miteinander vereinbart werden: bei einer möglichst hohen Funktionalität sollte sich die Nutzung des TUI dem Spieler möglichst leicht verständlich, intuitiv handhabbar, eingängig und unkompliziert gestalten (vgl. zur Interaktion mit virtuellen Objekten mittels stofflicher Gegenstände, Hornecker 2004).

2   Konzeptioneller Spielaufbau

Protagonistin des ARTierchen ist das namensgebende „Tierchen", das animierte 3D-Modell einer Giraffe. Wie bei einem realen Haustier muss sich der Spieler um das Wohlbefinden der Giraffe kümmern, für ausreichende Ernährung sowie Spiel und Abwechslung sorgen. Dem Spieler stehen dazu unter anderem eine Frisbee, die er der Giraffe zuwerfen kann, ein Trinknapf und Süßigkeiten als virtuelle Items zur Verfügung. Zugleich muss er sein „Haustier" vor den Gefahren schützen, die die virtuelle Spielwelt birgt: eine fleischfressende Pflanze trachtet der Giraffe nach dem Leben. Es ist Aufgabe des Spielers, diese Pflanze zu vertreiben. Als Spielprinzip haben wir uns an dem 1996 entwickelten Tamagotchi orientiert, dem wir mit Hilfe einer greifbaren Schnittstelle mehr Interaktivität verleihen wollten.

Abbildung 1: Augmented-Reality-Spielfeld

Die Implementierung der Interaktion zwischen dem Spieler und den virtuellen Objekten soll im Folgenden näher beschrieben werden.

3   Implementierung

Markerbasiertes Tracking

Die in C++ geschriebene Implementierung des *ARTierchens* basiert auf dem *ARToolkit* (von Kato et al. 2000), einer Softwarebibliothek zum Erstellen von Augmented-Reality-Applikationen. Das ARToolkit benutzt verschiedene Bilderkennungsalgorithmen, um die Überlagerung der realen Welt mit virtuellen Objekten umzusetzen. Es enthält eine Videotracking-Bibliothek, die die Kameraposition und die relative Orientierung in Echtzeit berechnet. Zur Verbesserung des markerbasierten Trackings wurde das ARToolkit um die ARtag-

Bibliothek (Fiala 2004) ergänzt. Diese bietet eine stabilere Marker-Erkennung und arbeitet auch bei schlechten Lichtverhältnissen zuverlässig. Es reicht schon eine unvollständige Bildinformation aus, um einen Marker zweifelsfrei zuzuordnen. Die Funktionsweise des ARTag unterscheidet sich insofern von der des ARToolkits, dass ARTag ein vorgegebenes System von 36-Bit-Schwarz-Weiß-Mustern als Marker nutzt (Fiala 2004), während für die Verwendung des ARToolkits Repräsentationen der verwendeten Marker gespeichert werden. Eine optimale Erkennung der Marker beruht auf der Maximierung der Hamming-Distanz[1] zwischen den Markern. Dies wird durch ein geeignetes Auswahlverfahren der Marker erreicht. Die von den Bibliotheken bereitgestellten Funktionen erlauben es, die Position eines Markers relativ zur Kamera auf den Zentimeter genau zu bestimmen. Die Erkennung lässt sich dabei grob in zwei Phasen unterteilen. Erst erfolgt eine unspezifische Erfassung eines Markers, anschließend wird versucht, gefundene Marker exakt zu identifizieren. Bei der Erfassung eines Markers wird zuerst die Grundstruktur des Markers erkannt. Allen Markern ist dabei ein schwarzes Quadrat auf weißem Grund als Grundfläche gemeinsam (vgl. Abbildung 2, links, unter 1.). Anschließend werden Vektormuster in den erkannten Quadraten gesucht (vgl. Abbildung 2, links, unter 2.). Da zumindest die Verzerrung des zu suchenden Musters bekannt ist, kann nun das passende Muster zugeordnet werden.

Abbildung 2: Marker dienen der Erkennung der Kameraposition.
Jedem Marker sind die umgebende schwarze Fläche und ein Muster im Inneren zu eigen. Werden Grundstruktur (1.)
und das Vektormuster (2.) erkannt, so wird auf dem Marker des virtuelle Objekt gerendert.

Erst dann ist die Berechnung der Tiefe im Raum möglich. Da die Ausmaße der Marker variieren können, muss die Größe des erkannten Markers mit der ihm zugeordneten Größe verglichen werden, um seine Distanz zur Kamera zu erhalten. Die Koordinaten der Marker liegen am Ende eines Erkennungsdurchgangs in Matrixform vor, so dass deren Position und

---

[1] Die Hamming-Distanz ist die Anzahl der Stellen zweier Binärzahlen, die sich paarweise voneinander unterscheiden.

Rotation bekannt sind. Auf diesen Informationen basierend kann nun die Umgebung berechnet werden. Im einfachsten Fall ist dies die Projektion eines Objektes auf einen Marker.

Unsere Implementierung setzt auf der *OpenGL*-Schnittstelle des Betriebsystems auf. Zusätzlich wurde freier Quelltext (basierend auf Quake II, id Software 1997) unter der *GNU Public Licence* (Free Software Foundation, Inc. 1989) eingebunden, um die im md2-Format vorliegenden 3D-Modelle zu laden. Die Spiellogik wurde durch ein objektorientiertes C++-Klassenmodell realisiert.

Interaktion mit virtuellen Objekten

Der Spieler interagiert mit der Spielfigur über das von uns entwickelte als *Advanced Flexible Pointing Device* (AFPD) bezeichnete TUI, einer auf Vorder- und Rückseite mit zwei Interaktionsmarkern versehenen handelsüblichen Fliegenklatsche (vgl. Abbildung 3). Der sogenannte *Laufmarker* auf der Vorderseite dient dazu, die Giraffe zu einem per AFPD angezeigten Zielort zu führen. Der *Aktionsmarker* auf der Rückseite dient sämtlicher weiterer Interaktion mit der Giraffe, anderen Elementen oder der virtuellen Umgebung. Unter Verwendung des Aktionsmarkers werden Aktionen der Giraffe ausgelöst. In der praktischen Anwendung kann der Spieler der Giraffe so z.B. Kommandos geben oder sie streicheln. Zugleich kann der Spieler mit ihm die fleischfressende Pflanze zerstören. Nutzt der Spieler den Aktionsmarker, so wird auf das AFPD eine virtuelle Hand gerendert. Ist der Laufmarker aktiv, so wird die räumliche Entfernung des AFPD zur gerenderten Wiese durch die Position einer roten Kugel dargestellt, die Aktionsbereitschaft der Giraffe durch einen Kreis bildende blaue Kugeln, wobei die Anzahl der Kugeln proportional zur Aktionsbereitschaft steigt.

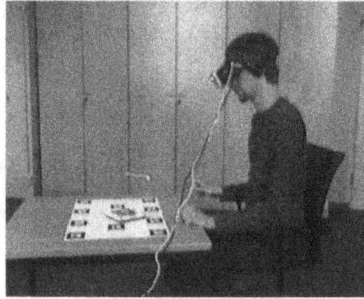

Abbildung 3: Interaktion des Spielers mit der Augmented-Reality-Welt

Der Kontakt des AFPD mit der Giraffe oder den interaktionsrelevanten Objekten der Spielwelt wird über eine Kollisionsabfrage festgestellt, nachfolgend werden dann die objektspezifischen Reaktionen ausgelöst. Die Abarbeitung der entstehenden Aktionen und Interaktionen wird mittels einer Fifo-Queue[2] organisiert. Auslösende Aktionen werden fortlaufend registriert und erzeugen Befehlssequenzen. Die Fifo-Queue wird mit diesen Sequenzen gefüllt und dann abgearbeitet. Einige Aktionen löschen alle vorhergehenden Befehle aus der Queue. Die Unterteilung einer Aktion in mehrere Einzelschritte erlaubt es, komplexere Vorgehensweisen

---

[2] First in-First out-Warteschlange

als eine Kette von übersichtlichen Funktionen auszudrücken. Zum Tragen kommt dieser Vorteil zum Beispiel bei allen Aktionen, vor deren Durchführung die Giraffe zunächst einen bestimmten Ort aufsuchen soll. Der erste Befehl beinhaltet dann das Kommando zum Laufen, ein zweiter Befehl die eigentliche Aktion.

Charakterfigur Giraffe

Die Persönlichkeit der Giraffe wird durch die Attribute und Methoden der Giraffen-Klasse abgebildet. Zur Modellierung der Persönlichkeit der Giraffe wird ein *Emotionspunktesystem* verwendet, dass sich aus vier Komponenten zusammensetzt. Diese Komponenten spiegeln jeweils prozentual die Eigenschaften der Giraffe wieder: Ernährung, Zufriedenheit, Ausdauer und Gesundheit. Die Interaktion mit der Spielwelt und dem Spieler beeinflusst den emotionalen Zustand der Giraffe, der durch kontexterkennende Methoden nachgehalten wird. Zugleich beeinflussen sich die Persönlichkeitsattribute auch untereinander: Ist die Giraffe krank, was durch einen niedrigen Gesundheitswert dargestellt wird, verringert sich sukzessive ihre Zufriedenheit. Darüber hinaus ist die Interaktion mit dem Spieler durch den emotionalen Zustand der Giraffe bestimmt. Schickt der Spieler mit Hilfe des AFPD die Giraffe in das in die Spielwelt integrierte Bett, legt sie sich nur dann schlafen, wenn ihr Ausdauerwert eine bestimmte Schwelle unterschreitet. Wird dieser Wert nicht unterschritten, hüpft sie auf ihrem Bett. Der Spieler kann den aktuellen Emotionsstatus der Giraffe jederzeit über die die vier Eigenschaften repräsentierenden Statusbalken nachvollziehen und entsprechend mit Interaktionseingaben reagieren.

4   Fazit

Durch das ARTierchen wird eine Interaktion zwischen einem menschlichen Spieler und einem virtuellen Charakter ermöglicht. Der Spieler kann mittels eines TUI in die virtuelle Spielwelt eingreifen und (Re-)Aktionen der Giraffe verursachen oder einleiten. Somit ist der Spieler nicht an steorotypische Eingabegeräte gebunden, sondern kann intuitiv mit der Welt interagieren; eine vorherige Einweisung in die Peripherie ist nicht nötig. Markerbasiertes Tracking dient hierbei der Berechnung der Kameraposition; wenn die Kamera an einem Head-Mounted Display (HMD) installiert ist, indirekt auch der Kopfposition des Anwenders, der die um virtuelle Objekte erweiterte Spielwelt jederzeit aus dem korrekten, realistischen Blickwinkel registriert. Dies stellt die erste Grundbedingung für Immersion dar, also das „Eintauchen" des Anwenders in die Augmented-Reality-Situation.

Bei unseren bisherigen Präsentationen stießen wir auf großes Interesse von Seiten der Wirtschaft und Politik. Da sich das Spiel immer noch in der Weiterentwicklung befindet, können wir momentan einen fortgeschrittenen Prototypen präsentieren. Die bisherige Resonanz lässt aber hoffen, dass ein abgeschlossenes Projekt sich durchaus großen Interesses erfreuen wird.

Literaturverzeichnis

http://www.artierchen.de

Azuma, R. (1997): A Survey of Augmented Reality. In: Teleoperators and Virtual Environments 6, 4 (August 1997), S. 355-385.

Fiala, M. (2004): ARTag Revision 1, A Fiducial Marker System Using Digital Techniques. In: NRC/ERB-1117. November 24, 2004.

Hornecker, E. (2004): Tangibkle User Interfaces als kooperationsunterstützendes Medium. Dissertation zum Dr. Ing. an der Universität Bremen.

Kato, H.; Billinghurst M.; Poupyrev, I. (2000): ARToolKit Documentation. In: http://www.hitl.washington.edu/people/grof/SharedSpace/Download/ARToolKit2.33doc.pdf und http://www.hitl.washington.edu/artoolkit/.

Landin, H.; Lundgren, S.; Prison, J. (2002): The Iron Horse – a Sound Ride, in: Proceedings of Nord-CHI 2002-The Second Nordic Conference on Human-Computer Interaction, S. 303ff. ACM Press.

Free Software Foundation, Inc. (1989): General Public License. In: http://www.gnu.org/licenses/gpl.html.

Quake II (1997): id Software. In: http://www.idsoftware.com/.

Angenommene Poster

A. M. Heinecke, H. Paul (Hrsg.): Mensch & Computer 2006: Mensch und Computer im Struktur*Wandel*.
München, Oldenbourg Verlag, 2006, S. 433-435

Kognitive Modellierung zur Evaluation von Softwaresystemen

Marcus Heinath, Jeronimo Dzaack, Leon Urbas

Technische Universität Berlin, Zentrum Mensch-Maschine Systeme

Zusammenfassung

Der Fortschritt in der Informationstechnologie spiegelt sich im Wandel der Arbeitswelten und damit in den Tätigkeitsspektren der Menschen wieder. Erhöhte Anforderungen an kognitive Fähigkeiten sind zu verzeichnen. Dieser Entwicklung ist in den Methoden zur Systemevaluation Rechnung zu tragen. Der Beitrag führt zunächst in die Methode der kognitiven Modellierung ein. Nachfolgend werden zwei Forschungsansätze skizziert und diskutiert. Dabei wird das Ziel verfolgt, kognitive Modellierung, als quantitative Methode zur Systemevaluation, stärker im Prozess der Softwareentwicklung zu verankern.

1 Einleitung

Die kontinuierliche Weiterentwicklung der Informationstechnologie geht mit einem grundlegenden Wandel der Arbeitswelt einher. Im Bereich komplexer dynamischer Mensch-Maschine-Systeme (MMS) werden Bedienaufgaben zunehmend automatisiert. Eine Veränderung der Interaktionscharakteristika zwischen Mensch und Maschine ist die Folge. Kennzeichnend dafür ist eine Verschiebung von „force-feedback" Interaktion zu „information-based feedback" Interaktion (Boy 2003). Im Tätigkeitsspektrum des Menschen zeigt sich dies in einem Zuwachs von Überwachungs- und Kontrolltätigkeiten, die vornehmlich durch Aktivitäten der visuellen Informationsaufnahme und -verarbeitung sowie der Koordination von Aufgaben charakterisiert sind. Daraus ergeben sich erhöhte Anforderungen an die kognitiven Fähigkeiten des Menschen. Diesem Wandel ist in der Systementwicklung dahingehend Rechnung zu tragen, so dass bereits in frühen Phasen verstärkt kognitionspsychologische Aspekte der Informationsverarbeitung betrachtet werden müssen. Der Ansatz des Usability Engineering bietet hierbei ein etabliertes Rahmenwerk zur benutzerzentrierten Entwicklung. Die kognitive Modellierung stellt darin eine neue Methode dar, um detaillierte quantitative Daten über die Informationsverarbeitungsprozesse des Menschen zu erheben und in den Entwicklungsprozess von Softwaresystemen zu integrieren.

2   Kognitive Modellierung in der Systemevaluation

Kognitive Architekturen bilden ein integratives Rahmenwerk kognitionspsychologischen Theorien, in Form eines Softwaresystems, zur Modellierung und anschließenden Simulation menschlichen Verhaltens. Kognitive Modellierung bedeutet für „ausgewählte kognitive Leistungen Symbolstrukturen [...] anzugeben und zu zeigen, dass mit eben diesen Daten und Regeln die zu erklärende kognitive Leistung erbracht werden kann" (Tack 1995, 117). Eine modellgestützte Analyse, Bewertung und Gestaltung von MMS besonders in frühen Phasen der Systementwicklung wird auf Grundlage kognitiver Modelle ermöglicht. Detaillierte Vorhersagen bzgl. quantitativer Parameter wie Bearbeitungszeiten, Fehlern und Handlungssequenzen zukünftiger Benutzer sind, auch ohne real existierende Prototypen in jeder Systementwicklungsphase, möglich. Aufgrund der formalen Beschreibungsebene der Modelle sind Simulationen einfach wiederhol- und überprüfbar. Heutige Benutzermodelle sind meist idealtypisch – menschliche Eigenschaften wie Emotionen und Motivation werden in der Modellierung „noch" vernachlässigt. Zur Etablierung dieser Methode in den Entwicklungsprozessen von MMS gilt es zukünftig zwei Schwierigkeiten zu überwinden: einerseits muss der Aufwand der Modellbildung durch neue Beschreibungskonzepte minimiert und andererseits die Aussagekraft der Modelle, durch Verdichtung der Simulationsdaten maximiert werden.

3   Forschungsansätze

Die Transformation der Aufgaben- und Funktionsmodelle in die Notationsform der jeweiligen kognitiven Architektur stellt eine große Herausforderung in der kognitiven Modellbildung dar. Fundierte Kenntnisse in der Programmierung der entsprechenden kognitiven Architektur als auch in kognitiver Psychologie werden vorausgesetzt. Dieses wirkt stark hemmend auf den Einsatz der Methode. Die Kombination von Pattern-Konzepten (Gamma et al. 1995) des Software Engineering mit Methoden der hierarchischen Aufgabenanalyse stellt einen möglichen Lösungsansatz dar. Das Ziel ist die werkzeugunterstützte Bereitstellung von Schemata, in Form parametrisierbarer Bausteine von Aktivitäten zur Bedienung von MMS. Neben einer Beschleunigung der Modellerstellung ist auch eine Verbesserung der Kommunizierbarkeit der Modelle und der Wiederverwendung von Modellfragmenten zu erwarten. Die Analyse der Simulationsdaten stellt eine weitere Herausforderung in der kognitiven Modellierung dar. Erst durch diese wird eine Bewertung der Interaktionsprozesse und der Schnittstellen-Gestaltung ermöglicht. Durch die in kognitiven Architekturen implementierten kognitionspsychologischen Theorien, kann nach theoretisch begründeten kognitiven Interaktions-Muster (bspw. Handlungssequenzen, Blickbewegungen) gesucht werden. Diese Muster erlauben eine Klassifizierung der Interaktionsprozesse und eine Beurteilung der Schnittstellen-Gestaltung hinsichtlich kognitiver Prozesse. Dazu werden die Simulationsdaten in ein standardisiertes Format überführt, automatisch verdichtet und analysiert. Abschließend können die für die jeweilige Disziplin (Psychologen, Ingenieure und Informatiker) aufbereiteten Modellaussagen mit empirischen Befunden in Relation gestellt und die Modelle plausibilisiert werden.

4 Diskussion und Ausblick

Die steigende Komplexität von MMS und der damit einhergehende Wandel der Tätigkeits-profile bedingen eine stärkere Ausrichtung der Systemevaluationsmethoden hinsichtlich kognitiver Aspekte. Die kognitive Modellierung beinhaltet das Potential, durch Simulation des Benutzerverhaltens, Problemfelder an der Mensch-Computer-Schnittstelle bereits in frühen Phasen der Systementwicklung aufzudecken. Fehler in der Schnittstellen-Gestaltung können somit frühzeitig erkannt und als Gestaltungsempfehlungen in den Software-Entwicklungsprozess zurückgeführt werden. Die grundlegende Prämisse zur praktischen Anwendung und nachhaltigen Verankerung der Methode in den Prozessen der Softwareent-wicklung liegt in einer adäquaten Werkzeugunterstützung der zwei kritischen Bereiche: Modellbildung-/ implementation und Analyse der Simulationsdaten (siehe Abbildung 1).

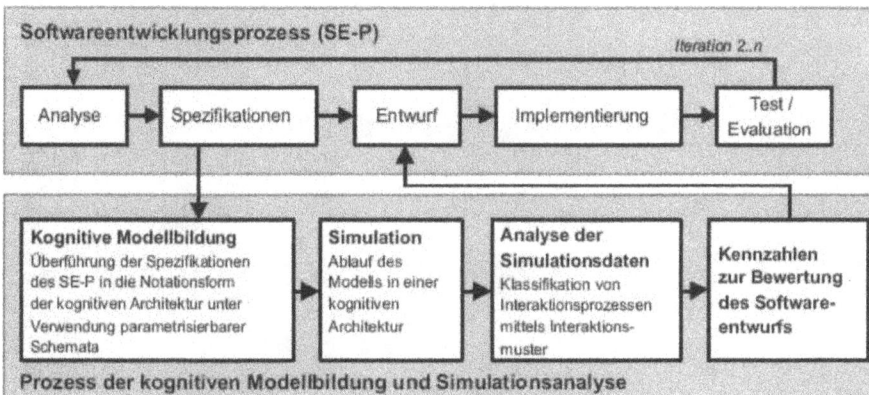

Abbildung 1: Integration der kognitiven Modellbildung in den Entwicklungsprozess von Software

Das Ergebnis der Forschungsarbeiten ist eine integrative Entwicklungsumgebung für kogni-tive Modelle. Die softwaregestützte Bereitstellung von parametrisierbaren Schemata verein-facht dabei den Modellbildungsprozess. Die automatische Verdichtung der Simulationsdaten ermöglicht Interaktionsmuster zu identifizieren und Gestaltungsempfehlungen abzuleiten.

Literaturverzeichnis

Boy, G. (2003): Interaction Engineering and Design. In: Rauterberg, M.; Menozzi, M; Wesson, J. (Hrsg.): Human-Computer Interaction – INTERACT '03. Amsterdam: IOS Press, S. 1057-1058.

Gamma, E.; Helm, R.; Johnson, R.; Vlissides, J. (1995): Design Patterns. Elements of Reusable Object-Oriented Software. Reading, MA: Addison Wesley.

Tack, W. (1995): Wege zu einer differentiellen kognitiven Psychologie. In K. Pawlik (Hrsg.). Bericht über den 39. Kongress der Deutschen Gesellschaft für Psychologie in Hamburg 1994. Bd. 2, S. 172-185.

A. M. Heinecke, H. Paul (Hrsg.): Mensch & Computer 2006: Mensch und Computer im Struktur*Wandel*.
München, Oldenbourg Verlag, 2006, S. 437-439

Practical Illustration of Text: Customized Search, View Selection, and Annotation

Timo Götzelmann, Marcel Götze, Kamran Ali, Knut Hartmann,
Thomas Strothotte

University of Magdeburg, Department of Computer Science

Abstract

This poster presents concepts to support authors illustrating their texts. We introduce a system which smoothly integrates the search and adaptation of appropriate illustrations into target documents. It enables the author to search for images and 3D models. To effectively support the context of the document, the view and label layout of the retrieved 3D models can be semi-automatically adjusted. Further on, we explicitly store the label layout in conjunction with the adapted illustrations. Since this information reflects the semantic and pragmatic content of illustrations, it eases the retrieval, reuse, and adaptation of illustrations in multimedia databases.

1   Introduction

Authors are often confronted with the challenging task to find appropriate images to illustrate their texts. Even if multimedia databases contain ready-made illustrations, their retrieval and adaptation to contextual requirements of the text is intricate and time consuming.

Our approach integrates multimedia retrieval techniques within text authoring tools. By selecting text segments, authors can directly define queries for information retrieval systems. Subsequently, the original documents are enhanced with user-selected illustrations as well as automatically generated figure captions and references to these figures (Götze et al. 2005).

For some application domains those multimedia databases also contain many computer generated images (e.g., charts, flow diagrams, renditions of surface or volumetric 3D models). Therefore, a visualization component within our system supports the adaptation of computer-generated renditions to contextual requirements. Illustrators can interactively select appropriate views and specify textual annotations for visual objects while adaptable real-time algorithms determine a label layout automatically.

2   Illustration Authoring

Due to the availability of comprehensive multimedia databases and content-based retrieval techniques, the text illustration process has shifted from content creation to search with respect to communicative goals. The strategies of experienced practitioners as well as their advantages and disadvantages have been described by a journalist (Markkula 1998). This paper adopts this process for illustrations which are created from 3D models and presents concepts to support the adaptation of retrieval results. Therefore, it incorporates multimedia retrieval techniques, interactive illustration techniques for digital documents, and annotation layout algorithms for 2D and 3D objects.

Our approach extends the SearchIllustrator concept (Götze et al. 2005) that employs information retrieval techniques on multimedia databases or WWW to interactively illustrate texts. Therefore, keywords from user-selected text segments to be illustrated are extracted which invokes a search engine for the retrieval of static images and 3D models. Subsequently one of the search results can be chosen and directly integrated into the text document.

The adaptation of retrieved visual material to new contextual requirements comprises their (re)composition and the enhancement with additional information. The determination of an appropriate viewing direction for a 3D scene or the selection of a display window for a 2D illustration involves semantic, pragmatic, and aesthetic considerations which should be done by a human expert.

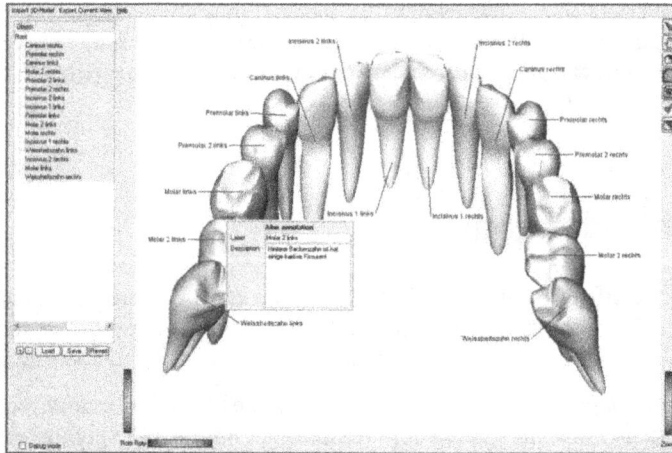

Figure 1: Interactive view selection and annotation of 3D models

We integrated a concept for automatic label layout (Götzelmann et al. 2005) to support the author by selecting an appropriate viewing direction, rendering style and annotations for 3D models. The author of the text should be supported, but not constrained by the system, while adjusting the illustrations. Thus, despite this approach determines an appealing label layout in real time, we implemented the possibility to simply manually alter the label placements via Drag & Drop functionality. Additionally the label texts can be edited (see Fig. 1) and the author can choose different photorealistic and non-photorealistic renditions, depending on the user's needs and the communicative goal.

Finally, to enable the author to change the label layout at a later date, we store the chosen 2D representation of the illustration with its additional information in a vector graphics format. Beside that the labeling texts in the resulting images are stored in an explicit representation. Since they provide information about the semantic content of the illustration, they can be used to bridge the semantic gap and thus, enhance the performance of content-based retrieval techniques.

3   Conclusion and Future Work

In this poster, we introduced a novel concept to support the interactive illustration of texts with content-based search strategies in multimedia databases. The main contributions are: (i) We proposed a new kind of interactive documents by retaining the rendering parameters for computer-generated projections so that readers can directly access 3D visualizations of complex spatial configurations. (ii) The definition of textual annotations for visual objects and their appealing and frame-coherent presentation in interactive 3D visualizations and 2D illustrations is a central element of the adaptation of predefined visual materials to contextual requirements. Our approach considers label layouts as an inherent description of the semantic and pragmatic content of illustrations. Therefore, their explicit representation eases content-based retrieval techniques and the reuse and adaptation of images. (iii) We implemented an experimental application which offers all basic functionalities.

We plan a user study to evaluate our system. Some tests could compare the effectivity of unchanged illustrations found in the WWW with those which were adapted via our system. Another test could reveal the time efficiency of our integrated approach compared with a manual search and adaptation of appropriate illustrations.

References

Götze, M.; Neumann, P.; Isenberg, T. (2005): User-Supported Interactive Illustration of Text. In: Simulation und Visualisierung 2005. pp. 195-206.

Götzelmann, T.; Hartmann, K.; Strothotte, Th. (2006): Agent-Based Annotation of Interactive 3D Visualizations. 6th International Symposium on Smart Graphics. Springer-Verlag (in print).

Markkula, M.; Sormunen, E. (1998): Searching for Photos – Journalists' Practices in Pictorial IR. In: The Challenge of Image Retrieval, A Workshop and Symposium on Image Retrieval.

A. M. Heinecke, H. Paul (Hrsg.): Mensch & Computer 2006: Mensch und Computer im Struktur*Wandel*.
München, Oldenbourg Verlag, 2006, S. 441-443

Wahrgenommene Ästhetik, Ordnung und Komplexität von Formularen

Patrick Fischer[1], Theo Held[2], Martin Schrepp[2], Bettina Laugwitz[2]

Universität Mannheim[1], SAP AG, Walldorf[2]

Zusammenfassung

Durch vollständige Paarvergleiche wurden Designalternativen eines Eingabeformulars bezüglich wahrgenommener Ästhetik, Ordnung und Komplexität skaliert. Die Ergebnisse zeigen, dass vollständige Paarvergleiche eine geeignete Methode darstellen eine Präferenzstruktur zwischen verschiedenen Designalternativen zu etablieren.

1 Einleitung

In betriebswirtschaftlichen Softwareanwendungen geschieht ein wesentlicher Teil der Dateneingabe über Formulare. In Anlehnung an Birkhoff (1933) gehen wir davon aus, dass Ästhetik, Ordnung und Komplexität wesentliche Faktoren bei der Bewertung von Eingabeformularen sind. Die vom Benutzer wahrgenommene Ästhetik, Ordnung und Komplexität eines Eingabeformulares hängt dabei von verschiedenen Gestaltungselementen ab. Wir untersuchten, wie sich die Anordnung der Feldbezeichner, die Verwendung von Gruppenboxen und die Ausrichtung der Eingabefelder auf die Präferenz bezüglich dieser Faktoren auswirken.

2 Methoden

Für die Studie wurden acht Varianten eines Eingabeformulares konstruiert, die sich bezüglich folgender Gestaltungselemente unterscheiden: (1) Eingabefelder nur linksbündig (kurz Flattersatz) vs. rechts- und linksbündig (kurz Blocksatz), (2) Anordnung der Feldbezeichner linksbündig vs. rechtsbündig, (3) Gruppierung der Felder durch Überschrift vs. Überschrift und farblicher Hinterlegung. Beispiele für diese Varianten zeigen Abb. 1 und Abb. 2.

Die Versuchspersonen wurden über verschiedene Foren und Mailinglisten im Internet angeworben. Eine Belohnung oder eine Verlosung von Preisen wurde nicht angeboten. Jede Versuchsperson musste den vollständigen Paarvergleich aller acht Varianten unter einer der drei zufällig zugewiesenen Fragestellungen durcharbeiten. (1) Welches Formular ist ansprechender bzw. schöner? (2) Welches Formular ist ordentlicher? (3) Welches Formular ist komplexer?

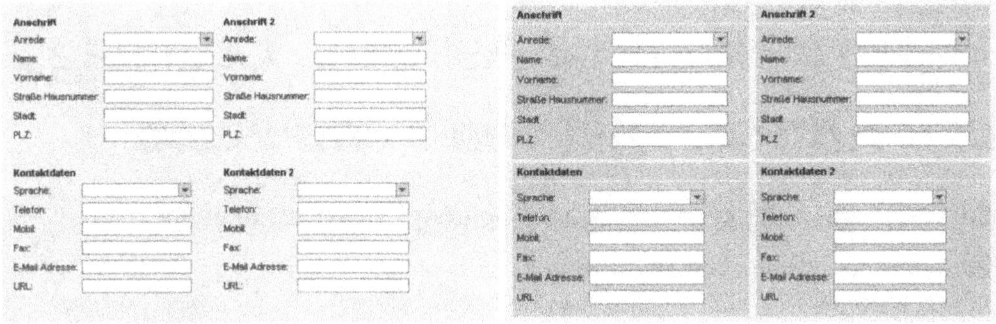

Abbildung 1: Feldbezeichner linksbündig und Felder im Blocksatz ohne (links) und mit (rechts) Gruppenbox

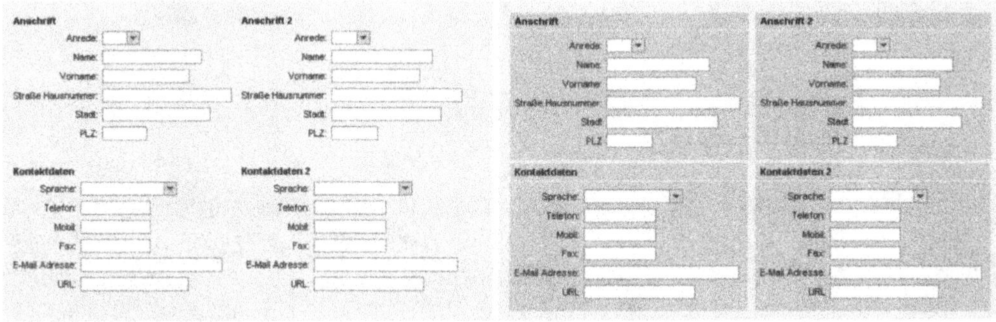

Abbildung 2: Feldbezeichner rechtsbündig und Felder im Flattersatz ohne (links) und mit (rechts) Gruppenbox

Die Versuchspersonen wurden instruiert ein spontanes Urteil zu jedem Paar dargebotener Formulare abzugeben. Ein Java-Applet, erstellt mit PXLab (Irtel 1997), zeigte jeweils zwei Formulare nebeneinander auf dem Bildschirm. Die Entscheidungen mussten über die Pfeiltasten „rechts" / „links" auf der PC-Tastatur getätigt werden. Bei acht Stimuli ergeben sich 28 Paare. Paare mit identischen Formularen wurden nicht gezeigt. Jedes Paar wurde zwei Mal präsentiert, wobei die Anordnung der Formulare getauscht wurde. Insgesamt haben 28 Teilnehmer das Experiment vollständig durchgeführt. Eine Versuchsperson musste wegen ungleicher Verteilung der rechts/links Urteile ($CHI^2 = 8.0357$, $df = 1$, $p < 0.005$) ausgeschlossen werden. Die Daten von zwei weiteren Versuchspersonen wurden nicht berücksichtigt, da sie mehr als zehn starke Verletzungen der stochastischen Transitivität aufwiesen. Die Daten aller übrigen Versuchspersonen wurden über die Bedingungen kumuliert und in Präferenzmatrizen überführt. Die acht alternativen Formulardesigns wurden über ein BTL-Modell (Bradley & Terry 1952; Luce 1959) in Bezug auf Ästhetik, Ordnung und Komplexität skaliert.

3   Ergebnisse

Tabelle 1: Die Skalenwerte der drei Bedingungen in Abhängigkeit der Formulareigenschaften

Alternative	Gruppenbox		Labels		Felder		BTL Skalenwerte		
	Ja	Nein	Links	Rechts	Blocksatz	Flattersatz	Ästhetisch (N = 9)	Ordentlich (N = 9)	Komplex (N = 7)
1	x		x		x		0,1322	0,1259	0,0697
2	x		x			x	0,1174	0,0166	0,1109
3	x			x	x		0,1691	0,3729	0,0789
4	x			x		x	0,1875	0,0441	0,1437
5		x	x		x		0,0259	0,0299	0,0805
6		x	x			x	0,0266	0,0033	0,1623
7		x		x	x		0,0412	0,0638	0,1154
8		x		x		x	0,0325	0,0048	0,2042

Insgesamt konnten die Versuchspersonen die vorgegebenen Reize im Paarvergleich hinreichend gut anordnen (geringe Häufigkeit von Transitivitätsverletzungen). Im Einzelnen konnten die folgenden Präferenzen beobachtet werden:

Die Verwendung von farblich abgegrenzten Gruppenboxen steigert wahrgenommene Ästhetik und Ordnung stark und senkt wahrgenommene Komplexität (Tabelle 1). Rechtsbündige Feldbezeichner scheinen einen positiven Effekt auf wahrgenommene Ästhetik zu haben, aber wenig Einfluss auf wahrgenommene Komplexität und Ordnung. Der Blocksatz der Eingabefelder erhöht wahrgenommene Ordnung und senkt wahrgenommene Komplexität, hat aber wenig Einfluss auf die wahrgenommene Ästhetik. Zudem scheint die Interaktion von Blocksatz der Eingabefelder und Gruppierung durch farbliche Hinterlegung eine überdurchschnittliche Steigerung der wahrgenommenen Ordnung zu verursachen.

Literaturverzeichnis

Birkhoff, G. D. (1933): Aesthetic measure. Cambridge, MA: Harvard University Press.

Bradley, R. A.; Terry, M. E. (1952): Rank analysis of incomplete block designs: I. The method of paired comparisons. In: Biometrika 39, 324-345.

Irtel, H. (1997): PXL: A library for psychological experiments on IBM PC type computers. In: Spatial Vision 10, 467-469.

Luce, R. D. (1959): Individual choice behavior: A theoretical analysis. New York: Wiley.

Kontaktinformationen

Patrick Fischer, fischerp@rumms.uni-mannheim.de; Dr. Theo Held, SAP AG, CRM06, Dietmar-Hopp-Allee 16, D-69190 Walldorf, theo.held@sap.com

A. M. Heinecke, H. Paul (Hrsg.): Mensch & Computer 2006: Mensch und Computer im Struktur*Wandel*. München, Oldenbourg Verlag, 2006, S. 445-447

Software-Einsatz im Sozialbereich – Der Spagat der Sozialinformatik zwischen Wirtschaftlichkeit und Wirksamkeit

Christiane Rudlof

FH Oldenburg, Ostfriesland, Wilhelmshaven

Zusammenfassung

Wie in anderen Bereichen auch (Wirtschaft, Medizin, Medien usw.) bildet sich in den letzten Jahren eine weitere „Bindestrich-Informatik", die Sozialinformatik heraus, die sich den speziellen Anforderungen und der Informationsverarbeitung im System sozialer Dienstleistungen widmet. Dies umfasst sowohl fachliche, als auch organisatorische und ökonomische Aspekte. Eine (software-) technische Unterstützung sozialer Dienstleistungsprozesse muss, neben einer von den Kostenträgern erwarteten Effizienzsteigerung, spezielle sozialarbeitsfachliche Anforderungen im Sinne einer ganzheitlichen Klientenperspektive erfüllen.

1   Situation der Sozialwirtschaft

„Pflegen Sie schon oder planen sie noch?" Dieser Werbespruch eines Herstellers[1] trifft bei Beschäftigten im sozialen Bereich den Nerv, sind diese oft aufgrund diverser Vorschriften mehr mit dem Dokumentieren als mit der eigentlichen (sozialen Dienstleistungs-) Arbeit befasst. Die Sozialwirtschaft und ist mit ca. drei Millionen Beschäftigten einer der größten Wirtschaftsektoren. Perspektivisch kommt dem Sozialsektor eine steigende Bedeutung zu. Bedingt durch verschiedene Faktoren, u.a. dem bevorstehenden demografischen Wandel einerseits und die (sozial-)staatliche Finanzlage ergibt sich akuter Handlungsbedarf.

Die stattfindende sozialrechtliche Umorientierung auf mehr Wettbewerb führt zu einer bis dato im Sozialsektor nicht sehr verbreiteten Konkurrenz um Preise, Kosten und Qualitäten. Dies erfordert ein Überdenken bisheriger Strukturen und Abläufe. Bei dieser Entwicklung

---

[1] BoS&S, Benutzerorientierte Systeme und Software, Grünheide, „Pflegemanager"

kann die Einführung von Software sich als katalysatorische Komponente für Veränderungen erweisen.

2   Sozialarbeitsfachliche Anforderungen

Bisher erfolgt der Einsatz von I-und K-Technologien in diesem Bereich eher zurückhaltend, und überwiegend für Verwaltungsaufgaben. Der Kostendruck und die Marktänderungen (Verschwinden der Vorrangstellung freier Träger) werden dieses kurz- und mittelfristig ändern. Sind schon bei herkömmlicher Software viele sog. Stakeholder zu beteiligen, so kommt in der Sozialwirtschaft das Dreieckverhältnis Kostenträger, Leistungserbringer und Klient noch erschwerend ins Spiel. Die Kostenträger verlangen höhere Qualität, günstigere Preise und einen besseren Service. Die Einrichtungen, die die Dienstleistungen erbringen, müssen effektiv und effizient arbeiten, flexibel und innovativ organisiert sein und haben eigene Ansprüche, z.B. an die Nachhaltigkeit ihrer Maßnahmen und einer entsprechenden Dokumentation der Dienstleistungen. Die Software-Lösungen sind in vielen Fällen jedoch von den Kostenträgern konzipiert und berücksichtigen nicht ausreichend die Anforderungen der Dienstleister. Die Sozialinformatik befasst sich u.a. mit IT- Lösungen für die Altenhilfe- und Pflege, Behindertenhilfe, Kinder- und Jugendhilfe, Sucht- und Sozialberatung.

Aus den fachlichen Anforderungen der sozialen Arbeit und des Sozialmanagements heraus, gibt es eine Reihe von spezifischen Anforderungen, zu deren Realisierung die Sozialinformatik beitragen kann.

1.   Einsatz mobiler Lösungen

Einsatzbereiche sind u.a. ambulante Pflegedienste oder Sozialberatungen. In beiden Fällen kommt der Aufgabenangemessenheit und dem Datenschutz eine entscheidende Bedeutung zu.

2.   Einbeziehung der Klienten

Eine Pflicht zur direkten Einbeziehung von Klienten ergibt sich z.B. aus gesetzlichen Vorgaben. So sind Wohneinrichtungen für behinderte Menschen gehalten nachzuweisen, das die Selbstständigkeit und die Selbstbestimmung der Klienten gewahrt und gefördert wird und eine Mitwirkung bei der Erstellung des individuellen Hilfeplans erfolgt. Der Plan ist Entwicklungsbeschreibung des Klienten und dient der Dokumentation von Fördermaßnahmen. Es existieren Software-Lösungen, die das gemeinsame Erstellen eines Hilfeplans von Betreuern und (behinderten) Klienten ermöglichen.

3.   Fall- bzw. Case- Management

Die Institutionsübergreifende Bearbeitung eines „Falles"(Klient ist in der Arbeitsagentur, in der Sozialberatung, der Suchthilfe und der Schuldnerberatung „aktenkundig) stellt sowohl fachlich als auch technisch eine Herausforderung dar. Die derzeitige „Case-Management"-Software in den Arbeitsagenturen, wird von vielen Benutzern kritisiert. Gebrauchstaugliche Lösungen sind gefragt.

4.   Klientenzentrierte Neuorganisation sozialer Dienstleistungen

Die Gründung von Familienberatungsstellen, die in Kindertagesstätten integriert werden, (derzeit in Nordrhein-Westfalen in Probephase) erfordert flexible, leicht nutzbare Anwendungen.

5. Kommunikationsunterstützung für Klienten mit Migrationshintergrund

So wurde in einer Beratungsstelle für die Eltern entwicklungsgestörter Kinder mit Migrationshintergrund die Darstellung des Entwicklungsverlaufs der Kinder/Jugendlichen von einer reinen Textdarstellung auf eine grafische Darstellung umgestellt. Noch zu entwickelnde Bereiche der Jugendlichen waren aus „Ausreißer" der optisch guten Gestalt sichtbar. Diese Darstellung führte zu einer wesentlich schnelleren Bereitschaft der Eltern sich weiter aktiv zu beteiligen.

3   Resümee

Dem Kostendruck im Sozialbereich wird in den kommenden Jahren eine steigende Nachfrage einerseits entgegenstehen, andererseits wird es zu einer starken Ausweitung des Marktes und damit der Anbieter kommen. Die Ökonomisierung der sozialen Arbeit wird Auslöser von Qualitätsmanagement-Aktivitäten. Software-Anwendungen können helfen, Arbeitsabläufe, insbesondere in kleineren Einrichtungen zu optimieren und Hierarchien zu reduzieren. Nur durch Prozessoptimierung und aufgabenangemessen Software-Einsatz kann der Spagat zwischen Wirtschaftlichkeit und Wirksamkeit gelingen. Arbeit im sozialen Bereich braucht Definitionsmacht in der Softwarekonstruktion. Die Sozialinformatik nimmt fachliche Verantwortung für den Produktionsfaktor Information im System sozialer Dienstleistungen und ihrem Umfeld wahr." (Wend 2000)

Literaturverzeichnis

Kreidenweis, H. (2004): Sozialinformatik, Management in der Sozialwirtschaft. Baden Baden.

Rudlof, Ch. (Hrsg) (2004): Tagungsbericht Sozialinformatik Soziale Organisationen gestalten http://www.fh-oow.de/forschungsdatenbank/docs/Forschungsbericht_10092004094516.pdf.

Wendt, W.-R. (2000): Sozialinformatik – Stand und Perspektiven. Baden Baden.

A. M. Heinecke, H. Paul (Hrsg.): Mensch & Computer 2006: Mensch und Computer im Struktur*Wandel*.
München, Oldenbourg Verlag, 2006, S. 449-451

Natürlichsprachliche Interaktion beim Aufgabenlösen in Lernumgebungen

Rainer Lütticke

Bergische Universität Wuppertal, Forschungszentrum für Mikrostrukturtechnik – fmt
FernUniversität in Hagen, Intelligente Informations- und Kommunikationssysteme

Zusammenfassung

Für einen speziellen Aufgabentyp in Lernumgebungen, nämlich die natürlichsprachliche Beantwortung einer Problemstellung, haben wir einen neuen Ansatz für eine Analysetechnik entwickelt. Bei dieser Technik handelt es sich um ein tiefensemantisches Verfahren, das auf dem Einsatz semantischer Netze beruht und das MulitNet-Paradigma verwendet. Dadurch gelangt das System zu einem großen Sprachverstehen, so dass detailliertere natürlichsprachliche Rückmeldungen bzgl. Bewertung und Fehlerhinweisen gegeben werden können als in Systemen, die statistische oder „flache" semantische Verfahren einsetzen. Als erstes Einsatzszenario dieses neuen Verfahrens wird die Analyse natürlichsprachlicher Reformulierungen semantischer Netze beschrieben.

1 Methoden der automatischen Textanalyse

Es ist seit langem bekannt, dass sich durch eigene Aktivitäten von Lernenden mentale Operationen initiieren lassen, die zu besseren Lernerfolgen führen. Ziel einer Lernumgebung sollte es daher sein, die Lernenden zu eigenen Handlungen zu motivieren. Um eine hohe Akzeptanz bei den Nutzern zu erreichen, müssen Interaktionen mit dem Lernsystem auch wirklich hilfreich und einfach durchzuführen sein. Besonders geeignet sind Interaktionen, die natürlichsprachige Kommunikation einschließen, da so einerseits Lernende direkt angesprochen werden und andererseits Lernende auf natürliche und sehr einfache Weise das System ansprechen können.

Für eine Analyse natürlichsprachlicher Eingaben eines Nutzers sind verschiedene Techniken einsetzbar (s.a. Valenti et al. 2003): Abgleich von Mustern, Analyse der Satzstruktur und des Inhalts auf Basis von vorab bewerteten Texten und Trainingsalgorithmen, latente semantische Analyse (LSA), Verwendung flacher semantischer Strukturen zur Bedeutungsdarstellung, die mit einfachen logischen Prädikaten und elementaren semantischen Rollen arbeiten, und Systeme mit großem Sprachverstehen, die auf einer ausgebauten semantischen Theorie basieren. Die ersten drei der genannten Analysetechniken nutzen vorwiegend Prozesse der automatischen Sprachverarbeitung, die auf statistischen Verfahren beruhen. Sie zeichnen sich zwar durch Robustheit aus, stützen sich aber nicht auf eine semantische Struktur der kommunizierten Spracheinheiten. Die vierte genannte Technik ist Feature-Struktur-orientiert und bezieht bereits semantische Elemente im linguistischen Sinne ein, beruht aber noch nicht auf einem wirklichen Sprachverstehen und bleibt zu stark der Wortebene verhaftet. Diesen vier Verfahren mangelt es an Mitteln zur strukturierten Darstellung der Semantik eines Satzes, so dass sie kaum entwicklungsfähig sind. Hinsichtlich der Tiefe der Einbeziehung semantischer Strukturen werden sie auch als „flache" Verfahren bezeichnet. Um ein großes Sprachverstehen von Seiten des Systems zu erreichen, müssen sogenannte tiefensemantische Verfahren, die zuletzt genannte Technik einsetzen, verwendet werden. Ihnen muss eine vollausgearbeitete Semantik-Theorie zu Grunde liegen und für sie müssen syntaktisch-semantische Analyseverfahren sowie entsprechende Software-Werkzeuge zur Verfügung stehen. Daher haben wir damit begonnen ein solches „tiefes" Verfahren, das das MultiNet-Paradigma[1] (Helbig 2001) verwendet und für das eine automatische Wortklassen-gesteuerte funktionale Analyse für das Deutsche existiert (Hartrumpf 2003), in der Lernumgebung VILAB[2] (Lütticke et al. 2005) für die Zwecke der intelligenten Textanalyse einzusetzen

2   Analyse von textuellen Antworten in VILAB

Die Möglichkeit der freien Antwort, die dann automatisch bewertet wird, ist sehr gut dazu geeignet, das Wissen und Verständnis von Lernenden zu vertiefen (Valenti et al. 2003). Daher haben wir als erstes Einsatzszenario der natürlichsprachlichen Interaktion in VILAB mit Hilfe von Techniken, die auf MultiNet beruhen, die Analyse von textuellen Antworten von Lernenden auf spezielle Problemstellungen gewählt. Bei diesen Problemstellungen handelt es sich um die Umschreibung eines formalsprachlichen Ausdrucks, nämlich die Reformulierung semantischer Netze, die auf dem MultiNet-Paradigma beruhen, in natürliche Sprache. Der Lernende wird dabei im Rahmen einer Aufgabenstellung in VILAB dazu aufgefordert, seine Antwort in ein spezielles Textfeld zu schreiben. Nachdem dann die Antwort mit Hilfe des Parsers automatisch in MultiNet transformiert wurde, wird ein Modul zur Analyse seiner Antwort aufgerufen. Dieses Modul vergleicht durch logische Inferenzen die in MultiNet transformierte Antwort des Lerners mit der Musterantwort. Übereinstimmungen oder partielle Abweichungen können so abgeleitet werden. Daraus werden dann konkrete Hinweise für Verbesserungen in adäquater natürlichsprachlicher Form mit Hilfe von Transformationsregeln generiert, die schließlich als Feedback an den Lerner kommuniziert werden. Daraufhin kann der Lerner seine Antwort verbessern und einer erneuten Analyse unterziehen. Dieser

---

[1] Der Kern der MultiNet-Repräsentation ist ein semantisches Netz, das formal einen gerichteten Graph darstellt. Knoten des Graphs repräsentieren bestimmte Entitäten des Diskursgebietes und Kanten drücken semantische Relationen zwischen den Knoten aus. Jeder mögliche Begriff der realen Welt ist wählbar als Netzknoten. Innere Knoten repräsentieren komplexe Begriffe. Es gibt einen festgelegten Satz von ungefähr 110 Relationen, die die Kanten markieren. Jede Relation hat ihre vordefinierte Bedeutung (z.B. (AGT e a): a ist Handelnder in einem Geschehen e). Weitere kompliziertere MultiNet-Konzepte sind verschiedene Attribute der Knoten und Kanten.

[2] VILAB: Virtuelles Informatik-Labor der FernUniversität in Hagen. In dieser Internet-basierten Lernumgebung werden Studierenden Aufgaben mit verschiedenen Inhalten aus der Informatik angeboten. Die Studierenden können mit komplexen Software-Werkzeugen experimentieren und diese zur Lösung von Aufgaben einsetzen. Während der Aufgabenbearbeitung und der Lösungsfindung werden die Studierenden durch eine interaktive tutorielle Komponente unterstützt. Homepage des Labors und Guided Tour: http://pi7.fernuni-hagen.de/vilab/

Interaktionszyklus kann so lange durchgeführt werden, bis die richtige Antwort gefunden wird. Während der Aufgabenbearbeitung werden Daten (Anzahl der Versuche, Abstand zur Musterlösung, Verringerung des Abstandes zur Musterlösung) im Nutzermodell gespeichert und fließen in das Feedback ein (Lütticke et al. 2005). Die Kommunikationsstrategie ist dabei, den Lernenden gerade so viele Hinweise zu geben, dass eine bei der Aufgabenlösung aufgetretene Schwierigkeit behoben werden kann, aber nicht so viele, dass die Lösung trivial wird. Im Gegensatz zu flachen Verfahren sind dadurch detaillierte und didaktisch aussage-kräftige Rückmeldungen aus der Fehleranalyse studentischer Antworten möglich (Beispiel in Lütticke 2006).

Während einzelne Teile des Analysemechanismus schon seit einigen Jahren in der Lehre eingesetzt werden, soll das komplette Modul zur Antwortanalyse erstmals im Rahmen eines Online-Praktikums Ende 2006 eingesetzt werden. In nachfolgenden Schritten soll dann an den bekannten sowie durch Evaluation festgestellten Nachteilen und Begrenzungen des Verfahrens gearbeitet werden (z.B. größere Robustheit bei der Transformation, Transformation mehrerer zusammenhängender Sätze, Einbeziehung mehrerer Musterantworten, linguistische Erweiterung der Muster- und Lernerantwort) (s.a. Lütticke 2006).

Literaturverzeichnis

Hartrumpf, S. (2003): Hybrid Disambiguation in Natural Language Analysis. Osnabrück: Der Andere Verlag.

Helbig, H. (2001): Die semantische Struktur natürlicher Sprache: Wissensrepräsentation mit MultiNet. Springer.

Lütticke, R. (2006): Using Semantic Networks for Assessment of Learners' Answers. In: Koper,R.; Kinshuk (Hrsg.): The 6th IEEE International Conference on Advanced Learning Technologies (I-CALT) – Advanced Technologies for Life-Long Learning, in press.

Lütticke, R.; Helbig, H.; Eichhorn, C. (2005): Das Virtuelle Informatik-Labor VILAB – Konzeption, technische Realisierung und Einsatz in der Lehre, Vol. 321, Informatik-Berichte, FernUniversität in Hagen.

Valenti, S.; Neri, F.; Cucchiarelli, A. (2003): An overview of current research on automated essay grading. Journal of Information Technology Education, Vol. 2, S. 319-330.

Kontaktinformationen

Dr. Rainer Lütticke, rainer.luetticke@fernuni-hagen.de

A. M. Heinecke, H. Paul (Hrsg.): Mensch & Computer 2006: Mensch und Computer im Struktur*Wandel*.
München, Oldenbourg Verlag, 2006, S. 453-455

Kollaborative Benutzerbeteiligung im Requirements Engineering

Asarnusch Rashid[1], Astrid Behm[1], Tina Müller-Arnold[2], Michael Rathgeb[2]

FZI Forschungszentrum Informatik[1], LBBW Landesbank Baden-Württemberg[2]

Zusammenfassung

Dieses Poster beschreibt OpenProposal, ein System, das aus einem Anforderungsportal und einem Annotationswerkzeug besteht. Ziel des Systems ist es, das verteilte Requirements Engineering (RE) in der Anwendungsentwicklung zu unterstützen und darüber hinaus den Informationsfluss im Unternehmen zu verbessern. Die Evaluation des Systems wird im Rahmen einer Fallstudie bei einer großen Bank durchgeführt, deren Mitarbeitern ein Werkzeug in die Hand gegeben werden soll, mit dem sie Vorschläge eingeben, verwalten und deren Bearbeitungsstand einsehen können. Die Vision hinter dem System besteht darin, dass die am RE-Prozess beteiligten Personen rollen-spezifische Sichten auf die abgegebenen Vorschläge erhalten, die eine jeweils angepasste Darstellung der Informationen über die Anforderungen und entsprechende Funktionalitäten beinhaltet.

1 Einleitung

Für den Bereich des verteilten RE gibt es eine Vielzahl an unterschiedlichen Werkzeugen, die die Zusammenarbeitsprozesse im RE von der Erhebung bis zur Spezifikation und dem Management von Anforderungen unterstützen (vgl. Hood et al. 2005) Unabhängig vom Einsatz eines Werkzeuges hat sich die Kommunikation zwischen den am RE-Prozess beteiligten Personen als das größte Problem im RE herausgestellt (vgl. Partsch 1998). Dies ist nicht zuletzt darauf zurückzuführen, dass zu wenig Wert auf aktive Benutzerbeteiligung gelegt wird, obwohl zahlreiche Studien belegen, dass sich dieses negativ auf den Erfolg von Projekten auswirkt (vgl. Juristo et al. 2002, Hofmann et al. 2001). Mutmaßliche Barriere ist der Aufwand für die Motivation der Mitarbeiter sowie für die Verwaltung der Vorschläge.

Im System OpenProposal soll im Rahmen einer Fallstudie bei einer großen Bank der Benutzer zur Teilnahme an der Anforderungserhebung motiviert und es ihm auf einem intranet-basierten Portal ermöglicht werden, textuelle und visuelle Vorschläge zu seiner Anwendungssoftware abzugeben. Die weiteren am RE-Prozess beteiligten Personen erhalten rollen-spezifische Sichten auf die abgegebenen Vorschläge, die eine jeweils angepasste Darstellung der Informationen über die Anforderungen und entsprechende Funktionalitäten enthalten.

Im Vordergrund des Projekts steht die Verbesserung der bereichsübergreifenden Kommunikation im Unternehmen. Es ist zu erwarten, dass durch die aktive Benutzerbeteiligung eine Vielzahl an Vorschlägen gesammelt wird. Dies erzeugt einen reichen Pool an Ideen, Erwartungen und Vorstellungen, mit denen Informationen zu Entwicklungen im Unternehmen früher als bisher generiert werden können. Ziel von OpenProposal ist es, den Aufwand für partizipatives RE zu reduzieren, Transparenz im RE-Prozess zu erhöhen und damit die Teilnahme möglichst vieler Mitarbeiter sicher zu stellen.

2   Lösungskonzept

Für das Projekt wurden Werkzeuge entwickelt sowie Rollen- und Sichtenkonzepte aufgestellt und implementiert. In Absprache mit dem Praxispartner wird in diesem Projekt auf die Rollen *Endanwender*, *Kundenmanager*, *Fachlicher Entscheider* und *Entwickler* Bezug genommen. Die Motivation jedes einzelnen Mitarbeiters ist entsprechend seiner Rolle in der Anforderungserhebung sehr unterschiedlich. Um die Barrieren der Benutzung zu überwinden, gilt im Projekt als Gestaltungsprinzip, dass den Benutzern die Möglichkeit gegeben werden soll, durch ihre Vorschläge mit einem geringen Aufwand Arbeitserleichterungen zu erzielen und somit die eigene Arbeit effizienter zu gestalten.

Durch Verbesserungsvorschläge zu seiner Anwendungssoftware kann der *Endanwender* aufgrund seines fachlichen Know-How seine Arbeit effizienter gestalten. Über das Portal kann er den Verlauf seiner Vorschläge zurückverfolgen. Der *Kundenmanager* möchte auf Probleme und Wünsche seiner Kunden (=Endanwender) gezielt eingehen und z.B. sicherstellen, dass seine Kunden versteckte Funktionen der Anwendungen kennen lernen, und die Anforderungen kundengruppenübergreifend verifizieren. Der *fachliche Entscheider* möchte sicherstellen, dass die Entwicklungen die Unternehmensstrategie unterstützen und das Budget nicht überschreiten. Ihm werden insbesondere statistische Inhalte angezeigt, sowie die Möglichkeit gegeben, Prioritäten zu den Anforderungen zu hinterlegen und die ausgewählten Vorschläge in andere Programme zu exportieren. Dem *Entwickler* ist es wichtig, die Anforderungen der Kunden zu verstehen und ihnen technologische Möglichkeiten aufzuzeigen. Seine Arbeit wird erleichtert, wenn den Endanwendern technische Begrenzungen bei der Umsetzung von Anforderungen verständlich gemacht werden können.

3   Realisierung & Stand der Entwicklung

Im Zentrum der Werkzeugunterstützung stehen das Anforderungsportal und das Annotationswerkzeug. Das Anforderungsportal baut auf die Open-Source-Projektplattform Gforge (Apache, PHP und PostgreSQL) auf, wobei bei der Anpassung der Schwerpunkt auf die Benutzerfreundlichkeit gelegt und das Angebot an Funktionen zielgruppenorientiert auf das maximal notwendige Maß reduziert wurde. Alle im Unternehmen eingesetzten Softwareanwendungen sowie Neuentwicklungen sind als „Projekte" angelegt. In Form eines Issue Trackers können Vorschläge und Fehlermeldungen eingegeben und diskutiert werden.

Das Annotationswerkzeug ermöglicht es dem Endanwender, Vorschläge visuell zu formulieren und in das Portal zu übertragen. Hierfür wird ihm gleich nach Aufruf des Programms eine Werkzeugleiste angeboten, mit der er auf Anwendungsoberfläche mittels Zeichnungsobjekten und Textboxen visuelle Vorschläge skizzieren kann. Per Senden-Knopf werden sie nach Fertigstellung automatisch mit einer Referenz auf eine Anforderung in der Datenbank gespeichert. Ergänzende Informationen wie z.B. Name und Aufrufparameter der Anwendung werden durch Extraktion aus dem Fensterobjekt mitgespeichert und dienen unter anderem dazu, den skizzierten Vorschlag ohne weitere Eingaben des Benutzers dem richtigen Projekt zuzuordnen.

Die Entwicklung der beiden Werkzeuge ist noch nicht abgeschlossen. In Form eines Prototyps sollen die Werkzeuge im Rahmen einer Fallstudie in einer großen Bank iterativ verbessert und evaluiert werden. Die Evaluation soll die Nutzenpotenziale aufzeigen, den Grad der Benutzerakzeptanz ermitteln und die Machbarkeit beweisen. Aufgrund des zu erwartenden hohen Datenaufkommens aus den Aktivitäten im Portal sind ergänzend Methoden aus der Social Network Analysis (vgl. Scott 2000) geplant.

Literaturverzeichnis

Hofmann, H. F.; Lehner, F.: Requirements (2001): Engineering as a Success Factor in Software Projects. In: IEEE Software 18 (2001), Nr. 4, S. 58-66.

Hood, C.; Kress, A.; Stevenson, R.; Versteegen, G.; Wiebel, R. (2005): iX-Studie zum Thema Anforderungsmanagement – Methoden und Techniken, Einführungsszenarien und Werkzeuge im Vergleich. Heise Zeitschriften Verlag.

Juristo, N., Moreno, A.M.; Silva, A. (2002): Is the European Industry Moving toward Solving Requirements Engineering Problems? In: IEEE Software 19 (2002), Nr. 6, S. 70-77.

Partsch, H. (1998): Requirements-Engineering systematisch. Springer, 1998.

Scott, J. (2000): Social Network Analysis – A Handbook. 2. Auflage, Sage Publication.

Kontaktinformationen

FZI Forschungszentrum Informatik
Asarnusch Rashid, rashid@fzi.de

Haid-und-Neu-Str. 10-14, 76131 Karlsruhe
Tel.: +49 721/9654-562, Fax.: +49 721/9654-563

A. M. Heinecke, H. Paul (Hrsg.): Mensch & Computer 2006: Mensch und Computer im Struktur*Wandel*.
München, Oldenbourg Verlag, 2006, S. 457-459

Ein drahtloser Eingabehandschuh für das Wearable Computing

Michael Lawo

Universität Bremen, TZI

Zusammenfassung

So wie sich die Maus als Standard Eingabegerät an der grafischen Benutzerschnittstelle bei Arbeits-
platzanwendungen durchgesetzt hat, hat der Handschuh in VR Anwendungen bereits eine gewisse
Popularität neben anderen Systemen wie beispielsweise Joysticks erreicht. In Wearable Computing
Anwendungen zeigt der nach zwei Prototypenstadien am TZI entwickelte WINSPECT Handschuh der
dritten Generation das Potential zur Standardschnittstelle in Wearable Computing Anwendungen zu
werden. In diesem Beitrag werden Konzept, Architektur und Implementierung der neuesten Generation
dieses universellen Eingabegerätes vorgestellt.

1 Konzept und Systemarchitektur

Das Wearable Computing ist mit der zunehmenden Leistungsfähigkeit der verwendeten
Rechner und Kommunikations-Infrastruktur mehr und mehr zur Erschließung neuer Anwendungsgebiete der Informationstechnologie geeignet, wie sie im EU Projekt wearIT@work
untersucht werden (vgl. Boronowsky et al. 2005, 2006). Ein Engpass bei der Verbreitung des
Wearable Computing sind aber aktuell noch geeignete Benutzerschnittstellen und sensorische Systeme zur Kontexterkennung. Handschuhe werden bereits heute als Implementierung
der Benutzerschnittstelle bei der Interaktion in Virtual und Augmented Reality Anwendungen verwendet.[1] Aufgrund der hohen Kosten und der umfangreichen am Körper unterzubrin-
genden Verkabelung ist ihre Anwendung jedoch beschränkt. Mit dem WINSPECT ist ein
kostengünstiges System für Augmented Reality Anwendungen mittels Wearable Computing
entstanden (Lawo 2006). Die klassische Wearable Computing Architektur ist eine Client-
Server-Architektur mit sechs Komponenten: Zentrale Wearable Computing Einheit (ZWCE),
Kommunikationssubsystem (KS), Eingabe und Ausgabe Einheit (EE & AE), generelle Peripherie wie Server, Datenbanken, Rechner mit höherer Leistung für rechenzeitintensive Prozesse (GP) und Sensor Subsysteme (SS) auch zur Kontextbestimmung. Bei dieser Architektur handelt es sich mehr oder minder um einen Arbeitsplatzrechner, der in Form und Größe

---

[1] Siehe www.5dt.com/hardware.html#glove bzw. www.immersion.com/3d/products/cyber_glove.php Stand 28.2.06.

weitgehend reduziert und für die Integration in die Bekleidung des Benutzers angepasst ist.
So wird der Bildschirm durch ein Head-Mounted-Display ersetzt und zur Eingabe werden
Einhand-Tastaturen verwendet. Die drahtlose Kommunikation mit der Umgebung wird durch
die Kombination aus Zentraler Einheit und Kommunikationssubsystem (ZWCE+ KS) z.B.
mittels WLAN (802.11b) sichergestellt. Die Sensoren sind i.d.R. drahtgebunden an die Zentraleinheit angeschlossen. Fortgeschrittene Wearable Computing Systeme (Boronowsky et al.
2005) gehen über diese Architektur und das Arbeitsplatzrechner- Paradigma hinaus. Das
System auf vier Komponenten mit drahtloser Kommunikation reduziert; drei dieser Komponenten sind in die Kleidung integriert und werden am Körper getragen. Der Vorteil dieser
Architektur besteht darin, dass abhängig von der Leistungsfähigkeit des drahtlosen Netzwerks und der verwendeten Komponenten Rechenleistung auf die Zentraleinheit, das Sensor-
subssystem oder die Peripherie verlagert werden können. Folgende Komponenten müssen in
den textilen Träger integriert sein: die Sensoren (binär, analog, digital) und ihre Verkabelung
und Anschlüsse an das Sensor Signal Prozessorboard, das Kommunikationsinterface, wie
z.B. Bluetooth® und die Energieversorgung.

2   Implementierung

In (Lawo et al. 2006) und (Lawo 2006) ist die Entwicklung des WINSPECT dargestellt. Das
System verfügt über eine Bluetooth Schnittstelle und die Sensorsignalverarbeitung wird von
der eigens entwickelten SCIPIO Hardware (Witt 2006) geleistet. In der dritten Generation
des Systems (Abb.1) wurde wegen des nur geringen Tragekomforts und der geringen Stand-
zeit der textile Anteil minimiert und die Integration der Elektronik maximiert und aus Gründen der wartungs- und Pflegefreundlichkeit modularisiert.

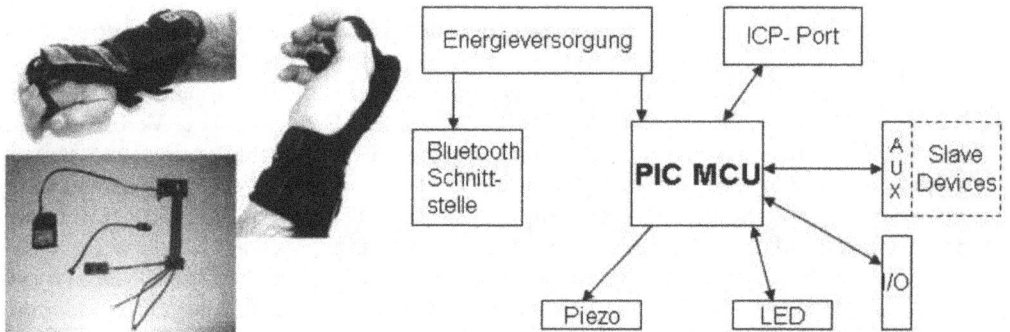

Abbildung 1: WINSPECT der 3. Generation mit Blockschalbild der Elektronik

Der WINSPECT ermöglicht eine unaufwändige und einfache Eingabe durch Bewegen der
Hand und per Fingerdruck. So lassen sich einfache Interaktionen wie das Steuern von Check-
listen realisieren. Das System ist in der Wartung und Produktion genauso wie im Alltagsbe-
reich einsetzbar. Versuche zeigten, dass durch die eingebauten Sensoren Gesten und Hand-

habungen erkennbar sind (Witt 2005a). Zur Gestaltung von kontextsensitiven Benutzer-schnittstellen wurde ein passendes Werkzeug entwickelt (Witt 2005b).

Literaturverzeichnis

Boronowsky, M.; Herzog, O.; Knackfuß, P.; Lawo, M. (2005): wearIT@work – Empowering the Mobile Worker by Wearable Computing – the First Results, Proceedings AMI@work forum day, Munich, p. 38-45.

Boronowsky, M.; Herzog, O.; Knackfuß, P.; Lawo, M. (2006): wearIT@work – Empowering the Mobile Worker by Wearable Computing – the First Demonstrators, accepted for publication at IST AFRICA 2006, Pretoria, May 3-5.

Lawo, M.; Witt, H.; Kenn, H.; Nicolai, T.; Leibrand, R. (2006): A Glove for Seamless Computer Interaction – Understand the WINSPECT; in Kenn, H.; Glotzbach, U.; Herzog, O. (Hrsg.): The Smart Glove Workshop; Proceedings Technical Report TZI – Bericht Nr. 33.

Lawo, M. (2006): Ein drahtloser Eingabehandschuh für Augmented Reality Anwendungen; in Gausemeier J. (Hrsg.) – Tagungsband 5. Paderborner Workshop Augmented & Virtual Reality in der Produktentstehung, Paderborn, 31.5.-1.6.2006.

Witt, H. (2005a): Enabling Implicit Interaction in Wearable Applications: Don't use sensors only for one task. International Conference on Cutting Edge Wireless Technology (CEWIT), Long Island, New York, December 7.

Witt, H. (2005b): A toolkit for context-aware wearable user interface development for wearable computers. In: ISWC'05, IEEE CS.

Witt, H. (2006): Leibrandt, R.; Kemnade, A.; Kenn, H.: SCIPIO: A Miniaturized Building Block for Wearable Interaction Devices; In Herzog, O. e.a. (Hrsg.): Proceedings of the 3rd International Forum on Applied Wearable Computing.

Danksagung

Der Autor dankt den Herren Dr. Michael Boronowsky, Christian Dils, Andreas Kemnade, Dr. Holger Kenn, Rüdiger Leibrand, Tom Nicolai und Hendrik Witt vom Technologie-Zentrum Informatik der Universität Bremen durch deren Arbeit dieser Beitrag erst ermöglicht wurde. Die textile Integration der entwickelten Elektronik in den vorliegenden WINSPECT Handschuh der 3. Generation erfolgte durch die Fa. Lösungsmittel. Dank gilt auch der EU für die teilweise Förderung der hier vorgestellten Arbeiten und den Projektpartnern im IP 004216 wearIT@work für die wertvollen Anregungen zur Optimierung des Systems.

A. M. Heinecke, H. Paul (Hrsg.): Mensch & Computer 2006: Mensch und Computer im Struktur*Wandel*.
München, Oldenbourg Verlag, 2006, S. 461-463

Ingenieurwissenschaftliche Expertise in semantischen Medien

Sandro Leuchter, Frank Reinert, Rainer Schönbein

Fraunhofer-Institut für Informations- und Datenverarbeitung (IITB), Karlsruhe

Zusammenfassung

Die Repräsentation ingenieurwissenschaftlicher Expertise in einer Ontologie bildet die Grundlage für die Entwicklung des J2EE-basierten webgestützten Informations- und Planungssystems ExperOnto. In diesem System werden Benutzer über komplexe Profile repräsentiert, die auf der Expertise-Ontologie basieren. Ein Abgleich von Anfragen und Profilen wird zusätzlich mit Regeln auf der Basis von Fuzzy-Logik unterstützt. In dem Posterbeitrag werden die Ontologiegenese, das System ExperOnto mit seinen Benutzungsfällen und seiner Interaktionsgestaltung sowie ein Ausblick auf die Anwendung der Wissensrepräsentation in anderen semantischen Medien vorgestellt.

1 Problembeschreibung

Wie kann zur Lösung eines komplexen anwendungsorientierten Problems in einer großen, möglicherweise sogar virtuellen, Organisation effizient und effektiv ein Projektteam mit Fachexperten zusammengestellt werden? Ein Abgleich einer Datenbank mit Experten-Profilen setzt eine angemessene Repräsentation von Expertise voraus.

Expertise ist das spezialisierte Wissen eines Experten über ein bestimmtes Fachgebiet. Im Bereich der Ingenieurwissenschaften sind die Problemstellungen, die durch Expertenwissen gelöst werden, anwendungsorientiert. Daher muss sich Expertise hier sowohl auf methodisches Wissen („Fachwissen") als auch auf Wissen über die Anwendungsdomäne („Bereichswissen") beziehen.

Diese kurze Analyse von ingenieurwissenschaftlicher Expertise zeigt, dass Profile, die nur auf einer Auswahl von Stichworten basieren, nicht ausreichend sind. Dies gilt umso mehr bei Problemstellungen, die eine Suche nach interdisziplinärer Expertise erforderlich machen.

2   Ontologische Repräsentation von Expertise

Die Modellierung der neu entwickelten Repräsentation ingenieurwissenschaftlicher Expertise erfolgt in Form einer Ontologie. Die Anwendung solch eines Formalismus' ermöglicht Interoperabilität bei verteilten Profildefinitionen in virtuellen Organisationen.

In der Ontologie wird Wissen über Personen in ihrer Eigenschaft als Träger von Expertise repräsentiert. Die Expertise wird bezogen auf modellierte Konzepte zu Anwendungsbereichen, Technologien, Methoden, Verfahren und Modellen. Diese Konzepte wurden empirisch durch eine Befragung von Domänen-Experten erhoben und mit einer anschließenden Cluster-Analyse in einer Taxonomie gruppiert.

Der Grad der Expertise ist selbst für Arbeitswissenschaftler schwer zu ermitteln. Für die neu entwickelte Repräsentation des Expertisegrades bedienen wir uns verschiedener Heuristiken, die mittels Beschreibungslogik, Fuzzy-Funktionen und durch die Algorithmik des Zugriffes auf das repräsentierte Wissen angebunden werden. Die Heuristiken basieren auf der zusätzlichen Repräsentation der Historie: Dazu werden Projekte und fachspezifische Veröffentlichungen modelliert und Personen zugeordnet. Projekte und Veröffentlichungen wiederum beziehen sich auf Anwendungsgebiete, Technologien, Methoden, Verfahren und Modelle. Die Heuristiken nutzen die Anzahl und Dauer der zu einer Anfrage passenden Projekte. Außerdem wird berücksichtigt, wie lange sie zurückliegen.

Entsprechend des Anwendungskontextes wurden zusätzlich Konzepte zu Organisationen, Kommunikationsmöglichkeiten und projektrelevante Informationen wie z.B. „Zeit" und „Ort" modelliert. Die Ontologie besteht aktuell aus ca. 375 Konzepten und 175 Relationen. Im Moment ist ein demonstrationsrelevanter Teilbereich der Ingenieurwissenschaften erfasst.

3   Anwendung im Prototyp ExperOnto

Die Repräsentation von ingenieurwissenschaftlicher Expertise wurde im System „ExperOnto", einer Entwicklung des Fraunhofer IITB, implementiert. ExperOnto ist eine J2EE-Anwendung auf der Basis der Entwicklungsplattform WebGenesis (IITB 2006). Die Wissensrepräsentation erfolgt in OWL (McGuinness & van Harmelen 2004) mit dem Werkzeug Protege (Noy et al. 2001). In ExperOnto können administrativ festgelegte „Super-User" über eine webgestützte Benutzungsschnittstelle generische Anfragen anhand der Relationen und Konzepte in der Expertenontologie erstellen. Die generischen Anfragen werden gespeichert und stehen allen Benutzern zur Verfügung. Wenn sie ausgeführt werden, werden generalisierte durch spezialisierte Instanzen interaktiv ersetzt, um die Anfrage auszuführen.

Warum dürfen nicht alle Benutzer selber eigene freie Anfragen stellen? Eine genaue Kenntnis der Ontologie ist erforderlich, um den Informationsbedarf effektiv in einer formalen Anfrage abzubilden. Außerdem ermöglicht der freie Zugriff auf alle repräsentierten Informationen eine möglicherweise datenschutz- oder arbeitsrechtlich unzulässige Verknüpfung von Einzelinformationen zu einer verdichteten Aussage wie bei der Rasterfahndung.

Die über Expertensuchdienste hinausgehende Innovation der Ontologie ist der Einsatz zur semantischen Integration von Anwendungen: In einem anderen Projekt wurde sie zur Repräsentation von Experten in einer *Semantic Grid*-Anwendung genutzt. Die Bereitstellung von Ressourcen in einem *Semantic Grid* (bzw. im Semantic Web) beruht immer auf der semantischen Repräsentation der verfügbaren Dienste (Staab & Studer 2004; de Roure et al. 2005). Mit der vorgestellten Ontologie wurden Experten als Wissensträger und Anbieter „nichtautomatisierter Dienste" in einem *Semantic Grid* repräsentiert.

Der Speicherung von Experten-Profilen in Unternehmen und anderen Organisationen muss mit arbeitsrechtlichen Bestimmungen und dem Datenschutz vereinbar sein. Eine Möglichkeit, dies zu gewährleisten ist die freiwillige Teilnahme an solch einem Dienst. Hier sind Erkenntnisse über die Motivation zur Teilnahme an online-Communities übertragbar. Beispielsweise sollte eine Generierung eines zusätzlichen initialen Auto-Benefits für die Experten durch die Kopplung mit anderen Funktionen aus Unternehmens-Intranets möglich sein.

Durch eine zu den Expertise-Modellen kompatible semantische Beschreibung von automatischen Diensten („Services") ist eine aufgabenbezogene Vergleichbarkeit von automatischen und „Experten-Diensten" aufbauend auf einem integrierten Kosten-Nutzen-Modell möglich. Diese Eigenschaft ermöglicht die „on demand" Formierung virtueller Organisationen.

Literaturverzeichnis

IITB (2006): WebGenesis. Ein System für Content-, Wissens-, und Commuity-Management. Online-Dokument http://www.iitb.fraunhofer.de/servlet/is/279/WebGenesis-Produktblatt.pdf (letzter Zugriff: 18. Juni 2006).

McGuinness, D. L.; van Harmelen, F. (2004): OWL Web Ontology Language Overview. W3C Recommendation 10 February 2004. Online-Dokument http://www.w3.org/TR/2004/REC-owl-features-20040210/ (letzter Zugriff 18. Juni 2006).

De Roure, D.; Jennings, N. R.; Shadbolt, N. R. (2005): The Semantic Grid: Past, Present, and Future. Proceedings of the IEEE, Vol. 93, Nr. 3, S. 669-681.

Noy, N. F.; Sintek, M.; Decker, S.; Crubezy, M.; Fergerson, R. W.; Musen, M. A. (2001): Creating Semantic Web Contents with Protege-2000. IEEE Intelligent Systems, Vol. 16, Nr. 2, S. 60-71.

Staab, S.; Studer, R. (2004): Handbook on Ontologies. Heidelberg: Springer Verlag.

Kontaktinformationen

Fraunhofer-Institut für Informations- und Datenverarbeitung (IITB)
Sandro Leuchter, Frank Reinert & Rainer Schönbein
Fraunhoferstr. 1, D-76131 Karlsruhe
{vorname.nachname}@iitb.fraunhofer.de

Tel.: +49 721/6091-424, Fax.: +49 721/6091-413

A. M. Heinecke, H. Paul (Hrsg.): Mensch & Computer 2006: Mensch und Computer im Struktur*Wandel*.
München, Oldenbourg Verlag, 2006, S. 465-468

Guerilla HCI – EEG als Werkzeug im Usability Labor?[1]

Christian Stickel

Fachhochschule Frankfurt, Fachbereich 2, Studiengang Allgemeine Informatik

Zusammenfassung

Ziel unserer Studie ist es, den Zusammenhang zwischen der Erlernbarkeit (Learnablity) einer Software und Gehirnwellen im Rahmen von Anwendertests zu untersuchen. Dabei dienen uns Niveau, Anstieg und Abfall bestimmter Frequenzbänder als Indikatoren für Lernerfolg, bzw. Erlernbarkeit der Software. Um dieses Ziel zu erreichen wurde eine Testumgebung, bestehend aus einem Elektroenzephalogramm (EEG), einem Analyseprogramm und einer Testsoftware implementiert. Mit dieser Basis haben wir in einem 32 Personen Experiment empirische Belege für die eingangs formulierte Hypothese gesammelt. Erste Analysen der aufgezeichneten Daten scheinen unsere Annahme zu stützen, womit eine Basis für integrierte und kostengünstige Verfahren zum testen von Learnability, im Sinne von NIELSEN's „Guerilla HCI" gegeben sein könnte.

1 Gefühle, Körperzustände und Wellenmuster

Alles was wir wahrnehmen, verarbeitet unser Gehirn anhand elektrochemischer Signale. In diesem Prozeß wird jedes Bild, jedes Geräusch und jede Berührung in elektrische Impulse umgewandelt und über die Nervenzellen und -bahnen transportiert. Diese Hirnströme können mittels EEG an der Großhirnrinde (Kortex) gemessen werden. Um genauere Aussagen über die Verteilung zu bekommen teilten wir die Wellen mittels Frequenzanalyse in 8 Bänder (z.B. theta 4-7 Hz, alpha 8-12 Hz, beta 13-30 Hz und gamma 31-40 Hz). Diese sind immer präsent, allerdings in sich ständig verändernden Stromstärken (Amplituden), und Geschwindigkeiten (Frequenzen). Wenn jemand aufgeregt ist dann zeigt das EEG Muster eine kleine Amplitude und eine hohe Frequenz, ist eine Person im Gegensatz dazu ruhig und entspannt, dann findet man rhythmische Alphawellen mit großer Amplitude und kleiner Frequenz (vgl. Kolb 2001). Die Anwendung von EEG Signalen für Usability Tests zeigten beispielsweise Morikawa et al. (2005) in ihrer Studie über kognitive Unausgeglichenheit als Resultat aus Diskrepanzen zwischen Benutzererwartungen und Softwarefeedback. Dabei untersuchten sie zeitlich hochauflösende Ereigniskorrelierte Potentiale (EKP od. engl ERP).

---

[1] Ich danke Prof. Dr. Josef Fink von der FH Frankfurt für seine Hilfe und die wertvollen Tips zu dieser Arbeit.

2   Lernen und Erinnerungen messen

Die Großhirnrinde (Kortex), die den größten Teil des Gehirns ausmacht, gilt unter anderem
als zuständig für höhere Formen des Lernens, Planens und des schlußfolgernden Denkens.
Befunde aus der Neurobiologie stützen dabei die Annahme, dass der frontale Kortex für die
zeitliche Organisation von Erinnerungen, sowie für die Aufmerksamkeits- und Aktivitätsaus-
richtung verantwortlich ist (Seel 2003). Zudem ist er Teil der neuronalen Schaltkreise für
Speicher- und Abrufprozesse (Mishkin et al., 1982,1997), daher gehen wir davon aus, daß
sich für das Lernen relevante Gehirnströme durch ein einfaches EEG System, mit nur drei
Elektroden an der Stirn, aufzeichnen lassen.

3   Umgebungsreize und psychophysiologische
         Reaktionen

Umgebungsreize lösen geringste psychophysiologische Reaktionen aus, die messbar sind.
Diese sogenannten psychophysiologischen Messungen, zu denen neben EEG auch Hautwi-
derstandsmessungen (SCL), oder die Messung des Herzschlages (EKG) zählen, werden in
Usability Laboren schon länger eingesetzt. Sie machen es auf nicht-invasive Weise möglich,
geringste körperliche Veränderungen zu beobachten, die auf Affekte, Emotionen oder Stress
schließen lassen, welche wichtige Hinweise zur Analyse von Interaktionverläufen liefern
können.

4   Beeinflussung der Lernfähigkeit

Bestimmte geistige und körperliche Zustände beeinflussen die Lernfähigkeit (vgl. Yerkes-
Dodson). Interessant für den Einsatz im Usability Labor ist z.B. der Zusammenhang, zwischen benutzerunfreundlichen Systemen und der Auslösung des fight-flight-or-freeze Reflexes (Muter et al. 1993), den wir im EEG als Dominanz von schnellen Beta- und Gammawel-
len beobachten können. Dabei werden höhere kognitive Funktionen, zu denen auch das Lernen gehört, ausgeschaltet, um eine schnelle Reaktion zu ermöglichen. Ist man hingegen
entspannt und streßfrei, besteht eine größere Chance, gelernte Dinge dauerhaft zu speichern.
In einem solchen Fall dominieren Alpha-Theta Wellen, diese können auch als Maß für Konzentration und Aufmerksamkeit benutzt werden (Guyroy 2005).

5   Versuchsaufbau und -hardware

Unsere Testpersonen durchliefen in zwei Versuchsreihen jeweils acht kleine 4x4 Memo-
ryspiele mit jeweils sechs verschiedenen Motiven aus acht Kategorien. Die erste Versuchs-

reihe bestand aus acht zufällig generierten Spielen. In der zweiten Versuchsreihe waren Bildkategorien festen Positionen zugewiesen, d.h. Karten aus gleichen Kategorien, mit unterschiedlichen Motiven, lagen immer an derselben Stelle. Durch die Erkenntnis des Zusammenhangs konnten die Versuchspersonen ihre Fehlerquote auf Null senken. Während der Dauer des Versuches wurden die Hirnströme der Probanden aufgezeichnet. Für die EEG Aufzeichnung benutzten wir den Interactive Brainwave Visual Analyzer (IBVA) der PsychicLabs. Durch seine geringe Größe ist er sowohl für Labor- als auch für Feldversuche geeignet, ist zudem günstig in der Anschaffung, gerade für kleine Labore, und wird somit der Idee des „Guerilla HCI" gerecht. Bei der Analyse sorgt die IBVA Software für die Frequenzanalyse, während unsere selbst entwickelte Software die statistische Langzeitauswertung und Visualisierung der Daten vornimmt.

6 Diskussion und weitere Arbeiten

Die erste Analyse schien teilweise signifikante Korrelationen zwischen Wellenverteilung und Fehlerentwicklung nahezulegen, die durch eine spätere Auswertung jedoch nicht bestätigt werden konnten. Erste Untersuchungen der Gesamtstärke der Hirnströme in Bezug auf den Lernerfolg lassen hingegen stärkere Zusammenhänge vermuten. Nach unseren Ergebnissen stiegen bei den Probanden die Hirnströme stark an, die den Zusammenhang in der zweiten Versuchsreihe erkannt hatten und ihre Fehlerzahl minimierten. Abbildung 1 zeigt die Auswertung von vier dieser Probanden. Die Graphen in blau und gelb sind jeweils die Gesamtstromstärken der linken und rechten Gehirnhälfte, der rote Graph ist die Fehlerrate. Auf der x-Achse sind die Versuchsnummern abgebildet, während die y-Achse normalisiert die Schwankungen der Stromstärken und der Fehlerrate zeigt.

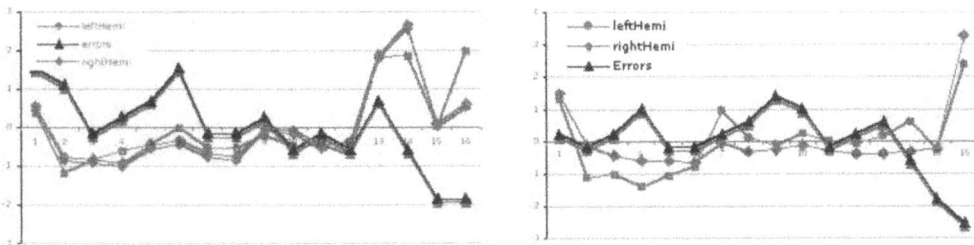

Abbildung 1

Eine Erklärung für den Anstieg der Stromstärke könnte die neuronale Aktivierung sein, die mit der Wahrnehmung von unbekannten, neuen Dingen einhergeht. Demnach kostet es das Gehirn sehr viel mehr Energie, auf neuartige Dinge zu reagieren, als auf bekannte, die automatisch verarbeitet werden können. Zitat: „Bewußtsein kostet Energie" (Roth 2006). Die Verwendbarkeit dieser Ergebnisse zum Messen von Learnability, wird in weiteren Versuchen und Anwendertests zu untersuchen sein.

Literaturverzeichnis

Kolb, B.; Whishaw, I. (2001): Introduction to Brain & Behavior. Cranbery: Worth Publishers.

Muter, P. (1993): User-Hostile Systems and Patterns of Psychophysiological Activity. Computers in Human Behavior, Vol.9, S.105-111; Pergamon Press ltd.

Nielsen, J. (1994): Guerilla HCI: Using Discount usability Engineering to Penetrate the Intimidation Barrier. useit.com.

Seel, N. (2003): Psychologie des Lernens: Lehrbuch für Pädagogen und Psychologen. München; Basel: E. Reinhardt

A. M. Heinecke, H. Paul (Hrsg.): Mensch & Computer 2006: Mensch und Computer im Struktur*Wandel*.
München, Oldenbourg Verlag, 2006, S. 469-471

A Framework for Multi-User Support in Instrumented Public Spaces

Michael Schmitz

Saarland University, Computer Science Department

Abstract

The emerging trend towards complex technology that supports multiple users in public spaces is evidenced by the presence of shared displays in shopping malls, museums, and airports As sensing and interaction begin to play a greater role in these environments, application and interaction concepts are evolving to take the distribution and dynamics of users and devices into account. In this paper we describe a layered approach to support multiple in environments that allows concurrent interaction with multiple devices and displays. We further identify issues that arise in public, interactive spaces with multiple users and discuss how we address them in our proposed framework.

1 Motivation

Technology is becoming pervasive in public spaces, as evidenced by the presence of shared electronic displays in environments such as airports and shopping malls. Through the integration of sensor technologies and devices, these environments will be capable of providing complex interactive and context-aware services. While such services, such as personalized information and navigation assistance, may offer great benefit to users, providing these services in technology-rich, multi-user environments opens new design challenges for developers: How do we determine which user performed an interaction with a device? How do we integrate different user tracking and identification technologies with varying levels of accuracy? How can we integrate mobile and possibly private devices that enter and leave the environment? How can an application select the most appropriate display to show information for a user? Developers currently need to have detailed knowledge about the positions, properties and availability of displays to design their application logic; changes in the environment also often necessitate the restructuring of applications. Furthermore, having multiple independent applications serving users concurrently and sharing one display environment requires all applications to integrate conflict resolution mechanisms.

We are developing a framework to address these emerge issues for dynamic public spaces regarding devices, users and their tasks and a variety of parallel and distributed interaction possibilities. As a testbed for our research, we have simulated a typical instance of such a public space: An airport scenario, in which individuals or groups are involved in tasks such as shopping, exploring the environment or navigating to multiple destinations. Our layered framework provides reusable, extensible modular components to abstract the low-level architectural details away from the application development process, manage resources, and handle potential conflicts between devices, displays, and applications.

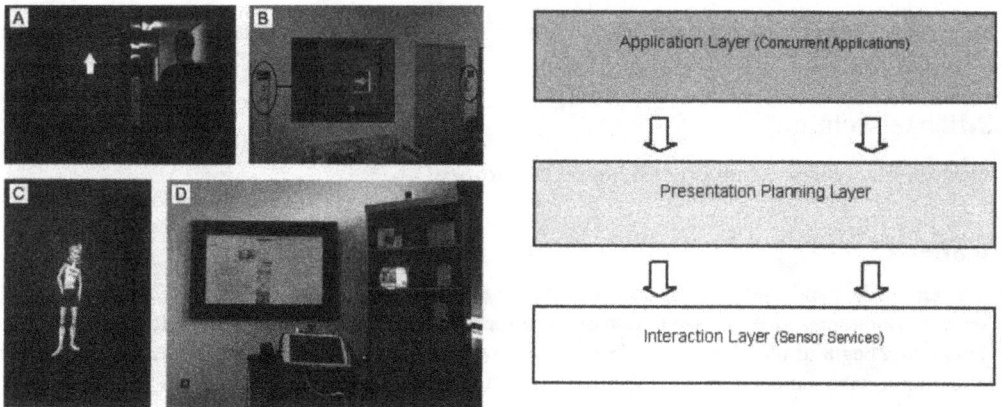

*Figure 1: **Left**: Images taken from our user assistance applications, showing navigational aid (A,B), a virtual character welcoming a user (C) and shopping assistance on a large screen (D).*
***Right**: Structure of the multi-user framework*

2   Three layers of multi-user support

Our framework divides the design space into three layers: The interaction layer deals with the position and recognition of user interaction, determining who has interacted where and with what. The presentation layer uses this information and the knowledge about display locations and properties to provide an abstraction of available displays, distributing presentations over time and (display) space, such that the application layer (i.e. the application developer) does not have to deal with infrastructural details, e.g. availability of resources or visibility of displays to a target user. Applications can be developed and deployed without detailed knowledge about the setup of the environment or other independent and possibly interfering applications.

The *interaction layer* is based on an extensible sensor ontology that models sensors and their services according to their type (e.g. user identification, user tracking, object manipulation) and accuracy. This includes physical entities such as wireless sensor nodes embedded in objects or the environment, cameras, touch screens, active and passive RFID readers, biosensors or microphones. These sensor instances provide self-contained services, such as determining the temperature of a room or the walking speed of a user, but also more complex services based on multiple sensors and their services. For example, by using a Bluetooth identification service to recognize individuals in conjunction with a camera-based location tracking service, an environment can determine exactly which users are interacting with which devices. The separation of these concerns allows us to extend and modify the sensory layer without demanding the adjustment of higher layers.

The *presentation planning layer* (PPL) relies on spatial knowledge about the environment and its stationary displays, stored in our ubiquitous user modeling database, and on knowledge about user positions and mobile display locations provided by the interaction layer. The PPL provides an abstraction of these by allowing applications to issue presentation request that include a resource identifier (e.g. web site, video stream) a destination (user, user group, room) and type descriptor (image, video, sound, text or mixed). The PPL coordinates concurrent requests in a rule-based manner by distributing presentations among available display resources. The set of rules is intended to provide coherent presentations in public spaces and solves conflicts by dividing display resources in time and space, by considering requirements specified by the application, such as the intended time and duration of a presentation, privacy demands (e.g. will not show on public displays if other users in vicinity) or required input channels (keyboard, microphone etc.). The accuracy information of a user identification process helps the PPL to estimate whether privacy requirements of a presentation can be fulfilled.

The *application layer* hosts all applications that are utilizing the display infrastructure of the environment. Applications post presentation requests in a well-defined message format to a centralized message board (we currently use the *EventHeap* (Johanson & Fox 2002)) and receive acknowledgement after requests are successfully patched through. Main applications of our current laboratory setup are a navigation system, shopping assistants, a virtual room inhabitant, a personal passenger announcement system, and an advertisement manager.

3   Conclusions and Current State

We presented the components of our framework for developers of public instrumented spaces, which separates infrastructural concerns from application design. Our immediate goals are completing the implementation of the interaction layer and the sensor service ontology. The presentation planning module is implemented as a simplified prototype and needs to be enhanced to work with larger amounts of users and applications. The main goal of our work is to develop a very flexible and customizable system, such that the application layer can be easily extended to encompass new technologies, services and service inferences that will inevitably arise in new scenarios and domains. Robustness and accuracy of the final prototype has to be evaluated thoroughly to further improve the framework.

References

Johanson, B.; Fox, A. (2002): The Event Heap: A Coordination Infrastructure for Interactive Workspaces. In: Proceedings of the Fourth IEEE Workshop on Mobile Computing Systems and Applications, S. 83.

Autoren